U0593106

欧亚历史文化文库

总策划 张余胜

兰州大学出版社

文明的互动

——汉唐间丝绸之路与中外交流论稿

丛书主编 余太山

石云涛 著

图书在版编目（CIP）数据

文明的互动 ：汉唐间丝绸之路与中外交流论稿 / 石云涛著. -- 兰州 ：兰州大学出版社，2014.12
（欧亚历史文化文库 / 余太山主编）
ISBN 978-7-311-04653-8

Ⅰ.①文… Ⅱ.①石… Ⅲ.①丝绸之路－研究－汉代～唐代②中外关系－文化交流－文化史－汉代～唐代 Ⅳ.①K928.6②K203

中国版本图书馆CIP数据核字(2014)第299697号

策划编辑 施援平
责任编辑 施援平 张雪宁
装帧设计 张友乾

书　　名 文明的互动——汉唐间丝绸之路与中外交流论稿
主　　编 余太山
作　　者 石云涛 著
出版发行 兰州大学出版社 （地址：兰州市天水南路222号 730000）
电　　话 0931-8912613(总编办公室) 0931-8617156(营销中心)
0931-8914298(读者服务部)
网　　址 http://www.onbook.com.cn
电子信箱 press@lzu.edu.cn
网上销售 http://lzup.taobao.com
印　　刷 天水新华印刷厂
开　　本 700 mm×1000 mm 1/16
印　　张 38.5(插页2)
字　　数 517千
版　　次 2014年12月第1版
印　　次 2014年12月第1次印刷
书　　号 ISBN 978-7-311-04653-8
定　　价 118.00元

出版说明

随着20世纪以来联系地、整体地看待世界和事物的系统科学理念的深入人心，人文社会学科也出现了整合的趋势，熔东北亚、北亚、中亚和中、东欧历史文化研究于一炉的内陆欧亚学于是应运而生。时至今日，内陆欧亚学研究取得的成果已成为人类不可多得的宝贵财富。

当下，日益高涨的全球化和区域化呼声，既要求世界范围内的广泛合作，也强调区域内的协调发展。我国作为内陆欧亚的大国之一，加之20世纪末欧亚大陆桥再度开通，深入开展内陆欧亚历史文化的研究已是责无旁贷；而为改革开放的深入和中国特色社会主义建设创造有利周边环境的需要，亦使得内陆欧亚历史文化研究的现实意义更为突出和迫切。因此，将针对古代活动于内陆欧亚这一广泛区域的诸民族的历史文化研究成果呈现给广大的读者，不仅是实现当今该地区各国共赢的历史基础，也是这一地区各族人民共同进步与发展的需求。

甘肃作为古代西北丝绸之路的必经之地与重要组

成部分，历史上曾经是草原文明与农耕文明交汇的锋面，是多民族历史文化交融的历史舞台，世界几大文明（希腊—罗马文明、阿拉伯—波斯文明、印度文明和中华文明）在此交汇、碰撞，域内多民族文化在此融合。同时，甘肃也是现代欧亚大陆桥的必经之地与重要组成部分，是现代内陆欧亚商贸流通、文化交流的主要通道。

基于上述考虑，甘肃省新闻出版局将这套《欧亚历史文化文库》确定为2009—2012年重点出版项目，依此展开甘版图书的品牌建设，确实是既有眼光，亦有气魄的。

丛书主编余太山先生出于对自己耕耘了大半辈子的学科的热爱与执著，联络、组织这个领域国内外的知名专家和学者，把他们的研究成果呈现给了各位读者，其兢兢业业、如临如履的工作态度，令人感动。谨在此表示我们的谢意。

出版《欧亚历史文化文库》这样一套书，对于我们这样一个立足学术与教育出版的出版社来说，既是机遇，也是挑战。我们本着重点图书重点做的原则，严格于每一个环节和过程，力争不负作者、对得起读者。

我们更希望通过这套丛书的出版，使我们的学术出版在这个领域里与学界的发展相偕相伴，这是我们的理想，是我们的不懈追求。当然，我们最根本的目的，是向读者提交一份出色的答卷。

我们期待着读者的回声。

总序

本文库所称“欧亚”(Eurasia)是指内陆欧亚，这是一个地理概念。其范围大致东起黑龙江、松花江流域，西抵多瑙河、伏尔加河流域，具体而言除中欧和东欧外，主要包括我国东三省、内蒙古自治区、新疆维吾尔自治区，以及蒙古高原、西伯利亚、哈萨克斯坦、乌兹别克斯坦、吉尔吉斯斯坦、土库曼斯坦、塔吉克斯坦、阿富汗斯坦、巴基斯坦和西北印度。其核心地带即所谓欧亚草原(Eurasian Steppes)。

内陆欧亚历史文化研究的对象主要是历史上活动于欧亚草原及其周邻地区(我国甘肃、宁夏、青海、西藏，以及小亚、伊朗、阿拉伯、印度、日本、朝鲜乃至西欧、北非等地)的诸民族本身，及其与世界其他地区在经济、政治、文化各方面的交流和交涉。由于内陆欧亚自然地理环境的特殊性，其历史文化呈现出鲜明的特色。

内陆欧亚历史文化研究是世界历史文化研究中不可或缺的组成部分，东亚、西亚、南亚以及欧洲、美洲历史文化上的许多疑难问题，都必须通过加强内陆欧亚历史文化的研究，特别是将内陆欧亚历史文化视做一个整体加以研究,才能获得确解。

中国作为内陆欧亚的大国，其历史进程从一开始就和内陆欧亚有千丝万缕的联系。我们只要注意到历代王朝的创建者中有一半以上有内陆欧亚渊源就不难理解这一点了。可以说,今后中国史研究要有大的突破,在很大程度上有待于内陆欧亚史研究的进展。

古代内陆欧亚对于古代中外关系史的发展具有不同寻常的意义。古代中国与位于它东北、西北和北方，乃至西北次大陆的国家和地区的关系,无疑是古代中外关系史最主要的篇章,而只有通过研究内陆欧亚史,才能真正把握之。

内陆欧亚历史文化研究既饶有学术趣味,也是加深睦邻关系,为改革开放和建设有中国特色的社会主义创造有利周边环境的需要，因而亦具有重要的现实政治意义。由此可见,我国深入开展内陆欧亚历史文化的研究责无旁贷。

为了联合全国内陆欧亚学的研究力量，更好地建设和发展内陆欧亚学这一新学科,繁荣社会主义文化,适应打造学术精品的战略要求,在深思熟虑和广泛征求意见后,我们决定编辑出版这套《欧亚历史文化文库》。

本文库所收大别为三类:一,研究专著;二,译著;三,知识性丛书。其中,研究专著旨在收辑有关诸课题的各种研究成果;译著旨在介绍国外学术界高质量的研究专著;知识性丛书收辑有关的通俗读物。不言而喻,这三类著作对于一个学科的发展都是不可或缺的。

构建和发展中国的内陆欧亚学,任重道远。衷心希望全国各族学者共同努力,一起推进内陆欧亚研究的发展。愿本文库有蓬勃的生命力,拥有越来越多的作者和读者。

最后,甘肃省新闻出版局支持这一文库编辑出版,确实需要眼光和魄力,特此致敬、致谢。

余太山

2010年6月30日

目录

上编　汉唐间丝绸之路的变迁

中编　中外关系与交流专论

下编　中外交流与中古文学

上编

汉唐间丝绸之路的变迁

1　汉唐间丝绸之路起点的变迁

从“丝绸之路”这一概念提出至今，已有一个多世纪，由这一概念引发的争论很多，许多问题需要进一步探讨。丝绸之路的研究还遭遇到各种非学术因素的影响，人们从某些功利目的出发发表意见，不免产生种种歧见。传统意义上的丝绸之路主要指汉唐间经行陆路贯通亚洲通欧洲、非洲的贸易和交流之路，那时丝绸贸易在国际经济文化交流中发挥着主要的媒介和杠杆作用，丝绸贸易的发展带动了中国与外部世界经济文化的交流，加强了世界各地的相互了解和联系，促进了历史上不同文明之间的互动和跃升。丝绸之路是一个动态发展的概念，因此不能用静止的眼光看待它，本章谈汉唐间丝绸之路起点的变迁。

1.1　丝绸之路的历史起点

丝绸之路的起点一直是人们关注的话题，它包括两方面的含义，一是历史起点，即丝绸之路何时创辟，以丝绸贸易为代表的中西文化交流是什么时候开始的；二是空间起点，即历史上以丝绸贸易为代表的中西文化交流是从什么地方为出发点的。按理说，经济贸易和文化交流是双向的传播，那么东西方互为这种贸易交流之路的起点和终点，但既然把丝绸作为这种贸易和交流的代表性商品，而中国是丝绸的故乡，那么丝绸之路的起点当然应该从东方考虑。从丝绸输出一方考虑，这两个起点的答案是不同的，因为历史起点只有一个，一个事件的发生只能有一次，但空间起点却会发生变迁，空间上的地点会随着时代的不同发生转换。

跟追溯任何事物的历史起源一样，丝绸最早西传的时间难以确知。从文献记载看，丝绸贸易在商代经济领域已经起着重要作用，《管子·轻重》篇云："殷人之王立帛牢，服牛马，以为民利，而天下化之。"[1]《尚书·酒诰》记载，周公派唐叔告诫殷遗民："肇牵牛车，远服贾用，孝养厥父母。"[2]反映那时已经存在丝绸的长途贩运。随着丝织业从农业中分离出来，丝绸贸易便产生了。由于丝绸绢帛轻便，又因为价格昂贵、产品精美、受到普遍欢迎，因此成为商人们乐于进行长途贩运的货物。西传域外大约在商周时，而至春秋战国时期已经形成相当的规模。殷商之民远程的丝绸贸易足迹所至难得其详，据说中国丝绸在公元前1500年左右已在埃及使用。[3]周穆王西征犬戎，打开了通往大西北的草原之路。据《竹书纪年》《穆天子传》和《史记》中之《秦本纪》《赵世家》记载，穆王西巡，直到西王母居住的地方。他带有大量金银朱砂和丝帛作为馈赠之礼，每到一处，就以丝绸、铜器、贝币和朱砂馈赠各部落酋长，各部落酋长向他赠送马、牛、羊、酒和穄麦。最后到西王母之邦，穆王赠以丝绸。

公元前5、6世纪，即中国春秋末期，丝绸已经成为希腊上层社会的华丽服装。里希特《希腊的丝绸》认为，雅可波利斯的科莱女神大理石像，胸部披有薄绢，是公元前530年至前510年的作品。雅典卫城巴特依神庙"命运女神"像、希腊雕刻家埃里契西翁的加里亚狄（Karyatid）像等公元前5世纪的雕刻，人物都穿着透明的长袍，质料柔软，皆丝织衣料。[4]公元前5世纪雅典生产的陶壶彩绘人像，身着细薄的衣料。[5]公

[1]《管子》卷24《轻重》，见《二十二子》，上海古籍出版社，1986年，第191页。

[2]《尚书正义》卷14《酒诰》，见《十三经注疏》，中华书局影印，1980年，第206页。

[3]埃及第18王朝（公元前1580—前1314年，相当于中国商代）的绘画中已经表现出丝制衣衫的质感。"艺术家通过对女性华丽衣褶的丝绸衣衫、繁复多变的假发、各式项饰、手镯，以及修长的身材、轻盈透明的衣服透出苗条的肉体的刻划，尽力表现女性美。"（朱伯雄《世界美术史》第2卷，山东美术出版社，1988年，第225页）古埃及法老贸易遍布全球，与中国商民的远程贸易共同促成了中国丝绸的远销。奥地利科学家西尔凡在研究一具木乃伊时，发现其头发中有异物，经电子显微镜分析，乃蚕丝纤维。这具木乃伊是埃及第21王朝时期（公元前1085—前950年，相当于中国西周时期）的一名30~50岁的妇女。参西尔凡：《殷代丝织物》，见《远东博物馆馆刊》第9卷，1937年。

[4]《美国考古学报》，1929年，第27-33页。

[5]日本《世界美术全集》战后版，卷5，色版十一。

元前4世纪中叶的陶壶狄奥希索斯(Diohysos)和彭贝(Pompe)亦是。[1]克里米亚半岛库尔·奥巴(Kul Oba)出土公元前3世纪希腊制作的象牙版,绘有"波利斯的裁判",将希腊女神身上穿着的纤细衣料表现得十分逼真,透明的丝质罗纱将女神的乳房和脐眼完全显露出来。[2]野蚕丝织成的帛达不到这种细薄透明的程度,希腊没有饲养家蚕的技术,那时只有中国才能生产出这种细绢。在克里米亚半岛克特齐附近,古希腊人的殖民地遗迹中,有丝被发现。德国斯图加特市霍克杜夫村发掘一座公元前500多年的凯尔特人墓葬,发现有中国蚕丝绣品。[3]

春秋战国时期中原地区丝绸的流通方向就是通过河西走廊进入新疆地区,再通过西域各族人民流入中亚和更远的地区。从1928年至1949年,在今俄罗斯戈尔诺阿尔泰地区的乌拉干河畔、卡通河和比亚河上游,发掘了一批时间相当于中国春秋战国时代的古墓,出土了一批中国制造的丝织物。其中巴泽雷克3号墓和5号墓出土的绢、绸,其图案有凤凰、飞鹤。1977年在新疆阿拉沟东口,发现春秋战国时期的丝织品和漆器,出土的菱形链式罗是内地的新产品。在乌鲁木齐鱼儿沟发现过战国时中原地区的丝织品。在原苏联克里米亚半岛的刻赤附近有中国早期丝绸出土,从同出器物的铭文可以判断属于公元前3世纪的产品。[4]

通过欧亚草原游牧民族进行的中西之间的早期交通,具体路线难可详考。根据希罗多德笔下草原居民活动的分析,推测西从多瑙河,东到巴尔喀什湖,是宽广的草原道,中间需要越过第聂伯河、顿河、伏尔加河、乌拉尔河或乌拉尔山。往东与蒙古高原相通的大道有3条:第一条在东及巴尔喀什河西缘时,从东南折向楚河谷地,而后进入伊犁河流域。从这里沿着天山北麓一直向东,直到东端的博格达山以北。从博格达山北麓向北,还可以走向蒙古高原的西部。第二条从伊犁河流域

〔1〕里希特:《希腊艺术指南》,伦敦,1959年,图460。

〔2〕明斯(E.H.Minns):*Scythians and Greeks*,剑桥,1913年,第204页,图101;沈福伟:《中西文化交流史》,上海人民出版社1985年版,第22-23页。

〔3〕美国《全国地理》杂志1983年3月号。

〔4〕戴禾、张英利:《中国丝绢的输出与西方的"野蚕丝"》,载《西北史地》1986年第1期。

偏向东北，进至准噶尔盆地，直抵阿尔泰山西南山麓；或者从东钦察草原东进至额尔济斯河中游，沿着其支流的河谷和宰桑湖南缘进至阿尔泰山。在绵亘的阿尔泰山山脉上，著名的达坂有3个，即乌尔莫盖提、乌兰和达比斯。第三条从东钦察草原东缘向东，渡过额尔济斯河抵达鄂毕河，然后沿着鄂毕河上游卡通河谷地进至蒙古草原，这条道路上有阿尔泰山和唐努乌梁山之间的崎岖山地。[1]

但是，直到公元前2世纪中叶，丝绸西传和以丝绸贸易为代表的中西交流是零散的、间断的和辗转进行的。中西间贸易得到国家有效的组织、有意识的提倡和大力推行，形成较大规模并引发此后中西间经济贸易和文化交流的持续开展，不能不承认在中国历史上是从汉武帝时代开始的。为了拉拢和联合西迁的大月氏人共击匈奴，汉武帝遣张骞冒险出使西域。10余年后，张骞从西域归来，向汉武帝汇报了西域见闻，引起武帝对西域奇物和显扬威德的追求，于是再次派张骞出使西域，在拉拢乌孙的同时，扩大与西域的交往。与大月氏、乌孙建立反匈联盟的目的没有达到，但与西域的联系却建立起来。乌孙遣使随张骞至汉，双方建立了友好交往的关系；张骞的那些副使从西域归来，都带来了西域的使节，于是“西北国始通于汉矣”。[2]此后汉朝与西域各国的交通和交流便大规模地开展起来，由于匈奴的强盛而造成的中原地区与西域的隔绝状态被打破了。说张骞出使西域开辟了丝绸之路是从这个意义上说的，实际上张骞出使西域的结果是在已经存在的中西交通的基础上有所开拓而已，但这种开拓具有划时代的意义。把张骞出使西域作为丝绸之路开辟的标志性事件已经被人们广泛接受，但应该认识到，中国丝绸西传以及中西交通绝不是张骞出使西域以后才发生的事情。

---

〔1〕黄时鉴：《希罗多德笔下的欧亚草原居民与草原之路的开辟》，见氏著《东西交流史论稿》，上海古籍出版社，1998年，第1-14页。

〔2〕《史记》卷63《大宛列传》，中华书局，1982年，第3169页。

1.2 汉代丝绸之路起点的转换

丝绸之路的空间起点与历史起点有联系，因为丝绸之路最早创辟的出发点应该就是最早的空间上的起点。西周以镐京为政治中心，那是穆王西征的起点，穆王往返经行各地和道里途程，在《穆天子传》中有专门的记载和统计，便是“自宗周、瀍水以西，至于河宗之邦、阳干之山”，而后辗转至“西王母之邦”，“□(宗)周至于西北大旷原，一万四千里”。[1]宗周的政治中心镐京在今陕西西安市长安区境内，张骞出使西域时西汉国都长安与之大致相同，皆在今之西安市南部。因此，长安即今之西安成为丝绸之路最早的起点，这似乎是没有争议的。我们把一个城市作为丝绸之路起点的标志，但是这样的城市却不是固定不变的，由于各种各样的原因，一个城市的政治经济地位常常发生巨大的变化，长安也是如此。长安没有永远保持政治经济中心和最大的贸易集散地的地位，丝绸之路起点的地位便不可避免地旁落或转移到其他城市。

城市是文明的中介，发挥着文明聚集和扩散的功能，丝路起点城市应该是诸多城市的代表，在文明扩散和传播中居于中心地位。我们认为，作为丝路起点的城市，应该具备如下几个条件：(1)一个统一王朝或影响较大的割据政权的首都，它是来华使节的终点和目的地，是代表政府出使外国的使节主要的起点或出发地。古代使节通常代表着大规模的商贸交易和文化交流，使节往还与经济贸易和文化交流互相交织，密不可分。(2)这个王朝或政权在一定时期内有较多的对外交往活动，在中外关系和文化交流史上具有重要地位。中国古代有统一时期，也有分裂割据时期，不是每一个朝代、每一个王朝都有对外交往重要活动。(3)这个城市作为一个政治、经济和交通中心，对周围地区具有较大的辐射作用。它是进出口商品及精神产品的最大和最重要的集散地，在星罗棋布的城市格局中它具有明显的中心地位。在漫长的岁月中，丝路的起点和走向都不是一成不变的。它常随中国中原政权都城的迁

〔1〕《穆天子传》卷4，收入《汉魏丛书》，吉林大学出版社，1992年，第298页。

徙，以及各少数民族、各地区、各国与中原朝廷的关系的好坏和政治形势的变化而转移或摆动。总的来看，西汉时丝路起点在都城长安，东汉时随政治中心的转移则延伸至洛阳。

东汉建立，以洛阳为首都，丝路东端随之由西汉时的长安延伸至洛阳。古代贸易以贡使贸易为主，彼此间贡使活动则是主要的贸易活动，而贡使贸易的主要目的地则是对象国之首都，诸国接待外来使节的机构和活动当然也主要在首都。西汉时，长安涉外机构主要有鸿胪寺和主客曹，禁中少府属官黄门令也负责部分对外事务。长安城内还设有专门接待海外来宾的馆舍，称“蛮夷邸”。这些机构和设施东汉时皆置于洛阳。王莽时改大鸿胪为典乐，东汉又恢复旧称。主客曹在光武帝时又分为南主客曹和北主客曹。洛阳亦有“蛮夷邸”，又有“胡桃宫”，皆为各种外来人员在洛阳的活动场所。尚书中宫官为皇帝的近密和喉舌，大鸿胪是外官，属外朝，他们相互配合，共同负责外交事务。这些处理外交事务的机构在首都，因此首都当然是中外交往的中心，都城的东迁必然牵动中西交通路线的向东延伸。

东汉时汉使出行自洛阳出发，西域各国使节东行亦至洛阳。东来的西域质子、使者和商胡则至洛阳。《后汉书·西域传论》云：“汉世张骞怀致远之略，班超奋封侯之志，终能立功西遐，羁服外域。自兵威之所肃服，财赂之所怀诱，莫不献方奇，纳爱质，露顶肘行，东向而朝天子。”〔1〕据《后汉书·和帝纪》，永元六年（94年），“西域都护班超大破焉耆、尉犁，斩其王，自是西域降服，纳质者五十余国”。〔2〕洛阳附近有西域胡人活动的记载。《后汉书·梁冀传》记载，梁冀起菟园于河南城西，“尝有西域贾胡，不知禁忌，误杀一菟”。〔3〕蔡邕《短人赋》所写即域外人之后裔，其序云：“侏儒短人，僬侥之后，出自外域，戎狄别种。去俗归义，慕化企踵，遂在中国，形貌有部（一作别）。名之侏儒，生则象父。”〔4〕

〔1〕《后汉书》卷88《西域传》，中华书局，1965年，第2931页。

〔2〕《后汉书》卷4《和帝纪》，第179页。

〔3〕《后汉书》卷34《梁冀传》，第1182页。

〔4〕〔唐〕徐坚等：《初学记》卷19，中华书局，1962年，第463页。

由于西域人在中原地区人数不少，汉末的繁钦才能通过观察分辨出各国人相貌的不同，他的《三胡赋》云："莎车之胡，黄目深精，员耳狭颐；康居之胡，焦头折额，高辅陷鼻，眼无黑眸，颊无余肉；罽宾之胡，面象炙猬，顶如持囊，隅目赤眥，洞额仰鼻。"[1]20世纪初，洛阳出土3块刻有佉卢文的弧形条石，原为东汉时当地世俗井栏之构件。可知东汉时京师洛阳地区已有属于犍陀罗语族的中亚人士于此聚居。[2]1987年洛阳东郊汉墓出土一件羽人铜像，深目高鼻，紧衫窄袖，明显具有西域胡人的相貌特征。[3]

由于东来西往的行人以洛阳为出发点和目的地，《后汉书·西域传》记西域诸国至中国道里远近，则以洛阳为坐标，如西夜国"去洛阳万四千四百里"，安息国"去洛阳二万五千里"，大月氏"去洛阳万六千三百七十里"，莎车"去洛阳万九百五十里"，疏勒"去洛阳万三百里"。[4]异域贡物所至乃中州洛阳，王逸《荔枝赋序》云："大哉圣皇，处乎中州，东野贡落疏之文瓜，南浦上黄甘之华橘，西旅献昆山之蒲桃，北燕荐朔滨之巨栗。"[5]在"商胡贩客，日款于塞下"的东汉时代，西域商胡千里迢迢赶至洛阳进行商业活动。据《河南志·后汉城阙古迹》，洛阳城中位于南北二宫之西的金市、城东的马市和城南的南市被称为"三市"，[6]都是当时的工商业区，盛极一时。由于丝织业的发达，洛阳"至有走卒奴婢被绮縠"。[7]西人也以洛阳与丝路西端的罗马相比较，赫德逊在《欧洲与中国》一书中说，2世纪时丝绸在罗马帝国极西的海岛伦敦，风行的程度

---

〔1〕《太平御览》卷382《人事部》，上海古籍出版社，2008年，第四册，第485页。

〔2〕张乃翥：《论洛阳与中外文化交流史相关的若干考古学资料》，见《洛阳——丝绸之路的起点》，中州古籍出版社，1992年，第268页。

〔3〕张乃翥：《论洛阳与中外文化交流史相关的若干考古学资料》，见《洛阳——丝绸之路的起点》，中州古籍出版社，第268页；图见《洛阳出土文物集粹》，朝花出版社，1990年，图版49。

〔4〕《后汉书》卷88《西域传》，第2917、2918、2920、2913页。

〔5〕〔唐〕徐坚等：《初学记》卷20，第475页；《太平御览》卷972，第九册，第584页；《艺文类聚》卷87，上海古籍出版社，1982年，第1489页；《全后汉文》卷57，见《全上古三代秦汉三国六朝文》，中华书局，1958年，第784页。

〔6〕〔清〕徐松辑《河南志》，高敏点校，中华书局，1994年，第51页。

〔7〕《后汉书》卷5《安帝纪》，第228页。

"不下于中国的洛阳",[1]就是从丝绸之路两端进行比较的。佛教东传,西域僧人入华传教首至洛阳。《高僧传》卷1记载,摄摩腾"冒涉流沙,至乎洛邑"。[2]竺法兰与摄摩腾同至洛阳译经。安清"以汉桓之初,始到中夏",[3]支娄迦谶于"汉灵帝时游于洛阳",安息优婆塞安玄"亦以汉灵之末游贾洛阳"。[4]入华第一批高僧皆至洛阳。

洛阳具有"居天下之中"的优势,以此为中心交通全国各地比之其他城市都较便利。自洛阳往南的第一大商镇是当时被称作南都的南阳,从南阳南下可达江夏与江陵;自江陵往南,经长沙、桂阳而至番禺,番禺是南海贸易的中心地,这就把海陆两道丝路连接起来,东汉时罗马人最早走通了从海路入华至洛阳的道路,著名的安敦使团便经海路入华,于汉桓帝时进入东汉都城洛阳。《后汉书·西域传》记载,桓帝延熹九年(166年),"大秦王安敦遣使自日南徼外献象牙、犀角、玳瑁,始乃一通焉"。[5]汉末大乱,洛阳遭到破坏,中西交通曾有短时间的停滞,曹魏时洛阳迅速恢复了昔日的重要地位。

1.3 魏晋南北朝时期丝路起点的迁移与多元化

3至6世纪,由于中国境内经常存在多个政权对峙的局面,随着政治中心的多元化和洛阳的盛衰变化,丝路起点出现迁移和多元化倾向。按照我们的认识,洛阳、凉州、平城、邺城、长安都曾在一定时期内担负起丝绸之路起点的任务。

1.3.1 洛阳的两起两落

作为丝路的起点城市,洛阳有过两起两落。曹丕代汉自立,迁都至洛阳,西晋仍以洛阳为首都。经过曹魏、西晋的建设,洛阳又成为北方

---

〔1〕〔英〕赫德生:《欧洲和中国》(G.F.Hudsan, *Europe and China*)1961年,再版,第68、91页。

〔2〕〔南朝·梁〕释慧皎:《高僧传》卷1《摄摩腾传》,中华书局,1992年,第1页。

〔3〕〔南朝·梁〕释慧皎:《高僧传》卷1《安清传》,第4页。

〔4〕〔南朝·梁〕释慧皎:《高僧传》卷1《支娄迦谶传》,第10页。

〔5〕《后汉书》卷88《西域传》,第2920页。

乃至全国政治、经济中心和著名的繁华都市。曹魏时中原地区的丝织业得到恢复，洛阳有官办的蚕桑丝织业，马钧在洛阳改进丝织技术，提高了织绫效率。[1]据左思《魏都赋》描写，洛阳是各地包括丝织品在内的各种产品的集散地，城内有"卫之稚质、邯郸丽步、赵之鸣瑟，真定之梨、故安之栗，醇酎中山、流湎千日，淇洹之笋、信都之枣，锦绣襄邑、罗绮朝歌、绵纩房子、缣緫清河"。[2]其中4种名优丝织品产地在今河南、河北和山东。洛阳是繁华的国际都会，据《傅子》记载，魏齐王芳时，"其民异方杂居，多豪门大族，商贾胡貊，天下四方会利之所聚，而奸之所生"。[3]在这里中原地区的丝织品通过繁荣的对外贸易而流布四方。黄初三年(222年)，"西域外夷，并款塞内附"，"是岁，西域遂通"。[4]太和三年十二月，"大月氏王波调，遣使奉献"；[5]景初三年二月，"西域重译献火浣布"。[6]史载"魏兴，西域虽不能尽至，其大国龟兹、于阗、康居、乌孙、疏勒、月氏、鄯善、车师之属，无岁不奉朝贡，略如汉氏故事"。[7]曹魏通过河西走廊与西域保持着密切联系，洛阳作为首都是诸国使节往来和西域商胡东来贩贸的目的地。仓慈任敦煌太守："常日西域杂胡欲来贡献，而诸豪族多逆断绝，既与贸迁，欺诈侮易，多不得分明。胡常怨望，慈皆劳之。欲诣洛者，为封过所；欲从郡还者，官为平取，辄以府见物与共交市，使吏民护送道路。"[8]说明那些途经敦煌的胡商大多以洛阳为最后的目的地。嘉平二年(250年)，中天竺僧人昙柯迦罗、月氏高僧竺法护等皆曾游化洛阳。昙柯迦罗译出《僧祇戒心》，建立羯磨法，创行受戒，中土始有正式沙门。[9]

由于西晋完成了全国统一，洛阳成为全国政治经济中心，史书上记

---

〔1〕《三国志》卷29《魏书·方技传》裴松之注引，中华书局，1959年，第807页。

〔2〕〔南朝·梁〕萧统编：《昭明文选》卷6，上海书店，1988年，第89页。

〔3〕《三国志》卷21《魏志·傅嘏传》裴松之注引，第624页。

〔4〕《三国志》卷2《魏书·文帝纪》，第79页。

〔5〕《三国志》卷3《魏书·明帝纪》，第97页。

〔6〕《三国志》卷4《魏书·齐王芳纪》，第117页。

〔7〕《三国志·魏书》卷30《乌丸鲜卑东夷传》，第840页。

〔8〕《三国志》卷16《仓慈传》，第512页。

〔9〕〔南朝·梁〕释慧皎：《高僧传》卷1《昙柯迦罗传》，第13页；《竺法护传》，第23页。

载西域各国道里,便以洛阳为起点。《晋书·四夷传》记载:"焉耆国西去洛阳八千二百里","龟兹国西去洛阳八千二百八十里","大宛西去洛阳万三千三百五十里"。随着社会经济的发展,洛阳的工商业和对外贸易进一步繁荣。洛阳三市,即宫城西首的金市、城东建春门外的马市、城南的羊市,成为中外客商交易之所。西晋与西域各国保持密切关系,史载晋武帝即位,"匈奴南单于四夷会者数万人"。[1]晋武帝泰始及太康年间,康居、焉耆、龟兹、大宛、大秦皆有来华朝贡的活动。《晋书·四夷传》记载,晋武帝泰始年间,康居国王那鼻遣使上封事,并献善马。太康六年(285年),武帝遣杨颢出使大宛,诏封兰庾为大宛王。同传"大宛"条记载:"蓝庾卒,其子摩之立,遣使贡汗血马。"焉耆及龟兹国王均遣子前来洛阳"入侍"。1907年,斯坦因在敦煌西北长城烽燧址发现的粟特文书信第二号信札,是以姑臧为中心从事商业活动的粟特胡人寄往家乡撒马尔罕的。信写于西晋末年,言及他们在中国的经商活动,讲到他们派一位叫阿尔蒂赫弗·班达(Artixv Banday)的人率商队赴中国内地,"又已过去四年,因为商队是从姑臧启程的,故他们在第六个月才到达洛阳。在洛阳的印度人和粟特人都破了产,并都死于饥馑"。[2]

西晋末年和"五胡乱华"中,洛阳成为动乱的中心。经过一系列战争的破坏,繁华一时的洛阳化为废墟。后赵石勒开始营建洛阳,石勒"以成周土中,汉晋旧京,复欲有移都之意,乃命洛阳为南都,置行台治书侍御史于洛阳"。[3]北魏孝文帝于太和十八年(494年)迁都洛阳,北魏重建汉魏洛阳故城,增筑东西20里、南北15里的外郭城。新兴的洛阳城工商业十分发达,内外城之间西有西阳门外的"大市","周回八里"。东有青阳门外的"小市",南有跨越洛水永桥以南的"四通市",总称"洛阳三市"。洛阳又成为北中国交通四方的中心和丝绸之路的起点。至东魏孝静帝天平元年(534年)迁邺,北魏分裂,洛阳再遭浩劫。

[1]《晋书》卷3《武帝纪》,第50页。

[2]陈国灿:《敦煌所出粟特文信札的书写地点和时间问题》,见《魏晋南北朝隋唐史资料》(七),香港中华科技(国际)出版社,1992年,第11页。

[3]《晋书》卷105《石勒载记》,第2748-2749页。

北魏都洛时间并不长，但在40多年中，洛阳的商业和文化发展以及对外交流形成相当繁盛的局面。杨衒之《洛阳伽蓝记》记载，洛京府库所藏，“锦罽珠玑、冰罗雾縠，充积其内，绣缬、䌷绫、丝彩、越葛、钱绢等不可数计”。[1]西域各国入华至洛阳和以洛阳为起点沿丝路西行的中土人士都很多。

来华的使节一般必须来到洛阳才能完成他们的使命，而奉朝廷之命出使外国的中国使节则一般从洛阳出发。从景明元年（500年）至神龟元年（518年）的19年间，诸国“遣使朝贡”至洛阳者达61次之多。西域诸国使节朝贡物品，以贡至洛阳为终点。《洛阳伽蓝记》记载：“永桥南道东有白象、狮子二坊。白象者，永平二年，乾罗国胡王所献”，“狮子者，波斯国胡王所献也，为逆贼万俟丑奴所获，留于寇中。永安末，丑奴破，始达京师”。[2]北魏使节则将中原丝绸或丝织品赍往西域，国使数十辈则从洛阳出发，如宋云西行，以丝绸制成幡、香袋等佛教用品，随方施舍，以作功德。当北魏政权与西域展开大规模交往时，众多来自西域的使节经过长途跋涉，来到洛阳。

许多来华的西域僧侣和西行求法的中土僧人也以洛阳为终点和起点。迁都洛阳的北魏统治者崇信佛教，吸引大批西域僧人不远千里来到洛阳。北魏盛时，洛阳城内外寺院达1367所。《洛阳伽蓝记》记载：“时佛法经像盛于洛阳，异国沙门，咸来辐辏。负锡持经，适兹乐土。”宣武帝立永明寺以憩之，其寺“房庑连亘，一千余间”，“百国沙门，三千余人”。[3]有的西域僧人也在洛阳建立寺院，如“法云寺，西域乌场国胡沙僧昙摩罗所立也”，[4]“菩提寺，西域胡人所立也”。[5]可见奔波于丝绸之路上以洛阳为目的地的佛教僧侣人数之众。中土使节僧侣西行取经的，亦多从洛阳出发，最后又回到洛阳，例如宋云、惠生等。

---

〔1〕〔北魏〕杨衒之撰，范祥雍校注：《洛阳伽蓝记校注》卷4《法云寺》，上海古籍出版社，1978年，第207页。

〔2〕〔北魏〕杨衒之撰，范祥雍校注：《洛阳伽蓝记校注》卷3《城南》，第161页。

〔3〕〔北魏〕杨衒之撰，范祥雍校注：《洛阳伽蓝记校注》卷4《永明寺》，第235-236页。

〔4〕〔北魏〕杨衒之撰，范祥雍校注：《洛阳伽蓝记校注》卷4《法云寺》，第201页。

〔5〕〔北魏〕杨衒之撰，范祥雍校注：《洛阳伽蓝记校注》卷3《菩提寺》，第173页。

北魏时商旅和来华定居的各色人等人数众多。北魏政府在洛阳宣阳门外四里永桥以南，安置外国归附者。据《洛阳伽蓝记》记载，四通市之南“伊洛之间，夹御道有四夷馆，道东有四馆：一名金陵，二名燕然，三名扶桑，四名崦嵫。道西有四里：一曰归正，二曰归德，三曰慕化，四曰慕义”。其中前三馆和前三里，分别为吴人、北夷、东夷来附所居及赐宅处，而“西夷来附者，处崦嵫馆，赐宅慕义里”，“自葱岭以西，至于大秦，百国千城，莫不款附。商胡贩客，日奔塞下，所谓尽天地之区已。乐中国风因而宅者，不可胜数。是以附化之民，万有余家。门巷修整，阊阖填列。青槐荫陌，绿柳垂庭。天下难得之货，咸悉在焉。别立市于洛水南，号曰四通市，民间谓永桥市”。[1]同书卷4记载侨居洛阳的西域人云：“西域远者，乃至大秦国，尽天地之西陲，耕耘绩纺，百姓野居，邑屋相望，衣服车马，拟仪中国。”[2]洛阳出土鄯月光墓志，时当北魏正始二年（505年）十一月二十七日，碑题为“前部王车伯生息妻鄯月光墓志”。鄯月光为鄯善国之女，嫁于车师前部王车伯之子。鄯月光既死葬洛阳，车师王子想必亦寄居洛阳，说明北魏时车师前部王之子或留学，或作为质子流寓于洛阳。[3]1931年洛阳东北后沟出土的鄯乾墓志，乃北魏延昌元年（512年）八月二十六日所立，志文云鄯乾乃魏之侍中、镇西将军鄯善王宠之孙，平西将军青、平、凉三州刺史鄯善王临泽侯视之长子，亦鄯善国贵族寄居于洛阳者。洛阳北魏常山王元邵墓中出土有粉绘骆驼，背驮巨大的行囊，其内所装应是丝绸，正是丝路上沙漠之舟的形象。此墓中还出土两个陶俑，头发卷曲，身体彪悍，像是非洲黑人。另有一件绿釉扁壶，上饰乐舞图案，从人物形象和服饰看，像是阿拉伯人。[4]

北魏末年，洛阳又一次经历了战乱浩劫。534年，北魏孝武帝为权臣高欢所迫，逃往关中，投奔大将宇文泰。高欢另立元善见为帝，迁都

---

〔1〕〔北魏〕杨衒之撰，范祥雍校注：《洛阳伽蓝记校注》卷3《城南》，第160-161页。

〔2〕〔北魏〕杨衒之撰，范祥雍校注：《洛阳伽蓝记校注》卷4《城西》，第236页。

〔3〕赵万里：《汉魏六朝墓志集释》卷11，科学出版社，1956年。

〔4〕洛阳市博物馆：《洛阳北魏元邵墓》，载《考古》1973年第4期。

邺(今河北临漳西南),史称东魏,中国北方又陷于分裂。东魏、西魏、北齐、北周时期,洛阳丧失了政治、经济、文化中心的地位,同时也失去了丝路起点的地位。

1.3.2 凉州:乱世中的门户

凉州州治在今甘肃武威,这里又是武威郡和姑臧县的治所。经过西汉末东汉初至西晋时数百年的刻意经营,特别是两汉之际的窦融,三国时的张继、徐邈,以及西晋时范粲等人为政时对河西的治理,凉州成为西北地区重要的政治、经济、文化中心和军事重镇,其地位仅次于长安。晋惠帝永宁元年(301年),张轨出任凉州刺史兼护羌校尉。中原发生"八王之乱""五胡乱华"而陷于战争的火海时,凉州在张轨的治理下却维持了安定局面。"永嘉之乱,中州之人士避地河西,张氏礼而用之,子孙相承,衣冠不坠,故凉州号为多士。"[1]前凉政权注意对丝路交通的经营和管理,他们承袭晋制,在高昌设戍己校尉,在罗布泊海头设西域长史,扼丝绸之路南、北、中三道之咽喉,辖制西域各地,使前凉与西域各国的关系有了很大发展。前凉所设戍己校尉赵贞曾背叛前凉,导致西域各国皆叛前凉。太元二十三年(343年),张骏遣杨宣、张植越流沙西征,攻克焉耆、龟兹,鄯善、于阗等皆归附前凉,于是丝路又一次通畅。

张天锡太清十四年(376年),前凉为前秦所灭。建元十四年(378年),前秦凉州刺史梁熙派人到西域各地联系,当年即有大宛等国的使节和商人到中原,"朝献者十有余国",大宛"献天马千里驹"及"诸珍异二百余种"。[2]随着中原与西域交往的规模不断扩大,至前秦建元十七年(381年)二月,"东夷、西域六十二国入贡于秦"[3]。前秦灭亡,吕光称王凉州,建立后凉,武威成为后凉都城。后凉亡于后秦,姚兴取得了姑臧,但河西走廊一带,羌族人从来就没有定居过。姚兴要巩固这个据点,必须经常动用四五万人的兵力。此时姑臧以西有北凉沮渠蒙逊的势力;姑臧与后秦上邽之间,还隔着西秦乞伏鲜卑的一些城池,因此姑

〔1〕《资治通鉴》卷123《宋纪》五,胡三省注,中华书局,1956年,第3877页。

〔2〕《晋书》卷103《苻坚载记》,中华书局,1974年,第2900页。

〔3〕《资治通鉴》卷104《晋纪》二十六,第3298页。

臧成为一座四面受敌的孤城，陷入战乱的漩涡。姚兴任命投降他的南凉王秃发傉檀为凉州刺史，镇守姑臧。秃发辱檀据地称王，又恢复了南凉王称号。

南凉先是为夏主赫连勃勃所败，又不断遭受北凉的进攻，秃发傉檀只好放弃姑臧，还都乐都（今青海乐都）。411年，姑臧为北凉主沮渠蒙逊所得，次年迁都于此。420年灭西凉，取酒泉、敦煌，完全占领河西走廊。北凉全盛时，拥有武威、张掖、敦煌、酒泉、西海（君治居延，今内蒙古额济纳旗东南）、金城、西平、乐都等地，并且交通西域诸城邦，鄯善王比龙亲来姑臧访问，西域诸国同北凉有友好交往。北凉还与南朝互通声气，频繁交往。433年，沮渠蒙逊死，其子沮渠牧犍继位，亦称河西王。439年，北魏主拓跋焘亲率大军伐北凉，包围姑臧，姑臧很快落入北魏手中。北魏分裂后，姑臧先后为北周、西魏统治。

凉州位于甘肃河西走廊最东端，地扼河西走廊入口。东南接金城（今兰州），西北邻张掖，南经古浪，过天祝，翻越祁连山与青海河湟地区相接。北面过永昌、民勤与内蒙古为邻，与居延道相接。因此，历来为兵家必争之地，是东西交通枢纽、丝绸贸易集散地。著名的东汉铜奔马出土于此，故有“天马之都”之称。因前凉、后凉、北凉、南凉曾在此建都，又称“四凉古都”。由于地理位置重要，人们说它“通一线于广漠，控五郡之咽喉”，“地接四郡境，控三边冲要”，说它是“关中屏障”“河西走廊门户”。

由于凉州地处丝路要冲，前凉、后凉时具有丝路起点的性质，因此多种文化在此汇聚。丝路开辟以后，沿线诸城成为西域胡人聚居之地，武威也是如此。洛阳出土《康续墓志》，云：“昔西周启祚，康王承累圣之基。东晋失图，康国跨全凉之地。控弦飞镝，屯万骑于金城；月尘汉惊（境），辟千营于沙塞。举葱岭而入款，宠锡侯王；受茅土而开封，业传枝胤。”志文云西晋之末，康国人跨全凉之地，说明那时凉州已经成为入华西域人的重要聚集地。斯坦因考古发现的西晋末年的粟特文书，其中反映粟特人的经商活动，印证了凉州早已是粟特人东来的据点。北魏攻取武威，在此经商的粟特商人被俘。北魏文成帝时，粟特国王遣使来赎，北魏将他们全部放免。

中原战乱士人流徙凉州时，将中原文化带入凉州；北魏占领姑臧，又将姑臧人士迁徙中原，于是流传凉州的汉文化又传入北魏平城；西域文化经丝绸之路传入凉州，又经凉州传入中原地区。著名的“西凉乐”“龟兹乐”“天竺乐”等均由西域传入凉土，进而对中原音乐产生重大影响。其时，武威成为丝绸之路上繁华热闹的都市。北魏诗人温子升《凉州乐歌》云：“远游武威郡，遥望姑臧城，车马相交错，歌吹日纵横。”又云：“路出玉门关，城接龙城坂。但事弦歌乐，谁道山川远。”〔1〕

凉州又是天竺佛教传入中国中原地区，进入玉门关和阳关后的第一重镇。许多东来西往的高僧大德在这里停留驻锡，他们在此了解与熟悉中西语言文化，或者就地译经弘法，姑臧成为西北地区最重要的佛教中心之一。北凉时修凿的天梯山石窟是当时姑臧佛教兴盛的见证。《高僧传》卷2记载，昙无谶，中天竺人，受国王信重。后王意稍歇，待之渐薄，乃辞往罽宾。彼国多小乘，不信《涅槃》，乃东适龟兹。顷之，复进到姑臧。以涅槃经本品数未足，还外国究寻。值其母亡，遂留岁余。后于于阗得经本《中分》，复还姑臧译之。〔2〕同书卷3记载，昙摩蜜多，罽宾人。罽宾多出圣达，屡值明师，博贯群经，特深禅法。少好游方，誓志宣化，周历诸国，遂至龟兹。又度流沙到敦煌。不久，便到凉州。宋元嘉元年（442年）辗转至蜀，沿江东下，止荆州，后到建康。他们皆路经姑臧。〔3〕

汤用彤先生讲到魏晋南北朝时佛教传入中国的道路，强调了凉州的重要地位，他指出：“我国北部至印度之通路，自多经今之新疆及中亚细亚。晋之苻秦与其后之北魏均兵力及乎西域。而当魏全盛，威权及于今之新疆及中亚细亚（月氏故地）。故中印之行旅商贾，多取此途。经像僧人由此来者，亦较南方海程为多。其路线之大别，在新疆则分为南北二路。一路由凉州出关至敦煌，越沙漠（僧传谓之沙河，或曰流

〔1〕逯钦立辑校：《先秦汉魏晋南北朝诗》，见《北魏诗》卷2，中华书局，1983年，第2221页。

〔2〕〔南朝·梁〕释慧皎：《高僧传》卷2《昙无谶传》，第76-81页。

〔3〕〔南朝·梁〕释慧皎：《高僧传》卷3《昙摩蜜多传》，第120-122页。

沙),以至鄯善……是为南道";"一路由敦煌之北,西北进至伊吾,经吐番、焉耆进至龟兹,而至疏勒。是为北道"。"西域各国中,以罽宾、于阗、龟兹三国为交通重镇。其地佛教之性质,影响于我国者至大。而西方传教者,由陆路东来,先至凉州。因凉州为东西交通必由之路,而晋代中原大乱,士族多有避居者,故尤为文化交融之点。故此地至为重要。由凉东下至长安,进至洛阳,俱为中国佛法之中心地点。但在东晋南北朝时,东来者常由凉州南经巴蜀,东下江陵,以达江东。而南朝之西去者,亦有取此道者(如法献)。江陵(荆州)在东晋南北朝为政治军事之重地,其北出襄、樊以至关中,或洛阳(如晋道安)。或由巴蜀以至凉州。在南朝之地位,荆州之重要略比北方之凉州。"〔1〕凉州的确如他所论,在中西交通中具有重要地位。

1.3.3 平城:东西方交通的枢纽

平城即今山西大同。北魏皇始三年(398年)七月,拓跋珪自盛乐(内蒙古和林格尔)迁都平城,从此平城成为北魏首都长达97年,历经6帝7世。北魏建都平城时,山西大同成为丝路的起点之一。北魏统治者谋求向西发展,始光四年(427年),北魏乘夏主赫连勃勃新亡,攻破统万城,赫连定收其余众奔平凉。神䴥三年(430年)太武帝亲征平凉,平凉举城投降,从而打通了自平城沿鄂尔多斯南缘西进的道路。北魏声威远达西域,西域各国首先有通好的表现,《魏书·西域传序》记载,"太延中,魏德日益远闻,西域龟兹、疏勒、乌孙、悦般、渴槃陀、鄯善、焉耆、车师、粟特诸国王始遣使来献"。〔2〕中西间交通开始出现新的局面,太延三年(437年),拓跋焘"遣散骑侍郎董琬、高明等多赍锦帛,出鄯善,招

〔1〕汤用彤《汉魏两晋南北朝佛教史》,北京大学出版社,1997年,第264-265页。汤先生此段论述,忽略了吐谷浑之路的作用,魏晋南北朝时许多商使僧侣更多地利用了吐谷浑之地,未必行经凉州。例如汤先生所举法献,据释慧皎:《高僧传》卷13《法献传》,法献"闻猛公西游,备瞩灵异,乃誓欲忘身,往观圣迹。以宋元徽三年,发踵金陵,西游巴蜀,路出河南,道经芮芮。既到于阗,欲度葱岭,值栈道断绝,遂于于阗而返"。他经行"河南""芮芮",正是吐谷浑之地,并没有路出凉州。但凉州在中西方交通上的重要地位确如汤先生所论。

〔2〕《资治通鉴》卷122,系此事为宋文帝元嘉十二年(435年),即北魏太武帝太延元年。

抚九国,厚赐之”。[1]董琬等一行“北行至乌孙国”,乌孙王派向导、译员送董琬等到达破洛那国,送高明等到者舌国。太延三年(437年),董琬一行回到平城,随同而来的有包括乌孙、破洛那、者舌等在内的西域16国的使节。董琬等出使西域是中西交通史上的重要事件,在加强中原与西域各国的关系方面起到了沟通和促进作用,使一度沉寂的中西之间的官方来往又频繁起来。史载:“已而琬、明东还,乌孙、破洛那之属遣使与琬俱来贡献者十有六国”[2],“旁国闻之,争遣使者随琬等入贡,凡十六国,自是每岁朝贡不绝”。[3]太平真君六年(445年),太武帝开始积极经营西域,派遣万度归统兵征鄯善;九年,又以韩拨领护西戎校尉、鄯善王,镇鄯善。同时又出兵征焉耆、龟兹,置焉耆镇,终于取代柔然控制了西域诸国。北魏使者韩羊皮远抵波斯,便是在这一背景下进行的。董琬等出使西域后,西域诸国“自后相继而来,不间于岁,国使亦数十辈矣”。[4]自董琬等出使西域,至孝文帝太和十八年(494年)迁都洛阳50多年,平城成为丝路的起点城市,所以《魏书·西域传》记载至西域各国的路程皆以代(即平城)为坐标。如鄯善国“去代七千六百里”,且末国“去代八千三百二十里”,于阗国“去代九千八百里”,蒲山国“去代一万二千里”,悉居半国“去代万二千九百七十里”,车师国“去代万五十里”,乌孙国“去代一万八百里”,洛那国“去代万四千四百五十里”,粟特国“去代一万六千里”,波斯国“去代二万四千二百二十八里”,大月氏“去代一万四千五百里”,安息国“去代二万一千五百里”等等。北魏的使节发自平城,频繁西使。平城通西域的路线,利用了自汉以来的丝绸之路。当时平城与西域间的商使往来,一方面由洛阳转输,经洛阳西去长安,从而与传统丝路联结起来[5];另一方面则是从平城出发,沿鄂尔多斯南缘路经原州高平城西进,进入河西走廊。在北魏迁都洛阳之前,

[1]《魏书》卷102《西域传》,第2260页。

[2]《魏书》卷102《西域传》,第2260页。

[3]《资治通鉴》卷123,第3865-3866页。

[4]《魏书》卷102《西域传》,第2260页。

[5]王育民:《论历史时期以洛阳为起点的丝绸之路》,见《洛阳——丝绸之路的起点》,中州古籍出版社,1992年。

首都平城与高平间的联系以及与河西走廊间的交通，有赖于这条鄂尔多斯南缘路[1]。从平城东向，北魏与辽东、朝鲜半岛政权也保持着密切联系。因此北魏都平城时，平城是沟通丝绸之路绿洲路和草原路的枢纽，也是西往西域东通朝鲜半岛的联结点。

1.3.4 邺城：短暂的辉煌

作为丝路起点，邺城也有过一定时期的辉煌。自曹魏以来，邺城为北方重要城市，经济发达。汉末曹操驻节邺城，邺城成为北方实际的政治中心。曹丕代汉后，建都洛阳，邺城成为陪都。西晋时邺城是北方商业贸易中心。斯坦因在敦煌西北长城烽燧遗址发现的粟特文古信札，提到那些以凉州为中心经商的粟特人，最东边就到达邺城。五胡十六国时邺城先后成为后赵、冉魏、前燕的都城。北魏在邺城置行台，以后东魏、北齐都定都邺城。后赵邺都有"胡天祠"[2]，说明西域粟特人信奉的祆教传入此地。北魏都洛前，曾有多次迁都邺城之议。永熙三年（534年）东魏迁都邺城，史载"东魏主（高欢）发洛阳四十万户"迁邺[3]，其中应包括洛阳的百工技巧和各种人才。洛阳的人力、物力输入邺城，有力地促进了邺城生产力的发展。此后邺城成为东魏、北齐的首都，成为北方政治、经济、文化中心。

邺城手工业发达，成为当时丝织业中心之一。《隋书·地理志》云："魏郡，邺都所在，浮巧成俗，雕刻之工，特云精妙。士女被服，咸以奢丽相高，其性所尚习，得京、洛之风矣。"[4]邺城有被南朝萧梁所羡称的"登高之文，北邺之锦"的织锦作坊[5]。当时邺市被认为是最好的丝织品的产销之地，梁庾肩吾《谢武陵王赉白绮绫启》夸此赐物说："图云缉鹤，邺

---

〔1〕前田正名：《北魏平城时代鄂尔多斯沙漠南缘路》，载《东洋史研究》31卷2号；胡戟中译本载《西北历史资料》1980年第3期。

〔2〕《晋书》卷107《石季龙载记》记载："龙骧孙伏都、刘铢等结羯士三千伏于胡天。"

〔3〕《资治通鉴》卷156，第4857页。周一良认为，"四十万户"，应指四十万人户，亦即人口之意，见氏著：《魏晋南北朝史札记》，中华书局，1985年，第44-45页。

〔4〕《隋书》卷30《地理志》中，中华书局，1973年，第860页。

〔5〕梁皇太子：《谢敕赉魏国所献锦等启》，见《艺文类聚》卷85，上海古籍出版社，1982年，第1458页。

市稀逢。"[1]邺城出土了大批雕刻精妙的佛教造像碑，说明邺城集中了一批技艺高超的工匠。作为国都所在，邺城汇聚了东部地区的各类人才，使经济、文化和工艺达到一个新水平。在邺城，佛教有深厚基础，成为魏晋南北朝时佛教中心之一。后赵时，高僧竺佛图澄、释道安皆在邺城及河北其他地区活动。北魏明元帝"敬重三宝，仍于邺下大度僧尼"；太武帝"于邺城造宗正寺"；孝文帝时"以邺都造安养寺，硕德高僧，四方云集"。孝明帝"于邺下造大觉寺"[2]。东魏迁都邺城，沙门佛事亦俱东向，一批名显洛邑的高僧，如慧光、菩提流支、勒那摩提等皆由洛阳随迁邺城。东魏孝静帝、丞相高欢以及北齐诸帝皆崇信佛教，促进了佛教的发展，邺城成为佛教中心。著名的高僧如慧光、法上、道凭和僧稠都在邺城活动。南朝、西域及其他国家聘使之往来，出入邺城。《晋书·石勒载记》记载，后赵石勒立国，诸国使节至邺都，云："时高句丽、肃慎致其楛矢，宇文屋孤并献名马于勒。凉州牧张骏遣长史马诜奉图，送高昌、于阗、鄯善、大宛使，献其方物。"[3]经济的发展、文化的繁荣以及与域外、南朝政治上的交好，使邺城成为沟通南北的中心都市，推动了南北文化的交流。在这个特定时期，邺城还在一定程度上沟通了与海上丝绸之路的联系。建康在海上交通中处于重要位置，佛教自建康传入邺城，自然也带来了来自海上的佛教。东魏、北齐通过北方草原路绕过西魏、北周与西域交通。553年，吐谷浑使者及西域商人自北齐欲返青海故地，在武威西面遭到西魏凉州刺史拦截，这些商胡从北齐所得为丝绸。中天竺优禅尼国王子月婆首那，游化东魏，译《僧伽吒经》等3部7卷。河南安阳范粹墓出土的黄釉乐舞扁瓷壶，应该是外来品，高20厘米。5人一组的乐舞场面极为生动，中间一人婆娑起舞于莲座上，人物皆深目高鼻，着窄袖长衫，腰间系带，着靴胡装，是西域人的形象。[4]

[1]《艺文类聚》卷85，第1460页。

[2]《辨正论》卷3《十代奉佛篇》，见《大正藏》卷52，第506-507页。

[3]《晋书》卷105《石勒载记》，第2747页。

[4]河南省博物馆：《河南安阳北齐范粹墓发掘简报》，载《文物》1972年第1期，第49页。

1.3.5 长安:盛世曙光

魏晋南北朝时期,长安在丝绸之路上的地位时有盛衰,但总的看处于衰落地位。西魏和北周建都长安,为隋唐时期长安在丝路贸易和交流中重铸辉煌奠定了基础,可以视为盛世的曙光。东汉末年,董卓挟汉献帝迁都长安,不仅没有使长安重振雄威,反而带来空前的劫难。王允等在长安谋杀董卓,董卓部将李傕、郭汜等大乱长安,此后关中成为马超与曹操争夺的战场,长安城遭到极大破坏。曹丕代汉自立,迁都洛阳,长安为曹魏陪都,长安的建设没有成就。但由于长安是西域通洛阳的要道,魏晋时它仍是入华西域人的重要落脚点和中转之地。康绚先祖出于康居,汉代定居河西,晋时迁于蓝田。刘宋永初年间,康穆率乡族3000余家从蓝田南迁襄阳,说明长安附近聚居的胡人之多。西晋永嘉之乱时,司马邺赶到长安建都,"长安城中户不盈百,墙宇颓毁,蒿棘成林"。[1]十六国和南北朝时,匈奴人的前赵、氐人的前秦、羌人的后秦、鲜卑人的西魏和北周等王朝相继在长安建都,使长安的政治地位和它在中西交通方面的作用逐渐重要起来。

苻秦时长安的政治地位迅速提高,经济得到很大程度的恢复,一度恢复了丝绸之路起点的地位。苻坚任命梁熙为凉州刺史,镇姑臧,长安经河西走廊至西域的道路打通了。"梁熙遣使西域,称扬坚之威德,并以缯彩赐诸国王,于是朝献者十有余国。大宛献天马千里驹,皆汗血、朱鬣、五色、凤膺、麟身,及诸珍异五百余种。"[2]苻坚东征,平洛阳,"鄯善王、车师前部王来朝,大宛献汗血马,肃慎贡楛矢,天竺献火浣布,康居、于阗及海东诸国,凡六十有二王,皆遣使贡其方物"。[3]中西间商使往来兴盛起来。车师前部王弥阗、鄯善王休密驮至长安朝见,苻坚赐以朝服,引见西堂。弥阗等人请年年贡献,苻坚不许,令三年一贡,九年一朝。其时长安也是西域沙门东来的目的地,僧伽跋澄、僧伽提婆、竺佛

〔1〕《晋书》卷5《愍帝纪》,第132页。

〔2〕《晋书》卷113《苻坚载记》,第2900页。

〔3〕《晋书》卷113《苻坚载记》,第2904页。

念等天竺、西域高僧皆于前秦时至长安，从事译经传教活动。[1]同时这里也是粟特部落聚集之地。前秦建元三年(367年)立《邓太尉祠碑》记前秦冯翊护军所统诸部落中，有“粟特”，证明渭北地区有粟特部落活动。[2]

前秦末年长安遭慕容冲之乱，“冲毒暴关中，人皆流散，道路断绝，千里无烟”。[3]后秦姚苌都长安，姚兴时灭后凉，通过河西走廊，长安与西域建立起密切关系，长安成为丝路起点之一。姚氏崇奉佛教，迎请鸠摩罗什入关，“沙门自远而至者五千余人”。长安成为佛教译经中心。天竺昙摩掘多、佛驮跋陀罗，罽宾弗若多罗、昙摩流支、卑摩罗叉、佛陀耶舍等著名高僧都在姚秦时入长安。长安附近的蓝田一直是西域胡人的聚集之地。《晋书·姚兴载记》记载，后秦时“扬武、安乡侯康宦驱略白鹿原氐胡数百家奔上洛”。[4]康宦当是粟特人，其所驱略氐、胡数百家，其中也当有粟特胡人。417年，东晋刘裕攻破长安，灭后秦。《宋书·傅弘之传》记载，傅弘之等人“进据蓝田，招怀戎、晋，晋人庞斌之、戴养，胡人康横等各率部落归化”；“弘之素善骑射……羌、胡聚观者，并惊惋叹息”。[5]

刘裕的军队退回江南，大夏王赫连勃勃夺取长安。426年，北魏攻占长安，长安进入北魏统治。北魏先是都平城，后迁洛阳，洛阳成为中西交通的中心，长安成为中转之地。北魏灭亡后，中国北方又一次陷于分裂，西魏、北周相继以长安为都城。《北史·西域传》云，东西魏和北齐、北周“不闻有事西域”，[6]并不符合实际。它们皆与西域有使节往还和商贸往来。特别是西魏、北周以长安为都，奠定了后来在隋唐两朝长安为全国政治、经济和文化中心的基础，也奠定了长安在中西交通方面丝

〔1〕参释慧皎：《高僧传》卷1《僧伽跋澄传》《僧伽提婆传》《竺佛念传》。

〔2〕唐长孺：《魏晋杂胡考》，见《魏晋南北朝史论丛》，三联书店，1978年，第421-422页；马长寿：《碑铭所见前秦至隋初的关中部族》，中华书局，1985年，第22页。

〔3〕《晋书》卷113《苻坚载记》，第2927页。

〔4〕《晋书》卷118《姚兴载记》，第3002页。

〔5〕《宋书》卷48《傅弘之传》，中华书局，1974年，第1430-1431页。

〔6〕《北史》卷97《西域传》，中华书局，1974年，第3207页。

路起点的基础。长安是关陇集团的发祥地,因此隋、唐两代皆以长安为都,其时长安成为当时世界上最大的国际都市,成为丝绸之路黄金时代的起点。

1.4　隋唐时长安、洛阳的颉颃

隋唐以长安和洛阳为两都,长安和洛阳在中外经济文化交流中各有优势和盛衰,基本上具有同等重要的地位。大体说来,唐朝前期洛阳是全国经济中心,在丝绸之路贸易和交流中具有明显的优势地位,特别是武则天在位时期,洛阳作为首都成为全国政治、经济和文化的中心,其地位益形重要。开元二十五年(737年)后,由于黄河龙门水道的疏浚,长安在经济领域里地位有所加强,随着皇帝不再东幸,洛阳的政治地位急剧下降。安史之乱中洛阳遭受的破坏最为严重,由于南北方的交通道路改为沿长江西上,经襄阳至长安,经由大运河北上的水道受到北方政治形势的影响而衰落,洛阳经济中心的地位继续坠落,长安在中外贸易和交流中则比洛阳具有明显的优势地位。

从政治功能说,隋及唐朝前期东西两都具有同等重要的地位。唐代长安是当时世界上最大的城市,长安不仅是唐朝的政治中心,也是中外文化交流的中心,长安是一个名副其实的国际都市。洛阳是与长安东西辉映、并驾齐驱的城市,两都都是百万人口的大城市。隋唐两代都重视洛阳居天下之中的地理位置,隋及唐代前期洛阳由于交通的便利成为全国经济中心。从隋文帝时代起,至唐玄宗开元二十五年,在长安和洛阳都存在相同的中央机构,正常年景在长安,一遇灾荒移宫洛阳成为隋唐两朝天子经常性的活动。[1]当天子移驾洛阳时,包括接待外国来使的工作都在洛阳进行,例如《资治通鉴》记载,龙朔元年三月,高宗便"与群臣及外夷宴于洛城门"。[2]

〔1〕参石云涛:《唐前期关中灾荒、漕运与高宗玄宗东幸》,见《魏晋南北朝隋唐史资料》(第13辑),武汉大学出版社,1994年,第102-111页。

〔2〕《资治通鉴》卷200,第6323页。

隋及唐朝前期，长安和洛阳都是外国使节、艺人和胡商云集之所，这从两地出土粟特胡人后裔墓志可知。昭武九姓粟特人以经商著称，魏晋南北朝至隋唐时他们是丝路贸易的主要担当者。进入中国中原地区都以国为姓，有康、安、曹、石、米、何、史、穆等，而以康、安两国人最多，他们多为富商，不仅带来域外产品以与中国丝绸等产品进行交换，而且带来了西域的宗教和文化。康国人多信仰摩尼教，安国人多信仰火祆教。曹国人多乐工、画师，唐代的琵琶名手多姓曹，如曹保、曹善才、曹纲三代都以琵琶而著称。石国人多摩尼教徒，有的善舞，有的能翻译回鹘语。米国人以善乐著称，米、何、史诸国也多属祆教徒。波斯人多以经商致富，操纵长安珠宝、香药市场。波斯贵族由于阿拉伯势力入侵而流浪天涯，国王卑路斯和他的儿子泥涅师入华而客死长安。〔1〕在长安醴泉坊、义宁坊、布政坊，洛阳修善坊皆有"波斯胡寺"。〔2〕说明在长安、洛阳的波斯胡人不是少数。

长安在隋唐两代中西交通和交流中首屈一指的重要地位为人熟知，不必赘述，这里单说洛阳。洛阳在中西交通和贸易交流方面也盛况空前。隋朝在隋炀帝时开始大力营建东都，并建含嘉仓以屯储各地租赋；设市经商，开展对外贸易，吸引西域商人至洛阳进行交换。唐朝建立，继承隋之传统，把洛阳作为全国经济中心，扩大市场规模。隋时，在城南外侨聚居地之外，形成了东市、南市、北市三大市。唐代增加西市，形成国际性的大市场，称为洛阳四市。其中最重要的是隋东市曰丰都市，唐时称南市。据唐杜宝《大业杂记》记载："丰都市，周八里，通门十二，其内一百二十行，三千余肆……市四壁有四百余店……珍货山积。"唐韦述《两京新记》云："东京丰都市东西南北居二坊之地。"〔3〕《唐两京城坊考》卷5载："隋曰丰都市，东西南北居二坊之地，其内一百二十行，三千余肆，四壁有四百余店，货贿山积。"〔4〕

〔1〕参向达：《唐代长安与西域文明》，三联书店，1957年，第4–38页。

〔2〕〔清〕徐松：《唐两京城坊考》卷4，第117、123页；卷5，第156页。

〔3〕《太平御览》卷191《居处部》第2册，上海古籍出版社，2008年，第803页。

〔4〕〔清〕徐松：《两京城坊考》卷5，第160页。

丰都市即唐之南市，以其在洛水之南，故曰南市。辛德勇的考证认为："丰都市不唯'南北居坊之地'，东西也同样是'居二坊之地'，共占地四坊。"所以才有八里之周长。[1]隋唐长安东、西两市均占两坊地，可知洛阳丰都市的规模比长安东西两市都大，说明隋炀帝于东都置市，一开始就是把它作为最大的贸易中心进行建设的。至唐时丰都市规模缩小，"贞观九年促半坊"，但高宗显庆年间又立北市，《唐会要》卷86《市》云："显庆二年十二月十九日，洛州置北市，隶太府寺。"[2]实际上北市早已存在，洛阳龙门奉先寺古阳洞石窟存有永昌元年"北市香行社"供养人题字，说明在此之前已有北市。显庆二年隶属于太府寺。西市、北市在唐前期一直与南市互相呼应，成为洛阳经济贸易中心区，南市以经营日常商品为主，在三个市中规模最大。当时，各类重要商品如金、银、珠宝、瓷器、皮毛、丝绸等从全国各地汇集到南市，再从这里发送到全国各地乃至域外，直到唐后期由于洛阳在政治经济领域里地位的坠落才废为居民区。现在隋唐洛阳城南市遗址考古发掘正在进行，它将进一步揭示南市在隋唐经济贸易中的重要地位，为洛阳作为隋及唐前期丝绸之路最东端的起点提供新的说明。

隋唐时期洛阳在全国交通网络中地位更加重要，在中西交通方面更为便利。隋炀帝建东都新址比汉魏故址在交通四方上更为便利。"都内纵横各十街"，城内河渠如网，处处通漕，整个漕运系统以洛水为纽带，南北两翼遍布河渠，北岸有漕渠、瀍水、泄城渠，南岸有通济渠、运渠、分渠，又南引两条伊水与运渠相通。从都城与外界交通看：陆上，城址西移后，控制了伊洛瀍涧四河的谷口，都城成为洛阳平原陆路交通的枢纽；水上，洛阳城跨河而建，为伊洛瀍涧四河纵横交错的中心，同时贯通南北的黄金水道即南到杭州、北至涿郡的大运河已经开通，洛阳正好成为其连接点。隋炀帝开凿南北大运河，在所开四段运河中，除邗沟与江南河的衔接点在京口以外，其他三段的中心衔接点都在洛口，洛阳成为全国水运中心。正如唐人所说："今自九河外，复有淇、汴，北通涿郡

---

〔1〕辛德勇：《隋唐两京丛考》，三秦出版社，1991年，第140页。

〔2〕《唐会要》卷86《市》，上海古籍出版社，1991年，第1873页

之渔商,南运江都之转输。”[1]唐太宗、高宗屡次东居洛阳宫,武则天以洛阳为神都,玄宗在开元二十五年前亦常东幸洛阳,在政治地位上洛阳与长安并驾齐驱,吸引着众多的商使蕃客东至洛阳。

洛阳在隋唐时中外经济贸易和文化交流兴盛,有标志性的事件为证。隋代举行盛大的国际贸易大会。炀帝派裴矩经营西域,裴矩在张掖从事的重要工作之一是鼓动商胡至洛阳朝贡,《隋书·裴矩传》记载,根据裴矩的建议,炀帝在洛阳举行“都下大戏”,“征四方奇技异艺,陈于端门街,衣锦绮、珥金翠者以十万数”,“遣掌蕃率蛮夷与民贸易”。[2]又据《资治通鉴》“大业六年”条记载,在洛阳端门街举行的这次贸易盛会,“盛陈百戏,戏场周围五千步,执丝竹者万八千人,声闻数十里。自昏至旦,灯火光烛天地,终月而罢,所费巨万。自是岁以为常”。洛阳有丰都等三市,“诸蕃请入丰都市交易,帝许之。先命整饰店肆,檐宇如一,盛设帷帐,珍货充积,人物华盛,卖菜者亦藉以龙须席。胡客或过酒食店,悉令邀延就坐,醉饱而散,不取其直,给之曰:中国丰饶,酒食例不取食。胡客皆惊叹”。[3]这样的盛会在炀帝的时代一直沿袭下来,说明当时洛阳一直是胡商东来最主要的目的地,也是西行经商者的出发点,是丝绸之路贸易最东端最大的贸易中心。

唐时洛阳、长安同为全国中心,具有标志性意义的事件是高宗、玄宗东封泰山,《唐会要·封禅》记载:“麟德二年十月丁卯,帝发东都,赴东岳。从驾文武兵士及仪仗法物,相继数百里,列营置幕,弥亘郊原。突厥、于阗、波斯、天竺国、罽宾、乌苌、昆仑、倭国及新罗、百济、高丽等诸蕃酋长,各率其属扈从,穹庐毡帐及牛羊驼马,填候道路。”[4]《通典》卷7《历代盛衰户口》记载:“(开元)十三年封泰山,米斗至十三文,青齐谷斗至五文,自后天下无贵物,两京米斗一至二十文……东至宋汴、西至岐州,夹路列店肆,待客酒馔丰溢。每店皆有驴,赁客乘,倏忽数十里,谓

〔1〕〔唐〕皮日休:《皮子文薮》卷4,中华书局,1959年,第44页。

〔2〕《隋书》卷67《裴矩传》,中华书局,第1581页。

〔3〕《资治通鉴》卷181,第5649页。

〔4〕《唐会要》卷7《封禅》,第113页。

之驿驴。南诣荆、襄，北至太原、范阳，西至蜀川凉府，皆有店肆，以供商旅。远适数千里，不持寸刃。”在这样的背景下，玄宗东封泰山，从洛阳出发，出现了“四夷酋长从行”的盛况。韩国磐说：“高宗、玄宗东封泰山时，四方少数民族首领及外国使者，皆以洛阳为中心而聚集，那么，丝路上东来的使、商客，自然相同，以洛阳为目的地而来此。”[1]

其时，自长安至洛阳一带成为一个特殊的地理单元，既是全国政治核心和重心区域，又是经济文化的中心地区。在这个区域内长安和洛阳东西辉映，成为两个耀眼的明珠城市，中西交通与交流进入黄金时代，东西两都共同担负着丝路起点的任务。根据《隋书·裴矩传》记载，北朝后期西域各国商胡多至张掖贸易，随着隋朝统一和中西交通的开展，丝绸之路向内地延伸，经长安一直延伸至中原洛阳，洛阳作为丝绸之路的起点也发展到最辉煌的时代。从长安和洛阳出发，有四通八达的驿道网络，辐射和连接全国各地都市，全国各地丰饶的物产源源不断地输入两都，又经东来西往的商使蕃客转运至世界各地，从而促进了世界各个国家、各个民族和各地区的相互交流，推动着世界文明的共同进步。如果说长安和洛阳是丝绸之路起点的中心城市，环绕两都的各大城市则构成丝绸之路起点的卫星城市，这样的城市数量众多，如汴州、相州、太原、襄阳、南阳、颍川等，它们在丝绸之路上的贸易和交流中各自发挥着作用，将中外文化交流的触角伸向全国各地。因此说长安和洛阳是丝绸之路的起点，它们只是这诸多城市的两个代表而已，它们和这些城市共同代表着丝绸的故乡，即中国。安史之乱中洛阳遭到严重破坏，特别是回纥两次助唐收复东都，回纥军队对洛阳的抢劫杀掠破坏尤甚。战乱结束后虽有所恢复，但昔日的辉煌不再，洛阳丧失了丝绸之路起点的地位，南市废弃为居民区便是一个象征。

探讨丝绸之路起点的迁移，我们之所以限定在汉唐之间，因为中西之间的交通在路线、功能和交流内容等方面，从唐后期开始发生了许多重要变化。首先，由于吐蕃占领河西走廊和西域，造成中原地区与中

〔1〕韩国磐：《古都洛阳与丝绸之路》，见《洛阳——丝绸之路的起点》，中州古籍出版社，1992年，第20页。

亚、西亚、南亚以至欧洲、非洲的交通路线的改变。这种改变一是草原路兴起,二是海上交通开始发展起来。其次,从中国西传的商品茶叶、瓷器日益重要,与丝绸一样成为输出的大宗商品,它们共同发挥着中西交流的杠杆作用,丝绸日益失去一枝独秀的地位。第三,再往后随着欧洲人环球航行的成功,西方传教士来华,中西交流的内容更发生实质性的变化,中西交流的重要内容已经不是物质产品的交换,也不是佛教的传播和发展,而是新的西方现代文明的传播和汉学西传。第四,在新的交通工具出现以后,世界各地陆海两道交通发展起来,许多空间的阻隔都被打破了,许多城市都能够独立地与域外进行交通和交流,文化传播的起点便突破个别政治中心、经济中心的单一模式,变得更加多元了。那么,就很难说某一个城市处于中外交通起点的中心地位。

2 丝绸之路绿洲路研究

绿洲之路即传统意义上的丝绸之路，指经河西走廊至西域（今新疆地区），越葱岭至中亚，而后至南亚、西亚、北非和欧洲的道路。德国地质学家李希霍芬最早提出“丝绸之路”这一概念，指的便是这条道路。这条道路经过许多世界上著名的沙漠，中西方交通的路线由沙漠中的绿洲联结，因此被称为绿洲之路，也被称为沙漠绿洲路、西北丝路，我们所说的丝绸之路通常指这条道路。这条著名的丝绸之路在人类文明史上发挥了重要的作用，也一直是学术界关注的对象，成果甚多。本章着重研究北魏时期这条道路的发展和利用。

中国中原政权与西域的交通至北魏时出现了一个高潮，特别是在太武帝以后，北魏保持了长时期的政治和社会稳定，促进了中西间交通的开展。宣武帝以后，这种交通和交往形成前所未有的高潮，与之通交的国家和地区远及波斯、南亚和东罗马。据我们统计，与北魏通交的西部国家和地区除今新疆地区各绿洲王国外，葱岭更远的地方多达90多个，彼此使节往还频繁。此外，东来传教与西行求法的佛教徒络绎不绝，奔波丝路从事商贸活动的商队相望于道，形成“相继而来，不间于岁”的兴盛局面。[1]

2.1 北魏西北丝路的利用

由于南北朝对峙，北魏无法通过海路与西域交通，主要利用西北丝路与西域诸国进行交通往来。这一时期传统的经由河西走廊进入西域的道路仍受到重视和利用，但这条道路有时并不畅通，河西走廊的割据

〔1〕《北史》卷97《西域传序》，第3206页。

政权、柔然和西域诸绿洲国家有时作梗，迫使东来西往的使节、商旅和僧众不得不改走他道，因此除了河西之路主干道以外，人们也利用了吐谷浑之路，即经今青海地区入西域的道路。

2.1.1 经河西入西域的道路

河西路是自汉代以来就已存在的丝绸之路主干道，发自长安，穿越秦陇，通过河西走廊至玉门关。西晋灭亡以后，河西走廊一直是多事地带，这里先后出现所谓“五凉”政权，又有前秦、后秦、西秦染指河西，因此战乱频仍。南北朝时一些西行求法僧常常取道河西路，如《高僧传·智猛传》记载，后秦僧人智猛赴印度求法，“招结同志沙门十有五人，发迹长安，渡河跨谷三十六所，至凉州城。出自阳关，西入流沙，凌危履险……遂历鄯善、龟兹、于阗诸国，备瞩风华。从于阗西南行二千里，始登葱岭”，[1]由此进入罽宾等国。北魏统一北方后，太武帝遣使西行，注意利用河西路入西域。史载北魏通西域，北凉政权往往遣人护送其使团出流沙。《魏书·西域传》记载：“初，世祖（太武帝拓跋焘）每遣使西域，常诏河西王沮渠牧犍令护送，至姑臧，牧犍恒发使导路出流沙。”[2]

魏晋时从河西走廊入西域，出玉门关则分南北两道。《魏书·西域传》记载：“度流沙，西行两千里至鄯善为一道，自玉门关度流沙北行二千二百里至车师为一道。”[3]另有伊吾路至车师后王国。北魏时三条路线的使用主要根据北魏与柔然、高昌、鄯善等国的关系而定。当王恩生等人西使为柔然所获，不能成行时，北魏则派董琬等“出鄯善”往西域。《魏书·西域传》“于阗”条记载：

> 先是，朝廷遣使者韩羊皮使波斯，波斯王遣使献驯象及珍物。经于阗，于阗中于王秋仁辄留之，假言虑有寇不达。羊皮言状，显祖怒，又遣羊皮奉诏责让之。自后每使朝献。[4]

显祖即献文帝拓跋弘（465—471年在位）。按照一般交通情况，自

[1]〔南朝·梁〕释慧皎：《高僧传》卷3《智猛传》，第125页。

[2]《魏书》卷102《西域传》，第2260页。

[3]《魏书》卷102《西域传》，第2261页。

[4]《魏书》卷102《西域传》，第2263页。

于阗入内地通常走的是经鄯善至敦煌而进入河西走廊的道路。

2.1.2 鄯善道的利用

从河西入西域自汉代以来便形成三条路线，即自敦煌出玉门关西行的鄯善道、楼兰道和伊吾路。北魏人称楼兰道为“白龙堆路”，[1]魏晋以后，鄯善成为西行经西域南道或北行经白龙堆路入西域北道的分路口，因此从敦煌西行，则分鄯善和伊吾两道。《魏书·西域传》云：“度流沙，西行两千里至鄯善为一道，自玉门关度流沙北行二千二百里至车师为一道。”经鄯善入西域南道则通莎车，“从莎车西行一百里至葱岭，葱岭西一千三百里至伽倍为一道；自莎车西南五百里葱岭，西南一千三百里至波路为一道焉”。[2]北行入西域北道因为要经行艰险的白龙堆路，故较少为人利用。

北魏交通西域，最早主要利用鄯善路，首先是由于柔然崛起于北方，伊吾路受到柔然的威胁和阻碍，朝廷使节不得不经行丝路南道上的鄯善。

北魏交通西域是在太武帝拓跋焘时期开始的。《魏书·西域传序》记载：“太祖初经营中原，未暇及于四表，既而西戎之贡不至。”但也是在这时，有大臣奏请依汉朝故事通西域，以“振威德于荒外”，“致奇物于天府”。道武帝却以为“汉氏不保境安人，乃远开西域，使海内虚耗，何利之有？今若通之，前弊复加百姓矣”。因此没有采纳大臣的建议，究其实，国力不逮是其根本原因。太宗明元帝拓跋嗣即位后，继承了道武帝的传统，“历太宗世，竟不招纳”。[3]太武帝即位的前10年，在中西交通方面依然没有动向。

至太武帝太延元年(435年)，西域诸国入朝进贡，接着北魏遣使报聘，双方的交往拉开了序幕。这年二月，“蠕蠕、焉耆、车师诸国各遣使朝献”。于是有遣王恩生、许纲等出使西域之举。史载这年五月“遣使

〔1〕《魏书》卷102《西域传》“鄯善国”条，中华书局，1974年，第2261页。

〔2〕《魏书》卷102《西域传》序，第2261页。

〔3〕《魏书》卷102《西域传》序，第2260页。

者二十辈使西域”,王恩生当为正使,许纲等人在其中。[1]其时柔然将西域视为禁脔,不欲让北魏染指西域。王恩生等在途中被柔然捕获,不准越境。太武帝切责柔然敕连可汗,敕连可汗遣王恩生等还。王恩生等人是北魏出使西域的第一批使团,此行未果,但成为中西间交通的先声。

柔然是继匈奴、鲜卑之后在北方兴起的又一个强盛的草原民族。5世纪初,社仑统领柔然诸部,在与北魏的战争中失利,为了避免北魏侵袭,从漠南退向漠北,侵入高车部落聚居的鄂尔浑、土拉河流域,“深入其地,遂并诸部,凶势益振。北徙弱洛水,始立军法”。[2]牟汗纥升盖可汗大檀时柔然进入强盛时期。北魏太武帝时,正是柔然崛起之时,因此成为北魏交通西域的障碍。太武帝经营河西,对柔然的用兵取得了一定胜利,北魏与柔然的关系一度缓和。太延元年之前一年,即延和三年二月,“蠕蠕吴提奉其妹,并遣其异母兄秃鹿傀及左右数百人朝贡,献马二千匹”。《魏书·世祖纪》载太武帝本年二月戊寅诏书云:

> 朕承统之始,群凶纵逸,四方未宾,所在逆僭。蠕蠕陆梁于漠北,铁弗肆虐于三秦……故频年屡征,有事西北……今四方顺轨,兵革渐宁,宜宽徭赋,与民休息。[3]

这一年太武帝亲幸河西,显示中西间丝路东端的通畅。于是当太延元年西域诸国遣使来贡,北魏朝廷决定回报,便试图通过伊吾路交通西域,结果却被柔然所阻挠。北魏使节所以经行伊吾路,从后来董琬等人西使,我们知道他们的目的地是乌孙,因此经伊吾路至高昌而后走西域北道最为近便。但盘踞大漠的柔然却不想让北魏与西域建立直接的联系。柔然一边与北魏讲和,一边阻挠和破坏北魏使节西行,其用意就是垄断中原与西域之间的丝路贸易。

西域诸国不断遣使来献,太延元年(435年)二月,柔然、焉耆、车师诸国各遣使朝献;六月,鄯善国遣使朝献;八月,粟特国遣使朝献。悉居

〔1〕王恩生等作为第一批使团,即北魏最早“遣使者二十辈使西域”,其事当在太延元年。参拙著《三至六世纪丝绸之路的变迁》,文化艺术出版社,2007年,第149页。

〔2〕《魏书》卷103《蠕蠕传》,第2290页。

〔3〕《魏书》卷4上《世祖纪》,第83页。

半国“太延初遣使来献”。北魏则于第二年八月，遣使六辈使西域。太延三年(437年)三月，“龟兹、悦般、焉耆、车师、粟特、疏勒、乌孙、渴槃陀、鄯善诸国王各遣使朝献”。[1]9国同时来献，这是北魏外交史上的空前盛况，大臣建议遣使回报，可是此时太武帝却对交通西域仍感到犹豫，他以为“西域汉世虽通，有求则卑辞而来，无欲则骄慢王命，此其自知绝远大兵不可至故也。若报使往来，终无所益”。鉴于先前遣使西域数辈皆无结果，回报诸国又是不小的负担，所以不欲遣使回报。有人认为“九国不惮遐险，远贡方物，当与其进，安可豫抑后来”？[2]交通西域的主张最终占了上风，北魏决心继续遣使交通西域。

王恩生等人行经伊吾路，故为柔然所阻。为了避开柔然的阻拦，“又遣散骑侍郎董琬、高明等，多赍金帛，出鄯善，招抚九国”。[3]董琬一行改走鄯善路，出使成功。据《魏书·西域传》记载，董琬等“北行至乌孙国”，受到热情款待。当他们启程西行时，“受诏便道之国，可往赴之”。在乌孙国，“其王得朝廷所赐，拜受甚悦”，建议董琬等交通破洛那、者舌等国。这年十一月，破洛那、者舌国“各遣使朝献”。董琬等出鄯善至乌孙，并没有经丝路南道西行，他们应该自鄯善北向，直接至焉耆、龟兹而后西行。从鄯善北向，实际上走的是楼兰古道，即白龙堆路，此路迂回艰险，但避开了柔然的威胁。董琬、高明等人西使，在加强中原与西域各国的关系方面起到了沟通和促进作用。这次成功出使，使一度沉寂的中西之间的官方来往频繁起来，随同董琬一行回到平城的，有包括乌孙、破洛那、者舌等在内的西域16国的使节，“自后相继而来，不间于岁，国使亦数十辈矣”。[4]北魏与西域之间互通使节越来越频繁，把丝路交通一步步推向高潮。

北魏使节经行鄯善道，也和北魏与割据河西走廊的政权、鄯善国的关系以及西域南道自古以来的利用有关。

---

〔1〕《魏书》卷4上《世祖纪》，第88页。

〔2〕《魏书》卷102《西域传序》，第2260页。

〔3〕《魏书》卷102《西域传序》，第2260页。

〔4〕《魏书》卷102《西域传序》，第2260页。

鄯善地处新疆东部，地近中原，与中原政权的关系对中西交通有重要影响。东汉末年中原大乱，鄯善同西域其他国家一样，游离于中原政权的统治之外。魏晋以后，鄯善与中原政权长期保持友好关系。曹魏建立，鄯善内附，《三国志·乌丸鲜卑东夷传》记载："魏兴，西域虽不能尽至，其大国龟兹、于阗、康居、乌孙、疏勒、月氏、鄯善、车师之属，无岁不奉朝贡，略如汉氏故事。"3世纪前期鄯善国基本上处于独立阶段，后期西晋势力进入西域，征服鄯善，使其承认中原王朝的宗主权。4至5世纪，鄯善王国保持着繁荣，多次向中原王朝和河西地区的地方政权派遣使节，称臣朝贡，接受册封。前凉张骏派军队征服了鄯善和龟兹，加强了对西域东部的控制。前秦灭西凉，鄯善王亲自入朝。吕光征西域，鄯善王曾和车师前部王充当吕光大军的向导。

太武帝太延元年(435年)，西域各国开始遣使入魏朝贡，这年六月鄯善国使节便到了平城，《魏书·西域传》记载："鄯善国都扜泥城，古楼兰国也……地多沙卤，少水草，北即白龙堆路。至太延初，始遣使来献。"[1]鄯善是最早与北魏建立友好关系的西域国家之一。此时河西走廊为北凉所控制，北魏与北凉关系和好，因此北魏使节西行能够得到北凉的帮助。《魏书·西域传》记载："初，世祖每遣使西域，常诏河西王沮渠牧犍令护送，至姑臧，牧犍恒发使导路出流沙。"这成为北魏使节"出鄯善"入西域的重要背景。

从鄯善和车师西行分别为西域南道和北道。董琬等人为赴乌孙，又重走了经历白龙堆的楼兰古道，即从鄯善入北道。这条道路虽然艰险，但自汉以来不断有人冒险西渡。《高僧传·智猛传》记载，后秦僧人智猛等人赴印度求法，他们发迹长安，至凉州城，"出自阳关，西入流沙……遂历鄯善、龟兹、于阗诸国"。[2]他们从鄯善至龟兹，入西域北道，董琬等人当是循此路西行。此后鄯善成为北魏与西域各国使节往还的必经之地。太延四年(438年)三月，鄯善王遣其弟素延耆入侍于北魏，北魏与鄯善的关系更加密切。第二年四月，经由此道，鄯善、龟兹、疏

〔1〕《魏书》卷102《西域传》，第2261页。

〔2〕〔南朝·梁〕释慧皎：《高僧传》卷3《智猛传》，第125页。

勒、焉耆遣使进物于北魏；五月，遮逸国进汗血马于北魏；十一月，粟特、渴槃陀、破洛那、悉居半诸国各遣使朝贡于北魏。据《魏书·西域传》“鄯善国”条记载，太延四年（438年），北凉残众欲击鄯善，“会魏使者自天竺、罽宾还，俱会鄯善”。[1]说明北魏出使天竺的使节亦路经鄯善。

太延四年至五年（438—439年）间，丝路形势发生逆转，一方面北魏与柔然展开大规模的军事冲突，致使经行伊吾的北道不通。为了夺取北道的控制权，太延四年七月，北魏大举伐柔然。另一方面，北凉投靠柔然，阻断河西交通，引起北魏不满。这一年，北凉前期政权为北魏所灭，太延五年（439年），北凉余众在沮渠无讳率领下西迁，沮渠无讳派沮渠安周西击鄯善，鄯善王比龙恐惧，从天竺、罽宾返国的魏使劝比龙抵御沮渠安周的进攻，鄯善王阻断西域南道，安周不能克。其后比龙惧沮渠氏的进攻，率众西奔且末，其世子则投降了沮渠安周，鄯善成为北凉直接控制的据点。沮渠无讳又逐高昌太守阚爽而据有其地，次年自立为凉王，与柔然、北魏对抗，于是南北两道阻绝。同时，丝路西端的形势也动荡不安，从公元438年萨珊波斯伊嗣侯二世即位起，便与崛起于中亚的嚈哒开始攻战，嚈哒也在积极向南部发展其势力。5世纪30年代，嚈哒南下吐火罗斯坦，战胜寄多罗王朝，波斯则不断进攻嚈哒，这也是造成此一时期丝路衰落的原因。由于沮渠氏政权的阻碍和丝路西端形势的恶化，自太武帝太平真君元年（440年）至太平真君四年（443年），史书上没有看到北魏与西域诸国的使节往来。

沮渠安周虽然占有鄯善，但“鄯善人颇剽劫之，令不得通”。[2]太武帝太平真君六年（445年），北魏开始大力经营西域。这年四月北魏出兵讨吐谷浑，吐谷浑主慕利延西走于阗。太武帝又令万度归发凉州以西兵进军鄯善，八月平鄯善，“其王真达面缚出降”。万度归留兵镇守，与真达至平城，太武帝厚待之。于是“行人复通”。[3]太平真君八年，“鄯善、无遮国并遣子进物于北魏”。九年（448年）五月，北魏命交趾公韩牧

〔1〕《魏书》卷102《西域传》，第2261页。

〔2〕《魏书》卷102《西域传》，第2261页。

〔3〕《魏书》卷102《西域传》，第2261-2262页。

为领护西戎校尉、鄯善王，以镇鄯善，“赋役其人，比之郡县”，北魏利用鄯善进行中西间往来更加通便。后来的情况证明，北魏使节多从鄯善西行，经西域南道出使西域。《魏书·西域传》“于阗”条记载：“先是朝廷遣使者韩羊皮使波斯，波斯王遣使献驯象及珍物。经于阗，于阗中于王秋仁辄留之，假言虑有寇不达。羊皮言状，显祖怒，又遣羊皮奉诏责让之。自后每使朝献。”按照一般交通情况，自于阗入内地，通常走的是经鄯善至敦煌而进入河西走廊的道路。

太平真君九年（448年）八月，北魏大破焉耆，其王鸠尸卑那西奔龟兹。北魏命康和与车师前部王车伊洛率所部兵，与万度归相会，讨西域。十二月，北魏以万度归自焉耆西讨龟兹，康和镇焉耆。同时北征柔然，第二年柔然渠帅绵他拔率其部落千余帐归附北魏，柔然主吐贺真远遁。自鄯善分行的西域丝路南北两道皆通，同时也迎来了北魏中西间交通的第一个高潮。

2.1.3 伊吾路的利用

北魏时自敦煌入西域之二道，其中至车师则路经伊吾。严耕望先生说：“两晋北朝时代，伊吾道似为通西域之主要干线，用兵节使多出此途。”[1]据我们考察，这一论断不免笼统，一是如前所论，北魏时中西交通曾充分利用了途经鄯善的道路，或北上过白龙堆路入北道，或西行经于阗过葱岭的南道；二是北魏时中西交通还利用了吐谷浑之路，这一点将在下文论述；三是伊吾路的利用比较复杂，主要取决于北魏与柔然、高车等民族的关系，特别是北魏与柔然的和战造成伊吾路的起伏盛衰，因此很难简单地说北朝时用兵节使多出此途。对于北魏时期的使节来往而言，一开始伊吾路不通，后来的利用也是断断续续进行的。直到北魏后期征服柔然，伊吾路才显得重要起来。

五胡十六国时，伊吾路多有利用。《晋书·吕光载记》记载，太元十年（385年），吕光平定龟兹后东归，“而苻坚高昌太守杨翰说其凉州刺史梁熙距守高桐、伊吾二关，熙不从。光至高昌，翰以郡迎降……及至玉门，

〔1〕严耕望：《唐代交通图考》Ⅱ（河陇碛西区），台北：台湾中央研究院历史语言研究所，1985年，第493页。

梁熙传檄，责光擅命还师，遣子胤与振威姚皓、别驾卫翰率众五万，距光于酒泉”。据考玉门关原在敦煌西北，隆安四年（400年）前已东移至晋昌宜禾县之东、酒泉以西[1]。而“吕光自龟兹还至宜禾”[2]，学者们推测其东归，应该经伊吾路[3]。永初三年（422年）十二月，河西王蒙逊所置“晋昌太守唐契反”，蒙逊遣世子正德讨之。景平元年（423年）三月，唐契战败，自晋昌“奔伊吾”[4]。这些都是伊吾路得到利用的史证。在这样的历史背景下，北魏第一次遣使西域，便企图经伊吾路西行，但为柔然所阻。

当北魏完成了北方的统一时，北方崛起的柔然成为伊吾路上的最大威胁，使节往还不得不改走他路。如前所论，出敦煌西行使节们更多经行鄯善路，有意绕过了伊吾，从而避开柔然作梗。北魏太武帝时经营西域，打通了南北两道的交通，并没有能够解决伊吾的交通问题。柔然盘踞伊吾，并力图垄断丝路交通，北魏与西域使节往还受到阻隔。由于伊吾在丝路交通中的重要地位，因此成为北魏、北凉、柔然、高车等各种势力争夺的中心，伊吾先后隶属于柔然、高车、北魏。柔然汗国在西域的活动中心是准噶尔盆地和阿尔泰山一带，5世纪时柔然汗国向南发展，占据了伊吾、高昌和焉耆等地。《魏书·唐和传》记载，西凉李暠为沮渠蒙逊所灭，唐和与兄唐契携外甥李宝避难伊吾，“招集民众二千余家，臣于蠕蠕，蠕蠕以契为伊吾王，经二十年，和与契遣使来降”。[5]此后唐契兄弟被柔然所逼，弃城携部落逃至高昌，柔然又命高羔子为伊吾城主。

至北魏文成帝太安二年（456年）八月，北魏遣尉眷北击伊吾，克其城，大获而还。此后的一段时间，由于北魏对柔然军事上的胜利，伊吾路可能得到利用。这时草原路畅通，现今黑海北岸刻赤出土有此一时期的中国丝绸，哈来比、杜拉欧罗波、巴尔米拉等地有成批的中国丝绸

〔1〕向达：《唐代长安与西域文明》，三联书店，1957年，第392页。

〔2〕《资治通鉴》卷106，中华书局，1982年，第3352页。

〔3〕向达：《唐代长安与西域文明》，第388页。

〔4〕《宋书》卷98《氐胡传》，中华书局，1974年，第2417页。

〔5〕《魏书》卷43《唐和传》，第962页。

残片发现。太安三年(457年)北魏主拓跋濬北巡阴山,第二年渡大漠,柔然绝迹远遁,其别部乌珠贺颓、库世颓率众降。

但这种形势不久就发生了变化,文成帝和平元年(460年),柔然攻高昌,杀沮渠安周,以阚伯周为高昌王。经伊吾西行必经之地高昌落入柔然之手,此后柔然的发展进入一个盛期,北魏与柔然的关系进入一个微妙时期。这一时期,柔然与北魏时战时和,且战且和,柔然既是敌对国,又是交通西域各国的中介。柔然一方面对抗北魏,不断进扰北魏西北边境地区;一方面向西域扩展势力。献文帝皇兴四年(470年)八月,柔然侵北魏边塞,九月,北魏北伐,破柔然。同时,柔然西击于阗,于阗遣使向北魏求救:"西方诸国,今皆已属蠕蠕,奴世奉大国,至今无异。今蠕蠕军马到城下,奴聚兵自固,故遣使奉献,延望救援。"[1]北魏力不能及,柔然一时成为西域霸主。此后,柔然连年寇边。

柔然与北魏发生军事冲突的同时,又不断遣使入贡,自和平元年至太和二十三年(460—499年),柔然与北魏大规模的军事冲突达14次之多,而以柔然进犯、北魏防御为主。与此同时,柔然向北魏朝贡13次。与柔然入贡次数成反比,西域其他诸国入贡次数明显减少。据此,我们大致可以推断,柔然向西域的扩张,以及对北魏西北边塞的侵扰,其重要目的之一是控制丝路交通,垄断丝路贸易,柔然力图独占与中原地区丝路贸易之利。入贡是要换取更多的赏赐,用兵是阻断中原与西域的联系,从而保证丝路贸易的专利权。由于柔然势力崛起,并联络南朝刘宋,进击北魏。因此和平三年至和平五年数年间,中西交通一度中断,史书上不见北魏与西域各国互派使节的记载。

柔然的存在一直是当时中西间交通的障碍,地处中原的北魏王朝想在西域外交上有所作为,必须解除柔然游牧民族对于天山北部的控制。从孝文帝开始,北魏对柔然展开了大规模的进攻。北魏太和十二年(488年),高羔子投降北魏,北魏在伊吾设郡,柔然势力退出伊吾地区。太和十六年(492年)八月,北魏出动七万骑兵进击柔然。太和二十一年(497年)高昌臣于柔然,不久,柔然主被高车所杀,柔然势衰。高车

〔1〕《魏书》卷102《西域传》,第2263页。

与北魏通好，高昌臣于高车。宣武帝正始三年（506年）十月，柔然遣使纥奚勿六跋至北魏请和，标志着北魏与柔然长期的军事冲突以柔然示弱结束。中亚地区嚈哒称霸，其势力伸展至南亚北部、西亚和西域，保证了丝路西端的通畅。宣武帝时中西间交通达到高潮，与这一背景有关。

当柔然衰落时，其属部高车首领阿伏至罗脱离柔然汗国的统治，建立高车国，屡与柔然争夺对伊吾的统治权，与北魏共同形成对柔然的夹击之势。柔然衰落后，高车与北魏保持友好关系。因此北魏后期二三十年间，伊吾路应该得到重视和利用。6世纪中叶，突厥汗国建立，伊吾一带成为突厥势力范围，西域为室点密可汗统治。公元583年，突厥分裂为东、西二部，包括伊吾在内的西域各部都归属西突厥，西突厥在伊吾设城长。至隋朝夺取伊吾，于此设伊吾镇和柔远镇，伊吾路又成为中西交通的要道。经行白龙堆的古楼兰道早已成为畏途，在伊吾路消除了人为的威胁时，使节、佛教徒与商旅更多地利用了伊吾路。所以隋代裴矩《西域图记》云："自高昌东南去瓜州一千三百里，并沙碛，乏水草。人西行，四面茫茫，道路不可准记，惟以六畜骸骨及驼马粪为标验，以知道路。若大雪，即不能行，兼有魑魅。是以商客往来，多取伊吾路。"〔1〕

20世纪初，新疆鄯善县吐峪沟曾出土《持世经》残卷，该经尾题"岁在己丑凉王大且渠安周所供养经，吴客丹阳郡张烋写"〔2〕。"己丑"为公元449年，即北魏太平真君十年，北凉承平七年。吐峪沟所出《佛说菩萨藏经》残卷尾题"大梁王大且渠安周所供养经，承平十五年（457年）岁在丁酉书吏臣樊济写"〔3〕。中村不折所藏《十住论》残卷，出自吐鲁番，尾题"凉王大且渠安周所写"〔4〕。中村不折藏鄯善所出《华严经》卷28残

〔1〕乐史：《太平寰宇记》，影印文渊阁四库全书本第470册，台北：商务印书馆，1986年，第450–459页。

〔2〕此残卷后为日本中村不折收藏，参见《敦煌遗书总目索引》，散录844号，中华书局，1983年。

〔3〕据王树枏《新疆访古录》卷1，此残卷先为陈镕皆、阜钧在曾炳熿吐鲁番幕府时所得，1910年赠与王树枏，后流入日本，为中村不折收藏。见《敦煌遗书总目索引》，散录0820号。

〔4〕《敦煌遗书总目索引》，散录0817号。

卷，尾题“凉王大且渠安周所供养经”。据释僧祐《出三藏记集》，上述4件残卷中，《持世经》《菩萨藏经》和《十住论》皆为鸠摩罗什于402至412年间在长安译出。元熙二年(420年)六月十日，佛度跋陀罗于扬州道场寺译出60卷本《华严经》。李崇峰先生据此指出，大量中原和南方佛经西传，表明这一时期僧侣西行求法和传译活动加强，伊吾路的开通或许为上述诸经新译本问世后不久直接传入高昌，提供了便利。靠近伊吾路起点的酒泉和玉门地区石窟中，出现较多西域式样的洞窟和画塑，也应当与伊吾路的通畅有关。[1]

经伊吾路入西域，官方的使节常受到柔然的阻挠，佛教徒、商队与使节不同，宗教容易突破国家与民族的隔阂而传播，佛教徒的行踪不大受政治上的影响；商队则是经济上的互通有无，为各国各民族所鼓励，因此即便战时他们亦通常利用这条道路。对于使节往来，随着北魏与柔然的关系时战时和，伊吾道时有通塞，其东部起点有时自敦煌，有时则不自敦煌，或自晋昌(今安西)。宣武帝以后，北魏彻底解除了柔然对丝路的威胁，伊吾路应该得到更多的利用。虽然该道多沙碛，乏水草，多风险，甚至带有诸多恐怖色彩，然而较之白龙堆路仍较优越，使节、商旅、僧徒仍多取此路往还，成为中西交通的要道，裴矩《西域图志》视伊吾为三大门户之一。

2.1.4 吐谷浑之路的利用

自张骞出使西域“凿空”以后，古代中西交通的陆上路线，一般情况下都是过河西走廊经新疆进入葱岭以西。但是当河西走廊或其中某一段被阻塞时，或者新疆东部地区出现阻碍时，人们也往往另走它道进入新疆地区。北魏时曾利用了吐谷浑之路。关于吐谷浑之路的研究，前人成果很多，但更多地注意了南朝与西域间交通的利用，北魏时利用的具体情况还缺乏深入探讨。

西晋灭亡以后，在南北朝对峙、中国境内多个政权存在、北方柔然崛起、彼此交通阻隔的特定时代里，特别是河西走廊和新疆东部地区成

〔1〕李崇峰：《中印佛教石窟比较研究》，北京大学出版社，2003年，第246页。

为多事之地，吐谷浑之地便成了一个沟通四方的重要地区。一般地说，吐谷浑之路以青海湖周围地区为中心，向东经湟水流域可通往中原，至长安、洛阳；向北越过祁连山脉，可进入河西走廊，向北偏东可到达武威，过扁都山口向北可至张掖，从青海湖西的都兰城出发，沿柴达木盆地南北两缘西行，再向北过阿尔金山隘口，可至鄯善。向南经龙涸（今四川松潘）至成都，可以和南朝相通。

中原政权利用吐谷浑之地交通西域，开始的时间较晚，北魏利用吐谷浑之地交通西域更晚。十六国南北朝时期，吐谷浑之地的利用，首先是割据河西走廊的前凉政权交通东晋。其时青海一带是所谓“西北诸种”游牧之地，吐谷浑族从遥远的东北辗转迁徙而来，只是作为一个游牧部落，在甘肃、青海一带游牧，被“西北诸种”称为阿虏柴，势单力弱。因此包括吐谷浑族的“西北诸种”并不成为前凉沟通东晋的障碍。东晋末年，阿豺为吐谷浑主，吐谷浑部落开始强盛，“兼并羌氐，地方数千里，号为强国”。东晋灭亡，阿豺依附南朝刘宋，“遣使通刘义符，献其方物”，[1]接受宋文帝刘义隆的封号。

刘宋与北魏相抗，吐谷浑依附刘宋，而北魏的势力尚未进入关中、河西，因此当时吐谷浑并没有与北魏发生直接的关系。阿豺死，慕璝立，继续奉表通刘宋，宋文帝授予陇西公称号。“慕璝招集秦凉亡业之人及羌戎杂夷，众至五六百落。南通蜀汉，北交凉州赫连，部众转盛。”[2]在这以前，在政治交往方面，吐谷浑之地仍然主要是西北地区前凉、西凉、北凉、南凉、河南国（即吐谷浑）等各政权交通东晋和南朝的道路。北魏的势力尚未统一黄河流域，与吐谷浑地隔后秦和后来匈奴人赫连勃勃（铁弗）建立的夏，因此双方的联系尚未建立起来。北魏太武帝以前，亦无交通西域的打算，所以也不存在利用吐谷浑之地的交通问题。

这一时期利用吐谷浑之地交往的，主要是西北各政权交通南朝及来往于西域、北方、南朝之间的使节和佛教僧众。中原地区西行者，著

〔1〕《魏书》卷101《吐谷浑传》，第2235页。

〔2〕《魏书》卷101《吐谷浑传》，第2235页。

名的法显西行取经经行了此地。据法显《佛国记》记载，东晋安帝隆安三年（399年，后秦弘始元年）三月中旬，法显从长安出发，西行取经，与之同行者有慧景、道整、慧应、慧嵬等。其时中国北方正值五胡十六国混战的时代，河西走廊的形势非常混乱，有西秦、南凉、后凉、北凉、西凉等割据政权。建都长安的后秦与以凉州为中心的后凉在对峙中，法显不能通过凉州（姑臧）西行，故绕道吐谷浑之地。他们西度流沙，过陇山，至金城（今兰州），经乾归国（西秦，今兰州一带）、傉檀国（南凉，今西宁一带），北行至张掖，绕过凉州。《高僧传》卷3记载，北魏泰常五年（420年），释昙无竭慕法显西行，与25位僧人从黄龙出发，“发迹北土，远适西方。初至河南国，仍出海西郡，进入流沙，到高昌郡”。〔1〕

北魏使节利用吐谷浑之路，取决于北魏与吐谷浑的政治关系。吐谷浑与北魏建立正式的外交关系，是慕璝和太武帝拓跋焘时，其时北魏统一了黄河流域，吐谷浑在慕璝的领导下也在西部进行扩张。《魏书·吐谷浑传》记载：“世祖时，慕璝始遣其侍郎谢大宁奉表归国，寻讨擒赫连定，送之京师。世祖嘉之，遣使者策拜慕璝为大将军、西秦王。”但是双方的关系并没有因此向着良好的方向发展下去，原因是慕璝的示好存在着令北魏不安的动机。慕璝向北魏上表陈情云：

> 臣诚庸弱，敢竭情款，俘擒僭逆，献捷王府。爵秩虽崇而土不增廓，车旗既饰而财不周赏，愿垂鉴察，亮其单款。臣顷接寇逆，疆境之人，为贼所抄，流转东下。今皇化混一，求还乡土。乞拂日连、窟略寒、张华等三人家弱在此，分乖可愍。愿并敕遣，使恩洽遐荒，存亡感戴。〔2〕

慕璝向东扩张，击灭赫连夏，却以对北魏有功要求封赏。言语之间，又希望北魏割让土地，赏赐钱物，并索要进入北魏的人口。这道表被北魏认为“无厌之情”，没有接受。“自是慕璝贡献颇简，又通于刘义隆，义隆封为陇西王。”慕璝交通刘宋，与刘宋共同构成对北魏夹击之势。慕璝死，慕利延立，接受刘宋封号。太武帝征凉州，慕利延惧，“西

〔1〕〔南朝·梁〕释慧皎：《高僧传》卷3《昙无竭传》，第93页。

〔2〕《魏书》卷101《吐谷浑传》，第2235–2236页。

遁沙漠”。太武帝遣使慰喻，招还慕利延。慕利延弟暗通北魏，被慕利延处死，其弟叱力延逃至北魏平城，受到北魏庇护，请兵讨慕利延。其时北魏正大力经营西域，试图打通丝路交通。太平真君六年，北魏出兵西讨，北魏与吐谷浑发生第一次军事冲突。慕利延兵败，西逃于阗，“杀其王，死者数万人。南征罽宾，遣使通刘义隆求援，献乌丸帽、女国金酒器、胡王金钏等物，义隆赐以牵车”。第二年，慕利延还国。

慕利延死，拾寅立，起初对北魏“修贡职”，但也接受刘宋封号。后来对北魏则“自恃险远，颇不恭命”。[1]北魏发兵两道，大举进攻吐谷浑，拾寅遁逃。自太武帝末年至文成帝时，北魏大规模地对吐谷浑用兵，迫使吐谷浑遣子入侍。此后，直到孝文帝时长达半个世纪，拾寅及其子度易侯与北魏长期保持友好关系。北魏也在这一时期大力开展与西域的交通往来。接下来，度易侯死，伏连筹立，继续与北魏保持良好关系，“终世宗世，至于正光，氂牛、蜀马及西南之珍，无岁不至”。[2]也就是说从世宗宣武帝起至孝明帝正光年间(500－524年)，正值北魏与西域交通达到高潮时，吐谷浑与北魏始终保持着良好关系，这一时期吐谷浑之路的利用应该对中西间交通起到了促进作用。

北魏与吐谷浑的统治者皆出于鲜卑，同根同祖，虽时有冲突，但总的看没有影响相互间的密切交往。考古发现的《魏故武昌王妃吐谷浑氏墓志铭》记载，北魏武昌王元鉴妃吐谷浑氏，出身于吐谷浑贵族家庭，与鲜卑王室联姻，表明吐谷浑与北魏间建立了密切的姻亲关系。武昌王妃于北魏孝庄帝建义元年(528年)七月三日薨于崇让里第。碑志云：“百两来仪，终远兄弟；同车去国，作嫔魏庭，行未半古，中年分体。”[3]可见她去世时年岁不大，吐谷浑与北魏的通婚发生在这一时期。在这种情况下，人们则会更多地利用吐谷浑之地作为东西往来的交通要道。

宋云等人出使西域，经过了吐谷浑之地，是在吐谷浑与北魏关系和

〔1〕《魏书》卷101《吐谷浑传》，第2237页。

〔2〕《魏书》卷101《吐谷浑传》，第2240页。

〔3〕《魏故武昌王妃吐谷浑氏墓志铭》，见赵超：《汉魏南北朝墓志汇编》，天津古籍出版社，1992年，第245页。

好的背景下进行的。据《洛阳伽蓝记》卷5引宋云等人的记述,孝明帝神龟元年(518年),宋云等人受皇太后胡充华派遣,赴西域取经。同行的有沙门法力、惠生等人。他们从洛阳出发,西行40日至赤岭(今青海日月山),取吐谷浑南道至鄯善,其时鄯善在吐谷浑辖下。他们完全绕过了河西走廊。据尚民、贾鸿健的研究,宋云等人过赤岭后,当经今共和、茶卡、都兰、香日德、格木尔、乌图美仁,然后过阿尔金山口,进入今新疆若羌地区。吐谷浑国都城便在今香日德。〔1〕宋云等西使取经是一次重大的交往活动,这次活动兼出使与取经双重性质,他们的成功出使进一步加强了北魏与西域各国的联系。他们经吐谷浑之路,至鄯善,其时鄯善为吐谷浑所占领。由此西行,经西域南道,越葱岭进入印度,后于正光三年(522年)二月返国。

北魏宣武帝以后,一方面经过长期的军事斗争,彻底征服了柔然,经河西走廊入西域的伊吾路得到了利用;一方面与吐谷浑的关系得到改善,双方保持了70多年的和平交往,吐谷浑之路得到利用;鄯善国与北魏长期保持友好关系,经鄯善北向入西域北道,或西行经西域南道的道路都空前通畅,因此北魏与西域各国间的丝路各线空前畅通,于是出现了宣武帝时中西交往的高潮。在广泛交往的背景下,西域各国入华人数众多,出现了杨衒之《洛阳伽蓝记》卷5所描写的盛况:"西夷来附者,处崦嵫馆,赐宅慕义里。自葱岭以西,至于大秦,百国千城,莫不款附。商胡贩客,日奔塞下,所谓尽天地之区已。乐中国土风因而宅者,不可胜数,是以附化之民,万有余家。"〔2〕大批西域商人前来中国贸易,形成"相继而来,不间于岁"的兴盛局面。世宗宣武帝时,散骑常侍兼尚书邢峦曾指出:"逮景明之初,承升平之业,四疆清晏,远迩来同,于是蕃贡继路,商贾交入,诸所献贸,倍多于常。"〔3〕这是一个空前的高潮,这一时期有更多的西域国家和地区与北魏建立了通使关系。北魏以后,中国北方再次分裂,加上突厥的崛起,中西间交通出现衰落趋势。但当隋

〔1〕尚民、贾鸿健:《宋云西行与吐谷浑国》,载《青海社会科学》1992年第3期。

〔2〕〔北魏〕杨衒之撰,范祥雍校注:《洛阳伽蓝记校注》卷3,第161页。

〔3〕《魏书》卷65《邢峦传》,第1438页。

唐两朝再次完成国家的统一,并对突厥实现了军事征服的时候,北魏时中西交通的兴盛局面便迅速恢复,这是与北魏时打下的良好基础分不开的。

2.2 北魏中西间交往与贸易往来

3至6世纪,中西间陆路交通经历了几次盛衰起伏。大体说来,曹魏、西晋维持了东汉以来的局面,与西域保持着密切联系;五胡十六国时期由于中原地区、河西走廊和西域的动乱,出现过衰落趋势。中原政权与西域的交通至北魏时出现了一个高潮,特别在太武帝以后,北魏保持了长时期的政治和社会稳定,促进了中西间交通的开展。正如张星烺所说:"当时保有江左之汉族,则内乱迭起,篡弑相仍。反不如北方之宁谧,事权之有统一。"[1]这为中西交通的开展提供了政治环境。北魏分裂后,突厥势力进入西域,西魏、北周与西域的交通遇到严重阻隔,因此丝路交通又有所停滞。本节对北魏对外政策的变化及其对中西交通的影响做一探讨。

2.2.1 北魏西域政策的变化

在对外交往方面,中国古代的统治阶级主要出于扬威异域、怀徕柔远、扩张领土和获取奇珍异物等目的,这样的动机是汉武帝时开始明确并形成系统思想的。《史记·大宛列传》记载,张骞出使西域以后,汉武帝欲开辟西南经身毒至大夏的通道,其用意是:"天子既闻大宛及大夏、安息之属皆大国,多奇物,土著,颇与中国同业,而兵弱,贵汉财物;其北有大月氏、康居之属,兵强,可以赂遗设利朝也。且诚得而以义属之,则广地万里,重九译,致殊俗。威德遍于四海,天子欣然,以骞言为然。"[2]汉武帝《封李广利为海西侯诏》表彰征服大宛的二师将军李广利,特意指

〔1〕张星烺:《中西交通史料汇编》(第一册),上海书店影印辅仁大学图书馆,1930年,第60页。

〔2〕《史记》卷123《大宛列传》,第3166页。

出:“珍怪之物毕陈于阙。”[1]异国来贡方物,成为皇威远被的一种标志。西汉末年,王莽辅政,为了显示汉朝的威德,他一边派人送给黄支国大量的金帛,一边则要求黄支王献生犀牛,从而向国人昭示自己的治绩。

北魏的统治者出身于鲜卑拓跋部,作为北方草原游牧民族,其初并没有这种借域外进贡获取虚名和奇物的观念。《魏书·西域传序》记载,道武帝拓跋珪时,北魏势力进入中原地区,已经拥有了今山西、河北之地,统治者尚无交通域外的思想和表现,“西戎之贡不至”。但也是在这时,有大臣奏请依汉朝故事通西域,以“振威德于荒外”,“致奇物于天府”。鲜卑拓跋部在经略中原的过程中,接受了汉文化的浸润,从其指导思想来看,他们通西域的动机,建立在汉武帝以来中国统治阶级对外关系的思想传统上。

扬威异域、怀徕柔远,并换取域外的奇珍异物,需要物质基础。在中国统治者看来,与域外的交往和交流,不是平等的互惠互利的活动,而是要拿出自己的“金帛”赐予对方,才有可能让他们接受附属国的地位。于是皇威远被的虚名需要承担经济上的负担。当国力强盛时,便不惜代价,厚往薄来,以赢得四海顺服的虚名;经济衰敝或国力不逮时,则困于经济负担而闭关自守。北魏太祖道武帝拓跋珪也是这样,他以为“汉氏不保境安人,乃远开西域,使海内虚耗,何利之有?今若通之,前弊复加百姓矣”。太宗明元帝拓跋嗣即位后,继承了道武帝的传统,“历太宗世,竟不招纳”。

自北魏太武帝拓跋焘太延元年(435年)起,中西间交通出现了新的局面。先是西域诸国入朝进贡,接着北魏遣使报聘,双方的交往拉开了序幕,其背景是北魏对漠北、西北地区的军事征服以及北魏与柔然关系的缓和,为中西交通提供了必要的条件。在此前一年,即延和三年(434年)二月,“蠕蠕吴提奉其妹并遣其异母兄秃鹿傀及左右数百人朝贡,献马二千匹”。《魏书·世祖纪》载太武帝本月戊寅诏书云:“朕承统之始,群凶纵逸,四方未宾,所在逆僭。蠕蠕陆梁于漠北,铁弗肆虐于三秦……

〔1〕《汉书》卷61《李广利传》,第2703页。

故频年屡征,有事西北……今四方顺轨,兵革渐宁,宜宽徭赋,与民休息。"这一年太武帝亲幸河西,显示中西间丝路东端的通畅。北魏声威远达西域,西域各国首先有通好的表现。太延元年(435年)二月,"蠕蠕、焉耆、车师诸国各遣使朝献"。于是有遣王恩生、许纲等出使西域之举。史载这年五月"遣使者二十辈使西域",[1]王恩生当为正使,许纲等人在其中,许纲至敦煌病卒。其时柔然将西域视为禁脔,不欲北魏染指西域。王恩生等在途中被柔然捕获,不准越境。太武帝切责柔然敕连可汗,敕连可汗遣王恩生等还。王恩生、许纲等人是北魏出使西域的第一批使团,此行未果,但成为中西间交通的先声。

王恩生等经河西走廊西行,经敦煌,大约行经伊吾路,故为柔然所阻。为了避开柔然的阻拦,北魏太武帝"又遣散骑侍郎董琬、高明等,多赍金帛,出鄯善,招抚九国"。[2]董琬一行可能经吐谷浑之路至鄯善,而后西行。董琬、高明出使西域是北魏西行使团中最为成功的一批。据《魏书·西域传》记载,拓跋焘遣董琬、高明等多带锦帛,招抚西域,董琬等人"北行至乌孙国",受到热情款待,"其王得朝廷所赐,拜受甚悦,谓琬曰:'传闻破洛那(即汉时大宛国,故地在今乌兹别克斯坦国费尔干纳盆地)、者舌(又称遮逸、州逸,位于今乌兹别克斯坦塔什干一带)皆思魏德,欲称臣致贡,但患其路无由耳。今使君即到此,可往二国,副其慕仰之诚。'琬于是自向破洛那,遣明使者舌"。乌孙王派向导、译员送董琬等到达破洛那国,送高明等到者舌国。后来,董琬一行回到平城(今山西大同),随同而来的有包括乌孙、破洛那、者舌等在内的西域十六国的使节,"俱来贡献",中西交通拉开了序幕。从此,北魏与西域之间互通使节越来越频繁,把丝路交通一步步推向高潮。

2.2.2 北魏时中西关系的发展

董琬等出使西域以后,北魏与西域各国建立了密切关系。北魏统治者在"振威德于荒外,致奇物于天府"的思想指导下,积极开展外交活动。但与西汉张骞通西域后,汉王朝与西域各国交通面临匈奴和沿途

〔1〕《魏书》卷4上《世祖纪》,第85页。

〔2〕《魏书》卷102《西域传序》,第2260页。

各国的阻挠情况相似，北魏时中西交通面临着新崛起的北方游牧民族柔然的威胁与沿途吐谷浑、高昌、高车、鄯善等国家的阻挠，加上丝路西段形势的动荡，北魏与西域各国的交通大致经历过三次盛衰。

北魏太武帝太延元年(435年)至太延五年(439年)，北魏与西域各国的交往出现第一个高潮。

太延元年二月，柔然通好，焉耆、车师遣使进贡方物，朝廷开始遣使报聘。以王恩生为首的第一批使团经伊吾路西行，受到柔然的阻挠。但这一年六月，鄯善国遣使来献，说明经鄯善的南道可通，粟特国也遣使入贡，他们可能经鄯善路而来。同一年悉居半(原名西夜，一名子合)第一次遣使来献，悉居半乃西域南道上的小国。第二年，北魏遣使六辈使西域；这年八月，高车国也来朝贡。

柔然既与北魏通好，又阻挠北魏使节西行，其垄断丝路的用意很明显，所以在北魏与西域的交通发展起来后，柔然便不甘心这种垄断权的丧失，从中作梗，从而引起北魏与柔然的关系再度紧张。太延二年，北魏与柔然断绝了和亲关系，柔然侵扰北魏的边境。这样，交通西域的道路主要利用经行鄯善的南道。太延三年(437年)三月，龟兹、悦般、焉耆、车师、粟特、疏勒、乌孙、渴槃陀、鄯善等九国来朝贡，北魏交通西域的态度更加积极起来，又遣董琬西使，董琬一行“出鄯善”西行，经九国至乌孙。

据乌孙王向董琬等人所说，破洛那、者舌二国早有通好北魏的打算，一直没有机会，董琬、高明等分别至其国，两国的使节于当年十一月至平城。董琬等归国，西域十六国使节随行而来。其时，北凉与北魏关系和好，北魏的使节出使西域，得到北凉王沮渠牧犍许多帮助，他常发使导路出于流沙。太延四年三月，鄯善王遣其弟素延耆入侍于北魏，北魏与鄯善的关系更加密切。第二年四月，经由此道，鄯善、龟兹、疏勒、焉耆遣使进物于北魏，五月，遮逸国进汗血马于北魏；十一月，粟特、渴槃陀、破洛那、悉居半诸国各遣使朝贡于北魏。

太延五年，丝路形势发生逆转，一方面北魏与柔然展开大规模的军事冲突，致使经行伊吾的北道不通。为了夺取北道的控制权，这年七月，北魏大举伐柔然，中道至浚稽山，兵分两路，一从大泽向涿邪山，一向天山，登白阜。另一方面，这一年，北魏灭北凉，鄯善王阻断西域南道。北凉余众在沮渠无讳率领下西迁，沮渠无讳派沮渠安周西击鄯善，鄯善王弃城逃走，鄯善成为北凉直接控制的据点。沮渠无讳又逐高昌太守阚爽而据有其地，次年自立为凉王，北道出现北凉与柔然的对抗局面，因此阻绝。同时丝路西端的形势也动荡不安，从公元438年（北魏太武帝太延四年）萨珊波斯伊嗣俟二世即位起，便与崛起于中亚的嚈哒开始攻战，嚈哒也在积极向南部发展其势力。5世纪30年代，嚈哒南下吐火罗斯坦，战胜寄多罗王朝，波斯则不断进攻嚈哒。这也是造成此一时期丝路衰落的原因。由于沮渠氏政权的阻碍和丝路西端形势的恶化，自太武帝太平真君元年（440年）至太平真君四年（443年），史书上没有看到北魏与西域诸国的使节往来。

北魏太武帝太平真君五年（444年）至孝文帝太和二十三年（493年），出现了中西间交通的第二次高潮。

太平真君四年九月，北魏以轻骑袭柔然获胜，丝路交通出现转机。第二年三月，北魏曾遣使四辈出使西域；十二月，则有粟特遣使入魏。与西域各国的交往，令北魏的统治者越来越认识到控制丝路的重要性，太武帝开始积极经营西域。太平真君六年（445年）四月，进击吐谷浑，吐谷浑王慕利延西走，打通了进军鄯善的道路。这年八月，太武帝命万度归征发凉州以西兵，进攻鄯善。万度归留大军辎重于敦煌，亲率五千轻骑穿越戈壁，抵达鄯善，迫使鄯善国投降，“行人复通”。八年（447年），鄯善、遮逸国皆遣王子进贡。九年（448年），以韩牧领护西戎校尉、鄯善王，镇鄯善。悦般国愿与北魏夹击柔然，北魏则派万度归西征，与柔然争夺西域。万度归攻克焉耆和龟兹，命唐和镇守焉耆。这一时期，北魏也频繁遣使西域，他们的足迹远至南亚、波斯和拜占庭。太平真君五年，北魏遣使者四批使西域；六年，北魏平鄯善，史载“行人复通”。据《魏书·西域传》“鄯善国”条记载，鄯善国王于太延四年，“遣其弟素延耆入侍，及世祖平凉州，沮渠牧犍弟无讳走保敦煌。无讳后谋渡流沙，遣其弟安周击鄯善，王比龙恐惧欲降，会魏使者自天竺、罽宾还，俱会鄯善，劝比龙拒之，遂与连战，安周不能克”。可知北魏使节远行除波斯、普岚之外，也有至印度的。

北魏继续进击柔然，太平真君十年（449年）正月，伐柔然，太武帝亲征。柔然渠帅绵他拔等率部落千余家归降北魏，柔然吐贺真单于远遁。经过几年的努力，终于取代柔然，控制了丝路北道西域诸国，丝绸之路再次畅通。从此开始，历文成帝太安五年（459年），北魏与柔然的军事斗争，一直处于优势进攻态势，北魏与西域的交通进入一个高潮。

值得注意的是，这一时期，嚈哒经过多年的战争，称霸中亚和印度北部，他们向西夺得萨珊波斯东部一部分领土，向南越兴都库什山，降服原在贵霜治下的犍陀罗诸国，并向印度笈多王朝进攻。萨珊王伊嗣俟二世去世，少子荷米斯达立，其长子卑路斯逃入嚈哒，在嚈哒的扶植下回国即位。由于嚈哒的强盛，葱岭以西丝路进入一个稳定通畅时期，这也是北魏与西域交通进入一个兴盛时期的重要原因。这一时期中西交通发展的重要标志是北魏与南天竺、萨珊波斯和拜占庭建立了正式的外交关系，彼此使节频繁往来。

据史书记载，太武帝太平真君十年七月，浮图沙国遣使入贡；十一月，龟兹、疏勒、破洛那、员阔等国遣使入贡。十一年十一月，頞盾国献狮子于北魏。这一年，车师王车伊洛西击焉耆，沮渠安周与柔然联军攻拔其都城。车伊洛保焉耆城，遣使上书北魏，请求赈济，北魏令开焉耆仓赈之。正平元年（451年）正月，破洛那、罽宾、迷密等国遣使朝献，迷密献黑骆驼一头。六月，车师国王遣子入侍。太武帝在位期间，南天竺国王婆罗化曾遣使献骏马、金银；叠伏罗国王伏陀末多遣使贡献，从此不断入贡。

文成帝即位后，与西域的交通继续发展。兴安元年（452年）十二月，保达、沙猎等国遣使进献。大月氏商人至平城，制五色琉璃。二年八月，渴槃陀遣使朝献；十二月，库莫奚、罽宾等十余国各遣使朝贡，进贡方物的还有疏勒国。这一年，吐谷浑控制鄯善、且末，但是对中西间交通似乎没有太大的影响。第二年十二月，出于、叱万单国遣使入贡。文成帝太安元年（455年）六月，遮逸国遣使入贡；十月，波斯、疏勒并遣使朝贡。

波斯是北魏交通最远的国家,终北魏之世,波斯与北魏的通交达10次之多。北魏使者韩羊皮,曾远抵波斯,大概在此后不久。张星烺说:“据《魏书》所载,全魏之世,波斯遣使中国凡十次,皆当第五世纪下半及第六世纪之初,波斯国萨珊王朝叶斯德苟德二世、排洛斯及喀瓦特三君之时,魏亦正值承平无事之秋。故西域之君多来朝献,所以报礼也。此等使节,究为国使,抑为商人冒充,不可得知。然无论如何,元魏时,中国与亚洲西部交通之繁,从可知矣。”[1]。

太安二年(456年)八月,北魏遣尉眷北击伊吾,克之,大胜而还。此后伊吾道可能被利用。这年十一月,嚈哒、普岚国遣使进贡方物。普岚即拜占庭,是北魏交通的另一个最远的国家。三年(457年)正月,粟特、于阗国遣使进贡方物。在此之前,粟特商人早就至凉州从事商贸。北魏灭北凉,粟特商人被北魏军队俘虏。至此,粟特国王遣使至北魏,交涉赎出事宜,北魏朝廷同意了他们的要求。此后,则不再见到粟特遣使朝献。十二月,于阗、扶余等五十余国遣使朝贡于北魏。太安四年(458年),北魏进击柔然,文成帝北巡阴山,渡大漠,柔然绝迹远遁,其别将乌珠贺颓等率众降。五年五月,居常国遣使进贡方物。

从北魏文成帝和平元年(460年)至孝文帝太和二十三年(499年),近40年间是一个延宕时期。这一个时期比之前一阶段,也可以说相对衰落,但这种衰落不是中断,中西交通一直在持续,这种持续是对一个更大高潮的到来的酝酿和铺垫。

这一阶段所以出现低潮,主要有五个方面的原因:一是柔然兴起,并与北魏发生频繁的军事冲突。由于双方进入一个相持阶段,互有胜负,柔然有时垄断了与北魏间的丝路交通。但是这一时期柔然对丝路的控制不是完全意义上的,而是时有盛衰。当其势力强盛时,曾控制西域南北两道,但大部分时间里主要还是控制西域北道交通,因此柔然的强盛不能完全阻断中西间的联系。二是于阗作梗,史载北魏使节韩羊皮出使波斯之后,波斯王遣使进贡驯象及珍物,途经于阗,于阗王秋仁

〔1〕张星烺:《中西交通史料汇编》第四册“古代中国与伊兰之交通”,第61页。

常常扣留贡物。韩羊皮向朝廷做了汇报，朝廷派韩羊皮至于阗交涉，于阗才改变态度，至皇兴二年(468年)于阗遣使进贡，双方关系才和解。这一事件在中西交通方面会发生一定的负面影响。三是当柔然与北魏对抗时，孝文帝延兴元年至二年，西部敕勒和东部敕勒先后背叛北魏，北魏与之发生军事冲突。四是北魏统治者经营西域的态度趋于消极，满足于西域各国的来华朝贡，史书不见遣使西域的记载；领护西戎校尉的驻地向东迁移。延兴元年(471年)十月，北魏以拓跋桢为假节凉州都督及西戎诸军事，领护西域校尉，镇所由鄯善东迁至凉州，因此对西域的控制大为收缩。五是嚈哒的扩张，嚈哒在葱岭以西中亚地区的统治巩固下来后，向东扩张，进入葱岭以东，至太和二十三年，破焉耆，先后与柔然、高车抗衡。

但是这些都不能完全阻断北魏与西域各国的联系，建立在前一阶段中西交通的基础上，北魏与西域各国的交往仍在继续进行。西域各国利用北魏与柔然、鄯善、敕勒、吐谷浑的时战时和，寻找缝隙继续发展与北魏的交通往来。和平元年(460年)四月，破洛那国献汗血马，普岚国献宝剑。十月，居常国献三头驯象。和平二年(461年)“八月戊辰，波斯国遣使朝献”。和平三年三月，疏勒、石那、悉居半、渴槃陀诸国，各遣使朝献。此时，柔然势力崛起，并联络南朝刘宋，进击北魏。因此和平三年至和平五年间，不见北魏与西域各国互派使节的记载。

和平五年(464年)七月，北魏击破柔然，丝路复通。这年十二月，吐呼罗国遣使朝献。当年疏勒王遣使送释迦牟尼佛袈裟一袭于北魏，长二丈多，可能为火浣布所制，所以经火不坏。献文帝即位之初，与柔然的战争相对缓和，中西交通继续发展。天安元年(466年)三月，波斯、于阗、阿袭诸国遣使进贡；十月，曹利、肜舄等遣使朝贡。皇兴元年(467年)九月，于阗、普岚、粟特国各遣使进贡。皇兴二年四月，叱六年、悉万斤、阿大何、羽真侯、于阗、波斯国各遣使朝献。十二月，悉万斤等十余国遣使进贡。此前，于阗国从中作梗，经北魏使者韩羊皮交涉，于阗国自后每使朝贡。献文帝末年，由于柔然的侵扰，北魏西域势力的收缩，嚈哒向西域的扩张，中西间交通又进入一个低谷时期，皇兴三年(469

年)至孝文帝延兴元年(471年),史书上完全不见双方往来的记载。

此后直到孝文帝末年,丝路贸易主要为柔然所控制,除柔然进贡次数明显增多之外,其他西域国家虽然每年皆有贡使,但入华次数减少。从延兴二年至孝文帝太和二十三年、二十四年间,见于记载的,高昌国于延兴二年、太和二十一年遣使两次入魏;悉万斤国于延兴三年、承明元年、太和三年、太和四年、太和十一年、太和十五年六次入贡;曹利国、阔悉国于延兴四年各入贡一次;敕勒于延兴四年、太和十四年遣使两次;龟兹国于延兴五年、太和元年、太和二年、太和三年四次入贡;波斯于承明元年入贡一次;车多罗、西天竺、舍卫诸国于太和元年入贡一次;叠伏罗于太和元年、太和三年两次入贡;员阔国于太和元年、太和三年两次入贡;栗杨婆国于太和元年遣使入贡一次;粟特、州逸、河龚、破洛那国等于太和三年各一次;中尺(一作中赤)于太和十三年入贡一次;卫大国于太和二十一年入贡一次。

北魏宣武帝景明元年以后,北魏时中西交通出现了新的高潮,可以看作第三次高潮,盛况空前。景明三年(502年)有于阗、疏勒、罽宾等二十三个西域国家遣使北魏,标志着这一高潮的到来,这个高潮一直持续至北魏末年。

北魏后期中西交通形成前所未有的高潮,其原因有:一是朝廷迁都洛阳以后,从地理位置和交通方面,与西域的交通更加便利;二是对柔然的斗争取得了决定性胜利,解除了丝路交通上的最大威胁。北方柔然的存在一直是当时中西间交通的障碍,地处中原的北魏王朝要想在西域外交上有所作为,必须解除柔然游牧民族对于天山北部的控制。从孝文帝开始,北魏对柔然展开了大规模的进攻,太和十六年(492年)八月,北魏出动七万骑兵进击柔然。太和二十一年(497年)高昌臣于柔然,不久,柔然主被高车所杀,柔然势衰。高车与北魏通好,高昌臣于高车。北魏政权正是在对柔然进行20余次的出击,并在削弱柔然势力后才得以与西域展开大规模交往。自宣武帝正始三年(506年)十月,柔然遣使纥奚勿六跋至北魏请和,标志着北魏与柔然长期的军事冲突结束。三是中亚地区嚈哒称霸,其势力伸展至南亚北部、西亚和西域,保证了丝路西端的通畅。

中西交通的高潮，首先表现为中西间交往范围的扩大，这一时期有更多的西域国家和地区与北魏建立了通使关系。当时，与北魏王朝通交的西域国家和地区，包括西域、中亚、南亚、西亚和拜占庭等。除大致相当于今新疆地区的西域外，据统计主要有：乌孙、破洛那、者舌、粟特、浮图沙（又称弗敌沙，故地在今阿富汗东北地区）、弗波女提、斯罗、伏耆奚那太、罗槃、槃是、辛头、那越、拔忸、薄知、磨豆罗、阿曜社苏突阇、乌稽、朱居槃、诃盘陀（一作渴盘陀）、拨斤、厌味、朱沴洛、持沙那斯头、渴文提不那杖忸杖提、阿夷义多、婆那伽（一作婆来伽）、伽师达、汗畔、阿与陀、呵罗槃、乾罗、罽宾、波斯（即萨珊王朝，在今伊朗）、嚈哒（即白匈奴，这时已迁至大夏故地，其统治中心在今阿富汗北境的巴里黑）、大月氏（又称居常、贵霜）、小月氏（又称犍陀罗、乾陀、健驮罗等，其地在今喀布尔河下游流域，都城在今巴基斯坦西北的白沙瓦）、吐呼罗（故地在今阿富汗北部）、悉万斤（中亚小国，其政治中心在今乌兹别克斯坦的撒马尔罕）、西天竺、南天竺、北天竺、舍卫（故地在今印度北部的拉普提河南岸）、叠伏罗（又称地伏罗，故地不详，可能为印度一古国）、弗菩提、咤波罗、鸠摩罗、阿拔摩拔切摩勒、特那杖提莎钵离阿失勒摩致钵、波罗捺（又称罗婆，故地位于印度北部恒河左岸贝拿勒斯）、社兰达那罗、车勒、阿驹、半社、可流、加比沙、乌苌（故地位于巴基斯坦北部的斯瓦特河流域）、阿喻陀（又称阿悦陀、阿与陀等，故地位于今印度北部的乌德）、不崙（又称钵仑、波路、波沦、波露罗，位于今克什米尔地区西北部）、波利伏佛胄善、乾达、陁拔罗（又称陀跋吐罗，故地在今里海南岸的伊朗境内）、哒舍（故地位于今印度南部的德干高原地区）、舍弥（又称赊弥、折薛莫孙，故地在今巴基斯坦北境的马斯图季）、比罗直、胡密（又称护密、钵和等，位于今阿富汗的瓦汗地区）、步就磨、忸密（故地位于今乌兹别克斯坦的布哈拉一带）、伽秀沙尼（又称伽色尼，故地在今阿富汗加兹尼）、难地、那竭（故地位于今阿富汗东北的贾拉勒阿巴德）、比沙杖、莫伽陀（又称摩伽陀，摩竭陀，故地位于印度恒河南）、伽拨但（又称伽不单，故地位于今乌兹别克斯坦撒马尔罕西北）、普岚（又作伏卢尼，即拜占庭帝国,首都在今土耳其伊斯坦布尔)、阿悦陀、不数罗、婆比、幡弥、比地、乾达、阿婆罗、达舍越、伽使密、不流沙、移婆仆罗、俱萨罗、罗乐陀、大罗汗、达槃、尼步伽、拔但、佐越费实、久未施、未久半、金摩、居密、不汉(或作不溪),计97个国家和地区。

北魏也不断地遣使西行,发展与西域各国的关系。孝明帝熙平(516—527年)年间,宋云等西使取经是一次重大的交往活动,这次活动兼出使与取经双重性质,他们的成功出使进一步加强了北魏与西域各国的联系。他们经吐谷浑之路,从鄯善西行,又经左末城(今且末一带),由左末城至杆末城(均在于阗之东),又从杆末城至于阗国(今新疆和田),至朱驹波国(今叶尔羌西南),汉盘陀国(今塔尔库什干),入葱岭,经钵盂城,越不依山(今克里克山),到钵和国(在今瓦罕谷地)、厌哒国、波斯国(在今瓦罕谷地西头、阔克恰河下游的泽巴克)、赊途国(可能在今巴基斯坦乞特拉尔一带)、钵卢勤国(今克什米尔的吉尔吉特河流域)、乌场国(在今巴基斯坦瓦特河流域)、乾陀罗国(今喀布尔河流域),最后至辛头大河(印度河),进入印度,后于正光三年(522年)二月返国。

北魏时中西间关系的发展,促进了彼此经济文化的交流。从太武帝拓跋焘时起,董琬、高明以及韩羊皮等使节陆续派出,西域国使和商贾接着亦纷纷入华贸贩,中西间商贸活动开展起来。在广泛交往的背景下,西域各国入华人数众多,出现了杨衒之《洛阳伽蓝记》所描写的景象:"西夷来附者,处崦嵫馆,赐宅慕义里。自葱岭以西,至于大秦,百国千城,莫不款附。商胡贩客,日奔塞下,所谓尽天地之区已。乐中国土风因而宅者,不可胜数,是以附化之民,万有余家。"说明当时有大批西域商人前来中国贸易,形成"相继而来,不间于岁"的兴盛局面。《魏书》卷65《邢峦传》记载,世宗宣武帝时,散骑常侍兼尚书邢峦曾指出:"逮景明之初,承升平之业,四疆清晏,远迩来同,于是蕃贡继路,商贾交入,诸所献贸,倍多于常。"随着西域各国使节频繁入魏,各国商胡纷纷入华进行贩贸,北魏与西域各国之间贡赐形式和边境地区的互市贸易都开展起来。由于北魏以绢帛换取域外珍奇,在对外交往中又采取厚往薄来的方针,造成"岁损万计,珍货常有余,国用恒不足"和后果,因此邢峦建议加以裁削。随着丝路的通畅，由于统治者的提倡，佛教更大规模地传入中国，丝绸之路上东来传教和西行求法的西域和中土高僧络绎不绝，据《洛阳伽蓝记》记载，洛阳城内外佛教寺院多达1000多所，其中永明寺专为来华的西域僧人而建，其中有来自域外的僧人3000多人，佛教在中国北方的传播出现了一个空前兴盛的局面。

纵观北魏中西交通的三次高潮，每一次高潮的出现，都是在超越上一次规模的基础上向前发展，终于在后期30多年的时间里形成前所未有的高峰。其规模远超两汉，并启隋唐中西交通和交流之盛，在中西交通史上影响深远。7世纪初，拜占庭帝国学者泰奥菲拉克特·西摩喀塔(Theophylacte Simocatta)在《历史》一书中，将中国称为Taugaste，这一词就来源于古突厥语中的Tabqaci，即汉语所译的"拓跋"。由此可见，建立北魏政权的鲜卑拓跋部落，在其西部世界曾有重要的影响，这是北魏与中国西部世界广泛交往的结果。

2.2.3 北魏时中西间贸易的开展

自张骞出使西域丝绸之路开辟后，西北地区历来是中原政权主要的对外贸易区。河西走廊和新疆地区的经济贸易活动一直为中原王朝所关注。如前所述，曹魏、西晋都极力维持对这一带的统治，努力开展丝路贸易，保证丝路的通畅。西晋灭亡以后，五胡乱华，丝路贸易受战乱的影响有所衰落。北魏统一北中国，并向西北的发展以及与西域各国的交通往来，促进了中西间丝路贸易的恢复和发展。

北魏与西域交通商贸初议于道武帝拓跋珪时，至太武帝拓跋焘时，随着北魏势力的日益强大，中原地区的统治日益巩固，与西域通商日益显得重要。于是从这时起，中西间商贸活动开展起来。董琬、高明以及韩羊皮等使节陆续派出，西域国使和商贾接着亦纷纷入华贸贩。

北魏初年在商业上推行的政策是"不设科禁，买卖任情，贩贵易贱，错居混杂"。[1]这种政策吸引了大量西域商贾进入河西乃至中原进行贸易。因此，河西走廊显得异常活跃。丝路重新通畅之后，西域商人纷

〔1〕《魏书》卷60《韩显宗传》，第1341页。

纷进入敦煌,或进入其他民族区域进行贩贸,有的则一直沿河西走廊进入内地,往来于凉州、长安、洛阳等大城市。粟特商人至迟在西晋末年已经进入中国内地,斯坦因在敦煌长城烽燧遗址发现的粟特人文书,说明了这一问题。他们以敦煌、凉州、洛阳等地为中心进行贸贩活动,他们也可能是最早到达凉州的胡商,其中不少人长期以凉州政治中心姑臧为居留处。《魏书·西域传》"粟特国"条云:"其国商人先多诣凉土贩货,及克姑臧,悉见虏。高宗初,粟特王遣使请赎之,诏听焉。"北魏攻占姑臧,事在世祖太延五年(439年),在此之前,姑臧就集聚了大批粟特商人。北魏政府对来华贩贸的商使十分优待。孝明帝正光年间(520—525年),"四方多事……民不堪命。有司奏断百官常给之酒",但却规定:"远蕃使客不在断限。"[1]

其时贸易活动主要采取贡使和互市两种形式。北魏与西域诸族的贸易,主要集中于河西走廊和陇西的丝路沿线商业都市,如敦煌、酒泉、张掖、武威(姑臧)、陇西等。张掖是当时十分重要的商业都会,胡商很多。隋时西域到此贸易的商人多达四十余国,这种局面不是一日形成的,而是北魏以来丝路通畅的结果。姑臧更是北魏与西域诸国互通有无的互市重镇。凉州经常聚集着很多西域商贾,他们把西方的珠宝、织物、服饰、乐器等带来交换,同时把中国的丝绸、茶叶贩至西域,从而获取巨额利润。河西走廊与陇西地区不仅是中原地区与西域交易的桥梁,还承担着沿边互市的重任。凉州商人把汉地生产的手工业品如麻布、毡毯以及从西域商人手中买来的货物转手销售到柔然、高车等地区,再将那里的毛皮等贩运到汉族地区。沿边少数民族商人也通过河陇地区到更远的地区做生意。由于商业的兴盛,河西走廊的敦煌、酒泉、张掖、武威等城市日益焕发出在对外往来中的生机。

北魏太武帝以后,与西域诸国的贡使关系十分频繁。据统计,从北魏立国之始至迁都洛阳止,河西诸政权和西域诸国先后100多次遣使到平城朝贡。迁都洛阳后,西域诸国及波斯、大秦等又先后遣使至洛

〔1〕《魏书》卷110《食货志》,第2861页。

阳，或同时或单独到达有119次之多。[1]西域使者进贡的物品主要是奢侈品和奇物，诸如"大马、名驼、珍宝"等，还有汗血马、驯象、牦牛、宝剑。北魏的回赐常是"缯帛锦罽"，其价值常常远远超过西域贡使所献的物品。北魏统治者对远来朝贡的西域君长国使持奖励的态度，如太和十七年（493年），北魏孝文帝正月乙丑诏书有云："今诸边君蕃胤，皆虔集象魏，趋锵紫庭，贡飨既毕，言旋无远。各可依秩赐车骑衣马，务令优厚，其武兴、宕昌，各赐锦缯纩一千，吐谷浑世子八百，邓至世子虽因缘至都，亦宜赉及，可赐三百。"[2]除了贡使往返两国之间互通有无之外，各国的商贾常常跟随贡使出入魏境，一边沿途进行交换，一边借机深入内地从事贸易，故有"蕃贡继路，商贾交入"之说。[3]《魏书·食货志》云："自魏德既广，西域、东夷贡其珍物，充于王府。又于南垂立互市，以致南货羽毛齿革之属远至。"

为了谋取丝路贸易的利益，北魏统治者努力保证丝路的通畅，注意对丝路贸易的管理。无论是沿边互市，还是其他对外贸易，皆由政府控制，并以垄断经营的方式谋求最大的利润。北魏政权对在境内从事商贸的外国商贾，征收交易税和关津税。《魏书》卷66《李崇传》记载，其子李世哲为相州刺史，"无清白状，邺洛市廛，收擅其利，为时论所鄙"。络绎不绝的胡人商队与经营异域珍奇的蕃客邸店，是北魏政府重要的征税对象。对于丝路上的人为障碍，北魏必极力清除之。太武帝太延五年（439年）讨伐河西沮渠牧犍，指列其罪状十二条，其第四条曰："知朝廷志在怀远，固违圣略，切税商胡，以断行旅。"[4]为了防止商品走私与偷漏税，北魏政府规定"关津之禁"。检查商旅，稽查违禁货物。在关津之处，置吏员征纳商税，严防走私。太和七年（483年）灾荒，为了饥民就食逃荒的方便，曾下令"弛关津之禁，任其去来"。[5]为了保证边境互市

〔1〕王万盈：《北魏时期的周边贸易述论》，载《北朝研究》（第二辑），北京燕山出版社，2001年8月。

〔2〕《魏书》卷7《高祖纪》，第171页。

〔3〕《魏书》卷65《邢峦传》。

〔4〕《魏书》卷99《沮渠蒙逊传》，第2207页。

〔5〕《魏书》卷7《高祖纪》，第152页。

交易能够公平进行，加强对互市的管理，“交市之日，州遣士监之”。[1]所谓“士”就是管理互市的官员，其职责是平息争讼，论断是非曲直，收取估税，并负责维持互市的交易秩序。

这种垄断经营的方式在对外贸易活动中也产生不少弊端，主要是“关津之禁”为地方官员营私舞弊提供了机会和条件，地方官员“切税”和敲诈商胡，收取贿赂，以饱私囊。史书记载北魏各级官僚有趁机营利、聚敛宝货者。商胡们的富有引起权贵们的觊觎，节闵帝时，曾发生元暹图财害命屠戮商胡的事件。《魏书》卷19《京兆王子推传》附元暹传记载：“普泰元年，除凉州刺史，贪暴无极，欲规府人及商胡富人财物，诈一台符诳诸豪等，云欲加赏，一时屠戮，所有资财生口悉没。”[2]《洛阳伽蓝记》卷4记载，河间王元琛为秦州刺史，多无政绩，但营求奇珍异货不遗余力，“遣使向西域求名马，远至波斯国，得千里马，号曰‘追风赤骥’”。他“常会宗室，陈诸宝器，金瓶银瓮百余口，瓯檠盘盒称是。自余酒器，有水晶钵、玛瑙杯、琉璃碗、赤兔卮数十枚，作工奇巧，中土所无，皆从西域而来”。[3]也有在互市中钻营发财者。《魏书·刘腾传》记载，孝明帝时，宦官刘腾“公私属请，唯在财货舟车之利，水陆无遗。山泽之饶，所在固护，剥削六镇，交通互市，岁入利息以巨万计”。[4]对此北魏政府则严加禁止，多次下令禁断“牧守之官，颇为营利”的现象，但恐怕都禁而不止。

受传统的处理对外关系的思想的影响，北魏这种贡赐形式的贸易不是平等交易。中国古代的历代统治者忽视通过交流发展经济，因此当国力凋敝时，便以对外交往为“以无益害有益”，“糜费中华，以事无用”。而当国力强盛时，以外国朝贡作为威德远播的象征而极力宣扬，极力追求域外珍奇，北魏统治者也不例外。北魏大力开展与西域的外交与商贸往来，但并没有通过国际贸易获得应有的利益。世宗宣武帝

[1]《北史》卷94《奚传》，第3127页。

[2]《魏书》卷19《京兆王子推传》，第445页。

[3]〔北魏〕杨衒之撰，范祥雍校注：《洛阳伽蓝记校注》卷4，上海古籍出版社，1978年，第207页。

[4]《魏书》卷94《刘腾传》，第2028页。

时，散骑常侍兼尚书邢峦曾提出批评：

> 臣闻昔者明王之以德治天下，莫不重粟帛，轻金宝。然粟帛安国育民之方，金玉是虚华损德之物。故先皇深观古今，去诸奢侈服御，尚质不贵雕镂，所珍在素，不务奇绮。至乃以纸绢为帐扆，铜铁为辔勒。训朝廷以节俭，示百姓以忧务，日夜孜孜，小大必慎，轻贱珠玑，示其无设府藏之金，裁给而已，更不买积以费国资。逮景明之初，承升平之业，四疆清晏，远迩来同，于是蕃贡继路，商贾交入，诸所献贸，倍多于常。虽加以节约，犹岁损万计，珍货常有余，国用恒不足。若不裁其分限，便恐无以支岁。自今非为要须者，请皆不受。〔1〕

据说，“世宗从之”。邢峦的这段话反映出：(1)宣武帝景明以后，北魏与西域的交通、交流进入高潮；对于北魏来说，他们得到的是“金宝”，而输出和糜费的是“粟帛”。(2)双方交换的结果是，北魏得到不少“珍货”，却在加以节约的情况下——减少贸易量，即限制贡赐的规模，仍“岁损万计”，这种交易已使北魏感到支用不足。(3)当年国力不足，统治者去奢省用，“更不买积以费国资”，即不为得到域外珍奇而糜费资财。而当社会“升平”之时，便开展与域外的贡赐贸易，造成“诸所献贸，倍多于常”。而目前又到了国用不足之时，统治者便又以对外交流为“糜费中华”的负担了。(4)既然对外贸易成为负担，所以就要设法减轻这种负担。减轻负担的方法是“非为要须者，请皆不受”，不是扩大商贸，而是减少贸易量和压缩规模，因为这种商贸活动是赔本生意。

傅筑夫先生指出，所谓西域各国“贡使”，其实未必都是其国政府派出的使节，有时是商贾假冒，其目的是利用中国皇帝自高自大的虚荣心理，以朝贡为名，以使节身份进入中国境内。这样做不仅在贸易上能获得许多便利，并能受到特殊的保护和待遇。如在北魏就可受到沿途官府的保护，减免税额，避免吏胥的勒索侵渔。而且向皇帝进贡礼物，又会得到皇帝的回赐，往往获得比一般的交易更加优厚的回报，贡赐成了

〔1〕《魏书》卷65《邢峦传》，第1438页。

一种对他们非常有利的交易。[1]这种假冒的"贡使"可能是有的。但为了说明这种贡使其实是商贾假冒,有学者指出,除非是这种假冒的贡使,否则像史书中诸如"高丽、吐谷浑、蠕蠕国并遣使朝贡"的记载就不好理解了,因为像高句丽、吐谷浑这样相距遥远的国家怎么会同时"并"遣使朝贡。[2]这个理解是不对的。所谓"并遣使朝贡"云云,不过是史书的记事方法,"并"字只是说某年某月有两国或更多的国家使节同时来到,并不意味着两国相谋一起朝贡。各国来使入华后,由鸿胪寺官员安排时间,组织谒见,因此有"并遣使朝贡"的记载,不能据此认为史书中凡记载的"并遣使朝贡"的贡使都是或者大多是假冒,否则彼此之间的外交往来就无任何诚信可言。古时有遣使节随同客使出使的习惯,既奉本国之命出使,又是陪伴护送客使返国,保证路途安全。这也决定了一般情况下使节并不能随便冒充。

综上所述,北魏时中西间交通、交往和交流都有很大发展,在中西交通史上不失为一个高潮。在处理对外关系中,北魏统治阶级继承了汉武帝以来的传统思想,奉行厚往薄来的外交政策,发展了与西部世界各国的友好关系,但在经济上却付出巨大代价。北魏大力开展与西域的外交与商贸往来,并没有通过国际贸易获得应有的经济利益,北魏统治者与域外的交往也不以获取经济利益为目的。从人类文明发展的角度看,中国人以承担经济上的牺牲赢得国际的承认与世界的和谐。

2.3 唐诗中的丝绸之路西域道

狭义的西域大体上相当于今新疆地区和葱岭东西,这一地区是著名的丝绸之路的必经之地。丝绸之路西域段早在唐代以前已经形成,可以说自从丝绸之路开辟,这条路线便已存在。丝绸之路经过西域的3条主要干线在唐代以前也已经形成,对这3条路线的详细描述以魏晋

[1]傅筑夫:《中国封建社会经济史》(第三卷),人民出版社,1984年,第384页。

[2]王万盈:《北魏时期的周边贸易述论》,载《北朝研究》(第二辑),北京燕山出版社,2001年。

时鱼豢《魏略·西戎传》的描述为最早。隋代裴矩《西域图记序》关于西域道三条路线的描述则更接近唐代前期的情况。中唐贾耽《入四夷之路》中关于"安西入西域道"记载十分详细，而着重于中道和南道。

这些路线在唐前期征服东、西突厥之后和安史之乱之前都是畅通无阻的。那时，中西商路盛极一时，"伊吾之右，波斯以东，商旅相继，职贡不绝"。[1]唐代前期大力经营西域，不少诗人投身边塞，写出了不少边塞诗。有的诗人虽然没有到过边塞，但也获得不少关于西北边塞的军情和生活的信息，在他们的诗中也有对西北边塞的间接的反映。反映西北边塞生活的诗篇与丝绸之路有密切关系，从这些诗里，我们可以看到对这3条路线的记述和反映，诗歌为我们提供了其他史料不能代替的作用。同时，西域地名往往成为唐诗中的意象出现在诗篇中，这些意象反映了西域在那一代诗人心目的印象和观念。

唐诗对这3条路线皆有反映，这些路线上的不少地名常常出现在唐诗里，成为诗人们吟咏的对象。

2.3.1 唐诗中的西域南道

西域南道指从敦煌出发，过玉门关、阳关，沿塔克拉玛干沙漠南缘经鄯善、若羌、于阗，西逾葱岭的道路。其具体路线，《魏略·西戎传》云："从玉门关西出，经婼羌转西，越葱岭，经悬度，入大月氏为南道。"[2]裴矩《西域图记序》记载："其南道从鄯善、于阗、朱俱波、喝槃陀，度葱岭，又经护密、吐火罗、挹怛、帆延、漕国，至北婆罗门，达于西海。"[3]南道由敦煌西南出阳关，经石城镇、播仙镇、于阗镇至疏勒，这一范围中西域南道的交通路线，《新唐书·地理志》据中唐贾耽《入四夷之路》有更详细的记载。[4]限于唐代诗人的行踪和见闻，唐诗中写到西域地名时一般限于葱岭以东。史书中记载安西通西域道，其中涉及许多地名和军镇名，并没有都进入诗人的视野。关于西域南道，见于唐诗中吟咏者主要是

〔1〕唐太宗：《讨高昌王麴文泰诏》，见《唐大诏令集》卷130，中华书局，2008年，第702页。

〔2〕《三国志》卷30，裴松之注引，中华书局，1959年，第859页。

〔3〕《隋书》卷67《裴矩传》，中华书局，1973年，第1579-1580页。

〔4〕《新唐书》卷43下《地理志》七，中华书局，第1150-1151页。

阳关、铁门关、石城镇(古楼兰)、播仙镇(且末)、于阗、疏勒。

唐诗中的阳关有的是实写,更多的是边塞意象。唐代诗人入西域,出阳关是一条要道,因此写阳关实际是亲身经历。岑参《寄宇文判官》诗云:"二年领公事,两度过阳关。"〔1〕唐代为送人赴安西而作的诗中提到阳关的不少,在诗人笔下,"阳关"作为一个意象,既是进入绝域的门户,又是内地与西域连接的枢纽。所以王维《送元二使安西》中说:"西出阳关无故人";《送刘司直赴安西》云:"绝域阳关道,胡沙与塞尘"。〔2〕杜甫《送人从军》诗云:"弱水应无地,阳关已近天。"〔3〕遥远的阳关和荒凉的西域常常令远行的诗人感到愁苦,或送人时为朋友远行而忧虑。所以岑参《岁暮碛外寄元撝》诗云:"发到阳关白。"钱起《送张将军征西(一作西征)》诗云:"战处黑云霾瀚海,愁中明月度阳关。"王维《送元二使安西》诗被谱曲歌唱,被称为《渭南曲》《阳关曲》,唐代十分流行,成为饯别时送行的歌曲。安史之乱后,西域和河西走廊沦于吐蕃,因此,阳关和阳关曲成为伤心意象。白居易《醉题沈子明壁》诗云:"我有阳关君未闻,若闻亦应愁杀君。"

铁门关位于焉耆西北,《新唐书·地理志》记载:"自焉耆西五十里过铁门关。"东晋法显和唐初玄奘西行时都经过此关,当时他们只写到了铁门关两崖壁立、只露一线的险峻。因为铁门关在西域,诗人们有时也把它作为异域的象征。李白《从军行二首》其二诗云:"鼓声鸣海上,兵气拥云间。愿斩单于首,长驱静铁关。"晚唐诗人乔备《出塞》诗云:"沙场三万里,猛将五千兵。旌断冰溪戍,笳吹铁关城。"它的独特地理位置和军事上的险要吸引了过往此地的人们的注意,因此"铁门关"在诗人笔下又是险关要隘。岑参路过此地时,铁门关上已经有了唐朝官吏的驻守管理。其《题铁门关楼》诗云:"铁关天西涯,极目少行客。关门一小吏,终日对石壁。桥跨千仞危,路盘两崖窄。试登西楼望,一望头欲白。"从诗中也可见由于安西四镇的设立,这里在军事上已经失去了战

〔1〕〔唐〕岑参撰,陈铁民、侯忠义校注:《岑参集校注》卷2,上海古籍出版社,1981年,第86页。

〔2〕〔清〕赵殿成笺注:《王右丞集笺注》卷8,上海古籍出版社,1984年,第142页。

〔3〕〔清〕仇兆鳌注:《杜诗详注》卷8,中华书局,1979年,第626页。

略意义，只是相当于一个驿站，是过往行人歇脚之处，因此也可寄宿，岑参有诗题曰《宿铁关西馆》。岑参的诗多处提到铁门关，并描绘它的险要和风物，《银山碛西馆》云：

银山碛口风似箭，铁门关西月如练。

《使交河郡，郡在火山脚，其地苦热无雨雪，献封大夫》云：

铁关控天涯，万里何辽哉。

烟尘不敢飞，白草空皑皑。

《天山雪歌送萧治归京》云：

能兼汉月照银山，复逐胡风过铁关。

铁关是西去或东来的必经之地，作为意象，在唐诗中代表着中外交往的要道。贯休《遇五天僧入五台五首》之二云："一月行沙碛，三更到铁门。白头乡思在，回首一销魂。"

石城镇在今若羌，这里可能汉代时是楼兰国的王都，所以《新唐书·地理志》云："古楼兰国也。""石城镇"一称未见于唐诗。《新唐书·地理志》记自沙州西行路线，七屯城"又西八十里至石城镇，汉楼兰国也，亦名鄯善，在蒲昌海南三百里"。斯文赫定发现的楼兰古城遗址在今罗布泊（即唐蒲昌海）近旁，石城镇在蒲昌海南，非是一处。按照《新唐书》的说法，这里可能是古楼兰国都城所在。"楼兰"在唐诗中是常见意象，但不是确指，因为汉代时楼兰国已更名为鄯善。但因为唐人将石城镇认作汉楼兰所在地，因此有些诗中的楼兰所指的应该就是石城镇。如岑参《献封大夫破播仙凯歌六首》之二云："官军西出过楼兰，营幕傍临月窟寒。"播仙镇即"故且末城"，在石城镇之西，官军西出破播仙必经此地，所以此处"楼兰"当实指石城镇。汉代楼兰国已经更名为鄯善国，楼兰国早已不存在，但唐诗中屡屡写到楼兰，大多情况下是虚指。从现存唐诗中检索"楼兰"词汇诗篇共计28首，涉及虞世南、王勃、陈子昂、张九龄、高适、岑参、李白、王昌龄、郑愔、杜甫等19位诗人的作品。〔1〕楼兰作为诗歌意象在南北朝诗歌中已经出现，梁沈约《白马篇》诗云："赤坂

〔1〕盖金伟：《诗史之间：唐代"楼兰"语汇的文化阐释》，见《西域文史》（第一辑），科学出版社，2006年，第196页。

途三折，龙堆路九盘……长驱入右地，轻举出楼兰。”[1]这里不仅写到楼兰，还写到龙堆，即白龙堆，楼兰道上的一处艰险路段。楼兰作为诗歌意象，在唐诗中有时泛指西域、西北边地或前线，如虞世南《拟饮马长城窟》云：“前逢锦车使，都护在楼兰。”严维《送房元直赴北京》云：“犹道楼兰十万师，书生匹马欲何之。”有时代指异族，或异族敌人的首领，如王昌龄《从军行》诗云：“黄沙百战穿金甲，不破楼兰终不还。”李白《出自蓟北门行》云：“挥刃斩楼兰，弯弓射贤王。”

播仙镇即故且末城，《新唐书·地理志》记载：“自沙州寿昌县西十里至阳关故城，又西至蒲昌海（罗布泊）南岸千里。自蒲昌海南岸，西经七屯城（今米兰）……又西八十里至石城镇（今若羌）……又西二百里至新城，亦谓之弩支城……又西经特勒井，渡且末河，五百里至播仙镇，故且末城也。”“播仙”一称只见于岑参《献封大夫破播仙凯歌六首》一诗的诗题，而且从诗的内容看，只是歌颂封常清的功绩而不是到达该地的记录。

于阗是西域大国，在丝绸之路上地位重要，《新唐书·地理志》以它为坐标，讲述西域诸国和军镇的地理位置。但关于于阗，唐诗中却很少直接写到这个地方，可能跟诗人们很少有人到过此地有关。有的唐诗提到了“于阗钟”，如窦庠《于阗钟歌送灵彻上人归越（钟在越灵嘉寺，从天竺飞来）》和李正封《禅门寺暮钟》：“簨簴高悬于阗钟，黄昏发地殷龙宫。”从窦庠诗的诗题看出，于阗是来往天竺的所经之地。晚唐陆龟蒙的两首诗里提到过于阗，《奉和袭美茶具十咏·茶瓯》：“昔人谢塸埞，徒为妍词饰。岂如珪璧姿，又有烟岚色。光参筠席上，韵雅金罍侧。直使于阗君，从来未尝识。”《奉和袭美开元寺客省早景即事次韵》：“日上罘罳叠影红，一声清梵万缘空。褵褷满地贝多雪，料峭入楼于阗风。”贯休的《遇五天僧入五台五首》之三：“雪岭顶危坐，乾坤四顾低。河横于阗北，日落月支西。”这五位从天竺来的僧人来到中原是经过于阗一地的。至于阗后有两条路西行，一条由于阗西南行经葱岭守捉（今塔什库尔干北郊石头城）越葱岭；一条经皮山、莎车西行逾葱岭南去南亚。自

[1]逯钦立辑校：《先秦汉魏晋南北朝诗》，中华书局，1983年，第1619页。

于阗至疏勒后可沿西域中道西行，越葱岭西至波斯、大食及拜占庭。

莎车是西域南道重镇，但唐诗中少有反映，可能与唐代诗人行踪有关，当时少有人到此。王维《送宇文三赴河西充行军司马》云："莎车属汉家"，非实写，但所反映的正是唐朝势力进入西域，西域重新回归中原政权统治的历史事实。以汉代唐是唐代诗人的习惯。总之，除了阳关，唐诗对南道的记述相当少，即使是对安西四镇之一的于阗，有所记录和反映的诗歌也不多见，这似乎说明这条道路相对而言不那么繁盛。

2.3.2 唐诗中的西域中道

西域中道指从敦煌(瓜州)经伊吾道至伊州，或自敦煌经稍竿道至伊州，或自沙州经大海道至西州，而后沿天山南麓塔里木盆地北缘西行，经西州、龟兹西去的道路。[1]鱼豢《魏略·西戎传》云："从玉门关西出，发都护井，回三垅沙北头，经居卢仓，从沙井西转西北，过龙堆，到故楼兰，转西诣龟兹，至葱岭为中道。"[2]裴矩《西域图记序》云："其中道从高昌、焉耆、龟兹、疏勒，度葱岭，又经钹汗、苏对沙那国、康国、曹国、何国、大小安国、穆国，至波斯，达于西海。"[3]《新唐书·地理志》记载入四夷之路，其五曰"安西入西域道"，其中关于中道的记述十分详细。[4]

中道从敦煌西北出玉门关，沿天山南麓西行，经西州(在今新疆吐鲁番一带，即裴矩所谓高昌，唐平高昌，置西州)、轮台、焉耆、龟兹、姑墨到疏勒，过葱岭，可至乌孙。《新唐书·地理志》中记载许多地名在此道上。如柘厥关位于古龟兹国境内(今新疆新和县城东北17公里，渭干河岸边)，是古丝绸之路热海道和疏勒道上的重要关隘。[5]拨换城，古

〔1〕天山南麓和塔克拉玛干沙漠北缘的这条道路相对于南道，称为北道，而相对于天山以北的道路来说，又可以称为中道。这里取中道之说。

〔2〕《三国志》卷30，裴松之注引，第859页。

〔3〕《隋书》卷67《裴矩传》，第1579页。

〔4〕《新唐书》卷43下《地理志》七，中华书局，第1149-1150页。

〔5〕1928年，考古学家黄文弼曾到此考察，拾得若干陶片，将渭干河两岸的这处古遗址称为色乃当旧城。当地的维吾尔族群众则叫它玉其土尔或夏克土尔。1985年，新疆社会科学院考古研究所王炳华到此考察。通过对出土文物以及文字资料的研究，几经缜密论证，终于揭开了这个历史遗存的尘世之谜，认定这里就是《新唐书》卷43和其他相关史籍中记载的唐代安西柘厥关。

城名，故址即今新疆阿克苏。又称大拨换城，本汉姑墨国，唐初属龟兹国。贞观二十二年(648年)，唐太宗派阿史那社尔破擒龟兹王于此。疏勒，西域古国名，在今新疆喀什一带。史德城，即托和沙赖古城，在巴楚县城东约60公里的托和沙赖塔格北山南麓。托和沙赖是维吾尔语，意即“九间房”，因古城原有9座佛寺而得名。城为三重，南北开门，系夯土筑成。在北山和南山山脚均有寺庙遗址。据考证，此城为汉至北魏时代的尉头国，唐代的据史德城亦即郁头州城。[1]唐诗中对西域中道记载和描写的内容较多。

西州在唐时曾非常重要。唐太宗贞观年间，唐军先征服了占领大漠南北的东突厥，贞观十四年(640年)，消灭了依附西突厥的西域高昌国，设置了西州(今新疆吐鲁番)，后又攻灭了焉耆和龟兹，疏勒和于阗则臣服于唐。这样，天山南路全部进入唐之版图。唐朝在西州境内的交河城设置了安西都护府，统辖焉耆、龟兹、疏勒和于阗四都督府，称为安西四镇。西州成为西域政治军事中心。后来安西都护府已移至龟兹，但从龟兹东来要经过西州，因此实写的诗较多。岑参《初过陇山途中呈宇文判官》提到西州：“前月发安西，路上无停留。都护犹未到，来时在西州。”据《新唐书·地理志》：“安西大都护府……至德元载(756年)更名镇西。”“镇西”也出现在唐诗中。《杂曲歌辞》中有《镇西》一首，描写西域景象，云：“天边物色更无春，只有羊群与马群。谁家营里吹羌笛，哀怨教人不忍闻。”岑参有《醉里送裴子赴镇西》一诗：“醉后未能别，待醒方送君。看君走马去，直上天山云。”

唐诗对西州境内的景物描述甚多，也说明这个地方的重要性。著名的火焰山就在那里。岑参诗中不止一次地对火焰山附近的气候和景色进行细致生动的记述和描绘，《使交河郡，郡在火山脚，其地苦热无雨雪，献封大夫》云：

暮投交河城，火山赤崔巍。
九月尚流汗，炎风吹沙埃。

〔1〕1959年的考古发掘，证明此城的使用时期是自北魏一直到北宋末年，前后长达700年之久。

何事阴阳工，不遣雨雪来。

《经火山》云：

火山今始见，突兀蒲昌东。
赤焰烧虏云，炎氛蒸塞空。
不知阴阳炭，何独燃此中。
我来严冬时，山下多炎风。
人马尽汗流，孰知造化功。

《火山云歌送别》云：

火山突兀赤亭口，火山五月火云厚。
火云满山凝未开，飞鸟千里不敢来。

西州境内的交河城地势险要，安西大都护府最初选择设在这里。城建在一个高达30余米的土台上，台两侧各有一条小河，它们在土台首尾两端交会，使土台成为一个柳叶状的小岛，并得名为交河。由于河水的冲刷，土台边缘成为陡峭的悬崖，地势险要而易守难攻。《全唐诗》收录"交河"语汇诗歌共计40首。[1]究其原因，一是因其险要且曾作为安西都护府的治所，引起诗人的注意，二是这里也是丝绸之路中道的交通要道，三是由于上述两个原因，在不少诗人笔下，交河成为西域的代名词。骆宾王有《从军中行路难》诗云："阴山苦雾埋高垒，交河孤月照连营……阵云朝结晦天山，寒沙夕涨迷疏勒。"李元纮《相思怨》诗曰："交河一万里，仍隔数重云。"杜甫《高都护骢马行》诗曰："安西都护胡青骢，声价欻然来向东……腕促蹄高如踣铁，交河几蹴曾冰裂。"又有《前出塞》诗曰："戚戚去故里，悠悠赴交河。"晚唐诗人胡曾有一首《交河塞下诗》，在他们的笔下，"交河"不是实指，而是西域或边塞的象征。

焉耆一称作为实指，见于岑参《早发焉耆怀终南别业》一诗，在诗题中确是实指，而且是岑参在西域确实经过的地方。这首诗反映了唐军为了维护西域稳定和丝路通畅进行的艰苦斗争。诗云："晓笛引乡泪，秋冰鸣马蹄。一身虏云外，万里胡天西。终日见征战，连年闻鼓鼙。故山在何处，昨日梦清溪。"焉耆地处西域，诗人置身于此有异域之感。

〔1〕盖金伟：《唐诗"交河"语汇考论》，载《新疆师范大学学报》2008年第2期。

龟兹是西域古国名，唐朝征服西域，于此置军镇，是安西四镇之一。安西都护府于高宗显庆三年(658年)移至龟兹城(在今新疆库车)，称安西大都护府，一时成为西域政治中心，因此龟兹城显得很重要，“龟兹”一名，在唐诗中有的是实指，岑参《北庭贻宗学士道别》诗云：“饮酒对春草，弹棋闻夜钟。今且还龟兹，臂上悬角弓。”晚唐诗人吕敞有《龟兹闻莺》一首，云：“边树正参差，新莺复陆离。娇非胡俗变，啼是汉音移。”说明他们都亲身到过该地。有时则是诗人想象中东来西往的行人经行之地，刘言史《送婆罗门归本国》诗云：“刹利王孙字迦摄，竹锥横写叱萝叶。遥知汉地未有经，手牵白马绕天行。龟兹碛西胡雪黑，大师冻死来不得……出漠独行人绝处，碛西天漏雨丝丝。”可知这位胡僧回天竺国是取道中道。

龟兹是乐舞之乡，唐代不少乐舞、乐器、乐舞艺人出于龟兹，因此在唐诗中更多的写到龟兹艺术，如刘商《胡笳十八拍·第七拍》：

龟兹筚篥愁中听，碎叶琵琶夜深怨。

李颀《听安万善吹觱篥歌》：

南山截竹为觱篥，此乐本自龟兹出。
流传汉地曲转奇，凉州胡人为我吹。

由于中道的繁忙状况，唐诗对龟兹的记述较多。另外，唐诗中有相当多的作品写到“安西”“镇西”，如王维《送元二使安西》《送刘司直赴安西》；李白《送程、刘二侍郎兼独孤判官赴安西幕府》《送族弟绾从军安西》；岑参《安西馆中思长安》《送人赴安西》《醉里送裴子赴镇西》；杜甫《送从弟亚赴安西判官》；李端《送古之奇赴安西幕》等等。因为龟兹是安西都护府治所，所以我们可以认为其中除了少部分泛指之外，有的是指代龟兹的。唐诗中安西有时是安西都护府的简称，杜甫《高都护骢马行》诗云：“安西都护胡青骢，声价炎然来向东。”有时又是一个具体的地名，如张籍《凉州词》诗：“无数驼铃遥过碛，应驼白练到安西”。

姑墨本为西域故国之名，今新疆阿克苏地区拜城县一带。唐置州于此，所以《新唐书·地理志》中称“姑墨州”，“姑墨”之名在唐诗中没有出现，引起诗人吟咏的是这里的“苜蓿峰”。岑参的诗《题苜蓿峰寄家人》:"苜蓿峰边逢立春,胡芦河上泪沾巾。闺中只是空相忆,不见沙场愁杀人。"诗中的苜蓿峰位于龟兹以西的姑墨州葫芦河附近,是一个报警的烽火台。苜蓿烽,当在葫芦河附近。葫芦河,据《新唐书·地理志》云:"安西西出拓厥关……又二十里至于阗境之胡芦河。"葫芦河为阿克苏支流托什罕河。[1]

疏勒是西域南道和中道相会之地。"疏勒,在安西府西二千余里",[2]从此地西行越葱岭可去往乌孙、波斯、大食等国家。疏勒是安西四镇之一,唐诗中以此作为绝域之地的象征,骆宾王《从军中行路难二首》之一:

阵云朝结晦天山,寒沙夕涨迷疏勒。

王维《老将行》:

誓令疏勒出飞泉,不似颍川空使酒。

皇甫冉《和袁郎中破贼后经剡中山水》:

节比全疏勒,功当雪会稽。

从唐诗对南道和中道两道的反映情况看,中道似乎相对于南道更为重要。从岑参的诗中我们可以得到解答。他的《初过陇山途中呈宇文判官》曰:"前月发安西,路上无停留。都护犹未到,来时在西州。十日过沙碛,终朝风不休。马走碎石中,四蹄皆血流",就表明了从西州回来是要经过莫贺延碛的。他自己所走的北道也是出了阳关之后折向西北,取道莫贺延碛西边去往西州,《日没贺延碛作》云:

沙上见日出,沙上见日没。

《过碛》云:

黄沙碛里客行迷,四望云天直下低。

为言地尽天还尽,行到安西更向西。

《碛中作》:

今夜不知何处宿,平沙万里绝人烟。

杜甫的《送人从军》一诗中也反映了这一点:"弱水应无地,阳关已

〔1〕〔唐〕岑参撰,陈铁民、侯忠义校注:《岑参集校注》,上海古籍出版社,1981年,第86页。

〔2〕《旧唐书》卷38《地理志》一,中华书局,1975年,第1385页。

近天。今君渡沙碛，累月断人烟。”因此，中道不只是可以从汉玉门关往西北方向去往西州，还可以选择从敦煌出了阳关之后折向莫贺延碛去往西州。唐朝时在唐太宗、吐蕃松赞干布和文成公主先后去世后，唐蕃关系破裂，进入长期的对抗和战争状态，南道受到吐蕃的威胁和侵扰。而唐置安西四镇，安西都护府始终在中道一线。可能受此影响，中道对于南道来说，更多为行旅所利用，所以有关的诗也比之南道要多。

2.3.3 唐诗中的西域北道

西域北道是经行天山之北草原的道路，关于这条道路，鱼豢《魏略西戎传》云："从玉门关西北出，经横坑、避三垅沙及龙堆，出五船北，到车师界戍已校尉所治高昌，转西与中道合龟兹，为新道……北新道西行，至东且弥国、西且弥国、单桓国、毕陆国、乌贪国，皆并属车师后部王……转西北则乌孙、康居。”[1]裴矩《西域图记序》记述："发自敦煌，至于西海，凡为三道，各有襟带。北道从伊吾，经蒲类海、铁勒部、突厥可汗庭，度北流河水，至拂菻国，达于西海。”[2]其路线在《新唐书·地理志》"入四夷之路"有详细描述。[3]这条道路即经欧亚草原沟通中西方联系的草原丝绸之路。北道由玉门关往西北，经伊州沿天山北麓西行，经庭州至伊宁后西去。在唐诗中有所反映的主要有伊州、庭州、轮台、热海、碎叶、乌孙。

唐贞观四年(630年)九月，唐朝招抚伊吾，设西伊州，其后不久，置军蒲类海(今新疆巴里坤)屯田屯牧。伊州至天宝元年改名伊吾郡。岑参的《送郭司马赴伊吾郡请示李明府》诗云："安西美少年，脱剑卸弓弦。不倚将军势，皆称司马贤。秋山城北面，古治郡东边。江上舟中月，遥思李郭仙。”岑参另有《送李别将摄伊吾令充使赴武威便寄崔员外》诗，两诗中写到的郭司马和李别将就是派往伊吾驻军的官员。唐诗中提到的伊州没有地名的实指，而多是以此为名的曲子，王建《宫词一百首》之五十六云：

---

〔1〕《三国志》卷30，裴松之注引，第862页。

〔2〕《隋书》卷67《裴矩传》，第1579页。

〔3〕《新唐书》卷43下《地理志》，第1149页。

求守管弦声款逐，侧商调里唱伊州。

白居易《伊州》云：

老去将何散老愁，新教小玉唱伊州。

伊吾（今新疆哈密）唐时有时称“伊州”。《伊州曲》是有名的曲子，西域六大乐之一。唐时多以地名称谓曲名，如龟兹乐、高昌乐、疏勒乐。《教坊记》记载：“教坊人唯得舞《伊州》、《五天》。”从上面两首诗可知，这支曲子流传内地，在唐代宫廷和社会上流传甚广，连士大夫家庭里也有表演。由于伊州的繁荣，加之南路故道逐渐为流沙湮没，北道逐渐兴盛起来。

唐统一西域后，在蒲类设县，归庭州管辖，与轮台齐名，成为西域一大名城。由蒲类西去经木垒、奇台达庭州（今吉木萨尔）。初唐诗人骆宾王到过此地，他的《夕次蒲类津》诗对此有所反映：

二庭归望断，万里客心愁。

山路犹南属，河源自北流。

晚风连朔气，新月照边秋。

灶火通军壁，烽烟上戍楼。

王维的《送宇文三赴河西充行军司马》一诗中也提到了蒲类：“蒲类成秦地，莎车属汉家。当令犬戎国，朝聘学昆邪”，是将其归属的天山北路为唐王朝所控制的指代。走北道要翻越天山，然后沿北麓的草原西行。这里水草比较丰富，骆宾王《晚度天山有怀京邑》有云：“忽上天山路，依然想物华。云疑上苑叶，雪似御沟花。”这对以马和骆驼为主要交通工具的古代商队和旅行者来说，当然要方便得多。这也是北道兴盛的原因。

贞观二十年（646年）唐朝军队消灭了西突厥，置庭州；长安二年（702年）改为北庭都护府，管辖天山南路，最高长官为北庭都护。到唐玄宗时改为北庭节度使。因为设立了大都护府，经常会有使节来往，正如杜甫《近闻》一诗所说：“崆峒五原亦无事，北庭数有关中使。”辖天山北路的北庭都护府在唐人心目中是遥远寒苦之地。岑参《寄韩樽》云：

夫子素多疾，别来未得书。

北庭苦寒地,体内今何如。

高适《东平留赠狄司马(曾与田安西充判官)》云:

马蹄经月窟,剑术指楼兰。

地出北庭尽,城临西海寒。

杜甫《秦州杂诗二十首》之十九云:

风连西极动,月过北庭寒。

的确,当时到达北庭都护府的除了驻守的官兵将士之外,极少有诗人到达这里。岑参几乎是绝无仅有的一位。他第二次出塞是天宝十三载(754年)夏秋间至至德二载(757年)春,在北庭任安西、北庭节度使封常清幕僚。[1]也正是因为这里的边远寒苦和独特的景致,他写下了大量关于北庭都护府的诗,《北庭西郊候封大夫受降回军献上》云:

胡地苜蓿美,轮台征马肥。

《登北庭北楼,呈幕中诸公》云:

二庭近西海,六月秋风来。

《北庭作》云:

雁塞通盐泽,龙堆接醋沟。

孤城天北畔,绝域海西头。

秋雪春仍下,朝风夜不休。

中道上有汉轮台,唐诗中提到的多是位于北道上的唐轮台。唐诗中提到的轮台到底是指中道上的汉轮台还是北道上的唐轮台,大致可以从诗的上下文中判断出来。如诗题或诗句中有提到该轮台与交河或铁门关的相关位置的,我们就能确认是汉轮台;而诗题或诗句中同时还出现北庭的,就可以确认描写的是唐轮台,唐轮台位于西州和庭州之间,其战略地位非常重要。岑参的诗中也大量描写了轮台景物和它的险要,《北庭西郊候封大夫受降回军献上》云:

胡地苜蓿美,轮台征马肥。

《走马川行奉送出师西征》:

轮台九月风夜吼,一川碎石大如斗,随风满地石乱走。

[1]〔唐〕岑参撰,陈铁民、侯忠义校注:《岑参集校注》,第3页。

《轮台即事》：

轮台风物异，地是古单于。
三月无青草，千家尽白榆。
蕃书文字别，胡俗语音殊。
愁见流沙北，天西海一隅。

曹唐有《送康祭酒赴轮台》一诗："灞水桥边酒一杯，送君千里赴轮台。霜粘海眼旗声冻，风射犀文甲缝开。断碛簇烟山似米，野营轩地鼓如雷。"

从疏勒西行越葱岭，或经西域北道经草原路西行，首先进入中亚。唐代诗人很少进入此地，但过葱岭后的中亚各地有的受到唐代诗人的关注，特别是碎叶和乌孙。

碎叶镇置于唐高宗调露元年，属条支都督府，在今吉尔吉斯斯坦首都比什凯克以东的托克马克市附近，仿长安城而建。这里是唐朝在西域设的重要军镇，与龟兹、疏勒、于阗并称为唐代"安西四镇"。著名的热海位于碎叶城东南，唐廷为平定叛乱，保护丝绸之路的畅通，曾多次派军攻打及进驻碎叶城和热海一带。岑参在北庭大都护府任职时写的《热海行送崔侍御还京》，以细腻生动的笔触描绘了热海的景色：

侧闻阴山胡儿语，西头热海水如煮。
海上众鸟不敢飞，中有鲤鱼长且肥。
岸旁青草常不歇，空中白雪遥旋灭。
蒸沙烁石然虏云，沸浪炎波煎汉月。
阴火潜烧天地炉，何事偏烘西一隅。
势吞月窟侵太白，气连赤阪通单于。
送君一醉天山郭，正见夕阳海边落。
柏台霜威寒逼人，热海炎气为之薄。

从诗开头"侧闻"云云可知，诗人并没有亲自去过热海。头四句及后来的描述有很多想象成分，用夸张的手法来显示热海地区奇异的景致。而另一首提到热海的诗中，用几个有代表性的地名代表西域边地，并由此抒发感怀，岑参《武威送刘单判官赴安西行营，便呈高开府》云：

"热海亘铁门,火山赫金方",由此也可证明他没有亲身到过该地。

从唐高宗显庆三年(658年)至唐玄宗开元七年(719年),碎叶为受安西都护府管辖的安西四镇之一。但遥远的碎叶是诗人们足迹未至之处,因此唐诗中"碎叶"一词多是虚指和象征意义,如王昌龄《从军行七首》之六云:

胡瓶落膊紫薄汗,碎叶城西秋月团。

戎昱《塞上曲》云:

胡风略地烧连山,碎叶孤城未下关。

张乔《赠边将》云:

翻师平碎叶,掠地取交河。
应笑孔门客,年年羡四科。

刘商《胡笳十八拍》云:

龟兹筚篥愁中听,碎叶琵琶夜深怨。

唐后期随着河西走廊和西域陷于吐蕃,唐王朝失去了中亚诸国宗主国的地位,唐朝与中亚的关系被隔断,碎叶城成为失地的象征。张籍《征西将》诗云:"黄沙北风起,半夜又翻营。战马雪中宿,探人冰上行。深山旗未展,阴碛鼓无声。几道征西将,同收碎叶城。"

乌孙是西域古国,早在西汉时便与中国中原王朝发生密切关系。张骞第二次出使西域,便至乌孙,目的是联络乌孙夹击匈奴,达到"断匈奴右臂"的目的。后来汉朝两次嫁公主入乌孙,建立起和亲关系,乌孙成为汉朝进击匈奴的联盟。唐代诗人没有人到达乌孙国,但由于历史上这些著名的故事,乌孙成为唐诗中使用的典故。唐诗中有的歌咏汉与乌孙的友好关系,如常建《塞下曲四首》其一:"玉帛朝回望帝乡,乌孙归去不称王。天涯静处无征战,兵气销为日月光。"有的咏汉与乌孙的和亲,考虑到唐朝也多次嫁公主与周边各民族和亲,这些诗或许有借古喻今之意,如鲍溶《述德上太原严尚书绶》诗云:"可惜汉公主,哀哀嫁乌孙。"因为乌孙地处西域,有时被视为异族,晚唐诗僧皎然《从军行五首》其一云:"候骑出纷纷,元戎霍冠军。汉鞞秋聒地,羌火昼烧云。万里戍城合,三边羽檄分。乌孙驱未尽,肯顾辽阳勋。"

唐代的丝绸之路四通八达,纵横交通,期间虽有"安史之乱"发生,丝绸之路亦有道路变迁,但却从未中断。由于诗人们的足迹一般并没有越过葱岭,因此他们在西域的活动和创作基本上限于如今的新疆地区,他们诗中所反映的西域情况基本上也限于这一地区。南道在中晚唐时期的诗歌中的记述是少之又少,其中一个重要的原因就是安史之乱以后,南道为吐蕃人占领,而中晚唐时唐与吐蕃长期处于对抗状态。对于唐朝来说,这条与西域交通的道路基本断绝了。西域三道之间并不是孤立的,而是由很多道路联系起来。如有自交河故城至轮台同北道的白水涧道,自交河故城至庭州的他地道,沟通天山南北的乌谷道、赤亭道、化谷道、移摩道、萨捍道、突波道、焉耆道、龟兹道、穆素尔领道、别迭里通道等,都是沟通中道与北道的路线;沟通中道与南道的通道有拨换城至于阗和媲摩即泥至龟兹的道路,疏勒则是南道、中道和北道交汇之处。

考查唐诗中所涉及的西域地名和交通情况的内容,我们注意到,史料中涉及的地名,在唐诗里并没有一一出现。这是因为:(1)西域地域辽阔,诗人活动有限,他们未能走遍西域山山水水;(2)从文学创作的角度来看,诗毕竟不是客观现实的刻板记录,西域地理、交通的内容进入诗歌,经过了诗人审美的过滤;(3)同时我们还注意到,西域地名和交通进入诗歌往往成为艺术意象,很多情况下不能坐实理解。唐诗中涉及的西域地名并不只是这些,我们只是选取唐诗中提到较多的去谈,而涉及西域地名的唐诗我们也没有全部拿来进行分析。如果更全面更深入地探讨,我们可能会发现更多问题,比如西域道几条路线的盛衰变化及其在唐诗中的反映,唐代有关西域的重大事件与丝路盛衰的关系及其在唐诗中的反映。这些都有待进一步的研究。有关丝绸之路盛衰的情况,唐诗中能够为我们提供不少信息,这需要我们对唐诗做深入细致的研究。

3 海上丝绸之路研究

海上丝绸之路是古代中国与域外交通、贸易和文化交流的海上通道，这条路线的主要线段是南中国海、印度洋(安达曼海、孟加拉湾、阿拉伯海)、红海、地中海。德国地质学家李希霍芬(Ferdinand von Richthofen，1833—1905)在所著《中国》一书中提出"丝绸之路"一名后，有人认为中国的丝绸不仅从陆道运往西方，而且也经由海道。法国汉学家沙畹(Edouard Chavannes，1865—1918)在其所著《西突厥史料》中最早提出"丝路有海陆两道"。日本学者三杉隆敏著《探索海上丝绸之路》(1967年)，香港学者饶宗颐教授也对海上丝绸之路加以研究，肯定了这条古代东西方之间交通贸易往来的路线存在。但对这条路线做多方面详尽考释，当推北京大学陈炎教授。[1]近年来福建、广东、山东等沿海省份的学者在海上交通领域研究成果丰硕。本章在前辈学者研究的基础上，着重就魏晋南北朝时期中西间海上交通进行探讨。

3至6世纪，由于各国航海水平的提高和造船技术的进步，海上交通的条件有了很大改善，中西间海上交通与交流比之两汉有所发展是以此为基础的。中国舟人对斯里兰卡、印度地处中国与大秦之间的地理位置已经有了新的认识，同时了解到从印度前往阿拉伯海诸地的海道。

〔1〕陈炎先生有《海上丝绸之路与中外文化交流》一书，北京大学出版社，1996年。

3.1 3至6世纪中西间海上航线的变化

3至6世纪,中国所知南海以西国家,史载约有40余国。[1]从海道东端即中国方面看,由于分裂割据的局面和地理位置的原因,利用海道与西域交往的,主要是三国时吴、两晋和南朝诸朝。这一时期,由于各国航海水平的提高和造船技术的进步,海上交通的条件有了很大改善,中西间海上交通与交流比之两汉有所发展是以此为基础的。本节想在前人研究的基础上,对这一时期海上航线的变化略做探讨。为了叙述的方便,我们把魏晋六朝时中西间海上航线分为三段。

3.1.1 从日南至扶南典逊、句稚

由于日南为对外交通的门户,因此日南寿灵浦口(今越南岘港)为始发港,海外交通多从日南计程。扶南是印度支那半岛大国,公元1世纪兴起,"为唐以前东西往来之要冲"。[2]《太清金液神丹经》(以下简称《神丹经》)卷下云:"出日南寿灵浦,由海正南行,故背辰星,而向箕星也。昼夜不住,十余日乃到扶南。"[3]而据文献记载和考古资料,在扶南境内,则有奥高(Oc Eo;一作Go Oc Eo,即哥俄厄)、典逊或句稚三个重要的港口。1942—1944年,法国考古学家马勒尔(L.Malleret)在越南南部湄公河三角洲金欧角发掘了一处公元2至6世纪的海港遗址,即奥高

〔1〕参《三国志》卷30《魏略·西戎传》,《晋书》卷97《西戎传》《南蛮传》,《宋书》卷97《夷蛮传》,《南齐书》卷58《东南夷传》,《梁书》卷54《诸夷传》,三国吴万震《南海异物志》(此书已佚,其中不少材料被《北堂书钞》《太平御览》《初学记》《艺文类聚》等书所引。东晋葛洪著《太清金液神丹经》卷下也采录有《南州异物志》的材料,见《道藏》,第18册,洞神部众术类,第757-762页,北京文物出版社、上海书店、天津古籍出版社,1988年)。吴时朱应、康泰出使扶南,"所经及传闻,则有百数十国"(《梁书·诸夷传》)。康泰著《吴时外国传》、朱应著《扶南异物志》已佚,《太平御览·四夷部》有所引述,《说郛》卷60据一些史籍保留的零星片断,辑成《扶南土俗》,其中记载了他们所经历的一些国家和地区。东晋法显《佛国记》亦记有若干国家(此书又名《法显传》)。《太清金液神丹经》云,自天竺、月氏以来,"其间细国,往往而处者,不可称数也"。对海南诸国之地望,前辈学者多有考述,亦多歧见,此不赘言。

〔2〕冯承钧:《中国南洋交通史》"序例",商务印书馆影印本,1998年,第3页。

〔3〕〔东晋〕葛洪:《太清金液神丹经》卷下,见《道藏》,第18册,洞神部众术类,北京文物出版社、上海书店、天津古籍出版社,1988年,第757-762页。

遗址，其中发现的铜佛像多数为南印度式，也有个别犍陀罗式。这里还发现了流行于我国3至6世纪的汉式菩萨像，因为菩萨在印度均为男性形象，到了中国才变为女性，这里的女菩萨像显然来自中国。还有三件中国东汉时期的铜镜残片。这里发现的波斯制品有玻璃质圆片一枚，其上呈有半身人像，就其服装而言，当为4世纪中叶之物。也有不少罗马器物，如玻璃器、青铜油灯和罗马货币。这些说明奥高遗址在中国和天竺之间海上交通线上的重要地位。金欧角当时属于扶南国，在长达四五百年的历史时期内，奥高海港必然是东来西往的船只停泊的重要港口，至6世纪中为湄公河洪水所淹没。〔1〕

典逊和句稚亦皆扶南属国。《神丹经》卷下云："舶船发寿灵浦口中，调风昼夜不解帆，十五日乃到典逊。"典逊又作典逊，在今马来半岛北部一带。由典逊陆行10余日，横越马来半岛地峡，即抵达西端的句稚。句稚，一般认为在今马来半岛西部海岸。自典逊至句稚距离"八百里"。句稚与典逊都是当时东西方贸易的重要转运港口。典逊在沟通中西间海道方面具有重要地位，"典逊之东界通交州，其西界接天竺、安息，徼外诸国往还交市"。〔2〕西太平洋与北印度洋水域以今马来半岛为界，狭长的半岛伸入海，最窄处仅数十公里。在以信风为主要动力的时代，绕过马来半岛的航程漫长而费时，而在半岛边卸货转运则成为一种节省运力的办法。《汉书·地理志》"粤地"条记载汉武帝时汉使沿海西行至黄支国，便是利用这种"海—陆—海"的联运方式。魏晋南朝时，许多从中国出洋的海舶仍把目的港定在马来半岛以东的泰国湾。典逊处于横越地峡的起点，在泰国湾边的小河湾里来自交州的商人们把从中国运来的货物出手，过驳到当地的小船上，然后采购回头货装船，等信风返还。当地的小船沿小河驶抵马来山脊脚下，用人力或畜力运过山岭，在山脊另一侧的小河边再装上小船，运至安达曼海边。地处安达曼海

〔1〕参宿白：《考古发现与中西文化交流》，文物出版社，2012年，第50页；林梅村：《中国与罗马的海上交通》，见氏著《汉唐西域与中国文明》，文物出版社，1998年，第315-316页；苏继庼：《岛夷志略校释》"真腊"条注，中华书局，1981年，第74页。

〔2〕《梁书》卷54《诸夷传》，中华书局，1986年。

边的句稚在典逊西南方向，是横越地峡的终点，又是来自印度、西亚、东非、大秦的商舶会合处。东来的商贾将自己运来的货物出手，购买从山岭那边运来的中国货返航。他们的番货被当地商人贩运过马来半岛，至典逊转售给来自中国的商人。[1]在典逊古城遗址考古发现一些古代印度文物。

在自日南至典逊的航线上，有林邑国、西图国、头(一作投)和国、盘盘国(一作勃焚洲)、狼牙修国。《神丹经》卷下云："昔马援为汉开南境，立象林县，过日南四五百里立两铜柱，为汉南界。后汉衰微，外夷内侵，没取象林国铜柱所在海边。在林邑南可三百里，今则别为西图国。"《陈书》卷6《后主纪》记载，至德元年(583年)"十二月丙辰，头和国遣使献方物"。《通典》卷188云："投和国，隋时闻焉。在海南大洲中，真腊之南。自广州西南水行百日至其国。"此云"隋时闻焉"，不确。而《太平御览》卷788引《隋书》云："自广州西南水行百里至其国"，"百里"又当为"百日"之误。其地在今泰国的湄南(Me Nam)河下游地区，即堕罗钵底(Dvaravati)一名的省译。《梁书》卷54《诸夷传》记载："盘盘国，宋文帝元嘉、孝武孝建、大明中，并遣使贡献。"一般认为盘盘国在马来半岛的北部，具体所指不一。《通典》卷188引《抱朴子》云："勃焚洲在南海中，熏陆、水胶所出。"勃焚洲又作薄刺洲，《太平御览》卷788引《唐书》云："隋时闻焉，在拘利南海湾中。"勃焚洲即盘盘。《梁书》卷2记载，天监十四年(515年)九月，"狼牙修国遣使献方物"。一般认为，狼牙修在今马来半岛北部。《旧唐书》卷197云："盘盘国，在林邑西南海曲中，北与林邑隔小海，自交州船行四十日乃至。其国与狼牙修国为邻。"

在东西方文献上，都有马来半岛地峡西边海中有磁石，带铁钉之船只无法通过的传说。公元2世纪的托勒密《地理志》说，马尼奥莱群岛有10个相互毗连的岛屿，"装有铁钉的船只都要被吸住难行，也许是由于岛屿中出产大磁石的缘故"。[2]马尼奥莱群岛，有人考证为小安达曼群岛，一说为尼科巴群岛。生活在4世纪的圣·安布卢瓦兹的著作和4、

〔1〕参刘迎胜：《丝绸之路》(海上卷)，浙江人民出版社，1995年，第32页。

〔2〕〔法〕戈岱司编：《希腊拉丁作家远东古文献辑录》，耿昇译，中华书局，1987年，第44页。

5世纪之间的巴拉迪尤斯在《论婆罗门教》一书中有同样说法。[1]《神丹经》卷下云，在句稚附近的海中，“水浅而多磁石，外徼人乘舶船皆铁叶，至此崎头，阂磁石不得过，皆止句稚货易而还也”。中国文献上也有船只不得过典逊国的说法，《梁书·诸夷传》记载，典逊在海崎上，徼外诸国往还交市，“所以然者，典逊回入海中千余里，涨海无涯岸，船舶未曾得径过也”。联系东汉时班超遣甘英使大秦，安息西界船人吓以“海水广大”，“数有死亡者”云云，这种传说大概也是典逊、句稚国人欲专擅海上丝路之利而编造的故事，目的是诱使东来西往的商贾舍舟登陆，在这种“海—陆—海”的中转贸易中牟取利益。除了海中有磁石的说法之外，托勒密书中还说马尼奥莱群岛中“居住有一些被称为马尼奥莱人的食人生番”，《神丹经》中也说，句稚南之蒲罗中国“有殊民，尾长六寸而好啖人”。圣·安布卢瓦兹又说，那种磁石的力量“会阻止船只由此返归”。显然都带有恐吓的意味。

如果从典逊继续沿海岸向南航行，可以绕过马来半岛南端进入印度洋，或至句稚。在此航线上，典逊之南马来半岛上则有耽兰(丹丹)、都昆、拘利、比嵩、蒲罗中、婴皇诸国。《太平御览》卷787《四夷部》引《扶南土俗》云:“诸薄之西北有耽兰之洲。”耽兰即丹丹，在自交趾至婆利国的航线上，《梁书》卷3云:中大通三年六月，“丹丹国遣使献方物”。《隋书》卷82云:“婆利国，自交趾浮海，南过赤土、丹丹，乃至其国。”一般认为在马来半岛南部，今马来西亚的吉兰丹(Kelantan)一带。《神丹经》卷下云:典逊南“又有都昆、比嵩、句稚诸国，范曼时皆跨(当脱‘海’字)讨服”。都昆又称屈都昆，在今泰国湾濒海古城摩诃梭，一说马来西亚的吉打(Kadah)。比嵩当即马来半岛西南岸的皮散(Pisang)。《通典》卷188云:“边斗国、都昆国、拘利国、比嵩国，并隋时闻焉。扶南渡金邻大湾，南行三千里有此四国。”所谓金邻大湾，一般认为即暹罗湾。此云“隋时闻焉”，亦有不确处，因为《神丹经》已提到都昆、比嵩二国，而康泰书中已经提及拘利国。蒲罗中国，《太平御览》卷787引《扶南土俗》云:

〔1〕〔法〕戈岱司编:《希腊拉丁作家远东古文献辑录》，耿昇译，中华书局，1987年，第74页、75页。

"拘利正东行极崎头海边,有居人,人皆有尾五六寸,名蒲罗中国,其俗食人。"一般认为其地在马来半岛的南部。婆皇又作槃皇、蒲黄、婆皇,《宋书》卷5记载:元嘉十九年(442年)"婆皇国遣使献方物"。其地在今马来西亚的彭亨(Pahang)一带。

在从中国至扶南的海路上,人们注意到了南海诸岛。魏晋六朝时开辟了从广州出发,经海南岛东南进入西沙群岛,直航南海的航线,然后经过今印尼诸岛或马来半岛南端进入马六甲海峡,穿过海峡抵句稚港。《三国志》卷47《孙权传》记载,吴赤乌五年(242年)七月,孙权"遣将军聂友、校尉陆凯以兵三万讨珠崖、儋耳"。《神丹经》记载的杜薄、阇婆二国,"在扶南东涨海中洲,从扶南船行直截海,度可数十日乃到"。据其地望,当即今印尼爪哇岛或苏门答腊岛。说明了当时两地间的交通和中国人已知两地之间的航线。据《北堂书钞》卷134引《宋元嘉起居注》、《宋书》卷97《夷蛮传》、《梁书》卷54《诸夷传》诸种文献记载,地处今印尼爪哇、苏门答腊岛和东马来西亚、文莱的呵罗陁、呵罗单、阇婆(达)、婆利、婆达(一作婆达)、干(一作斤)陁利等王国,在南朝时频来中国朝贡。这似乎能够说明经中国南海至今印尼或马来半岛南端,由此过马六甲海峡进入印度洋,至扶南属国句稚的航线的存在。

孙权遣朱应、康泰出使扶南,途经百数十国,有的学者认为他们走的便是这条航线,在他们所著书中记载了这一航线经行之国。[1]朱应、康泰所著书中有云:"涨海中,列(倒)珊瑚洲,洲底有盘石,珊瑚生其上也。"[2]此"涨海"即今之南海,南海诸岛如南沙群岛和西沙群岛皆珊瑚礁构成。他们可能越中国南海至今加里曼丹岛。这里有诸薄国,是他们曾经过之地。《艺文类聚》卷80引《玄中记》云:"南方有炎山焉,在扶南国之东,加营国之北,诸薄国之西。"《梁书》卷54云:"又传扶南东界即大涨海,海中有大洲,洲上有诸薄国。"诸薄又作杜薄,据其方位,当在今加里曼丹岛。值得注意的是,康泰书中常以诸薄为坐标,确定南海诸国方位,这暗示出他们曾至诸薄并以其作为立足点谈各国位置。他们

〔1〕其经行诸国大致在中南半岛、印度尼西亚加里曼丹岛、苏门答腊岛、马来半岛南端等地。

〔2〕《太平御览》卷69《地部》34引《扶南传》,第327页。

从诸薄行船至马来半岛南端，然后过马六甲海峡。《太平御览》卷787引《扶南土俗》记载的巨延洲，在“诸薄之东北”，一般认为在今加里曼丹岛。比攎国，在“诸薄之东南”，在今印尼勿里洞或邦加、小巽他诸岛上。马五洲在“诸薄之东”，一般认为在今印尼，可能指巴厘岛。薄叹洲在“诸薄之西北”，大致位置在今印尼宾坦岛，或苏门答腊岛西北部、马来半岛南部。蒲罗中国，在“拘利正东行极崎头海边”，在马来半岛的南端，这些应当是他们曾经经过或在诸薄听闻的地方。

康泰、朱应出使扶南，还曾到达或听说一个叫作嘾杨的国家，也在此航线上。北魏郦道元《水经注》卷1引康泰《扶南传》曰：

> 昔范旃时，有嘾杨国人家翔梨，尝从其本国到天竺，展转流贾至扶南，为旃说天竺土俗，道法流通，金宝委积，山川饶沃，恣所欲。左右大国，世尊重之。旃问云：“今去何时可到。几年可回？”梨言：“天竺去此，可三万余里，往还可三年踰。”及行，四年方返，以为天地之中也。〔1〕

嘾杨何在，有三说：有人认为与毯阳、淡洋都是Tamiang的对音，在今印度尼西亚苏门答腊岛的东北部。有人认为嘾杨、林杨、都元都是Htayan的译音，位于马来半岛克拉(Kra)地峡北面。另有人以为嘾杨、林杨是Rammanya的译音，在泰国西南或缅甸东南部。〔2〕根据康泰记载的家翔梨的活动情况，当以前说为是。如果嘾杨在克拉地峡北面，或在泰国西南、缅甸东南部，其地皆在扶南境内，或距扶南甚近处，不当言“从其本国到天竺，展转流贾至扶南”。

南朝时中国人还知道大海中有毗骞国，亦当在此航线上。《太平御览》卷788引竺枝《扶南史纪》云：“毗骞国去扶南八千里，在海中。”《梁书》卷54云：“典逊之外，大海洲中，又有毗骞国，去扶南八千里。”毗骞国当在印尼苏门答腊岛，有人认为即其北部巴达克人的住地。但这里是人们听说却未尝践历之地，因为诸书记载多怪异之谈，如国王“身长三丈，颈长三尺，自古以来不死”云云。而且其国“不受贾客，有往者杀

〔1〕〔北魏〕郦道元著，陈桥驿校证：《水经注校证》卷1，中华书局，2013年，第7页。

〔2〕陈佳荣等：《古代南海地名汇释》，中华书局，1986年，第842页。

而噉之，是以商旅不敢至”。法显自耶婆提国（在今爪哇或苏门答腊岛），“东北行趣广州”，漂至长广郡，亦当经中国南海。商人们知道，自耶婆提国至广州，“常行时正可五十日便到”，说明这种商船经常往来于两地之间。《高僧传》卷3记载，求那跋摩先至阇婆国，又从阇婆至广州，其航行亦在此线上。从拘那罗陀西还的行程还可以知道，他从梁安发船，并不是傍岸行船，因为那样必然经过广州。他是从南海被大风吹到广州，说明他本来的航线并不经过广州，而应该是离开海岸西南去往扶南，当年他是从扶南来广州。

1957年，广东省博物馆考古队在西沙群岛的考察中，在北礁地带发掘出六朝时代的六耳罐和陶环等物，为这一古航线提供了实物证据，说明当时这里已经成为商舶经行之处。这条航线的开辟比之两汉时商舶傍岸航行，大大缩短了航程。当自广州为起点横渡中国南海，穿越马六甲海峡进入印度洋的航线开通以后，又避免了“海—陆—海”的中途倒运，虽然航程相当漫长，但运输却便利多了。从而促进了中西间海上交通的发展。这样经行奥高、典逊、句稚的运输线便越来越失去重要性。奥高遗址发现3至6世纪的遗物较少，当与此有关。

应该指出，从中国至马来半岛南部歌营（或作加营）有一条陆路经行，这虽与本文谈海上交通无关，但因为一直以来，人们误认为从歌营北来是通过海路，所以需要略加辨析。《洛阳伽蓝记》卷4记载：

> 南中有歌营国，去京师甚远，风土隔绝，世不与中国交通。虽二汉及魏亦未曾至也。今始有沙门菩提拔陀至焉。自云：“北行一月日，至勾稚国。北行十一日，至孙典国。从孙典国北行三十日，至扶南国，方五千里，南夷之国，最为强大……从扶南北行一月，至林邑国。出林邑，入萧衍国。”[1]

孙典国即典逊国。韩振华先生以为歌营国即今印度东南海岸的珠利耶（Colya）。他说：“由句稚南（西南）行一月至歌营，或由歌营北（东

[1]〔北魏〕杨衒之著，范祥雍校注：《洛阳伽蓝记校注》卷4，上海古籍出版社，1978年，第236页。

北)行一月至句稚,这是二地之间横渡印度洋孟加湾所需的时日",[1]这是一种误解。首先,句稚与印度珠利耶在方位上为东西,不当以"东北—西南"强解为南北。其次,菩提跋陀明言自歌营"北行"一月余日至句稚,这与魏晋南北朝文献上称通过海路曰"船行"或"水行"不同,显指陆行。按法显《佛国记》所说,自师子国至耶婆提国大约需十四五日,那么一月余日也不是"二地之间横渡印度洋孟加湾所需的时日"。从方位和经行时日上考虑,菩提跋陀所自出发的歌营当在今马来半岛南部无疑。《神丹经》卷下的记载则说明歌营与蒲罗中国邻近。如上所述,诸薄在今加里曼丹岛。如果加营在印度东南海岸,则其北之炎山不当云"扶南国之东"。炎山之南的加营只有放在马来半岛南部,才好解释诸国之方位。但是应该说明的是这条陆路乃佛教之路,而不是商道。僧人杖锡远行可通过此路,运载货物则不如海行为便。《南洲异物志》和《神丹经》卷下亦云:"歌营国在句稚南可一月行乃到其国。"但《南洲异物志》又云:"斯调,海中洲名也,在歌营东南可三千里。"因为斯调即师子国,即今之斯里兰卡,从其方位考虑,则歌营当在斯调西北之印度东南海岸。这有两种可能,一是万震无域外经行的经验,他著《南洲异物志》,内容得之传闻,方位上的淆乱和距离上的模糊不可避免;二是行文中可能有误字,即"东南"为"西南"之误。总之,万震的说法比之菩提拔陀的自述,当以后者为可靠。当穿过马六甲海峡西航至斯调或天竺的航路开通后,月支人则利用了这条航线进行贸易活动。《太平御览》卷359引康泰《吴时外国传》云:"加营国王好马,月支贾人常以舶载马,到加营国。国王悉为售之,若拦路失羁绊,但将头皮示王,王亦售其半价。"《三至六世纪中西间海上交通盛衰》中曾提到,交趾太守士燮之弟士武向孙权"时贡马凡数百匹",可能是来自西域的马,那么歌营可能是月支马传入孙吴的一个中转站。天竺国王也曾以月氏马赠送扶南王,[2]则月氏

[1]韩振华:《魏晋南北朝时期海上丝绸之路的航线研究》,见《中国与海上丝绸之路》,福建人民出版社,1991年,第238页。

[2]据《梁书》卷54《诸夷传》"中天竺"条,扶南王遣人使中天竺,天竺王"差陈宋等二人以月支马四匹报(扶南王范)旃"。

马传至天竺，复由天竺传至扶南或歌营，复由马来半岛传至中国南方的路线就清楚了。

3至6世纪，自建康（今南京）出海远航，取道菲律宾、文莱至马来西亚的航线似乎也得到开辟，菲律宾成为中国南海至马来半岛航线的中转站。有的学者认为中菲关系起于公元3世纪，即中国汉末至西晋初年。吴国遣将军卫温、诸葛直将兵万人浮海求夷洲及亶洲。亶洲，有学者认为即菲律宾。[1]《梁书》卷54云："又传扶南东界即大涨海，海中有大洲（加里曼丹岛），洲上有诸薄国，国东有马五洲，复东行涨海千余里，至自然大洲。"此自然大洲，一般认为即菲律宾。矿学工程师麦基（C·A·Mitke）《菲岛开矿史》云："第三、四世纪时，中国人已经到菲岛来了。他们在菲岛多从事于开采黄金的工作。他们当时采金的方法怎样，现在已不可考，我们只知道他们在矿脉的周围遍植竹林，如此不但可以给采金的工作人员在烈日之下遮荫休息，还可以供给他们造屋、造梯，及其他采金用具的材料。"[2]前菲律宾大学历史学教授奥斯丁·克莱格（Austin Craig）也说，菲律宾黄金在第三世纪时已开始运往中国。[3]在这样的背景下，菲律宾可能已经成为中西间海上交通的经行之处。公元3世纪时，扶南是东南亚一大强国，称霸东南亚，曾攻伐南洋诸国，其势力远及苏门答腊和爪哇、婆罗洲、菲律宾群岛。与此同时，菲律宾人也已横越南中国海同扶南进行贸易。[4]那么中国、菲律宾与扶南之间的海上航线应该存在。由于菲律宾—马六甲海峡通道为东西交通所利用，文莱与马来西亚、印度尼西亚成为中西间海上通道。中国和婆罗洲（文莱）的历史关系，起始于何时，目前尚无定论。从考古文物和学者的

〔1〕周南京：《中国和菲律宾文化交流的历史》，见周一良主编：《中外文化交流史》，河南人民出版社，1987年，第440-441页。廖大珂：《福建海外交通史》，福建人民出版社，2002年，第6页。

〔2〕刘芝田：《中菲关系史》，正中书局，1962年，第20-21页；陈荆和：《十六世纪菲律宾的华侨社会》（Chen Ching-Ho, *The Chinese Community in the Sixteent Century Philippines*, Tokyo, 1968），第1页。

〔3〕刘芝田：《菲律宾伊戈律族》，香港，1971年，第6页。

〔4〕陈序经：《扶南史初探》，见《陈序经东南亚古史研究合集》，海天出版社，1992年；沃尔特斯：《印度尼西亚早期贸易：室利佛逝起源研究》（O.W.Wolters, *Early Indonesian Commerce .A study of the Origins of Sriwijaya.* Cornell Univ. Press, Ithca, NewYork, 1967. P.154）

考证来看，大致可以说始于汉代。[1]《梁书》中与中国南朝通交的“婆利国”，有人认为位于婆罗洲西北部（今东马来西亚）和文莱素丹国一带。[2]如果这个结论可以成立的话，那么中国和婆罗洲之间的正式关系可以上溯到南朝。

3.1.2 自扶南句稚、投拘利口至师汉国或加陈国

这是从今马来半岛到斯里兰卡和印度的航线。师汉国即斯调国，在今斯里兰卡。之所以称师汉，《金丹经》卷下云，因为其国“皆奉大道，清洁修法，度汉家威仪”。斯里兰卡自汉代以来就是东西方海上贸易和交通的一个中心。船只从中国南方沿海地区出发，经中国南海过马六甲海峡，直航印度洋的航线开通以后，至师子国或天竺国则有传统的傍岸航行和越海过尼科巴群岛、安达曼群岛的两条航线。《神丹经》卷下云：“师汉国在句稚西南，从句稚去船行可十四五日，乃到其国。”这条航线大约要经过今安达曼群岛或尼科巴群岛。

从师子国向北、西北和东北至天竺国皆有航线。法显东返，先是自多摩梨国（今印度泰姆鲁克）“泛海西南行”，至师子国。又从师子国“东下”。他们可能的航线应该是经安达曼群岛至马来半岛上的句稚，但在中途遇风偏离了航向。“大风昼夜十三日”，到一岛边，当为尼科巴一岛，又前行至耶婆提国，在今爪哇或苏门答腊岛。张星烺云：“广州在晋时必已成大商埠，为印度洋沿岸诸国之贸易场。法显在锡兰岛闻知有此海道，以可归回中国，故不依原去陆道而归也。”[3]求那跋摩自罽宾东来，先至师子国，由师子国至阇婆国。据说阇婆王母夜梦一道士“飞舶入国，明旦果是跋摩来至”，他可能经行的是此一航线。可能限于当时的航海技术，这条越海航行的路线利用不多。上文讲到的家翔梨当是自暉杨船行至师子国、天竺国，又从天竺东行，至扶南。因为他的介绍，

---

〔1〕刘子政：《婆罗洲史话》，诗巫，1964年，第2页；林家劲：《中婆关系与华侨》，载中山大学《东南亚历史学刊》1983年第1期，第136页；季士家：《关于渤泥国王墓和墓碑碑文问题》，载《福建论坛》1984年第5期。

〔2〕前揭刘子政书，第98-101，108-110页。

〔3〕张星烺：《中西交通史料汇编》第六册，“古代中国与印度之交通”，第281页。

引起了扶南王范旃遣使天竺的兴趣。他派了亲人苏物出使天竺。苏物往返时间四年,与家翔梨所言"三年踰"大致相合。就在苏物返国时,康泰、朱应等人正出使扶南,应该说这则故事是很可靠的。我们认为,家翔梨在"暺杨—天竺—扶南"间的行商活动也很反映此段航线利用的情况,说明了出马六甲海峡直航师子国或天竺的航线的存在。

而更多的还是利用近海航行的传统航线,从句稚、投拘利口西北行,经孟加拉湾沿海各地至天竺。《梁书》卷54《诸夷传》"中天竺"条记载,扶南王范旃遣使往天竺,"从扶南发投拘利口,循海大湾中,正西北入,历湾边数国,可一年余,到天竺江口,逆水行七千里乃至焉"。投拘利即哥谷罗,在今马来半岛的西岸。大湾即今孟加拉湾。天竺江口即今恒河河口。恒河河口有国名担袂,《水经注》卷1引康泰《扶南传》云:"发拘利口,入大湾中,正西北入,可一年余,得天竺江口中,名恒水。江口有国,号担袂,属天竺。"由天竺江口继续沿海岸西南行,则可至印度南部沿岸之加陈国,亦可西南行越海至师子国。《神丹经》云:"加陈国在歌营西南海边,国海水涨浅,有诸国梁人,常伺行人劫掠财物,贾人当须辈旅乃敢行。"加陈大约在今印度西南岸,应当是商舶西行的一个重要转运港。

从句稚、投拘利口西北行至天竺江口,船只经行"湾边数国",有如下诸国可考。

横趺国 《太平御览》卷787引康泰《扶南土俗》云:"横趺国在优钹之东南",优钹国在今缅甸沿岸,则横趺国当在马来半岛西岸,或缅甸沿岸。

无伦国 一作无论,《通典》卷188云:"无论国隋时闻焉,在扶南西二千余里。"云"隋时闻焉",不确。《神丹经》已提及此国,云:"无伦国在扶南西二千余里。有大道,左右种桄榔及诸华果,白日行其下,阴凉蔽热。十余里一亭,亭皆有井水,食菱饭蒲桃酒。木实如胶,若饮时以水沃之,其酒甘美,其地人多考寿,或有得二百年者。"其地大约在今缅甸卑谬(Prome)一带。

林杨国 一作林阳。《太平御览》卷787引康泰《扶南土俗》云:"扶南之西南有林阳国，去扶南七千里。土地奉佛，有数千沙门，持戒六斋，曰：'鱼肉不得入国。'一日再市，朝市诸杂米、甘果、石蜜。暮中但货香花。"又引《南州异物志》云："林阳在扶南西七千余里，地皆平博，民十余万家，男女行善，皆侍佛。"《神丹经》卷下云："林杨国在扶南西二(当为七字之误)千余里。男女白易，多仁和，皆奉道，用金银为钱。多丹砂、硫黄、曾青、空青、紫石英，好用绛绢、白珠，处地所服也。"林阳当在今缅甸莫塔马(Motkama)湾一带。

优钱国　《神丹经》卷下："优钱国在天竺东南七千里，土地人民举止并与天竺同。珍玩所出，奇玮之物，胜诸月支。"如果从印度恒河河口一带说，其东南方向七千里者，当在今缅甸沿岸。而且"土地人民举止并与天竺同"，当与天竺交通便利，互相交流。

优钹国　《太平御览》卷787引《扶南土俗》云："优钹国者，在天竺之东南可五千里。国土炽盛，城郭珍玩谣俗与竺同。"有人以为即耶婆提国，有人以为在今缅甸。如果从印度恒河河口一带说，其东南方向五千里者亦当在今缅甸沿岸。且其土风物产与天竺相同，不当为远离大海之耶婆提国。

滨郍专国　《太平御览》卷787引《扶南土俗》云："滨郍专国出瑱马及金，俗民皆有衣被结发也。"此国在中南半岛，有柬埔寨、老挝、缅甸诸说。(按：此为康泰、朱应出使扶南经行或听闻之国，不当在今柬埔寨，因为康泰、朱应不是近岸航行，并未经今柬埔寨之地。老挝的可能也很小，因为老挝不在沿海各地。而在缅甸沿岸的可能性最大，姑系之于此。)

乌文国　《太平御览》卷787引《扶南土俗》云："昔混填初载贾人大舶所成此国。"有人以为在印度的安达曼(Andaman)群岛，此说近是。从"所成此国"的"此"字的使用，可知乌文国当是康泰等在扶南所至之国。

姑奴　或作奴调、古奴斯调，《太平御览》卷790引《南州异物志》云："姑奴去歌营可八千里。"今地无考。《洛阳伽蓝记》卷4："跋陁云，古有奴调国，乘四轮马为车"，或谓此处为"有古奴调国"之误，即梵文 Kurnadvipa音译,或作加那调国。据《南州异物志》云:“扈利国在奴调洲西南边海”,而扈利国即今印度西孟加拉邦胡格里(Hugli)河口一带。则姑奴其地当在胡格里河口东北今孟加拉湾北部海边。这里是东西方贸易的一个重要港口,《太平御览》卷771引《吴时外国传》云:“从加那调洲乘大舶,张大帆,时风一月余日,乃入大秦国也。”《神丹经》说古奴斯调“去歌营可万许里……四会所集也,舶船常有百余艘,市会万余人,昼夜作市。船行皆籥号鸣鼓吹角”。中国人不仅了解此地是商贸中心,而且知道这是行船至大秦的一个起点。从此西南行七八百里就是扈利国,而扈利国“距大秦万余里,乘大舶”,一月可到。此地是比之林杨距句稚更远的地方。

扈犁国 或作扈利、枝扈黎,《太平御览》卷790引《南州异物志》云:“扈利国在奴调洲西南边海”,即今印度西孟加拉邦胡格里(Hugli)河口泰姆鲁克(Tamluk)一带。《南州异物志》记载,自迦那调洲西南七百里至扈利河(今印度东北胡格利河)口。《水经注》卷2《河水注》引康泰《扶南传》云:“从迦那调洲西南入大湾,可七八百里,乃到枝扈黎大江口,度江径西行,极大秦也。”《神丹经》云:“扈犁国,古奴斯调西南入大湾中七八百里,有大江,源出昆仑西北,流东南,注大海。自江口西行距大秦国万余里。”所谓“大江”当指扈利河。扈犁国又称多摩梨(一作栗)帝国,法显《佛国记》云:“顺恒水东下十八由延,其南岸有瞻波大国……从此东行五十由延,到多摩梨帝国,即是海口。”[1]从此乘船西南行十四日或七百由延可至师子国。如上所述,法显前往师子国便经行此航线。从《佛国记》记载可知由多摩梨帝国西行50由延则至瞻波国。1由延为40里,50由延则为2000里。瞻波国,又作瞻婆,梵名Campā,为古代印度鸯伽(Anga)国都城,遗址在今比哈尔邦恒河南岸巴迦尔普尔(Bhāgalpur)附近,在瞻婆嘎拉(Campānagara)及瞻婆普利(Campāpuri)二村之间。从加那调往大秦经此国,从此国至大秦则必然绕印度南方海岸,至加陈。这里直到唐玄奘时仍是一个水陆交汇的中心,《大唐西域记》卷10作耽摩栗底国,云:“国滨海隅,水陆交会,奇珍异宝,多聚此

〔1〕〔东晋〕法显撰,章巽校注:《法显传校注》三,中华书局,2008年,第123-124页。

国,故其国人大抵殷富。"[1]

毗加梨 《太平御览》卷787引《宋元嘉起居注》:"五年,天竺毗加梨国王月□(爱)遣使上表。"其地不详。或许为"毗舍离"之讹,古代文献中又作毗舍利、毗奢利、毗耶离、毗耶梨,即吠舍厘国,梵名Vaisali,《法显传》提到此国。在今印度比哈尔邦北部恒河支流干达克(Gandak)河以东木扎法普尔(Muzaffarpnr)西南的巴萨尔(Basarh)村。

印度西孟加拉湾沿岸多河口,大约诸河口皆有停靠之港,成为东行或东北行往扶南、中国,以及往西南方向至印度东南、南方海岸、师子国的中转港,溯河流而上则可进入天竺各地。前面提到的胡格里河口、枝扈黎大江口、天竺江口(恒水口)等乃其大者,这些河口往往成为水陆交会之中心。法显是从此往西南至师子国,而前文中讲到的家翔梨从天竺至扶南,当是从此东行的结果。

3.1.3 自印度西南海岸或斯里兰卡西行

自印度西南海岸或斯里兰卡西行,至波斯湾或东非、埃及、拜占庭。距中国越远,中国人至者越少,甚至有的地方尚无中国人到达。当然有关的记载更多得之传闻或间接材料,因此有关的问题也就越显得模糊。

据《南州异物志》,自迦那调洲西南七百里至扈利河。据《神丹经》卷下,由扈利(在扈利河口)"乘大船载五六百人,张七帆,时风一月余,乃到大秦"。迦那调洲,在印度恒河河口附近。此"大秦",一般认为指报答,即今之伊拉克巴格达。据《神丹经》,也可从斯调国"西行三四十日至隐章",隐章"去斯调当三、四万里"。隐章,一般认为在今沙特阿拉伯汉志地区。[2]当时中国商人已有至阿拉伯海诸地者,但为数极少。《神丹经》卷下曾记载中国人乘船遇风偶至大秦者:

---

〔1〕〔唐〕玄奘、辨机原著,季羡林等校注:《大唐西域记校注》卷10,中华书局,2000年,第806页。

〔2〕参前揭韩振华文,第241页。迦那调洲何在,有各种不同的说法,有爪哇、缅甸、斯里兰卡、红海西岸阿杜利港诸说,韩振华先生认为迦那调洲又称姑奴斯调、姑奴、古奴,皆为羯罗拏苏伐刺那(Karnasuvarnua)的省译,在印度恒河河口附近。大秦,指两河流域的报答,即今伊拉克的巴格达。

昔中国人往扶南，复从扶南乘船，船入海，欲至古奴国，而风转不得达，乃他去。昼夜帆行不得息，经六十日乃到岸边，不知何处也。上岸索人而问之，云是大秦国。此商人本非所往处，甚惊恐，恐见执害，乃诈扶南王使，诣大秦王，王见之，大惊曰："尔海边极远，故复有人。子何国人乎？来何为？"扶南使者答曰："臣北海际扶南王使臣，来朝王庭阙，北面奉首矣。又闻五国有奇货珍宝，并欲请乞玄黄，以光敝邑也。"……(大秦王)乃付紫金、夜光、五色玄珠、珊瑚、神璧、白和、朴英、交颈神、玉琼虎、金刚诸神珍物，以与使者，发遣便去……还，四年乃到扶南……使既归，具说本末，如此自是以来无敢往复至大秦者。商旅共相传如此，遂永绝也。

这个故事反映了葛洪的时代中国人对扶南以西水域和航线的了解。阿拉伯海诸地主要是印度和斯里兰卡商人，所以《神丹经》卷下云："隐章国，去斯调当三四万里，希有至其处者。数十年中，炎洲人时乘舶船往斯调耳，云火珠是此国之所卖有也。故斯调人买得之耳。"《艺文类聚》卷80引《十洲记》云："炎洲在南海中，地方二千里，去崖九万里。"而据《神丹经》，炎洲在斯调东南，其地当在今印尼苏门答腊或爪哇岛。因为斯调人有经商至隐章者，所以炎洲人能通过斯调人了解到隐章的物产。

不过3世纪初，中国舟人对斯里兰卡、印度地处中国与大秦之间的地理位置已经有了新的认识，同时了解到从印度前往阿拉伯海诸地的海道。除了《神丹经》的记载说明这个问题以外，刘宋时曾至天竺的僧人竺枝《扶南记》中说："安息国，去私诃条国二万里，国土临海上。即《汉书》天竺、安息国也，户近百万，最大国也。"[1]也反映了这方面的信息，此安息即指地处西亚的萨珊王朝。"私诃条"，据藤田丰八《叶调斯调及私诃条考》，即三国时万震《南州异物志》中提到的海中洲名"斯调"，乃巴利语Sihaladipa(师子国)的音译[2]。说明这时中国人已经了解从

〔1〕〔北魏〕郦道元著，陈桥驿校证:《水经注校证》卷2，第33页。

〔2〕藤田丰八:《叶调斯调及私诃条考》，见《中国南海古代交通丛考》，何健民译，商务印书馆，1936年，第541-574页。

斯里兰卡、印度前往波斯湾的海路。《神丹经》卷下提到的察牢国和叶波国，当是中国人听闻的印度以西国家。"叶波国去天竺三千里，人民、土地、有无与天竺同"，"察牢国在安息、大秦之间，大国也，去天竺五千余里"。如果把这里的大秦理解为埃及亚历山大里亚或阿拉伯半岛的汉志，此二国可能在阿拉伯半岛波斯湾以西。大约在5、6世纪，中国商船已经有不少驶往波斯湾。阿拉伯古代旅行家马苏弟在《黄金草原》一书中就说到人们常看到印度和中国的船只来到阿拉伯古国希拉王国。〔1〕书中还说："幼发拉底河还可上航至巴比伦西南的希拉时，经常有人看见印度的船舶和中国的船舶停泊在该城的房屋前边"，"中国和印度的船只溯流而上去见希拉王"。希拉国是3世纪至7世纪初叶的阿拉伯古国，其首都希拉城在距古巴比伦废墟3公里处。希拉国极盛时的拉克米德王朝在5、6世纪之交，当时幼发拉底河的支流阿蒂河流经希拉城，由于海道的畅通，中国的商船远航至此。〔2〕

印度至埃及之间自古就有交通，3至6世纪这种交通仍然存在。《那先比丘经》卷下记载：

> 那先问王："王本生何国？"王言："我本生大秦国，国名阿荔散。"那先问王："阿荔散去是间几里？"王言："去是二千由旬，合八万里。"那先问王："曾颇于此遥念本国中事不？"王言："然，恒念本国中事耳。"那先言："王试复更念本国中事，曾有所作为者。"王言："我即念已。"那先言："王行八万里，复覆何以疾！"王言："善哉！善哉！"〔3〕

《那先比丘经》译者失名，《大藏经》附入东晋录内。"阿荔散"，一般认为即埃及亚历山大里亚。公元530年（中国南朝梁武帝时），埃及人科斯麻士曾至印度西海滨及锡兰岛（斯里兰卡）经商，后归国而为僧

〔1〕〔古代阿拉伯〕马苏第：《黄金草原》，耿昇译，青海人民出版社，1998年，第131页。

〔2〕参邓端本《广州与海上丝绸之路的兴起和发展》，见《论广州与海上丝绸之路》，中山大学出版社，1993年，第13页。

〔3〕《大正大藏经》第32册"论集部"，第702页。

人[1]。《洛阳伽蓝记》卷4也记载斯调国与西域各国的交通,云:"与西域大秦、安息、身毒诸国交通往来,或三方四方,浮海乘风,百日便至。"如张星烺所言:"大秦国之名,实为总名,其境内有无数属国、部落、郡邑之名。"[2]故大秦有时指西亚,有时则指埃及,有时则指东罗马。《南州异物志》和《神丹经》卷下记载,歌营国西南海边有个加陈国,有学者认为该国在古波斯铭文中叫Kusa,指古代居住在埃塞俄比亚和努比亚的库施民族。[3]库施领土中最大的港口是阿杜利,在现在的马萨瓦港附近。公元1世纪起,它就成了阿克苏姆王国的对外贸易中心,3世纪进入盛时。以为加陈在东非的说法难可凭据,但阿杜利港的兴盛却是事实。由于海上交通的开展,各国经海路从事商货贸易者传播了各地的消息,同时也将各地器物产品辗转传递,中国器物有西传至东非的迹象,在麦洛埃出土的中国式三足烹饪器(现藏喀土穆博物馆),是3世纪时的铸品,麦洛埃的陶器也模仿中国的格调。[4]但如果据此认为其时中国与麦洛埃之间已经有了往来,还缺乏有力的论据。这些可能是辗转传递的结果。

3.2 两晋南朝与东南亚、南亚海上交通

由于地理位置和政治形势的影响,两晋南朝的对外关系主要是利用海路与海外国家交往,当时与中国交通之海南国家和地区主要有林邑、典逊、句稚、扶南、诃罗陁、诃罗单、婆皇、婆达、阇婆达(一作"阇婆婆达")、盘盘、丹丹、干陁利、狼牙修、婆利(一作婆黎)、头和国、中天竺、北天竺、迦毗黎、师子国。前辈学者对这些地名方位进行过认真考索,现在可以确定这些国家皆在今东南亚和南亚地区,这一带正是汉文化圈

[1]张星烺:《中西交通史料汇编》第一册《古代中国与欧洲之交通》,中华书局,2003年,第155页。

[2]张星烺:《中西交通史料汇编》第一册《古代中国与欧洲之交通》,第148页。

[3]普拉加什:《印度和世界》(Buddha Prakash, *India and the World*, p. 241. Hoshiarpur, 1964)。

[4]沈福伟:《中西文化交流史》(第2版),上海人民出版社,1985年,第53页。

与印度文化圈相交重合、两种文化相激相荡之地。研究这一时期海上交通发展，对我们认识中国与东南亚、南亚文化的互传具有重要意义，因此本节对两晋南朝与东南亚、南亚海上交通的盛衰及其原因进行探讨。

3.2.1 两晋海上交通的衰落

西汉时中国使节已经经南海至今印度和斯里兰卡，东汉时罗马人走通了经扶南、日南而至洛阳的道路，南亚、东南亚诸国亦经日南、交趾至洛阳。三国时大秦人秦论曾至吴国都城，东吴的使节亦通过海路远行至扶南。这些都反映了早期中国与南海国家海上交通的兴盛。西晋初承两汉以来海上交通的余绪，仍与南海诸国频繁交往，据史书记载，在南方，西晋王朝初年与林邑、扶南等国皆有官方交往。“林邑国……至武帝太康中，始来贡献。”林邑王范文“遣使通表入贡于帝，其书皆胡字”。[1]扶南国“武帝泰始初，遣使贡献。太康中，又频来”。[2]甚至大秦国人亦通过海路入贡，经广州至洛阳[3]。惠帝元康六年（296年）天竺高僧耆域由海路到达广州，光熙年间，又前往京师洛阳。除了官方和佛教的交往之外，彼此间的贸易仍然存在，《晋书·南蛮传》“林邑”条记载，范文“随商贾往来，见上国制度，至林邑，遂教（范）逸作宫室、城邑及器械”，反映了在林邑与中国之间商贾的活动。

但西晋立国时间甚短，通过海路与南海各国交往的活动材料很少，尤其惠帝以后，这种交往活动顿然衰落，史书上几乎看不到相关的记载。东晋立国江南，长达百余年，有关彼此间交通的记载也很少。《南史·夷貊传》云，海南诸国“晋代通中国者盖鲜，故不载史官”。这大约与西晋后期战乱有关，《晋书》卷97《四夷传》云：

> 武帝受终衰魏，廓境全吴，威略既申，招携斯广，迷乱华之议，

〔1〕《晋书》卷97《南蛮传》，第2545、2546页。

〔2〕《晋书》卷97《南蛮传》，第2547页。

〔3〕晋殷巨奇《布赋序》，晋太康二年（281年），“大秦国奉献琛，来经于（广）州，众宝既丽，火布尤奇”。其赋云：“伊荒服之外国，逮大秦以为名，仰皇风而悦化，超重译而来庭；贡方物之奇丽，亦受气于妙灵。”见《艺文类聚》卷85引，上海古籍出版社，1982年，第1463页。

矜来远之名，抚旧怀新，岁时无怠，凡四夷入贡者，有二十三国。既而惠皇失德，中宗迁播，凶徒分据，天邑倾沦，朝化所覃，江外而已，琛贡之礼，于兹殆绝，殊俗异风，所未能详。

更可能由于两晋南方沿海地区官吏贪污与对外商的侵渔所致。同书同卷“林邑”条又记载：

初，徼外诸国尝赍宝物自海路来贸货贿，而交州刺史、日南太守多贪利侵侮，十折二三。至刺史姜壮时，使韩戢领日南太守，戢估较太半，又发船调炮，声云征伐。由是诸国恚愤。

由于两晋官吏的贪利侵剋，林邑国又贪日南之地，两晋与林邑频年发生战事。这些因素造成了海外贸易势减。除了两晋交州官吏贪残造成双方的战争之外，林邑国内的动乱也是造成中国晋时海上交通衰落的原因。据《南史》卷78《夷貊传》“林邑国”条记载：

汉末大乱，功曹区连杀县令自立为王数世，其后王无嗣，外甥范熊代立，死，子逸嗣。晋成帝咸康三年，逸死，奴文篡立。文本日南西卷县夷帅范稚家奴……范稚尝使之商贾至林邑……遂胁国人自立。时交州刺史姜壮使其亲韩戢、谢稚前后监日南郡，并贪残，诸国患之。穆帝永和三年，台遣夏侯览为太守，侵刻尤甚。林邑素无田土，贪日南地肥沃，常欲略有之。至是因人之怨，袭杀览，以其尸祭天，留日南三年，乃还林邑。交州刺史朱藩后遣都护刘雄戍日南，文复灭之。进寇九德郡，害吏人，遣使告藩，愿以日南北境横山为界。藩不许。文归林邑，寻复屯日南。文死，子佛立，犹屯日南。征西将军桓温遣都护滕畯、九真太守灌邃讨之，追至林邑，佛乃请降。安帝隆安三年，佛孙须达复寇日南、九德诸郡，无岁不至，杀伤甚多，交州遂至虚弱。须达死，子敌真立，其弟敌恺携母出奔。敌真追恨不能容其母弟，舍国而之天竺，禅位于其甥，国相藏磷固谏不从，其甥立而杀藏磷，藏磷子又攻杀之而立敌恺同母异父弟曰文敌。文敌复为扶南王子当根纯所杀。大臣范诸农平其乱，自立为王。诸农死，子阳迈立。

《梁书·诸夷传》有同样记载。这段记载反映了两晋与林邑的矛盾和林邑国内的动乱，林邑地当中西海上交通要道，这些都会直接影响到彼此间的往来和贸易。

但有人认为晋时海外交通和贸易“因而中断”，[1]则未免强调过分。即便在西晋后期和东晋时，彼此间的交通仍然是存在的。晋之南海官吏侵侮外商本身便是建立在外商来华贸易的基础之上。干宝《搜神记》卷2云：“晋永嘉中，有天竺胡人，来渡江南。”当经海路而来。《法显传》记载，中国高僧法显于东晋义熙六年至七年（410—411年）自天竺至师子国，在师子国见到佛像边“商人以晋地一白绢扇”供养，说明在法显以前，两国商人进行着贸易往来。法显自师子国乘商船回国，从海道东返，说明当时师子国与东晋间不仅存在使节通交，而且有商舶往还。法显自耶婆提（今爪哇或苏门答腊）至广州，“复随他商人大船”，“商人议言，常行时正可五十日便到”，说明两地之间频有商舶往来。《晋书》卷97《四夷传》记载，扶南国，“穆帝升平初，复有竺旃檀称王，遣使贡驯象。帝以殊方异兽，恐为人患，诏还之”。《梁书》卷54《诸夷传》记载，安帝义熙（405—418年）初，师子国始遣使来“献玉像，经十载乃至。像高四尺二寸，玉色洁润，形制殊特，殆非人工”。义熙年间，师子国（今斯里兰卡）国王为优婆帝沙一世，其遣使为沙门昙摩抑，所携为玉质佛像[2]。这是中斯之间关系史上的重大事件。师子国使者当通过海路来中国。西域僧人也有经海路来华者。安帝隆安年间（397—401年），罽宾僧人昙摩耶舍在广州白沙寺译经传教，后又往长安、江陵。[3]

3.2.2 刘宋时的兴盛局面

东晋灭亡以后，继之而起的南朝刘宋王朝，与海南诸国进行交往的活动又频繁起来。所以《梁书·海南诸国传序》云：“晋代，通中国者盖少，故不载史官。及宋、齐至者有十余国，始为之传。”

刘宋时疆界延及今越南中部，与东南亚和印度洋诸国关系十分密

〔1〕方豪：《中西交通史》，岳麓书社，1987年，第198页。

〔2〕耿引曾：《以佛教为中心的中斯文化交流》，见周一良主编：《中外文化交流史》，河南人民出版社，1987年，第475页。

〔3〕〔南朝·梁〕释慧皎：《高僧传》卷1《昙摩耶舍传》，中华书局，1992年，第41-43页。

切。据《宋书》卷97《夷蛮传》记载，与刘宋政权交往的海外国家有：林邑、扶南、诃罗陁、诃罗单(一般认为在今苏门答腊岛)、婆皇(又称槃皇，一般认为在今马来西亚的彭亨一带)、婆达(又称槃达，一般认为是苏门答腊岛上北部的巴达人国家)、阇婆婆达(又作阇婆娑达、阇婆达，一般认为在今爪哇岛上)、师子国、迦毗黎国(位于印度南部科佛里河一带)、盘盘(在马来半岛北端泰国境内的万伦湾)。

林邑地处中国南朝与南海诸国交通的要道，因此与林邑的关系决定着与其他各国的关系。刘宋建立之初，与林邑关系有所改善，据《梁书·诸夷传》"林邑"条记载，宋永初二年(421年)，林邑王范阳迈"遣使贡献"，宋武帝则以阳迈为林邑王。后阳迈死，其子咄篡其名号自立。自宋文帝永嘉初，宋与林邑关系开始恶化，范咄屡犯宋之日南、九德诸郡，元嘉十二年、十五年、十六年、十八年，林邑一边遣使贡献，一边"寇盗不已，所贡皆陋薄"，元嘉后期发生宋大举攻伐林邑的战争。直到宋孝武帝即位，刘宋与林邑的关系重新趋于缓和，在刘宋的军事打击下，林邑于孝武帝孝建二年(455年)遣长史范龙跋贡献，刘宋封范龙跋为扬武将军。两国关系得到改善。《梁书·诸夷传》云："孝武(孝)建[元](元字衍)、大明中，林邑王范神成累遣长史奉表贡献。明帝泰豫元年，又遣使献方物。"

受宋与林邑关系的影响，元嘉十八年至二十六年是中西间海上交通的一度衰落时期，以此为界，刘宋朝与海南诸国的交通往来大致可分为此前和此后两个时期。

刘宋建立，便通过海上与海南诸国建立起密切联系。南亚天竺、师子国频遣使奉献，《宋书》卷97《夷蛮传》记载，宋元嘉五年(428年)，天竺国迦毗黎国王月爱遣使奉表，其表有云："大王若有所须，珍奇异物，悉当奉送。此之境土，便是王国；王之法令，治国善道，悉当承用。愿二国信使往来不绝。此反使还，愿赐一使，具宣圣命，备敕所宜。款至之诚，望不空反。所白如是，愿加哀愍。奉献金刚指环、摩勒金环诸宝物，赤白鹦鹉各一头。”[1]《宋书》同卷记载,元嘉十八年,天竺苏摩黎国王那邻那罗跋摩遣使献方物。

《宋书》同卷记载,元嘉五年,师子国王刹利摩诃南奉表曰:“谨白大宋明主,虽山海殊隔,而音信时通。伏承皇帝道德高远,覆载同于天地,明照齐乎日月。四海之外,无往不伏;方国诸王,莫不遣信(当为‘使’)奉献,以表归德之诚。或浮海三年,陆行千日,畏威怀德,无远不至。我先王以来,唯以修德为正,不严而治,奉事三宝,道济天下,欣人为善,庆若在己。欲与天子共弘正法,以度难化,故托四道人,遣二白衣,送牙台像以为信誓。信还,愿垂音告。”从“山海殊隔,而音信时通”之语可知两国间保持着经常的官方联系。宋文帝回书,提出“此小乘经甚少,彼国所有,皆可写送”。[2]《宋书》卷5《文帝本纪》云:“元嘉七年秋七月甲寅,师子国遣使献方物。”元嘉十二年(435年)六月,师子国又“遣使献方物”。据《高僧传》卷3《求那跋摩传》、《比丘尼传》卷2《僧果传》记载,刘宋元嘉年间(424—453年),有师子国商舶两次来到刘宋都城建康。

由于海道的通畅和佛教的兴盛,僧人亦经海道往还,宋初极一时之盛。生活在公元4世纪后半叶和5世纪上半叶的希腊作家巴拉迪尤斯到过印度,在其《论婆罗门教》中说:“沿恒河两岸居住有来自印度和赛里斯国的婆罗门。”[3]他所谓赛里斯的婆罗门大约指从中国来印度的佛教徒。《高僧传》卷2记载,“沙门道普将书吏十人西行寻经。至长广郡,舶破伤足,因疾而卒”。同书卷3记载,智严“入道受具足,常疑不得戒,每以为惧。积年禅观而不能自了,遂更泛海,重到天竺,咨诸明达”。同书同卷记载,昙无竭等二十五人于宋永初元年(420年)经陆路往天竺求法,“后于南天竺随舶泛海达广州”。同卷记载,求那跋摩自西域至师子国,自师子国泛海至阇婆[4]。建康沙门慧观等“以元嘉元年(424年)九

[1]月爱王即笈多王朝旃陀罗(月)笈多(爱)二世(Chandragupta)。《梁书》卷54亦录此表文,迦毗黎国王改称“屈多王”,即笈多(爱)之异译;使臣名竺罗达;表文亦略有不同。文末所列贡献方物亦不同,为“琉璃唾壶、杂香、吉贝等物”。

[2]《艺文类聚》卷76《内典部》引。

[3][法]戈岱司编:《希腊拉丁作家远东古文献辑录》,耿昇译,中华书局,1987年,第74页。

[4]冯承钧疑即苏门答腊,见《中国南洋交通史》,商务印书馆,1998年,第36页。

月，而启文帝，求迎请跋摩，帝即敕交州刺史，令泛舶延致”。求那跋摩“先已随商人竺难提舶，欲向一小国，会值便风，遂至广州”。求那跋陀罗，中天竺人，先至师子国，元嘉十二年(435年)乘船至广州。

大约在刘宋时期，中国商船西行已至波斯湾头。据阿拉伯古代旅行家马苏弟《黄金草原》一书中记载，在5世纪上半叶，幼发拉底河还可上航至巴比伦西南的希拉时，经常有人看见印度的船舶和中国的船舶停泊在该城的房屋前边，[1]“中国和印度的船只溯流而上去见希拉王”。[2]希拉国是3世纪至7世纪初叶的阿拉伯古国，其首都希拉城在距古巴比伦废墟三公里处。希拉国极盛时的拉克米德王朝在5、6世纪之交，当时幼发拉底河的支流阿蒂河流经希拉城，由于海道的畅通，中国的商船远航至此。

当时，中国与东南亚各国通过海上丝路进行交往的活动也屡见载籍。地处今爪哇的诸王国频繁遣使贡献。《宋书》卷97《夷蛮传》记载，呵罗陁国“元嘉七年，遣使奉表”，“呵罗单国治阇婆洲，元嘉七年(430年)遣使献金刚指环、赤鹦鹉鸟、天竺国白叠古贝、叶波国古贝等物。十年(433年)，呵罗单国王毗沙跋摩奉表，……十三年又上表”。《宋元嘉起居注》记载：“诃罗单国奉孔雀盖一具。”[3]又有阇婆婆达国，元嘉十二年(435年)，阇婆婆达王师黎婆达陁阿罗跋摩遣使奉表，有“虽隔巨海，常遥臣属”之语，[4]则其归附中国，当在南朝刘宋之前。阇婆婆达在今爪哇。[5]《宋书·夷蛮传》记载：“扶南国，太祖元嘉十一、十二、十五年国王持黎跋摩遣使奉献。”《梁书·诸夷传》记载，扶南王桥陈如死，“后王持梨陁跋摩，宋文帝世奉表献方物”。地处今苏门答腊的诸王国亦有通贡之

---

〔1〕邓端本：《广州与海上丝绸之路的兴起和发展》，见《论广州与海上丝绸之路》，中山大学出版社，1993年。

〔2〕孙光圻：《中国航海技术的发展与“海上丝绸之路”的演进》，见《中国与海上丝绸之路》，福建人民出版社，1991年。

〔3〕《北堂书钞》卷134《服饰部》二，学苑出版社，1998年，第375页。

〔4〕《宋书》卷97《南蛮传》，第2383-2384页。

〔5〕冯承钧以为“南海诸洲与中国通，以此岛为最古”。即《后汉书》叶调国，《中国南洋交通史》，第3页。

举,《南史》卷78记载:“元嘉十八年(441年),苏摩黎国王那罗跋摩遣使献方物。”

经历了一段低落之后,元嘉后期,随着刘宋与林邑关系的改善,与南海诸国的关系又活跃起来。盘盘国、诃罗单、婆皇、婆达、干陁利、师子国、天竺、婆利等复与宋通交。

据《梁书·诸夷传》:“盘盘国,宋文帝元嘉、孝武孝建、大明中并遣使贡献。”[1]一般认为,盘盘在今泰国南部万伦湾一带。《宋书·夷蛮传》引元嘉二十六年(449年)太祖诏曰:“诃罗单、婆皇、婆达三国,频越遐海,款化纳贡,远诚宜甄,可并加除授。”并遣使策命曰:“惟汝慕义款化,效诚荒遐,恩之所洽,殊远必甄;用敷典章,显兹策授,尔其钦奉凝命,永固厥职,可不慎与!”表明宋与地处今爪哇诸王国重新建立友好关系。婆皇国于元嘉二十六年遣使献方物四十一种,二十八年复贡献;孝建三年又献方物,大明三年、八年,泰始二年皆遣使贡献。婆达国于元嘉二十六年两次遣使献方物,二十八年又来。诃罗单国于元嘉二十六年遣使贡献,二十九年(452年),又遣长史婆和沙弥献方物。

《梁书·诸夷传》记载,宋孝武之世,干(《宋书》作“斤”)陁利国王释婆罗那怜陁遣长使竺留陁献金银宝器。据《宋书·夷蛮传》,其事在孝建二年(455年),干陁利在今马来西亚吉打。同书记载,后废帝元徽元年(473年)“婆黎国遣使贡献”。“婆黎”,《南史》作“婆利”。[2]据《宋书·夷蛮传》,泰始二年(466年),天竺国又遣使贡献。《南史·夷貊传》记载,明帝泰始二年,中天竺国又遣使贡献,以其使主竺扶大、竺阿珍并为建威将军。

3.2.3 萧齐时的衰落

南齐时通过海路通交,比之刘宋有所衰退。这种衰退是从刘宋末年开始的,南齐武帝给扶南国王的报书中说,林邑“旧修藩贡,宋季多

---

[1]《通典》卷188《边防》四云:“盘盘国,隋时通焉。”不确。

[2]婆利,一说在苏门答腊北之萨马浪加,见方豪:《中西交通史》;一说即婆罗洲,见刘迎胜:《丝绸之路》(海上卷),浙江人民出版社,第31页。《通典》卷188《边防》四以为“自古未通中国”,“梁时通焉”,不确。

难，海译致壅”。[1]见于记载，南海之国与南齐通使者仅扶南和林邑二国。《梁书·诸夷传》云：“齐永明中，（林邑王）范文赞累遣使贡献。”僧人亦经海道至齐，据《高僧传》卷3，中天竺高僧求那毗地于齐建元（479—482年）初，“来至京师”，止毗耶离寺。《续高僧传》卷1，扶南僧人僧伽婆罗“闻齐国宏法，随舶至都”。南齐初年，海南国家也有商舶至齐，《南齐书》卷31《荀伯玉传》记载，高帝建元年间，萧赜为太子，“度丝锦与昆仑舶营货”。这种“昆仑舶”是来自马来西亚一带的商船，说明当时与海南诸国保持着商贸方面的联系。但总的倾向是呈衰落趋势，其原因与刘宋和林邑的战事、林邑的内乱、刘宋末年以来扶南与林邑的战争和交州的叛乱有关。

林邑国本秦时林邑县，汉末称王立国，西晋太康五年（284年）开始入朝贡献。刘宋元嘉年间，由于林邑王侵扰刘宋南境，造成双方关系紧张，交州刺史檀和之曾发兵征伐。孝武帝孝建二年（455年）以林邑长史范龙跋为扬武将军，而以林邑故王范杨迈之子孙相传为王。此后林邑发生范当根纯之乱，夺王位。至南齐永明九年（491年）遣使入南齐贡献，南齐以根纯为持节都督缘海诸军事、安南将军、林邑王。但范杨迈后人范诸农率族人攻根纯，复国。永明十年（492年），南齐又以范诸农为持节都督缘海诸军事、安南将军、林邑王。齐明帝建武二年（495年）进号镇南将军。永泰元年（498年）范诸农入朝南齐，但在海中遭风溺死。以其子嗣其位。

扶南自东吴、两晋、刘宋时便与中国交通，《梁书·诸夷传》记载，齐“永明中，王阇耶跋摩遣使贡献”。但扶南与中国地隔林邑，与中国的交通受到林邑的阻隔。据《南齐书》卷59《东南夷传》记载：“宋末，扶南王姓侨陈如名阇耶跋摩遣商货至广州，天竺道人那伽仙附载欲归国，遭风至林邑，掠其财物皆尽。那伽仙间道得达扶南。具说中国有圣主受命。”于是齐永明二年（484年），扶南王阇耶跋摩遣释那伽仙至南齐上表，请南齐发兵助讨林邑。南齐武帝曾“诏交部随宜应接”。但自刘宋末年，林邑国与扶南国不断发生战争，又交州所在悬远，常常发生叛乱，

[1]《南齐书》卷58《蛮传》，中华书局，1972年，第1016页。

这次扶南与南齐夹击林邑的计划并没有实现。据同书同传记载，扶南人“如中国人，性善不便战，常为林邑所侵击，不得与交州通，故其使罕至”。本传又云：“交州斗绝海岛，控带外国，故恃险数不宾。”宋泰始初年，交州又发生李长仁之乱，李长仁卒，其弟李叔献继之。萧齐建立，高帝萧道成任命李叔献为交州刺史，而李叔献却“断割外国，贡献寡少”。齐武帝永明元年(483年)，南齐以刘楷为交州刺史，统兵征讨，李叔献被迫贡献，武帝不纳。继而刘楷复叛，南齐又委法乘讨伐，法乘又被部将伏登之所囚。这些情况一度造成中国南朝萧齐与扶南及南海诸国交通的衰落。

南齐时中西间海上交通的衰落，也与海道西端的政治形势以及中国中原地区与西域交通的开展有关。当时中西间取道红海的海上交通由阿克苏姆王国所控制，阿克苏姆王国是非洲东北部古国，约公元1世纪前后建国，其红海沿岸的阿杜利斯港是出入亚丁湾东西方海上交通的要道。3世纪后半叶，处于极盛时期的阿克苏姆国还统治着阿拉伯西部的部分地区，控制了红海的航运。公元4至6世纪，阿克苏姆王国一直保持强盛国势。罗马和后来的拜占庭人经海道进行东方贸易必须经阿克苏姆人转手以与中国和印度交流，这是罗马人一直不甘心的，而阿克苏姆人还常攻劫商船，造成红海航线海盗猖獗。但在东罗马与安息长期的战争中，陆上与东方的交往受到阻碍，罗马人不得不以阿克苏姆为中介。至公元5世纪中叶，贯通西亚的陆路出现了转机，经过两个世纪的战争和对抗，东罗马和萨珊波斯终于达成了和平协议，东罗马与中国加强了经过丝绸之路的陆上贸易关系。当罗马人走通了东方的陆上丝路时，对于他们来说，无论西端和东端都充满危机的海上交通线就不那么重要了。我们看到5世纪中叶以后，中国中原地区的北魏政权与普岚即拜占庭有频繁的外交往来。罗马分裂以后，中国南朝与罗马世界海上交通的衰落当与此有关。

3.2.4 梁、陈盛衰

梁时海上交通呈现出前所未有的兴盛局面，前来通交的国家更多，除了东亚的高句丽、百济、新罗、倭国等，东南亚、南亚的林邑、扶南、狼牙修、盘盘、丹丹[1]、干陁利[2]、婆利、中天竺、北天竺、师子国等都与梁有频繁交往。故《梁书·海南诸国传序》云："自梁革运，其奉正朔，修贡职，航海岁至，逾于前代矣。"《梁书》卷33《王僧孺传》记载：

天监初，除临川王后军记室参军，待诏文德省。寻出为南海太守，郡常有高凉生口及海舶，每岁数至，外国贾人，以通货易。旧时州郡以半价就市，又买而即卖，其利数倍，历政以为常。僧孺乃叹曰："昔人为蜀部长史，终身无蜀物，吾欲遗子孙者，不在越装。"并无所取。

"每岁数至"，反映了当时外国商人通过海路来华之盛况。《梁书·诸夷传》和《南史·夷貊传》的记载，反映了南海诸国通过海路与梁交往的盛况。

林邑 梁朝建立，林邑与梁保持着自萧齐以来的友好关系，《梁书·诸夷传》记载，梁武帝"天监九年，(范)文赞子(林邑王)天凯奉献白猴"。武帝下诏册封褒奖云："林邑王范天凯介在海表，乃心款至，远修职贡，良有可嘉，宜班爵号，被以荣泽，可持节督缘海诸军事、威南将军、林邑王。"天监十年(511年)、十三年(514年)，范天凯多次"遣使献方物"。同书卷3《武帝纪》记载，大通元年三月，林邑遣使献方物。此后至中大通六年(534年)，林邑诸王皆频遣使贡献。梁与林邑的友好关系保证了梁与更远诸国关系的进一步发展。据《梁书·诸夷传》记载，与梁通交的南海国家还有如下一些。

扶南 《梁书·诸夷传》记载："天监二年，(扶南王)跋摩复遣使送珊瑚佛像并献方物。"梁武帝下诏封赠。"十年、十三年，跋摩累遣使贡献。其年死，庶子留陁跋摩杀其嫡弟自立。十六年，遣使竺当抱老奉表贡献。十八年，复遣使送天竺旃檀瑞像、婆罗树叶，并献火齐珠、郁金、苏合等香。普通元年、中大通二年、大同元年累遣使献方物。五年，复遣使献生犀。又言其国有佛发长一丈二尺，诏遣沙门释云宝随使往迎

〔1〕丹丹，一般认为在今马来西亚的吉兰丹一带。

〔2〕干陁利，一般认为在今苏门答腊岛的巨港(Palembang)一带。

之。"据《通典》卷188《边防》四，扶南有属国毗骞国，"梁时闻焉"，又有诸薄国、马五洲、燃火洲。

干陁利 《梁书·诸夷传》记载，天监元年（502年），干陁利国王瞿昙修跋陀罗遣使并画工，奉献玉盘等物，模写高祖形象。十七年，子毗邪跋摩遣长史毗员跋摩奉表，献金芙蓉、杂香药等。普通元年（520年），复遣使献方物。

狼牙修 据《梁书·诸夷传》，天监十四年，遣使阿撤多奉表贡献。狼牙修在今泰国南部北大年一带。《通典》卷188《边防》四"狼牙修"条云："梁时通焉……武帝天监中，遣使献方物。其使云，立国以来四百余年。"

婆利 《宋书》作"婆黎"，《北史》记载有婆利国，自交趾浮海，南过赤土、丹丹而至其国。据《梁书·诸夷传》，天监十六年（517年），遣使奉表，并献金席。普通三年（522年）又献白鹦鹉、青虫、兜鍪、琉璃器、吉贝、螺杯、杂香药等方物数十种。

丹丹 据《梁书·诸夷传》，中大通二年（530年），其王遣使奉表，奉牙像及塔各二躯，并献火齐珠、吉贝、杂香药等。大同元年（535年）又遣使献金银、琉璃、杂宝、香药等物。

盘盘 《梁书·诸夷传》云："大通元年，其王使使奉表曰：'……今奉薄献，愿垂哀受。'中大通元年五月，累遣使贡牙像及塔，并献沉、檀等香数十种。六年八月，复使送菩提国真舍利及画塔，并献菩提树叶、詹糖等香。"

典逊 南海又有典逊国。[1]《梁书·诸夷传》云：扶南"南界三千余里有典逊国，在海崎上，地方千里，城去海十里，有五王，并羁属扶南。典逊之东界通交州，其西界接天竺、安息，徼外诸国往还交市。所以然者，典逊回入海中千余里，涨海无涯岸，船舶未曾得径过也。其市东西交会，日有万余人，珍物宝货，无所不有。又有酒树，似安石榴，采其花汁停瓮中，数日成酒。"

〔1〕康泰《吴时外国传》和万震《南洲异物志》已提及此国，《通典》卷188《边防》四云："梁时闻焉"，不确。

中天竺 据《梁书》卷2《武帝本纪》,"天监二年秋七月,扶南……中天竺国各遣使献方物"。《梁书·诸夷传》,天监初,其王屈多遣长史竺罗达奉表,并献琉璃唾壶、杂香、吉贝等物。

北天竺 据《梁书》卷2《武帝本纪》,"天监三年九月壬子……北天竺国遣使献方物"。

师子国 据《梁书》卷3《武帝本纪》,大通元年三月,师子国遣使献方物。同书《诸夷传》记载,梁大通元年(527年),师子国"后王伽叶伽罗诃梨邪使奉表",表文有云:"欲与大梁共弘三宝,以度难化,信还伏听告敕;今奉薄献,愿垂纳受。"《南史》卷78记载与《梁书》同,但将中天竺与迦毗离误为二国。国王屈多与月爱亦被误为二王。

南海诸国朝贡多经广州,因此广州成为舶商番货云集之处。《南史·吴平侯景传》附子励传记载,梁时由于"外国舶至,多为刺史所侵,每年舶至不过三数",后来萧励任广州刺史,"纤毫不犯",于是每年至广州之外国船舶多至十余艘。"励征讨所获生口、宝物,军资之外,悉送还台。前后刺史,皆营私蓄,方物之贡,少登天府。自励在州,岁中数献,军国所须,相继不绝,武帝叹曰:'朝廷便是更有广州'。"

在梁朝中西间海上交通与佛教兴盛之时,域外僧人经海道来中国,据《续高僧传》卷1,扶南僧人曼陀罗"大赍梵本,远来贡献"。西天竺优禅尼国僧人拘那陀罗(真谛)于大同十二年(546年)八月十五日达于南海。梁武帝普通元年(520年),南天竺菩提达摩来到广州西来庵传教。梁武帝兴佛,推动了梁与海南佛教世界的交往和交流,当时与海南诸国交换的物品中有不少是佛事用品,如扶南进贡珊瑚佛像,天竺旃檀佛像、婆罗树叶等。宗教比较容易突破国家民族界限而相传播,佛教僧人的活动也说明了这一点,梁时南亚、东南亚僧人有经南朝而入北魏者。《洛阳伽蓝记》卷4记载:

> 南中有歌营国,去京师甚远,风土隔绝,世不与中国交通。虽二汉及魏亦未曾至也。今始有沙门菩提拔陀至焉。自云:"北行一月日,至勾稚国。北行十一日,至孙典国(即典逊国)。从孙典国北行三十日,至扶南国,方五千里,南夷之国,最为强大……从扶南北

行一月，至林邑国。出林邑，入萧衍国。”拔陀至扬州岁余，随扬州比丘法融来至京师。

歌营，一作加营，学者们认为，此地当在东南亚，或南印度东海岸[1]。这件事反映当时佛教与海外交通之兴盛。

由于梁时通过海道与南海诸国交往的频繁，造成西方世界对中国的了解进一步深入。公元530年(梁武帝时)希腊人科斯马斯年轻时经商至波斯、古印度西海滨和锡兰岛等地，年老时居埃及亚历山大里亚，于545年(梁武帝大同十一年)著《基督教国家风土记》，其中讲到中国，他称之为秦尼斯坦(Tzinista)，说秦尼斯坦与锡兰相去甚远，由秦尼斯坦和其他地区运至锡兰之货物有丝绸、芦荟、丁子花香蕾、檀香木等[2]。张星烺说其书“记述中国由于真正事实，脱离古代半神话之风者也。记载虽不详，然已示大进步矣”。[3]这种对中国了解的进一步翔实，应当与当时中西间海道的通畅有关。

陈时这种海外交通仍然存在，据《陈书》《册府元龟》记载，陈朝与干陁利、扶南、林邑、狼牙修、丹丹、盘盘、头和、天竺等国仍有往来。《陈书》卷3《世祖纪》记载，天嘉四年“正月丙子，干陁利国遣使献方物”。同书卷4《废帝纪》记载，光大二年(568年)“九月甲辰，林邑国遣使献方物。丙午，狼牙修国遣使献方物”。同书卷5《宣帝纪》记载，太建十三年(581年)十月“壬寅，丹丹国遣使献方物”。同书卷6《后主纪》记载，至德元年(583年)，“十二月丙辰，头和国遣使献方物”。[4]二年十一月“壬申，盘盘国遣使献方物”。据《续高僧传》卷1，扶南僧人须菩提陈时在扬州至敬寺为陈主译经。但经侯景之乱，中西间海上交通呈衰退局面，境况大不如前。《南史》卷79《夷貊传》下追述南朝海外交通的发展云：“自晋氏南度，介居江左，北荒西裔，隔碍莫通。至于南徼东边，界壤所接，洎宋

〔1〕韩振华:《魏晋南北朝时期海上丝绸之路的航线研究》，见《中国与海上丝绸之路》，福建人民出版社，1991年，第238页。

〔2〕〔法〕戈岱司编:《希腊拉丁作家远东古文献辑录》，第100-101页。

〔3〕张星烺:《中西交通史料汇编》第一册“古代中国与欧洲之交通”，上海书店据辅仁大学图书馆，影印1930年版，第79页。

〔4〕据《通典》卷188《边防》四，投和国“在海南大洲中，真腊之南”。但云“隋时闻焉”，不确。

元嘉抚运，爰命干戈，象浦之绝，威振溟海。于是鞮译相系，无绝岁时。以洎齐、梁，职贡有序。及侯景之乱，边鄙日蹙，陈氏基命，衰微已甚，救首救尾，身其几何。故西赆南琛，无闻竹素，岂所谓有德则来无道则去者也！”

3.2.5 小结

根据上述考察，两晋南朝海上交通相当活跃，特别是刘宋和萧梁等朝，彼此间的交往和交流主要表现为使节、贸易和佛教等三个方面。在政治上东南亚诸国皆以中国南朝诸朝为宗主国，所谓“奉正朔，修贡职”，反映了当时中国在东南亚地区的广泛影响，同时自南亚至中国南朝这一广大地区，佛教广泛传播，日渐昌盛。3至6世纪是中华文化形成的重要时期，佛教的传入为中华文化传统注入了新的内容。

中印间文化交流与诸国间使节往还和海上贸易相辅相成，当时海上贸易的兴盛和发展，从下列文献史官评述略见一斑。《宋书·夷蛮传》史臣云：“若夫大秦、天竺，迥出西溟；二汉衔役，特艰斯路。而商货所资，或出交部；泛海陵波，因风远至。又重峻参差，氏众非一；殊名诡号，种别类殊，山琛水宝，由兹自出。通犀翠羽之珍，蛇珠火布之异，千名万品，并世主之所虚心。故舟舶继路，商使交属。”《南齐书·蛮夷传》史臣曰：“书称蛮夷猾夏，盖总而为言矣至于南夷杂种，分屿建国，四方珍怪，莫此为先。藏山隐海，环宝溢目。商舶远届，委输南州。故交、广富实，牣积王府。”

两晋南朝与南海诸国的海上交通，比较两汉、孙吴有新的发展，但这种发展是时有盛衰、断续进行的，而且在有所发展的同时，又存在某种衰退。其发展表现为比之汉代以来交通的南海之国从数量上大有增加，与东南亚诸国交往比之前代更加频繁；其衰退则表现在空间上由交通遥远的大秦收缩为西止天竺的南亚，西方文献中虽有中国船只至波斯湾的记录，中国文献中便有“少有至者”的明确记载。尽管东汉时自大秦至洛阳已经为罗马人所走通，西晋初亦有大秦人东来的记载，但此后便不再见中国与罗马或拜占庭之间海上交通的记录，据我们考察，南朝诸朝交往的南海国家最远便是天竺、师子国。两晋南朝中西间海上交通的盛衰与东西方政治形势密切相关，又与中西间陆上交通的盛衰遥相呼应，呈此起彼伏之态势。

3.3　中西间海上交通条件的变化

3至6世纪，利用南海海道与西域交往的，主要是三国时孙吴、两晋和南朝即宋、齐、梁、陈各王朝。这一时期，由于各国航海水平的提高和造船技术的进步，海上交通的条件有了很大改善，中西间海上交通与交流比之两汉有所发展是以此为基础的。中国人虽然很早就从事航海活动，但秦汉以前文献上却缺乏早期海上交通条件的材料。魏晋南北朝时期，随着海上交通的发展，有关航海活动的材料也越来越多地见诸记载，当然这方面的材料非常零散。

3.3.1　造船技术的提高

三国东吴、两晋及南朝各朝比之两汉，造船技术和航海水平进一步提高，当时造船场所几乎遍及江浙闽粤沿江濒海各地，航海技术方面有许多新的发明。

吴国地处广东、福建和浙江一带，是历来造船业最发达的地区，继承了前代造船和航海技术的遗产，在航海事业上取得了巨大成就。在建安郡侯官县（今福州），吴国建有以造海船为主的造船场，设有典船都尉，管理造船事务，“主谪徒作船于此”。都尉营“在开元寺东直港”[1]。又在今霞浦附近设“温麻船屯”，[2]征集工匠和人手，建立了更大规模的造船基地。在秣陵、京口、武昌、温州、南昌等地，都建有造船和修船工场。吴国充分利用了闽广等沿海地区的人力和技术资源，进行海船的制造和航海活动，所谓“槁工楫师，选自闽禺”。[3]

---

〔1〕《八闽通志》卷80《古迹》，福建人民出版社，1989年，第886页。

〔2〕〔清〕陈梦雷《古今图书集成·职方典》，《福宁州城池考》《建置沿革考》，上海：中华书局1934年影印本。

〔3〕左思：《三都赋·吴都赋》，见萧统：《昭明文选》卷5，上海书店，1988年，第74页。

在这样的基础上，吴国造出了当时最为先进的大船，从事大规模的航海和远征活动，被人们称为“以舟楫为舆马，以巨海为夷庚”[1]的海上强国。《三国志》卷54《吴书·周瑜传》注引《江表传》，周瑜说东吴“泛舟举帆，朝发夕到，土风劲勇，所向无敌”。《三国志》卷47《吴书·吴主传》二记载，吴国曾利用东海航线遣使辽东，联合公孙渊，以共同抗魏。公孙渊杀吴使，吴国则以庞大船队远袭辽东并获胜。吴国曾派兵求夷州、亶州之地，还曾“以兵三万讨儋耳、珠崖”。耿权遣朱应、康泰出使扶南，吴国还以商船出海，远航与魏滨海之民进行贸易活动。[2]这些活动皆需海船。东吴所造之船种类多，结构精良，船体和载重量亦大，“湘中七郡，大艑之所出，皆受万斛”。当时造船的木材采用优质木材，魏文帝曹丕《与孙权书》中有云：“知已选择现船，最大樟材者六艘，受五百石，从沔水至樊口中。”[3]当时已知江西“豫材”最适于造船，《太平御览》卷770引《风土记》云：“小曰舟，大曰船。温麻五会者，永宁县出豫材，合五板以为大船，因以五会为名也。晨凫，即青桐大舡名，诸葛恪所造鸭头舡也。豫章舟先诸木，皆以多曲理盘结为坚劲也。”孙权“于武昌新装大船，名为长安”[4]，又“尝装一船，名大舡，容战士三千人，与群臣泛舶中流”。[5]左思《吴都赋》描写东吴大船：“弘舸连舳，巨槛接舻，飞云、盖海，制非常模。”他用“叠华楼而岛峙，时仿佛于方壶”形容吴船的高大。吴船种类繁多，“飞云、盖海，吴楼船之有名者”，《江表传》记载“孙权乘飞云大船”。[6]在吴船中以快捷著称的还有凌波、掖电、舸舻、舴艋等。《三国志》卷60《吴书·贺齐传》记载，吴将贺齐战船高大，“蒙冲、斗舰之属，望之若山”。吴国不仅能造万斛大船，而且拥有的船只数量也极为

〔1〕《太平御览》卷768《舟部》一引《吴志》，中华书局，1985年，第3407页。

〔2〕《三国志》卷8注引《魏略》：魏曾以公文下辽东公孙渊，云吴国“比年以来，复远遣船，越渡大海，多持货物，诳诱边民。边民无知，与之交关。长吏以下，莫肯禁止。至使周贺浮舟百艘，沈滞津岸，贸迁有无”。第255页。

〔3〕《太平御览》卷770《舟部》三，第3414-3315页。

〔4〕《太平御览》卷770《舟部》三引《江表传》，第3413页。

〔5〕《太平御览》卷770《舟部》三引《武昌记》，第3413页。

〔6〕左思：《三都赋·吴都赋》，见萧统：《昭明文选》卷5，第74页。

可观，魏文帝曹丕黄初三年(222年)《敕还师诏》中讲道："今征东诸将与权党吕范等水战，则斩首四万，获船万艘。"[1]晋灭吴，在建业一地缴获船只5000余艘。孙权曾听吕蒙的建议，在濡须口建船坞，作为停船与防御之用[2]。

两晋南朝造船业进一步发展。《晋书》卷42《王濬传》记载，"武帝谋伐吴，诏(王)濬修舟舰。濬乃作大船连舫，方百二十步，受二千余人，以木为城，起楼橹，开四出门，其上皆得驰马来往……舟楫之盛，自古未有"。连舫是将若干小船连并而成大型舰船，必要时还可解舫为舟。孙楚作书遗吴主孙皓："自顷国家整修器械，兴造舟楫，简习水战，楼船万艘，千里相望，刳木以来，舟车之用未有如今之殷盛者也。"[3]东晋时，建康已成为海外贸易中心，安帝元兴三年(404年)二月，"涛水入石头"，"贡使商旅，方舟万计，漂败流断"。[4]当时造船能力很强，桓玄篡晋，在广陵造船，不到20天就建成拥有精良战船和2万余将士的水师。东晋在造船技术上新的发明，最重要的是卢循新造八槽舰，起楼4层，高10余丈，在其水军中这样的战船有9艘。[5]所谓"八槽舰"，被认为是"用水密舱壁将船体分隔成八个舱的舰船"。[6]这是造船史上一项重要发明，这样的水密隔舱，即便有一舱破漏，不至于漫延至邻舱，舰船仍能漂浮

---

〔1〕《三国志》卷2《魏书·文帝纪》注引《魏书》，第82页。

〔2〕《三国志》卷47《吴主传》，第1118页；卷54《吕蒙传》，第1275页。有人说："为了修理较大的船舰，吴国大将吕蒙在安徽巢河的濡须口的水师基地修建了一个'形状如偃月'的船坞……这是迄今为止有史料记载的世界上最早的船坞。其原理与现代的船坞大体相同。"见唐志拔：《中国舰船史》，海军出版社，1989年，第65页。其论断出于想象，可能过高估计了吴国濡须坞的科学水平。吴国濡须坞操作性能，《吕蒙传》中并无交代。《三国志》注引《吴录》云："权欲作坞，诸将皆曰：'上岸击贼，洗足入船，何用坞为？'吕蒙曰：'兵有利钝，战无百胜，如有邂逅，敌步骑蹙人，不暇及水，其得入船乎？'权曰：'善'，遂作之。"说明其坞主要是防敌人从陆上进攻的防御设施。所谓坞，其本义是构筑在村落外围作为屏障的土堡，也叫庳城。可以想见濡须坞可能就是向岸上方向修筑的屏障。所以《吕蒙传》云："从权拒曹公于濡须，数进奇计，又劝权夹水口立坞，所以备御甚精，曹公不能下而退。""不能下"即不能从陆上进入船坞。

〔3〕《晋书》卷56《孙楚传》，第1541页。

〔4〕《宋书》卷33《五行志》四，中华书局，1974年，第956页。

〔5〕《艺文类聚》卷71《舟车部》引《义熙起居注》，上海古籍出版社，1982年，第1234页。

〔6〕章巽主编：《中国航海科技史》，海洋出版社，1991年，第35页。

水面不会沉没。晋船像吴船一样船体庞大，晋吕忱《字林》曰："舶，大船也，今江南泛海船谓之舶；昆仑及高丽皆乘之大者，受万斛也。"[1]《宋书》卷18《礼》五记载，晋代有"指南舟"，是否有指引方向之指南舟，学者以为限于孤证，持疑似态度。联系葛洪《抱朴子外篇》卷1所云："失群迷乎云梦者，必须指南以知道"，又《艺文类聚》卷71引《晋宫阁记》云："灵芝池有鸣鹤舟、指南舟"，则晋时有"指南舟"当无疑义。那时指南车已有发明，将这种技术应用于行船是很自然的事，宫苑中用此作嬉游用。但当时并没有得到推广，我们没有看到以指南用于航海的记载。[2]

刘宋造船业亦很发达，据记载，"孝武帝渡六合，龙舟翔凤以下，三千四十五艘，舟航之盛，三代二京无比"。[3]谢晦反宋，檀道济领水军三万，战船千艘往江陵进讨。宋文帝元嘉二十七年(450年)，为防北魏进攻，刘宋在建康"内外戒严，沿江六七百里舰舳相接"。[4]据《南齐书·祖冲之传》记载，科学家祖冲之曾造千里船，"及造一器，不因风水，施机自运，不劳人力。又造千里船，于新亭江试之，日行百余里"。这就是所谓"车轮舟"，也是造船史上的重大发明。梁水军将领徐世谱是一位善造"水战之具"的专家，"性机巧，谙解旧法，所造器械并随机损益，妙思出人"。[5]他造的"水车"实际就是轮船，使船的推动力进一步改善。南朝已造有载重量达两万斛的大船。颜之推《颜氏家训》卷下《归心篇》云："昔在江南，不信有千人毡帐；及来河北，不信有二万斛船，皆实验也。"颜之推初仕梁，江陵为西魏军所破，投奔北齐。他所说的大船至迟在梁朝就有了。据《隋书》卷48《杨素传》记载，杨素为信州总管，谋伐陈，"居

〔1〕〔唐〕慧琳：《一切经音义》卷47《三具足论玄应音》"船舶"条引。

〔2〕有人认为"指南针导航始于晋"，"晋代有大批能载万斛的航海大舶，又有指南导航，故航海业相当发达"。见前揭《中国舰船史》，第65页。此说无据，可能过高估计了晋时航海水平。

〔3〕〔唐〕徐坚等：《初学记》卷25引《西巡记》，中华书局，1962年，第610页。

〔4〕〔唐〕许嵩：《建康实录》卷12，中华书局，1986年，第448页。

〔5〕《陈书》卷13《徐世谱传》，中华书局，1972年，第198页。本传云："侯景之乱，因预征讨，累迁至员外散骑常侍，寻领水军，从司徒陆法和讨景，与景战于赤亭湖。时景军甚盛，世谱乃别造楼船、拍舰、火舫、水车，以益军势。将战，又乘大舫居前，大败景军。"

永安，造大舰名曰五牙，上起楼五层，高百余尺，左右前后置六拍竿，并高五十尺，容战士八百人”，“次曰黄龙（舰），置兵百人”。六朝时东南沿海地区民间造船业也很发达，《隋书》卷2《高祖纪》下记载，文帝开皇十八年（598年）正月辛丑诏有云：“吴越之人，往承敝俗，所在之处，私造大船。因相聚结，致有侵害。其江南诸州，人间有船长三丈已上，悉括入官。”说明吴越之地江南诸州民间造船由来已久。

南海以西各国都发展了自己的造船技术，《南齐书》卷31《荀伯玉传》记载，齐高帝建元年间，萧赜为太子，“度丝锦与昆仑舶营货”。这种昆仑舶是来自马来西亚一带的商船。同书卷58《扶南传》记载，扶南国“为船八九丈，广裁六七尺，头尾似鱼”。扶南国曾是称霸东南亚的海上强国。扶南国王范蔓在位时，“以兵威攻伐旁国，咸服属之。自号扶南大王，乃治作大船，穷涨海，攻屈都昆、九稚、典逊等十余国，开地五六千里”。[1]扶南称霸是跟其强大的水军有关系的。曾出使扶南的康泰在所著《吴时外国传》一书中说：“扶南国伐木为舡，长者十二寻，广肘六尺，头尾似鱼。皆以铁镊露装，大者载百人。人有长短桡及篙各一，从头至尾，面有五十人作，或四十二人，随舡大小，立则用长桡，坐则用短桡，水浅乃用篙，皆当上应声如一。”[2]同书另有一则记载：“从加那调州乘伯舶，张七帆，时风一月余日乃入秦，大秦国也。”[3]这种张七帆的大船，载重量应当不小。这是康泰、朱应出使扶南的见闻，未明言是中国船，抑或国外船，最有可能是扶南船。三国时吴国丹阳太守万震著《南州异物志》，云：“外域人名舡曰夏，大者长四十余丈，载物万斛。”又云：“外域大船长四十余丈，高去水二三丈，望之如阁道然”；[4]“外徼人随舟大小作四帆或三帆，前后沓载之。张帆取风气，而无高危之虑。故行不避迅风激波，安而能疾也”。[5]又说外域船可“载六七百人，物出万

〔1〕《梁书》卷54《诸夷传》，中华书局，1973年，第788页。

〔2〕《太平御览》卷769《舟部》二，中华书局，1985年，第3411页。

〔3〕《太平御览》卷771《舟部》四，中华书局，1985年，第3419页。

〔4〕《北堂书钞》卷137《舟部》上，天津古籍出版社，1988年，第602页。

〔5〕《北堂书钞》卷138《舟部》下“帆”，天津古籍出版社，1988年，第609页。

斛”。[1]这当然包括扶南船。另外，林邑近海，因此造船技术和海军也有很大发展，《宋书》卷97《夷蛮传》记载，刘宋元嘉八年(431年)，林邑曾“遣楼船百余寇九德，入四会浦口”。据东晋法显《佛国记》，法显自师子国附商舶东返，其船可载200余人；自耶婆提国往广州，附乘当地商舶亦可载200余人，正常船速50日可至广州。

3.3.2 航海水平的提高

中国南海以西东南亚至南亚诸国的造船和航海技术可能影响到中国，英国著名的中国科技史专家李约瑟谈到中国的风帆时曾说：“最初解决大型船只逆风航行问题，有赖于二及三世纪的中国人，或中印文化接触区的中国近邻马来亚和印度尼西亚。这包括纵帆的发展。中国的斜桁横帆(lug-sail)有可能起源于印度尼西亚的斜装方帆，并因而间接来自古代埃及的方帆；或许像语言学证据所示，可能与‘双桅斜杠帆’(double-mast sprit-sail)有某种关系(现在只有美拉尼西亚有)，而这种帆又依次从印度洋的‘双叶歧桅斜杠帆’(bifid-mast sprit-sail)发展而来。中国的斜帆或许有类似的起源。同一时期(二及三世纪)罗马、印度的接触在地中海水域内产生了斜帆，但似乎没有在那里用起来，而在十五世纪初又第二次从亚洲引进。”[2]李约瑟把万震所谓“外徼人”理解为印度尼西亚人，未必正确，但2、3世纪中国文献中关于外国船及航行技术的介绍，说明中国人曾从“外徼人”那里学到不少有关知识。

古时远洋航海的动力主要是自然力即风力和洋流。依靠风力，需要掌握风向及其规律，中国古代先民很早就注意辨别风向。利用风力加速航行的手段是帆的使用，汉代人们已经使用船帆行舟，借助风力推动船只前进。海洋风随季节不同而呈有规律的变化，被称为季风或信风。文献上反映，至少在东汉时，我国舟人已经发现了海洋季风的特点。此后，利用信风航海的记载越来越多，东晋法显《佛国记》云：“载商

[1]《太平御览》卷769《舟部》二，中华书局，1985年，第3412页。

[2]李约瑟：《中国人对造船航海技术的贡献及其对欧洲之影响》，见《李约瑟集》第四编，天津人民出版社，1998年，第474页。

人大舶，泛海西南行，得冬初信风，昼十四日到狮子国。”[1]从耶婆提国至广州，“常行时正可五十日便到”。[2]《宋书·蛮夷传》记载，南朝刘宋时代各国商舶“泛海陵波，因风远至”。[3]说明那时东南亚、印度洋诸国商贾已经广泛利用信风航海。

在利用风力推动船只前进上，魏晋时人们从外徼人那里学会了利用不同风向的“打偏”和“掉戗”技术，即在逆风或斜逆风中增减调整船帆，使船舶采取曲折航线以减小风向角，尽可能地利用风力前进。万震《南州异物志》云：“外徼人随舟大小，或作四帆，前后沓载之，有卢头木，叶如牖形，长丈余，织以为帆。其四帆不正前向，皆使邪移相聚，以取风吹；风后者激而相射，亦并得风力；若急，则随宜（城）增减之，邪张相取风气，而无高危之虑，故行不避迅风激波，所以能疾。”[4]这种风帆的改进和操纵技术是航海技术上的一个重大进步。所谓“外徼人”当指东南亚一带舟人。根据他的见闻，外国人用卢头木叶编织成帆，这种帆的使用颇具科学性，船员们常常并不把帆面正前向布置，因为航行中并不总是遭遇正顺风。他们总是随风向调整帆的角度，利用侧风在帆面上产生的推进分力，加以舵的配合，使船在风向偏斜时能够克服横向漂力，依然按预定航向推进。当遇到横向风时，四帆中之后置者侧转斜面迎风，“激而相射”，将风力反射到前帆，推动船只前行。四帆又可根据需要增减，欲速则张满四帆，欲缓则减少使用。这样船行不避“迅风激波”，无论什么情况下都能持续前进，从而大大缩短了行期。

李约瑟曾探讨了中国风帆的使用。他说至迟从3世纪以来，“中国文化区的船即装有多个桅杆”，“十三世纪及后来的欧洲人对大型和多桅远洋航行的中国帆船留有很深的印象，而且在十五世纪欧洲人采用了导致发展全靠帆航行的三桅船系统”。“中国人还将他们的船桅杆作横向交错，以避免一帆被另一帆窝风。这受到现代船舶设计家的赞许，

[1]〔东晋〕法显著，章巽校注：《法显传校注》四，第125页。

[2]〔东晋〕法显著，章巽校注：《法显传校注》五，第146页。

[3]《宋书》卷97《蛮夷传》，第2399页。

[4]《太平御览》卷771《舟部》四，中华书局，1985年，第3419页。

但在以帆船为主的阶段中没有为欧洲人采用。使桅杆像扇骨那样呈辐射性倾斜的中国做法，也未被世界其他地方采纳”，“最初解决大型船只迎风航行问题，有赖于二及三世纪的中国人，或中印文化接触区的中国近邻马来亚和印度尼西亚，这包括纵帆的发展”，“欧洲后来的斜桁横帆很可能是从中国的平衡式斜桁横帆派生出来的”，“最早的绷紧成弯状的翼形帆，是在中国从汉代以来发展起来的席垫横条帆。这个装置包括许多精巧的辅助技术，例如多重帆脚索操作。这种帆在帆船为主的阶段没有在欧洲用过，但现在的研究已说明了它的价值，而且今天的赛艇已用上中国帆的重要元件，包括张紧帆的横条和多重帆脚系统”。〔1〕

由于风帆的使用和航海技术的提高，船行速度加快了。西晋孙绰《望海赋》描写商舶使帆疾行云：“或适于东，或归于西，商客齐畅，潮流往还。各资顺势，双帆同悬，偃如骕骦偕驰，擎如交隼轩骞。”〔2〕魏晋时船只航行的速度，有一昼夜二千里的说法。葛洪《太清金液神丹经》卷下记载产丹砂诸国时，云自日南寿灵浦口，“调风昼夜不解帆，十五日乃到典逊，一日一夕帆行二千里”。〔3〕法显《佛国记》则云自多摩梨底海行十四日或七百由旬，至师子国平均一日为五十由延或二千里。〔4〕对葛洪的说法，当时就有人表示怀疑，问：“今长江舟船，高樯广帆，因流顺风而下，日才行三百里耳。吾子今陈海行昼夜三（‘二’字之误）千里，岂不虚哉？”〔5〕韩振华先生认为，所谓“一日一夕二千里”，或“昼夜一、二千里”的说法，“里数有夸大之词，不可以把它作为实际里数看待”。出日南寿灵浦，“昼夜不住十余日，乃到扶南”，日南寿灵曾被林邑占领，林邑

〔1〕〔英〕李约瑟：《李约瑟集》第四编，473-474页。

〔2〕《北堂书钞》卷138，天津古籍出版社，1988年，第609页；《全晋文》卷61，见严可均：《全上古三代秦汉三国六朝文》，中华书局，1958年，第1807页。

〔3〕《道藏》第18册，洞神部众术类，文物出版社、上海书店、天津古籍出版社，1988年影印，第759页。

〔4〕《那先比丘经》记载那先与大秦王对话：阿荔散至印度“二千由旬，合八万里”。《大藏经》（第32册），“论集部”，新文丰出版公司影印大正原版，1983年，第702页。“由延”，梵语yojiana的音译，又译为由旬、逾缮那等，是古代印度计算里程的单位。一由旬为40里，释道安《西域志》云：“由旬者晋言四十里。”《艺文类聚》卷76《内典部》，中华书局，1985年，第1293页。

〔5〕《道藏》第18册，洞神部众术类，第759页。

至扶南原先为“三千里”，至此，扩大为“三千七、八百里”。十余日三千七八百里，则一日三百里，一日一夕六百里，是比较接近实际情况的算法[1]。我们注意到王隐《晋书》记载：“顾荣徵侍中，见王路塞绝，便乘船而还。过下邳，遂解舫为单舸，一日一夜行五六百里，遂得免。”[2]说明当时水上行船速度一日一夜达五六百里的说法是有根据的，但应该指出，所谓五六百里并不是一般速度，而是各种条件都具备，例如轻便、因风、顺流等，才能达到的最高速度。葛洪的说法不是根据实际船速，而是根据一种试验进行推论：“试投物于水，俯仰一息之顷，以过百步，推之而论，疾于逐鹿。其于走马，马有千里，以此知之，故由千里左右也。”显然这种说法不是可靠的。上述祖冲之造船“日行百余里”，也不是当时船行的一般速度，那是“不劳人力，施机自运”的速度，其优点是节省了人力，但航速却非常有限，大大低于当时一般的行船速度。

在长期的航海活动中人们积累了丰富的经验，天文导航就是其中一项重要成果。西汉舟人已经利用观测星象以确定航向，《淮南子·齐俗训》云：“夫乘舟而惑者，不知东西，见斗极则寤矣。”[3]魏晋人亦凭此经验进行航海活动，葛洪《抱朴子外篇》云：“并乎沧海者，必仰辰极以得返”[4]，就是说航海要靠观测北极星方能返回。他在《太清金液神丹经》卷下中说，从日南寿灵浦出发沿海南行往扶南，便是“迎箕背辰”，即逆北辰所指方向，朝箕星(即二十八宿之箕宿)而行。法显《佛国记》记载法显自师子国东返：“大海弥漫无边，不识东西，唯望日、月、星宿而进。”[5]说明当时往来于中国南海的商船已经脱离了单纯依靠沿海陆标导航的阶段，而能在不见海岸的较远的洋面上航行，从而缩短了航程。

舵的使用和改进也是航海技术的重要组成部分，根据李约瑟的研

---

〔1〕韩振华：《魏晋南北朝时期海上丝绸之路的航线研究》，见《中国与海上丝绸之路》，福建人民出版社，1991年，第235-245页。

〔2〕《艺文类聚》卷71《舟车部》，第1233页。

〔3〕〔西汉〕刘安：《淮南子》卷11《齐俗训》，《二十二子》本，上海古籍出版社，1986年，第1253页。

〔4〕〔东晋〕葛洪：《抱朴子·外篇》卷1，上海古籍出版社，1990年，第166页。

〔5〕〔东晋〕法显著，章巽校注：《法显传校注》，第142页。

究，轴转舵装置是“在中国于公元二世纪末（可能是一世纪）发展起来的，而连接到船尾肋板后部的附件，倘若不是这时已制出，也肯定在此后不久的四世纪末以前最后制成。然而，轴转舵在欧洲直到十二世纪末期才出现”。[1]说明接到船尾肋板后部的附件是魏晋南北朝时中国的发明。

3.3.3 中国南海国际贸易港的变迁

中国南海国际贸易港就是海上丝绸之路的起点。汉武帝平南越，置九郡，其中交趾、九真、日南三郡皆在今越南境内。汉时徐闻、合浦曾为中国使节和商舶的始发港。后来，广州之番禺和交趾（交州）之龙编、日南作为国际贸易港在中西间海上交通的地位日益重要。

交趾从西汉以来，一直是南海交通之重要港口。《旧唐书·地理志》云：“自汉武已来朝贡，皆必由交趾之道。”[2]由于交趾进入中国版图，加快了汉化进程，促进了经济文化的发展。三国时士燮任交趾太守40年，在汉末动乱的年代里，保全一方，交趾成为当时中原人士理想的避难地，士人南避者以百数。交趾从原来的“炎荒”“徼外”发展到财货充盈、文明昌盛之地。吴黄武五年（226年），士燮死，吴始分合浦以北属广州，以南属交州，进一步密切了交州与内地的联系。交州治龙编，龙编成为中西间重要的国际贸易港。[3]史书记载南朝与海南诸国海路里程有时以交州为坐标，《南齐书·蛮传》云：“南夷林邑国，在交州南，海行三千里。”[4]交州可以通过扶南属国典逊国与天竺、安息等徼外诸国进行交通贸易，《梁书·诸夷传》云，扶南南界三千余里有典逊国，“羁属扶南。典逊之东界通交州，其西界接天竺、安息，徼外诸国往还交市”。[5]说明典逊在交州与海外诸国交通中的重要地位。西域各国商人经典逊至中国，云集交州，所以《宋书·夷蛮传》史臣论赞云：“商货所资，或出交

[1]前揭李约瑟文，《李约瑟集》第四编，第475页。

[2]《旧唐书》卷41《地理志》，中华书局，1975年，第1750页。

[3]据法国马司帛洛《唐代安南都护府疆域考》，汉唐之龙编距今越南河内市东北约26公里。见冯承钧译：《西域南海史地考证译丛》（第一卷，第四编），商务印书馆，1995年，第77-83页。

[4]《南齐书》卷58《蛮传》，第1012页。

[5]《梁书》卷54《诸夷传》，第787页。

部，泛海陵波，因风远至，又重峻参差，氏众非一，殊名诡号，种别类殊，山琛水宝，由兹自出。通犀翠羽之珍，蛇珠火布之异，千名万品，并世主之所虚心，故舟舶继路，商使交属。”〔1〕《南齐书·州郡志》云：“交州，镇交趾，在海涨岛中。扬雄箴曰：‘交州荒滞，水与天际’，外接南夷，宝货所出，山珍海怪，莫与为比。”〔2〕

由于海上交通的发展，广州在对外通商方面日益取得与交州相等之地位，番禺、龙编取代了两汉时代的徐闻、合浦两地。广州之治在番禺，番禺成为与龙编鼎峙而立的重要港口。广州对外通商始于秦，秦始皇经略南越，《淮南子》谓其目的在于“越之犀角、象齿、翡翠、珠玑”。〔3〕南越即都于番禺，《汉书·地理志》称南越：“处近海，多犀、象、玳瑁、珠玑、银、铜、果、布之凑，中国往商贾者，多取富焉。番禺一都会也。”魏晋以后，广州尤为外国商货之所聚。《晋书·吴隐之传》云：“广州包带山海，珍异所出，一箧之宝，可资数世。”《南齐书·州郡志》云：“广州，镇南海，滨际海隅，委输交部。”同书《东南夷传》记载：“宋末，扶南王姓侨陈如名阇耶跋摩遣商货至广州。”同书《王琨传》云：“广州刺史但经城门一过，便得三千万也。”在对外贸易方面，广州经常与交州并提，《南齐书·南蛮传》云：“藏山隐海，环宝溢目，商舶远届，委输南州，故交、广富实，牣积王府。”《晋书·义阳城王望传》记载，司马奇“亦好畜聚，不知纪极，遣三部使，到交广商货，为有司所奏”。《梁书·王僧孺传》记载，南海“海舶每岁数至，外国贾人以通货易。旧时州郡以半价就市，又买而即卖，其利数倍”。《南史·吴平侯景传》附子萧励传记载，梁时“外国舶至，多为刺史所侵，每年舶至不过三数”。萧励任广州刺史，“纤毫不犯”，于是每年至广州之外国船舶多至十余艘。史载“励征讨所获生口宝物，军资之外，悉送还台。前后刺史，皆营私蓄，方物之贡，少登天府。自励在州，岁中数献，军国所须，相继不绝，武帝叹曰：‘朝廷便是更有广州。’”番禺和龙

〔1〕《宋书》卷97《夷蛮传》，第2399页。

〔2〕《南齐书》卷14《州郡志》，第266页。

〔3〕〔西汉〕刘安：《淮南子》卷18《人间训》，《二十二子》本，上海古籍出版社，1986年，第1293页。

编作为国际贸易港之兴盛局面，一直相沿至宋，南宋周去非《岭外代答》卷1云："至今八桂、番禺、龙编，鼎峙而立，复秦之故云。"〔1〕南朝自扶南、天竺、师子诸国来华僧人中，大多止泊于广州，如求那跋摩于刘宋元嘉年间"会值便风，来至广州"〔2〕，拘那陀罗于梁中大同元年(546年)来至广州。〔3〕

日南郡不仅与两广地区和内地有着水陆交通线，而且地当南海交通要冲。汉时便"交趾七郡贡献，皆从涨海出入"。〔4〕日南在汉代就是重要的国际贸易港，《南史》卷78《夷貊传》上"海南诸国"条记载，"后汉桓帝世，大秦、天竺皆由此道遣使贡献"。地处今印尼苏门答腊或爪哇的叶调国被称为"日南徼外"，也说明其使来献经过日南。魏晋南朝时日南仍然是对外交通的门户。日南郡之寿泠浦口是重要的国际贸易港。《水经注》卷36记载："究水北流，左会卢容、寿泠二水。卢容水出西南区粟城南高山，……而东径区粟城北，又东与寿泠水合，水出寿泠县界。魏正始九年(248年)，林邑进侵，至寿泠县，以为疆界，即此县也。"〔5〕又云："晋太康三年(282年)省日南郡属国都尉，以其所统卢容县置日南郡及象林县之故治。《晋书·地道记》曰：'郡去卢容浦口二百里，故秦象郡象林县治也。"〔6〕寿泠浦口又称卢容浦口，其地正在与林邑交界处，所以成为中国最南端的贸易港口。3至6世纪的文献言海南诸国之距离，常以日南为坐标。《南齐书·蛮传》云："扶南国在日南之南大海西蛮中。"《梁书》卷54《诸夷传》云，林邑"去日南界四百余里"，扶南"在日南郡之南海西大湾中，去日南可七千里"。这些里数基本上是以寿泠县南界之港口而言。

除了上述诸港，还有山东半岛北岸之东莱、南岸之长广，但其地位皆不及交、广二州。福建之梁安郡(今泉州)在南朝后期也发展成为重

---

〔1〕〔宋〕周去非著，杨武泉校注：《岭外代答校注》卷1《地理》，中华书局，1999年，第1页。

〔2〕〔南朝·梁〕释慧皎：《高僧传》卷3，中华书局，1992年，第107页。

〔3〕道宣：《续高僧传》卷1，见《大正大藏经》(第15册)，史传部二，第429页。

〔4〕〔唐〕徐坚等：《初学记》卷6引谢承《后汉书》，中华书局，1980年，第115页。

〔5〕陈桥驿校证：《水经注校证》卷36，中华书局，2013年，第797页。

〔6〕陈桥驿校证：《水经注校证》卷36，中华书局，2013年，第798页。

要的对外交通港口，据《续高僧传》卷1记载，西天竺优禅尼国僧人拘那罗陀（真谛）来广州，两年后至建康（今南京），属侯景之乱，辗转播迁浙江、广东、江西、福建等地。陈武帝永定二年（558年）七月，“上临川、晋安诸郡”，欲乘船往棱伽修国，为僧俗所留，止于南越。后“又泛小舶至梁安郡，更装大舶，欲返西国”，又为学徒追逐相留，还受到太守王方奢盛情相邀，于是“权止海隅，伺旅束装”，有所徘徊。但最终“发自梁安泛舶西引”。他并未能如愿归国，因为“业风赋命，飘还广州”。这些记载说明梁安在当时确是有大船往还中国与天竺之间的重要港口，成为泉州后来发展为国际贸易大港的先声。

建康也是对外贸易往来的重要港口，《宋书·五行志》记载，东晋时这里已经“贡使商旅，方舟万计”。[1]另外，由于海上交通的发展，中国内河已有外国商舶的踪迹。冯承钧指出：“顾外国船舶所莅，且溯江而上至于江陵。《高僧传·佛驮跋陀罗传》载跋陀在长安预言本乡有五舶俱发。后适江陵，遇外国舶主，既而讯访，果是天竺五舶。虽预言之偶合，要足证长江中有外国船舶往来。”[2]佛驮跋陀罗于后秦姚兴时在长安，宋武帝时至江陵。东晋郭璞《江赋》写长江的水运：“舳舻相接，万里连樯，泝洄江流，或渔或商也。”[3]江上的商船已经有外舶的加入。

随着海上交通的开展，汉末已有西域僧人经南海入华。据《高僧传》的记载，继法显之后，南北朝时经海路往来的僧人，约有10人，其中有扶南僧3人，僧伽婆罗、曼陀罗、须菩提等；天竺僧4人，佛驮跋陀罗、求那跋摩、求那跋陀罗、拘那陀罗等；中国僧人3人，智严、昙无竭、道普。宋元嘉六年（429年）、十年（433年），舶主竺难提先后两次载来以铁萨罗为首的师子国比丘尼19人到刘宋都城建康（今南京）。方豪说：“诸人行程虽多不详，然其止航地则有山东半岛之东莱、南岸之长广及交广二州，当时外国船舶且有溯江而上至于扬州、江陵者，交通之发达，

〔1〕《宋书》卷33《五行志》四，第956页。

〔2〕冯承钧：《中国南洋交通史》，商务印书馆，1998年，第35页。

〔3〕《太平御览》卷771《舟部》四，中华书局，1985年，第3419页。

可想见也。”[1]

3.3.4 余论

尽管魏晋南朝，中西间造船技术和航海能力都有所发展，当时航海水平仍然非常有限，远航艰险众所周知。首先是遇大风浪，便有被大海吞噬之可能。孙权制造能“容战士三千人”的大船，与群臣泛舶中流，而遇大风，“至樊口十余里便败”[2]。法显自师子国附商舶回国，“下二日，便值大风，船漏水入”，造成满船人惊恐万状。从耶婆提至广州，一般情况下50日可到，结果遇风浪百余日漂往青州长广郡。《晋书》卷100《卢循传》记载，卢循八槽舰攻建康时，“船舰为暴风所倾，人有死者”。说明当时船只抗风浪的能力还相当差，船员尚不能完全掌握船只的航速、航向和自己的命运。靠观测天象以判断航向，但如《佛国记》云：“若阴雨时，为逐风去，亦无准。”除了风波之虞，还有触礁之险，“若遇伏石，则无活路”。如果因故耽误了行程，则淡水食粮供应不足，也会造成意想不到的困难。

除了自然灾害之外，又有人为的祸患。史书上有不少航海中天灾人祸的发生，如《高僧传》卷2记载，慧观法师“志欲重寻《涅槃后分》，乃启宋太祖资给，遣沙门道普将书吏十人西行寻经。至长广郡，舶破伤足，因疾而卒”。同卷记载，觉贤至交趾，“乃附舶循海而行”，中途忽遇大风，将船吹回二百余里。“后遇便风，同侣皆发，贤曰不可动。舶主乃止，既而先发者一时覆败。后于暗夜之中，忽令众舶俱发，无肯从者，贤自起收缆，一舶独发，俄而贼至，留者悉被抄害。”同书卷3记载，求那跋陀罗到师子国，“有缘东方，及随舶泛海。中途风止，淡水复竭，举舶忧惶”。幸而天降大雨，一船人才免于渴死。《南齐书·东南夷传》记载，天竺道人那伽仙从广州乘扶南舶归国，途遇大风，至林邑又遭劫。同传还记载，永泰元年（498年），林邑王（范）诸农入朝，海中遭风溺死。《佛国记》云：“海中多有钞贼，遇辄无全。”当船只不能深海航行时，沿途各地的政治形势和治安状况便容易对远洋航行者造成威胁。当南朝刘宋与

[1]方豪：《中西交通史》，岳麓书社，1987年，第209页。

[2]《太平御览》卷770《舟部》三引《武昌记》，中华书局，1985年，第3413页。

林邑发生战争，林邑国与扶南发生战争和发生内乱时，都直接导致海上交通的衰落。只有人类的航海能力达到一定水平时，通过海上进行交通才有可能超过陆上交通的水平，3至6世纪人类航海能力还没有达到这样的水平。

4 草原丝绸之路研究

日本学者长泽和俊说:“丝绸之路由横跨欧亚大陆的北方草原地带的草原路、中亚沙漠地带的绿洲路以及南海路三个基本类型组成。”关于草原路路线,长泽和俊做了这样的勾画:“从华北经戈壁沙漠、蒙古高原、西伯利亚森林地带、南俄草原达咸海、里海沿岸。”〔1〕他认为:“欧亚草原丝路是史前东西方文化交流之要道”,“据今流传于世的文献记载,最先利用的是草原路。”〔2〕欧亚大草原是地球上最宽广的草原地带,绵延15000多公里,东起大兴安岭,西至多瑙河下游,经过蒙古人共和国、中国内蒙古、俄罗斯、罗马尼亚等国家和地区。

欧亚间草原民族东西交通的路线很早就已经存在,历史上这片广阔的丰茂草原上生活着众多的游牧民族。草原丝绸之路的开拓与游牧民族的活动、迁移和战争有关。有“西方史学之父”之称的希腊历史学家希罗多德的著作《历史》曾经记载了公元前7世纪活跃在这个辽阔草原地带的一些游牧民族。他们的活动沟通了东西方之间的交往和交流。这些民族被称为斯基泰民族,因此欧亚草原之路又被称为“斯基泰贸易之路”。〔3〕公元前5、6世纪中国丝绸已经传至遥远的希腊,便是通过欧亚间草原民族辗转传递实现的;周穆王西征的路线也是沿草原路行进。自古以来欧亚大陆北部的辽阔草原一直存在各游牧民族部落,

〔1〕〔日〕长泽和俊:《丝绸之路与古代欧亚大陆的东西方文化交流》,张英莉译,见张志尧主编:《草原丝绸之路与中亚文明》,新疆美术摄影出版社,1994年,第310页。

〔2〕〔日〕长泽和俊:《丝绸之路与古代欧亚大陆的东西方文化交流》,张英莉译,见张志尧主编:《草原丝绸之路与中亚文明》,第312页。

〔3〕参黄时鉴:《希罗多德笔下的欧亚草原居民与草原之路的开辟》,见氏著《东西交流史论稿》,上海古籍出版社1998年版,第2页;又参佘太山:《希罗多德〈历史〉关于草原之路的记载》,见氏著《早期丝绸之路文献研究》,上海人民出版社,2009年,第105-123页。

他们的活动是草原路产生和发展的基础。中西方之间经过欧亚草原的交通和交流,引起苏联、日本、法国和中国等国学者的关注,已经有不少成果。本章主要通过历史文献和考古发现,着重研究3至6世纪即中国魏晋南北朝时期的发展和利用情况。

这条道路在公元3至6世纪期间的发展变化,大致可以分为4个阶段:(1)魏晋;(2)五胡十六国和北魏前期;(3)北魏后期;(4)东、西魏和北周、北齐时期。本章结合中西方文献记载和考古发现,对此一时期草原路的利用略加探讨。

4.1 魏晋时期草原路的复兴

两汉时期,绿洲路兴盛发展,取代了早期草原路的利用,加之北方匈奴的草原霸权地位,中原地区对草原路的利用呈现中断和衰落状况。那时,在这条道路上,匈奴人与西域交通,汉文化通过匈奴的中介向更远的地方传播。

从中国西北地区通西域的这条草原之路,在魏晋时期兴盛一时,可以说是早期草原路的复兴。曹魏时期,所谓草原路之起点在车师后王国都城于赖城,由此西向至“大秦”。鱼豢《魏略·西戎传》的“北新道”即此路线:

> 北新道西行,至东且弥国、西且弥国、单桓国、毕陆国、蒲陆国、乌贪国,皆并属车师后部王。王治于赖城,魏赐其王壹多杂守魏侍中,号大都尉,受魏王印。转西北则乌孙、康居,本国无增损也。北乌伊别国在康居北,又有柳国、又有岩国,又有奄蔡国,一名阿兰,皆与康居同俗。西与大秦、东南与康居接。其国多名貂,畜牧逐水草,临大泽,故时羁属康居,今不属也。

据鱼豢记载,通过这条路线可到达的还有若干国家,魏晋时对它们皆有一定了解:“呼得国在葱岭北,乌孙西北,胜兵万余人,随畜牧,出好马,有貂。坚昆国在康居西北,胜兵三万人,随畜牧,亦多貂,有好马。丁令国在康居北,胜兵六万人,随畜牧,出名鼠皮,白昆子、表昆子皮。

此上三国，坚昆中央，俱去匈奴单于庭安习水七千里，西南去康居界三千里，西去康居王治八千里。或以为此丁令即匈奴北丁令也，而北丁令在乌孙西，似其种别也。又匈奴北有浑窳国，有屈射国，有丁令国，有隔昆国，有新梨国，明北海之南自复有丁令，非此乌孙之西丁令也。乌孙长老言北丁令有马胫国，其人音声似雁鹜，从膝以上身头，人也，膝以下生毛，马胫马蹄，不骑马而走疾马，其为人勇健战也。短人国在康居西北，男女皆长三尺，人众甚多，去奄蔡诸国甚远。康居长老传闻常有商度此国，去康居可万余里。"〔1〕

这是从于赖城出发，经奄蔡(阿兰)西行至大秦的道路。奄蔡北与黑海北岸的萨尔马提人相邻，南与高加索南部亚美尼亚接壤。其时亚美尼亚在罗马帝国范围。这是通大秦的北路，是自汉以来中国通康居的道路的延伸。阿兰即汉代之奄蔡，原居咸海以北，公元前2世纪左右占有里海北岸至顿河间草原，并南徙高加索。因据有里海沿岸，常假手亚美尼亚人、米底人与高加索、小亚细亚、中亚各族贸易，极为富庶。《史记·大宛列传》记载："奄蔡在康居西北可二千里，行国，与康居大同俗。控弦者十余万。临大泽，无崖，盖乃北海云。"〔2〕由此更西，则为黑海附近希腊诸殖民地，远古时希腊商人即取道黑海与里海以北，东求西伯利亚的皮毛。奄蔡后来异名甚多，又名阿兰、阿兰聊、粟特、温那沙、特拘梦等。据《后汉书·西域传》记载，奄蔡后改名阿兰聊。阿兰聊即《魏略·西戎传》中的阿兰。〔3〕

沿此路经行诸国，有一个共同的特点，就是"畜牧随水草"，或"随畜牧"，皆草原游牧民族。应该注意的是这条路线的西部终点是"大秦"，

---

〔1〕《三国志》卷30，裴松之注引《魏略·西戎传》，中华书局，第862-863页。

〔2〕《史记》卷123《大宛列传》，第3161页。

〔3〕杨宪益《粟特国考》认为，奄蔡、阿兰本非一国，因公元1世纪间奄蔡为阿兰所并，故其地改名阿兰。《魏略》中的柳国即《后汉书》中阿兰聊之聊国，聊国似为阿兰的附庸，所以《后汉书》并为一国，称为阿兰聊。据西方史籍，阿兰于公元3世纪时游牧于亚速海和高加索地区。4世纪70年代前后，被匈奴人击败，其王被杀。5世纪初，一部分阿兰人迁至伊比利亚半岛西南部，与当地西哥特人融合。5世纪中叶，大部分阿兰人随阿提拉西征，经高卢、西班牙迁至北非。留在高加索者与当地部落融合，形成以阿兰为主体的联盟，史称阿兰尼亚。见氏著《译余偶拾》，山东画报出版社，2006年，第147-149页。

这是一条沟通中国与遥远的罗马的一条路线。但中国人似乎并没有怎么利用这条路线进行交往活动，虽然车师后部王接受了曹魏封号，而且康居长老传闻“有商度其国”，中国人对乌孙以远国家的了解相当有限，有的明显带有传闻失实的成分。鱼豢的时代，中国与罗马都没有能够走通这条贯通欧亚大陆的草原路，其间各游牧民族的迁徙与交往造成中西方文化信息辗转间接的传递。

曹魏政权通过河西走廊与西域保持着密切联系，《三国志》卷30《乌丸鲜卑东夷传》记载：“魏兴，西域虽不能尽至，其大国龟兹、于阗、康居、乌孙、疏勒、月氏、鄯善、车师之属，无岁不奉朝贡，略如汉氏故事。”〔1〕其中康居则是联结丝绸之路绿洲路和草原路的枢纽，是经草原路继续西行的中转站。据上引《魏略》记载，曹魏时车师后部王与中原政权有密切关系，其王壹多杂接受曹魏“守侍中，号大都尉”之号并受魏王印。而当时东、西且弥国，单桓国、毕陆国、蒲陆国、乌贪国皆并属车师后部王。从乌贪国转西北至乌孙、康居；从康居向北有乌伊别国、柳国、岩国、奄蔡国。此道出乌孙、康居、阿兰，经里海、黑海以北草原与欧洲相通，是自康居至大秦的必经之地。

西晋与西域各国保持着密切关系。史载晋武帝泰始及太康年间，康居、焉耆、龟兹、大宛、大秦皆有来华朝贡的活动。〔2〕《晋书·四夷传》“大秦国”条记载，太康年间(280—290年)大秦王“遣使贡献”。他们不一定经草原路而来，大秦国使似从海道东来，由广州至洛阳，〔3〕焉耆、龟兹、大宛诸国皆经绿洲路可达，而康居西北行则与草原路联结。《晋书·四夷传》“康居”条记载，晋武帝泰始年间(265—275年)，康居国王那鼻遣使上封事，并献善马。“大宛”条记载：“太康六年(285年)，武帝遣使杨颢，拜其王蓝庾为大宛王。蓝庾卒，其子摩之立，遣使贡汗血马。”〔4〕

〔1〕《三国志》卷30《乌丸鲜卑东夷传》，第840页。

〔2〕参《晋书》卷3《武帝纪》、卷97《西夷传》。

〔3〕殷巨奇《布赋序》记载，晋太康二年(280年)“大秦国奉献琛，来经于(广)州，众宝既丽，火布尤奇”。《艺文类聚》卷85《布部》，上海古籍出版社，1982年，第1463页。

〔4〕《晋书》卷97《四夷传》，第2544页。

4.2 五胡十六国和北魏时期草原路的利用

五胡十六国和北魏前期,这条路线由车师后部、高昌向东延伸,经河套地区过黄河,至北魏前期政治中心平城(今山西大同),东至辽东,形成贯通中国北方的东西国际交通路线。这种东延与其时北中国政治形势密切相关。北魏迁都洛阳后,与拜占庭有频繁往来,欧亚间草原路西段得到一定利用。

4.2.1 中国北方鲜卑诸部的活动和吐谷浑部西迁

从高昌经伊吾东向是中国北方草原,是欧亚间草原路的东段,魏晋时是鲜卑人活动的地区。鲜卑人在沟通东西方民族方面发挥了一定作用。西晋末年,北方大乱,北方草原路成为各草原民族往来迁徙的道路。鲜卑拓跋部原来游牧于大兴安岭北端东麓,3世纪中叶拓跋力微迁居盛乐(今内蒙古和林格尔)。376年拓跋部被前秦征服,386年拓跋珪于盛乐重建代国,398年迁都平城(今山西大同)。3世纪末至4世纪初,鲜卑慕容部落的一支由吐谷浑率部西迁,其西迁路线经过今内蒙古乌盟集宁——阴山、河套一线,并在内蒙古中部停留20余年。而后,又迁居上陇,至枹罕(今甘肃临夏市),游牧于洮水西南(今甘肃、青海一带)。[1]

4.2.2 赫连夏国统万城的建立及其在草原路上的作用

十六国时,匈奴与鲜卑融合形成的铁弗部赫连勃勃建立夏国,都统万城(今鄂尔多斯市乌审旗南白城子),统万城一时成为河套地区交通四方的枢纽。顾祖禹《读史方舆纪要》卷3记载夏国四境:"勃勃盛时,南阻秦岭,东戍蒲津,西收秦陇,北薄于河。"[2]北魏前期,从统万城向东过君子津渡黄河可至平城,或从平城西行经统万城而西去,这条道路正是草原路中国北方段。《魏书·世祖纪》记载,北魏始光三年(426年)西征

〔1〕周伟洲:《吐谷浑史》,广西师范大学出版社,2006年,第1-15页。

〔2〕〔清〕顾祖禹:《读史方舆纪要》卷3,中华书局,2005年,第145页。

大夏，太武帝拓跋焘命奚斤率军袭取蒲坂，过蒲津渡黄河，进兵长安，自己亲率大军乘冰过黄河，袭统万城："十月丁巳，车驾西伐，幸云中，临君子津。会天暴寒，数日冰结。十月一月戊寅，帝率轻骑二万袭赫连昌。壬午，至其城下，徙万余家而还。"[1]第二年，北魏太武帝又袭统万城，克之，置统万镇。太武帝西征的这条路线反映了自平城西行至统万城的草原路路线。从统万城向南可至长安，向西可至天水，从而把秦陇、河套和山西连成一线，这是北方草原路向东延伸的重要条件，也是草原路得以利用的重要条件。据顾祖禹《读史方舆纪要》卷3，赫连勃勃强盛时，"置幽州于大城（在今榆林卫东北），朔州于三城，雍州于长安，并州于蒲坂，秦州于上邽，梁州于安定，北秦州于武功，豫州于李润（李润在同州东北），荆州于陕"。[2]自统万城至长安、秦州、梁州等地的交通是畅通的，这就把北方草原路和传统丝绸之路连接起来。

4.2.3 北魏前期以平城为中心草原路的利用

北魏改统万镇为夏州，直到隋唐夏州一直是河套地区陆路交通的枢纽。以平城为起点，经君子津、统万城（夏州）、灵州至姑臧，连通河西走廊之路，也可以西行与居延路相连接进入西域。考古发现的资料揭示了这条路线的存在，详见下文。在中原鼎沸、河西走廊局势动荡的情况下，活跃在中西交通线上的商使有人在利用中国北方草原的通道从事贸易往来。北魏建都平城近百年，在此期间，平城成为丝路的起点之一，成为北方草原路的枢纽。草原路畅通，来自西域的商使可能经北方草原至平城。

北魏与西域的交通始于北魏太武帝之时。北魏声威远达西域，西域各国首先有通好的表现。太延元年（435年）二月，"蠕蠕、焉耆、车师诸国各遣使朝献"。统治者的对外政策由消极保守变为积极主动，于是遣王恩生、许纲等出使西域。史载这年五月"遣使者二十辈使西域"，王恩生当为正使，许纲等人在其中。王恩生等在途中被柔然捕获，此行未果，但成为北魏时中西间交通的先声。此后，西域诸国不断遣使来献。

〔1〕《魏书》卷4上《世祖纪》，第71页。

〔2〕〔清〕顾祖禹：《读史方舆纪要》卷3，第145页。

这年六月，鄯善国遣使朝献；八月，粟特国遣使朝献。悉居半国"太延初遣使来献"。太延三年(437年)三月，"龟兹、悦般、焉耆、车师、粟特、疏勒、乌孙、渴槃陁、鄯善诸国王各遣使朝献"。[1]太武帝拓跋焘"遣散骑侍郎董琬、高明等，多赍金帛，出鄯善，招抚九国"。据《魏书·西域传》记载，董琬等"北行至乌孙国"，受到热情款待。董琬等人启程西行时，"受诏便道之国，可往赴之"。乌孙王派向导、译员送董琬等到达破洛那国，送高明等到者舌国。[2]太延三年十一月，破洛那、者舌国"各遣使朝献，奉汗血马"。[3]董琬、高明等人西使，在加强中原与西域各国的关系方面起到了沟通和促进作用。董琬回朝后，向北魏朝廷介绍了西使见闻，使北魏对西域的变化有了新的了解。他们把西域分为四个区域，其中"两海之间，水泽以南"当即今咸海与里海之间，乃北方草原游牧民族之地，阿兰、奄蔡所在。此后中西交通拉开了序幕，"自后相继而来，不间于岁，国使亦数十辈矣"。[4]阿兰商人经草原路东来，足迹远至河西凉州和北魏都城平城。《魏书·西域传》记载："粟特国在葱岭之西，古之奄蔡，一名温那沙。居于大泽，在康居西北，去代一万六千里。先是匈奴杀其王，而有其国。至王忽倪已三世矣。其国商人，先多诣凉土贩货，及克姑臧悉见虏。高宗初，粟特王遣使请赎之，诏听焉。"此粟特国即阿兰国[5]。北魏时阿兰国使节亦曾进入平城，与北魏发生外交往来。《通典》卷193引《后魏史》云："文成帝初，遣使朝贡。"

从平城向东北，十六国和北魏时期与东北亚地区诸政权有密切往来。辽宁朝阳北票北燕冯素弗墓出土五件玻璃器，是来自西域的产品，标示着草原路向东的延伸。北魏建都平城，与东部朝鲜的交往也进入

〔1〕《魏书》卷4上《世祖纪》，第88页。

〔2〕《魏书》卷102《西域传》，第2260页。

〔3〕《魏书·世祖纪》，第88页。

〔4〕《魏书·西域传》，第2260页。

〔5〕张星烺云："粟特似为俄粟特(Ossethi)之讹音，略去其首音'俄'字也。俄粟特民族今代仍居高架索山系间，即古代阿兰(Alans)或阿思(As)人之苗裔。粟特不可与索格多(Sogdo)相混……所谓大泽，即里海也。""忽倪已，夏德(F.Hirth)谓即匈奴阿提拉(Attila)大王之少子Hernae云，读音相近，时代亦同，其说可信。"《中西交通史料汇编》第五册《古代中国与西部土耳其斯坦之交通》，民国丛书本，上海书店影印辅仁大学图书馆1930年版，第65页。

一个新时期。据统计,朝鲜半岛北部的高句丽政权向十六国遣使12次,北朝派遣使节多达101次,主要集中在北魏时期,计79次。中国北朝政权也向高句丽派遣使节,北朝诸政权有7次,主要是北魏政权。朝鲜半岛南方的百济曾向中国北朝遣使4次,北魏向百济遣使1次。朝鲜半岛东南方的新罗国向北朝遣使4次,北魏则向新罗回访1次。〔1〕北魏政权与高句丽政权存在姻亲关系,孝文帝的嫔妃、宣武帝的生母高太后出身高丽族,其兄高肇仕至尚书令。〔2〕

4.2.4 北魏后期与拜占庭的往来

公元330年,罗马皇帝君士坦丁一世迁都拜占庭,在此建立新都,取名新罗马,又名君士坦丁堡。395年,罗马帝国分裂为东、西两部分。东罗马帝国以君士坦丁堡为首都,后世称拜占庭帝国。在中国文献里,中国人起初仍称东罗马为大秦,尔后则称为拂林、普岚、蒲林等。罗马分裂,特别是西罗马灭亡后,罗马城作为东西方贸易的终点站和集散地的地位转移至君士坦丁堡。君士坦丁堡成为欧亚间草原丝绸之路的西部终点。

君士坦丁堡地处欧亚交通的要道。中国与拜占庭之间的道路最有名的是经巴克特拉、安条克、希卡通皮洛斯,再到拉格斯、埃克巴塔纳、巴比伦、苏萨,通往帕尔米拉。在丝路主线上,自蓝氏城直达里海东岸中部海港克拉兹诺沃茨克,渡海到巴库上岸,抵达黑海东岸和著名的特拉比仲德城,最终可达君士坦丁堡。传统的商路在拜占庭时代继续发挥沟通中国和拜占庭两大帝国的作用,并发展出许多新的线路。有一条路被称为"北方之路",这条路"可以让罗马人避开帕提亚人。它从拜

〔1〕韩昇:《四至六世纪百济在东亚国际关系中的地位和作用》,见韩国忠南大学校百济研究所:《第7回国际学术会议·百济学术诸问题》,大田,1994年;《"魏伐百济"与南北朝时期东亚国际关系》,载《历史研究》1995年第3期。

〔2〕《魏书》卷83《外戚高肇传》记载:"高肇字首文,文昭皇太后之兄也。自云渤海蓨人,五世祖顾,晋末永嘉中避乱入高丽。父飏,字法修,高祖初与弟乘信及其乡人韩内、冀富等入国,拜厉威将军,河间子。"据李凭《北魏两位高氏皇后族属考》,高氏实出身高丽族。见〔韩国〕《中国史研究》第20期,2002年10月;《北魏的发展轨迹》,载《4-6世纪的北中国与欧亚大陆》,科学出版社,2006年。

占庭出发到达黑海另一端的法兹(Phase)河口,直抵萨拉巴那(Sarapana)。接着货物在库拉的库拉河上转船,穿过里海到达卡拉—博阿兹海湾。最后穿过通向阿姆河的高加索地区,就可以沿着河谷到达巴克特里亚”。[1]隋代裴矩《西域图志序》描述了自中国敦煌、玉门关西行至拜占庭的草原路:“发自敦煌,至于西海,凡为三道,各有襟带。北道从伊吾,经蒲类海、铁勒部、突厥可汗庭,度北流河水,至拂菻国,达于西海。”[2]丝绸之路西段北道与中国境内西域北道相通,汉唐间北道经过康居西行,由碎叶城向西,经过里海北岸、黑海抵达欧洲。具体路线是经今伊塞克湖、巴尔喀什湖、塔拉斯西北行,从咸海、黑海北岸抵达伊斯坦布尔。普岚与北魏的通交,东罗马与西突厥的使节、商旅往来便经行这条路线。

6世纪中叶,拜占庭皇帝查士丁尼一世为打破波斯人对东方生丝贸易的垄断,支持来自印度的僧侣到中国获取养蚕技术,并将蚕卵桑种带来,从此拜占庭人在巴尔干南部建立起丝织业中心。[3]拜占庭的养蚕业首先是在叙利亚发展起来的,那里集中了许多纺织厂家,大约至6世纪末,拜占庭养蚕业已经能够满足制造厂家对原料在质量和数量上的要求了。在与波斯人签订了停战协议以后,拜占庭与北魏有频繁的外交往来。《魏书》卷5记载,北魏文成帝拓跋浚太安二年(456年),普岚国遣使入贡,这是东罗马与北魏官方交往的最早记录。和平六年(465年),普岚国献宝剑。同书卷6记载,献文帝拓跋宏皇兴元年(467年),普岚国又遣使和北魏通好。北魏杨衒之《洛阳伽蓝记》卷4记载北魏时来华外国僧俗有云:“西域远者,乃至大秦国,尽天地之西陲。”[4]北魏报聘的使节在西方文献中有所反映,赫利奥多尔(Héliodore)《埃塞俄比亚人》中讲到:“然后,便把带来丝线和丝织物的赛里斯人的使节传了上

[1]〔法〕让-诺埃尔·罗伯特著,马军、宋敏生译:《从罗马到中国——恺撒大帝时代的丝绸之路》,广西师范大学出版社,2005年,第140页。

[2]《隋书》卷67《裴矩传》,第1579页。

[3]〔法〕戈岱司编:《希腊拉丁作家远东古文献辑录》,耿昇译,中华书局,2001年,第96页。

[4]〔北魏〕杨衒之著,范祥雍校注:《洛阳伽蓝记校注》卷4,上海古籍出版社,1978年,第236页。

来，这都是由生活在他们国家的蜘蛛所织。这些使者们另外还带来了服装，有的染作大红色，其余是素白色。"[1]拜占庭诗人西都瓦纳·阿波利奈尔（Sidoine Apollinaire）《诗集》吟诵诸国贡物，提到"赛里斯人带来了其羊毛"。[2]北魏与拜占庭间的使节往来应该同时利用了绿洲路和草原路。

4.3 柔然与东魏、北齐对草原路的利用

北魏迁都洛阳以后，东西往来的商使僧侣自洛阳西行，或入河西走廊，出敦煌、玉门关，或经行吐谷浑之路西行。由于北魏中心政权南迁，中国北方草原路主要为新崛起的北方草原民族所利用。北魏后期和东、西魏时，从高昌经伊吾东向或东北向的北方草原路则更多为新起的草原民族柔然所利用，北周、北齐时先为柔然后为突厥所控制，东魏、北齐通过北方草原路过柔然、突厥境交通西域。

4.3.1 柔然对草原路的利用

北朝后期，居延路成为北方草原路东西往来之要道。居延故地在今内蒙古西部的额济纳旗，额济纳河南北穿越额济纳旗，由于东西两侧巴丹吉林沙漠和北山山脉的阻挡，额济纳河两岸成为中国西部一条重要的南北通道。居延远控大漠，近屏河西，东西襟带黄河、天山，水草丰美，宜于农牧。从汉朝开始，就在这里大规模修筑军事设施，屯田戍边，至今保存着大量城障烽燧遗迹。西汉居延路开通以后，这条维系东西方贸易和南北交通的道路一直是联系中原与西域的重要道路之一，并与伊吾路连接构成联系中国北方草原路和天山以北往西欧亚草原路的纽带。汉武帝元狩二年（公元前121年），骠骑将军霍去病曾沿此捷径，南攻祁连山，"扬武乎鱳得"，[3]开辟河西四郡。李陵沿此道北出居延，与匈奴主力血战。武帝时路博德经营居延城、遮虏障以屏藩河西四郡，

---

〔1〕〔法〕戈岱司编：《希腊拉丁作家远东古文献辑录》，第86页。

〔2〕〔法〕戈岱司编：《希腊拉丁作家远东古文献辑录》，第93页。

〔3〕《汉书》卷55《霍去病传》，颜师古注："鱳得，匈奴中地名。"第2480页。

并发动戍边军民修筑西连敦煌郡的“塞墙”，即居延汉长城。东汉窦固曾利用居延塞款待入觐的匈奴使团。东汉末献帝时，居延道路非但没有冷落，而且得以加强，西海郡的设置便是有力的证明。

居延道沿漠南之地与河西路平行西进，发自阴山山麓，途经居延绿洲，西过天山之北而通中亚诸国，成为自中国北方经草原路入西域的道路。这条道路可与河西走廊的道路相通，亦可南入吐谷浑之地。在魏晋南北朝时期，这条交通道路的利用引人注目。王素指出：“这条草原路，由于途经额尔济纳，亦即居延，显然也是居延路的向东延伸。”与唐宋以后所走的草原路亦即回鹘路不同，“都在现在的中国境内，对中国古代各中央王朝和地方割据政权而言，应是使用更多的一条草原交通路线”。[1]首先，居延地处北方草原民族与西域交界地区，是北方草原民族交通西域通常经行之路。《魏书·袁翻传》记载，神龟末年，柔然为高车所破，凉州刺史袁翻建议北魏朝廷将柔然阿那环、婆罗门安置在西海郡，原因是“西海郡本属凉州，今在酒泉，直抵张掖西北千二百里，去高车所住金山一千余里，正是北虏往来之冲要，汉家行军之旧道，土地沃衍，大宜耕殖”。便是指魏晋以后，居延一带成为北方草原民族交通往来的通道。为了防止柔然衰落后高车跋扈西北，袁翻认为应将阿那环、婆罗门安置西海郡，同时置将镇守。其次，当河西路不通时，居延路是中原地区与西北边疆各族政府和民间交通往来的替补道路。远在巴蜀建立政权的李雄、李势以及以青海为中心建立政权的吐谷浑，都曾绕道居延路与中原政权进行交通。《魏书·序纪》穆皇帝九年记载：“是年，李雄遣使朝贡。”又昭成皇帝六年记载：“是年，李寿死，子势僭立，遣使朝贡。”在五胡乱华、中原鼎沸不能直接交通的情况下，巴蜀政权只能经行吐谷浑、居延之地至代。《资治通鉴》卷158，梁武帝大同六年(540年)条记载：“吐谷浑自莫折念生之乱，不通于魏……是岁，始遣使假道柔然，聘于东魏。”在地隔西魏不能直接交通时，吐谷浑绕道居延与东魏交通。周伟洲先生说：“秦汉至东晋十六国时期，中西陆路交通最东一段，

〔1〕王素：《高昌史稿》(交通编)，文物出版社，2000年，第215页。

主要是经由河西路,其次是居延路。"[1]陆庆夫先生认为,五凉时期,河西路、青海路和居延路是中西交通的三条主要道路。[2]陈戈先生指出,古代新疆北道有两条支线,其一为巴里坤至居延路线。[3]

柔然与北魏对峙时,居延一带为柔然统治。西魏时,柔然虽处于衰落状态,却颇与西域往来。大约在西魏大统十二年(546年),柔然曾派虞弘出使波斯和吐谷浑。[4]1999年7月,在山西太原晋源区王郭村发现隋代虞弘夫妇合葬墓,出土《虞弘墓志》。虞弘经历东西魏、北周北齐,殁于隋朝。墓志记载北朝时虞弘的身世和经历有云:"父君陀,茹茹国莫贺去汾、达官,使魏□□□□朔州刺史"。虞弘在柔然亦曾任使,"茹茹国王,邻情未协,志崇通乐,□□□芥,年十三,任莫贺弗,衔命波斯、吐谷浑"。所谓"邻情未协",当指受到新起的突厥的威胁,出使吐谷浑和波斯当拉拢反突统一战线。在突厥进攻面前,柔然日益走向崩溃。在这种情况下虞弘出使北齐,墓志记载虞弘从波斯、吐谷浑归国,"转莫缘,仍使齐国"。[5]虞弘被北齐文宣帝高祥所留,未能返国,在北齐任职,至隋时去世。虞弘父子的东、西出使,正是经北方草原路沟通东魏、北齐与西域的联系的反映。柔然被突厥击溃,余部西迁,其迁徙路线乃沿草原路入欧洲。

4.3.2 北朝后期草原路的利用

北魏分裂为东、西魏,东、西魏又分别为北齐、北周所取代。中国北方进入东西分裂的局面。东魏、北齐与传统的中西交通路线即自中原入河西走廊的道路隔绝,草原路成为东魏、北齐沟通西域的主要道路,以绕过西魏、北周辖境。那里先是柔然势力范围,因此东魏、北齐皆与柔然交好,一方面牵制西部强敌西魏、北周,一方面可以从柔然过境交通西域,北方草原路成为东魏、北齐通西域的路线。从东魏、北齐之邺

---

〔1〕周伟洲:《吐谷浑史》,宁夏人民出版社,1985年,第133页。

〔2〕陆庆夫:《五凉政权与中西交通》,载《西北史地》1987年第1期。

〔3〕陈戈:《新疆古代交通路线综述》,载《新疆文物》1990年第3期。

〔4〕罗丰:《一件关于柔然民族的重要史料》,见氏著《胡汉之间》,文物出版社,2004年,第411-414页。

〔5〕张庆捷:《〈虞弘墓志〉中的几个问题》,载《文物》2001年第1期。

都北行，经蒙古草原西向，至居延之地，此地连接河西路、草原路、绿洲路和吐谷浑之路。

北魏灭亡以后在东、西魏对峙和北周、北齐的对峙中，东魏、北齐与西域的交通靠此路维系。这条路线经行地区先后成为柔然和突厥人的舞台，而吐谷浑人对自己曾经经行的这条路线应该是熟悉的。当东魏与西魏、北周与北齐对峙时，西部的吐谷浑国与东魏、北齐的交通则利用了柔然突厥路，以绕过西魏和北周的阻隔。《北史》卷96《吐谷浑传》云："夸吕乃使人赵吐骨真假道蠕蠕，频来东魏。"柔然公主出嫁东魏，河北东魏茹茹公主墓出土陶骆驼，[1]正是东魏与柔然交好，利用草原路进行丝绸贸易的反映。

连接吐谷浑之路与居延路的是凉州，史载吐谷浑向西魏称臣，但却与北齐交往，进行贸易活动，引起西魏的不满，西魏废帝二年(553年)，发生凉州刺史史宁派兵袭击吐谷浑商队的事件。《周书·异域传》"吐谷浑"条记载：

> 是岁，(吐谷浑王)夸吕又通齐氏。凉州刺史史宁觇知其还，率轻骑袭之于州西赤泉，获其仆射乞伏触扳、将军翟潘密，商胡二百四十人，驼骡六百头，杂采丝绢以万计。

吐谷浑至北齐的使团不可能经北周辖境，他们一定经北方草原路东来西返，而后过河陇通道回国，在他们的使团中竟然有商胡如许之多，他们在吐谷浑使节的协助下进入北齐进行商贸活动，他们在北齐得到的大宗商品是杂采丝绢。由于北齐可以通过北方草原路与西域交通往来，北齐虽地隔北周，境内却有商胡活动。《北史·后妃·后主皇后穆氏传》记载："武成为胡后造真珠裙绔，所费不可称计，被火烧。后主既立

[1]据磁县文化馆《河北磁县东魏茹茹公主墓发掘简报》，东魏茹茹公主墓位于河北省磁县城南2公里的大冢营村北。出土随葬器物有两枚拜占庭帝国的金币及一些金质和铜质的饰物。志文云："魏骠骑大将军开府仪同三司长广郡开国公高公妻茹茹公主闾氏……讳叱地连，茹茹主之孙、谙罗臣可汗之女也……皇魏道映寰中……茹主钦挹风猷，思结姻好，乃归女请和，作嫔公子……以武定八年四月七日薨于晋阳，时年十三。即其年岁次庚午五月己酉朔十三日辛酉，葬于滏水之阴、齐献武王之茔内。天子下诏曰：'长广郡开国公妻茹茹邻和公主，奄至丧逝，良用嗟伤……送终之礼，宜优常数。'"载《文物》1984年第4期。

穆皇后,复为营之。属周武曹太后丧,诏侍中薛孤、康买等为吊使,又遣商胡赍锦彩三万匹与吊使同往,欲市真珠,为皇后造七宝车。周人不与交易,然而竟造焉。”[1]由此可知从西域到北齐经贸的胡商为数不少,而且与皇室有密切关系。这条路线也成为来自西域的佛教僧徒至东魏、北齐的通道。北天竺乌场国僧人那连提黎耶舍入华,经柔然至北齐。《续高僧传》卷2记载:“那连提黎耶舍,此言尊称,北天竺乌场国人也……舍年十七,发意出家。寻值名师,备闻正教。二十有一,得受具篇……耶舍北背雪山,南穷师子,历览圣迹,仍施旧壤。乃睹乌场国主,真大士焉……六人为伴,行化雪山之北……循路东指,到芮芮国。值突厥乱,西路不通,返乡意绝,乃随流转,北至泥海之旁,南距突厥七千余里。彼既不安,远投齐境。天保七年(556年),届于京邺。文宣皇帝极见殊礼。”

4.4 突厥崛起与草原路的兴盛

公元6世纪中叶土门可汗时,突厥部落逐渐强盛,活跃于北方草原,并与中原地区进行贸易活动,“始至塞上市缯絮,愿通中国”,成为草原丝绸之路上的重要力量。此后突厥在土门率领下,在阿尔泰山南麓迅速崛起。突厥求婚于西魏,太祖许之。大统十七年(551年)六月,西魏以长乐公主妻之。魏废帝元年(552年)正月,土门发兵击柔然,大破柔然于怀荒北,阿那环自杀。此后二百年间,突厥控制了蒙古高原和中亚的广大版图。木杆可汗征服中亚草原的铁勒,破嚈哒,取得喀什干、费尔干纳、撒马尔罕、布哈拉等地,领土推进到阿姆河流域。《周书·突厥传》记载,木杆“西破嚈哒,东走契丹,北并契骨,威服塞外诸国。其地东自辽海以西,西至西海万里,南以沙漠以北,北至北海五六千里,皆属焉”,“塞北戎狄悉归之,抗衡中夏”,[2]成为欧亚草原东部最强大的政权。

[1]《北史》卷14《后妃后主皇后穆氏传》,中华书局,1974年,第525页。

[2]《隋书》卷84《突厥传》,第1864页。

俟斤以后，突厥强盛，有凌轹中原之意。北齐和北周都想借助突厥的力量，因而争相贿赂突厥。北周既与之和亲，每年送给缯絮锦彩十万段。突厥在京师者又待以优礼，衣锦食肉者常以千数。北齐惧其寇掠，亦倾府藏以给之。这些助长了突厥可汗的贪欲和狂妄，佗钵可汗曾说："但使我在南两个儿(指周、齐两国皇帝)孝顺，何忧无物邪？"[1]突厥极力在北周和北齐的鹬蚌相争中捞取好处。佗钵可汗卒，其子菴罗嗣，菴罗惧大逻便而让国摄图。于是摄图为伊利俱卢设莫何始波罗可汗，一号沙钵罗，治都斤山。菴罗降居独洛水，称第二可汗。又以大逻便为阿波可汗。沙钵罗勇而得众，北夷皆归附之。由于内讧，6世纪末分裂为东西两个汗国，大体以阿尔泰山为界，东突厥地处蒙古高原，又被称为北突厥；西突厥汗国势力西达咸海，南抵阿富汗，控制着中亚草原。西域各绿洲诸胡国都归附西突厥，接受可汗派去的"吐屯"监管，向其纳贡。突厥成为草原上的霸主。

突厥的强盛和扩张，客观上阻断了中原地区与西域的交通，但却在很大程度上充当了中原地区与西域交通的中介。突厥人和中原人民有密切的联系，他们经常在塞上进行贸易。北齐与西域宗教上的联系也靠经由突厥的草原路维系。《续高僧传》卷2《阇那崛多传》记载，北周武帝灭佛，阇那崛多不肯改从儒礼，被"哀而放归"，他"路出甘州，北由突厥"。为突厥所留。有北齐僧人宝暹、道邃、僧昙等十人，从西域东归。回至突厥，适逢北齐灭亡。因与阇那崛多同处，直到隋朝建立，提倡佛教，他们才返回中原。这件事说明，在北齐与西域的联系中，突厥为重要的经行之地。

突厥除了与中原政权存在密切关系外，亦与其西之粟特、嚈哒、波斯、东罗马有密切接触。突厥与波斯、东罗马聘问通交，见于东罗马史家弥南德《希腊史残卷》记载。[2]突厥先是通使于波斯。当时突厥兵强

---

〔1〕《周书》卷50《突厥传》，第911页。

〔2〕弥南德《希腊史残卷》成书于6世纪末，H.裕尔把其中关于突厥与波斯、拜占庭之间交往的一段史实录入《东域纪程录丛》，见张绪山译：《东域纪程录丛》，云南人民出版社，2002年，第173-186页。

马壮，过去臣服于嚈哒之粟特人，今则转归突厥统治。粟特人请求突厥可汗西扎布鲁(Sizabulus)遣使至波斯，〔1〕希望得到波斯国之许可，把生丝卖给米底人。西扎布鲁派马尼亚克率粟特使团出使波斯，〔2〕见其王库斯老一世，请求在波斯国内自由贩卖丝货。波斯王企图垄断丝绸贸易，借故拒绝，收购粟特人丝货而焚之。突厥大使回国，向可汗汇报，西扎布鲁再次遣使波斯。波斯王派人将突厥使者酖杀，突厥使者三、四人侥幸未死，归报可汗，突厥与波斯失和。马尼亚克建议西扎布鲁与东罗马交好，罗马人用丝较他国为多，可将丝之市场移往东罗马，他自愿率人通聘东罗马。西扎布鲁派马尼亚克率随员数人出使东罗马，携价值巨万的丝货以赠罗马皇帝及贵族大臣。东罗马查士丁皇帝(Emperor Justin)即位第四年初(568年)，突厥大使抵君士坦丁堡，拜谒东罗马大臣，朝见皇帝，递呈国书，献上礼物。东罗马皇帝与突厥结为盟国。

查士丁即位第四年末，遣使至突厥报聘，他选拔西里细亚人蔡马库斯(Zemarchus)为大使。蔡马库斯一行经粟特地区至往爱克塔山(Ektag，希腊语意为“金山”)，突厥可汗(Khagan)驻跸于此。可汗幕庭在河谷中，蔡马库斯受到可汗接见，蔡马库斯依突厥之礼拜之，献呈礼物。可汗向他垂询诸种事宜，蔡马库斯受到盛情款待。可汗欲使蔡马库斯率其从者20人随征波斯，而使其他罗马人先归货利泰(突厥四部之一)。可汗以所掳之美女克尔吉思(Kherkhis)赐蔡马库斯，蔡马库斯则随可汗征波斯。军至怛逻斯，波斯遣使者来，可汗命与罗马使人同席而食，而让罗马使者坐上位。席间可汗数波斯人欺谩之罪，申明而今兴师问罪之由。波斯使人疾声辩护，语多不恭，举座皆惊，不欢而散。可汗预备讨伐波斯，战前召见蔡马库斯及其从者，极言愿与罗马人修好之意，并遣使者归国，又派使者随蔡马库斯使团往罗马。马尼亚克已卒，乃以次官达格玛(Tagma)代之，而以马尼亚克之子为副。

---

〔1〕沙畹(Chvannes)认为此突厥可汗即西突厥室点蜜可汗。《西突厥史料》，冯承钧译，中华书局1957年版，第201-202页。

〔2〕据皮古列夫斯卡娅研究，Mani即摩尼教之摩尼，ach为叙利亚语，兄弟的意思。“摩尼兄弟”当为景仰摩尼教创立者的意思。见氏著《拜占廷通往印度之路》，莫斯科，1951年，第202页；姜伯勤：《敦煌吐鲁番文书与丝绸之路》，文物出版社，1994年，第9页。

罗马使团回国，突厥附近部落皆请求派遣使节前往罗马，突厥可汗许之。他部酋长亦有此愿，可汗只许货利泰部落首领随往。罗马使团偕突厥使人西行，渡奥伊赫河(Oech)，复经长途而抵大湖，当为阿拉尔海，蔡马库斯一行在此休整三日，遣乔治(George)先归通报罗马皇帝使团归国的消息。乔治与突厥12人，取最近的道路，经沙漠无水之境，向拜占庭而行。蔡马库斯等则沿大泽沙岸行12日，履危涉险，至艾赫河(Ikh，今按巴河，Emba)，又至达伊赫河(Daikh，今乌拉尔河，Ural)；又经ide irg地带多日，至阿提拉河(Attila，今阿得尔河，Athil)，接着至乌古尔族(Ugurs)领地。当地人告知波斯4000人埋伏在科芬河(Kophen)畔丛林中，欲捕获罗马使者。蔡马库斯等至阿兰人(Alan)领地，谒其酋长。阿兰酋长萨罗修斯(Sarosius)劝他们不要经过缪西米安人(Miusimians)居地，因为途中波斯人有埋伏。蔡马库斯设计摆脱了波斯人的攻击，经达莱因(Dareine)前行，到达阿坡西利(Apsilii)。经罗戈托里乌姆城(Rogatorium)进至黑海岸边，乘船抵达菲希斯河(Phasis)，换船抵特拉比宗(Trebizond)，从此乘驿站的马回到拜占庭，晋见皇帝复命。罗马皇帝提比里乌斯(Tiberius)即位第二年，罗马与波斯达成和平协议，罗马又向突厥派出一次使团，首领为瓦伦丁。此次出使，突厥可汗对罗马使团极不友好，表现出突厥与罗马关系的变化。[1]突厥与罗马的使节往来，皆经行自中国西北地区至拜占庭间的草原之路。

4.5 中国北方草原路利用的考古学证据

考古资料证明了3～6世纪中国北方草原路的利用。这一时期中国北方墓葬和遗址中，经常见到来自西方的器物。据近年来各地报道，此类考古资料主要有：

(1)1983年9月至12月，宁夏回族自治区博物馆和原固原县文物工作站联合对固原南郊乡深沟村的一座古墓进行了发掘。经发掘清理得知此墓为北周柱国大将军大都督李贤夫妇合葬墓，葬于北周天和四年

〔1〕H.裕尔(H.Yule)：《东域纪程录丛》，第173-186页。

(569年)。此墓虽经严重盗扰,但仍出土了金、银、铜、铁、陶、玉等各种质地的随葬品300余件,其中鎏金银胡瓶、金戒指、玻璃碗等具有非常珍贵的文物价值,经鉴定为"西方输入的手工艺品"。金戒指面上镶嵌一圆形蓝色青金石,上面雕刻一手持弧形花环的女性裸体形象。这座墓葬发现一尊雕有古希腊神话故事的鎏金银壶,引起国内外考古学家、艺术家、历史学家的注意。银胡瓶通高37.5厘米,长颈,鸭嘴状流,上腹细长,一下腹圆鼓,最大腹径12.8厘米,单把高圈足座。瓶把两端铸成两个兽头与瓶身相接,把的上方面向瓶口铸一深目高鼻的胡人头像。瓶颈腹相接处焊一周13个突起的圆珠,形成一圈联珠纹饰。瓶腹与高圈足座相接处以及足座下部亦分别焊一周突起的圆珠,形成联珠纹饰。围绕瓶腹则用凸纹锤出三组人物图像,表现希腊神话故事内容。玻璃碗口径9.5厘米,高8厘米,淡黄绿色,透明,碗外壁磨有两排突起的圆形纹饰,底部由突起的凹球面构成。这种类型的银壶和玻璃碗是伊朗高原萨珊王朝的典型产品。[1]

(2)辽宁北票、朝阳一带墓葬中出土了3～5世纪来自域外的金步摇头饰,应当源自阿富汗席巴尔甘大月氏金冠,是通过草原丝绸之路随北方游牧民族南下传入的。[2]辽宁北票十六国时期北燕大司马、车骑大将军冯素弗墓出土的金冠饰,可能即鲜卑贵族喜戴的步摇冠上的金步摇;冠前饰片上有锤鍱的佛像,反映出当时佛教的东传。步摇实物多见于北方鲜卑族墓中。辽宁北票出土的步摇饰件,状如花树,展开大小枝丫,枝上金环各挂金叶,随步一动,枝摆叶摇,华美无比。北燕冯素弗墓曾出土一件完整的步摇冠。

(3)辽宁北票十六国时北燕大司马、车骑大将军冯素弗墓出土5件玻璃器。其中鸭形水注造型如鸭,形象生动,淡绿色,透明。其他4件是碗、杯、钵和残器座,钵的残片经化学分析属钠钙玻璃。现藏辽宁省

〔1〕韩兆民(宁夏回族自治区博物馆、宁夏固原博物馆):《宁夏固原北周李贤夫妇墓发掘简报》,载《文物》1985年第11期。

〔2〕田立坤:《步摇考》,张庆捷等:《4–6世纪的北中国与欧亚大陆》,科学出版社,2006年,第47–67页。

博物馆。长20.5厘米、腹径5.2厘米，重70克。淡绿色玻璃质，质光亮，半透明，微见银绿色锈浸。体横长，鸭形，口如鸭嘴状，长颈鼓腹，拖一细长尾，尾尖微残。背上以玻璃条粘出一对雏鸭式的三角形翅膀，腹下两侧各粘一段波状的折线纹以拟双足，腹底贴一平正的饼状圆玻璃。此器重心在前，只有腹部充水至半时，因后身加重，才得放稳。此器造型生动别致，在早期玻璃器中十分罕见。这批玻璃器有可能是进口的罗马玻璃。冯素弗夫妇墓共两座，位于辽宁省原北票县西官营子村将军山东麓，此乃冯氏陵园"长谷陵"所在地，1965年辽宁省博物馆发掘。据《晋书》记载，冯素弗为北燕天王冯跋之弟，死于太平七年(415年)。该墓是十六国时期考古的重要发现之一，对了解当时中原和北方民族的文化关系有重要价值。[1]

(4)山西大同小站村花圪塔台北魏封和突墓出土波斯狩猎纹鎏金银盘和素面高脚银杯。山西省文物工作者于1981年9月在大同市西郊小站村花圪塔台清理了一座北魏正始元年(504年)封和突墓，出土墓志一方，保存完好。随葬物中有一件狩猎纹鎏金银盘，另有素面高足银杯1件。银器系波斯萨珊王朝制品，工艺精美。萨珊银盘高4.1厘米，口径18厘米，圈足直径4.5厘米，高1.4厘米。盘内沿有旋纹三道，中刻狩猎图，图中人像深目高鼻，连腮长髯，面颊清瘦，目光宁谧，有人推测为萨珊朝第四代国王巴赫拉姆一世(273~276年)。人像头戴半弧形冠，边缘缀以联珠，顶端有一突起的角状饰，脑后有飘带两道，耳饰水滴形垂珠，颈饰圆珠项链，腕上戴由圆珠组缀的手镯，革带上也缀两颗圆珠，身着紧身便服，腰右侧佩箭筒，足穿半长筒靴；人像正徒步行猎，两手执矛，刺入野猪头部，身旁又有两头野猪从芦苇中窜出。构图具有典型的波斯萨珊王朝艺术风格。萨珊朝金银器皿流传至今的不多，收藏在苏联的约有90件，英国、法国、日本、波兰、印度等国各收藏寥寥数件，而且大多数系传世品。波斯封和突墓银盘在中国是首次发现，且年代明确，所以对研究萨珊金属工艺史及中国与伊朗文化交流史都是极珍贵

[1]黎瑶渤:《辽宁北票县西官营子北燕冯素弗墓》，载《文物》1973年第3期。

的资料。[1]

(5)大同电焊厂北魏墓群内出土来自波斯的琉璃器和金银器,见于两个墓,一墓出土有鎏金錾花银碗、银罐和磨花琉璃碗;另一墓出土有鎏金錾花高足银杯和素面银碗等。山西省大同市城南3公里的红旗村至七里村一带,是御河(古如浑水)与十里河(古武周川水)的交汇处,这里地势开阔,中间有一块略微隆起的高地,俗称"张女坟"。1987年秋季,大同市电焊器材厂扩建工程中,在这里发现了古代墓葬,发现北魏墓群167座。1988年8月至11月,山西省考古研究所和大同市博物馆联合组成考古队,对这批墓葬进行了发掘清理,出土了大批北魏时期的遗物。其中107号墓出土鎏金錾花银碗、玻璃碗和素面银罐各1件,109号墓出土鎏金錾花高足银杯和素面银碗各1件,还有一些玻璃珠。玻璃碗为浅绿色,半透明,侈口,圆唇,宽沿,球形腹,圜底,腹外壁磨出四排向内凹的椭圆形纹饰,底部由六个相切的凹圆纹组成。口径10.3厘米、腹径11.4厘米、高7.5厘米。这种类型的玻璃碗是伊朗高原波斯萨珊王朝的典型产品。[2]

(6)大同市轴承厂北魏遗址出土鎏金錾花银碗、鎏金高足铜杯和八曲银杯。1970年,在大同城南轴承厂位于市区城南工农路(现称迎宾东路)北侧的厂区内动土时发现一处北魏窖藏遗址,出土鎏金錾花银碗1件,鎏金高足铜杯3件,八曲银长杯1件。此后该厂区陆续又出土石雕方砚1件,石雕柱础以及多件铜鎏金铺首衔环。这批文物中的石雕方砚,石雕柱础和铺首衔环与20世纪80年代以后大同历年发现的各类遗存以及云冈石窟的资料进行对比,其年代可明确断定为北魏平城时期后段,即孝文帝都平城时期(466—494年),而其他5件金属器物的特征则说明其来自中亚或西亚。[3]

---

〔1〕马玉基:《大同市小站村花圪塔台北魏墓清理简报》,载《文物》1983年第8期;马雍:《北魏封和突墓及其出土的波斯银盘》,载《文物》1983年第8期。

〔2〕山西省考古研究所、大同市考古研究所:《大同南郊北魏墓群发掘简报》,载《文物》1992年第8期;山西大学历史文化学院、山西省考古研究所、大同博物馆:《大同南郊北魏墓群》,科学出版社,2006年,彩版11,第228-230页;彩版12,第240-244页。

〔3〕《文化大革命期间出土文物》(第一辑),文物出版社,1973年。

(7)方山永固陵出土的玻璃杯。方山永固陵位于山西省大同市镇川乡西寺儿梁山(古称方山)南部,是以北魏文成帝文明皇后冯氏的陵墓永固陵为中心的大型陵园遗址。整个墓室建筑,形制规整,规模宏大,是已发掘的南北时期最大的墓葬之一。始建于北魏太和五年(公元481年),历时8年而成,太和十四年(公元490年)文帝祖母冯太后死后葬于这里。1976年,大同方山北魏永固陵出土一件玻璃环,为黑色不透明,直径2.2厘米。〔1〕

(8)大同市东南30公里处湖东编组站出土玻璃器。1986年大同大秦铁路湖东编组站北魏墓出土一件玻璃水注,为吹制,蓝色半透明,薄胎,敛口,圆锥形腹,下底为圆锥形流,下腹近流处施一个扁圆形钮。通长19厘米。〔2〕

(9)大同市南郊变电站出土玻璃器。2001年,大同七里村变电站北魏墓6号墓出土一件玻璃碗,为蓝色半透明,直口,平唇,下腹斜收,圈足,腹外壁施一道凸弦纹。口径12.9厘米、底径7.5厘米、高6厘米。经能谱分析,属于钠钙玻璃系统。大同七里村变电站北魏墓20号墓还出土一件玻璃瓶,为吹制,蓝色半透明,侈口,圆唇,扁鼓腹,平底。口径2.2厘米、底径4.4厘米、高3.2厘米。经能谱分析,属于钠钙玻璃系统。〔3〕

(10)1989年,在大同市天镇县平远头村发现49枚波斯萨珊银币,直径2.0~2.3cm,厚度为1.05~1.8cm,重量为3.5~4.2克,平均重为4克。银币正面是卑路斯王头像,背面纹饰为祆教祭火坛。估计埋藏年代应该不晚于北魏迁都洛阳前的太和年间。

(11)大同市迎宾大道工地出土的玻璃器。2002年9月至11月,大同市考古研究所对大同市近郊齐家坡村大型北魏墓葬群进行发掘清理,在90余座墓葬中出土文物600余件。该墓群是大同市御东区迎宾大道工程进行前期文物勘探时发现。墓群位于南郊区水泊寺乡齐家坡

---

〔1〕尹刚、高丁丁:《山西大同北魏平城出土的玻璃器》

〔2〕尹刚、高丁丁:《山西大同北魏平城出土的玻璃器》

〔3〕王雁卿:《从北魏平城考古成果看云冈石窟的开凿》,载《中国文化遗产》2007年第5期。

村东南方向，占地2800平方米。墓群中占地最大的墓葬是第16号墓，该墓葬由墓道、甬道、墓室三部分组成。墓道长达26.6米、宽1.4米；甬道呈拱形，砖砌；墓室平面为方形，顶部为四角攒尖顶，墓室底部距地表7.5米，为夫妇合葬墓，随葬物品有玻璃器、银器、彩绘陶壶等。玻璃壶，为吹制，蓝色半透明，喇叭口，宽平沿，圆唇，圆肩，弧腹，平底。口径5.5厘米、底径4厘米、高15.4厘米。[1]迎宾大道第37号墓还出土有玻璃串饰。这个墓群是大同市发现的第二大北魏墓群，规模仅次于1992年在市电焊器材厂发现的大型墓群，为研究北魏平城时期的政治、经济和社会文化发展状况，提供了更加翔实的实物资料和依据。

（12）太原北齐徐显秀墓出土金戒指。2002年10月在山西太原发掘的北齐徐显秀墓，是太原市在近年内重要的考古发现。徐显秀墓是位于山西省太原市迎泽区郝庄乡王家峰村的一座北齐墓葬，墓主人是北齐太尉武安王徐显秀。墓中除发现有大量壁画外，还有一枚嵌蓝宝石金戒指，为西亚或地中海风格。此戒指上有一胡人形象，此胡人形象为西域人物形象，有人说其造型来源于古代希腊，有人认为与希腊货币上的宙斯形象相似。这枚中国北齐时期的蓝宝石戒指，有着1400多年的历史，现藏于山西省博物馆，造型优美，工艺精湛。整只戒指由黄金戒托、戒指环与蓝宝石戒面组合而成，戒指环造型为一对狮形动物，它们张开大口，咬住一蘑菇状黄金戒托，栩栩如生。戒指的盘座是一圈联珠纹，内嵌蓝色宝石，宝石上面刻的是一个人的符号，据说，这枚戒指上刻的很像是古希腊文化中半人半神的赫拉克勒斯，他手持棍棒，透着一股神秘的气息。[2]

（13）河北定县北魏塔基出土波斯萨珊、嚈哒银币。河北定县北魏

〔1〕常世龙、赵志成：《大型北魏墓群惊现齐家坡》，载《山西日报》2002-11-20；安家瑶、刘俊喜：《大同地区的北魏玻璃器》；据王银田《北朝时期丝绸之路输入的西方器物》，大同南郊北魏墓群（电焊器材厂）出土磨花玻璃钵，类似器物在伊朗高原吉兰州的3～7世纪墓葬中出土多件，在日本橿原一座4世纪末的墓葬（126号墓）中也有发现。见《4-6世纪的北中国与欧亚大陆》，科学出版社，2006年，第37-46页。

〔2〕太原市文物考古研究所编：《北齐徐显秀墓》，文物出版社，2005年；陈勤学：《北齐徐显秀墓出土的嵌蓝宝石金戒指胡人形象源流浅析》，载《大众文艺》2011年第21期。

塔基发现的萨珊银币中，有一枚边缘压印嚈哒文字一行，反映了萨珊、嚈哒与北魏三者的关系。[1]

(14)河北赞皇东魏李希宗墓出土银碗、银杯、戒指、金币。1975—1976年石家庄地区革委会文化局在河北省赞皇县的南邢郭发掘了东魏上党太守赠司空李希宗(501—540年)夫妇的墓。在女性尸骨(即崔氏，卒于北齐武平六年十二月二十二日，即公元576年)附近发现了三枚拜占庭金币。夏鼐先生鉴定李希宗墓的金币是东罗马狄奥多西斯二世(408—450年)和查士丁一世(518—527年)所造。1976年，河北赞皇县东魏李希宗夫妇墓(公元575年)出土一个曲波纹银碗，可能是4~5世纪印度或伊朗东部的作品，还出土3枚东罗马金币。[2]

(15)河北磁县东魏茹茹公主墓出土金币。[3]1978年，磁县发掘的茹茹公主墓(公元550年)也曾出土拜占庭金币2枚。夏鼐先生鉴定茹茹公主墓的金币是阿那斯塔斯一世(491—518年)和查士丁一世所造。[4]东罗马帝国同中国的交往记载不多，茹茹公主去世距查士丁一世金币制造时间只有20多年，能在这么短的时间里流入中国，说明当时从君士坦丁堡(今伊斯坦布尔)到邺城的道路通畅，中西交通往来频繁。

(16)北齐库狄回洛墓出土铜瓶、高足杯等，库狄回洛墓位于山西省寿阳县贾家庄村，北齐太宁二年(562年)葬，1973年4月至8月挖掘，出土铜瓶和鎏金铜高足杯。库狄回洛(生卒年不详)，鲜卑族，代人(今山西代县)，著名北齐大臣。初事尔朱荣。尔朱荣死后，隶尔朱兆。北魏节闵帝元恭普泰元年(531年)，北齐神武帝高欢举兵于信都(今河北冀州市)，库狄回洛拥众来归。从破四胡于韩陵，以军功封顺阳县子，累迁

---

〔1〕林梅村:《北魏太和五年舍利石函所藏嚈哒钱币考》，载《中国钱币》1993年第4期。

〔2〕石家庄地区革委会文化局文物发掘组:《河北赞皇东魏李希宗墓》，载《考古》1977年第6期，石家庄文化局文物发掘组:《河北赞皇东魏李希宗墓》，载《考古》1977年第6期;夏鼐:《赞皇李希宗墓出土的拜占廷金币》，载《考古》1977年第6期。

〔3〕磁县博物馆、磁县文化馆:《河北磁县东魏茹茹公主墓发掘简报》，载《文物》1984年第4期。

〔4〕夏鼐:《赞皇李希宗墓出土的拜占廷金币》，载《考古》1977年6期，第403-406页

夏州刺史。北齐孝昭帝高演即位后，封库狄回洛顺阳郡王。大宁初，为朔州刺史，转太子太师。逝世后赠太尉、定州刺史。〔1〕

(17)内蒙古自治区呼和浩特市土默特左旗水磨沟口北朝墓葬出土有拜占庭金币、金戒指、金饰片以及两件素面高足银杯等。1959年，内蒙古呼和浩特市以西土默特左旗毕克齐镇东北的水磨沟口发现列奥一世(457—474年)拜占庭金币1枚，直径1.4厘米，重4克，"时代相当于我国北魏文成帝到孝文帝初期"，根据同出的其他文物考证其"掩埋的时期可能为隋唐时代或稍早些"。与众不同的是，这枚金币不是掘自墓中，而是在修建水库工程时随一具尸体掘出，尸体旁还有其他遗物：头部有金饰片1件，金戒指2件，上嵌宝石，还有牙签、刀鞘、铜环等。尸体旁没有棺椁等葬具，有人推测"或许是一个商队的商人暴死于路而加以掩埋"。〔2〕

(18)内蒙古呼和浩特市坝口子村古城出土波斯萨珊王朝的银币。1965年，在内蒙古呼和浩特市西北坝口子村古城发现波斯萨珊王朝银币4枚。1枚为卡瓦德一世(公元448—531年)银币，另3枚为库思老一世银币。卡瓦德一世银币正面正中为王者右侧半身像，顶部边缘有六角星和新月等，周边为联珠纹，外缘空白处有4个新月抱星，王者像前有钵罗婆文王名"卡瓦德"的铭文，背面有祭坛。从纹饰来看，属波斯卡瓦德一世复位后所铸的银币。另外3枚基本与这1枚相似，王者像前有钵罗婆文王名"库思老"铭文，当属库思老一世(公元531—579年)所铸的银币。〔3〕

(19)北京西晋华芳墓出土的萨珊玻璃碗。〔4〕1965年7月，北京西

〔1〕王克林：《北齐库狄回洛墓》，载《考古学报》1979年第3期。

〔2〕内蒙古博物馆、内蒙古文物工作队：《呼和浩特市附近出土的外国金银币》，载《考古》1975年第3期。

〔3〕盖山林、陆思贤：《呼和浩特市附近出土的外国银币》，见内蒙古自治区文物工作队编：《内蒙古文物资料续辑》，1984年；黄雪寅(内蒙古自治区博物馆)：《内蒙古草原出土突厥族金银器的外域文化因素》，央视国际民俗频道，2004年8月2日。

〔4〕郑仁(北京市文物工作队)：《北京西郊西晋王浚妻华芳墓清理简报》，载《文物》1965年第12期。

郊八宝山革命公墓之西半公里许，发现西晋王浚妻华芳墓。出土的1件玻璃碗，绿色，透明，高7.2厘米，口径10.7厘米，腹部有椭圆形乳钉装饰。经化验为钠钙玻璃，与同时期伊朗高原玻璃产品的成分一致，器型、装饰相似，可能是从伊朗高原进口的早期萨珊玻璃制品。

中国北方考古发现的此类外来的器物，早就引起人们利用考古资料研究草原路的兴趣。20世纪90年代，齐东方综合考察当时考古已经发现的来自西域的器物，对北方草原路做了勾画，他说："近年来，在中国的北方连续发现了一些西方的输入品……这些发现充分证实在中国北部存在着一条约从河西经包头、呼和浩特、大同，通过河北北部进入内蒙古赤峰，到达辽宁辽阳的中西交通路线。这是一条大体上与兰州、西安、洛阳的'丝绸之路'的主干线的中路相平行的北路。这段北路尽管是从河西走廊叉开的支线，但应看作是历史上中国北部通西方的草原路。仅从考古发现的遗物上看，这条路自北魏到辽一直畅通。"〔1〕徐苹芳根据北方考古发现的外来器物论证了北方草原路的形成过程，其结论是："中国北方草原丝绸之路，考古学的发现说明它从公元前便已开始了，公元4、5世纪形成了在中国境内的这条路线。""北魏前期（约公元五世纪），以平城（山西大同）为中心，西接伊吾（新疆哈密），东至辽东（辽宁辽阳），逐渐形成一条贯通中国北方的东西国际交通路线。"他还指出这条草原路从中国东北继续延伸，连接了朝鲜和日本："中国北方的草原丝绸之路，从新疆伊犁、吉木萨尔、哈密，经额尔济纳、河套、呼和浩特、大同、张北、赤城、宁城、赤峰、朝阳、义县、辽阳，东经朝鲜而至日本。这条路线是连接西亚、中亚与东北亚的国际路线。朝鲜和日本发现的4世纪以来的西方金银器和玻璃器，有一大部分可能是通过这条横贯中国北方的草原之路输入的。"〔2〕近年来有关北方草原路利用的考古资料续有发现，已如上述，进一步印证了齐、徐二先生的论断。

〔1〕齐东方：《李家营子出土的粟特银器与草原丝绸之路》，载《北京大学学报》1992年第2期。

〔2〕徐苹芳：《考古学上所见中国境内的丝绸之路》，载《燕京学报》新1期，北京大学出版社，1995年。

2005年5月陕西西安发现的北周安伽墓,[1]其围棺床石屏图像有大量的突厥人的图像,反映了粟特人与突厥人的交往。安伽是来自中亚的粟特人,粟特商人是中古时期活跃在丝绸之路上的重要角色,突厥则是北方草原上的霸主,他们的交往从某种程度上透露出北方草原路与丝路贸易的信息。对照前述突厥人、粟特人、波斯人和拜占庭人在丝绸贸易中的角逐,可以印证粟特人的丝路贸易与突厥人的密切关系。

总的来看,在魏晋南北朝大分裂和大动乱时期,北方草原丝绸之路不仅成为北方草原民族交通西域与辽东的道路,有时也成为中原政权在河西道路不通时交通西域的替补道路,有时成为与西域间地隔其他政权的东魏、北齐交通西域的道路,对于此一时期使节、僧侣和商贸的东西往来发挥了重要作用。

---

〔1〕陕西省考古研究所:《西安北郊北周安伽墓发掘简报》,载《考古与文物》2000年第6期。

5 南方丝绸之路研究

从中国西南地区经缅甸与古代印度、印度洋航路相联结的古代道路称为“蜀–身毒道”“滇缅古道”“滇缅道”“中印缅道”，从中国西南地区还有通中国南海的道路。这一中外交通的网络总称为“西南丝绸之路”，或“南方丝绸之路”。

5.1 南方丝绸之路概念的提出和争议

这条通道是否存在，其盛衰走向，过去学术界存在争议。有人提出早在旧石器和新石器时代，中国西南地区与缅甸、印度东北部似乎已经存在文化上的联系。印度北部、中国西南地区和东南亚的旧石器具有某些共同的特征。因此有学者认为通过缅甸，中印之间早就存在一条通道，但这种结论并没有被学术界普遍接受。近年来的情况有所改变，考古学的资料揭示出这条古老的道路早就存在，至汉代得到进一步发展。

南方丝绸之路是一条起于今中国四川成都，经云南至缅甸，而后进入印度洋，与海上丝路相联结，或至印度的通商孔道。其总长有大约2000公里，是中国最古老的国际通道之一。南方丝绸之路是我国古代西南地区一条纵贯川滇两省，连接缅、印，通往东南亚、西亚以及欧洲各国家古老的国际通道。它和西北丝绸之路、海上丝绸之路同为我国古代对外交通贸易和文化交流的主要通道。

司马迁《史记》就记载了中、印、阿富汗的经济文化交流，张骞在大夏见到从身毒贩运来的蜀布和筇竹杖。三国时人鱼豢的《魏略·西戎传》里提到大秦(罗马帝国)"有水道通益州、永昌"。[1]但这些史料千百年来未受到认真对待。对于南方丝绸之路的研究从20世纪初开始。到20世纪80年代,随着我国经济社会不断发展和对外交流日益扩大,南方丝绸之路更加为学者们所关注。最早注意到中外交通路线的是法国汉学家伯希和,其《交广印度两道考》对中国南方交通海外的陆道和海道有深入的探讨,他认为中国通缅甸的道路有三条,一是伊洛瓦底江为一道,二是萨尔温江为一道,三是循经弥诺江(亲敦江)而下,经曼尼坡乘马至阿富汗。英国学者哈威《缅甸史》认为"自纪元前二世纪以来,中国已以缅甸为商业通道。"[2]缅甸学者波巴信《缅甸史》云:"上缅甸约在一千七百年以前,由于它位于西方的罗马和东方的中国互相往来的陆上通衢之间,就居为中国和印度之间的陆上枢纽。"[3]20世纪60年代和70年代,任乃强、邓少琴等曾提出中国丝绸最早出在巴蜀的看法。任乃强又于20世纪80年代论述了中国西南通印度、阿富汗的"蜀布之路",认为从蜀地经云南高原,穿过缅甸北界的竹箐丘陵,密支那至萨地亚,通于印度和西部亚细亚诸国的古道,也可称为蜀布之路,而且年代远远早于北方丝绸之路。[4]陈炎最早称这条道路为"西南丝绸之路"。[5]此后有人又分别称之为南方丝绸之路、南方陆上丝绸之路。童恩正研究了从成都经云南、缅甸、印度、巴基斯坦到达中亚的商道的大概情况,认为战国时代已初步开通。英国学者李约瑟,日本学者藤泽义美,中国港台学者桑秀云、饶宗颐,云南省学者方国瑜、陈茜、张增祺等均对这条由四川经云南西行印度的古老商路进行了研究和论述。

"南方丝绸之路"的提出基于以巴蜀文化为重心,且分布于云南至缅甸、印度的广大地区内,近年出土的大量相同文化因素。这些文化因素不仅有巴蜀文化,而且更有印度乃至西亚的大量文化因素。由于丝绸之路作为古代中西文化交流的代称已为中外学者所普遍接受,因此

---

〔1〕《三国志》卷30,裴松之注引,第861页。

〔2〕〔英〕G.E哈威:《缅甸史》,姚楠译注,商务印书馆,1957年,第39页。

〔3〕〔缅〕波巴信:《缅甸史》,陈炎译,商务印书馆,1965年,第14页。

〔4〕任乃强:《中西陆上古商道——蜀布之路》,载《文史杂志》1987年第1期。

〔5〕陈炎:《汉唐时缅甸在西南丝道中的地位》,载《东方研究》1980年第1期。

便称这条由巴蜀为起点，经云南出缅甸、印度、巴基斯坦至中亚、西亚的交通古道为“南方丝绸之路”。三星堆遗址发掘后，学者们注意到其中明显的有印度地区和西亚文明的文化因素集结，于是提出南方丝路早在商代即已初步开通的新看法。段渝认为其年代可上溯到公元前14、15世纪，“南方丝绸，是中国丝绸输往南亚、中亚并进一步输往西方的最早线路。早在商代中晚期，南方丝绸之路已初步开通，产于印度洋北部地区的齿贝与印度地区的象牙即在这个时期见于广汉三星堆和成都金沙遗址，三星堆青铜雕像文化因素和古蜀柳叶形青铜短剑形制等皆由此而来，产于印度和西亚的瑟瑟也不仅见于四川考古，而且见于文献记载”。[1]南方丝路研究目前在学术界达到了多方面的共识，认为南方丝路是一条以商贸为主的多功能道路，国内的起点是成都，开辟年代在先秦。

西南夷和经四川、云南通往印度的道路引起汉朝的关注，始于张骞出使西域。司马迁《史记·大宛列传记载》，公元前126年，第一次出使西域的张骞回到汉朝，向汉武帝汇报西域的见闻，讲到他在大夏(在今阿富汗、巴基斯坦)见到蜀布和邛竹杖，据说是从身毒(印度)贩运而来，因此他推测从中国西南地区有经陆路至印度的道路，并经身毒通往大夏。这一信息引起汉武帝重视，于是派出四路人马前往探查，却被聚居在丛山峻岭中的当地部族阻挡。其中一路来到滇池，滇王热情款待了这些中原来客，并留他们一住就是十来年。其间帮助他们西行，却为昆明人所阻，终未能完成对身毒的探险。

张骞的见闻成为后世学者坚信中印间缅道存在的最有力的证据，但这条道路的存在在国内外学术界有认同，也有异议。如上所述，许多著名学者的著述中都肯定了这条道路的存在。但也有一些学者提出质疑，夏鼐、吕昭义、王友群、顾学稼等人认为西汉中叶以前或张骞时代，不可能存在一条“蜀-身毒国道”或“西南丝绸之路”，其原因有三：第一、自然条件艰险，商贩不可能做很长距离的旅行；第二、沿途经济落后，不

〔1〕段渝：《中国西南早期对外交通——先秦两汉的南方丝绸之路》，载《历史研究》2009年第1期，第22页。

可能为贸易的发展与商道的开辟提供条件；第三、商贾无法穿越原始部落控制的地区。张骞所见的蜀布和邛竹杖不可能经由川滇缅印道进入印度，而应由巴蜀夜郎南越经海道进入。[1]这样的推测虽然不无道理，但古代漫长的历史时期内，人类的活动有时会超出人们的想象。20世纪50年代从古滇墓葬遗址中出土的文物中，发现有的来自西域远至今阿富汗的地方，由此证明有些人们想象的困难并不是不可逾越。

远在四千年前，四川盆地就存在着几条从中国南方通向沿海，通向今缅甸、印度地区的通道。一些重要的考古发现，如三星堆出土的海贝、象牙，大溪文化的海螺和象牙，茂汶和重庆涂山出土的琉璃珠，都不是本地所产，而是来自印度洋北部地区的南海，这些都充分证明巴蜀先民与南方世界有所交通和交流。

5.2 汉通西南夷与南方丝绸之路的开发

5.2.1 唐蒙出使南粤与汉始通西南夷

汉武帝时官方使节始终未能越过哀牢王国到达缅甸，西汉时西南方面的国际商路始终没有打通，那时只能通过西南各部族的中介，与印度商人进行间接贸易。西南各部族，从汉代起被中原政权称为“西南夷”。[2]“西南夷”是公元前3至5世纪对分布于今云南、贵州、四川西南部和甘肃南部广大地区少数民族的总称。诸族经济发展不平衡，夜郎、靡莫、滇、邛都等部族定居，主要从事农耕；昆明从事游牧；其余各族或农或牧，与巴蜀有商业来往。

根据《史记·西南夷列传》记载，战国时楚国曾经完成一次对西南夷的征服：“楚威王时，使将军庄蹻将兵循江上，略巴、黔中以西。庄蹻者，

---

〔1〕夏鼐：《中巴友谊的历史》，载《考古》1965年第7期；吕昭义：《对西汉时中印交通的一点看法》，载《南亚研究》1984年第2期，第58-67页；王友群：《西汉中叶以前中国西南与印度交通考》，载《南亚研究》1988年第3期，第58-68页；顾学稼：《南方丝绸之路质疑》，载《史学月刊》1993年第3期，第17-20页。参江玉祥《再论古代中国西南“丝绸之路”》，见江玉祥主编：《古代西南丝绸之路研究》（第二辑），四川大学出版社，1995年，第13-19页。

〔2〕《史记》卷116《西安南夷列传》，第2991页。

楚庄王苗裔也。蹻至滇池，地方三百里，旁平地，肥饶数千里，以兵威定属楚。”秦军出兵占领了楚国的巴、黔中郡，阻断了庄蹻的归路，庄蹻遂称王于滇，其部众“变服，从其俗，以长之”。[1]秦时曾进军西南夷，并开通了五尺道，置巴、蜀、汉中三郡，在西南夷各部落置吏管理。秦朝维持了十几年的统治后灭亡，汉朝建立后放弃了对西南夷的治理，关闭了蜀地关隘，从此道绝不通。但巴蜀之地的商民不断偷渡出境从事商贸活动，“窃出商贾”。他们获得西南夷之筰马、僰僮、旄牛并贩卖，因而致富。这说明在汉武帝遣使探查这条商道之前，民间的走私商业活动便在进行。

西南夷引起汉朝的关注，始于唐蒙出使南粤（南越国）。汉武帝建元六年，王恢统军击东粤（东越国），东粤人杀其王郢归附汉朝，王恢乘势欲讽劝南粤王降汉，派番阳令唐蒙出使南粤。唐蒙在南粤吃到蜀枸酱，问南粤人这种食物从哪里来，南粤人告知：“道西北牂牁江，江广数里，出番禺城下。”即从西北方向经水路而来。唐蒙回到长安，问蜀地商人，知道只有蜀地出枸酱，蜀人偷渡至夜郎国贩卖，夜郎国临牂牁江，江广百余步，足以行船。于是唐蒙向汉武帝建议，通夜郎道，从夜郎沿牂牁江进军南粤。汉武帝接受了唐蒙的建议，派他率兵千人出使夜郎国，夜郎国和周围小国都“贪汉缯帛”，皆听从夜郎国的指令，愿意接受汉使的和约，唐蒙归报，汉朝在此置犍为郡，并“发巴界卒治道，自僰道指牂牁江”。[2]司马相如向汉武帝建议，在西夷邛、筰可置郡，汉武帝任命司马相如为郎中将，往谕西夷，亦设都尉，辖十余县，属蜀郡。

但汉朝开通西南夷道的事业颇不顺利。一是工程艰难，“巴蜀四郡通西南夷道，载转相饟。数岁，道不通，士疲饿餧，离暑湿，死者甚重”；二是西南夷不肯接受汉通此道，“数反”，汉朝发兵兴击，耗费无功；三是汉朝正在北方朔方筑城，抗击匈奴，公孙弘建议暂时放弃通西南夷，“专力事匈奴”，[3]汉武帝采纳了他的意见，罢西夷，独留南夷两县一都尉，

[1]《史记》卷116《西南夷列传》，第2993页。

[2]《史记》卷116《西南夷列传》，第2994页。

[3]《史记》卷116《西南夷列传》，第2995页。

而令犍为自保,修成其郡县城。

5.2.2 张骞的信息和汉朝对蜀-身毒道的探查

西南夷和通西南夷道再次引起汉朝的重视,起始于张骞出使西域的发现和建议。《史记·大宛列传》记载:

大夏在大宛西南二千馀里妫水南。其俗土著,有城屋,与大宛同俗。无大长,往往城邑置小长。其兵弱,畏战。善贾市。及大月氏西徙,攻败之,皆臣畜大夏。大夏民多,可百馀万。其都曰蓝市城,有市贩贾诸物。其东南有身毒国。骞曰:"臣在大夏时,见邛竹杖、蜀布。问曰:'安得此?'大夏国人曰:'吾贾人往市之身毒。身毒在大夏东南可数千里。其俗土著,大与大夏同,而卑湿暑热云。其人民乘象以战。其国临大水焉。'以骞度之,大夏去汉万二千里,居汉西南。今身毒国又居大夏东南数千里,有蜀物,此其去蜀不远矣。今使大夏,从羌中,险,羌人恶之;少北,则为匈奴所得;从蜀宜径,又无寇。"天子既闻大宛及大夏、安息之属皆大国,多奇物,土著,颇与中国同业,而兵弱,贵汉财物;其北有大月氏、康居之属,兵彊,可以赂遗设利朝也。且诚得而以义属之,则广地万里,重九译,致殊俗,威德遍於四海。天子欣然,以骞言为然,乃令骞因蜀犍为发间使,四道并出,出駹,出冄,出徙,出邛、僰,皆各行一二千里。其北方闭氐、筰,南方闭嶲、昆明。昆明之属无君长,善寇盗,辄杀略汉使,终莫得通。然闻其西可千馀里有乘象国,名曰滇越,而蜀贾奸出物者或至焉,於是汉以求大夏道始通滇国。初,汉欲通西南夷,费多,道不通,罢之。及张骞言可以通大夏,乃复事西南夷。[1]

《史记·西南夷传》记载:

及元狩元年,博望侯张骞使大夏来,言居大夏时见蜀布、邛竹杖,使问所从来,曰:"从东南身毒国,可数千里,得蜀贾人市。"或闻邛西可二千里有身毒国。骞因盛言大夏在汉西南,慕中国,患匈奴隔其道,诚通蜀,身毒国道便近,有利无害。于是天子乃令王然于、

[1]《史记》卷123《大宛列传》,第3164-3166页。

柏始昌、吕越人等，使间出西夷西，指求身毒国。至滇，滇王尝羌乃留，为求道西十余辈。岁余，皆闭昆明，莫能通身毒国。滇王与汉使者言曰："汉孰与我大？"及夜郎侯亦然。以道不通故，各自以为一州主，不知汉广大。使者还，因盛言滇大国，足事亲附。天子注意焉。〔1〕

汉使探查自蜀通身毒道的目的没有实现，但从这些记载中可以知道，自蜀至滇越之间，蜀地商人的贸易活动却一直存在，即"蜀贾奸出物者或至焉"。濮水（今红河）流域居民鸠僚就是西汉初的滇越。

5.2.3 汉平南越与西南夷的归顺

汉朝与西南夷的关系，由于汉平南越发生了变化。汉平南越后，对西南夷展开了军事征服，《史记·西南夷列传》记载：

及至南越反，上使驰义侯因犍为发南夷兵。且兰君恐远行，旁国虏其老弱，乃与其众反，杀使者及犍为太守。汉乃发巴蜀罪人尝击南越者八校尉击破之。会越已破，汉八校尉不下，即引兵还，行诛头兰。头兰，常隔滇道者也。已平头兰，遂平南夷为牂牁郡。夜郎侯始倚南越，南越已灭，会还诛反者，夜郎遂入朝。上以为夜郎王。南越破后，及汉诛且兰、邛君，并杀筰侯，冄駹皆振恐，请臣置吏。乃以邛都为越巂郡，筰都为沈犁郡，冄駹为汶山郡，广汉西白马为武都郡。上使王然于以越破及诛南夷兵威风喻滇王入朝。滇王者，其众数万人，其旁东北有劳浸、靡莫，皆同姓相扶，未肯听。劳浸、靡莫数侵犯使者吏卒。元封二年，天子发巴蜀兵击灭劳浸、靡莫，以兵临滇。滇王始首善，以故弗诛。滇王离难西南夷，举国降，请置吏入朝。於是以为益州郡，赐滇王王印，复长其民。〔2〕

《史记·大宛列传》记载：

是时汉既灭越，而蜀、西南夷皆震，请吏入朝。于是置益州、越巂、牂牁、沈黎、汶山郡，欲地接以前通大夏。乃遣使柏始昌、吕越人等岁十馀辈，出此初郡抵大夏，皆复闭昆明，为所杀，夺币财，终

〔1〕《史记》卷116《西南夷列传》，第2995–2996页。

〔2〕《史记》卷116《西南夷列传》，第2996–2997页。

莫能通至大夏焉。于是汉发三辅罪人,因巴蜀士数万人,遣两将军郭昌、卫广等往击昆明之遮汉使者,斩首虏数万人而去。其后遣使,昆明复为寇,竟莫能得通。而北道酒泉抵大夏,使者既多,而外国益厌汉币,不贵其物。[1]

西南夷请吏入朝,汉朝在西南夷置郡治理。但汉通蜀-身毒道的活动仍受到昆明夷的顽强抵制,终西汉之世,官方利用此道交通身毒和西域的目的都没有实现。汉武帝在夜郎(今贵州省西、北部及与云南、四川二省邻接地区)置牂牁郡,是彝人聚居地区。彝族英雄史诗《铜鼓王》中有用铜鼓作为葬具埋葬彝族古代首领的记载,[2]这与其他彝族经籍《禳占星解经》的记载相符,并且与贵州省赫章县可乐乡考古发现的"铜鼓套头葬"式相互印证了夜郎与彝族先民有十分密切的关系。

西汉时的西南夷,据《史记·西南夷列传》记载:"西南夷君长以什数,夜郎最大;其西靡莫之属以什数,滇最大;自滇以北君长以什数,邛都最大:此皆魋结,耕田,有邑聚。其外西自同师以东,北至楪榆,名为嶲、昆明,皆编发,随畜迁徙,毋常处,毋君长,地方可数千里。自嶲以东北,君长以什数,徙、筰都最大;自筰以东北,君长以什数,冉駹最大。其俗或土著,或移徙,在蜀之西。自冉駹以东北,君长以什数,白马最大,皆氐类也。此皆巴蜀西南外蛮夷也。"[3]

5.2.4 南方丝绸之路的走向和路线

南方丝绸之路在中国境内由灵关道、五尺道、永昌道、牂牁四大干线组成。

五尺道开通于秦,但为时不久。《史记·西南夷列传》云:"秦时常頞略通五尺道,诸此国颇置吏焉。十余岁,秦灭。及汉兴,皆弃此国而开

[1]《史记》卷123《大宛列传》,第3170-3171页。

[2]参李贵恩等搜集整理:《铜鼓王》,云南人民出版社,1991年。

[3]《史记》卷116《西南夷列传》,第2991页。

蜀故徼。"[1]此道从成都出发南向，为东道。从今宜宾南下，经盐津石门关、朱提、汉阳、味县、滇、楚雄至叶檐，因地处险隘，栈道宽五尺而得名。大多依山临空凿石而建，一路崎岖入云，岩石磊落，脚下万丈深渊，山风劲吹，使人影颤魂栗。

灵关道又称零关道、旄牛道，乃汉武帝时所开，从成都出发南向，为西道。其开辟过程，见《史记·司马相如传》记载：

> 相如为郎数岁，会唐蒙使略通夜郎西僰中，发巴蜀吏卒千人，郡又多为发转漕万馀人，用兴法诛其渠帅，巴蜀民大惊恐。上闻之，乃使相如责唐蒙，因喻告巴蜀民以非上意……相如还报。唐蒙已略通夜郎，因通西南夷道，发巴、蜀、广汉卒，作者数万人。治道二岁，道不成，士卒多物故，费以巨万计。蜀民及汉用事者多言其不便。是时邛筰之君长闻南夷与汉通，得赏赐多，多欲愿为内臣妾，请吏，比南夷。天子问相如，相如曰："邛、筰、冉、駹者近蜀，道亦易通，秦时尝通为郡县，至汉兴而罢。今诚复通，为置郡县，愈于南夷。"天子以为然，乃拜相如为中郎将，建节往使。副使王然于、壶充国、吕越人驰四乘之传，因巴蜀吏币物以赂西夷。至蜀，蜀太守以下郊迎，县令负弩矢先驱，蜀人以为宠……司马长卿便略定西夷，邛、筰、冉、駹、斯榆之君皆请为内臣。除边关，关益斥，西至沬、若水，南至牂柯为徼，通零关道，桥孙水以通邛都。[2]

灵关道自今四川大渡河南岸通向西昌平原。经临邛、灵关、笮都、泸沽、登相营古堡、邛都、盐源、青岭、大勃弄到叶榆。道路奇险，一路或峰巅嵯峨，道路盘折；或溪河密布，山高谷深；或江流滚滚，白浪腾空，天险难越。

永昌道又称博南道，由叶榆出发西向，经永昌、滇越、古永、掸国（在今缅甸）至身毒，川广山高，路途险恶，更有热瘴，毒蛇出没。此道要跨

〔1〕《史记·西南夷列传》，第2993页。一般认为，秦五尺道由常頞所开，时间在秦始皇时期，即公元前221年前后。葛剑雄认为五尺道开通时间不能确定，但可以肯定要比公元前221年早得多。参氏著：《关于古代西南交通的几个问题》，见四川大学历史系编：《中国西南的古代交通与文化》，四川大学出版社，1994年，第2-4页。

〔2〕《史记》卷117《司马相如传》，第3044-3047页。

越水流湍急、咆哮怒吼的怒江，翻越终年云雾围绕、寒气袭人的高黎贡山，秋天阴雨绵绵，洪水泛滥，无法渡津，冬季雪虐风寒，不可涉岭。五尺道和灵关道至永昌会合，把中国西南地区与缅甸、印度以及海上丝路联结起来。自然艰险挡不住人类互相交通的脚步，通过此道早有先民为牟利而从事商贸活动。

牂牁道是连接南方丝路与地南海丝路的路线，又称为夜郎道。早在2000多年前的西汉时代，就有一条从夜郎国流经广西直达番禺的水上通道曰“牂牁江”。从谷昌（昆明）出发，从此以后一途经牂牁入越南。根据目前所能见到的文献资料，最早走这条线路的古蜀先民的知名人物是秦灭蜀后南迁的蜀王子安阳王。安阳王率领兵将3万人，沿着这条线路进入了越南北部红河地区，建立了瓯骆国，越南历史上又称之为“蜀朝”。在越南东山文化遗址考古发现的铜鼓有20多个，形制粗糙，其代表作品是精致的收集品“玉镂铜鼓”。截至20世纪70年代中期，越南保存和新发现的铜鼓有186件，其形制花纹与中国云南晋宁石寨山汉墓出土的鹭羽、羽人竞渡铜鼓非常相似。西方学者曾提出铜鼓起源于越南，是因为他们所见资料有限，对中国出土铜鼓不了解。越南发现的铜鼓数量是中国的七分之一，[1]说明越南不可能是铜鼓的故乡。云南铜鼓文化传入越南地区，应该通过这条道路。

考古工作者探查了汉晋时期云南与四川之间的交通，即所谓“西南丝绸之路”的走向和径行之地，沿途有若干考古发现。其起点是当时四川经济文化发达的成都地区，经临邛（今邛莱），翻越镇西山出盆地而进入青衣江的支流芦山河并沿河而下，途经蜀郡属国治汉嘉（今芦山），涉青衣江，溯青衣江的另一条支流荥经河而上，到严道（今荥经）后，再翻越邛崃山（今大相岭）。下山后到达大渡河支流流沙河边的牦牛（今汉源九襄），再沿流沙河而下至大渡河边。渡大渡河后通过灵关（今汉源与甘洛交界的深沟）继续南下，至孙水河边，然后再沿孙水河而下进入古孙水（今安宁河）边，然后顺水而下，途经越巂郡治邛都（今西昌），再沿孙水南行出越巂郡，转陆路经会无（今会理）至今会理黎溪一带渡

〔1〕广西壮族自治区博物馆：《古代铜鼓学术讨论会纪要》，载《文物》1980年第9期，第36页。

金沙江。渡江后继续南下至弄栋(今姚安,汉代属越巂郡),再转西行经云南(今祥云)到达楪榆(今大理)。然后从楪榆向西经今洱海而达博南山,然后翻山,渡兰仓水(今澜沧江)抵达当时的边陲重镇永昌郡治不韦(今保山),继续向西渡今怒江,越今高黎贡山进入滇越地区(西汉时滇越活动的今腾冲一带)。再穿过永昌西境(今缅甸境内)而最终抵达今缅甸内地和身毒。在今腾冲分两路,北路经今永古、今缅甸的密支那而至身毒;南路顺今大盈江、伊洛瓦底江而下抵掸国(今缅甸内地)〔1〕。在这条道路上的洱海西海岸的喜洲文阁,考古工作者发现有西晋时期的砖室墓,出有"太康六年赵氏作"的纪年铭文砖。在大理大展屯村西北面的荷花村也发现过西晋砖室墓,出有"太康十三年"纪年铭文砖。在祥云县红州曾发现过"太康元年"的西晋砖室墓,出有陶人物俑和陶马等。文物工作者在大理市还收集到"太康八年王氏"的纪年铭文砖。南距保山城5.5公里的汪官营蜀汉墓出土的铭文砖,有"延熙十六年(253年)七月""官吏建"等字。

除了上述主要路线外,可能还存在一些局部的支线。例如当时存在着一条从成都顺岷江而下,然后翻山经今凉山东部山地而至邛都的小路。在东汉中晚期和蜀汉时期,这条道曾一度成为从成都到邛都的主道。《三国志·蜀书·张嶷传》记载,张嶷任越巂太守时,"郡有旧道经牦牛中至成都,既平且近。自牦牛绝道已百余年,更由安上,既险且远"。诸葛亮南征"自字上由水路入越巂",也是走这条路。今在昭觉、美姑一带发现许多汉晋砖室墓,其分布有一定规律,从东北至西南走向,列于道路附近,说明当时的"安上之道"即经由这一地段。在昭觉好谷发现东汉初平三年(192年)的石表,表文中有"缮治邮亭"字样,说明当时官方在此道上曾设邮置亭;在昭觉县发现有东汉晚期至蜀汉时期的军屯遗址。这些都可以证明这条道在当时的重要性以及这条道经由昭觉、美姑一带。但从美姑至岷江边的这一段路线尚不清楚,有待进一步考察。当时可能还存在着一条从南安(今乐山市)沿青衣江至今雅安对岩

〔1〕罗二虎:《西南丝绸之路的初步考察》,见江玉祥主编:《古代西南丝绸之路研究》(第二辑),四川大学出版社,1995年,第224-225页,附图见同书第262页。

乡,再到严道的小路。在雅安对岩乡以下的青衣江河谷地带,也发现不少的东汉崖墓和砖室墓。

根据文献资料和考古成果,有学者指出,西南丝路沿线地区与内地的商业文化交流,主要是通过巴蜀地区进行的,尤其是成都平原地区。丝路沿线出土的许多铁器、漆器和铜器,尤其是年代稍早的,显然多为蜀地的产品。它可能是直接通过蜀地商人的商业活动而到达这些地区的。在沿线发现的众多墓葬,尤其是砖室墓中,无论是墓葬形制还是随葬品,表现出来的文化特征与同时代巴蜀地区墓葬中的几乎完全相同。同时还可以看出,这种文化交往在这时期内具有单向性倾向,即当时的汉文化对沿线地区的土著文化产生了强烈的影响,交流的结果是加速了沿线地区的汉化过程〔1〕。《魏略》所记与《后汉书》可相参证,确知古罗马(大秦)由海道通缅甸,经云南以达四川直至洛阳的交通情况,很有道理。这里所谓"水道",当指伊洛瓦底江而言,并不入古代印度境内。出伊洛瓦底江与南方海路联结,方可至印度或斯里兰卡。

5.3 魏晋南北朝时期南方丝绸之路的沉寂

张骞出使西域,在大夏见到蜀布和筇竹杖,据说是从身毒贩运而来,因此他推测从中国西南地区有经陆路至印度的道路,汉武帝因此遣使考察这条路线,但由于"西南夷"的阻挠而未成功。

汉武帝时官方使节始终未能越过哀牢王国到达缅甸,西汉时西南方面的国际商路始终没有打通,那时只能通过西南各部族的中介,与印度商人进行间接贸易。东汉置永昌郡,有人认为"蜀-身毒国道滇缅段完全畅通了,通过哀牢地区,东汉政府同缅甸境内的掸族有了直接往来"。其论据是《后汉书·南蛮西南夷列传》中有关地处今缅甸境内诸王国与东汉王朝的外交活动:"永元六年(94年),徼外敦忍乙王莫延慕义,遣使译献犀牛、大象。九年,徼外蛮及掸国王雍由调遣重译奉国珍宝,

〔1〕罗二虎:《西南丝绸之路的初步考察》,见江玉祥主编:《古代西南丝绸之路研究》(第二辑),第187-234页。

和帝赐金印紫绶，小君长皆加印绶、钱帛。永初元年(107年)，徼外僬侥种夷陆类等三千余口举种内附，献象牙、水牛、封牛。永宁元年(120年)，掸国王雍由调复遣使者诣阙朝贺，献乐及幻人，能变化吐火，自支解，易牛马头。又善跳丸，数乃至千。自言我海西人。海西即大秦也，掸国西南通大秦。明年元会，安帝作乐于庭，封雍由调为汉大都尉，赐印绶、金银、彩缯各有差也。"[1]敦忍乙国，据方国瑜先生考证，即《汉书·地理志》所载"夫甘都卢国"，波巴信《缅甸史》中所谓"顶兑国"，位于伊洛瓦底江河畔，是由中国和罗马商人作为中间休息站而开始发展起来的。掸国，其故地一般认为在今缅甸东北部一带。《后汉书》云："掸国西南通大秦。"[2]这里认为敦忍乙、掸国使团经过西南缅道至东汉都城洛阳，却是一种误解。《后汉书·哀牢夷传》并没有交代其使团经行路线，但我们从《后汉书》卷81《陈禅传》中可以知道，掸国使节是"越流沙，逾悬度，万里来献"，是经西域来到中国中原地区的。

3至6世纪，中印间缅道是否有所利用，也有很大疑问。有学者认为，西晋末(公元3世纪末)，八王之乱起，中国北方动荡，西北丝绸之路通行困难。此时，利用"蜀-身毒国道"赴印度的行旅增多，不仅有商人，而且有去印度求法的高僧，根据是唐义净《大唐西域求法高僧传·慧轮传》记载。室利笈多('srigupta)王朝时(约公元3世纪晚期)，有20多名中国僧人，从蜀川牂牁道出发，西行去印度求学。笈多王建造支那寺(320年，晋元帝大兴三年)供其停息。义净自注："蜀川去此寺有五百余驿。"牂牁道即汉武帝时唐蒙所治之南夷道(秦五尺道)的延伸，北起今四川宜宾，南抵今云南曲靖，通南海。又据梁释慧皎撰《高僧传》卷7和唐释道宣著《释迦方志》卷下记载，公元5世纪初，有冀州人慧叡在各地游学时经过四川西部，被人抢去卖为牧羊的奴隶。后来有信仰佛教的商人路过时，发现他是僧侣并通晓佛学，于是用金钱把他赎回。此后他西游各国到达南印度留学，精通印度语言和佛学，回国后还协助鸠摩罗

[1]《后汉书》卷86《南蛮西南夷列传》，第2851页。

[2]江玉祥《再论古代中国西南"丝绸之路"》，见江玉祥主编：《古代西南丝绸之路研究》(第二辑)，1995年，第6-7页。

什从事翻译工作。汶江先生统计，上述这些人约占两晋南北朝西行求法人数的五分之一左右。[1]据梁启超统计，当时循此道去印度留学的僧侣，占南北朝隋唐间人数的约九分之一。[2]但关于蜀地20余名僧人往印度取经的时代和经行路线，有学者已经提出异议。[3]而冀州人慧叡往印度，也未必通过西南缅道。据记载，慧叡“既还，袭染衣，笃学弥至。游历诸国，乃至南天竺界”。[4]他被商人解救后，当还冀州。从“游历诸国”来看，他要么经西域诸国，要么经海南诸国，似乎不是经缅道至印度。

东汉时罗马人经海路走通了自南方沿海地区至洛阳的道路，“至桓帝延熹九年（166年），大秦王安敦遣使自日南徼外献象牙、犀角、玳瑁，始乃一通焉”。此后罗马人又发现了从印度洋航路至永昌的“水道”。成书于3世纪中叶的鱼豢《魏略》云：“大秦道既从海北陆通，又循海而南，与交趾七郡外夷比。又有水道通益州永昌，故永昌出异物。”[5]《魏书·西域传》云：“大秦国亦名黎轩……东南通交趾，又水道通益州永昌郡，多出异物。”所谓“水道通益州永昌”，当指从印度洋下缅甸港口出发，沿伊洛瓦底江而上至永昌郡的路线。由此转船经孟加拉湾可至南印度诸港或斯里兰卡等港口。西方文献中也有相应的记载，大约成书于公元1世纪后半叶的佚名《厄立特里亚海航行记》讲到航行于印度洋的希腊水手，能够到达的中国内陆城市Thinai，有人认为应是“滇”的对音，指永昌郡而言。[6]

经永昌郡入缅与印度洋联结的道路持续时间不长，其繁荣期约在公元1至3世纪，4世纪便日趋衰微，4世纪末5世纪初更甚，至5世纪中

---

〔1〕汶江：《历史上的南方丝路》，见江玉祥主编：《古代西南丝绸之路研究》，四川大学出版社，1990年，第45页。

〔2〕梁启超：《佛学研究十八篇》，上海古籍出版社，2001年，第144页。

〔3〕吴焯：《西南丝绸之路研究的认识误区》，载《历史研究》1999年第1期。

〔4〕〔南朝·梁〕释慧皎：《高僧传》卷7《慧叡传》，第259页。

〔5〕《三国志》卷30，裴松之注引《魏略·西戎传》，第861页。

〔6〕张毅《南方丝绸之路与海上丝绸之路》，见江玉祥主编：《古代西南丝绸之路研究》（第二辑），1995年，64-73页。

叶后已就逐渐停顿了。能够说明此道存在和利用的文献和考古材料都集中在汉晋时期,特别是东汉末和蜀汉时期。三国时蜀汉都城益州是重要的丝织中心,“闤阓之里,伎巧之家,百室离房,机杼相和。贝锦斐成,濯色江波”。[1]发达的丝织业是这条商道兴盛的主要原因。其衰微和停顿的主要原因,首先是中国的分裂,经海路来华的西方使节商旅主要是入中国南方诸政权,因此经扶南至日南、广州更为便利;蜀中有通交趾的道路。其次从东吴孙权大力提供海运以来,南方各地的海上交通日渐发展,经历两晋到南北朝时,更为可观。此时由于西域的陆上交通受阻,而汉族的活动又南移,人们更加注意海上交通的发展。西亚、南亚的海船不仅可以绕过马来半岛,而且可以绕过日南、交趾,直航中国南方各港口。中国船也可以远航大秦、天竺。与此相比,僻处中国西南一隅的滇西,以及孟加拉湾顶端的下缅甸各港,不免相形见绌。三是滇西方面东晋以来永昌等地民族矛盾日趋激化。晋成帝咸康八年(342年)撤销永昌郡的建制后,直到南朝的刘宋时期仍未能恢复,主要原因是闽濮等族的反抗,虽为统治阶级镇压下去,当地元气仍难恢复。所以《宋书·州郡志》的宁州十五郡中就没有永昌郡。《南齐书·州郡志》也徒具虚名:“永昌郡,有名无民,曰空荒不立。”残破不堪的永昌郡不能提供大量丝织品出口。随着罗马商业的衰微与帝国的解体,欧洲对丝绸这类高档消费品的需求相对减少,可能也是原因之一[2]。

魏晋南北朝时,中国西南地区与缅甸之间的交通材料较多,但能够说明中印间缅道的联系材料极少。有关的文献记载和考古学的结论,几乎都存在疑义和争论,因此我们认为,以为中印间缅道早就存在,而且可以和西北丝路、南方海路相比美的提法,论据还比较薄弱。

[1]左思:《三都赋》,见萧统:《昭明文选》卷4,60页,上海书店,1988年。

[2]张毅:《南方丝绸之路与海上丝绸之路》,见江玉祥主编:《古代西南丝绸之路研究》(第二辑),四川大学出版社,1995年,第71页。

5.4 早期南方丝绸之路的经济文化交流

“滇缅古道”或中印缅道本质上是一条民间商道，它因商而辟，因商而兴，也因商得以流传，最后也因商被遗弃。浓郁的商业性特色，可以从几方面得以证实。

首先，开辟古道的是经商的人和马帮，古道上流通的是各地的商品。公元前4世纪，蜀地商队驱赶着驮运丝绸的马带，走出川西平原，踏上了崎岖的山间小道，翻山越岭，跨河过江，进行着最古老的中印商业贸易业务，从而开辟了这条我国通往南亚、西亚以至欧洲的最古老的商道。通过“古道”，秦汉时巴蜀的铁、布，朱提的银，邛都的铜，贩到南中，而南中的笮马、僮则贩到内地。围绕古道，从商者甚众，由于商品流通量较大，且绵延不断，有利可图，因此沿古道各地从商者很多。汉晋时，永昌(保山)就云集国内外商贾，不少身毒(印度)商贾和蜀地工匠侨居于此，一些中原派来这里做官的人，也可以在此谋得富及十世的财富，《华阳国志·南中志》记载：“益州西部宝货之地，居其官者皆富及十世。”又载：“永昌郡，属县八，户六万，去洛六千九百里，宁州之极西南也，有闽、濮、鸠、獠、越、裸濮、身毒之民。”身毒之民即印度人，骠人即缅甸骠国人，这也许就是当时最早的印缅从商侨民。

其次，商贸已具一定规模，沿途商城兴旺，沿古道所进行的商贸活动，其规模无法从史籍中找到确切数字，但从考古发掘的成果中可见一斑。1980年，云南文物学古研究所在剑川鳌凤山发掘的古墓中，出土了海贝，其年代约在春秋中期至战国初期；1979年，昆明市文物管理委员会在呈贡天子庙战国中期墓中，出土海贝1500多枚；新中国成立后在晋宁石寨山及江川李家山古墓群中出土的贝，就达1230多斤，计247000多枚；在腾冲宝峰山核桃园还出土了汉代五铢1000多枚。考查钱币的出土，不难看出，发现古币的地方，往往与商道有关，离古道越近，出土的货币越多，离古道较远，则发现的较少，这些从印度西太平洋地区舶来的海贝，从战国到明末清初，作为货币使用已绵延2000多年，它不仅是古道沿线各民族与海外民族交往的见证，而且也是古道沿线商贸较繁盛的见证。

再次，经济贸易必然伴随着文化的交流。在滇文化中存在牛崇拜和蛇崇拜的文化现象，云南晋宁石寨山和李家山两处墓地出土的2000多件青铜器中，有大量的牛形造型艺术品，而在印度哈拉巴文化的印章上，作为祭祀和崇拜的对象的牛也是常见的形象。在滇文化青铜器的纹饰中，还表现出蛇崇拜的文化现象。在印度神话中，蛇是沟通人和神的象征。这种信仰的残余表现在印度的宇宙观、宗教艺术和哲学中，如印度教三大神之一的湿奴在开天辟地之前，据说就是睡在神蛇身上。古代云南的蛇崇拜与印度的蛇信仰之间的关系值得研究。〔1〕云南晋宁石寨山13号西汉中期墓出土铜饰物一件，被称为“双人舞盘铜饰物”。汪宁生指出其人深目高鼻，“疑来源于西方”。他认为舞人手持之物非盘，而是钹。《通典》卷144记载，铜钹“出西戎及南蛮”。日本学者林谦三《东亚乐器考》考证钹首见于印度。汪宁生认为钹可能是通过这一民族传入中国的。〔2〕童恩正更认为“此二钹舞者直接视为印度人，当不至于牵强。如此，这件铜饰物也许应视为当时中印文化直接交流之产物”。〔3〕石寨山7号墓时代为西汉中晚期，出土银错金带扣一枚，中央作有翼的飞虎一只，有人以为乃西亚输入品。童恩正则以为来自西亚的可能性不大，因为在西亚众多的有翼动物主题艺术中，独不见这一类虎的造型，很大的可能是西徐亚（斯基泰）文化的产物。石寨山文化所出的动物主题牌饰带有强烈的西徐亚文化色彩，是学术界公认的。而南亚为产虎的区域，翼虎是古印度的传统艺术母题之一，类似的形象见于北方邦马图拉发现的贵霜时期之石刻，时代为公元2世纪。因此他认为“此带扣从印度直接从南路输入的可能性是不能否定的”。〔4〕石寨山13号墓的时代为公元前2世纪中期，其中出土一鎏金铜饰物，原报告称

〔1〕童恩正：《古代中国南方与印度交通的考古学研究》，载《考古》1999年第4期，第82页。

〔2〕汪宁生：《晋宁石寨山青铜器图像所见古代民族考》，载《考古学报》1979年第4期，第423-439页。

〔3〕童恩正：《古代中国南方与印度交通的考古学研究》，载《考古》1999年第4期，第82页。

〔4〕童恩正：《古代中国南方与印度交通的考古学研究》，载《考古》1999年第4期，第83页。

为"二怪兽镂花铜饰物"。描述为"二怪兽交股站立,兽形似狮而有如鹿之角及獠牙,耳上及足上皆戴圆环,上、下端有四蛇缠绕,蛇口咬住二兽的面颊"。[1]童恩正曾细审原图,确定此二兽是从狮变化而来。他认为"这种主题肯定不存在于古代黄河流域或云南的装饰文化中。但在古伊朗(Achaemenid Iran)带角的狮饰却非常普遍。例如在苏萨(Susa)宫殿发现的公元前5世纪铸造在戒指上带角的狮形饰以及著名的上釉砖砌浮雕。另外,这个图案的构图——两头狮子相背而立,在公元前1世纪的早期Kushana石雕中可以见到。这件作品或许由当地人所铸,但构思很可能来源于印度。"[2]

5.5 南方丝绸之路的深远影响

南方丝绸之路推动了中国与东南亚和南亚之间的互相了解。《后汉书·西域传》记载,东离国"列城数十,皆称王。大月氏伐之,遂臣服焉"。此国人"乘象、骆驼,往来邻国。有寇,乘象以战"。"天竺国"条云:"从月氏、高附国以西,南至西海,东至磐起国,皆身毒之地。"[3]鱼豢《魏略·西戎传》记载有车离国和盘越国,当即《后汉书·西域传》中之东离国和磐起国,云:"车离国一名礼惟特,一名沛隶王,在天竺东南三千余里,其地卑湿暑热。其王治沙奇城,有别城数十,人民怯弱,月氏、天竺击服之。其地东西南北数千里,人民男女皆长一丈八尺,乘象、橐驼以战,今月氏役税之。"沛隶是古代居住在恒河三角洲北方的奔那(Pundra)人。南方的孟加(Vanga)人,汉代译作"盘起",或盘越,一名汉越王,古称高达-孟加。高达在古代泛称三角洲巴吉腊提河两岸直到海滨的广大地区,相当于孟加拉南部地区。同传又云:"盘越国一名汉越王,在天竺东南数千里,与益部相近;其人小,与中国人等,蜀人贾似至焉。南道而西

[1]云南省博物馆:《云南晋宁石寨山古墓群发掘报告》,文物出版社,1959年,第90页。

[2]童恩正:《古代中国南方与印度交通的考古学研究》,载《考古》1999年第4期,第83页。

[3]《后汉书》卷88《西域传》,第2921页。

极转东南尽矣。"[1]西汉时代的乘象之国滇越在二三世纪之际已扩展到孟加拉地区的车离、盘越,"蜀人贾"似确实到过这个盘越国。盘越是从新疆南道越过葱岭后,转向东南恒河东流的出海口,同时又是东北通达益州(成都)的大道的起点。这条大道将印度和中国的西南地区以及西北地区衔接起来,成为千百年来中印交通的大动脉。

南方丝绸之路促进了古代西南地区市镇的形成和扩大。如大理,是云南最早的文化发祥地之一,公元前4世纪,蜀地的商队就驱赶着马队不断经过这里。公元8世纪,南诏建立,大理不仅成为云南政治、经济、文化的中心,而且是中原严正王朝从南方通往中印半岛直至欧洲诸国的最大口岸,成为中国内地与印缅诸国物资交流的最大集散地,是南方丝绸之路最大的贸易枢纽。腾越被称为"西南极边第一城"。《永昌府文征》记载,这里常有暴风骤雨,四月以后有瘴病,逢过此者,必策马前进,不敢停留,商贾往来,十分艰难。险峻的地理位置决定了腾越的咽喉地位,悠久的历史,给腾越留下不少古迹和文物,往来的商旅造就了腾越这个古老的商业城市,"昔日繁华百宝街,雄商大贾挟货来"。由中国内地通往印缅的马队不断经过这里,每年总在万数以上。古道的商业性特色,使古代西南地区的经济文化中心,如川西的蜀国、川东的巴国、黔西北的夜郎国、以滇池为中心的滇国、以大理为都城的南诏国等都建立在南方丝绸之路的要道上,并循古道的走向形成市镇网络,而又以此为中心,向四周扩散,形成相对发达的区域经济。至今除东川、玉溪以外的云南城市都在这条古道上,这不能不说是有其深厚的历史和渊源。

通过南方丝绸之路,中国西南边境地区人民与缅甸人民一直保持着密切联系和交往。蜀后主建兴三年(225年),诸葛亮南征,把汉族的先进文化传到中缅边境,对缅甸也产生了影响。诸葛亮劝当地人民"筑城堡,务农桑",把汉族先进的农业生产经验、技术和知识传授给西南各兄弟民族。较晚的《蛮书》记载滇中的耕田法:"每耕田用三尺犁,格长丈余,两牛相去七八尺,一佃人前牵牛,一佃人持按犁辕,一佃人秉耒。

〔1〕《三国志》卷30,裴松之注引,第860页。

蛮治山田(梯田)殊为精好。”[1]缅甸北部和我国西南兄弟民族一样,至今仍沿用这种耕田法。他们也是用三尺犁,两牛中间架一格,一人在前牵牛,一人扶犁,一人在后下种,与上述记载吻合。《齐民要术》卷1“种谷”第三云:“地势有良薄,山泽有异宜。”注云:“山田种强苗以避风霜,泽田种弱苗以求华实也。”这和缅甸山区少数民族治山田的方法如出一辙,正是两国劳动人民互相学习的结果,他们在生产实践中总结出经验,并互相交流。缅甸历史学家波巴信说:“缅甸族向南诏(今云南大理白族自治州)吸取了各种文化。”可知自诸葛亮南征,直到唐代的南诏,我国西南各族人民和缅甸各族人民之间的文化不断互相影响。

南方丝绸之路造成中国西南地区与缅甸某些共同的文化倾向。中缅边境地区各兄弟民族都对诸葛亮充满尊敬,有关诸葛亮的传说至今在缅甸境内广泛流传,中缅两国各族人民为了纪念他,建有诸葛祠、武侯庙、孔明城等。据赵汝适《诸蕃志》“蒲甘”(在今缅甸)条记载:“国有诸葛武侯庙。”朱孟震《西南夷风土记》中也提到“普坎(即蒲甘)城中有武侯南征碑”。谢清高《海录》云:“摆古(今缅甸勃固)有孔明城。”王芝在《海客日谭》,师范在《滇系》等书中,也都有类似记载。在中缅边境的腾越、永昌一带有关诸葛营、诸葛屯、诸葛堰、诸葛寨、诸葛井、诸葛粮堆、诸葛亮城等名称和遗迹,比比皆是。这些都说明诸葛亮南征对中缅边境各兄弟民族的影响之大以及中缅甸边境人民对他的崇敬,同时也说明中缅边境地区的人民之间的交往和交流一直未曾中断[2]。

佛教文化通过南方丝绸之路传播。缅甸考古学家杜生浩说:“我们不能否认,在公元四世纪时,佛教已由中国传入缅甸……最初数世纪中,中国僧侣曾在太公(缅名德贡)、卑谬和蒲甘等地讲经布道,与用梵文讲授的印度僧侣分道而进。但中国的政治势力较强,因而传授占优

[1]向达:《蛮书校注》,中华书局,1962年,第171-173页。

[2]陈炎:《中缅文化交流两千年》,见周一良主编:《中外文化交流史》,河南人民出版社,1987年,第7页。

势且收普及的宏效。”又据他考证，缅文中有些佛学名词，源出汉语，虽然汉语中的佛学名词来自梵文或巴利文。“南无”“罗汉”“喇嘛”“佛爷”“涅槃”等，都是又由中国传入缅甸的。[1]

〔1〕杜生浩：《缅文中的中国字》，载《印度古物》，1906年。转引自陈炎：《中缅两国历史上的陆海交通和文化交流》，见氏著《海上丝绸之路与中外文化交流》，北京大学出版社，1996年，第274页。

6 从僧人行踪看西域通往南朝的道路

狭义的西域概念，大致相当于今中国新疆地区以及葱岭东西，当人们将中原地区和西域视为两个地理单元时，则称敦煌为出入中原的咽喉之地，而称高昌、鄯善、伊吾为出入西域的三个门户[1]。从西汉置西域都护时起，西域就进入中原政权有效治理之下，如果从今天中国版图来看，在中国与域外的交通中于阗、疏勒自应视为两大门户，而龟兹在一定程度上具有咽喉之地的地位。本文谈东晋十六国和南北朝时期西域至南朝的道路，以此三地为起点。佛教东传是这一时期中外文化交流的最重要的内容，僧人的行踪在研究交通路线和文化交流方面具有特别重要的意义。从佛教僧众在这条路线的往来情况，可以了解这一时期佛教文化在中国境内的传播过程和途径，因此，本章从僧人行踪的探讨来看从西域到南朝的道路。

6.1 传统丝路在中国境内的延伸

一般认为，由于东晋与十六国和南朝与北朝的对峙状态，西域与南朝间通过中原地区的交通受到严重阻碍，特别是官方的交往更是如此。实际上任何事情都不是绝对的。在东晋十六国和南北朝时期，一方面南北政权不断发生军事冲突，另一方面西域与中原之间的河西走廊、陇右地区也是多事之秋，战争和动乱的确为彼此间的交通造成了影响。但是政权间的严重对立和军事冲突又不是一直处于紧张状态，南北双方的关系也有缓和松弛的阶段。当时正是佛教传入中国，并在中国大发展的时期，南北双方社会上下都普遍敬仰佛教，僧人的活动相对

〔1〕裴矩《西域图记》序，《隋书》卷67《裴矩传》。

自由，他们能够在南北政权间往来穿梭。我们不仅看到从西域来的僧人，或经由西域而从天竺、中亚地区来的僧人经西域、河西走廊进入中原地区，而后又辗转到南朝，也看到从海上交通来到南朝的僧人经由南朝来到中原地区，又经中原地区入西域的。这是传统陆上丝路和海上丝路在中国境内的延伸和联结。

6.1.1 往来于西域与中原的僧人

中土僧人西行取经，常从洛阳、长安出发；而自西域入华的僧人过河西走廊进入中原地区，他们往往来到长安、洛阳或邺城落脚。在南北朝时期，长安、洛阳、邺城先后为北魏、东西魏、北周、北齐都城，都曾发挥过丝绸之路起点的作用。这些地方不仅是西域来的僧人东来的落脚点，也是中土僧人西行求法的起点。《高僧传》卷1记载，中天竺僧人昙柯迦罗，于曹魏嘉平年间至洛阳。中国第一位西行求法的僧人朱士行由洛阳至长安，由长安西行，经河西走廊至于阗。五胡十六国时，鸠摩罗什随母从龟兹出发，至罽宾，复经沙勒、温宿返龟兹。吕光征服龟兹，随至凉州，后被姚秦迎入长安。此后长安仍是东来西往的僧人经行和驻足之地。

《高僧传》卷2记载，佛陀耶舍，罽宾人。后至沙勒国，停十余年，乃东适龟兹。鸠摩罗什在姑臧，遣使邀请，至姑臧，时什已至长安，又至长安。后辞还外国，至罽宾，得《虚空藏经》一卷，寄贾客，传于凉州诸僧。

《高僧传》卷3记载，智猛，雍州京兆新丰人，以后秦弘始六年(440年)，招结同志沙门十有五人，发迹长安，渡河跨谷，至凉州城。出自阳关，西入流沙，遂历鄯善、龟兹、于阗诸国，从于阗西南行二千里，始登葱岭，至波沦国。与其余四人共度雪山(兴都库什山)，渡辛头河，到罽宾国。又至奇沙国、迦惟罗卫国、华氏国阿育王旧都。于是便返。以甲子岁(424年)发天竺，于凉州出《泥洹》本。

《续高僧传》卷1记载，菩提流支，北天竺人，挟道宵征，远莅葱左，以北魏永平之初，来游东夏。宣武皇帝下敕引劳，得之永宁大寺。当时又有中天竺僧勒那摩提，以正始五年，初届洛邑。又有北天竺僧佛陀扇多，从正光年至元二年，于洛阳白马寺及邺都金华寺译经。

《续高僧传》卷19记载，佛陀禅师，本天竺人，至魏北台之恒安。后随帝南迁，定都伊洛，复设静院，敕以处之。有敕就少室山为之造寺，即今之少林寺。

上述诸人有的从长安出发，往西域，如智猛；有的则从天竺、罽宾经西域、河西至长安、洛阳、邺城，这是传统丝绸之路从河西走廊向内地的延伸。五胡十六国和南北朝时，西域东部、河西走廊和陇右地区先后出现不少割据政权，其间伴随不少战乱发生，这种动乱没有阻止僧人们的脚步。

6.1.2 往来于南朝与中原地区的僧人

东晋十六国和南北朝时期，正是佛教东来，并在中国迅猛发展的时期，南北方统治阶级都大力提倡佛教，因此佛教僧侣的行动相对自由。西晋时完成了全国的统一，因此南北方的僧人活动十分自由，不受限制。

东晋十六国时，北方陷于战乱，交通受阻〔1〕，但一般情况下，僧人往来南方和北方依然比较自由。北方诸胡族政权有的不信佛法，甚至杀害僧人〔2〕，迫使不少北方僧众南奔。道安僧团原来活动于华北地区今河北、山西、河南一带，避乱南下襄阳，又北上并老死于长安。其僧徒有的东下扬州、京师，有的西上入蜀。庐山东林寺高僧慧远与长安高僧鸠摩罗什之间有频繁的书信往来，互通音问〔3〕。这些都说明在动乱的五胡十六国时期，僧人们在各割据政权之间的活动较少受到限制。《高僧传》卷2记载，卑摩罗叉，罽宾人，先在龟兹，弘阐律藏。及龟兹陷没，乃避地乌缠。闻鸠摩罗什在长安，杖锡流沙，冒险东渡，以后秦弘始八年（406年）至关中。罗什死，出游关左，逗于寿春，止石涧寺。顷之南渡江

〔1〕例如《高僧传》卷6记载，雁门娄烦僧慧远"年二十一，欲渡江东，就范宣子共契嘉遁。值石虎已死，中原寇乱，南路阻塞，志不获从"。同书卷7记载，宋蜀武担寺释道汪在梁州，"闻河间玄高法师禅慧深广，欲往从之。中路值吐谷浑之难，遂不果行，于是旋于成都"。

〔2〕例如《高僧传》卷9记载："石勒屯兵葛陂，专以杀戮为威，沙门遇害者甚众。"同书卷10记载："晋末朔方凶奴赫连勃勃破获关中，斩戳无数，时（昙）始亦遇害。"

〔3〕参《高僧传》卷6《慧远传》《昙邕传》，卷12《法庄传》，卷13《僧翼传》。

陵，于新寺夏坐。其年冬，复还寿春石涧，卒于寺。佛驮跋陀罗，"本姓释氏，迦维罗卫人，甘露饭王之苗裔也。祖父达摩提婆，此云法天，尝商旅于北天竺，因而居焉"。佛驮跋陀罗出生于此地那呵梨城，与同学僧伽克多共游罽宾，遇秦地沙门智严，智严诚恳相邀，陀罗"舍众辞师，裹粮东逝。步骤三载，绵历寒暑。既度葱岭，路经六国，至交趾。乃附舶循海而行，至青州东莱郡"，闻鸠摩罗什在长安，即往从之。在长安受到排斥，南指庐岳，西适江陵。又随袁豹至建业，安止道场寺。同书卷7记载，竺道生"初入庐山"，"后与慧叡、慧严同游长安，从什公受业。关中众僧，咸谓神悟。后还都止青园寺"。"释超进，本姓颛顼氏，长安人，……年在而立，而振誉关中。及西虏勃勃赫连寇陷长安，人情危扰，法事罢废。进避地东下，止于京师。"卷11记载，释僧业"游长安，从什公受业"，"值关中多难，避地京师"。

僧人的行踪说明，即便在南北朝对峙时期，南北方交通对于僧人的活动来说仍是较为开放的。《高僧传》卷7记载，"释僧苞，京兆人，少在关受学什公。宋永初中游北徐"，"后东下京师，……屈住祇洹寺，开讲众经，法化相续"。"释僧诠，姓张，辽西辽阳人。少游燕齐，遍学外典，弱冠方出家。……后过江止京师。""释昙无成，姓马，扶风人。家世避难，移居黄龙，年十三出家。……闻什公在关，负笈从之。……姚祚将亡，关中危扰，成乃憩于淮南中寺。""释道猛，本西凉州人，少而游历燕赵，备瞩风化。后停止寿春，力精勤学。……大化江西，学人成列。至元嘉二十六年(449年)东游京师，止于东安寺，复续开讲席。"同书卷8记载："释昙度，本姓蔡，江陵人，……后游学京师，备贯众典，……因以脚疾，乃造徐州，……魏主元宏闻风餐挹，遣使征请，既达平城，大开讲席，宏致敬下筵，亲管理味，于是停止魏都，法化相续。""释弘充，凉州人，少有志力，通庄老，解经律。大明末过江，初止多宝寺。""释法瑗，姓辛，陇西人，……初出家，事梁州沙门竺慧开。……辞开游学，经涉燕赵，去来邺洛。值胡寇纵横，关陇鼎沸，瑗冒险履危，学业无怠。元嘉十五年还梁州，因进成都，后东适建业。"同书卷11记载，齐蜀灵建寺释法琳，"姓乐，晋原临邛人。少出家，止蜀郡裴寺。……俄而隐公至蜀，琳乃克己握锥，以日兼夜。及隐还陕西，复随从数载。……后还蜀，止灵建寺"。同书卷12记载，齐交趾仙山释昙弘，"黄龙人，少修戒行，专精律部。宋永初中，南游番禺，止台寺。晚又适交趾之仙山寺"。宋京师南涧寺释道冏，"姓马，扶风人。初出家，为道懿弟子。……后与同学四人，南游上京，观瞩风化。……过都，止南涧寺"。齐京师灵根寺释慧豫，"黄龙人，来游京师，止灵根寺"。齐上定林寺释道嵩，"姓夏，高密人，……宋元徽中来京师，止钟山定林寺"。释超辩，"姓张，敦煌人，……闻京师盛于佛法，乃越自西河，路由巴楚，达于建业。顷之东适吴越，观瞩山水，停山阴城傍寺少时。后还都，止定上寺"。齐京师后冈释僧侯，"姓龚，西凉州人。……宋孝建初，来至京师"。梁上定林寺释慧弥，"姓杨氏，弘农华阴人，……及具戒之后，志修远离，乃入长安终南山。……后闻江东有法之盛，乃观化京师，止于钟山定林寺"。

禅宗初祖达摩经海路入华，又从南朝渡江入北朝，"菩提达摩者，南天竺人，或云波斯人。神慧疏朗，闻皆晓悟。志存大乘，冥心虚寂，通微彻数，定学高之。其来中国，初达宋境南越，末又北度至魏"[1]。他自天竺经海路至南朝，复渡江到北方的嵩山。同样，歌营国僧人菩提拔陀也是经海路来中国，又自南朝至北朝。据《洛阳伽蓝记》卷4记载：

> 南中有歌营国，去京师甚远，风土隔绝，世不与中国交通。虽二汉及魏亦未曾至也。今始有沙门菩提拔陀至焉。自云："北行一月日，至勾稚国。北行十一日，至孙典国。从孙典国北行三十日，至扶南国，方五千里，南夷之国，最为强大。民户殷多，出明珠金玉及水精珍异，饶槟榔。从扶南北行一月，至林邑国。出林邑，入萧衍国。"拔陀至扬州，岁余，随扬州比丘法融来至京师。

歌营国大约在今马来半岛南部。菩提达摩、菩提拔陀和法融的行踪，说明了自南朝梁朝建康经扬州北上，到北魏都城洛阳之间的交通，并没有因为南北政权的对峙而不通。以上诸人的行踪表明，往来于南朝与中原之间的僧人通常经行扬州、寿春、庐山、江陵、襄阳、荆州等地，这些地方都是当时的佛教重镇，因此成为南来北往的僧人驻足经行之

〔1〕汤用彤：《汉魏两晋南北朝佛教史》第十九章，北京大学出版社，1997年，第562-563页。

地。

北魏太武帝灭佛，造成僧人的南北迁徙。当大难来临时一部分僧人被迫避难南奔，《高僧传》卷8记载：

> 释玄畅，姓赵，河西金城人。少时家门为胡虏所灭。……往凉州出家，本名慧智。后遇玄高，事为弟子，……改名玄畅，以表付嘱之旨。其后虐虏剪灭佛法，害诸沙门，唯畅得走，以元嘉二十二年闰五月十七日发自平城，路由岱郡上谷，东跨太行，路经幽冀，南转将至孟津。唯手把一束杨枝、一扼葱叶，虏骑追逐，将欲及之，乃以杨枝击沙，沙起天暗，人马不能得前。有顷沙息，骑已复至，于是投身河中，唯以葱叶内鼻孔中通气度水。以八月一日达于扬州。……宋文帝深加叹重，请为太子师。……迁憩荆州，止长沙寺。……迄宋之季年，乃飞舟远举，西适成都。初止大石寺，乃手画作金刚密迹等十六神像。至升明三年，又游西界，观瞩岷岭。

又如同书卷13记载，齐兴福寺释慧芬，“姓李，豫州人。幼有殊操，十二出家，住谷熟县常山寺。……及魏虏毁灭佛法，乃南归京师”。而太武帝去世，北魏佛教复兴，南朝僧人有往北朝传教兴法者。《高僧传》卷11记载，齐钟山灵曜寺释志道，“姓任，河内人。性温谨。十七出家，止灵曜寺。……先时魏虏减灭佛法，后世嗣兴，而戒授多阙。道既誓志弘通，不惮艰苦，乃携同契十有余人，往至虎牢。集洛秦雍淮豫五州道士，会于引水寺。讲律明戒，更申受法。伪国僧禁获全，道之力也。后还京邑，王奂出镇湘州，携与同游”。僧人的行踪为我们勾画出当时南北交通的路线。

6.1.3 经中原往来于西域与南朝的僧人

来自域外的僧人在中国境内的活动一开始就相对自由，从海上入华或经西域入华的僧人，有的返国时并不是按原路返回，从海路入华者有的过中原经西域回国，从西域入华者有的经海路回国。往来于“南朝—中原—西域”的僧人不仅沟通了西域与南朝的交通，还在一定程度上沟通了中西间陆海两路的交通。《高僧传》卷9记载，最早从天竺经海道到中国，又经陆路返回天竺的僧人耆域，西晋时发自天竺，至扶南，经海路到交州、广州。又从襄阳过长江，于晋惠帝末年至洛阳。洛阳兵乱，辞还天竺，他应该经陆路返回。上文提到的佛驮跋陀罗，与同学僧伽克多共游罽宾，遇秦地沙门智严，恳请他到汉地传教，于是他"舍众辞师，裹粮东逝。步骤三载，绵历寒暑。既度葱岭，路经六国，至交趾"，又附舶循海而行，至青州东莱郡，闻鸠摩罗什在长安，即往从之。在长安受到排斥，南指庐岳，西适江陵。又随袁豹至建业，安止道场寺。《高僧传》卷8记载，"释智林，高昌人，初出家为亮公弟子。幼而崇理好学，负籍长安。振锡江豫，博采群典，特善《杂心》。及亮公被摈，弟子十二人皆之岭外。林乃憩路番禺，化清海曲。至宋明之初，敕在所资给，发遣下京，止灵基寺……后辞还高昌"。

交趾、番禺是南方沿海地区，是海上丝绸之路的起点，南亚、东南亚商旅、僧侣入华，常以此为终点。佛驮跋陀罗、智林的行踪联结了中西间陆路和海路交通。《高僧传》卷1记载，昙摩耶舍，罽宾人，于东晋安帝隆安年间初达广州，住白沙寺。至义熙(405—418年)中至长安。时姚兴称帝，甚崇佛法，昙摩耶舍受到姚兴的礼遇，入长安石羊寺译经。天竺沙门昙摩掘多入关中，与之共译《舍利弗阿毗昙论》。后南游江陵，止于辛寺。宋元嘉中，辞还西域，不知所终。长安和广州分别是陆上丝路和海上丝路的起点，昙摩耶舍的行踪把长安和广州联结起来。《高僧传》卷3记载，佛驮什，"罽宾人，少受业于弥沙塞部僧，专精律品，兼达禅要，以宋景平元年(423年)七月届于扬州"。他有可能从西域至中原，而后至扬州。

中土僧人也有自南朝启程路经北方，或从北方启程，往西域取经，归国后又往南朝的。《高僧传》卷3记载，智严，西凉州人，弱冠出家，每以本域丘墟，志欲博事名师，广求经诰。遂周流西国，进到罽宾，入摩天陀罗精舍。请到佛驮跋陀，遂共东行，踰越沙险，至关中。宋武帝刘裕北伐，迎请至建康，住始兴寺。后又泛海回天竺，步归至罽宾。宝云，凉州人，少出家。"志欲躬睹灵迹，广寻经要。遂以晋隆安(397—401年)之初，远适西域，与法显、智严先后相随。涉履流沙，登逾雪岭，勤苦艰危，不以为难。遂历于阗、天竺诸国,备睹灵异”,“后还长安,随禅师佛驮跋陀罗业禅进道。俄而,禅师横为秦僧所摈,徒众悉同其咎,云亦奔散。会庐山师慧远解其摈事,共归京师,安止道场寺”,成为晋宋之际最著名的译经僧之一,元嘉二十六年卒于山寺。《高僧传》卷6记载,“初经流江东,多有未备,禅法无闻,律藏残阙”。庐山高僧慧远“慨其道阙,乃令弟子法净、法领等,远寻众经。逾越沙雪,旷岁方返,皆获梵本,得以传译”。从“逾越沙塞”可知,法净等人是经西北陆路往西域的。庐山与长安间僧众往来频繁,他们可能经长安西去。

6.2 吐谷浑之路(河南道)的利用

6.2.1 吐谷浑之路的兴起

自张骞出使西域“凿空”以后,古代中西交通的陆上路线,一般情况下都是过河西走廊经新疆进入葱岭以西。但是当河西走廊或其中某一段被阻塞时,或者新疆东部地区出现阻碍时,人们也往往另走他道往来于中原地区或南朝与西域之间。吐谷浑之路是此一时期的重要交通路线。[1]

吐谷浑是我国东晋十六国至隋唐时期西北地区的一个少数民族政权。吐谷浑人原是生活在东北地区的鲜卑族的一支,游牧于今辽宁凌海市西北。西晋末,在北方民族大迁移的浪潮中,其首领吐谷浑率族人迁徙至今甘肃、青海一带。后其孙叶延(329—351年在位)建国,以祖先的名字为国号,从事游牧,用汉文。南北朝时,曾先后臣属于宋、齐、北魏。其王夸吕始称可汗,居伏俟城。其国势盛时,以今青海为腹地,东抵今甘肃南部、四川北部,西及今新疆若羌、且末,曾控制鄯善,并及于阗。经吐谷浑之地是南北朝时西域通南朝的主要道路,而从中原地区

〔1〕唐长孺、陈良伟先生对这一时期此道交通状况做过深入探讨。见唐长孺:《北凉承平七年(449)写经题记与西域通往江南的道路》,见武汉大学历史系魏晋南北朝隋唐史研究室编:《魏晋南北朝隋唐史资料》(第一辑),香港中华科技(国际)出版社,1992年;陈良伟:《丝绸之路河南道》,中国社会科学出版社,2002年。

西行，经吐谷浑之地进入西域南道中西部，可以避开河西走廊和新疆东部的多事之地。

经由青海地区西去东来的交通早已存在，据湟水流域出土的大量新石器时代遗物推测，古羌族曾活动在青海东部和新疆若羌之间的交通线上。据《史记·大宛列传》记载，张骞第一次出使西域回返时，“欲从羌中归”，说明当时已存在经青海西北去西域，向东进入关中地区的道路。三国时月氏等国使节曾由此路通交蜀汉政权。蜀汉后主建兴五年(227年)，诸葛亮兴师北伐，“凉州诸国王各遣月支、康居胡侯支富、康植等二十余人诣受节度”。[1]“凉州胡王”遣人投依蜀汉，必定也要经过这一地区中此路的一段。

不过，这条通道的兴盛还是在五胡十六国和南北朝期间，尤其是吐谷浑立国以后。西晋灭亡以后，在南北朝对峙，中国境内多个政权存在，北方柔然崛起，彼此交通阻隔的特定时代里，特别是河西走廊和新疆东部地区成为多事之地，传统的经由河西走廊进入西域的道路有时并不通畅，河西走廊的割据政权，如五凉政权的迭兴，柔然的强盛和西域诸绿洲国家有时作梗，迫使东来西往的使节、商旅和僧众不得不改走他道，因此除了从河西之路入西域外，人们便开始利用吐谷浑之路。吐谷浑之地成了一个四通八达、沟通四方的重要地区。吐谷浑之路以青海湖周围地区为中心，向东经湟水流域可通往中原，至长安、洛阳；向北越过祁连山脉，可进入河西走廊；向北偏东可到达武威，过扁都山口向北可至张掖，从青海湖西的都兰城出发，沿柴达木盆地南北两缘西行，再向北过阿尔金山隘口，可至鄯善；向南经龙涸(今四川松潘)至成都，可以和南朝相通。在南北朝文献中，这条道路又称“河南道”[2]。

6.2.2 经吐谷浑之路往来于西域与南朝间的僧人

吐谷浑之路对于西域诸国和南朝诸王朝来说，可以避开中原各割

[1]《三国志》卷33《后主传》注引《诸葛亮集》。

[2]一说，曾经控制此路的西秦王乞伏炽磐曾被东晋刘裕封为河南王，其国曰河南国，故名“河南道”；一说吐谷浑之地在罗布泊的南边，刘宋曾封吐谷浑慕利延为河南王，所以史书上称“河南道”；另一说，吐谷浑位处黄河上游折曲处以南，这条路线的大部分在黄河以南，故称“河南道”。

据政权的阻碍，因此官方使节常常利用此道。对于商旅和僧侣来说，本来政治上的对峙并不造成必然的隔阂，但也有僧人利用此道从西域至蜀地，或东下至南朝诸朝首都建康，或至南方沿海地区。出入西域，过河西入南朝的僧人通常经行凉州，由凉州经吐谷浑之路至蜀，进入南朝。自汉代以来，中西间交通一般路经西域、河西走廊东来西往。南北朝时，由于中国的分裂和政治上南北对峙的局面，西域与南朝间的往来通过中国北方中原地区遇到阻碍，河西走廊最东端的凉州(治姑臧)成为沟通西域与南朝的交通枢纽。从西域来的行人从于阗、疏勒经龟兹走北道至凉州，或经鄯善走南道至凉州。经凉州入蜀，而后东下至南朝政治中心建康。

《高僧传》卷2记载，昙无谶，中天竺人，自罽宾至龟兹，复应沮渠蒙逊之请，至凉州。蒙逊有从弟沮渠安阳候者，因谶入河西，弘阐佛法，乃锐意内典。少时，尝度流沙，至于阗国。于瞿摩帝大寺，遇天竺法师佛驮斯那，咨问道义。既而东归，于高昌得《观世音》《弥勒二观经》各一卷。及还河西，即译出《禅要》，转为晋文。及北魏吞并西凉，乃南奔于宋。

《高僧传》卷3记载，昙摩蜜多，罽宾人。罽宾多出圣达，屡值明师，博贯群经，特深禅法。少好游方，誓志宣化。周历诸国，遂适龟兹。又度流沙，进到敦煌。顷之，复适凉州。"常以江左王畿，志欲传法，以宋元嘉元年(442年)展转至蜀。俄而出峡，止荆州。于长沙寺造立禅阁，……顷之，沿流东下，至于京师。初止中兴寺，晚憩祇洹。"昙摩蜜多于元嘉十九年(442年)卒于上寺。

《高僧传》卷3记载，智猛从天竺取经回，"以甲子岁发天竺，同行三伴，于路无常，唯猛与昙纂俱还。于凉州出《泥洹》本二十卷。以元嘉十四年(437年)入蜀，十六年(439年)七月造传，记所游历。元嘉末，卒于成都"。

《高僧传》卷12记载，"释慧览，姓成，酒泉人。少与玄高俱以寂观见称。览曾游西域，顶戴佛钵，仍于罽宾从达摩比丘咨受禅要。达摩曾入定往兜率天，从弥勒受菩萨戒。后以戒法授览。览还至于阗，复以戒法授彼方诸僧，后乃归。路由河南。河南吐谷浑慕延世子琼等，敬览德闻，遣使并资财，令于蜀立左军寺，览即居之。后移罗浮天宫寺。宋文帝请下都，止钟山定林寺。孝武起中兴寺，复敕令移住。京邑禅僧皆随踵受业。吴兴沈演、平昌孟顗并钦慕道德，为造禅室于寺。宋大明中卒，春秋六十余矣"。慧览从酒泉经吐谷浑之路至南朝。

昙无谶自罽宾至龟兹，复至凉州；沮渠安阳侯西至于阗，返凉州，后至南朝；昙摩密多至龟兹，经敦煌至凉州，由凉州入蜀，沿江东下至建康。智猛从西域归，至凉州译经，由凉州入蜀，卒于南朝的成都。说明南朝刘宋时，西域的龟兹成为自西域东来，经河西走廊至凉州的要道。凉州则是西域僧人南下至南朝的中转之地，自凉州至南朝则先入蜀，而后走水路沿长江东下，可至建康。他们的行程大致皆可判断行经吐谷浑之地。

从西域而来，进入南朝，凡文献记载过"流沙"，或入蜀，或至成都者，一般应经行吐谷浑之路。《高僧传》卷3记载，畺良耶舍，西域人，"以元嘉之初，远冒沙河，萃于京邑，太祖文皇帝深加叹异"。畺良耶舍所经沙河，可能指"吐谷浑境内的流沙，即吐谷浑树敦城至曼头城间的戈壁"[1]。宋京师奉诚寺僧伽跋摩，天竺人，少时出家，及长，有志东土弘教，"以宋元嘉十年，出自流沙，至于京邑"。后于"元嘉十九年(442年)随西域贾人舶还外国"。"就其起点和终点而论，他起自天竺，终于建康，则知其主要经行的是丝绸之路河南道。"[2]《高僧传》卷11记载，宋成都释道法，"姓曹，敦煌人，弃家入道，专精禅业，亦时行神咒。后游成都"。宋江陵释僧隐，"姓李，秦州陇西人。家世正信。隐年八岁出家，……闻西凉州有玄高法师禅慧兼举，乃负笈从之。……高公化后，复西游巴蜀，专任弘通。顷之东下，止江陵琵琶寺"。齐京师多宝寺释法颖，"姓索，敦煌人。十三出家，为法香弟子，住凉州公府寺。……元嘉末，下都止新亭寺"。也有僧人从南朝经吐谷浑之路至西域的，《高僧传》卷11记载，法献"以宋元徽三年发踵金陵，西游巴蜀，路出河南，道

〔1〕陈良伟:《丝绸之路河南道》，中国社会科学出版社，2002年，第308页。

〔2〕陈良伟:《丝绸之路河南道》，中国社会科学出版社，2002年，第309页。

经芮芮，既到于阗。欲度葱岭，值栈道断绝，遂于于阗而返”。同书卷13记载，齐上定林圭释法献，“姓徐，西海延水人，先随舅至梁州，乃出家。至元嘉十六年，方下京师，止定林上寺”。《续高僧传》卷29记载，释明达“以梁天监初来自西戎，至于益部”。

自蜀地沿江东下至建康，沿水路经荆州、襄阳、江陵、江夏、庐山、扬州等地，都是佛教重镇。十六国时，慧持沿溯长江的行踪说明了这一路线。据《高僧传》卷6记载：

> 释慧持者，慧远之弟也，……年十八出家，与兄共伏事道安法师，遍学众经游刃三藏。及安在襄阳遣远东下，持亦俱行。初憩荆州上明寺，后适庐山，皆随远共止。……持有姑为尼，名道仪，住在江夏。仪闻京师盛于佛法，欲下观化，持乃送姑至都，止于东安寺。……后还山。……持后闻成都地沃民丰，志往传化，兼欲观瞩峨嵋，振锡岷岫，乃以晋隆安三年辞远入蜀，远苦留不止。……行达荆州，刺史殷仲堪礼遇欣重。……遂乃到蜀，止龙渊精舍，大弘佛法。[1]

慧持从襄阳东下庐山，复从江夏至建康，返庐山，又西经荆州至成都，其行踪皆沿长江溯游。按照陈良伟先生的研究，南北朝时经行吐谷浑之地往来于西域和南朝间的道路，“随着西魏和北周相继控制四川，并陆续攻占洮阳、洪和、叠州、甘松、龙涸、黑水、邓至、宕昌，彻底切断吐谷浑由河南地往益州，并通过益州往建康的古代道路，河南道上从此不再见到佛教僧侣的足迹”[2]。

6.3 沟通西域或南朝交通的邺都

邺都即邺城，公元534年10月，高欢拥立元善见为帝，迁都邺城。迁都邺城的魏朝称东魏。550年5月，高洋废东魏王，称齐皇帝，建立北齐。东魏、北齐时，邺城成为沟通西域与南朝的另一条路线。

[1]《高僧传》卷6《释慧持传》，中华书局，1992年，第229-231页。

[2]陈良伟：《丝绸之路河南道》，中国社会科学出版社，2002年，第313页。

6.3.1 西域与东魏、北齐的交通

东魏、北齐与西域地隔西魏和北周，但与西域保持密切关系。东魏、北齐与西域的交通主要利用了北方草原路和吐谷浑之路。从西域来的僧人和从东魏、北齐西返或西行求法的僧人经过北方柔然、突厥统治的地区，沟通了西域与东魏、北齐的联系。

《续高僧传》卷2记载，那连提黎耶舍，北天竺乌场国人。曾竹园寺一住十年，通履僧坊，多值明德。而后北背雪山，南穷师子，历览圣迹，仍施旧壤。六人为伴，行化雪山（兴都库什山）之北。循路东指，到芮芮国。值突厥乱，西路不通，返乡意绝，乃随流转，北至泥海之旁。南距突厥七千余里。彼既不安，远投齐境。天保七年（556年）届于京邺。文宣礼遇隆重，安置天平寺中。未几授昭玄都，俄转为统。又往突厥客馆，劝持六斋，羊料放生，受行素食。说明高齐与西域之间的交通有经柔然和突厥一路。

同书同卷记载，当北周武帝灭佛时，阇那崛多因不肯改从儒礼，被"哀而放归"，于是"路出甘州，北由突厥。阇黎智贤还西灭度，崛多及以和尚乃为突厥所留。未久之间，和尚迁化，只影孤寄，莫知所安。赖以北狄君民，颇弘福利，因斯飘寓，随方利物。有齐僧宝暹、道邃、僧昙等十人，以武平六年（575年）相结同行，采经西域，往返七载，将事东归。凡获梵本二百六十部。回至突厥，俄而齐亡，亦投彼国。因与同处，讲道相娱"。阇那崛多西返和北齐僧人西行取经东归，皆路经突厥之地。

同书同卷记载，隋时有优婆塞，姓瞿昙氏，名达摩般若，此言法智。父名般若流支。智本中天国人，流滞东川，遂乡华俗。而门世相传，祖习传译。高齐之季，为昭玄都。齐国既平，佛法同毁，智因僧职，转任俗官。册授洋州洋川郡守。达摩般若如何从中天竺流滞东川，又怎么由东川进入北齐，其间经行路线，我们都不得而知。据我们推测，他可能经缅道进入东川，又由吐谷浑之路入柔然、突厥境进入高齐。据那连提黎耶舍和阇那崛多的行踪，说明高齐与西域之间的交通有经柔然和突

厥一路，达摩般若可能利用了这条路线。

6.3.2 南朝与东魏、北齐的交通

南朝、西域及其他国家聘使之往来，出入邺城。东魏天平四年（537年）是东魏与萧梁两国通好，互聘使节的开始。《魏书》卷98《岛夷萧衍传》记载，天平以后十余年，南境宁息，并互相致书问候。据《北史·魏本纪》记载，东魏天平四年至武定六年（548年）11年间，东魏遣聘梁使有15次之多，梁朝回聘14次。即使在东魏侯景叛逃南朝，梁武帝大举北侵失败后，被俘的梁宗室子弟亦受到东魏的礼遇，如长沙王萧懿之子萧明。梁使入魏或魏使至梁，皆受到对方隆遇。

南朝与东魏、北齐间佛教的交流活动亦很频繁。东魏使臣至梁，参加梁朝法会，如《魏书》卷36《李同轨传》记载，李同轨使梁；《广弘明集》卷19载陆云撰《御讲般若经序》记载，在梁朝法会上，听佛经的"外域杂使一千三百六十人"，其中便有"虏使主"即北朝使臣崔长谦、使副阳休之，又有东魏使节求取佛经事。《北史》卷32《崔暹传》记载："魏梁通和，要贵皆遣人随聘使交易，暹唯寄求佛经。梁武帝闻之，缮写，以幡花宝盖赞呗送至馆焉。"

东魏、北齐西与吐谷浑，北与柔然、突厥，南与南朝等交好，使邺城成为沟通中原与西域、南朝与北朝的中心都市，推动了南北文化的交流，并在一定程度上使海上丝路与北方草原路、西北丝路连接起来。南方与北方海上交通早就存在，十六国时即有僧人利用海上交通往来南北，佛驮跋陀罗即经海路从交趾至青州。东魏、北齐时南北僧人的交往十分频繁，邺城与建康间的交通为南来北往的僧人所利用，《续高僧传》卷7记载，释安廪"寓居江阴之利成县"，"北诣魏国"，"在魏十有二年"，讲经说法。后"还届扬都，武帝敬供相接，敕住天安，讲华严经"。同书卷16记载："释法常，高齐时人，领徒讲律，有声漳邺，后讲涅槃，并授禅数。齐主崇为国师。以处众嚣杂，枯折由生，无俱利功，捐而至楚。后闻追之，变形革服，一举千里，又达衡岳，多处林野，布衣乞食，又之荆硖。"同书卷1记载："时有中天竺优禅尼国王子月婆首那，陈言高空，游

化东魏。……属齐受魏禅，蕃客任情。那请还乡，事流博观，承金陵宏法，道声远肃，以梁武大同年辞齐南度，既达彼国，乃被留住。"拘那罗陀的行踪典型地说明了东魏、北齐邺都沟通西域至南朝建康的地位。

正是由于东魏、北齐与南朝佛僧往来频繁，所以当北周灭齐，并把灭佛政策推行到北齐旧地时，北齐僧人纷纷南奔建业。《续高僧传》卷11记载："释明舜，姓张，青州人。少在佛宗，学周经籍，偏以智论著名，次第诵文六十余卷。明统大旨，驰誉海滨。解惠连环，世称雄杰。值法灭南投，届于建业。栖止无定，周流讲席。后过江北住安乐寺。""释法侃，姓郑氏，荥阳人也。弱年从道，志力坚明，体理方广，常流心府。闻泰山灵岩，行徒清肃，瑞迹屡陈，远扬荥泽。年未登冠，遂往从焉。会彼众心，自欣嘉运。及进具后，励节弘规。预在清训，务机登践。后周流讲席，博览群宗。随闻戢戴，有伦前达。有渊法师，道播当时，雄杰推指，妙通十地，尤明地持。侃又从焉，听其开释。皆周涉正理，遵修章采。属齐历不绪，周湮法教，南度江阴，栖迟建业。"明舜、法侃都是从齐地避周武法难到南朝的。

6.4 经西域至印度，而后经海路回国，至南朝

陆去海还者法显特一著例，法显当东晋十六国时，从长安出发，经西域游天竺，自天竺至师子国（今斯里兰卡），从师子国泛海回国，先漂至长广郡，复至建康，又到荆州。在西行取经运动中，"显法师则创辟荒途"[1]，后来的僧人循法显踪迹，亦有陆去海还者，如南朝刘宋乌衣寺僧人慧叡。据《高僧传》卷7记载，慧叡，冀州人，游历诸国，乃至南天竺界。后还憩庐山，闻鸠摩罗会在长安，俄入关咨禀。后又返建康，止乌衣寺。他至南天竺，应该经西北陆路；他从南天竺还，至庐山，有可能经海路东返。也有北朝僧人经西域至天竺，又经海路至南朝的。据《高僧

〔1〕义净：《大唐西域求法高僧传校注》卷上，王邦维校注，中华书局，1998年，第1页。

传》卷3记载：

> 释昙无竭，……尝闻法显等躬践佛国，乃慨然有忘身之誓，遂以宋永初元年招集同志沙门僧猛、昙朗之徒二十五人，共赍幡盖供养之具，发迹北土，远适西方。初至河南国，仍出海西郡，进入流沙，到高昌郡。经历龟兹、沙勒诸国，登葱岭，度雪山，……行经三日复过大雪山，……进至罽宾国礼拜佛钵。停岁余，学梵书、梵语，求得《观世音受记经》梵文一部。复西行至辛头那提河，汉言师子口。缘河西入月氏国，礼拜佛肉髻骨及睹自沸木舫。后至檀特山南石留寺。住僧三百余人，杂三乘学。无竭停此寺受大戒。天竺禅师佛驮多罗，此云觉救，彼土咸云已证果，无竭请为和上，汉沙门志定为阿阇梨，停夏坐三月日，复行向中天竺界。路既空旷，唯赍石蜜为粮，同侣尚有十三人，八人于路并化，余五人同行。无竭虽屡经危棘，而系念所赍《观世音经》未尝暂废。将至舍卫国，野中逢山象一群，无竭称名归命，即有师子从林中出，象惊惶奔走。后渡恒河，复值野牛一群，鸣吼而来，将欲害人，无竭归命如初，寻有大鹫飞来，野牛惊散，遂得免之。其诚心所感，在险克济，皆此类也。后于南天竺随舶泛海达广州。[1]

昙无竭等经西域，进至罽宾国后，西行至辛头那提河，缘河西入月氏国。后至檀特山南石留寺，复行向中天竺界，经舍卫国，度恒河，于南天竺随舶泛海达广州。

佛教传播极大地影响了中国中古社会，东晋十六国和南北朝时期中外僧人的活动是佛教得以传播的前提。从交通地理角度考查南北朝时期僧人的行踪，使我们认识到，在东晋十六国和南北朝这一特定时期，由于僧人东来西往和南来北往，不仅把中国与南亚次大陆之间的交通推向一个高潮，他们的活动把东亚、中亚、南亚和东南亚地区紧密联系起来；而且，在中国南北方政治上分裂对峙时期，他们的活动造成南北方文化的交流和融合，造成西域与中原地区的紧密联系，这是南亚佛教文化、西域文化、中原文化相互交流和影响的基础。共同的文化背景

〔1〕《高僧传》卷3《昙无竭传》，第93-94页。

是后来南北方统一的重要基础,交通的发展是后来隋唐时期文化交流形成高峰的前提。从这一角度看,东晋十六国和南北朝时期佛教僧侣们的活动功不可没。

中编

中外关系与交流专论

7 汉代丝织业的发展和丝绸的输出

中国是丝绸的故乡，丝绸是中华民族的伟大发明之一，是我们的祖先给人类文明做出的重要贡献。中国的蚕桑丝织业起源很早，考古发现在四五千年前中国人就培育出人工饲养的家蚕，并缫丝织造绢帛。作为精美的衣料很早就传至域外，受到世界上各地人民的喜爱。

7.1 汉代丝织业的发展

汉代丝织业发达，不仅品种繁多，品质精良，生产量也足以供应当时国内的消费和大量外销。中国人发明了蚕桑丝织技术，是对人类文明的巨大贡献。那只神奇的小虫——蚕，它吐的丝和由丝织成的灿烂的丝绸，铺设了一条通向世界的贸易之路和文明对话之路，成为古代中外贸易和文化交流的杠杆，促进了世界上各个国家、民族和地区之间的交往、交流和相互了解，促进了人类文明的进步。在汉代，为中国人换取大量域外文明成果。当时丝织品的制造和贸易主要是官办的，西汉时都城长安有东织、西织两大织室，承办郊庙之服；齐郡之临淄（今山东淄博）和陈留郡襄邑（今河南睢县）各有官营作坊，专供皇帝穿用。《汉书·元帝纪》"初元五年四月"条提到元帝罢"齐三服官"，颜师古注云：

李斐曰："齐国旧有三服之官，春献冠帻縰为首服，纨素为冬服，轻绡为夏服，凡三。"如淳曰："《地理志》曰：'齐冠带天下。'胡公曰：'服官主作文绣，以给衮龙之服。'《地理志》襄邑亦有服官。"师古曰："齐三服官，李说是也。'縰'与'纚'同音，音山尔反，即今之方目纱也。纨素，今之绢也；轻绡，今之轻纱也。襄邑自出文绣，非齐三服也。[1]

服官是负责管理丝织制衣的政府官员，据此条记载，汉于齐国与襄邑两处置服官。齐三服官制春、冬、夏三服，襄邑则专制文绣，即织锦。元帝罢齐三服官，只是一种临时的举措，那是因为“夏四月，有星孛于参”，天象示警，皇帝为厌天意而节用的表示。实际上直到东汉章帝时，齐仍有三服官。《后汉书·章帝纪》记载，建初二年四月，“癸巳，诏齐相省冰纨、方空縠、吹纶絮”。唐章怀太子注云：“纨，素也；冰，言色鲜洁如冰。《释名》曰：‘縠，纱也。’方空者，纱薄如空也。或曰：‘空，孔也，即今之方目纱也。’纶，似絮而细。吹者，言吹嘘可成，亦纱也。《前书》齐有三服官，故诏齐相罢之。”[2]这与西汉元帝时一样是临时性举措，并不是撤销此职。据《汉书·贡禹传》，元帝时长安、齐郡临淄、陈留郡襄邑皆设立官营手工业作坊，有相当大的规模，织工皆达数千人之多，一年所费巨万。东织废后，仅留西织，称织室。

除了官营之外，各城市通常都有富商大贾经营私营手工业作坊，从事丝织业商品生产。还有农民家庭手工业，他们主要纺织麻布、葛布和绢帛以供自己穿用和缴纳赋税，也有一小部分纺织品出售。齐地本来就以丝织著称，秦李斯《上书谏逐客》中提到“阿缟之衣，锦绣之饰”。[3]所谓“阿缟”就是齐国东阿出产的白色丝织品。晁错《论贵粟疏》云：“人情，一日不再食则饥，终岁不制衣则寒。”[4]《史记·食货志》说齐地丝织品行销范围之广：“齐冠带衣履天下。”当时民间丝织业之发达，实际上是无家不从事丝织。《西京杂记》卷1记载，连富贵之家主妇也从事丝织之事，如霍光妻、陈宝光妻，都是“六日成一匹，匹值万钱”。巨鹿陈宝光妻发明的织法是“机用一百二十镊”，效率甚高。[5]若照此计算，全国织丝者如以百万人计，六日百万匹，两月一千万匹，一年即六千万匹。《史记·货殖列传》说：“其帛絮细布千钧，文采千匹”，可“比千乘之家”。《汉

〔1〕《汉书》卷9《元帝纪》，第1131页。

〔2〕《后汉书》卷3《章帝纪》，第135页。

〔3〕〔南朝·梁〕萧统编：《昭明文选》卷39，上海书店1988年版，第542页。

〔4〕《汉书》卷24上《食货志》四，第1131页。

〔5〕〔东晋〕葛洪：《西京杂记》卷1，《汉魏丛书》本，吉林大学出版社1992年影印本，第303页。

书·张阳传》记载，张安世夫人除自织外，又率七百家僮共织而成大富，超过了霍光。丝织品的大量生产，使过去只有贵族才能享用的丝绸成为普通百姓的日常用品。同上晁错文写商贾云："男不耕耘，女不蚕织，衣必文采，食必粱肉……千里游敖，冠盖相望，乘坚策肥，履丝曳缟。"西汉桓宽《盐铁论》卷6"散不足"条记载贤良们的话云："今富者缛绣罗纨，中者素绨冰锦。常民而被后妃之服，亵人而居婚姻之饰。夫纨素之价倍缣，缣之用倍纨也。"[1]

汉代纺织技术有新的提高，纺车、织布机成为普遍的纺织工具，提花机已经使用分组的提花束综装置并用地经和绒经分开提况的双经轴机构。丝织品种类很多，官营作坊主要生产比较贵重的锦、绣、绮、縠（有皱纹的纱），这是几种高级的丝织品。日本原田淑人测定汉代丝径为0.008～0.013毫米。[2]而据甘肃省博物馆《武威磨咀子三座汉墓发掘简报》，标号19的方孔纱测定，丝径细到0.0055～0.006毫米，超过现代各国的家蚕丝。[3]1972年长沙马王堆汉墓出土的一件素纱禅衣，薄如今日之尼龙纱，透明如蝉翼，轻如烟雾，重量仅有49克。汉代的丝织物总称"缯"和"帛"，其中汉锦是五彩缤纷的多彩织物，代表了汉代丝织物的最高水平。经对汉代丝织品进行化学分析，知道汉代是用茜草素和蓝靛做染料，可以染成绿、褐、红等色，比战国时期用温水涑帛的染色工艺提高了一步。

东汉纺织业技术有重大进步，丝绸产量也有增加。史载光武帝刘秀赐卢芳缯二万匹，樊宏布万匹，单于缯采四千匹；明帝赐邓皇后布三万匹，东平宪王苍布一次十万匹，又一次二十五万匹，又四万匹、九万匹；章帝赐昆明夷卤家帛万匹。东汉初年，已能用织花机织成色彩斑斓、花纹复杂的织锦。四川成为丝织业的一个中心，蜀锦驰名全国，朝廷设有专门管理丝织业的官吏，故成都有"锦官城"的美称。西晋左思

〔1〕〔西汉〕桓宽：《盐铁论》卷6《散不足》，上海人民出版社，1974年，第66页。

〔2〕〔日〕原田淑人：《东亚古文化研究》，东京：座右宝刊行会昭和十九年（1944）版，第433页。

〔3〕甘肃省博物馆：《武威磨咀子三座汉墓发掘简报》，载《文物》1972年第12期，第9-21页。

《蜀都赋》云:"百室离房,机杼相和。贝锦斐成,濯色江波。"〔1〕蜀地蚕桑丝织业发达当甚早,"蜀"字即指蚕丛,说明蚕桑之业虽不一定起源于蜀,而汉代以前蜀地早已成为蚕桑丝织业兴盛的地区。《三国志·张飞传》记载,刘备入益州,诸葛亮、张飞、关羽等人各赐锦千匹。临淄和襄邑的丝织业依然兴盛不衰。王充说:"齐部世刺绣,恒女无不能;襄邑俗织锦,钝妇无不巧。"〔2〕新疆地区的丝织业也有很大发展。民丰县汉墓出土的红色杯纹罗、织花毛织品,显示出当时西北地区高度发展的纺织工艺水平。

7.2 汉代丝织品的远销

《史记·大宛列传》记载,葱岭东西各国"其地皆无丝漆"。汉代由于蚕桑丝织业的发展,丝织品不仅供衣着之用,而且成为重要商品被大批西运,成为深受西域各国人民喜爱之物。河西走廊和新疆地区是中原丝绸西运的主要通道,沿途考古发现不少汉代丝织品遗物,在武威、敦煌、额济纳和新疆境内北道沿线的吐鲁番、库车、拜城、巴楚,南道的楼兰、尼雅等,都曾发现汉代彩绢、锦绮、纱罗。在甘肃武威磨咀子汉墓和诺因乌拉汉墓中,见到与长沙马王堆一号汉墓出土的同样的汉代菱纹起绒锦。两汉时丝绸的西传有几个主要途径。

一是充作军饷发给驻守西域的将士,充作旅费供使节作为支付手段,个体商人从事的丝绸贸易通过在当地和沿途的交换而传播至西域。丝绸在新疆、中亚、西亚成为最受信任的通货和馈赠品。《史记·大宛列传》写汉使路经西域,途中被诸国刁难的情形,云:"及至汉使,非出币帛,不得食;不市畜,不得骑用。"说明帛是用作旅费的。斯坦因在敦煌古长城烽燧遗址发现一件丝绢,署有"任城国亢父丝一卷,宽2尺2寸,长40尺,重25两,值618钱"的字样,东汉时的任城国在今山东济南

〔1〕严可均:《全晋文》卷74,第1883页。

〔2〕王充:《论衡》卷12《程材》,上海古籍出版社,1990年,第122页。

一带，建于公元84年。[1]另一件西汉末年绢的末端则有波罗谜文，说明这些丝织物来自今山东地区，而运输的目的地则是中亚。在民丰东汉墓发现整件锦袍。葱岭以西的中亚地区肯科尔、撒马尔罕也发现汉代的丝织品。

二是作为贵重礼品，赠送给匈奴和西域诸国贵族。在汉与匈奴的和亲关系中，汉朝不断赠给匈奴贵族以大量贵重物品，其中包括精美的丝制品。汉文帝在《遗匈奴书》中讲到："使者言，单自将伐国有功，甚苦兵事。服绣袷绮衣、绣袷长襦、锦袷袍各一，比余一，黄金饰具带一，黄金胥毗一，绣十匹，锦三十匹，赤绨、绿缯各四十匹，使中大夫意、谒者令肩遗单于。"[2]文帝在《遗匈奴和亲书》中云："匈奴处北地寒，杀气早降，故诏吏遗单于秫蘖、金帛、绵絮、它物，岁有数。"[3]武帝《欲伐匈奴诏》云："朕饰子女，以配单于。金币、文绣，赂之甚厚。"[4]《史记·大宛列传》记载，大宛使者到汉，"是时上方数巡狩海上，乃悉从外国客，大都多人则过之，散财帛以赏赐"。宣帝甘露三年（公元前51年），呼韩邪单于降汉，朝天子，天子赐物中有衣被七十七袭，锦绣绮縠杂帛八千匹，絮六千斤。此后每年一次入朝，汉朝都赠送大量的丝絮缯帛。元寿二年（公元前1年），汉封匈奴单于，赠衣三百七十袭，锦绣、缯帛三万匹，絮三万斤。建武二十六年（50年），匈奴南单于遣子入侍，光武帝赐给南匈奴单于锦绣、缯布万匹，絮万斤。赠给单于家属和臣僚缯彩万匹。单于遣使元正朝贺，"汉乃遣单于使，令谒者将送，赐彩缯千匹，锦四端，金十斤，太官御食医及橙、橘、龙眼、荔支；赐单于母及诸阏氏、单于子及左右贤王、左右谷蠡王、骨都侯有功善者，缯彩合万匹"，此后"岁以为常"。[5]尼雅发现的一些汉地丝织品，有的用作男锦袍下摆底襟，有的是男用锦袜，还有手套，上面绣有"延年益寿大宜子孙锦"等字样，斯坦因在罗布

〔1〕〔英〕奥雷尔·斯坦因：《路经楼兰》，广西师范大学出版社，2000年，第43页。

〔2〕〔清〕严可均：《全汉文》卷2，见《全上古三代秦汉三国六朝文》，中华书局，1958年，第136页。

〔3〕〔清〕严可均：《全汉文》卷2，同上，第137页。

〔4〕〔清〕严可均：《全汉文》卷3，同上，第142页。

〔5〕《后汉书》卷89《南匈奴传》，第2944页。

淖尔也得到几件同类的织品，在叶尼塞河畔奥格拉赫提公元2世纪墓中也发现此类织品，其上残存“益”“寿”“三”等字，都是作为礼品赠送的。

三是官办贸易。张骞出使西域后，汉与中亚、西亚和南亚的贸易大为开展。汉代运丝的商队通常由政府主管，称为使节。汉朝每年都派出大批使团随带大量的牛羊、缯帛和黄金，用骆驼做运载工具，跋涉于沙漠、草原和峡谷之间，和远方的塞人、大月氏人、希腊人、波斯人、印度人交换商货。从中国出发的商队，在前汉时代已经跨过阿姆河，进入里海北部、伊朗高原、美索不达米亚、叙利亚和北印度，有的到达了地中海滨的安提阿克，甚至有的还抵达罗马，充当了赛里斯国的使者。据《史记·大宛列传》记载，他们往返一次近的要三五年，远的长达八九年。新疆和内蒙古出产的双峰骆驼在翻越帕米尔高原和伊朗高原的远途运输中起了沙漠轻舟的作用，这些商队也常常使用马和驴子。汉朝派往西域诸国进行贸易的使者，称为使节，但通常并非一般的政府官吏，而是通过招募和察举的方式组成的出外商团。武帝元封五年（公元前106年）四月《求贤诏》有云：“其令州郡察吏民有茂材异等可为将相及使绝国者。”[1]《史记·大宛列传》记载：“吏卒皆争上书，言外国奇怪利害求使。天子为其绝远，非人所乐往，听其言予节，募吏民毋问所从来，为具备人众遣之，以广其道。不还不能毋侵盗币物，及使失指。天子为其习之，辄覆案至重罪以激怒，令赎，复求使，使端无穷而轻犯法。其吏卒亦辄复盛推外国所有，言大者予节，言小者为副。故妄言无行之徒，皆争效之。其使皆贫人子，私县官赍物，欲贱市以私其利外国。”可见当时不论吏民、贫人子、妄言无行之徒，甚或犯法抵罪之人等，皆以政府派遣的身份西行。在西行中汉使随带大量的牛羊和币帛，以便与沿途各国交换他们旅途中所必需的生活用品。从汉武帝时起，汉朝商使已经进入印度洋开展贸易，丝绸是汉使所携主要货物之一。

四是域外商人的贩运，这也是数量极大的外销。汉代丝绸外销，外国商人入华贩贸，在中外文献中都有反映。《史记·大宛列传》记载，张骞

[1]《汉书》卷6《武帝纪》，第197页。

出使西域以后，西北外国使"日款于塞下"，中亚和安息国商人"善市贾，争分铢"。罽宾"实利赏赐贾市"，遣使至汉从事贸易。公元1世纪的罗马作家老普林尼(Pline L'Ancien)在其《自然史》一书中记载，罗马人远赴赛里斯(中国)以换取衣料，赛里斯人"不与别人交往，坐等贸易找上门来成交"。[1]成书于公元1世纪末的拉丁文著作《厄立特里亚航海记》的作者是一位定居亚历山大里亚的希腊人，他曾到过斯里兰卡。据他记载，中国的丝绸在印度恒河之滨一个称为"恒伽"的市场转口。[2]托勒密《地理志》第一卷引述提尔的马利努斯的话，说有一位叫马埃斯(Maês)的人，原籍马其顿，和他的父亲一样以经商为业，曾派遣手下的一批人到赛里斯经商。马利努斯还讲述了从幼发拉底河至石塔的距离，到石堡的路线。[3]而石堡通常被认为指地处今新疆莎车附近色勒库尔的塔什库尔干(Tashkourgan，意为石堡)，[4]在古代位于葱岭东侧的竭盘陀国。

汉代中国丝绸最远的主顾是罗马帝国。据说丝绸最早是通过叙利亚传入罗马。公元前53年，罗马三位执政官之一克拉苏以叙利亚总督的身份率7个军团，跨过幼发拉底河，发动了对帕提亚的战争，与从安息赶来的波斯军队展开了卡尔莱之战。波斯人发挥弓箭的威力，有效地阻止了罗马人的进攻，克拉苏速战速决的计划被打破。而当凭借盾牌抵抗的罗马士兵疲惫不堪时，波斯人突然发动反击。在正午的阳光照射下，他们的军旗分外鲜艳夺目，令罗马士兵眼花缭乱。他们不清楚波斯人手拿的是什么武器，也不知道波斯人为什么勇气十足，以为波斯人获得了神的庇护，于是兵败如山倒，克拉苏自杀身死。"至于那些在这次毁灭性的战役中使罗马军团眼花缭乱的、绣金的、颜色斑斓的军旗，历史学家弗罗鲁斯(Florus)认为就是罗马人前所未见的第一批丝织物。"[5]自此以后，中国丝绸在欧洲人心目中留下了一种神奇的印象。

[1][法]戈岱司编：《希腊拉丁作家远东古文献辑录》，耿昇译，中华书局，1987年，第10页。

[2][法]戈岱司编：《希腊拉丁作家远东古文献辑录》，第17页。

[3][法]戈岱司编：《希腊拉丁作家远东古文献辑录》，第21页。

[4][法]布尔努瓦：《丝绸之路》，耿昇译，山东画报出版社，2001年，第54页。

[5][法]戈岱司编：《丝绸之路》，第3页。

根据考古发现，中国丝绸在公元前5、6世纪已经传入遥远的希腊。公元前4世纪，在希腊人克泰夏斯的著作中首次提到"赛里斯人"。[1]公元前1世纪的诗人维吉尔《田园诗》中提到了中国的丝，其诗云："赛里斯人从他们那里的树叶上采集下了非常纤细的羊毛。"[2]普罗佩赛第一次提到中国的丝绸，他的诗《哀歌》云："赛里斯织物和绚丽的罗绮怎能抚慰他们(不幸的情人)的忧伤?"[3]希腊地理学家斯特拉波在书中也提到中国的丝绸，他说："在某些树枝上生长出了羊毛，尼亚格人说，人们可以利用这种羊毛纺成漂亮而纤细的织物，马其顿人用来制造坐垫和马鞍。这种织物很像是足丝脱掉的皮织成的赛里斯布一样。"[4]希腊、罗马人最早是如何得到中国丝和中国丝绸的，史书上没有记载。所以李希霍芬在《中国》(China)一书中说："中国丝虽在公元前1世纪已发现于罗马，但丝之贸易，则须迟至公元1世纪。且因西域交通中断，故由海道经印度而来。乃公元100年左右。班超征服葱岭东西各国，于是陆上交通再兴。布里尼乌斯(普林尼)谓中国输往之货以丝、铁为大宗，即指此时。由罗马东来者，则为金、银、玻璃、珊瑚、象牙等。"公元前64年，罗马人侵占叙利亚后，在这里得到中国丝绸，从而刺激了罗马人对中国丝绸的欲求，对中国丝织品的需求迅速增加。

罗马是通过海陆两路沿途各国转手贸易得到中国丝绸的，安息是中国丝传至罗马的重要中介国。安息为了垄断丝路贸易，甚至阻挠罗马与汉朝的通使。因此丝绸在罗马帝国是非常稀罕之物，起初罗马人只能用丝绸制作花边饰品或襟边装饰。由于原料缺乏，罗马人甚至把零星的丝绸边料拆开，抽取其中的丝来用。"公元1世纪的早年，丝绸的使用已从安息传到地中海，在安息宫廷中丝绸或许从头一个中国使节到达时就已开始了。当罗马统一整个地中海世界，给予工商业以前所未有的刺激，产生了一个贪恋异国奢侈品的豪富的统治阶级时，这种爱

〔1〕〔法〕戈岱司编:《希腊拉丁作家远东古文献辑录》，第1页。

〔2〕〔法〕戈岱司编:《希腊拉丁作家远东古文献辑录》，第2页。

〔3〕〔法〕戈岱司编:《希腊拉丁作家远东古文献辑录》，第3页。

〔4〕〔法〕戈岱司编:《希腊拉丁作家远东古文献辑录》，第5-6页。

好便进入欧洲。”[1]据说罗马人喜欢紫红色，当时地中海地区的工匠用某种贝类汁液来制造紫红染料，而丝料极容易着以这种颜色。布尔努瓦在《丝绸之路》一书中根据A·瓦隆《丝绸古代史》、M·博利厄《上古和中世纪的服装》和E·巴利塞《丝绸历史》等书的记载，说："他们既不是用丝绸裁制长大而柔软的服装，这是从希腊时装中借鉴的样式，更不做面纱或宽外袍托加(toge，罗马人穿的宽外袍)。只是在两个世纪之后，一位罗马皇帝才穿上了整套丝绸服装，此人似乎就是赫里奥加巴尔(Héliogabale)。当时罗马人只是把丝绸用来做一些小装饰品，并且染成紫红色或刺绣，然后嵌饰在内长衣上，或绣在白毛线的托加上，有时也缀在从埃及进口的柔软的棉织品衣衫或来自巴勒斯坦的亚麻布衣服(人们怀疑这是一种纤细的亚麻或棉布衣)上。这些装饰品都是不行罗带，垂直缝绣在长衣的前襟。”他还据普林尼《自然史》指出，丝绸在罗马人手里“有时还作为边饰，方形或圆凸形的装饰品。人们也顺便把所有的零碎丝绸小片拆开，以便把丝线从中抽了出来，然后再织成更薄的绸布。这些都是由当时罗马追求时髦的社会风气所致，罗马的风纪监察官们曾批评这种服装过分下流猥亵了”。据说，制作紫红色染料，需要大量的活贝壳动物，又需要长期的操作和必要的护理，所以染成红色的布匹价格昂贵。奥古斯都时紫红色丝绸虽然使用量很小，但是价值千金，与当时同重量的纯金几乎等价。

随着中西间交通的开展，输入罗马的丝绸越来越多，上层贵族开始有条件穿丝绸衣服。据说利凡特的提尔、西顿等城市的丝织业，都是靠中国的缣素运到后，重新拆散，再织成绫绮，染紫缕金，供罗马上层贵族穿着。奥古斯都时代(公元前63年—前14年)，“丝绸在意大利成了常见的商品”。[2]公元1世纪中叶罗马史学家卢卡努斯(Lucanus)记载，埃及女王克利奥巴特拉(公元前48—前30年在位)因为拥有较多的丝绸衣服而为人所羡。罗马共和末期，凯撒皇帝穿着绸袍出现在剧场，被认为奢侈之极。他们所穿的衣服都是把中国的绫绮用针拆开，重新织就

〔1〕〔英〕赫德生：《欧洲与中国》，李申等译，中华书局，2004年，第37页。

〔2〕〔英〕赫德生：《欧洲与中国》，第37-38页。

的。凯撒还使用过丝绸伞。此后罗马贵族不论男女都争穿绸衣，普林尼书中提到，穿着中国丝绸衣服的罗马少女的体态分外显得婀娜多姿。唐代杜佑《通典》卷193《边防九》"大秦"条云，大秦人"常利得中国缣素，解以为胡绫绀纹"，大概就是指罗马工匠这种拆解中国丝绸重新编织的做法。缣是一种多股丝织成的绢，十分细密。罗马工匠把这种难得的原料拆解，以单股丝织出更多的轻薄绸缎。

到罗马帝国初期，即中国东汉时，罗马人穿丝绸衣服已经蔚然成风。皇帝梯皮留斯(Tiberius)曾下令禁止男子穿绸衣，以为那样女人气太重，以限止奢靡之风。但丝绸既然大量运入，此风禁而不止。锦衣绣服成为富室风尚，连教堂也习惯于用丝绸做帘幕。脱拉耶奴斯(Trajanus)虽曾禁止一切糜费，而丝之贸易并没受到影响。罗马城内的托斯卡区开设了专售中国丝绢的市场，有叙利亚妇女以此为业而致富。2世纪时，丝绸在罗马帝国极西的海岛伦敦，风行的程度竟然"不下于中国洛阳"。尼禄火葬巴贝亚(Pappaea)，丝及丝服，用如泥沙。韦尔斯《世界史纲》云，在罗马王安敦尼王朝期间(161—180年)，"同遥远的中国进行了大宗丝绸贸易，因为蚕桑还没有开始西传。等到丝绸经过漫长多难的旅途到达罗马时，它的价值已与同重量的黄金相等了。由于大量使用丝绸，为了交换，贵重金属也不断地流向东方"。〔1〕普林尼曾列奢侈品和贵重物品表，其中有丝绸。他进行了一项计算，说："珍珠是由阿拉伯海提供的。我国每年至少有一亿枚罗马银币被印度、赛里斯国以及阿拉伯半岛夺走。"〔2〕他认为罗马每年向阿拉伯半岛、印度、中国支付的香料、丝绸等货款，达3500万至1亿罗马币赛斯特斯(Sesterces)，有人计算这个数字约合10万盎司黄金。所以普林尼感叹道："此即吾国男子及妇女奢侈之酬价也！"有人甚至认为中国丝的输入是罗马帝国经济衰退的原因之一。

〔1〕〔英〕赫·乔·韦尔斯著：《世界史纲》第27章，吴文藻等译，广西师范大学出版社，2005年，第327页。

〔2〕〔法〕戈岱司编：《希腊拉丁作家远东古文献辑录》，第12页。

8 汉代良马输入及其影响

汉代从域外引进动物，包括牲畜、野兽、禽鸟等。从用途上分有两类，一类为实用，一类为观赏。有供实用的，如马、骆驼等；有供观赏的，如一些域外的奇禽异兽。西汉上林苑中放养着来自异域远方的珍禽奇兽，远方国家入贡奇禽异兽被视为政治清明、皇威远被的表征，而为汉人津津乐道。马从域外输入，在汉代既有实用价值，又有观赏价值，在汉代社会生活中发挥了重要作用。本章拟对汉代域外良马的输入及其在汉代社会的影响略加探讨。

8.1 汉代域外良马的输入

古代我国北方和西北游牧民族地区都出良马，中原地区最早从北方游牧族那里输入包括马在内的牲畜。《逸周书·王会解》记载，商时伊尹奉汤之命为《四方献令》，云："正北崆峒、大夏、莎车、姑他、旦略、貌胡、戎狄、匈奴、楼烦、月氏、截犁、其龙、东胡，诸令以橐驼、白玉、野马、騊駼、駃騠、良弓为献。"[1]騊駼、駃騠皆良马名。在汉对匈奴和西域用兵的过程中，需要发展骑兵，需要大量战马和驮马，因此对养马和马种改良十分重视。[2]汉朝通过各种途径从周边民族和域外国家获得良马。

〔1〕《逸周书》卷7《王会解》，见《汉魏丛书》，吉林大学出版社影印本，1992年，第286页。按：这里记载的地名，其方位并不确切，其中崆峒、大夏、莎车不在北方，这与当时人们对域外认识上的局限有关。《逸周书》，原名《周书》，古代历史文献汇编。旧说乃孔子删定《尚书》后所剩，是为"周书"的逸篇，故得名。今人多以为此书主要篇章出自战国人之手。

〔2〕汉景帝时开始在西北地区置苑养马，汉敦煌马圈湾木简有云："张兵以马为本，马以食为命。"《甘肃敦煌汉简》(四)，重庆出版社。第15页。

8.1.1 汉朝从匈奴获得良马

汉朝首先从匈奴得到北方的良马，主要有互市、礼赠和战争俘掠等三条途径。

一是通过互市所得，汉与匈奴无论战和，一直保持着边境贸易。在汉初和亲政策之下，汉匈之间虽然时战时和，彼此之间的贸易交流一直存在着。汉高祖刘邦始与匈奴和亲，"使刘敬结和亲之约"。[1]在这种和亲之约中包括互市贸易。《史记》卷110《匈奴列传》记载，汉景帝时，"复与匈奴和亲，通关市，给遗匈奴"。武帝即位之初，仍然保持边境互市贸易，"明和亲约束，厚遇，通关市，饶给之。匈奴自单于以下皆通汉，往来长城下"。这种互市贸易，在武帝时汉与匈奴和亲关系破裂，双方进行军事对抗时仍然存在。"然匈奴贪，尚乐关市，嗜汉财物，汉亦尚关市，不绝以中之。"原因是这种边境互市对双方都是有利的。东汉时匈奴仍然希望与汉朝互市，在这种互市中匈奴的主要商品是牛马骆驼。汉朝也乐于这种互市，既可以获得匈奴的牛马骆驼，又加强双方的友好互信。东汉时南匈奴降汉，互市贸易自不必说，北匈奴也极力与汉朝加强互市贸易。《后汉书》卷89《南匈奴列传》记载："元和元年，武威太守孟云上言北单于复愿与吏人合市，诏书听云遣驿吏迎呼慰纳之。北单于乃遣大且渠伊莫訾王等，驱牛马万余头来与汉贾客交易。诸王大人或前至，所在郡县为设官邸，赏赐待遇之。"汉与匈奴的互市必然大大促进匈奴良马的输入。

二是通过礼赠而得。汉与匈奴和亲后，虽然仍有战争，但和平交往的情况更多。双方聘使不断，互有书信来往。汉统治者赠给匈奴贵族的礼物主要为金帛丝絮，匈奴单于赠送给汉统治者的主要是马和骆驼。除了有时作为礼品赠送给匈奴贵族之外，汉朝的丝绸、衣物、酒米、粮食每年大批定量供应给匈奴。匈奴之骆驼、乘马和车驾也作为礼物进献给汉朝统治者。文帝时，冒顿单于遗汉文帝书云："使郎中係雩浅奉书请，献橐他一匹，骑马二匹，驾二驷。"[2]汉文帝《遗匈奴和亲书》云：

---

〔1〕《史记》卷110《匈奴列传》，第2894页。

〔2〕《史记》卷106《匈奴列传》，第2896页。

"皇帝敬问匈奴大单于无恙,使当户且渠雕、渠难、郎中韩辽遗朕马二匹,已至,敬受。"汉赠遗匈奴单于的礼物则是"服绣袷绮衣、绣袷长襦、锦袷袍各一,比余一,黄金饰具带一,黄金胥纰一,绣十匹,锦三十匹,赤綈、绿缯各四十匹,使中大夫意、谒者令肩遗单于"。[1]东汉时匈奴南单于降汉,向光武帝进献文马。《东观汉记》卷20《匈奴南单于传》记载:"建武二十六年,南单于遣使献骆驼二头,文马十匹。"[2]文马,毛色有文彩的骏马。

三是通过战争获取。汉朝在与匈奴之间的战争中常常夺取良马为战利品。匈奴寇边,常抄掠汉之"人民畜产"。而汉朝对匈奴的进攻,往往获得许多战利品,马是重要内容。匈奴以骑兵为主,汉军对于匈奴的每一次胜利,都会获得大批战马。武帝元朔二年(前127年)《益封卫青》诏书中表彰卫青进击匈奴的战功,云:"执讯获丑,敺马牛羊百有余万。"[3]《汉书》卷94上《匈奴传》上记载,常惠与乌孙兵进击匈奴,"虏马牛羊驴骡橐驼七十余万"。《后汉书》卷19《耿夔传》记载,耿夔随大将军窦宪北击匈奴,金微山之战,"尽获其匈奴珍宝财畜"。永初三年,南单于檀反叛,耿夔率军进击,"获穹庐车重千余辆,马畜生口甚众"。同书卷23《窦宪传》记载,窦宪率军出塞击北匈奴,与北单于战于稽落山,大破之,虏众崩溃,"获生口马牛羊橐驼百余万头"。通过礼赠获得的马数量有限,通过贸易和战争获得的数量巨大。

8.1.2 汉朝从西域和西北民族获得良马

汉朝还从西域得到良马。余太山《两汉魏晋南北朝正史"西域传"所见西域诸国的物产》"家畜"部分对盛产良马的西域国家进行了疏理,首先是大宛国"多善马,马汗血,其先天子马也"。其他塔里木盆地周围诸国鄯善国、蒲类国、龟兹国、焉耆国、高昌国、渴盘陀国、于阗国,天山以北之乌孙国,葱岭以西之粟弋国、康居国、吐火罗国、厌哒国、副货国、

〔1〕《史记》卷106《匈奴列传》,第2897页。

〔2〕〔唐〕徐坚等:《初学记》卷20引,〔东汉〕刘珍等撰,吴树平校注:《东观汉记校注》卷20《匈奴南单于传》,第885页。

〔3〕《汉书》卷55《卫青传》,第2473页。

波斯国、乌秅国、大秦国等,皆出良马或名马。[1]汉朝获得西域良马,首先是乌孙马和大宛汗血马。

乌孙国“多马,富人至四五千匹”。[2]汉朝从乌孙获得良马主要有两个途径,一是乌孙国的礼赠和贡献,二是和亲的聘礼。张骞第二次出使西域,到了乌孙。归国时随行而来的乌孙使者以马数十匹献汉报谢。汉武帝非常喜欢乌孙马,“天子发书《易》,曰:‘神马当从西北来。’得乌孙马,好,名曰‘天马’。”[3]后来匈奴欲击乌孙,乌孙为了与汉结盟,“使使献马,愿得尚汉公主,为昆弟”。汉朝提出“必先纳聘,然后乃遣女”为条件,乌孙又以马千匹为聘礼献汉。[4]元封三年(公元前108年),汉朝以江都王刘建的女儿细君为公主,妻乌孙王。此后乌孙马仍以各种方式源源不断地输送到汉地。《后汉书》卷19《耿恭传》记载,耿恭任戊己校尉,屯车师后王部金蒲城,“移檄乌孙,示汉威德,大昆弥已下皆欢喜,遣使献名马”。

西域有名的汗血马从汉武帝时开始传入中国中原地区。[5]大宛马又称蒲梢马。[6]《汉书》卷96《西域传》记载,大宛国“多善马,马汗血,言其先天马子也”。颜师古注引孟康曰:“言大宛国有高山,其上有马不可得,因取五色母马置其下与集,生驹,皆汗血,因号曰天马子云。”[7]据说所谓“汗血”,跟马身上的一种寄生虫有关。这种马是今中亚土库曼马的祖先,有一种寄生虫寄生于马的前肩膊与项背皮下组织里,寄生处皮肤隆起,马奔跑时血管扩张,寄生处创口张开,血就流出来。古代的大宛汗血马可能就是因此而得名。大宛汗血马通过战争的手段和贡献、贸易等途径获得。张骞第一次出使西域,回来曾向武帝介绍,大宛“多善马”。武帝听说大宛有好马藏在贰师城,不肯给汉使,便派使者以金

---

[1]余太山:《两汉魏晋南北朝正史西域传研究》,中华书局,2003年,第288-289页。

[2]《汉书》卷96下《西域传》下,第3901页。

[3]《汉书》卷61《张骞传》,第2693页。

[4]《汉书》卷96下《西域传》下,第3903页。

[5]《汉书》卷96上《西域传》上,第3894页。

[6]《史记》卷24《乐书》,第1178页。

[7]《汉书》卷96上《西域传》上,第3895页。

换马，结果不仅没有换成，连使者也遭杀害，于是命李广利率军远征大宛。远征胜利，获得“善马数十匹，中马以下牝牡三千余匹”。[1]

从汉武帝时代开始，大宛汗血马成为西域国家向汉朝经常入贡的特产。大宛良马终两汉之世，一直源源不断地输入。汉武帝为了得到宛马，频遣使往西域，“天子好宛马，使者相望于道”。[2]李广利伐大宛获胜，“西域震惧”，大宛国王蝉封“遣其子入质于汉，汉因使使赂赐以镇抚之”。“宛王蝉封与汉约，岁献天马二匹。”[3]敦煌悬泉置出土汉代简牍中有大宛向汉朝进贡大宛马的记录：

元平元年十一月己酉，□□诏使甘□□迎天马敦煌郡。为驾一乘传，载舆一人。御使大夫广明下右扶风，以次为驾，当舍传舍，如律令。(Ⅱ0115④:37)[4]

这是一枚命甘某迎接西域国家贡献的天马的诏书。元平，汉照帝年号。甘某，胡平生等先生推测可能是甘延寿。[5]此简记载奉献天马的应该是大宛国使节。另一简云：

建平五年十一月庚申，遣卒史赵平，送自来大宛使者侯凌奉献，诣□□以……(A)

乐哉县(悬)泉治。(B)(Ⅱ0D114④:57)[6]

“建平”是西汉哀帝年号，建平元年即公元前46年。这是大宛国使者经过悬泉置，当地有关部门派人送大宛使者入朝贡献的记载。其贡物未见记载，但通常情况下大宛国入贡的少不了汗血马。《汉书》卷79《冯奉世传》记载，昭帝时，冯奉世出使大宛国，“大宛闻其斩莎车王，敬之异于它使。得其名马象龙而还”。颜师古注云：“言马形似龙者。”[7]

〔1〕《汉书》卷61《张骞李广利传》，第2702页。

〔2〕《汉书》卷61《张骞传》，第2694页。

〔3〕《汉书》卷96上《西域传》上，第3895页。

〔4〕胡平生、张德芳：《敦煌悬泉汉简释粹》，上海古籍出版社，2001年，第104页。

〔5〕胡平生、张德芳：《敦煌悬泉汉简释粹》，第104页。

〔6〕胡平生、张德芳：《敦煌悬泉汉简释粹》，第113页。

〔7〕《汉书》卷79《冯奉世传》，第3295页。

西汉长安城外养马所有八厩，其中有“大宛厩”，[1]显然是饲养大宛马的马房。东汉班固的《西都赋》写上林苑集中了四方奇物，云：“西郊则有上囿禁苑(颜师古注曰：‘上囿谓上林苑也。’)，林麓薮泽，陂池连乎蜀汉，缭以周墙四百余里，离宫别馆三十六所，神池灵沼往往而在。其中乃有九真之麟，大宛之马，黄支之犀，条支之鸟。逾昆仑，越巨海，殊方异类至三万里。”[2]大宛马被养在建章宫奇华殿。《三辅黄图》卷3记载，上林苑中有建章宫，“奇华殿在建章宫旁，四海夷狄器服珍宝，火浣布、切玉刀，巨象、大雀、师子、宫马，充塞其中”。[3]“宫”疑“宛”字之误。

东汉时大宛马继续大量输入中国中原地区。《后汉书》卷65《段颎传》记载，段颎在边十余年，建宁三年“征还京师，将秦胡步骑五万余人，及汗血千里马，生口万余人”。东汉时的西域官员甚至还通过贿赂获得大宛马。《东观汉记》卷16《李恂传》记载：“为西域副校尉，西域殷富，多珍宝，诸国侍子及督使贾胡数遗恂奴婢、宛马、金银、香罽之属。”[4]这种贿赂行为在当时可能是常例，只是因为李恂清廉，才“一无所受”，其他官员通常是接受的。《后汉书》卷34《梁冀传》记载，梁冀与其妻孙寿大起第舍，对街为宅，其中“远致汗血名马”。梁冀的汗血马有的来自贿赂，有的来自远购，因为当时既“四方调发，岁时贡献，皆先输上第于冀”；梁冀又“遣客出塞，交通外国，广求异物”。大宛马成为赐赠的贵重礼物。汉章帝曾赐大宛汗血马一匹给东平王刘苍。[5]东汉末年曹操把大宛马赐赠诸子，曹植还从父亲曹操那里得此种好马，其《献文帝马表》云：“臣于先武皇帝世，得大宛紫骍马一匹，形法应图，善持头尾，教令习拜，今辄已能；又能行与鼓节相应。”[6]《三国志》卷19《任城王彰传》记载：“太

〔1〕何清谷校注：《三辅黄图校注》卷6，三秦出版社，1995年，第335页。

〔2〕费振刚等辑校：《全汉赋》，北京大学出版社，1993年，第311页。

〔3〕黄清谷校注：《三辅黄图校注》卷3，三秦出版社，1995年，第168页。

〔4〕〔东汉〕刘珍等撰，吴树平校注：《东观汉记校注》，中华书局，2008年，第730页。《后汉书·李恂传》李贤注：“督使，主蕃国之使也；贾胡，胡之商贾也。”

〔5〕〔东汉〕刘珍等撰，吴树平校注：《东观汉记校注》卷7，第242页；《后汉书》卷42《东平王苍传》，第1439页。

〔6〕曹植撰，赵幼文校注：《曹植集校注》，人民文学出版社，1984年，第310页。

祖尝抑之曰:'汝不念读书慕圣道,而好乘汗马击剑,此一夫之用,何足贵也!'"曹彰的"汗马"应当也来自父亲的赐赠。

除了乌孙马和大宛马之外,汉朝还得到月氏马、康居马。武帝时得到渥洼良马,《汉书·汉武帝纪》记载,元鼎四年(公元前113年),"六月,得宝鼎后土祠旁。秋,马生渥洼水中"。元鼎五年十一月《郊祠泰畤诏》云:"渥洼水出马,朕其御焉。"《史记·乐书》记载:"又尝得天马渥洼水中。"据考证乃月氏马。渥洼水,亦名寿昌海、寿昌湖,在今甘肃敦煌市西南南湖乡东南黄水坝。东汉时月氏马也传入中国,班固曾请身在西域的弟弟班超为他买月氏马,在他给班超的信中写道:"今赍白素三百匹,欲以市月支马、苏合香、毾"。[1]据三国吴康泰《外国传》记载:"外国称天下有三众,中国为人众,秦为宝众,月氏为马众也。"[2]那时大月氏以多马而闻名于世,曾经成为马的主要输出国。康居出善马。《后汉书》卷88《西域传》记载:"栗弋国属康居,出名马牛羊。"[3]《晋书》卷97《四夷传》记载:"康居国在大宛西北可二千里,与粟弋、伊列邻接……多牛羊,出好马。"[4]敦煌悬泉置出土汉简有康居向汉朝入贡良马的记录,有一简记载康居国使者入贡:

> 甘露二年正月庚戌敦煌太守千秋库令贺兼行丞事敢告酒泉大☐
>
> 罢军候丞赵千秋上书送康居王使者二人贵人十人从者☐
>
> 九匹驴卅一匹橐他廿五匹牛戊申入玉门关已閤□☐(Ⅱ90DXT0213③:6)[5]

这是一枚记载康居王遣使贡献的木牍。第三行"九匹"前缺字应该是"马",此牍记载了康居王贡献马、驴和骆驼的数量。甘露是宣帝年号,说明至迟宣帝时汉与康居已经发生通贡关系。

西北地区游牧民族的马也通过商贾贸易而来。《史记·货殖列传》

[1]《北堂书钞》卷134,学苑出版社,2003年,第381页。

[2]司马贞:《史记索隐》引,见《史记·大宛列传》,第3160页注一。

[3]《后汉书》卷88《西域传》,第2922页。

[4]《晋书》卷97《四夷传》,第2544页。

[5]张德芳:《悬泉汉简中若干西域资料考论》,见荣新江、李孝聪编:《中外关系史:新史料与新问题》,科学出版社,2004年。

云："天水、陇西、北地、上郡与关中同俗，然西有羌中之利，北有戎翟之畜，畜牧为天下饶。"同传还记载了边塞地区一位因畜牧而致富的名叫桥姚的人，"塞之斥也，唯桥姚已致马千匹，牛倍之，羊万头，粟以万钟计"。张守节《史记正义》引颜师古云："塞斥者，言国斥开边塞，更令宽广，故桥姚得恣其畜牧也。"[1]桥姚所以能以畜牧致富，与国家边境地区开放对匈奴的贸易有关，他从塞外匈奴游牧民那里交换到良马、牛、羊，贩卖到内地，从这种转手经营中获取厚利。在汉朝对西域用兵的过程中也获得战马。《后汉书》卷19《耿秉传》记载，耿秉率军击车师后王国，"斩首数千级，收马牛十余万头"。同书同卷《耿恭传》记载："建初元年正月，会柳中击车师，攻交河城，斩首三千八百级，获生口三千余人，驼驴马牛羊三万七千头。"西北地区良马还通过贡献的形式输入。敦煌悬泉置汉简中有西域国家向汉朝贡献马与骆驼的记录：

□守府卒人、安远侯遣比胥健……者六十四人、献马二匹、橐他十匹、私马。□名藉（籍）畜财财物。（A）

□□辛酉日出时受遮要御……□行。（B）（Ⅱ0214③:83）

比胥健贡使在途中遇"受遮要御"，他们的情况被记录下来。据刘国防先生研究，比胥健乃地名，当在西域鄯善国。[2]

8.1.3 汉朝从东北亚民族获得良马

东北亚各民族政权也向中原地区进献良马。《汉书》卷95《朝鲜传》记载，汉武帝遣使因兵威劝降朝鲜王卫右渠，右渠"遣太子入谢，献马五千匹，及馈军粮"。《后汉书》卷85《东夷传》记载，夫余国"出名马、赤玉、

[1]《史记》卷129《货殖列传》，第3281页。颜师古说见《汉书》卷91《货殖传》注，第3693页。

[2]刘国防《西汉比胥鞬屯田与戊己校尉的设置》云："比胥鞬屯田，始见于《汉书》卷九十六《西域传》，其文曰：'乃因使吉并护北道，故号曰都护。都护之起，自吉置矣。僮仆都尉由此罢，匈奴益弱，不得近西域。于是徙屯田，田于北胥鞬，披莎车之地，屯田校尉始属都护。'其中北胥鞬，《通典》卷一九一作比胥鞬，汉简中又作比胥健、比胥犍。因文献记载过于简略，后世研究者对比胥鞬屯田的具体情况难知其详，以至于连比胥鞬屯田究在何处也是见仁见智，各执一词。近年来，随着简牍资料的披露，一些新的信息使我们对比胥鞬屯田有进一步探讨的可能。""比胥鞬当在今鄯善，初屯时约有数百人。随着西汉屯田重心的北移，车师前部屯田人数逐渐增多。至元帝初元元年，汉置戊己校尉对车师前部屯田力量进行了整合，以戊己二校尉领护车师屯田。"见《西域研究》2006年第4期。

貂貀,大珠如酸枣"。建武二十五年,"夫余王遣使奉贡"。

濊族人有一种小马称果下马,这种马可能在西汉时已经传入长安,长安城外有八厩,其中有"果马厩",[1]可能是饲养果下马的马房。东汉时有入贡汉朝的记载。《后汉书》卷85《东夷传》记载,濊族"多文豹,有果下马,海出班鱼,使来皆献之"。李贤注云:"高三尺,乘之可于果树下行。"东汉卫宏《汉仪注》卷下记载,中黄门有"果下马,高三尺,驾辇"。《三国志》卷30《乌丸鲜卑东夷传》记载:"濊南与辰韩,北与高句丽、沃沮接,东穷大海,今朝鲜之东皆其地也。户二万……作矛长三丈,或数人共持之,能步战。乐浪檀弓出其地。其海出班鱼皮,土地饶文豹,又出果下马,汉桓时献之。"裴松之注云:"果下马高三尺,乘之可于果树下行,故谓之果下。见《博物志》、《魏都赋》。"这种果下马后来仍不断输入中原地区。《魏书》卷100《高句丽传》又提到高句丽"出三尺马,云本朱蒙所乘,马种即果下也"。《北齐书》卷15《尉景传》记载:"景有果下马,文襄求之,景不与。"尉景的果下马应该来自东北亚地区。东汉时乌桓大人曾向东汉光武帝进献良马。《后汉书》卷90《乌桓传》记载,建武二十五年,"辽西乌桓大人赦且等九百二十二人率众向化,诣阙朝贡,献奴婢、牛马及弓、虎、豹、貂皮"。

汉末,游牧于东北地区的鲜卑人西下南迁,进入原来属于匈奴人的草原地带,成为北方草原的主人,与东汉王朝发生密切联系。在鲜卑与东汉王朝的军事对抗中,汉朝从战争中获得鲜卑的良马。《后汉书》卷20《祭肜传》记载,祭肜任辽东太守,建武二十一年,大败鲜卑,"斩首三千余级,获马数千匹"。在与中原政权的交往中,鲜卑人以其良马进献。同书同卷记载,建武二十五年,祭肜"使招呼鲜卑,示以财利。其大都护偏何遣使奉献,愿得归化,肜慰纳赏赐,稍复亲附。其异种满离、高句骊之属,遂络绎款塞,上貂裘、好马"。《三国志》卷8《公孙瓒传》记载:"太祖与袁绍相拒于官渡,阎柔遣使诣太祖受事,迁护乌丸校尉……太祖破南皮,柔将部曲及鲜卑献名马以奉军。"太祖即曹操,鲜卑人曾向曹操进献名马。中原地区与鲜卑存在互市贸易,鲜卑以其良马交换中原地区的

[1]何清谷校注:《三辅黄图校注》卷6,三秦出版社,1995年,第335页.

"珍货"。《后汉书》卷48《应劭传》记载,应劭说鲜卑:"唯至互市,乃来靡服。苟欲中国珍货,非为畏威怀德。"

8.2 域外良马输入与汉代社会

研究外来物质文明的意义并不在于这些物品的本身,而在于这些物品对汉代社会生活的影响。正如美国汉学家谢弗说自己的著作《撒马尔罕的金桃》研究的重点是唐代的进口物品,而"目的是撰写一部研究人的著作"。[1]汉代周边和域外良马的输入对汉代人的思想观念和文化生活都发生了重要影响,因此域外良马输入对汉代社会生活的影响值得探讨。

8.2.1 域外良马输入与汉武帝长生求仙

西域良马的输入,曾使武帝求仙思想达到一个高潮,同时最终又造成了他求仙思想的破灭。汉武帝迷信方士神仙之说,成仙长生的欲望非常强烈,"孝武皇帝初即位,尤敬鬼神之祀"。[2]

在方士炫惑之下,武帝屡行求仙之举。《史记》卷28《封禅书》记载,元鼎四年(公元前113年)六月,汾阴出土宝鼎,方士公孙卿编造黄帝铸鼎铜山、鼎成而乘龙升天的神话,武帝心向往之,说:"吾诚得如黄帝,吾视去妻子如脱屣耳。"[3]神龙不可见,武帝怅然,"訾黄其何不来"?"天子既闻公孙卿及方士之言,黄帝以上封禅,皆致怪物与神通,欲效黄帝,以接神人蓬莱,高世比德于九皇,而颇采儒术以文之。"武帝派方士栾大入东海,想接迎仙人于海,封禅泰山。结果,"五利将军(栾大)使不敢入海,之泰山祠。上使人微随验,实无所见。五利妄言见其师,其方尽,多不雠,上乃诛五利"。[4]此事在元鼎五年。第二年,"上遂东巡海上,行礼祠八神,齐人之上疏言神怪奇方者以万数,然无验者"。这年春,公孙

〔1〕〔美〕谢弗:《唐代的外来文明》导论,吴玉贵译,中国社会科学出版社,1995年,第3页。

〔2〕《史记》卷12《孝武本纪》,第451页。

〔3〕《史记》卷28《封禅书》,第1394页。

〔4〕《史记》卷28《封禅书》,第1395页。

卿又上言，在东莱山见到神人，“若云欲见天子，天子于是幸缑氏城，拜卿为中大夫，遂至东莱，宿留之数日，无所见”。[1]

正是在武帝求仙之举屡以失败告终之时，西域天马之说又给他带来新的希望。汉朝人听说西域有良马，方士又妄言西域之马是神马，乘之可以代龙而升天成仙，武帝孜孜以求。《史记·大宛列传》记载：“初天子发书《易》云：‘神马当从西北来。’得乌孙马，好，名曰天马；及得大宛汗血马，益壮，更名乌孙马曰西极，名大宛马为天马。”西域马入汉，武帝初时仍信此等妄说。武帝作有《天马》诗二首，一为元狩三年（公元前120年）马生渥洼水中作，其中有云：“今安匹兮龙为友。”二是太初四年（公元前101年）诛宛王获宛马作，太初四年，李广利伐大宛获胜，得汗血马。汉武帝又作《西极天马之歌》，[2]都表达了乘之升天为仙的思想。然而天马既到，久之并不能升天，武帝之梦想终归于破灭。

8.2.2 域外良马输入与汉代骑兵的发展

汉代是将马匹运用到战争达到高潮的时期，乘马作战和以马驮载战略物资成为汉代战争的一大景观。商、周时虽然已经有马拖拉的战车，但骑兵于春秋战国才开始发达。骑兵迅捷灵活，很快改变了战场上的形态，成为新兴的主力。汉代与北方游牧民族的战争尤其需要发展骑兵。

汉朝获得大量域外良马，发展了骑兵，提高了汉朝骑兵的战斗力。西汉从景帝开始置苑养马，至汉武帝反击匈奴，已经拥有大量良马。这些马有的饲养在京师长安，有的在西北地区置苑牧养。东汉卫宏《汉旧仪》卷下云：“天子六厩，未央厩、承华厩、騊駼厩、路軨厩、骑马厩、大厩，马皆万匹。”“中黄门驸马、大宛马、汗血马、干河马、天马、果下马。果下马，高三尺，驾辇。大宛、汗血马皆高七尺。干河马，华山神马种也。”[3]同书补遗云：“太仆、牧师诸苑三十六所，分布北边、西边，以郎为苑监，

---

〔1〕《史记》卷28《封禅书》，第1399页。

〔2〕《汉书》卷6《武帝纪》，第202页。颜师古注引应劭曰：“大宛旧有天马种，蹋石汗血。汗从肩髆出，如血。号一日千里。”颜师古说：“蹋石者，谓蹋石而有迹，言其蹄坚利。”

〔3〕〔东汉〕卫宏：《汉旧仪》卷下，《汉官六种》，中华书局，1990年，第97页。

宦官奴婢三万人,养马三十万匹。"[1]南齐时孔稚珪《上和虏表》论汉朝对付北方游牧民族的策略:"匈奴为患,自古而然。虽三代智勇,两汉权奇,算略之要,二途而已。一则铁马风驰,奋威沙漠;二则轻车出使,通驿虏廷。"[2]汉武帝时反击匈奴,汉朝已经拥有强大的骑兵。元朔六年(公元前123年)春天,大将军卫青率领六将军和十余万骑兵,二出定襄数百里,攻击匈奴。元狩二年(公元前121年),骠骑将军霍去病率骑兵数万,两次从陇西出击,夺取河西走廊。元狩四年(公元前119年),大将军卫青、骠骑将军霍去病率领骑兵二十四万,步兵十余万,分兵两路出击,北越大漠,大败匈奴单于。从汉武帝反击匈奴到东汉时最终击溃匈奴,汉朝骑兵发挥了重要作用。

在汉军中"胡骑"是重要组成部分。汉代文献中提到的胡骑有的指胡人的骑兵,亦泛指胡人军队,包括匈奴骑兵。《史记》卷57《绛侯周勃世家》记载,高帝"十一年春,故韩王信复与胡骑入居参合,距汉"。有时则指归附的胡人骑兵,包括胡兵和胡马。在西汉保卫京师长安的卫戍部队里有"胡骑"。《汉书·百官公卿表上》:"长水校尉,掌长水宣曲胡骑。又有胡骑校尉,掌池阳胡骑,不常置。"颜师古注:"长水,胡名也;宣曲,观名,胡骑之屯于宣曲者","胡骑之屯于池阳者也"。[3]《汉书》卷8《宣帝纪》记载,西羌反,汉朝调发军队平叛,其中有"胡、越骑"。

在边境地区汉军中也有"胡骑"。《后汉书》卷65《段颎传》记载,段颎在边十余年,建宁三年"征还京师,将秦胡步骑五万余人,及汗血千里马,生口万余人"。居延汉简中有一简云:"以食斥候胡骑二人五月尽"。[4]另一简乃《□属国胡骑兵马名籍》。[5]又一简云:"始填过胡骑外输沈里前。"[6]说明胡骑是屯守居延驻军的重要组成部分。汉末陈琳《为袁绍檄豫州》写袁绍军中有大量胡骑:"莫府奉汉威灵,折冲宇宙,长

---

〔1〕〔东汉〕卫宏:《汉旧仪》补遗卷上,《汉官六种》,第91页。

〔2〕《南齐书》卷48《孔稚珪传》中华书局,1972年,第838页。

〔3〕《汉书》卷19上《百官公卿表》上,第738页。

〔4〕中国社会科学院考古研究所编:《居延汉简甲乙编》(下册),中华书局,1993年,第124页。

〔5〕中国社会科学院考古研究所编:《居延汉简甲乙编》(下册),中华书局,1993年,第265页。

〔6〕中国社会科学院考古研究所编:《居延汉简甲乙编》(下册),中华书局,1993年,第268页。

戟百万，胡骑千群。”陈琳《武军赋》写袁绍军队有大量胡马：“南辕反旆，爰整其旅。胡马骈足，戎车齐轨。”〔1〕

这种包括胡兵和胡马的胡骑，可能是周边游牧民族降附骑兵改编而来，成为汉军的重要组成部分。

8.2.3 马与汉代交通

马也是重要的交通工具。汉代发展了驿传制度，各交通要道设有置驿，供行人食宿和换乘车马。置驿中饲养有供行人换乘的传马、驿马。敦煌悬泉置出土简牍和居延汉简中有不少“传马”“驿马”的记载，传马、驿马即置驿供行人骑乘的公用马匹。出土的Ⅴ1610②:11-20简为建始二年三月悬泉置《传马名籍》，将传马匹数、特征都记录在案。〔2〕悬泉置的驿马随时被征用，供东西往来的外国使节和汉朝出行的官员出行。敦煌悬泉置出土一枚汉简云：“……騩，乘，齿十八岁，送渠犁军司马令史勋，承明到遮要，病柳张，立死。卖骨肉临乐里孙安所，贾(价)千四百。”〔3〕騩，是毛浅黑色的马，被指令送到渠犁军司马令史，病死半途。又一简云：“五凤四年九月己巳朔己卯，县(悬)泉置丞可置敢言之，廷移府书曰，效谷驿传马病死爰书：县(悬)泉传马一匹，骊，乘，齿十八岁，高五尺九寸，送渠犁军司(马)令史……”(Ⅱ0115③:98)〔4〕这两简记载都是以悬泉置驿马送渠犁屯田官马病死的事件。又一简云：“……齿九岁，高六尺二寸，乃三月乙卯送罢戊校侯张君……”(Ⅰ0205②:3)〔5〕又：“□骑士六人，持马送戊校。”(Ⅱ0115②:173)〔6〕似乎都是送人后发生了事故，才记录下来。Ⅴ1311④:82和Ⅱ0115③:96两简内容都与冯夫人路经悬泉置有关。〔7〕Ⅱ0114③:522简则与乌孙公主路经悬泉置有

〔1〕费振刚等辑校：《全汉赋》，北京大学出版社，1993年，第696页。

〔2〕胡之主编：《甘肃敦煌汉简》(四)，重庆出版社，2008年，第21-26页。

〔3〕胡平生、张德芳：《敦煌悬泉汉简释粹》，上海古籍出版社，2001年，第112页。

〔4〕胡平生、张德芳：《敦煌悬泉汉简释粹》，上海古籍出版社，2001年，第116页。

〔5〕胡平生、张德芳：《敦煌悬泉汉简释粹》，上海古籍出版社，2001年，第130页。

〔6〕胡平生、张德芳：《敦煌悬泉汉简释粹》，上海古籍出版社，2001年，第130页。

〔7〕胡平生、张德芳：《敦煌悬泉汉简释粹》，上海古籍出版社，2001年，第141页。

关。[1]在汉代驿置饲养供骑乘的驿马有的来自周边或域外良马。居延汉简有一简记载，属吏士张禹病，其弟张宗“自将驿牝胡马一匹来视禹”。[2]

马作为个人坐骑，是人们日常生活中的重要交通工具，这当然限于贵族官员。从汉武帝开始，马主人注重马的佩戴和装饰，并以域外珠宝装饰为尚。《西京杂记》卷2记载：“武帝时，身毒国献连环羁，皆以白玉作之，马瑙石为勒，白光琉璃为鞍。鞍在暗室中常照十余丈，如昼日。自是，长安始盛饰鞍马，竞加雕镂。或一马之饰直百金，皆以南海白蜃为珂，紫金为萼，以饰其上。犹以不鸣为患，或加以铃镊，饰以流苏，走则如撞钟磬。若飞幡葆。后得贰师天马。帝以玟回石为鞍，镂以金银鍮石。以绿地五色锦为蔽泥，后稍以熊罴皮为之。熊罴毛有绿光，皆长二尺者，直百金。卓王孙有百余双，诏使献二十枚。”骑上来自域外的良马，马身上又满戴域外输入的金银珠宝，是当时达官贵人们感到十分荣耀的排场。

汉代马作为重要的交通工具还表现在以马驾车上，汉代墓室壁画、画像石、画像砖上有不少车马出行图，是贵族出行生活的反映。这种艺术在全国各地均有发现，特别是徐州、山东、四川、河南、陕西等地出土的汉画像石、画像砖和壁画。绘制车马出行图壁画是东汉墓葬墓室最为显著的特征之一，也是东汉盛行厚葬观的重要体现。洛阳汉代墓室壁画中《车马出行图》频频出现，为我们研究中原地区汉代艺术、了解汉代社会提供了图像资料。《车马出行图》是墓主人身份、地位、财富的象征，是汉代厚葬之风的产物。同时在汉代人的观念中车马又是遨游三界的交通工具。[3]车马出行图具有极其丰富的文化艺术信息。目前出土发掘的车马出行图大多呈现“战争”“狩猎”“出行”等题材。有的车马过桥还有“升天”等文化寓意。[4]以马驾车，马的匹数跟主人的身份地

〔1〕胡平生、张德芳：《敦煌悬泉汉简释粹》，上海古籍出版社，2001年，第142-143页。

〔2〕中国社会科学院考古研究所编：《居延汉简甲乙编》（下册），中华书局，1993年，第158页。

〔3〕刘兰芝：《车马出行在汉代壁画中的象征意义》，载《美术界》2009年第10期。

〔4〕叶磊、高海平：《汉墓丹青——陕西新出土四组东汉墓室壁画车马出行图比较浅探》，载《湖北美术学院学报》2010年第4期。

位有关，在汉代壁画和画像石中有的单马驾车，有的两马驾车，有的三马驾车，这些都体现出主人的不同身份，同时也展现了汉代贵族官员们出行的工具。

8.3 域外良马输入与汉代文学艺术

有关马的文学艺术作品，从汉代开始兴盛。域外文明的输入，总是令人感到新奇，因此容易引起诗人的歌咏和艺术家的兴趣。域外良马雄壮的体型、骏马奔驰的姿态和便于骑乘的性能激起诗人艺术家的美感，汉代出现了吟咏域外良马的诗篇和雕刻马的艺术。

汉武帝咏渥洼马和大宛马的诗传诵至今。《汉书·汉武帝纪》记载，元鼎四年（公元前113年），"六月，得宝鼎后土祠旁。秋，马生渥洼水中。作《宝鼎》、《天马》之歌。"汉武帝《天马歌》曰："天马来兮从西极，经万里兮归有德。承威灵兮降外国，涉流沙兮四夷服。"〔1〕得到大宛汗血马，武帝认为比乌孙马好，改称大宛汗血马为"天马"，把乌孙马改名"西极马"。〔2〕武帝作《西极天马之歌》，〔3〕表达欣喜之情。诗云："太一贡兮

〔1〕《汉书·武帝纪》作《天马歌》。《史记》卷24《乐书》云："尝得神马渥洼水中，复次以为《太一之歌》。"司马迁误将咏大宛马诗当作咏渥洼水马诗，此诗当为咏渥洼水马诗，经改编后入乐府《郊祀乐》，文字不同："天马徕，从西极，涉流沙，九夷服。天马徕，出泉水，虎脊两，化若鬼。天马徕，历无草，径千里，循东道。天马徕，执徐时，将摇举，谁与期？天马徕，开远门，竦予身，逝昆仑；天马徕，龙之媒，游阊阖，观玉台。"见《汉书》卷22《礼乐志》第二，第1060-1061页。所谓"出泉水"云云，符合"马生渥洼水中"之说。但《汉书》沿袭《史记》之误，也把这首诗当作咏叹大宛马诗。

〔2〕《汉书》卷61《张骞李广利传》，第2693-2694页。

〔3〕《汉书》卷6《武帝纪》，第202页。

天马下，沾赤汗兮沫流赭。骋容与兮跇万里，今安匹兮龙为友。”〔1〕

“胡马”在汉代已经进入诗歌的咏唱中，成为思乡意象。被匈奴拘留的苏武归国，与投降匈奴的李陵作别，诗云：“黄鹄一远别，千里顾徘徊。胡马失其群，思心常依依。”〔2〕以黄鹄自比，用胡马比李陵，写留在异乡的他对家乡和朋友的思念。汉无名氏《古诗十九首》有《行行重行行》一首，其中有云：“行行重行行，与君生别离。相去万余里，各在天一涯。道路阻且长，会面安可知？胡马依北风，越鸟巢南枝。”〔3〕“依北风”“巢南枝”是动物怀念乡土情感的本能的表现，这两句托物喻义，在文中意思是说胡马和越鸟尚且如此，难道丈夫就不思念故乡吗？这两句是思妇对游子说的，意思是人应该有恋乡之情。“胡马”作为诗歌意象更多地出现在魏晋南北朝和隋唐诗歌中，皆托物寓意，有的借胡马写壮志，有的借胡马写思乡，而这一意象的生成则在汉代发端。

赋是汉代的代表文学，汉代大赋歌功颂德，在他们颂扬大汉威德和文治武功时，常常写到域外物产。四夷入贡和域外奇禽异兽、奇珍异宝传入中国，被视为大汉帝国威德的表现。大宛马就是一个典型。东汉班固《西都赋》写道：“西郊则有上囿禁苑，林麓薮泽，陂池连乎蜀汉，缭以周墙，四百余里。离宫别馆，三十六所。神池灵沼，往往而在。其中乃有九真之麟，大宛之马，黄支之犀，条枝之鸟，逾昆仑，越巨海，殊方异类，至三万里。”〔4〕这里虽在夸耀，却是写实。

域外良马输入汉地，引起艺术家创作的兴趣，产生了以马为题材的

〔1〕此诗《史记》卷24《乐书》又作《太一之歌》，司马迁误将咏大宛马当作咏渥洼水马，而把咏渥洼水马误作咏大宛马。中华书局，1982年，第1178页。《后汉书》卷42《东平王苍传》记载，汉章帝曾赐大宛汗血马一匹给东平王刘苍，云：“致宛马一匹。闻武帝歌天马：‘霑赤汗。’今亲见其然，血从前髆上小孔中出。”李贤注云：“《前书》‘天马歌’曰：‘太一况，天马下，霑赤汗，沫流赭’也。”章帝给东平王苍的信和李贤的注是对的，此诗云：“霑赤汗，沫流赭”，符合大宛汗血马的形象。武帝诗后经改编入乐府《郊祀乐》，歌词有变化，云：“太一况，天马下，霑赤汗，沫流赭。志俶傥，精权奇，尔浮云，晻上驰。体容与，泄万里，今安匹，龙为友。”见《汉书》卷22《礼乐志》第二，中华书局，1962年，第1060页。但《汉书》亦沿袭《史记》之误，把这首诗当作咏渥洼水马。颜师古显然认识到《汉书》记载之误，故注“霑赤汗，沫流赭”两句，引应劭曰：“大宛马汗血霑濡也，流沫如赭也。”

〔2〕〔南朝·梁〕萧统编：《昭明文选》卷29，上海书店，1988年，第405页。

〔3〕〔南朝·梁〕萧统编：《昭明文选》卷29，上海书店，1988年，第401页。

〔4〕〔南朝·梁〕萧统编：《昭明文选》卷1，上海书店，1988年，第4页。

造型艺术，马形造像和装饰图案的艺术品越来越多。汉代石雕图像主要有圆雕动物、透雕动物纹饰、石刻和画像石，以及大型镇墓兽石狮、石马和天禄、辟邪，其中都有西域题材和表现手法的影响。西汉时期雕塑艺术的成就突出表现在大型纪念性石刻和园林的装饰性雕刻上，霍去病墓前石刻是留存至今的一组非常具有代表性的大型石雕作品，其代表作“马踏匈奴”石像，象征着他为国家立下的不朽功勋。一匹昂首屹立的战马，足下踏着一名手持弓箭的匈奴人，战马既警惕又安详，既善良又含讽刺的神情，俨然一副胜利者的姿态；马腿粗壮坚实，犹如四根巨柱，与马身浑然一体，风格庄重雄劲，深沉浑厚，寓意深刻，耐人寻味。

汉代产生了金属铸造艺术，域外良马成为重要素材。汉武帝为了获得大宛国汗血马，派壮士车令等人出使大宛，“持千金及金马以请宛王贵山城善马”。[1]金马显然是以金铸造成的工艺品，用为贵重礼物。陕西省兴平市汉武帝茂陵东南1000米处，有其姐姐阳信长公主墓，其陪葬坑出土的鎏金铜马表现的就是大宛汗血马体型。[2]在汉代以前的造型艺术中，不见这种体型的马，而从汉迄唐约千年间，这类马的造型艺术品屡见不鲜。与现代良马相比，这尊铜马与中亚土库曼斯坦的阿哈-捷金马最为近似，它们可能是属于同一血缘品种的马。《三辅黄图》卷3“未央宫”条记载：“金马门，宦者署。武帝得大宛马，以铜铸像，立于署门，因以为名。东方朔、主父偃、严安、徐乐，皆待诏金马门，即此。”[3]此铜铸像大概与汉武帝茂陵东侧1号无名冢1号葬坑出土的鎏金铜马艺术风格和制作技术相同。

1969年，在甘肃武威雷台东汉墓中出土大批铜俑，这是镇守张掖的军事长官张某及其妻合葬墓，出土物中有驾车乘骑的铜人马38件，铜奔马1件。著名的铜奔马又称“马踏飞燕”或“马超龙雀”，重7.15公斤，高34.5厘米，长45厘米，宽13厘米，马头顶花缨微扬，昂首扬尾，尾打飘

[1]《汉书》卷61《张骞传》，第2697页。

[2]陕西地区文管会、茂陵博物馆：《陕西茂陵一号无名冢一号从葬坑的发掘》，载《文物》1982年第9期。

[3]黄清谷校注：《三辅黄图校注》卷3，三秦出版社，第163页。

结，三足腾空，右后足蹄踏一飞燕，飞燕展翅，惊愕回首。其造型一反秦汉雕塑以静态或静中寓动的方法表现马的方式，而着意表现马的动态，雕塑了一匹躯体健壮的骏马头微左侧、张口嘶鸣、束尾飘举的俊逸姿态，给人协调自然、神采飞扬的印象，完全符合骏马在运动中的自然形态。鎏金铜马和铜奔马不仅展现了汉代高度发达的冶金、铸造技术和艺术家的卓越才华，而且为研究汉代马的体型、来源提供了有力的实证。20世纪50年代在四川彭山县出土的陶马和70年代在贵州兴义县出土的铜马，艺术风格虽然与前出两件迥然不同，然而马之体形悍威勃然的神态却如出一辙。[1]

东汉时马援南征，获得南越之地的铜鼓，改铸为铜马，作为相马法式。马援法式吸收和借鉴了多家相马法式，其中包括汉武帝时金马门前铜马法式。[2]《后汉书》卷24《马援传》记载：

> 援好骑，善别名马，于交阯得骆越铜鼓，乃铸为马式，还，上之。因表曰："夫行天莫如龙，行地莫如马。马者甲兵之本。国之大用。安宁则以别尊卑之序，有变则以济远近之难。昔有骐骥，一日千里，伯乐见之，昭然不惑。近世有西河子舆，亦明相法。子舆传西河仪长孺，长孺传茂陵丁君都，君群传成纪杨子阿，臣援尝师事子阿，受相马骨法。考之于行事，辄有验效。臣愚以为传闻不如亲见，视景不如察形。今欲形之于生马，则骨法难备具，又不可传之于后。孝武皇帝时，善相马者东门京铸作铜马法献之，有诏立马于鲁班门外，则更名鲁班门，曰金马门。臣谨依仪氏锜，中帛氏口齿，谢氏唇髻，丁氏身中，备此数家骨相以为法。"马高三尺五寸，围四尺五寸，有诏置于宣德殿下，以为名马式焉。

可见汉武帝时东门京按照大宛汗血马铸造之铜马，成为马援相马法式

[1]常洪、王仁波：《试评茂陵东侧出土的西汉鎏金铜马——兼论天马和现代中亚马种的关系》，载《农业考古》1987年第2期。

[2]《后汉书》卷24《马援传》李贤注引马援《铜马相法》："水火欲分明。水火在鼻两孔间也。上唇欲急而方，口中欲红而有光，此马千里。颔下欲深，下唇欲缓。牙欲前向。牙(欲)去齿一寸，则四百里；牙剑锋，则千里。目欲满而泽。腹欲充，膁欲小，季肋欲长，悬薄欲厚而缓。悬薄，股也。腹下欲平满，汗沟欲深[而]长，(而)膝本欲起，肘腋欲开，膝欲方，蹄欲厚三寸，坚如石。"

的重要元素。

由于马在社会生活中的重要作用,汉代出现一批以善画马而著称的画家。《西京杂记》卷2记载:"元帝后宫既多,不得常见,乃使画工图形,案图召幸之。诸宫人皆赂画工,多者十万,少者亦不减五万。独王嫱不肯,遂不得见。匈奴入朝,求美人为阏氏。于是上案图,以昭君行。及去,召见,貌为后宫第一,善应对,举止闲雅。帝悔之,而名籍已定。帝重信于外国,故不复更人。乃穷案其事,画工皆弃市,籍其家资皆巨万。画工有杜陵毛延寿,为人形丑好老少,必得其真。安陵陈敞、新丰刘白、龚宽,并工为牛马飞鸟众势,人形好丑不逮延寿。下杜阳望亦善画,尤善布色,樊育亦善布色。同日弃市,京师画工于是差稀。"〔1〕其中陈敞、刘白、龚宽都是活跃在元帝宫廷中的画家,工于牛马,其画马素材有的应该也取材于域外输入的骏马形象。他们的画应该有帛画,也有壁画。不仅元帝宫廷中如此,汉代社会上应该有不少善于画马的画家,我们现在还能看到不少汉代墓画壁画中的车马出行图,应该就是这些画家的作品。画像石是汉代特有的一种艺术,广泛反映了汉代的社会生活。山东嘉祥武氏祠堂画像石刻有龙马之状,是乌孙、大宛马输入中原后龙的变形图案。

汉代时周边域外良马的输入,在汉代物质文化生活中发挥了重要作用。在汉代域外文明的输入中,最有实用价值的当属良马的输入。良马的输入和它在汉代社会生活中的作用,有力地说明文化交流是人类文明进步的动力。

〔1〕〔晋〕葛洪:《西京杂记》卷2,《汉魏丛书》,吉林大学出版社影印本,1992年,第304页。

9 魏晋南北朝时期良马输入的途径

我国古代东北、北方和西北游牧民族地区都出良马，尤其西域的马最为优良，因此中原地区很早就从游牧民族那里输入良马。马在古代社会生活中有重要地位，既是重要的交通驮载工具，又是重要的军事装备。秦汉时在对匈奴用兵的过程中，需要大量战马和驮马，因此十分重视养马和引进良马。大量获取周边地区的良马，从汉武帝开始。汉朝从匈奴得到北方和西北地区的良马，从乌孙国得乌孙马，从大宛国得汗血马。东汉时月氏马传入中国，[1]汉末还得到鲜卑民族的良马。魏晋南北朝时中原地区和南方政权获取游牧民族和域外良马的范围更加扩大，其方式主要有互市、献赠和战争等途径。

9.1 互市交易

互市是古代中原王朝与周边各族及中国与外国之间的贸易往来，亦称交市或通市。西汉时张骞通西域，汉朝便开始了与西域各国的贸易。汉朝在边境关口设关市，作为与周边民族的交易市场。"互市"之称，始于东汉与乌桓、鲜卑、匈奴等族的贸易。互市的盛衰与彼此间政治、军事斗争密切相关。魏晋以后有时也称"交市""通市"，当时陆路贸易更加繁荣，海上贸易也开始发展。在魏晋南北朝多个政权长期对峙的过程中，中原政权与北方草原民族无论战和，一直保持着边境贸易。

〔1〕〔三国·吴〕康泰《吴时外国传》云："外国称天下有三众，中国人众，大秦宝众，月氏马众。"《史记》卷123《大宛列传》司马贞《索隐》引，中华书局，1982年，第3160页。班固曾请身在西域的弟弟班超为他买月氏马，在他给班超的信中写道："今赍白素三百匹，欲以市月支马、苏合香、毾。"见《艺文类聚》卷85引，上海古籍出版社，1965年，第1456页。

东汉末年中原政权便与鲜卑存在互市关系。《三国志·乌丸鲜卑东夷传》记载:"(鲜卑)素利、弥加、厥机皆为大人,在辽西、右北平、渔阳塞外,道远初不为边患,然其种众多于比能。建安中,因阎柔上贡献,通市,太祖皆表宠以为王。"〔1〕鲜卑人自称是"常马背中领上生活"的民族,〔2〕与鲜卑人的这种边境贸易是马输入的正常途径,马的输入对增强中原政权的军事力量发挥了不小的作用,曹魏时引起鲜卑诸部的警惕,他们共约不与曹魏进行马的交易。《三国志·田豫传》记载:

> 文帝初,北狄强盛,侵扰边塞,乃使豫持节护乌丸校尉,牵招、解俊并护鲜卑。自高柳以东,濊貊以西,鲜卑数十部,比能、弥加、素利割地统御,各有分界。乃共要誓,皆不得以马与中国市。豫以戎狄为一,非中国之利,乃先构离之,使自为仇敌,互相攻伐。素利违盟,出马千匹与官,为比能所攻,求救于豫,豫恐遂相兼并,为害滋深,宜救善讨恶,示信众狄。

北狄指乌丸和鲜卑,自从匈奴人被东汉王朝击溃之后,鲜卑人从东北地区成扇形向西和南迁移扩散,逐渐成为北方草原的主人。这段记载说明在此之前,鲜卑数十部存在与中原地区的贸易和交换,而马是重要内容。〔3〕当他们意识到良马对中原政权军事实力增长的重要性时,便共约不以马与中原交易,魏将田豫便设计离间之。其结果导致鲜卑酋长失和,从而保证了互市的进行和马的输入。据鱼豢《魏略》记载:"鲜卑素利等数来客见,多以牛马遗豫,豫转送官。"〔4〕曹魏时也通过互市获得西域的良马。《三国志·徐邈传》记载:"明帝以凉州绝远,南接蜀寇,以邈为凉州刺史,使持节领护羌校尉……河右少雨,常苦乏谷,邈上修武威、酒泉盐池以收虏谷,又广开水田,募贫民佃之,家家丰足,仓库盈溢。乃支度州界军用之余,以市金帛犬马,通供中国之费……西域流

〔1〕《三国志》卷30《魏书·乌丸鲜卑东夷传》,第840页。

〔2〕《宋书》卷95《索虏传》,中华书局,1974年,第2348页。

〔3〕《三国志》卷30《乌丸鲜卑东夷传》记载:"延康初,比能遣使献马,文帝亦立比能为附义王。黄初二年,比能出诸魏人在鲜卑者五百余家,还居代郡。明年,比能帅部落大人小于代郡乌丸修武卢等三千余骑,驱牛马七万余口交市,遣魏人千余家居上谷。"中华书局,1959年,

〔4〕《三国志》卷26《魏书·田豫传》,裴松之注引《魏略》,第727、729页。

通，荒戎入贡，皆邈勋也。”

南方的孙吴通过互市和贸易获得北方良马。建安二十四年(219年)孙权遣“校尉梁寓奉贡于汉”，并“令王淳市马”。[1]嘉禾四年(235年)七月，魏文帝曹丕遣使“以马二百匹，求易珠玑、翡翠”。[2]孙吴大臣有反对者，孙权说：“此皆孤所不用，而可得马，何苦而不听其交易！”[3]三国时孙吴与辽东公孙渊政权保持交好，以共同牵制曹魏。孙吴交好辽东，还有一个重要原因，即辽东“多马”，可以从辽东获取良马。陆瑁谏阻孙权伐辽东，正是此意。他说：

> 今渊东夷小丑，屏在海隅，虽托人面，与禽兽无异。国家所为不爱货宝远以加之者，非嘉其德义也，诚欲诱纳愚弄，以规其马耳。渊之骄黠，恃远负命，此乃荒貊常态，岂足深怪？昔汉诸帝亦尝锐意以事外夷，驰使散货，充满西域，虽时有恭从，然其使人见害，财货并没，不可胜数。今陛下不忍悁悁之忿，欲越巨海，身践其土，群臣愚议，窃谓不安。何者？北寇与国，壤地连接，苟有间隙，应机而至。夫所以越海求马，曲意于渊者，为赴目前之急，除心腹之疾也。[4]

辽东之地“民习鞍马”，孙吴与辽东建立了互市贸易关系，从辽东购买大批良马。吴与辽东虽距离遥远，但“水道通利，举帆便至，无所隔限”，[5]双方的贸易早就存在。魏明帝太和初在给公孙渊的公文中指责孙权与辽东的交往：“比年已来，复远遣船，越渡大海，多持货物，诳诱边民。边民无知，与之交关，长吏以下，莫肯禁止。”[6]双方贸易的规模很大。嘉禾元年(232年)周贺使辽东时，“浮舟百艘，沈滞津岸，贸迁有无，既不疑拒，赍以名马”。[7]吴辽贸易的重要地点是沓津(今辽宁旅顺)，

---

[1]《三国志》卷47《吴书·吴主传》，第1121页。

[2]〔唐〕许嵩：《建康实录》卷2，中华书局，1986年，第42页。

[3]《三国志》卷47《吴书·吴主传》，第1140页。

[4]《三国志》卷57《陆瑁传》，第1337–1338页。

[5]《三国志》卷8《魏书·公孙渊传》，裴松之注引《魏略》，第259页。

[6]《三国志》卷8《魏书·公孙渊传》，裴松之注引《魏略》，第255页。

[7]《三国志》卷8《魏书·公孙渊传》，裴松之注引《魏略》，第255页。

嘉禾二年(233年)孙权派张弥、许晏率使团出使辽东,他们"将兵万人",携大量"金宝珍货"。船队停泊在沓津后,一面派人以"文书命服什物"授渊,一面在沓津进行贸易,"别赉致遣货物,欲因市马","使诸市买者五六百人"上岸交易。[1]孙吴从辽东购马的行为引起曹魏方面的警觉,辛毗上书魏文帝说:"诸葛亮讲武治兵,孙权市马辽东,量其意指,似欲相左右。"[2]张弥、许晏来购马,为曹魏所不容,迫于其压力,公孙渊攻杀孙吴使团。

东晋五胡十六国与南北朝时,北方诸政权统治阶级大多出身所谓"五胡"游牧民族,骑乘以马为主。当北方游牧民族进入中原地区时,北方草原良马进入中原地区自不待言。进入中原建立政权后,他们继续从北方草原民族那里获得良马。南方的东晋则与北方五胡政权进行互市,购取其良马。《晋书·祖逖传》记载,祖逖与石勒进行边境互市,"收利十倍","公私丰赡,士马日滋"。说明祖逖曾从互市中获得不少良马。立国中原地区的北魏与其东北、北方和西北地区的各政权都有互市交往,并获得这些草原民族的文明成果。北魏与库莫奚有交市贸易,宣武帝《监库莫奚国交市诏》云:"库莫奚去太和二十一年以前,与安、营二州边民参居,交易往来,并无疑贰。至二十二年叛逆以来,遂尔远窜。今欲款附,犹在塞表,每请入塞与民交易。若抑而不许,乖其归向之心;听而不虞,或有万一之警。不容依先任其交易,事宜限节,交市之日,州遣上佐监之。"[3]

北魏与北方柔然游牧民族政权也存在互市关系,他们从柔然那里获得良马。元孚《陈赈恤阿那瓌便宜表》谈到北魏与柔然的关系,云:"贸迁起于上古,交易行于中世,汉与胡通,亦立关市。北人阻饥,命悬沟壑,公给之外,必求市易,彼若愿求,宜见听许。"[4]说明在中原地区与北方游牧民族之间长期都保持着互市关系。《魏书·契丹国传》记载:"真

[1]《三国志》卷8《魏书·公孙渊传》,裴松之注引《魏略》,第256页。

[2]《三国志》卷25《辛毗传》,第698页。

[3]《魏书》卷100《库莫奚国传》,中华书局,1974年,第2223页。

[4]《魏书》卷18《临淮王谭传》附《元孚传》,第425页。

君以来,求朝献,岁贡名马。显祖时,使莫弗纥何辰奉献,得班飨于诸国之末……悉万丹部、何大何部、伏弗郁部、羽陵部、日连部、匹洁部、黎部、吐六于部等,各以其名马文皮入献天府,遂求为常。皆得交市于和龙、密云之间,贡献不绝。"说明东北各部族与中原政权间一边朝贡不断,一边保持着互市贸易。北魏时私人通过交易购取域外名马,甚至远至波斯。北魏杨衒之《洛阳伽蓝记》卷4记载,元琛任秦州刺史,"遣使向西域求名马,远至波斯国,得千里马,号曰'追风赤骥'。次有七百里者十余匹,皆有名字。以银为槽,金为锁环,诸王服其豪富"。[1]

北朝与南朝间一直保持着互市关系,在南北方之间互市中北方的马输入南方。《宋书·颜竣传》记载:

> 二十八年,虏自彭城北归,复求互市,竣议曰:"愚以为与虏和亲无益,已然之明效。何以言其然?夷狄之欲侵暴,正苦力之不足耳。未尝拘制信义,用辍其谋。昔年江上之役,乃是和亲之所招。历稔交聘,遂求国婚,朝廷羁縻之义,依违不绝,既积岁月,渐不可诬,兽心无厌,重以忿怒,故至于深入。幸今因兵交之后,华、戎隔判,若言互市,则复开曩敝之萌。议者不过言互市之利在得马,今弃此所重,得彼下驷,千匹以上,尚不足言,况所得之数,裁不十百邪。一相交关,卒难闭绝。寇负力玩胜,骄黠已甚,虽云互市,实觇国情,多赡其求,则桀慠罔已,通而为节,则必生边虞。不如塞其端渐,杜其觖望,内修德化,外经边事,保境以观其衅,于是为长。"

北魏拓跋焘率军南侵刘宋,于元嘉二十八年北归,"复求互市",说明南北朝之间一直存在互市,只是因为这次南北方战事而暂时中断。但这种互市是于双方都有利的事情,拓跋焘回军途中便迫不及待地要求恢复双方的互市关系。从这个记载还可以知道,南朝"互市之利在得马"。在这种贸易中,北朝输往南朝的主要是马。《宋书·索虏传》记载:

> 世祖即位,索虏求互市,江夏王义恭、竟陵王诞、建平王宏、何尚之、何偃以为宜许;柳元景、王玄谟、颜竣、谢庄、檀和之、褚湛之

---

〔1〕〔北魏〕杨衒之撰,范祥雍校注:《洛阳伽蓝记校注》卷4,上海古籍出版社,1978年,第207页。

以为不宜许。时遂通之……此后虏复和亲，信饷岁至，朝廷亦厚相报答。

尽管在南朝有不少人反对互市，朝廷最终还是决定对北朝开放互市，因为对于南朝来说，互市是获得北方的马的主要途径。在这种互市中，南朝从北朝得到多少马匹，实难估计。作为敌对方的北朝当然不愿意看到南朝军力超过自己，在对南方贸易中必定限制良马的出口。所以当时的人就说："得彼下驷，千匹以上，尚不足言，况所得之数，裁不十百邪！"〔1〕

突厥崛起之初，便与中原北朝政权进行互市贸易。6世纪中叶土门可汗时，部落逐渐强盛，开始与中原地区进行贸易活动，"始至塞上市缯絮，愿通中国"。西魏大统十一年(545年)，太祖遣使至其国，其人皆相庆曰："今大国使至，我国将兴也。"十二年(546年)，土门遣使献方物。〔2〕在突厥与中原政权的互市贸易中，中原地区获得突厥大量的马。《北齐书·卢潜传》记载："显祖初平淮南，给十年优复。年满之后，逮天统、武平中，征税烦杂。又高元海执政，断渔猎，人家无以自资。诸商胡负官责息者，宦者陈德信纵其妄注淮南富家，令州县征责。又敕送突厥马数千疋于扬州管内，令土豪贵买之。钱直始入，便出敕括江、淮间马，并送官厩。由是百姓骚扰，切齿嗟怨。"北齐时朝廷一次便送突厥马数千匹至扬州贩卖，可见当时从突厥那里购取马匹之多。

9.2 馈赠贡献

自汉以来，西域各国便以良马入贡中原。张骞第一次出使西域，归来曾向武帝报告，大宛"多善马，马汗血，其先天马子也"。〔3〕他第二次出使乌孙归国，随行而来的乌孙使节以马数十匹献汉报谢。后来乌孙为了与汉结盟，"使使献马，愿得尚汉女翁主为昆弟"，又以马千匹为聘

〔1〕《宋书》卷75《颜竣传》，第1959页。

〔2〕《周书》卷50《突厥传》，中华书局，1971年，第908页。

〔3〕《史记》卷123《大宛列传》，第3160页。

礼献汉,汉朝以江都王建的女儿细君为公主,妻乌孙王。武帝很喜欢乌孙马,称之为“天马”。此后乌孙马仍源源不断地输送到汉地。

魏晋南北朝时期,中国先后出现过三十多个政权。这些政权之间以及这些政权与周边和域外民族之间有时发生军事冲突,但大多数时间则存在着友好往来。拥有良马的民族和国家往往以马作为馈赠和贡献的礼物。在这种交往中,中原统治者或南方政权赠给周边民族贵族的礼物主要为金帛丝絮,周边民族,特别是东北、北方和西北地区民族赠送或入贡中原地区统治者的往往是马和骆驼。

曹魏时鲜卑人成为北方草原的主人,在与中原政权的交往中,鲜卑人以其良马进献。《三国志·公孙瓒传》记载:“太祖与袁绍相拒于官渡,阎柔遣使诣太祖受事,迁护乌丸校尉……太祖破南皮,柔将部曲及鲜卑献名马以奉军。”不仅轲比能献马,鲜卑另一位酋长也向曹魏献马。《三国志·乌丸鲜卑东夷传》记载:“厥机死,又立其子沙末汗为亲汉王。延康初,又各遣使献马。文帝立素利、弥加为归义王。”步度根曹魏初年也献马,同传记载:“文帝践阼,田豫为乌丸校尉,持节并护鲜卑,屯昌平;步度根遣使献马,帝拜为王。”魏明帝时轲比能及丁零人献名马。《三国志·明帝纪》记载,太和五年“夏四月,鲜卑附义王轲比能率其种人及丁零大人儿禅诣幽州贡名马。”

曹魏置西域长史,西域诸国向曹魏政权朝贡,曹魏也得到西域名马。大宛以汗血马著称,这种大宛马终两汉之世,一直源源不断地输入中原。东汉末年曹操的几个儿子还得此种好马,曹植《献文帝马表》云:“臣于先武皇帝世,得大宛紫骍马一匹,形法应图,善持头尾,教令习拜,今辄已能;又能行与鼓节相应。”[1]《三国志·任城王彰传》记载:“太祖尝抑之曰:‘汝不念读书慕圣道,而好乘汗马击剑,此一夫之用,何足贵也!’”西域于阗国也献马给曹魏政权,《梁书·诸夷传》记载:“于阗国,西域之属也……魏文帝时,王山习献名马。”大宛良马往往通过入贡方式进入中原。《三国志·三少帝纪》:“(咸熙二年九月)闰月庚辰,康居、大宛献名马,归于相国府,以显怀万国致远之勋。”这时,曹魏的大权已经旁

〔1〕〔三国·魏〕曹植撰,赵幼文校注:《曹植集校注》,人民文学出版社,1984年,第310页。

落，司马氏执政，来自康居和大宛的好马以皇帝赏赐的方式落入司马氏府上。

东北亚之濊族也向中原地区进献良马。东汉时乌桓大人向东汉光武帝献马。[1]他们有一种小马称果下马，汉时就入贡中国。《三国志·乌丸鲜卑东夷传》记载："濊南与辰韩，北与高句丽、沃沮接，东穷大海，今朝鲜之东皆其地也。户二万……其海出班鱼皮，土地饶文豹，又出果下马，汉桓时献之。"裴松之注云："果下马高三尺，乘之可于果树下行，故谓之果下。"这种果下马后来仍不断输入中原地区。《魏书·高句丽传》提到高句丽"出三尺马，云本朱蒙所乘，马种即果下也"。《北齐书·尉景传》记载："景有果下马，文襄求之，景不与。"尉景的果下马应该来自朝鲜半岛。梁元帝《兽名诗》中提到果下马："豹韬求秘术，虎略选良臣。水涉黄牛浦，山过白马津。摧锋上狐塞，画像入麒麟。果下新花落，桃枝芳树春。王孙及公子。熊席复横陈。"[2]这首诗每句都提到一个动物名，前六句都明写，第七八句暗写，"果下"即指果下马。梁元帝的诗说明朝鲜半岛的果下马可能也传入南朝。

三国时，孙吴为抗衡魏蜀，大力引进良马。南方沿海地区向孙吴进献名马。《三国志·士燮传》记载：

> 建安末年，燮遣子廞入质，(孙)权以为武昌太守，燮、壹诸子在南者，皆拜中郎将。燮又诱导益州豪姓雍闿等，率郡人民使遥东附，权益嘉之，迁卫将军，封龙编侯，弟壹偏将军，都乡侯。燮每遣使诣权，致杂香细葛，辄以千数，明珠、大贝、流离、翡翠、玳瑁、犀、象之珍，奇物异果，蕉、邪、龙眼之属，无岁不至。壹时贡马凡数百匹。权辄为书，厚加宠赐，以答慰之。

士燮的弟弟士壹入贡孙权良马达"数百匹"之多。

孙吴政权也获取曹魏政权馈赠的良马。三国时孙吴自立江南，却"外托事魏"，在双方的交往中，曹魏方面常以马作为礼物相赠。黄武元

〔1〕《册府元龟》卷968《外臣部》云：建武二十五年，"辽西乌桓大人赦且等九百二十二人率众向化，诣阙朝贡，献奴婢、牛马及弓、虎、豹、貂"。中华书局，1960年，第11377页。

〔2〕《艺文类聚》卷56，上海古籍出版社，1982年，第1011页。

年(222年),孙权破刘备,"以使聘魏",魏文帝曹丕"报使,致鼲子裘、明光铠、騑马"。[1]騑马乃骖乘之马。曹丕还曾把自己骑乘的骏马赠予孙权,在他写给孙权的一封信里说:"前使于禁、郭及土所遗吾纤骊马,本欲使禁自致之。念将军傥欲速得,今故以付徐奉往。此二马,朕之常所自乘,甚调良善走,数万匹之极者,乘之真可乐也。中国虽饶马,其知名绝足,亦时有之耳。"[2]咸熙元年(264年)魏灭蜀,司马昭遣使至吴,"谕孙皓以平蜀之事,致马、锦等物,以示威怀"。[3]

在与魏蜀的对抗中,孙吴需要从辽东获取战马。孙权称帝,便遣使往辽东,而辽东则派宿舒等向孙权献马。《三国志·吴主传》记载:"嘉禾元年……十月,魏辽东太守公孙渊遣校尉宿舒、阆中令孙综称藩于权,并献貂、马。权大悦,加渊爵位。"孙吴还得到朝鲜半岛政权的良马。辽东背弃孙吴,交好曹魏,杀孙吴派的使团成员。吴使秦旦等人逃至高句骊,高句骊王宫遣使送秦旦等人返吴,孙权遣使表示答谢,拜宫为单于。宫则"上马数百匹"。但吴使船小,"载马八十匹而还"。[4]

巴蜀地区自古盛产良马,《史记·货殖列传》云,巴蜀"西近邛笮,笮马、牦牛"。庞统向刘备分析天下形势,云:"今益州国富民强,户口百万,四部兵马,所出必具。"[5]刘备平定南中,"赋出叟、濮耕牛、战马、金银、犀革,充继军资,于是费用不乏"。[6]这里出产的蜀马、巴滇马著称于世。蜀汉李密出使孙吴,孙权关心蜀地马的数量,问蜀马多少,李密回答:"官用有余,民间自足。"[7]蜀汉常以马馈赠孙吴,黄武二年(223年),蜀国邓芝出使孙吴,"致马二百匹"。[8]孙吴通过赠遗、贸易和俘

〔1〕《三国志》卷47《吴书·吴主传》,裴松之注引《吴历》,第1125页。

〔2〕《艺文类聚》卷93《兽部》上,第1624页。"土",《太平御览》卷894作"去"。

〔3〕《晋书》卷2《文帝纪》,中华书局,1974年,第44页。

〔4〕《三国志》卷47《吴书·吴主传》注引《吴书》,第1140页。

〔5〕《三国志》卷37《蜀书·庞统传》,裴松之注引《九州春秋》,第955页。

〔6〕《三国志》卷43《蜀书·李恢传》,第1046页。

〔7〕〔晋〕常璩:《华阳国志》卷11《后贤志》。《三国志》卷45《杨戏传》,裴松之注引,第1078页。

〔8〕《三国志》卷47《吴书·吴主传》,裴松之注引《吴历》,第1131页。

掠，从巴蜀获得不少战马，当时有人说孙权“蜀者陛下之外厩”，[1]可见蜀地成为孙吴战马的重要来源。孙吴需要马时便入蜀“求马”。如孙休永安三年(260年)春，薛珝“为五官中郎将，遣至蜀求马”。[2]这种求马当有贸易性质。

西晋时，鲜卑人继续向中原政权献马。《晋书·孝愍帝纪》记载，建兴二年九月，“单于代公猗卢遣使献马”。《晋书·刘琨传》记载：

(永嘉)三年，帝遣兼大鸿胪赵廉持节拜琨为司空、都督并冀幽三州诸军事。琨上表让司空，受都督，克期与猗卢父子相图，卢及兄子根皆病死，部落四散。琨子遵先质于卢，众皆附之。及是，遵与箕澹等帅卢众三万人，马牛羊十万，悉来归琨，琨由是复振，率数百骑自平城抚纳之。

刘琨从猗卢那里获得不少马牛羊。北方有良马曰騊駼，《史记》记载：“匈奴奇畜则騊駼。”这种出自北方的良马晋时似乎传入中原地区，当来自鲜卑人。晋郭璞有《騊駼赞》，云：“騊駼野骏，产自北域。交颈相摩，分背翘陆。虽有孙阳，终不在服。”[3]

西晋时仍置西域长史，负责西域事务。《晋书·武帝纪》记载：“(泰始六年)九月，大宛献汗血马。”《晋书·四夷传·西戎》“大宛国”记载：“土宜稻麦，有蒲陶酒，多善马，马汗血……太康六年，武帝遣使杨颢拜其王蓝庾为大宛王。蓝庾卒，其子摩之立，遣使贡汗血马。”《晋书》卷97《四夷传·西戎》“康居国”记载：“地和暖，饶桐柳蒲陶，多牛羊，出好马。泰始中，其王那鼻遣使上封事，并献善马。”

西晋政权也从东北亚获得善马。《晋书·四夷传》记载：“夫余国，在玄菟北千余里，南接鲜卑，北有弱水，地方二千里，户八万，有城邑宫室，地宜五谷……出善马及貂豽、美珠，珠大如酸枣……武帝时，频来朝

〔1〕《三国志》卷64《吴书诸葛恪传》记载：“蜀使至，群臣并会，权谓使曰：‘此诸葛恪雅好骑乘，还告丞相，为致好马。’恪因下谢，权曰：‘马未至而谢何也？’恪对曰：‘夫蜀者陛下之外厩，今有恩诏，马必至也，安敢不谢？’”

〔2〕《三国志》卷53《吴书·薛综传》，裴松之注引《汉晋春秋》，第1255页；〔唐〕许嵩：《建康实录》卷3，中华书局，1986年，第81页。

〔3〕《艺文类聚》卷93《兽部》上，第1624页。

贡。"夫余既然"出善马",自晋武帝时便"频来朝贡",其贡物中便当有善马。崔鸿《十六国春秋》记载:"太康四年,高丽使至,献美女十人,千里马一匹。"[1]东晋南朝时仍与高句骊保持友好关系,安帝义熙九年(439年),高句骊王高琏遣使"奉表献赭白马"。刘宋元嘉十六年(439年),宋文帝欲北伐,"诏琏送马,琏献马八百匹。"[2]

东晋五胡十六国时,凉州政权从西域和鲜卑得到良马,又转送中原。《晋书·张骏传》记载,前凉张骏接受"西域诸国献汗血马、火浣布、犎牛、孔雀、巨象及诸珍异二百余品"。《晋书·郭黁传》记载:"张天锡末年,苻氏每有西伐之问,太守赵凝使黁筮之,黁曰:'若郡内二月十五日失囚者,东军当至,凉祚必终。'凝乃申约属县。至十五日,鲜卑折掘送马于凝,凝怒其非骏,幽之内厩,鲜卑惧而夜遁。"凉州大马为中原地区所闻,所以张轨获"凉州大马"的绰号,《晋书·张轨传》记载,张轨永宁初为凉州刺史,"王弥寇洛阳,轨遣北宫纯、张纂、马鲂、阴濬等率州军击破之。又败刘聪于河东,京师歌之曰:'凉州大马,横行天下。凉州鸱苕,寇贼消;鸱苕翩翩,怖杀人。'"[3]张氏曾将所获良马转送中原地区。《晋书·张寔传》记载,张寔"遣督护王该送诸郡贡计,献名马方珍、经史图籍于京师"。《晋书·刘曜载记》记载,凉州张茂惧刘曜军威,"遣使称藩,献马一千五百匹,牛三千头,羊十万口,黄金三百八十斤,银七百斤,女妓二十人,及诸珍宝珠玉、方域美货不可胜纪"。《晋书·苻坚载记》记载,西域大宛国曾向前秦苻坚贡献"天马千里驹,皆汗血、朱鬣、五色、凤膺、麟身"。北方五胡政权还以马作为礼物赠送东晋人士。《晋书·石勒载记》记载,石勒曾赠送东晋将军祖逖"以马百匹,金五十斤"。

五胡十六国时,出身游牧民族的北方诸政权统治阶级相互之间以马赠遗贡献。《晋书·冯跋载记》记载:"蝚蠕勇斛律遣使求跋女伪乐浪公主,献马三千匹,跋命其群下议之。素弗等议曰:'前代旧事,皆以宗女妻六夷,宜许以妃嫔之女,乐浪公主不宜下降非类。'跋曰:'女生从夫,

〔1〕《太平御览》卷895《兽部》七,上海古籍出版社,2008年,第九册,第60页。

〔2〕《宋书》卷97《高句骊传》,第2393页。

〔3〕《晋书》卷86《张轨传》,第2223页。

千里岂远！朕方崇信殊俗，奈何欺之！'乃许焉。遣其游击秦都率骑二千，送其女妇于蝚蠕。库莫奚虞出库真率三千余落请交市，献马千匹，许之，处之于营丘。”冯跋是北燕开国皇帝，柔然人与之和亲，以马为聘礼，娶其乐浪公主。库莫奚人与之交市，又献马为礼。库莫奚，即后来被称为“奚”的民族，北魏时分布在弱洛水（今西拉木伦河）南，和龙（今辽宁朝阳）北的今老哈河流域，过着“善射猎”“随逐水草”的狩猎、游牧生活。

鲜卑马、大宛马等各种良马在这种互赠和进献中互相转送。《晋书·石勒载记》记载：“时高句丽、肃慎致其楛矢，宇文屋孤并献名马于勒。凉州牧张骏遣长史马诜奉图送高昌、于阗、鄯善、大宛使，献其方物。”凉州能得到西域良马，张骏献其方物中当有良马。而他送大宛国使至石勒后赵，大宛国的礼物向来便是汗血马。《晋书·苻健载记》：“杜洪遣其将张先要健于潼关，健逆击破之。健虽战胜，犹修笺于洪，并送名马珍宝，请至长安上尊号。”《晋书·姚弋仲载记》记载：“弋仲性狷直，俗无尊卑皆汝之，季龙恕而不责，于坐授使持节、侍中、征西大将军，赐以铠马……二城胡曹寅、王达献马三千匹。”《晋书·姚兴载记》上记载：“秃发辱檀献兴马三千匹，羊三万头。”《晋书·姚兴载记》下记载：“魏主拓跋珪送马千匹，求婚于兴，兴许之。”《晋书·秃发利鹿孤载记》记载：“傉檀遣其将文支讨南羌、西虏，大破之。上表姚兴，求凉州，不许，加傉檀散骑常侍，增邑二千户。傉檀于是率师伐沮渠蒙逊，次于氐池。蒙逊婴城固守，芟其禾苗，至于赤泉而还。献兴马三千匹，羊三万头。”《晋书·赫连勃勃载记》记载：“时河西鲜卑杜崘献马八千匹于姚兴，济河，至大城，勃勃留之。”立国于今青海一带的吐谷浑国盛产良马，《隋书·吐谷浑传》记载：“青海周回千余里，海内有小山。每冬冰合后，以良牝马置此山，至来春收之，马皆有孕，所生得驹，号为龙种，必多骏异。吐谷浑尝得波斯草马，放入海，因生骢驹，能日行千里，世传青海骢者也。”这条记载说明吐谷浑的良马是与波斯良马交配生成。《晋书·西戎传》“吐谷浑”记载：

“辟奚性仁厚慈惠。初闻苻坚之盛,遣使献马五十匹,金银五百斤。”[1]前秦苻坚平定北方和西域,获得北方和西域良马。《晋书·苻坚载记》记载:“吐谷浑碎奚以杨纂既降,惧而遣使送马五千匹、金银五百斤……先是,梁熙遣使西域,称扬坚之威德,并以缯彩赐诸国王,于是朝献者十有余国。大宛献天马千里驹,皆汗血、朱鬣、五色、凤膺、麟身,及诸珍异五百余种……鄯善王、车师前部王来朝,大宛献汗血马,肃慎贡楛矢,天竺献火浣布,康居、于阗及海东诸国,凡六十有二王,皆遣使贡其方物。”

南北朝时中原地区和南朝始终有马的需求。北魏统治者出身鲜卑拓跋部,本是北方游牧民族,是良马来源地。但鲜卑人进入中原后,逐渐感到良马的不足,北魏延兴六年(476年)六月,朝廷曾禁杀牛马,[2]也有人遗嘱中交代丧事不要杀马,[3]说明其马供应的不足。各割据对峙政权以及与西域国家之间往往以马作为礼品赠送。东北、北方和西北地区以及西域各国向中原地区进献良马,北魏开始从其他民族输入良马。《魏书·沮渠蒙逊传》记载,自称河西王的沮渠牧建,“尚世祖妹武威公主,遣其相宋繇表谢,献马五百匹,黄金五百斤”。北魏与北方草原民族柔然长期处于军事对抗状态,但双方也有和平交往的时期。在这种交往中,柔然以良马赠送北魏。如北魏太武帝延和三年(434年),“二月丁卯,蠕蠕吴提奉其妹,并遣其异母兄秃鹿傀及左右数百人朝贡,献马二千匹”。[4]这可能是柔然向北魏献马的开始,此后岁以为常。《魏书·蠕蠕传》云:“车鹿会既为部帅,岁贡马畜、貂豽皮。”北魏迁都洛阳以后,在柔然与北魏的交往中,柔然仍以良马为礼物相赠。据同书同传记载,孝文帝“太和元年四月,(柔然)遣莫何去汾比拔等来献良马、貂裘”,“二年二月,又遣比拔等朝贡,寻复请婚焉。高祖志存招纳,许之。予成虽岁贡不绝,而款约不著,婚事亦停”。

---

〔1〕《晋书》卷113《苻坚载记上》记载:“吐谷浑碎奚以杨纂既降,惧而遣使送马五千匹、金银五百斤。坚拜奚安远将军、漒川侯。”碎奚当即辟奚。中华书局,1974年,第2894页。

〔2〕《魏书》卷7上《高祖纪》记载,延兴五年“六月庚午,禁杀牛马”。第141页。

〔3〕《北史》卷49《雷绍传》记载,雷绍遗敕其子曰:“吾本乡葬法,必杀犬马,于亡者无益,汝宜断之,敛以时服,事从俭约。”第1807页。

〔4〕《魏书》卷4上《世祖纪》,第83页。

东魏时,柔然走向衰弱。在与突厥的对抗中仰赖东魏的支持。其主阿那瓌与东魏建立和亲关系,马是柔然聘礼的主要内容。《魏书·蠕蠕传》记载:

太昌元年六月,阿那瓌遣乌句兰树什伐等朝贡,并为长子请尚公主。永熙二年四月,出帝诏以范阳王诲之长女琅邪公主许之,未及婚,帝入关。齐献武王遣使说之,阿那瓌遣使朝贡,求婚。献武王方招四远,以常山王妹乐安公主许之,改为兰陵公主。瓌遣奉马千匹为聘礼,迎公主,诏宗正元寿送公主往北。自是朝贡相寻。

北朝后期,北齐与北周对峙,北方草原崛起新的游牧民族突厥。突厥非常重视马的饲养和管理,[1]突厥献赠中原地区的礼物主要是马,北齐和北周都从突厥那里获取良马。《北齐书·元景安传》记载:"后主失并州,使开府纥奚永安告急于突厥他钵略可汗。及闻齐灭,他钵处永安于吐谷浑使下。永安抗言曰:'本国既败,永安岂惜贱命!欲闭气自绝,恐天下不知大齐有死节臣,唯乞一刀,以显示远近。'他钵嘉其壮烈,赠马七十匹而归。"北周与突厥交好,并建立和亲关系,从突厥那里得到大量的马。《周书·武帝纪》上记载,天和四年(569年)七月丁巳,"突厥遣使献马"。建德三年(574年)正月,"庚午,突厥遣使献马"。突厥向北周献马数量巨大。《周书·异域传下》"突厥"记载:

魏废帝元年正月,土门发兵击茹茹,大破之于怀荒北。阿那瓌自杀,其子庵罗辰奔齐,余众复立阿那瓌叔父邓叔子为主。土门遂自号伊利可汗,犹古之单于也。号其妻为可贺敦,亦犹古之阏氏也。土门死,子科罗立。科罗号乙息记可汗。又破叔子于沃野北木赖山。二年三月,科罗遣使献马五万匹。

在突厥与北周的交往中,突厥频繁向北周献马。据《周书·异域传下》"突厥"记载,北周"时与齐人交争,戎车岁动,故每连结之,以为外援"。"天和二年,俟斤又遣使来献……四年,俟斤又遣使献马。俟斤死,

〔1〕《周书》卷50《异域传下》"突厥"记载:"其刑法:反叛、杀人及奸人之妇、盗马绊者,皆死;奸人女者,重责财物,即以其女妻之;斗伤人者,随轻重输物;盗马及杂物者,各十余倍征之。"中华书局,1971年,第910页。

弟他钵可汗立……建德二年,他钵遣使献马。”当然,突厥“献马”,北周付出的是“缯絮锦彩”,实际上是“绢马交易”。突厥不仅向北周朝廷献马,还向北周有关人士赠送马。《周书·史宁传》记载,史宁与突厥联手进攻吐谷浑,史宁连战皆捷,“与木汗会,木汗握宁手,叹其勇决,并遗所乘良马,令宁于帐前乘之,木汗亲自步送。突厥以宁所图必破,皆畏惮之,咸曰:‘此中国神智人也。’及将班师,木汗又遗宁奴婢一百口、马五百匹、羊一万口”。

北朝也得到西南地区和东北地区的良马。《魏书·高宗纪》记载,兴光元年,“九月庚申,库莫奚国献名马,有一角,状如麟”。《魏书·高祖纪》记载,延兴二年八月辛酉,“地豆于、库莫奚国遣使朝贡,昌亭国遣使献蜀马”。昌亭国,即武兴国。〔1〕延兴五年,“五月丁酉,契丹、库莫奚国各遣使献名马”。《魏书·库莫奚传》记载:“高宗、显祖世,库莫奚岁致名马、文皮。”《魏书·勿吉传》记载,勿吉国“延兴中,遣使乙力支朝献。太和初,又贡马五百匹”。勿吉是东北亚古代民族名。古时肃慎,汉时称挹娄,南北朝时称勿吉,隋唐时称靺鞨。《魏书·地豆于国传》记载:“地豆于国,在失韦西千余里。多牛羊,出名马,皮为衣服,无五谷,惟食肉酪。延兴二年八月,遣使朝贡,至于太和六年,贡使不绝。十四年,频来犯塞,高祖诏征西大将军、阳平王颐击走之。自后时朝京师,迄武定末,贡使不绝。”则地豆于向北魏进贡的物产有“名马”。同书《契丹国传》记载:“真君以来,求朝献,岁贡名马。显祖时,使莫弗纥何辰奉献,得班飨于诸国之末……悉万丹部、何大何部、伏弗郁部、羽陵部、日连部、匹洁部、黎部、吐六于部等,各以其名马、文皮入献天府,遂求为常。皆得交市于和龙、密云之间,贡献不绝。”西南地区有著名的“蜀马”,经吐谷浑的转手贡献,输入北魏。《魏书·吐谷浑传》记载:“终世宗世至于正光,牦牛、蜀马及西南之珍无岁不至。”

---

〔1〕三国时,张滋曾被曹魏封为昌亭侯。昌亭在汉中治所南郑,所以往往以昌亭代称南郑。北魏时献蜀马的昌亭国是仇池国后人杨文度建立的“武兴国”。仇池杨氏是氐人酋长,自东汉以来割据汉中西部。371年前仇池国灭亡,杨氏又建立武都国。473年武都王杨生嗣卒,其弟杨文度自立武兴王,投降北魏,向北魏献马。同一年魏将皮欢喜杀杨文度。杨文度的“武兴国”不为北魏承认,故称昌亭国。参《魏书》卷101《氐传》,第2227-2231页。

西北地区和西域国家往往以名马，特别是大宛汗血马作为礼品向中原政权进献。南北朝时南北双方都获其贡献良马。《魏书·高祖纪》记载，太和二年九月，“龟兹国遣使献大马、名驼、珍宝甚众”。龟兹在今新疆库车、新和和拜城一带。《魏书·高昌传》记载：“熙平元年，（高昌王麴）嘉遣兄子私署左卫将军、田地太守孝亮朝京师，仍求内徙，乞军迎援。于是遣龙骧将军孟威发凉州兵三千人迎之，至伊吾，失期而反。于后十余遣使，献珠像、白黑貂裘、名马、盐枕等，款诚备至。”《宋书·索虏传》记载：“粟特大明中遣使献生狮子、火浣布、汗血马。”此粟特，据张星烺先生考证为古之奄蔡国，又称阿兰，古代游牧民族建立的西域古国，在康居西北。[1]《魏书·世祖纪》记载，太延三年十一月，“甲申，破洛那、者舌国各遣使朝献，奉汗血马。”《魏书·西域传》记载：“洛那国，故大宛国也。都贵山城，在疏勒西北，去代万四千四百五十里。太和三年。遣使献汗血马，自此每使朝贡。”洛那国即破洛那国，古西域国家，即古大宛国，南北朝称破洛那。者舌国，中亚古国，即粟特人昭武九姓国之石国。《魏书·世祖纪》上记载，太延五年五月“癸未，遮逸国献汗血马”。遮逸国即中亚古国者舌国。北魏统一北方，对柔然的战争取得决定性胜利，并把统治势力伸向西域。宣武帝时中西交通进入全盛局面，北魏获得更多西域良马。《魏书·高宗纪》记载，和平六年“四月，破洛那国献汗血马”。《魏书·任城王澄传》记载：“西域嚈哒、波斯诸国各因公使，并遗澄骏马一匹，澄请付太仆，以充国闲。”受到宣武灵胡后表彰：“王廉贞之德，有过楚相，可敕付厩，以成君子大哉之美。”《魏书·西域传》记载，吐呼罗国“土宜五谷，有好马、驼、骡，其王曾遣使朝贡”。副货国，“宜五谷、葡桃，唯有马、驼、骡。国王有黄金殿，殿下金驼七头，各高三尺。其王遣使朝贡”。南天竺国，“世宗时，其国王婆罗化遣使献骏马、金、银，自此每使朝贡”。康国“出马、驼、驴、犎牛……太延中，始遣使贡方物”。从这些记载可知，这些出产良马的西域、中亚、西亚和南亚国家在与北魏交往中，都曾以良马作为礼物入贡。其远者有南天竺国、波斯国

〔1〕张星烺：《中西交通史料汇编》第五册《古代中国与西部土耳其斯坦之交通》，上海书店影印辅仁大学丛书，1930年，第65页。

也曾遣使献骏马。据唐丘悦《三国典略》记载，西魏孝武帝曾有波斯骝马。[1]

西域焉耆国盛产良马，其马称“焉耆马”。焉耆马适于农耕和运输，骑乘速力亦佳，尤以走马著称。焉耆马善游泳，能游二三十公里，号称“海马龙驹”。[2]《魏书·西域传》记载，焉耆国，“畜有驼马”。焉耆向中原政权表示臣服，遣使贡献，也以焉耆马奉献。《周书·武帝纪》上记载，(保定)四年七月戊寅，“焉耆遣使献名马”。北周时还得到西域于阗国名马，《周书·武帝纪》上记载，建德三年(574年)十一月，“于阗遣使献名马”。[3]吐谷浑在与北朝政权的交往中往往也以马作献礼。《周书·异域传》“吐谷浑”记载：“大统中，夸吕再遣使献马及羊、牛等。”

南北朝之间也存在友好交往，南朝经常从北朝得到良马，北朝往往以北方的良马做礼物赠送南朝。《宋书·张畅传》记载，北魏太武帝拓跋焘与南朝刘宋世祖刘骏交战，双方之间曾有一次礼赠。元嘉二十七年(450年)，拓跋焘南侵，刘宋太尉江夏王刘义恭总统诸军，出镇彭、泗。拓跋焘亲率大众，至彭城。拓跋焘派刘宋降将蒯应到彭城向南朝守将索甘蔗及酒，刘骏答应送酒二器，甘蔗百挺。但向拓跋焘索要马与骆驼等。拓跋焘送骆驼、骡、马及貂裘、杂饮食。据《宋书·索虏传》记载，这次所以双方友好交换物品，跟拓跋焘本人出兵的动机有关，他并不是要征服刘宋，而是求与南朝交好。“焘不饮河南水，以骆驼负河北水自随，一骆驼负三十斗。遣使饷太祖骆驼名马，求和请婚。上遣奉朝请田奇饷以珍羞异味。焘得黄甘，即啖之，并大进酃酒，左右有耳语者，疑食中有毒，焘不答，以手指天，而以孙儿示奇曰：‘至此非唯欲为功名，实是贪结姻援，若能酬酢，自今不复相犯秋毫。’又求嫁女与世祖。”《宋书·索虏传》记载：“焘西定陇右，东灭黄龙，海东诸国并遣朝贡。”刘宋欲北伐，拓

[1]《太平御览》卷895引《三国典略》云：“西魏孝武将为齐太祖所杀，孝武索所乘波斯骝马，命太宰南阳王跃之。将举其鞍，马蹶而死。”上海古籍出版社，2008年，第九册，第61页。

[2]今新疆焉耆县仍流传有“海马龙驹”传说：博斯腾湖古称西海，西海龙王有三个太子。有一年久旱不雨，牧草枯萎，三太子瞒着龙王引西海之水，给草原普降甘露，因冒犯神规，被贬为马，从此繁衍了“海马龙驹”，即焉耆马。

[3]《周书》卷5《武帝纪》上，第86页。

跋焘复求通和，与宋太祖书云："更无余物可以相与，今送猎白鹿、马十二匹并毡药等物。彼来马力不足，可乘之。道里来远，或不服水土，药自可疗。"

南齐也得到北魏馈赠的良马。北朝作为礼物送给南朝的马有时并不是好马，因此引起南朝的不快，此事曾引起南齐外交官员与北朝使节的一次舌战。《南齐书·王融传》记载：

> 上以融才辩，十一年，使兼主客，接虏使房景高、宋弁……上以虏献马不称，使融问曰："秦西冀北，实多骏骥，而魏主所献良马，乃驽骀之不若。求名检事，殊为未孚。将旦旦信誓，有时而爽，駉駉之牧，不能复嗣？"宋弁曰："不容虚伪之名，当是不习土地。"融曰："周穆马迹遍于天下，若骐骥之性，因地而迁，则造父之策，有时而踬。"弁曰："王主客何为勤勤于千里？"融曰："卿国既异其优劣，聊复相访。若千里日至，圣上当驾鼓车。"弁曰："向意既须，必不能驾鼓车也。"融曰："买死马之骨，亦以郭隗之故。"弁不能答。

从这个记载可知，北朝向南朝馈赠良马，是经常性的事情。

在南朝与北朝的对抗中，南朝联合北方草原民族夹击北魏，因此北方的柔然与南朝交好。于是南朝有时直接得到北方草原民族的良马。《梁书·诸夷传》记载：

> 芮芮国，盖匈奴别种……自元魏南迁，因擅其故地……宋升明中，遣王洪轨使焉，引之共伐魏。齐建元元年，洪轨始至其国，国王率三十万骑，出燕然山东南三千余里，魏人闭关不敢战。后稍侵弱。永明中，为丁零所破，更为小国而南移其居。天监中，始破丁零，复其旧土。始筑城郭，名曰木末城。十四年，遣使献乌貂裘。普通元年，又遣使献方物。是后数岁一至焉。大同七年，又献马一匹、金一斤。

西北地区各国地处丝绸之路要道，往往能获得西域良马，西域良马通过西域诸国转送至南朝。例如，南朝曾通过高昌国获得西域良马。《梁书·诸夷传》记载，高昌国"出良马、蒲陶酒、石盐……大同中，子坚遣使献鸣盐枕、蒲陶、良马、氍毹等物"。邓至国也曾遣使向南朝献马，同书同传记载:"邓至国,居西凉州界,羌别种也。世号持节、平北将军、西凉州刺史。宋文帝时,王象屈耽遣使献马。天监元年,诏以邓至王象舒彭为督西凉州诸军事,号安北将军。五年,舒彭遣使献黄耆四百斤、马四匹。"邓至国,又称邓至羌、白水羌,是南北朝时的羌族建立的政权,其疆域大致相当于今蜀陇间白水江上游南北以及岷江上游诸地。都城邓至城在今四川九寨沟县西。

南朝还得到吐谷浑的良马。南朝从吐谷浑的贡献中获取良马。《宋书·鲜卑吐谷浑传》记载:"世祖大明五年,拾寅遣使献善舞马,四角羊。"《魏书·吐谷浑传》记载:"拾寅奉修贡职,受朝廷正朔,又受刘义隆封爵,号河南王。世祖遣使拜为镇西大将军、沙州刺史、西平王。后拾寅自恃险远,颇不恭命,通使于刘彧,献善马、四角羊,彧加之官号。"刘彧即宋世祖,吐谷浑主拾寅向刘彧献良马,称臣,而接受刘宋的官号,此事引起北魏的不满。

齐梁时吐谷浑沿袭刘宋时的传统,继续向南朝称臣,并遣使贡献。从南齐太祖诏书中可知,吐谷浑所献礼物,以马为主。[1]《梁书·武帝纪》记载,大同六年五月己卯,"河南王遣使献马及方物"。同书《诸夷传》记载吐谷浑向梁朝的进献:"天监十三年,遣使献金装马脑钟二口,又表于益州立九层佛寺,诏许焉。十五年,又遣使献赤舞龙驹及方物。其使或岁再三至,或再岁一至。其地与益州邻,常通商贾,民慕其利,多往从之,教其书记,为之辞译,稍桀黠矣。普通元年,又奉献方物。筹死,子呵罗真立。大通三年,诏以为宁西将军,护羌校尉,西秦、河二州刺史。真死,子佛辅袭爵位,其世子又遣使献白龙驹于皇太子。"吐谷浑青海骢马号称"龙种",所以又因毛色分别称为"赤舞龙驹"和"白龙驹"。梁刘孝威《和王竟陵爱妾换马》诗云:"骢马出楼兰,一步九盘桓。小史赎金络,良工送玉鞍。龙骖来甚易,乌孙去实难。驎胶妾犹有,请为急弦弹。"[2]庾肩吾也有《以妾换马》诗,云:"渥水出腾驹,湘川实应

〔1〕《南齐书》卷59《河南传》,中华书局,1972年,第1026页。

〔2〕逯钦立辑校:《先秦汉魏晋南北朝诗》,中华书局,1983年,第1872页。

图。来从西北道，去逐东南隅。”[1]他们都说换妾的马来自西北，应该是写实之笔，所谓骢马即青海骢。

吐谷浑还有一种名马，称为紫骝马。《南史·羊侃传》记载：“帝因赐侃河南国紫骝，令试之。侃执矟上马，左右击刺，特尽其妙。”河南国即吐谷浑，吐谷浑向南朝刘宋称臣，被封为河南王，后世因之。羊侃生活在梁末陈初，吐谷浑紫骝马传入南朝，在南朝陈朝曾被反复吟咏。南朝陈朝诗人陈暄、张正见、徐陵、江总、苏子卿、独孤嗣宗、李燮、陈后主等人皆有以《紫骝马》为题的诗传世，陈朝一下子出现这么多以《紫骝马》为题的诗，可能与吐谷浑贡献紫骝马有关。

南朝还得到东北亚高句丽政权的良马。《宋书·夷蛮传》记载：“高句骊王高琏，晋安帝义熙九年，遣长史高翼奉表献赭白马……琏每岁遣使。十六年，太祖欲北讨，诏琏送马，琏献马八百匹。”赭白马是毛色赤白相间的骏马。五胡十六国时前燕的创立者慕容廆有赭白马，[2]可能也来自高句丽之地，前燕地近朝鲜半岛。

9.3 战争获取

在古代战争中，骑兵越来越成为战争的主力，战争胜败造成大量战马、驮马的转移。魏晋南北朝时期的战争中，马是重要战利品之一。通过战争获得良马，史书上有许多记载。中原地区往往通过战争获取北方草原民族的良马。

三国时地处北方的曹魏面临着鲜卑游牧民族的侵扰，在对鲜卑的战争中获其良马。《三国志·田豫传》记载田豫击破鲜卑：“单将锐卒，深入虏庭，胡人众多，钞军前后，断截归路。豫乃进军，去虏十余里结屯营，多聚牛马粪燃之，从他道引去。胡见烟火不绝，以为尚在，去，行数十里乃知之。追豫到马城，围之十重。豫密严，使司马建旌旗，鸣鼓吹，将步骑从南门出，胡人皆属目往赴之。豫将精锐自北门出，鼓噪而起，

[1]逯钦立辑校：《先秦汉魏晋南北朝诗》，第1983页。

[2]《太平御览》卷895《兽部·马》，上海古籍出版社，2008年，第九册，第58页。

两头俱发，出虏不意，虏众散乱，皆弃弓马步走，追讨二十余里，僵尸蔽地。”

吴蜀间发生战争，孙吴也从战利品中获得蜀马。建安二十四年（219年），孙桓“从讨关羽于华容，诱羽余党，得五千人，牛马器械甚众”。[1]《襄阳记》记载，嘉禾五年（236年），陆逊攻襄阳，俘获战马数十匹还建邺，“蜀使有五部兵家滇池者，识其马色，云是己亡父所乘，对之流涕”。[2]

五胡十六国诸政权也通过战争手段从周边民族那里获得良马。《晋书·石勒载记》记载：“使石季龙击托候部掘咄哪于岍北，大破之，俘获牛马二十余万。”《晋书·慕容廆载记》记载：“段末波初统其国，而不修备，廆遣皝袭之，入令支，收其名马宝物而还。”吕光奉苻坚之命伐西域，获西域大量战马。《晋书·吕光载记》记载：“光既平龟兹，有留焉之志……于是大飨文武，博议进止，众咸请还，光从之，以驼二万余头致外国珍宝及奇伎异戏、殊禽怪兽千有余品，骏马万余匹。”吕光率大军攻克焉耆、龟兹后凯旋，其《封西域还上疏》云：“唯龟兹据三十六国之中，制彼王侯之命，入其国城，天骥龙麟，腰袅丹髦，万计盈厩，虽伯益再生，卫赐复出，不能辨也。”[3]夏国赫连勃勃曾强盛一时，与河西南凉、关中后秦间发生不少战争，从战争中获得良马。《晋书·赫连勃勃载记》记载：“勃勃初僭号，求婚于秃发傉檀，傉檀弗许。勃勃怒，率骑二万伐之，自杨非至于支阳三百余里，杀伤万余人，驱掠二万七千口、牛马羊数十万而还……勃勃与姚兴将张佛生战于青石原，又败之，俘斩五千七百人。兴遣将齐难率众二万来伐，勃勃退如河曲。难以去勃勃既远，纵兵掠野，勃勃潜军覆之，俘获七千余人，收其戎马兵杖。难引军而退，勃勃复追击于木城，拔之，擒难，俘其将士万有三千，戎马万匹。”

北魏在与北方、西北方各游牧民族的战争中往往获得大量马匹。鲜卑人南下之后，北方草原兴起新的游牧民族柔然。柔然，又称蠕蠕，

[1]《三国志》卷51《吴书·孙桓传》，裴松之注引《吴书》，第1217页。

[2]《太平御览》卷897，上海古籍出版社，2008年，第九册，第74页。

[3]《太平御览》卷895引《十六国春秋》，第九册，第60页。

地处北方草原，多良马。北魏与柔然进行了长期的军事斗争，从对柔然的战争中获得大量良马。《魏书·太祖纪》记载："（天兴）五年春正月……戊子，材官将军和突破黜弗、素古延等诸部，获马三千余匹，牛羊七万余头。辛卯，蠕蠕祖仑遣骑救素古延等，和突逆击破之于山南河曲，获铠马二千余匹。班师。赏赐将士各有差。二月癸丑，征西大将军、常山王遵等至安定之高平，木易于率数千骑与卫辰、屈丐弃国遁走，追至陇西瓦亭，不及而还。获其辎重库藏，马四万余匹。"《魏书·明元帝纪》记载："（泰常）三年春正月丁酉朔，帝自长川诏护高车中郎将薛繁率高车丁零十二部大众北略，至弱水，降者二千余人，获牛马二万余头。"《魏书·高宗纪》记载："兴光元年……冬十有一月，北镇将房杖击蠕蠕，虏其将豆浑与句等，获马千余匹。"《魏书·蠕蠕传》记载："皇兴四年，予成犯塞，车驾北讨……选精兵五千人挑战，多设奇兵以惑之。虏众奔溃，逐北三十余里，斩首五万级，降者万余人，戎马器械不可称计。"在北魏与柔然长期的军事斗争中双方互有胜负，北魏从这种战争中获取柔然良马不少。

高车，是北朝人对漠北一部分游牧部落的泛称，因其"车轮高大，辐数至多"而得名。南朝人称其为"丁零"，漠北人又称其为"敕勒""铁勒""狄历"等。魏晋南北朝时期活跃于中国北部和西北部。北魏从对高车的战争中获得大量良马。《魏书·太祖纪》记载："（天兴）二年……二月丁亥朔，诸军同会，破高车杂种三十余部，获七万余口，马三十余万匹，牛羊百四十余万。骠骑大将军、卫王仪督三万骑别从西北绝漠千余里，破其遗迸七部，获二万余口，马五万馀匹，牛羊二十余万头，高车二十余万乘，并服玩诸物。"《魏书·高车传》记载："后徙于鹿浑海西北百余里，部落强大，常与蠕蠕为敌，亦每侵盗于国家。太祖亲袭之，大破其诸部。后太祖复度弱洛水，西行至鹿浑海，停驾简轻骑，西北行百余里，袭破之，虏获生口马牛羊二十余万。"

西域焉耆国"畜有驼马"，"恃地多险，颇剽劫中国使"。[1]《魏书·西域传》记载，北魏太武帝命成周公万度归讨之，"获其珍奇异玩殊方谲诡不识之物，橐驼、马、牛杂畜巨万"。龟兹国出"良马"，万度归击破焉耆

[1]《魏书》卷102《西域传》"焉耆国"，第2265页。

后，又率骑一千击龟兹，斩二百余级，“大获驼马而还”。

北齐对东北地区奚族的战争，也获得良马。《北齐书·綦连猛传》记载：“乾明初，加车骑大将军。皇建元年，封石城郡开国伯，寻进爵为君。二年，除领左右大将军，从肃宗讨奚贼，大捷，获马二千匹，牛羊三万头。”

在当时的战争中，良马不仅成为战利品，还是战争中交换的条件和表示休战结好的礼物。《宋书·杜骥传》记载：“筜夫，吴兴武康人。勇果有气力，宋世偏裨小将莫及。始随到彦之北伐，与虏遇，筜夫手斩拓跋焘叔父英文特勒首，焘以马百匹赎之。”《南齐书·欣泰传》记载：“虏既为徐州军所挫，更欲于邵阳洲筑城。慧景虑为大患。欣泰曰：‘虏所以筑城者，外示姱大，实惧我蹑其后耳。今若说之以彼此各愿罢兵，则其患自息。’慧景从之。遣欣泰至虏城下具述此意。及虏引退，而洲上余兵万人，求输五百匹马假道。”西魏被梁军所败，“西魏相宇文黑泰致马二千匹，请结邻好”。[1]梁敬帝太平元年(556年)，北齐攻梁，陈霸先与战，“大破之，虏萧轨、东方老等。齐人请割地并入马牛以赎之”。[2]天和二年(567年)北周将军韦冲随元定渡江伐陈，“为陈人所虏，周武帝以币赎还之。帝复令冲以马千匹使陈，赎开府贺拔华等五十人及元定之柩而还”。[3]在这种交换和交好中，北朝总是以马为交换订盟的条件。

周边拥有良马的民族归附中原政权，往往伴随着战马的输入，这种归附往往是战争征服的结果。汉末袁绍和曹操都先后征乌丸，增强了自己的骑兵。《三国志·乌丸鲜卑东夷传》记载：“建安中，呼厨泉南单于入朝，遂留内侍，使右贤王抚其国，而匈奴折节，过于汉旧。然乌丸、鲜卑稍更强盛，亦因汉末之乱，中国多事，不遑外讨，故得擅(汉)[漠]南之地，寇暴城邑，杀略人民，北边仍受其困。会袁绍兼河北，乃抚有三郡乌丸，宠其名王而收其精骑。”同传又记载：“太祖(曹操)平河北，柔帅鲜卑、乌丸归附，遂因以柔为校尉，犹持汉使节，治广宁如旧。建安十一

〔1〕《梁书》卷32《兰钦传》，中华书局，1973年，第466页。

〔2〕《陈书》卷14《陈昙朗传》，中华书局，1972年，第211页。

〔3〕《北史》卷64《韦冲传》，中华书局，1974年，第2274页。

年，太祖自征蹋顿于柳城，潜军诡道，未至百余里，虏乃觉。尚与蹋顿将众逆战于凡城，兵马甚盛。太祖登高望虏陈，柳军未进，观其小动，乃击破其众，临陈斩蹋顿首，死者被野。速附丸、楼班、乌延等走辽东，辽东悉斩，传送其首。其余遗迸皆降。及幽州、并州柔所统乌丸万余落，悉徙其族居中国，帅从其侯王大人种众与征伐。由是三郡乌丸为天下名骑。"西晋末年，凉州张轨军中也有胡人胡骑。[1]所谓胡骑，包括胡人和胡马。这些胡骑应当是降附张轨的西北游牧民族。

高车是游牧民族，北魏征服高车的战争，让北魏在马的输入方面大获其利。《魏书·高车传》记载："后世祖征蠕蠕，破之而还，至漠南，闻高车东部在已尼陂，人畜甚众，去官军千余里，将遣左仆射安原等讨之。司徒长孙翰、尚书令刘洁等谏，世祖不听，乃遣原等并发新附高车合万骑，至于已尼陂，高车诸部望军而降者数十万落，获马牛羊亦百余万，皆徙置漠南千里之地。乘高车，逐水草，畜牧蕃息，数年之后，渐知粒食，岁致献贡，由是国家马及牛羊遂至于贱，毡皮委积。"北魏太祖道武帝拓跋珪和北魏太武帝拓跋焘两次大规模地征讨高车，都获得大批牛马羊。而经太武帝征服之后，高车每年贡献的马及牛羊之多，造成北魏这些牲畜的价格下降。

在魏晋南北朝时期，北方政权通过战争从周边游牧民族那里获得良马，而南方政权则通过对北方的战争获得良马。三国时孙吴与曹魏时有战争，曹魏的战马往往被孙吴军队俘获。东晋时通过战争获得北方诸政权的战马，康帝建元元年（343年），庾翼追击石赵军，"获马百匹"。[2]桓石虔击苻坚将王鉴，"获马五百匹"，[3]又败苻坚荆州刺史都贵等，"俘获万人，马数百匹，牛羊千头"。[4]前秦苻坚在淝水之战中败于东晋，其大量战马为东晋所得。《晋书·谢安传》记载："获坚乘舆云母车，仪服、器械、军资、珍宝山积，牛马驴骡骆驼十万余。"义熙六年（410

〔1〕《晋书》卷86《张轨传》，第2225页。

〔2〕《晋书》卷73《庾亮传》附《庾翼传》，第1935页。

〔3〕《晋书》卷74《桓彝传》附《桓石虔传》，第1943页。

〔4〕《晋书》卷74《桓彝传》附《桓石虔传》，第1944页。

年)刘裕灭南燕,“纳口万余,马二千匹”。[1]元嘉二十七年(450年),“历城建武府司马申元吉率马步□余人向确磝,取泗渎口。虏确磝戍主、济州刺史王买德凭城拒战,元吉破之。买德弃城走,获奴婢一百四十口,马二百余匹。”[2]南齐时周盘龙击北魏军,“杀伤数万人,获牛马辎重”。[3]梁天监五年,韦叡攻北魏合肥守军,“俘获万余级,牛马万数”。[4]天监六年,梁军击败北魏的进攻,“收其军粮器械,积如山岳;牛马驴骡,不可胜计”。战后仅从梁军士卒中搜出私藏的战马便有千匹之多。[5]天监十年,梁将马仙琕破北魏军,“收其兵粮牛马器械,不可胜数”。[6]大通元年,梁将兰钦攻北魏笼城,“获马千余匹”。[7]陈庆之攻陷荥阳,“收荥阳储实,牛马谷帛不可胜计”。[8]陈文帝太建五年(573年),陈将周炅大败北齐陆骞,“虏获器械马驴,不可胜数”。[9]光大元年(576年),陈败北周及投靠后梁的华皎军,“俘获万余人,马四千余匹,送于京师”。[10]在这一过程中,北方政权从游牧民族和域外获得的良马转入南方势在必然。

9.4 余论

在魏晋南北朝这个动乱的时代,马为各割据政权孜孜以求而具有极重要的意义,一个政权的生存与发展很大程度上仰赖于骑兵的作战能力。故当时有云:“马,国之武用。”[11]在古人观念中,马又代表祥

〔1〕《魏书》卷97《岛夷刘裕传》,第2131页。

〔2〕《宋书》卷95《索虏传》,第2350页。

〔3〕《南齐书》卷29《周盘龙传》,第544页。

〔4〕《梁书》卷12《韦叡传》,第222页。

〔5〕《梁书》卷9《曹景宗传》,第180-181页。

〔6〕《梁书》卷17《马仙琕传》,第280页。

〔7〕《梁书》卷32《兰钦传》,第466页。

〔8〕《梁书》卷32《陈庆之传》,第462页。

〔9〕《陈书》卷13《周炅传》,第204页。

〔10〕《陈书》卷20《华皎传》,第273页。

〔11〕〔晋〕干宝:《搜神记》卷6,中华书局,1979年,第80页。

瑞。《艺文类聚·祥瑞部》就记载了玉马、腾黄、乘黄、飞兔、龙马等被视为祥兆的马，[1]其中龙马便与吐谷浑良马名称相合，可以想见当中原和南朝政权得此龙马时其心理上的满足和自豪。马通过各种方式互相传播和转移，这种转移主要有互市、赐赠、贡献、战争等方式，其中通过互市与战争的手段造成良马的迁转流动数量巨大，而赐赠的数量相对有限。正如黎虎先生所指出的："这种礼仪性的馈赠，只具有象征性意义，其数量是微不足道的。"[2]但不管什么方式，总的趋向是造成了域外和周边良马向中原地区的汇聚和向南方的转移。

魏晋南北朝时期获得周边和域外民族的马可以分为名马和良马两类，良马或称骏马。《北齐书·王纮传》记载：

> 纮少好弓马，善骑射，颇爱文学……年十五，随父在北豫州，行台侯景与人论掩衣法为当左为当右。尚书敬显俊曰："孔子云：'微管仲，吾其被发左衽矣'以此言之，右衽为是。"纮进曰："国家龙飞朔野，雄步中原，五帝异仪，三王殊制，掩衣左右，何足是非。"景奇其早慧，赐以名马。兴和中，世宗召为库直，除奉朝请。世宗暴崩，纮冒刃捍御，以忠节赐爵平春县男，赉帛七百段、绫锦五十匹、钱三万并金带骏马，仍除晋阳令。

这一段中提到名马，又提到骏马，说明在人们观念中这两者是有区别的。互市交易和战利品大多为良马，因为这种马是大批量的输入，一般的劣马在交易中不能成交，而战马往往都是优良的骏马，所以《木兰诗》中就说"东市买骏马"。贡献礼赠和个人远途购取的马往往为名马，诸如大宛汗血马、波斯追风赤骥、吐谷浑青海骢、紫骝马、焉耆海马龙驹、蜀马、高句丽果下马等。当然战争中有时也得到对方的名马，使如前秦吕光供龟兹、北魏时万度归征西域，所获焉耆和龟兹的名马。

从这一时期马的流动可以看出，北方政权便于获得东北、北方和西北地区以及西域良马，南方始终在良马的拥有方面处于劣势，立国南方

[1]《艺文类聚》卷99《祥瑞部》下，上海古籍出版社，1965年，第1714页。

[2]黎虎：《六朝时期江左政权的马匹来源》，载《中国史研究》1991年第1期。

的政权“舟楫虽盛，寡于良驷”，[1]总是从周边输入良马，而西北和北方地区一直是其良马的主要来源，这成为人们的共识。“龙门、碣石北多马”，[2]自古而然。“秦西冀北，实多骏驥”，[3]而并州则“是劲弓良马勇士精锐之所出也”。[4]西域不仅是良马之渊薮，骑兵的装备也非常优良。吕光率军至西域，所见“胡便弓马，善矛槊，铠如连锁，射不可入，以革索为羂，策马掷人，多有中者。众甚惮之”。[5]在这种情况下，北方骑兵的数量和规模之大常见于史书记载，北魏时河西牧地“马至二百万匹”，“河阳常畜戎马十万匹”。[6]对这种优劣形势的对比，当时的人有明确认识，《宋书·周朗传》记载：“时普责百官谠言”，周朗上书分析南北方军事上的强弱形势，云：“且夫战守之法，当恃人之不敢攻。顷年兵之所以败，皆反此也。今人知不以羊追狼，蟹捕鼠，而令重车弱卒，与肥马悍胡相逐，其不能济固宜矣。汉之中年能事胡者，以马多也。胡之后服汉者，亦以马少也。既兵不可去，车骑应蓄。今宜募天下使养马一匹者，蠲一人役；三匹者，除一人为吏。自此以进，阶赏有差，边亭徼驿，一无发动。”周朗总结自汉以来对北方民族战争的经验，认为南朝军事上不及北朝，一个重要原因是马少，因此建议养马备战。在军事上不占优势的情况下，暂缓军事上的进攻。南齐时孔稚珪《上和虏表》论对付北方游牧民族的策略，云：“匈奴为患，自古而然，虽三代智勇，两汉权奇，筭略之要，二途而已。一则铁马风驰，奋威沙漠；二则轻车出使，通驿虏廷……近至元嘉，多年无事，末路不量，复挑强敌，遂乃连城覆徙，虏马饮江。[7]他认为战胜北方强敌的重要手段之一是发展骑兵，进行军事上的征服。拥有大量战马是北朝军事上占据优势、南北朝最终统一于北方的原因之一。

---

[1]《宋书》卷95《索虏传》，第2350页。

[2]《史记》卷129《货殖列传》，第3254页。

[3]《南齐书》卷47《王融传》，第822页。

[4]《晋书》卷62《刘琨传》，第1681页。

[5]《晋书》卷122《吕光载记》，第3055页。

[6]《文献通考》卷159，中华书局，1986年，第1386页。

[7]《南齐书》卷48《孔稚珪传》，第838页。

10 魏晋南北朝时外来的珍珠

珍珠是一种古老的有机宝石，主要产在珍珠贝类和珠母贝类软体动物体内。珍珠美观而珍贵，在古代的中外交往中，珠宝是帝王和贵族们孜孜以求的域外物品，珍珠是其一。丝绸是古代中国主要的输出产品，丝绸换取的往往是域外的奇珍异宝。汉武帝还遣使出南海，交通黄支国（在今印度）、已程不国（今斯里兰卡），其目的是“市明珠、璧琉璃、奇石、异物，赍黄金、杂缯而往”。汉朝人特别欣赏沿海各国的大珠，“大珠至围二寸以下”。[1]魏晋南北朝时期，域外珍珠继续传入中国，而且来源更加广泛。

10.1 魏晋南北朝时期珍珠的来源

魏晋南北朝时，珍珠有的来自东北亚、东亚民族如鲜卑、夫余、马韩以及倭国等。《三国志·魏书·田豫传》记载，田豫在对鲜卑的战争中立功，但他受到程喜的诬陷：

> 初，豫以太守督青州，青州刺史程喜内怀不服，军事之际，多相违错。喜知帝宝爱明珠，乃密上：“豫虽有战功，而禁令宽弛，所得器仗珠金甚多，放散皆不纳官。”由是功不见列。[2]

文帝即曹丕。曹丕喜欢明珠，其《送剑书》中提到自己的一把剑，作为礼物送人，特意说明这把剑“明珠标首”。[3]程喜利用曹丕喜欢明珠

〔1〕《汉书》卷28下《地理志》“粤地”，中华书局，1962年，第1671页。

〔2〕《三国志》卷26《魏书·田豫传》，中华书局，第728页。

〔3〕严可均：《全三国文》卷7，见《全上古三代秦汉三国六朝文》，中华书局，1958年，第1091页。

的嗜好，中伤田豫，说田豫的战利品中有珍珠，不上缴，从而造成曹丕对田豫的忌恨，结果田豫“功不见列”。这件事说明在对鲜卑的战争中，中原军队的战利品有明珠。《晋书·四夷传》记载夫余国：“出善马及貂豽、美珠，珠大如酸枣。”[1]夫余即扶余，据《后汉书·东夷列传》记载：“扶余国，在玄菟北千里。南与高句丽，东与挹娄，西与鲜卑接，北有弱水。地方二千里，本濊地也。”位置相当于今日中国辽东及朝鲜半岛北部。《晋书·四夷传》记载马韩：“俗不重金银锦罽，而贵璎珠，用以缀衣或饰发垂耳……武帝太康元年、二年，其主频遣使入贡方物。”[2]马韩是公元前300—公元前100年位于古代朝鲜半岛西南部的部落联盟。史书中所记诸国特产往往作为贡物进献中国中原政权或中原通过战争掠夺手段获取。《晋书·慕容廆载记》记载：“段末波初统其国，而不修备，廆遣皝袭之，入令支，收其名马宝物而还。”[3]段末波，十六国时曾为段部鲜卑的首领。倭国曾向曹魏政权进贡珍珠。《三国志·乌丸鲜卑东夷传》记载，倭国“出真珠、青玉”，女王卑弥呼死，立宗女壹与，曹魏遣使以檄告喻壹与，壹与遣倭大夫率善中郎将掖邪狗等二十人送魏使还，“献上男女生口三十人，贡白珠五千孔，青大句珠二枚，异文杂锦二十匹”。[4]

中原地区还获得南方沿海地区和东南亚各国的珍珠。《三国志·吴主传》注引《江表传》记载：

> 是岁（建安二十五年，公元220年）魏文帝遣使求雀头香、大贝、明珠、象牙、犀角、玳瑁、孔雀、翡翠、斗鸭、长鸣鸡。群臣奏曰：“荆、扬二州，贡有常典，魏所求珍玩之物非礼也，宜勿与。”权曰：“昔惠施尊齐为王，客难之曰：‘公之学去尊，今王齐，何其倒也？’惠子曰：‘有人於此，欲击其爱子之头，而石可以代之，子头所重而石所轻也，以轻代重，何为不可乎？’方有事於西北，江表元元，恃主为命，非我爱子邪？彼所求者，於我瓦石耳，孤何惜焉？彼在谅闇之

〔1〕《晋书》卷97《四夷传》，中华书局，1974年，第2532页。

〔2〕《晋书》卷97《四夷传》，第2533页。

〔3〕《晋书》卷108《慕容廆载记》，第2807页。

〔4〕《三国志》卷30《乌丸鲜卑东夷传》，第858页。

中，而所求若此，宁可与言礼哉！"皆具以与之。[1]

曹丕的确喜爱珍珠，他曾多次向孙吴政权索取包括珍珠在内的海外珍异。《三国志·吴书·吴主传》记载，嘉禾四年（235年）七月，"魏使以马求易珠玑、翡翠、瑇瑁，权曰：'此皆孤所不用，而可得马。何苦而不听其交易？'"[2]但从南方沿海地区所得的珍珠，有的产于本地合浦，《三国志·吴主传》记载，黄武七年（228年）"改合浦为珠官郡"。[3]合浦出明珠，故改称珠官郡。《晋书·陶璜传》记载，陶璜上言："合浦郡土地硗确，无有田农，百姓唯以采珠为业，商贾去来，以珠贸米。而吴时珠禁甚严，虑百姓私散好珠，禁绝来去，人以饥困。又所调猥多，限每不充。今请上珠三分输二，次者输一，粗者蠲除。自十月讫二月，非采上珠之时，听商旅往来如旧。"[4]朝廷采纳了他的建议。合浦属交州。《南齐书·刘善明传》记载，刘善明曾向朝廷上书，以为"交州险夐，要荒之表，宋末政苛，遂至怨叛。今大化创始，宜怀以恩德，未应远劳将士，摇动边氓。且彼土所出，唯有珠宝，实非圣朝所须之急。讨伐之事，谓宜且停"。[5]

但从南方传入中原的珍珠有的确是来自域外。《三国志·吴书·士燮传》记载，士燮任交阯太守，"燮每遣使诣权，致杂香细葛，辄以千数，明珠、大贝、流离、翡翠、玳瑁、犀、象之珍，奇物异果，蕉、邪、龙眼之属，无岁不至"。[6]士燮入致孙权的物品，包括珍珠，是来自胡人的贩运。《三国志·吴书·薛综传》记载，薛综论日南郡形势云："县官羁縻，示令威服，田户之租赋，裁取供办，贵致远珍名珠、香药、象牙、犀角、玳瑁、珊瑚、琉璃、鹦鹉、翡翠、孔雀、奇物、充备宝玩，不必仰其赋入，以益中国也。"[7]所谓"远珍名珠"与以下各种珍异皆域外物产。《晋书·四夷传》记载："扶南西去林邑三千余里，在海大湾中，其境广袤三千里，有城邑宫室。人

[1]《三国志》卷47《吴书·吴主传》，裴松之注引《江表传》，第1124页。

[2]《三国志》卷47《吴书·吴主传》，第1140页。

[3]《三国志》卷47《吴书·吴主传》，第1134年。

[4]《晋书》卷57《陶璜传》，第1561页。

[5]《南齐书》卷28《刘善明传》，中华书局，1972年，第525-526页。

[6]《三国志》卷49《吴书·士燮传》，第1192页。

[7]《三国志》卷53《吴书·薛综传》，第1252页。

皆丑黑拳发,倮身跣行。性质直,不为寇盗,以耕种为务,一岁种,三岁获。又好雕文刻镂,食器多以银为之,贡赋以金银珠香……武帝泰始初,遣使贡献。太康中,又频来。”[1]扶南国入贡的物品应该有“金银珠香”。《宋书·夷蛮传》云:“若夫大秦、天竺,迥出西溟,二汉衔役,特艰斯路,而商货所资,或出交部,泛海陵波,因风远至。又重峻参差,氏众非一,殊名诡号,种别类殊,山琛水宝,由兹自出,通犀翠羽之珍,蛇珠火布之异,千名万品,并世主之所虚心,故舟舶继路,商使交属。太祖以南琛不至,远命师旅,泉浦之捷,威震沧溟,未名之宝,入充府实。”[2]交部,即交州,海外产品通过交州输入。除了奉贡所得,有的是战争所获。同传记载,林邑与南朝刘宋交恶,宋遣军征讨林邑,萧景宪为先锋,“景宪破其外救,尽锐致城。五月,克之,斩扶龙大首,获金银杂物不可胜计。乘胜追讨,即克林邑,阳迈父子并挺身奔逃,所获珍异,皆是未名之宝”。[3]

中原地区的珍珠有的来自西域。古代罗马产珍珠被称为“大秦珠”,大秦即罗马。自古以来,大秦以珠宝众多而著称。魏晋时鱼豢《魏略·西戎传》记载大秦物产,有“明月珠、夜光珠、真白珠”。[4]《晋书·四夷传》记载,大秦国“多出金玉宝物、明珠、大贝,有夜光璧、骇鸡犀及火浣布”。[5]《新唐书·西域传》“拂菻”条云:“拂菻,古大秦也……土多金、银、夜光璧、明月珠、大贝、车渠、码碯、木难、孔翠、虎魄。”[6]随着丝绸之路的开辟,汉代时大秦珍珠已经传入中国。汉乐府诗《陌上桑》写罗敷的首饰:“头上倭堕髻,耳中明月珠。”[7]“明月珠”应该就是大秦珠。辛延年《羽林郎》诗写当垆卖酒的胡姬:“头上蓝田玉,耳后大秦珠。”[8]辛

---

〔1〕《晋书》卷97《四夷传·南蛮》“扶南国”,第2547页。

〔2〕《宋书》卷97《夷蛮传》,中华书局,1974年,第2399页。

〔3〕《宋书》卷97《夷蛮传》,第2378页。

〔4〕《三国志》卷30,裴松之注引《魏略·西戎传》,第861页。

〔5〕《晋书》卷97《西域传》“大秦国”,第2544页。

〔6〕《新唐书》卷221《西域传》“拂菻”,中华书局,1974年,第6261页。

〔7〕〔宋〕郭茂倩:《乐府诗集》卷28,中华书局,1979年,第410页。

〔8〕〔南朝·梁〕徐陵编,〔清〕吴兆宜注、程琰删补,穆克宏点校:《玉台新咏笺注》卷1,中华书局,1985年,第24页。

延年是东汉末年人，诗写的是西汉权臣霍光家奴冯子都抢掠民间女子之事。至迟辛延年的时代，已有胡人在中国开酒店，那位胡姬的首饰有“大秦珠”。

中国中原政权通过各种途径得到大秦珠宝。有时通过使节往来获得。在大秦与中国使节来往中，大秦人贡的物品有珍珠。大秦人东汉时曾到中国洛阳，但其贡物并不是大秦的特产。三国时大秦人秦论曾到东吴的都城见孙权，但没有提到其有无贡物。西晋时大秦使节通过海路经广州来到洛阳。《晋书·四夷传》记载：

> 大秦国一名犁鞬，在西海之西，其地东西南北各数千里。有城邑，其城周回百余里。屋宇皆以珊瑚为棁栭，琉璃为墙壁，水精为柱礎……其土多出金玉宝物、明珠、大贝，有夜光璧、骇鸡犀及火浣布，又能刺金缕绣及积锦缕罽。以金银为钱，银钱十当金钱之一。安息、天竺人与之交市于海中，其利百倍。邻国使到者，辄廪以金钱。途经大海，海水咸苦不可食，商客往来皆赍三岁粮，是以至者稀少。汉时都护班超遣掾甘英使其国，入海，船人曰：“海中有思慕之物，往者莫不悲怀。若汉使不恋父母妻子者可入。”英不能渡。武帝太康中，其王遣使贡献。[1]

既然知道大秦“多出金玉宝物、明珠、大贝”，其使节当持此而来。因为其贡物中有这些东西，所以为史家所记录。殷巨《奇布赋》序云：“维泰康二年，安南将军广州牧滕侯，作镇南方。余时承乏，忝备下僚。俄而大秦国奉献琛，来经于州。众宝既丽，火布尤奇。”[2]琛，从玉，罙声，本义珍珠，古代常作贡物。序中又云“众宝既丽”，可见在大秦的贡物中有各种各样的珠宝。史书中有不少关于获取西域珠宝的记载。《晋书·石季龙载记》记载：“（石）勒及季龙并贪而无礼，既王有十州之地，金帛珠玉及外国珍奇异货不可胜纪。”[3]《晋书·吕光载记》记载，吕光平西域，“众咸请还，光从之，以驼二万余头致外国珍宝及奇伎异戏、殊禽怪

〔1〕《晋书》卷97《四夷传·西戎》“大秦国”。

〔2〕《艺文类聚》卷85，上海古籍出版社，1982年，第1463页。

〔3〕《晋书》卷107《石季龙载记》，第2781页。

兽千有余品,骏马万余匹"。[1]同书同传记载:"即序胡安据盗发张骏墓,见骏貌如生,得真珠簏、琉璃榼、白玉樽、赤玉箫、紫玉笛、珊瑚鞭、马脑钟,水陆奇珍不可胜纪。"《魏书·高祖纪》记载,太和二年九月,"龟兹国遣使献大马、名驼、珍宝甚众"。[2]这些来自西域各地的珍珠,有的为本土所产,而有的则是大秦珍珠的辗转传入。

10.2 魏晋南北朝时期珍珠的用途

皇帝爱珍珠,皇室多收藏珍珠。珍珠是财富的象征,他们不仅生前孜孜以求,作为宫室、陈设和衣物的装饰,也用于死后的陪葬。古代帝王都希望得到珠宝。美国汉学家谢弗说:"如果某个在位的君王要想得到另一位君主的好感的话,最有效的做法莫过于赠送一件或多件昂贵精美的珠宝。"[3]上文提到曹丕的剑以明珠标首。《晋书·苻坚载记》记载:"坚自平诸国之后,国内殷实,遂示人以侈,悬珠帘于正殿,以朝群臣,宫宇车乘,器物服御,悉以珠玑、琅玕、奇宝、珍怪饰之。"[4]如前所述,张骏墓中陪葬品中多"真珠"装饰品。

朝廷、皇室和达官贵族用珍珠赏赐亲信贵族功臣。《晋书·武帝纪》记载,泰始元年十二月"戊辰,下诏大弘简约,出御府珠玉玩好之物,颁赐王公以下各有差"。《宋书·武帝纪》记载,刘裕北伐,克长安,"长安丰稔,帑藏盈积。公先收其彝器、浑仪、土圭之属,献于京师;其余珍宝珠玉,以班赐将帅"。[5]《魏书·高祖纪》记载:"诏罢尚方锦绣绫罗之工,四民欲造,任之无禁。其御府衣服、金银、珠玉、绫罗、锦绣,太官杂器,太仆乘具,内库弓矢,出其太半,班赍百官及京师士庶,下至工商皂隶,逮于六镇戍士,各有差。"[6]《魏书·神元平文诸帝子孙列传》记载:"丕、他、

[1]《晋书》卷122《吕光载记》,第3056页。

[2]《魏书》卷7《高祖纪》,中华书局,1974年,第146页。

[3][美]谢弗:《唐代的外来文明》,吴玉贵译,中国社会科学出版社,1995年,第487页。

[4]《晋书》卷113《苻坚载记》,第2904页。

[5]《宋书》卷2《武帝纪》中,第42页。

[6]《魏书》卷7下《高祖纪》,第163页。

元三人，皆容貌庄伟，腰带十围，大耳秀眉，须鬓斑白，百僚观胆，莫不祇耸。唯苟颓小为短劣，姿望亦不逮之。高祖、文明太后重年敬旧，存问周渥，赐以珍宝。”〔1〕

珍珠是重要的装饰品，特别是衣物装饰。首先是官服饰品，《宋书·礼志》记载：

> 诸在官品令第二品以上，其非禁物，皆得服之。第三品以下，加不得服三钿以上、蔽结、爵叉、假真珠翡翠校饰缨佩、杂采衣、杯文绮、齐绣黼、镝离、袿袍。第六品以下，加不得服金钿、绫、锦、锦绣、七缘绮、貂豽裘、金叉环铒、及以金校饰器物、张绛帐。第八品以下，加不得服罗、纨、绮、縠，杂色真文。骑士卒百工人，加不得服大绛紫襈、假结、真珠珰珥、犀、玳瑁、越叠、以银饰器物、张帐、乘犊车，履色无过绿、青、白。奴婢衣食客，加不得服白帻、茜、绛、金黄银叉、环、铃、镝、铒，履色无过纯青。诸去官及薨卒不禄物故，家人所服，皆得从故官之例。诸王皆不得私作禁物，及罽碧校鞍，珠玉金银错刻镂雕饰无用之物。〔2〕

这个规定说明，本来各品官员，其官服是加各种不同的珠玉佩饰的，现在规定某些人不得加真珠之饰。其次，是贵族妇女的衣饰。《北史·后主皇后穆氏传》记载：“武成（即高湛）为胡后造真珠裙绔，所费不可称计，被火烧。后主既立穆皇后，复为营之。属周武曹太后丧，诏侍中薛孤、康买等为吊使，又遣商胡赍锦彩三万匹与吊使同往，欲市真珠，为皇后造七宝车。周人不与交易，然而竟造焉。”〔3〕珍珠又是陵墓表饰物件。《晋书·武帝纪》记载，泰始二年七月，“营太庙，致荆山之木，采华山之石，铸铜柱十二，涂以黄金，镂以百物，缀以明珠”。〔4〕《晋书·石崇传》记载：“崇有妓曰绿珠，美而艳，善吹笛。”珍珠珍贵而明艳，女子取为人名。珍珠也是囤积财富的物品。同传记载：“有司簿阅崇水碓三十余

〔1〕《魏书》卷14《神元平文诸帝子孙列传》，第358页。

〔2〕《宋书》卷18《礼志》五，第518页。

〔3〕《北史》卷14《北齐后主皇后穆氏传》，中华书局，1974年，第525页。

〔4〕《晋书》卷3《武帝纪》，第54页。

区,苍头八百余人,他珍宝货贿田宅称是。"[1]

朝廷也用珍珠作为外交的礼品。魏明帝《报倭女王诏》中讲到作为"答汝所献贡值",魏明帝回赠倭国女王卑弥呼的礼品有"真珠、铅丹各五十斤"。[2]《晋书·刘曜载记》记载,凉州张茂害怕刘曜,"遣使称藩,献马一千五百匹,牛三千头,羊十万口,黄金三百八十斤,银七百斤,女妓二十人,及诸珍宝珠玉、方域美货不可胜纪"。[3]《晋书·苻健载记》记载:"杜洪遣其将张先要健于潼关,健逆击破之。健虽战胜,犹修笺于洪,并送名马珍宝,请至长安上尊号。"[4]

对珠宝的态度成为衡量君王和官吏贪廉奢简的试金石。贪爱珠玉是帝王的骄奢行为,如魏文帝曹丕。不爱珠玉则成为帝王崇尚简约的品质。曹操遗嘱不许以金珥珠玉之物作为陪葬品,受到后人的好评。[5]苻坚奢侈,尚书郎裴元略谏曰:"臣闻尧舜茅茨,周卑宫室,故致和平,庆隆八百。始皇穷极奢丽,嗣不及孙。愿陛下则采椽之不琢,鄙琼室而不居,敷纯风于天下,流休范于无穷,贱金玉,珍谷帛,勤恤人隐,劝课农桑,捐无用之器,弃难得之货,敦至道以厉薄俗,修文德以怀远人。然后一轨九州岛,同风天下,刑措既登,先成东岳,踪轩皇以齐美,哂二汉之徙封,臣之愿也。"苻坚大悦,"命去珠廉,以元略为谏议大夫"。[6]《宋书·武帝纪》赞美刘裕:"清简寡欲,严整有法度,未尝视珠玉舆马之饰,后庭无纨绮丝竹之音。"[7]

珍珠被不法者用作行贿和受贿的物品。魏明帝《与彭城王玺书》指

[1]《晋书》卷33《石崇传》,第1008页。

[2]《三国志》卷30《魏志·倭人传》,第857页。

[3]《晋书》卷103《刘曜载记》,第2695页。

[4]《晋书》卷112《苻健载记》,第2869页。

[5]《宋书》卷15《礼志》二记载,汉献帝建安末,魏武帝作终令曰:"古之葬者,必在瘠薄之地,其规西原上为寿陵。因高为基,不封不树。《周礼》,冢人掌公墓之地,凡诸侯居左右以前,卿大夫居后。汉制亦谓之陪陵。其公卿大臣列将有功者,宜陪寿陵。其广为兆域,使足相容。"魏武以送终制衣服四箧,题识其上,春秋冬夏日有不讳,随时以敛;金珥珠玉铜铁之物,一不得送。文帝遵奉,无所增加。及受禅,刻金玺,追加尊号。不敢开埏,乃为石室,藏玺埏首,示陵中无金银诸物也。汉礼明器甚多,自是皆省矣。

[6]《晋书》卷113《苻坚载记》,第2904页。

[7]《宋书》卷3《武帝纪》,第60页。

责彭城王:“遣司马董和,赍珠玉来到京师中尚方,多作禁物,交通工官,出入近署,逾侈非度,慢令违制。”[1]珍珠是外来物品,边境地区官员的贪污与廉洁往往通过对珍珠的态度表现出来。那些贪官污吏往往表现为对珠宝的攫取。《晋书·吴隐之传》记载:“广州包带山海,珍异所出,一箧之宝,可资数世,然多瘴疫,人情惮焉。唯贫窭不能自立者,求补长史,故前后刺史皆多黩货。”[2]相反,那些廉洁的官员,往往表现出对珠宝的无动于衷。《三国志·吴书·陆胤传》记载,赤乌十一年,交阯九真夷贼攻没城邑,交部骚动。孙吴任命陆胤为交州刺史、安南校尉,颇有政绩。中书丞华覈表荐陆胤:“衔命在州,十有余年,宾带殊俗,宝玩所生,而内无粉黛附珠之妾,家无文甲犀象之珍,方之今臣,实难多得。”[3]珍珠是奢侈品,世以不贪珠玉为高洁。《晋书·崔洪传》记载:“洪口不言财货,手不执珠玉。”[4]《宋书·宗悫传》记载,宗悫率军克林邑,“收其异宝杂物,不可胜计。悫一无所取,衣栉萧然,文帝甚嘉之”。[5]《陈书·阮卓传》记载,阮卓曾出使交阯。“交阯通日南、象郡,多金翠珠贝珍怪之产,前后使者皆致之,唯卓挺身而还,衣装无他,时论咸伏其廉。”[6]崔洪、宗悫、阮卓都因不贪珠宝而成就其廉名。

珍珠晶莹似月光,故名明月珠,成为文人们喜欢歌咏的对象。人们早就知道珍珠的出处。珍珠出于南方海中,东汉马融从南方回朝,带回不少薏苡,被诬为明珠。[7]汉语中产生了“薏苡明珠”的成语,以喻不白之冤。翠羽和明珠皆出于南方,同样作为珠宝的代称,因此成语中以“翠羽明珠”并称。东汉蔡邕《汉津赋》云:“明珠胎于灵蚌兮,夜光潜乎玄洲。”[8]《青衣赋》又云:“金生砂砾,珠出蚌泥。叹兹窈窕,产于卑

〔1〕《三国志》卷20《魏书·彭城王传》,裴松之注引《魏书》,第582页。

〔2〕《晋书》卷90《吴隐之传》,第2341页。

〔3〕《三国志》卷61《吴书·陆胤传》,第1410页。

〔4〕《晋书》卷45《崔洪传》,第1288页。

〔5〕《宋书》卷76《宗悫传》,第1972页。

〔6〕《陈书》卷34《阮卓传》,中华书局,1972年,第472页。

〔7〕《后汉书》卷54《马援传》:“南方薏苡实大。援欲以为种,军还,载之一车……及卒后,有上书谮之者,以为前所载还,皆明珠文犀。”

〔8〕费振刚等辑校:《全汉赋》,北京大学出版社,1993年,第571页。

微。”[1]徐干《齐都赋》云:“其宝玩则玄蛤抱玑,驳蚌含珰。”[2]故有“明珠生蚌”的成语。珍珠出现在文学作品和语言修辞中,多用为比喻和象征义,人们用它比喻心爱的人或美好贵重的事物。《史记·鲁仲连邹阳列传》有云:“臣闻明月之珠,夜光之璧,以暗投人于道路,人无不按剑相眄者,何则? 无因而至前也。”[3]“明珠暗投”由此而来,原意指把宝珠暗中扔到路上,行人见了因不知何物而不敢去拣,比喻贵重的东西让不识货的人得到,有时形容有才华的人得不到重用,或误入歧途。“掌上明珠”指拿在手中爱不忍释的珍珠,比喻特别珍爱的人,多指男子所钟爱的女子,也作“掌中珠”“掌上珍珠”“掌内明珠”。西晋傅玄《短歌行》云:“昔君视我,如掌中珠,何意一朝,弃我沟渠。”[4]后来多用来比喻父母疼爱的儿女,特指女儿。南朝梁江淹《伤爱子赋》云:“曾悯怜之惨凄,痛掌珠之爱子。”[5]人们还用珍珠形容晶莹的泪滴,称“泪珠”“珠泪”。把珍珠与鱼目对举,用“鱼目混珠”,比喻以假乱真、以次充好。任昉《到大司马记室笺》云:“府朝初建,俊贤翘首;惟此鱼目,唐突玙璠。”唐李善注引《雒书》云:“秦失金镜,鱼目入珠。”又引《韩诗外传》:“白骨类象,鱼目似珠。”[6]据不完全统计,由明珠生发产生的常用成语有四五十个之多。

---

〔1〕费振刚等辑校:《全汉赋》,第573页。

〔2〕费振刚等辑校:《全汉赋》,第623页。

〔3〕《史记》卷83《鲁仲连邹阳列传》,第2476页。

〔4〕〔宋〕郭茂倩:《乐府诗集》卷30,第449页。

〔5〕〔清〕严可均:《全梁文》卷33,见《全上古三代秦汉三国六朝文》,第3144页。

〔6〕〔南朝·梁〕萧统编:《昭明文选》卷40,上海书店,1988年。

11　六朝时期的海上交通与佛教东传

六朝时东南亚、南亚国家与中国的交往主要是通过海路进行。从海道东端即中国方面看，进入魏晋南北朝时期，由于分裂割据的局面和地理位置的原因，利用海道与东南亚、南亚诸国交往的主要是三国时的孙吴、两晋和南朝即宋、齐、梁、陈各王朝。南亚是佛教的发源地，东南亚是佛教流行的地区。这一时期，在中国正是佛教继续传入并方兴未艾之时，经过海路传入中国是佛教入华的重要路线，本章探讨这一时期佛教经过海路传入中国南方的情况。

11.1　僧人经海路往来的路线

六朝时海上交通的发展为佛教僧人在中国与东南亚、南亚之间的活动提供了条件，彼此间政治使节的往来和贸易活动都对僧人的行化传法活动起到了推动作用。

中印间的陆、海交通并不是各自孤立发展的，而是呈互相联结、此起彼伏的发展态势。中国与印度不仅进行陆上交通，还进行海上交通，陆海两条路线又是互相贯通的，这是由中国和印度特殊的地理环境造成的。中国既面对太平洋，西北又背靠中亚内陆，既通过海上丝路与各国发生联系与交往，又通过陆上交通与各国进行交通和交往。印度则三面环印度洋，北靠中亚内陆。在古代印度境内自北天竺至南天竺、东天竺和西天竺的道路，把陆路与海路联结起来。由北天竺、西天竺经中天竺至东天竺、南天竺和师子国，有不同的路线。中国从西域通往南朝的道路，在中国境内把陆海两路联结起来。而从中国到印度则有雪山道、罽宾道、缅道、海道相通。陆海两路都有经过东南亚各国的路线。

六朝时东来西往的求法和传法僧人奔波在中国与东南亚、南亚之间，他们的行踪勾画出当时这些国家和地区间交通往来的清晰路线。

有的西域高僧先是到印度，而后经海路入华。佛教传入中国有两路，一曰经西域至中国北方的陆路，一曰经海上交通入中国南方的海路。从历史记载和考古发现的材料来看，从海路入华要晚于从陆路而来。从海路来传教的弘法僧东来始于公元3世纪。康僧会原籍康居，世居天竺，其父经商移居交趾。十余岁父母去世后出家，他是"有史记载的第一个自南而北传播佛教的僧侣"。[1]但康僧会是入华后出家的人。以僧人身份入华者，支彊梁接是经海路入华高僧第一人。孙吴废帝五凤二年（255年），支彊梁接曾在交州译出《法华三昧经》。后经海路抵达广州。[2]支彊梁接是月氏人，他可能从北印度至东印度，而入经海路到交州。此后，西域僧人沿着这条路线入华的，有昙摩耶舍。据《高僧传》卷1本传，昙摩耶舍是罽宾人，"踰历名邦，履践郡国"，[3]于东晋安帝隆安年间（397—401年）初达广州，住白沙寺。后南游江陵，止于辛寺。至宋元嘉中，辞还西域。罽宾在今克什米尔一带，他到广州应该走的是海路。《高僧传》卷3记载，佛驮什，罽宾人，以宋景平元年（423年）七月，届于扬州。求那跋摩，本刹利种，累世为王，治在罽宾国。至年二十，出家受戒。后到师子国，观风弘教。又至阇婆国。[4]道化之声，播于遐迩。邻国闻风，皆遣使要请。时京师名德沙门慧观、慧聪等，以元嘉元年九月，面启文帝，求迎请跋摩。文帝敕交州刺史，令泛舶延至。求那跋摩先已随商人竺难提舶，欲向一小国。会值便风，遂至广州，经始兴至建邺。

有天竺僧人从中天竺、西天竺、师子国经海路至中国。天竺沙门维祇难"以吴黄武三年与同伴竺律炎来至武昌，赍昙钵经梵本"。[5]他的

---

〔1〕杜继文主编：《佛教史》，中国社会科学出版社，1991年，第155页。

〔2〕据《开元释教录》卷1，唐沙门释靖迈《古今译经图记》卷1。

〔3〕〔南朝·梁〕释慧皎：《高僧传》卷1《昙摩耶舍传》，第42页。

〔4〕〔南朝·梁〕释慧皎：《高僧传》卷3《佛驮什传》《求那跋摩传》。阇婆国，冯承钧疑即苏门答腊，见《中国南洋交通史》，商务印书馆，1998年，第36页。

〔5〕〔南朝·梁〕释慧皎：《高僧传》卷1《维祇难传》，第22页。

行程史书没有明确记载,因此我们不能断定他是否经海路而来。耆域经海路入南朝。《高僧传》卷9《耆域传》记载,耆域是天竺人,自发天竺,至于扶南,经诸海滨,至交州。惠帝元康六年(296年)到达广州。又从襄阳过长江,于晋惠帝末年(306年)至洛阳。洛阳兵乱,辞还天竺。耆域经由海道来中国,以后又由陆道离去的梵僧。《高僧传》卷3记载,求那毗地,中天竺人,齐建元初(479年)来至京师。求那跋陀罗,亦中天竺人。他先到师子国,而后经沿海各国,皆传送资供。既有缘东方,乃随舶讯海。元嘉十二年(435年)至广州。后谯王镇荆州,请与俱行,安止辛寺。虚云《增订佛祖道影》卷4记载:智药三藏,天竺僧人。生卒年不详。南朝梁武帝天监元年(502年,一说九年)自西印度来广州,于法性寺刘宋时求那跋陀罗所建戒坛(一说宝林寺)之畔,亲植菩提树一株。复至曹溪口,掬水而饮,以水质甘美,知溪源必有胜地可为兰若。遂至上源,见山水宛若印度宝林山,乃劝村人建立一寺,名为宝林寺。[1]据《比丘尼传》卷2《僧果传》记载,师子国曾两次派遣比丘尼入中国刘宋。第一次派遣了9名比丘尼,并于元嘉六年(429年)由虔诚信佛的商船船主竺难提送达宋都南京。但是,按佛教戒律的规定,至少得10位以上尼师才能举行受戒仪式,为此竺难提又返回师子国,于元嘉十年(433年)又专程送铁萨罗等11名比丘尼至南京。这时第一批抵达中国的9名师子国尼众已学会了汉语,加上新来的11名比丘尼,共20名尼众戒师,完全符合戒律要求,他们遂为影福寺慧果、慧净等300名中国尼众二部受戒,结束了中国比丘尼没有二部受戒的历史。[2]中国有正式的比丘尼也从此算起。《续高僧传》卷1记载,拘那罗陀(真谛),本西天竺优禅尼国人。梁武帝大同中,敕直后张汜等送扶南献使返国,仍请名德。彼国乃屈真谛并赍经论,恭膺帝旨。以大同十二年(546年)八月十五日达于南海。《续高僧传》卷19记载,菩提达磨,南天竺婆罗门种。初

〔1〕据说,智药谓百七十年后,有肉身菩萨至此地演化得道。至唐仪凤元年(676年),六祖慧能至法性寺,与僧作风幡之问答,并于菩提树下剃发受戒。翌年,慧能至宝林寺大弘教化,一如所谶。星云大师监修,慈怡法师主编:《佛光大辞典》,引虚云:《增订佛祖道影》卷4,台湾:佛光山出版社,1993年,第5037页。

〔2〕〔南朝·梁〕释慧皎:《高僧传》卷3《求那跋摩传》有同样记载。

达宋境南越，入梁，末又北度至魏。

东南亚僧人也经海路来到南朝。《续高僧传》卷1《僧伽婆罗传》记载：僧伽婆罗，扶南国人，闻齐国弘法，随舶至都，住正观寺。值齐历亡坠道教陵夷，静洁身心断绝交往，拥室栖闲养素资业。梁朝天监五年，被敕征召于杨都寿光殿、华林园、正观寺、占云馆、扶南馆等五处传译讫十七年。梁初扶南僧人曼陀罗，大赍梵本远来贡献，敕与婆罗共译《大乘宝云经》《入法界体性经》《文殊般若经》3部合11卷。同书同卷《陈南海郡西天竺沙门拘那罗陀传》记载："时又有扶南国僧须菩提，陈言善吉，于扬都城内至敬寺，为陈主译《大乘宝云经》八卷。与梁世曼陀罗所出七卷者同，少有差耳。"[1]这几位高僧都是扶南人，他们到南朝应该是经海路而来。《洛阳伽蓝记》卷4记载，歌营国僧人菩提拔陀，先至南朝梁朝，又到亲朝洛阳。歌营国大约在今马来半岛南部。[2]

中土西行求法僧有的经西域进入天竺诸国，也有继续前行经海路回国者。中国人经陆路至天竺，而后经海路而还者，法显是第一人，此为显例，不赘述。此后便有人循此踪迹，往来于中印间陆海两路。《高僧传》卷3记载，昙无竭，幽州黄龙人，尝闻法显等躬践佛国，乃慨然有忘身之誓。宋永初元年（420年）召集同志沙门僧猛、昙朗之徒25人，经历龟兹、沙勒国，登葱岭，度雪山，进至罽宾国。在这里学梵语梵书，求得《观世音受记经》梵文一部。复西行至辛头那提河，汉言师子口，缘河西入月氏国。后至檀特山南石留寺，停夏坐三月日，复行向中天竺界。同侣13人，8人于路并死，余5人同行。至舍卫国，后渡恒河，于南天竺随

〔1〕道宣：《续高僧传》卷3《陈南海郡西天竺沙门拘那罗陀》。

〔2〕参拙文《三至六世纪中西间海上航线的变化》，载《海交史研究》2004年第2期。《洛阳伽蓝记》卷4记载：南中有歌营国，去京师甚远，风土隔绝，世不与中国交通。虽二汉及魏亦未曾至也。今始有沙门[焉子]（二字衍）菩提拔陀至焉。自云："北行一月日，至勾稚国。北行十一日，至孙典国（即典逊国）。从孙典国北行三十日，至扶南国，方五千里，南夷之国，最为强大……从扶南北行一月，至林邑国。出林邑，入萧衍国。"拔陀至扬州岁余，随扬州比丘法融来至京师。沙门问其南方风俗，拔陀云："古有奴调国，乘四轮马为车；斯调国出火浣布……凡南方诸国，皆因城郭而居，多饶珍丽，民俗淳善，质直好义，亦与西国大秦、安息、身毒诸国交通往来，或三方四方，浮浪乘风，百日便至。率奉佛教，好生恶杀。"〔北魏〕杨衒之撰，范祥雍校注：《洛阳伽蓝记校注》，上海古籍出版社，1978年，第236页。

舶泛海达广州。《高僧传》卷7记载，慧叡，冀州人，游历诸国，乃至南天竺界。后还憩庐山，俄入关。他从南天竺还，至庐山，有可能经海路东返。慧叡住建康乌衣寺，"陈郡谢灵运笃好佛理，殊俗之音，多所达解。乃咨叡以经中诸字，并众音异旨，于是著《十四音训叙》。条列梵汉，昭然可了，使文字有据焉"。也有从中国南方沿海地区乘船经海路往天竺的。《高僧传》卷2记载，慧观法师"志欲重寻《涅槃后分》，乃启宋太祖资给，遣沙门道普将书吏十人西行寻经。至长广郡，舶破伤足，因疾而卒"。同书卷3记载，智严"入道受具足，常疑不得戒，每以为惧。积年禅观而不能自了，遂更泛海，重要天竺，咨诸明达"，后经陆路归国。

11.2 佛教促进了六朝与东南亚、南亚的交流

南亚地区是佛教的发源地，佛教自公元前3世纪传入斯里兰卡，然后再传到缅甸、泰国、柬埔寨、老挝等东南亚国家，东南亚地区普遍信奉佛教。中国自东晋佛教开始兴盛，南朝诸朝统治者都倾心信奉，刘宋时已形成普遍的信仰，"佛道自后汉明帝，法始东流，自此以来，其教稍广，自帝王至于民庶，莫不归心。经诰充积，训义深远，别为一家之学焉"。[1]共同的信仰促进了佛教的传播和中国与东南亚、南亚的文化交流。

随着中国与东南亚、南亚各国各地区之间使节往还和贸易往来越来越频繁，中国佛法兴隆的信息迅速为东南亚、南亚各国所知晓。共同的信仰有利于加强彼此间政治、经济和文化上的联系，共弘三宝是推动中国南朝与东南亚、南亚诸国通过海上交通交往、交好的重要动因，这种情况是从南朝刘宋时开始的。宋文帝崇奉佛教，吸引了东南亚、南亚各国纷纷遣使前来交好。宋文帝元嘉五年(428年)，天竺国迦毗黎国王月爱遣使奉表，其表有云：

> 伏闻彼国，据江傍海，山川周固，众妙悉备，庄严清净，犹如化城，宫殿庄严，街巷平坦，人民充满，欢娱安乐。圣王出游，四海随

〔1〕《宋书》卷97《夷蛮传》，第2386页。

从,圣明仁爱,不害众生,万邦归仰,国富如海。国中众生,奉顺正法,大王仁圣,化之以道,慈施群生,无所遗惜。帝修净戒,轨道不及,无上法船,济诸沈溺,群僚百官,受乐无怨,诸天拥护,万神侍卫,天魔降伏,莫不归化。王身庄严,如日初出,仁泽普润,犹如大云,圣贤承业,如日月天,于彼真丹,最为殊胜。臣之所住,名迦毗河,东际于海,其城四边,悉紫绀石,首罗天护,令国安隐。国王相承,未尝断绝,国中人民,率皆修善,诸国来集,共遵道法,诸寺舍子,皆七宝形像,众妙供具,如先王法。臣自修检,不犯道禁,臣名月爱,弃世王种。惟愿大王圣体和善,群臣百官,悉自安隐。今以此国群臣吏民,山川珍宝,一切归属,五体归诚大王足下。山海遐隔,无由朝觐,宗仰之至,遣使下承。使主父名天魔悉达,使主名尼驼达,此人由来良善忠信,是故今遣奉使表诚。[1]

同年,师子国王刹利摩诃南奉表,曰:

谨白大宋明主,虽山海殊隔,而音信时通。伏承皇帝道德高远,覆载同于天地,明照齐乎日月。四海之外,无往不伏;方国诸王,莫不遣信(当为'使')奉献,以表归德之诚。或浮海三年,陆行千日,畏威怀德,无远不至。我先王以来,唯以修德为正,不严而治,奉事三宝,道济天下,欣人为善,庆若在己。欲与天子共弘正法,以度难化,故托四道人,遣二白衣,送牙台像以为信誓。

元嘉七年,诃罗陁国王坚铠遣使奉表,云:

伏承圣主,信重三宝,兴立塔寺,周满国界。城郭庄严,清净无秽,四衢交通,广博平坦。台殿罗列,状若众山,庄严微妙,犹如天宫。圣王出时,四兵具足,导从无数,以为守卫。都人士女,丽服光饰,市廛丰富,珍贿无量,王法清整,无相侵夺。学徒游集,三乘竞进,敷演正法,云布雨润。四海流通,万国交会,长江眇漫,清净深广,有生咸资,莫能销秽,阴阳调和,灾厉不行。谁有斯美,大宋扬都,圣王无伦,临覆上国。有大慈悲,子育万物,平等忍辱,怨亲无二,济乏周穷,无所藏积,靡不照达,如日之明,无不受乐,犹如净

[1]《宋书》卷97《夷蛮传》,第2385页。

月。宰辅贤良，群臣贞洁，尽忠奉主，心无异想。伏惟皇帝，是我真主。臣是诃罗驼国王，名曰坚铠，今敬稽首圣王足下，惟愿大王知我此心久矣，非适今也。山海阻远，无缘自达，今故遣使，表此丹诚。〔1〕

元嘉十年，呵罗单国王毗沙跋摩奉表，云：

常胜天子陛下：诸佛世尊，常乐安隐，三达六通，为世间道，是名如来，应供正觉，遗形舍利，造诸塔像，庄严国土，如须弥山，村邑聚落，次第罗匝，城郭馆宇，如忉利天宫，宫殿高广，楼阁庄严，四兵具足，能伏怨敌，国土丰乐，无诸患难。奉承先王，正法治化，人民良善，庆无不利，处雪山阴，雪水流注，百川洋溢，八味清净，周匝屈曲，顺趣大海，一切众生，咸得受用。于诸国土，殊胜第一，是名震旦，大宋扬都，承嗣常胜大王之业，德合天心，仁廕四海，圣智周备，化无不顺，虽人是天，护世降生，功德宝藏，大悲救世，为我尊主常胜天子。是故至诚五体敬礼。呵罗单国王毗沙跋摩稽首问讯。〔2〕

元嘉十二年，阇婆婆达国王师黎婆达陁阿罗跋摩遣使奉表，云：

宋国大主大吉天子足下：敬礼一切种智安隐，天人师降伏四魔，成等正觉，转尊法轮，度脱众生，教化已周，入于涅盘，舍利流布，起无量塔，众宝庄严，如须弥山，经法流布，如日照明，无量净僧，犹如列宿。国界广大，民人众多，宫殿城郭，如忉利天宫。名大宋扬州大国大吉天子，安处其中，绍继先圣，王有四海，阎浮提内，莫不来服。悉以兹水，普饮一切，我虽在远，亦沾灵润，是以虽隔巨海，常遥臣属，愿照至诚，垂哀纳受。

《宋书》卷97《夷蛮传》云："元嘉十八年，苏摩黎国王那邻那罗跋摩遣使献方物。世祖孝建二年，斤驼利国王释婆罗那邻驼遣长史竺留驼及多献金银宝器。后废帝元徽元年，婆黎国遣使贡献。凡此诸国，皆事佛道。"以上这些国家在给刘宋皇帝的奏表中，无不异口同声地称赞宋帝敬礼佛法，并声明他们之所以与大宋交往，原因正在于此。

〔1〕《宋书》卷97《夷蛮传》，第2380页。

〔2〕《宋书》卷97《夷蛮传》，第2381页。

梁武帝崇佛，声名远播。东南亚、南亚的那些国家如盘盘、丹丹、干陀利、狼牙修、婆利、中天竺、师子国等都希望与之共同“奉事正法”。从各国表文内容可知，这些国家之所以乐于与中国交通交往，就是因为他们知道梁朝是一个兴隆佛法的国家，武帝是一位信仰佛教的皇帝。南朝时期是中国佛教全面持续高涨的时期，至梁武帝时达于极盛。梁武帝认为道有96种，唯佛为尊，因此大力扶植佛教，他先后4次舍身同泰寺，又令臣下以亿万钱奉赎；施舍财物，动辄以千万计。所建大寺院，立丈八佛像；明令禁断肉食，创立“梁皇忏”。这些都极大地推动了佛教向社会深层的广泛流布。梁武帝对佛教义学也大力提倡，自疏《涅槃》《净名》等经典，自讲《波若》义，自立《神明成佛》义，诏编《众经要钞》《经律异相》《义林》等佛教类书，推崇《成实》论师和《十诵》律师，组织对范缜《神灭论》的围剿，强制推行佛教因果报应的神不灭论。其长子昭明太子、三子简文帝、七子元帝都以好佛理著称。《梁书·诸夷传》记载诸国遣使奉表之表文内容，鲜明地说明了这一问题。盘盘国使奉表云：

扬州阎浮提震旦天子万善庄严，一切恭敬，犹如天净无云，明耀满目；天子身心清净，亦复如是。道俗济济，并蒙圣王光化，济度一切，永作舟航。臣闻之，庆善我等，至诚敬礼常胜天子足下，稽首问讯。今奉薄献，愿垂哀受。[1]

丹丹国使表云：

伏承圣主至德仁治，信重三宝，佛法兴显，众僧殷集。法事日盛，威严整肃，朝望国执，慈愍苍生，八方六合，莫不归附，化怜诸天，不可言喻。不任庆善，若暂奉见尊足，谨奉送牙像及塔各二躯，并献火齐珠、吉贝、杂香药等。[2]

干陀利国使表云：

常胜天子陛下：诸佛世尊，常乐安乐，六通三达，为世间尊，是名如来，应供正觉，遗形舍利，造诸塔像，庄严国土，如须弥山；邑居聚落，次第罗满；城郭馆宇，如忉利天宫；具足四兵，能伏怨敌，国土

〔1〕《梁书》卷54《诸夷传》，第793页。

〔2〕《梁书》卷54《诸夷传》，第794页。

安乐，无诸患难；人民和善，受化正法；庆无不通，犹处雪山，流注雪水，八味清净，百川洋溢。周回屈曲，顺趋大海。一切众生，咸得受用。于诸国土，殊胜第一。是名震旦，大梁扬郡，天子仁荫四海，德合天心，虽人是天降生，护世功德宝藏，救世大悲，为我尊生。威仪具足。是故至诚敬礼天子足下，稽首问讯，奉献金鞭蓉、杂香药等，愿垂纳受。〔1〕

狼牙修国使表云：

大吉天子足下：离淫怒痴，哀愍众生，慈心无量。端严相好，身光明朗，如水中月，普照十方。眉间白毫，其白如雪，其色照曜，亦如月光。诸天善神之所供养，以垂正法宝，梵行众增，庄严都邑。城阁高峻，如干陀山。楼观罗列，道途平正。人民炽盛，快乐安稳。着种种衣，犹如天服。于一切国，为极尊胜。天王愍念群生，民人安乐，慈心深广，律仪清净，正法化治，供养三宝，名称宣扬，布满世界，百姓乐见，如月初生。譬如梵王，世界之主，人天一切，莫不归依。敬礼大吉天子足下，犹如现前，忝承先业，庆嘉无量。今遣使问讯大意。欲自往，复畏大海风波不达。今奉薄献，愿大家曲垂领纳。〔2〕

婆利国使表云：

伏承圣王信重三宝，兴立塔寺，校饰庄严，周遍国土。四衢平坦，清净无秽。台殿罗列，状若天官，壮丽微妙，世无与等。圣主出时，四兵具足，羽仪导从，布满左右。都人士女，丽服光饰。市廛丰富，充积珍宝。王法清整，无相侵夺。学徒皆至，三乘竞集，敷说正法，云布雨润。四海流通，交会万国。长江眇漫，清泠深广，有生咸资，莫能消秽。阴阳和畅，灾厉不作。大梁扬都圣王无等，临覆上国，有大慈悲，子育万民。平等忍辱，怨亲无二。加以周穷，无所藏积。靡不照烛，如日之明；无不受乐，犹如净月。宰辅贤良，群臣贞信，尽忠奉上，心无异想。伏惟皇帝是我真佛，臣是婆利国主，今敬

〔1〕《梁书》卷54《诸夷传》，第794–795页。

〔2〕《梁书》卷54《诸夷传》，第795–796页。

稽首礼圣王足下，惟愿大王知我此心。此心久矣，非适今也。山海阻远，无缘自达，今故遣使献金席等，表此丹诚。[1]

中天竺国使表云：

伏闻彼国据江傍海，山川周固，众妙悉备，庄严国土，犹如化城。宫殿庄饰，街巷平坦，人民充满，欢娱安乐。大王出游，四兵随从，圣明仁爱，不害众生。国中臣民，循行正法，大王仁圣，化之以道，慈悲群生，无所遗弃。常修净戒，式导不及，无上法船，沉溺以济。百官氓庶，受乐无恐。诸天护持，万神侍从，天魔降服，莫不归仰。王身端严，如日初出，仁泽普润，犹如大云，于彼震旦，最为殊胜。臣之所住国土，首罗天守护，令国安乐。王王相承，未曾断绝。国中皆七宝形像，众妙庄严，臣自修检，如化王法。臣名屈多，奕世王种。惟愿大王圣体和平。今以此国群臣民庶，山川珍重，一切归属，五体投地，归诚大王。使人竺达多由来忠信，是故今遣。大王若有所须珍奇异物，悉当奉送。此之境土，便是大王之国，王之法令善道，悉当承用。愿二国信使往来不绝。此信返还，愿赐一使，具宣圣命，备敕所宜。款至之诚，望不空返，所白如允，愿加采纳。今奉献琉璃唾壶、杂香、古贝等物。[2]

师子国使表云：

谨白大梁明主：虽山海殊隔，而音信时通。伏承皇帝道德高远，覆载同于天地，明照齐乎日月，四海之表，无有不从，方国诸王，莫不奉献，以表慕义之诚。或泛海三年，陆行千日，畏威怀德，无远不至。我先王以来，唯以修德为本，不严而治。奉事正法道天下，欣人为善，庆若己身，欲与大梁共弘三宝，以度难化。信还，伏听告敕。今奉薄献，愿垂纳受。[3]

这些表文交口称赞梁武帝兴隆佛法，皆与梁朝共勉，以共弘三宝为己任。他们向梁朝进贡的物品亦多佛教用物。佛教还通过海上交通传

〔1〕《梁书》卷54《诸夷传》，第797页。

〔2〕《梁书》卷54《诸夷传》，第799页。

〔3〕《梁书》卷54《诸夷传》，第800页。

入朝鲜半岛，百济王数次遣使献方物，从南朝带回《涅槃》等经典。这些都充分说明佛教在推动中国南朝与东南亚、南亚的友好关系和文化交流方面所发挥的巨大作用。

南朝时由于共同的佛教信仰，中国的宋齐梁陈诸朝与东南亚、南亚各国使节往还频繁。他们的活动推动了双方的文化交流，通过这种交流中国南朝诸朝获取不少东南亚、南亚的器物产品。刘宋建立，便通过海上与南海诸国建立起密切联系。南亚天竺、师子国频遣使奉献，《宋书·夷蛮传》记载，宋元嘉五年（428年），天竺国迦毗黎国王月爱遣使奉表，其表有云："大王若有所须，珍奇异物，悉当奉送……奉献金刚指环、摩勒金环诸宝物，赤白鹦鹉各一头。"《梁书》卷54录此表文，迦毗黎国王表文所列贡献方物，为"琉璃唾壶、杂香、吉贝等物"。同年师子国王刹利摩诃南奉表曰："托四道人，遣二白衣，送牙台像以为信誓。"呵罗陁国"元嘉七年，遣使奉表"。"呵罗单国治阇婆洲，元嘉七年（430年）遣使献金刚指环，赤鹦鹉鸟，天竺国白叠古贝，叶波国古贝等物。十年（433年）呵罗单国王毗沙跋摩奉表……十三年又上表。"《宋元嘉起居注》记载："诃罗单国奉孔雀盖一具。"[1]又有阇婆婆达国，元嘉十二年（435年），阇婆婆达王师黎婆达陁阿罗跋摩遣使奉表，有"虽隔巨海，常遥臣属"之语，阇婆（婆）达在今爪哇。《宋书·夷蛮传》记载："扶南国，太祖元嘉十一、十二、十五年国王持黎跋摩遣使奉献。"《梁书·诸夷传》记载，扶南王桥陈如死，"后王持梨陁跋摩，宋文帝世奉表献方物"。地处今苏门答腊的诸王国亦有通贡之举，《南史》卷78记载："元嘉十八年，（天竺）苏摩黎国王那罗跋摩遣使献方物。"《宋书·夷蛮传》引元嘉二十六年（449年）太祖诏曰："诃罗单、媻皇、媻达三国，频越遐海，款化纳贡，远诚宜甄，可并加除授。"媻皇国于元嘉二十六年遣使献方物四十一种，二十八年复贡献；孝建三年又献方物，大明三年、八年，泰始二年皆遣使贡献。媻达国于元嘉二十六年两次遣使献方物，二十八年又来。诃罗单国于元嘉二十六年遣使贡献，二十九年（452年）又遣长史媻和沙弥献方物。"泰始二年，天竺国遣使贡献。"据《梁书·诸夷传》："盘盘国，宋文帝

[1]《北堂书钞》卷134《服饰部》三引，学苑出版社，1998年，第375页。

元嘉、孝武孝建、大明中并遣使贡献。”宋孝武之世，干陁利国王释婆罗那怜陁遣长使竺留陁献金银宝器。同书记载，后废帝元徽元年(473年)“婆黎国遣使贡献”。《宋书·夷蛮传》，泰始二年(465年)，天竺国又遣使贡献。《南史·夷貊传》记载，明帝泰始二年，中天竺国又遣使贡献。

南齐时通过海路通交，见于记载，仅扶南和林邑二国。《梁书·诸夷传》云：“齐永明中，(林邑王)范文赞累遣使贡献。”扶南自东吴、两晋、刘宋时便与中国交通。《南齐书东南夷传》扶南国条记载：“宋末，扶南王姓侨陈如，名㲲耶跋摩，遣商货至广州。天竺道人那伽仙附载欲归国，遭风至林邑，掠其财物皆尽。那伽仙间道得达扶南，具说中国有圣主受命。永明二年，㲲耶跋摩遣天竺道人释那伽仙上表称……献金镂龙王坐像一躯，白檀像一躯，牙塔二躯，古具二双，瑠璃苏鉝二口，瑇瑁槟榔柈一枚。”

梁朝是佛教兴盛的时代，也是南朝时与东南亚、南亚间交往和交流的高潮时期。梁朝建立，林邑与梁保持着自萧齐以来的友好关系，《梁书·诸夷传》云记载，梁武帝“天监九年，(范)文赞子(林邑王)天凯奉献白猴”。武帝下诏册封褒奖云：“林邑王范天凯介在海表，乃心款至，远修职贡，良有可嘉，宜班爵号，被以荣泽，可持节督缘海诸军事、威南将军、林邑王。”天监十年(511年)、十三年(514年)，范天凯多次“遣使献方物”。同书卷3《武帝纪》记载，大通元年三月，林邑遣使献方物。此后至中大通六年(534年)，林邑诸王皆频遣使贡献。梁与林邑的友好关系保证了梁与林邑以远诸国关系的进一步发展。据《梁书·诸夷传》记载，与梁通交的南海国家如下：

扶南　《梁书·诸夷传》记载：“天监二年，(扶南王)跋摩复遣使送珊瑚佛像并献方物。”梁武帝下诏封赠。“十年、十三年，跋摩累遣使贡献。其年死，庶子留陁跋摩杀其嫡弟自立。十六年，遣使竺当抱老奉表贡献。十八年，复遣使送天竺旃檀瑞像、婆罗树叶，并献火齐珠、郁金、苏合等香。普通元年、中大通二年、大同元年累遣使献方物。五年，复遣使献生犀。又言其国有佛发长一丈二尺，诏遣沙门释云宝随使往迎之”。

干陁利　《梁书·诸夷传》记载，天监元年(502年)，干陁利国王瞿昙修跋陀罗遣使并画工，奉献玉盘等物，模写高祖形像。十七年，子毗邪跋摩遣长史毗员跋摩奉表，献金芙蓉、杂香药等。普通元年(520年)，复遣使献方物。

狼牙修　据《梁书·诸夷传》，天监十四年，狼牙修遣使阿撤多奉表贡献。其地在今泰国南部北大年一带。《通典》卷188《边防》四"狼牙修"条云："梁时通焉……武帝天监中，遣使献方物。其使云，立国以来四百余年。"

婆利　《北史》记载，婆利国，自交趾浮海，南过赤土、丹丹而至其国。据《梁书·诸夷传》，天监十六年(517年)，遣使奉表，并献金席。普通三年(522年)又献白鹦鹉、青虫、兜鍪、琉璃器、吉贝、螺杯、杂香药等方物数十种。

丹丹　据《梁书·诸夷传》，中大通二年(530年)，其王遣使奉表，奉牙像及塔各二躯，并献火齐珠、吉贝、杂香药等。大同元年(535年)又遣使献金银、琉璃、杂宝、香药等物。

盘盘　《梁书·诸夷传》云："大通元年，其王使使奉表曰：'……今奉薄献，愿垂哀受。'中大通元年五月，累遣使贡牙像及塔，并献沉、檀等香数十种。六年八月，复使送菩提国真舍利及画塔，并献菩提树叶、詹、糖等香。"

顿逊　《梁书·诸夷传》云：扶南"南界三千余里有顿逊国，在海崎上，地方千里，城去海十里，有五王，并羁属扶南。顿逊之东界通交州，其西界接天竺、安息，徼外诸国往还交市。所以然者，顿逊回入海中千余里，涨海无涯岸，船舶未曾得径过也。其市东西交会，日有万余人，珍物宝货，无所不有。又有酒树，似安石榴，采其花汁停瓮中，数日成酒"。〔1〕

天竺　中天竺，据《梁书》卷2《武帝本纪》，"天监二年秋七月，扶南……中天竺国各遣使献方物"。《梁书·诸夷传》，天监初，其王屈多遣长

〔1〕〔三国·吴〕康泰《吴时外国传》、万震《南州异物志》已提及此国，《通典》卷188《边防》四云："梁时闻焉"，不确。

史竺罗达奉表，并献琉璃唾壶、杂香、吉贝等物。北天竺，据《梁书》卷2《武帝本纪》，"天监三年九月壬子……北天竺国遣使献方物"。

师子国　据《梁书》卷3《武帝本纪》，大通元年三月，师子国遣使献方物。同书《诸夷传》记载，梁大通元年（527年），师子国"后王伽叶伽罗诃梨邪使奉表"，表文有云："今奉薄献，愿垂纳受。"

11.3　经海路入华僧人的译经传法事业

按照梁启超的说法，中国佛学史可以分为两期，两晋南北朝为输入期，隋唐为建设期。而输入事业之主要者一是西行求法，二是传译经论。〔1〕"论译业者，当以后汉桓灵时代托始。东晋南北朝隋唐称极盛。"〔2〕东晋南北朝时期是佛典汉译的重要阶段，流传汉地的佛经大部分是在这一时期传入并翻译过来的。六朝时建康是佛经翻译的一个中心，这里的佛经有的是僧人从北方带来的，也有的是僧人经海路携来的。

经海路入华者，康僧会是译经建寺第一人。寺院是宗教活动的场所，也是宣扬和传播宗教的中心，康僧会积极从事建寺活动，为吴地佛教的传播创立了第一个据点。《高僧传》卷1《康僧会传》记载，康僧会在交趾出家，"时吴地初染大法，风化未全，僧会欲使道振江左，兴立图寺，乃杖锡东游，以吴赤乌十年（248年）初达建业，营立茅茨，设像行道"。康僧会为孙权感得佛舍利，孙权为之建塔供养，于是在吴地建立了第一座寺院，被孙权命名为建初寺。康僧会便在这里从事他的翻译事业，"会于建初寺译出众经，所谓《阿难念弥》《镜面王》《察微王》《梵皇经》等，又出《小品》及《六度集》《杂譬喻》等，并妙得经体，文义允正。又传泥洹呗声，清靡哀亮，一代模式。又注《安般守意》《法镜》《道树》等三经，并制经序，辞趣雅便，义旨微密，并见于世"。从康僧会开始，传经译

〔1〕梁启超：《中国佛法兴衰沿革说略》，见《佛学研究十八篇》，上海古籍出版社，2001年，第12页。

〔2〕梁启超：《翻译文学与佛典》，见《佛学研究十八篇》，第168页。

法就成为经海路入华西域、东南亚、南亚弘法高僧在南朝的重要事务，交州、广州、建康、荆州成为海内知名的译场，前后相续500余年。孙吴时经海路入华成就较大者，还有支彊梁接。孙吴废帝五凤二年(255年)，他在交州译出《法华三昧经》，为《法华经》的第一译。〔1〕

东晋时佛经的翻译和佛法的东传开始活跃起来。昙摩耶舍于东晋安帝隆安年间(397—401年)初达广州，住白沙寺。他善诵《毗婆沙律》，人称“大毗婆沙”。至义熙(405—418年)中至长安。时姚兴称帝，甚崇佛法，耶舍受到姚兴的礼遇，在长安石羊寺译经，与天竺沙门昙摩掘多共译《舍利弗阿毗昙论》，后秦弘始九年(407年)初书梵文，至十六年翻译方竟，凡22卷，成为毗昙学者研习的重要典籍。后游江陵，止于辛寺，“大弘禅法”。〔2〕法显取经，“于摩竭提邑波连弗阿育王塔南天王寺。得《摩诃僧祇律》，又得《萨婆多律》、《抄杂阿毗昙心》、《綖经方等泥洹经》等。显留三年，学梵语梵书，方躬自书写，于是持经像寄附商客。到师子国……停二年，复得《弥沙塞律》、《长杂二含》，及《杂藏本》，并汉土所无”。回国后“遂南造京师，就外国禅师佛驮跋陀于道场寺，译出《摩诃僧祇律》、《方等泥洹经》、《杂阿毗昙心》，垂百余万言。显既出《大泥洹经》，流布教化咸使见闻……其余经律未译”。〔3〕法显到印度去的目的是寻求戒律。他经过了千辛万苦，寻到其中最重要的《摩诃僧祇律》40卷，归国后他同佛陀跋陀罗共同译出。汤用彤先生认为，法显译出《摩诃僧祇律》，为佛教戒律五大部之一；携归之《方等》《涅槃》，开后来义学之一支，这是他求法之所以重要的原因之一。昙无竭效法法显，陆去海还，于南天竺随舶泛海达广州，译出《观世音受记经》。〔4〕

随着南朝诸朝统治者提倡佛教，经海路入华僧人越来越多，在译经传法中成就突出。《高僧传》卷3记载，佛驮什，罽宾人，专精律品兼达禅要，以宋景平元年七月届于扬州。法显于师子国得《弥沙塞律》梵本，未

〔1〕《开元释教录》卷2，唐沙门释靖迈《古今译经图记》卷1。

〔2〕〔南朝·梁〕释慧皎：《高僧传》卷1《昙摩耶舍传》，第42页。

〔3〕〔南朝·梁〕释慧皎：《高僧传》卷3《宋江陵辛寺法显传》，第87-90页。

〔4〕〔南朝·梁〕释慧皎：《高僧传》卷3《宋黄龙释昙无竭传》，第93-94页。

被翻译而法显云世。京邑诸僧闻佛驮什既善此学，于是请他翻译，其年冬十一月集于龙光寺，译为34卷，称为《五分律》。其翻译的方式，史载："什执梵文，于阗沙门智胜为译，龙光道生东安慧严共执笔参正，宋侍中琅琊王练为檀越。"他又于大部中抄出《戒心》及《羯磨文》等，并行于世。求那跋摩在祇洹寺开讲《法华经》和《十地经》，开讲之日，前来听讲的人成群结队。祇洹寺的慧义请跋摩翻译《菩萨善戒》，跋摩翻译了前28品，后2品由弟子代译，共30品，还未来得及缮写，就丢失了序品和戒品，现存有两个版本，或称为《菩萨戒地》。宋元嘉三年(426年)，徐州刺史王德仲请外国人伊叶波罗翻译《杂心经》，译者遇到一些无法解决的难题，于是请跋摩译出后半部，共有13卷。另有先前所译《四分羯摩》《优婆塞五戒论略》《优婆塞二十二戒》等，共26卷，文义周详而允正。

刘宋时经海路入华译经成就最大者当为求那跋陀罗，他最初在祇洹寺，集义学诸僧译出《杂阿含经》50卷。[1]接着在东安寺译出《大法鼓经》2卷、《相续解脱经》2卷。元嘉十三年(436)由丹阳郡尹何尚之为施主，在他那里译出《胜鬘经》1卷。又在道场寺译出《央掘魔罗经》4卷、《楞伽经》4卷。[2]求那跋陀罗的翻译更有进步，据说参与者当时有徒众七百余人，宝云传语，慧观笔受，"往复咨析，妙得本旨"。元嘉二十三年(446年)谯王义宣出镇荆州，请他同去，止于辛寺，又译出《无忧王经》1卷、《八吉祥经》1卷、[3]《过去现在因果经》4卷，常由他的弟子法勇传译度语。除以上9部68卷以外，据《李廓录》记载，确为求那跋陀罗译的书还有《大方广宝箧经》2卷、《菩萨行方便境界神通变化经》3卷和旧题出于《小无量寿经》的《拔一切业障根本得生净土神咒》1卷，总计12部73卷，流传至今。《高僧传》记载，他还译出1卷《无量寿》(即《小无量寿经》)、《泥洹》《现在佛名》《第一义五相略》等，均已散佚。至于《长房录》

[1]《开元释教录》载"于瓦官寺译，梵本法显赍来"。现存本实为48卷，其中第23与第25两卷，是求那跋陀罗所译之《无忧王经》误抄进去的。

[2]《开元释教录》卷5说此经是元嘉二十年(443年)译。

[3]《八吉祥经》，现存本误题僧伽婆罗译。

载《老母女六英经》《申日儿本经》等17种也是他所译，则不足信。另外《李廓录》《长房录》记载他所译的《虚空藏菩萨经》等21种，现在都是缺本，确否待考。刘宋大明以后，译经之业衰微殆绝，高齐时求那毗地又译出新本，他幼年出家，师事大乘法师僧伽斯那。齐高帝建元初至建康，居毗耶离寺。武帝永明十年(492年)秋，译出《百喻经》10卷。建武二年(495年)，又出《十二因缘经》及《须达长者经》各1卷。[1]新译本的出现，引起时人的称叹。

梁陈之际的拘那罗陀(真谛)是中国佛教三大翻译家之一，他致力于弘扬印度瑜伽行派学说，对佛学中的唯识论、“三性”等阐精发微，多有创建。《续高僧传》卷1《拘那罗陀传》记载，梁武帝派张汜等人出使扶南，请名德三藏、大乘诸论、杂华经等。“彼国乃屈真谛并赍经论，恭膺帝旨。”真谛于大同十二年八月十五日，达于南海。太清二年闰八月始届京邑。遇侯景之乱，往富春招延英秀沙门宝琼等20余人，翻《十七地论》。适得5卷，而国难未静，侧附通传。梁元帝即位，乃止于金陵正观寺，与愿禅师等20余人，翻《金光明经》。后度岭至于南康，并随方翻译。陈武帝永定二年七月，还返豫章，又止临川晋安诸郡，欲泛舶往楞伽修国，道俗虔请结誓留之，遂停南越，与前梁旧齿重覆所翻，至文帝天嘉四年，扬都建元寺沙门僧宗、法准、僧忍律师等，钦闻新教，故使远浮江表亲承劳问。真谛欣其来意，乃为翻《摄大乘等论》，首尾两载覆疏宗旨，又泛小舶至梁安郡。更装大舶欲返西国，至三年九月，发自梁安泛舶西引，业风赋命飘还广州。十二月中上南海岸，刺史欧阳穆公頠延住制旨寺，请翻新文。真谛乃对沙门慧恺等，翻《广义法门经》及《唯识论》等。史载真谛译经：“今总历二代共通数之，故始梁武之末，至陈宣即位，凡二十三载，所出经论记传，六十四部，合二百七十八卷。”当时，汉地对唯识学抱抵触态度，所以唯识新法传播仅限在岭南地区。真谛对此伤感不已，临寂前聚众徒于佛前结盟，誓弘《摄论》《俱舍》，永不断绝。

梁陈之际，来自扶南的僧人在译经方面做出了贡献。《续高僧传》卷

〔1〕参《出三藏记集》卷14，释慧皎：《高僧传》卷3，《开元释教录》卷6，《贞元释教录》卷8，《历代三宝纪》卷11。

1记载，僧伽婆罗，扶南国人。梁武帝天监五年，被敕征召于杨都寿光殿、华林园、正观寺、占云馆、扶南馆等5处传译，讫17年，共计11部，48卷，即《大育王经》《解脱道论》等。被梁武帝引为家僧。同书同卷记载："梁初又有扶南沙门曼陀罗者，梁言弘弱，大赍梵本远来贡献。敕与婆罗共译《宝云》、《法界体性》、《文殊般若经》三部合一十一卷。""时又有扶南国僧须菩提，陈言善吉，于扬都城内至敬寺，为陈主译《大乘宝云经》八卷。"[1]以上诸人都是扶南人，他们到南朝应该是经海路而来者。

对于从海路入华的僧人来说，其译经的地方主要在交州、广州、建康和荆州。从海路传入中国的佛教经典有大乘经典，也有小乘经典。梁启超指出："印度佛教，先有小乘，后有大乘，中国亦不逾斯轨。然小乘之行于中国，时期甚短，势力亦弱，非如印度西域之以小乘为正统、而大乘为闰位也。后汉、三国所译经典，虽小乘较多，然大乘亦已间译。至两晋以后，则以大乘为主业。"[2]实际上，东南亚地区是小乘佛教流行的地区，而对小乘经典的输入也是东晋南朝孜孜以求的，南朝统治者注意从东南亚地区输入小乘经典，小乘佛教在南朝也有一定的流行。法显在师子国获得的《弥沙塞律》《长杂二含》及《杂藏本》，并汉土所无之小乘经典。东晋隆安年间来到广州的昙摩耶舍，住白沙寺，善诵《毗婆沙律》，人咸号为"大毗婆沙"。昙摩耶舍本来就是信奉小乘佛教的，《善见毗婆沙律》是南传巴利本《一切善见律》的汉译名字。他所翻译的《杂阿含经》之第103经《差摩经》也是小乘经的重要经典。耶舍的弟子法度是商人竺婆勒之子，应当也是从海路而来，又从耶舍"承受经法"，"乃言专学小乘，禁读方等，唯礼释迦，无十方佛。食用铜钵，无别应器。又令诸尼相捉而行，悔罪之日，但伏地相向"。法度的小乘佛教在南朝产生一定影响，"宋故丹阳尹颜竣女法弘尼、交州刺史张牧女普明尼，初受

〔1〕道宣：《续高僧传》卷1《陈南海郡西天竺沙门拘那罗陀传》。

〔2〕梁启超：《中国佛法兴衰沿革说略》，见《佛学研究十八篇》，上海古籍出版社，2001年，第12页。

其法。今都下宣业、弘光诸尼，习其遗风，东土尼众，亦时传其法”。[1]《宋元嘉起居注》记载，宋元嘉五年，师子国王刹利摩诃南奉表，宋文帝回书提出“此小乘经甚少，彼国所有，皆可写送”[2]。《宋书》卷5《文帝本纪》云：“元嘉七年秋七月甲寅，师子国遣使献方物。”元嘉十二年（435年）六月，师子国又“遣使献方物”。据《高僧传》卷3《求那跋摩传》、《比丘尼传》卷2《僧果传》记载，刘宋元嘉年间（424—453年），有师子国商舶两次来到刘宋都城建康，有比丘尼多名乘商舶来到中国，流行于师子国的小乘经应该通过海路传来。《善见毗婆沙律》后来也得到翻译，据《历代三宝纪》卷11记载，三藏法师（或系指佛音）曾携律藏至广州，[3]付予弟子僧伽跋陀罗，永明六年（488年），僧伽跋陀罗与沙门僧猗共译《善见毗婆沙律》于竹林寺。梁陈时期在南朝活动的扶南高僧真谛创翻《摄论》《俱舍》，法泰、智恺传其业，开大乘之“摄论宗”与小乘之“俱舍宗”。但入华外国僧人大多为西域和天竺僧人，大多通梵文，而携来之佛经亦多为梵本，因此巴利文之小乘经传译较少，梵文之大乘经典的翻译在中国越来越占据优势。

11.4 经海路传入南朝的佛教圣物

三国吴时，经海路入华的僧人已携有佛舍利。《高僧传》卷1记载，康僧会在吴地建立寺院，受到指责，孙权责请康僧会显示灵验，康僧会

〔1〕〔南朝·梁〕释慧皎：《高僧传》卷1《昙摩耶舍传》，第43页。

〔2〕《艺文类聚》卷76《内典部》，上海古籍出版社，1965年，第1294页。

〔3〕佛音，小乘佛教论师，亦译“觉音”，原名“音”，皈依佛教后改名佛音。约4世纪末出生于北天竺菩提伽耶附近的婆罗门种姓家庭。关于他的生平，诸说不一。据《小史》载，他曾受过良好的婆罗门传统教育，精通三吠陀和其他典籍，有辩才。游学印度时，遇一佛教长老梨婆多，后者在辩论中折服他，遂改信佛教。在梨婆多的指导下，修习经论，日益精进，写出了《发智论》和《殊胜义论》。梨婆多发现他有志于从事佛教教理的著述，派他前往当时保存原始佛教资料较多的锡兰（今斯里兰卡）。他大约于422年到达锡兰，住进了大寺的大精进堂，在僧护长老的指导下，研读僧伽罗文疏释和上座部佛教教义。经过一段时间的学习，写出了阐述佛教主要教理的纲要作品——《清净道论》。《清净道论》主要表述上座部的唯心论哲学理论，认为外在现象，无常变易，不能独立存在，它们只是因“心”的存在而存在。解脱应求诸内心。心有烦恼障覆，不得解脱，按佛教导，清除烦恼，心深清净，即是解脱。

作法感得佛舍利。据记载，吴主孙权原不信佛教，尝召康僧会问佛教灵验之事，僧会乃请期三七日，感得舍利，五色光炎照耀，孙权令力士以砧击之，砧俱陷而舍利无损，孙权乃大为叹服。东晋时东南亚、南亚国家向中国南方政权进贡或赠送的礼物，已有佛教圣物。《梁书·诸夷传》记载，安帝义熙初，师子国始遣使来，"献玉像，经十载乃至"，"像高四尺二寸，玉色洁润，形制殊特，殆非人工。此像历晋、宋世在瓦官寺。寺先有徵士戴安道手制佛像五躯，及顾长康维摩画图，世人谓为三绝。至齐东昏遂毁玉像，前截臂，次取身，为嬖妾潘贵妃作钗钏"。

南朝时佛教推动了中国南方与南海佛教世界的交往和交流，当时获得的南海诸国的物品不少是佛事用品。《宋书·夷蛮传》记载，元嘉五年(428年)，师子国国王刹利摩诃南奉表曰："托四道人，遣二白衣，送牙台像以为信誓。"[1]师子国用僧人为使，向刘宋赠送以象牙为材料雕刻的佛像。《南齐书·东南夷传》扶南国条记载："永明二年，阇耶跋摩遣天竺道人释那伽仙上表称……献金镂龙王坐像一躯，白檀像一躯，牙塔二躯。"东南亚、南亚诸国都知道梁武帝崇奉佛教，因此送来更多佛教圣物和用品。《梁书·诸夷传》记载："天监二年，(扶南王)跋摩复遣使送珊瑚佛像并献方物。"天监十七年，毗邪跋摩遣长史毗员跋摩奉表，献金芙蓉、杂香药等。香是供养佛像礼佛仪式中必须的供品。"十八年，复遣使送天竺旃檀瑞像、婆罗树叶，并献火齐珠、郁金、苏合等香……又言其国有佛发长一丈二尺，诏遣沙门释云宝随使往迎之。"《梁书·诸夷传》记载，普通三年(522年)，婆利国献杂香药等方物数十种。[2]中大通二年(530年)，丹丹国王遣使奉表，奉牙像及塔各二躯，并献火齐珠、吉贝、杂香药等。大同元年(535年)又遣使献金银、琉璃、杂宝、香药等物。盘盘国"中大通元年五月，累遣使贡牙像及塔，并献沉、檀等香数十种。六年八月，复使送菩提国真舍利及画塔，并献菩提树叶、詹、糖等香"。天监

[1]月爱王即笈多王朝旃陀罗(月)笈多(爱)二世(Chandragupta)。《梁书》卷54亦录此表文，迦毗黎国王改称"屈多王"，即笈多(爱)之异译；使臣名竺罗达；表文亦略有不同。文末所列贡献方物亦不同，为"琉璃唾壶、杂香、吉贝等物"。

[2]《北史·蛮传》记载有婆利国，"自交趾浮海，南过赤土、丹丹而至其国"。

初，中天竺国国王屈多遣长史竺罗达奉表，并献琉璃唾壶、杂香、吉贝等物。干陀利国使“奉献金鞭蓉、杂香药等”。

当时传入中国的有杂香、菩提树叶、瑞像、佛塔和佛舍利。其中影响最大是佛舍利。按照佛教的说法，佛陀荼毗后，阿难等弟子从灰烬中得到佛陀舍利一石六斗，一说八斛四斗。所得舍利大致分为两种：一种是未烧尽的遗骨残片，如四颗牙齿，现存两颗；一截手指骨、两根锁骨、部分头顶骨及几根头发等。另外一种是《释氏要览》中记述的如五色珠般光莹紧固的舍利子和白色珠状舍利子。释迦牟尼的舍利不但在今日至尊至重，在佛陀时代也极为宝贝。当时有8个国家为了争夺佛舍利，陈兵城下，扬言“不惜身命，当以力取”。经名叫香姓的婆罗门调解，均分舍利，八国各取一份请回建塔供奉。此即所谓“八王分舍利”。此后佛舍利因各种因缘流散世界各地。六朝时传入中国南方的舍利主要有舍利子、佛爪发舍利、佛牙舍利和佛顶骨舍利。

11.4.1　佛爪发舍利

据《梁书》卷54《诸夷传》记载，南朝梁朝从扶南国得佛发舍利：

> 普通元年、中大通二年、大同元年，累遣使瑞献方物。五年，复遣使献生犀。又言其国有佛发，长一丈二尺，诏遣沙门释云宝随使往迎之。先是，三年八月，高祖改造阿育王寺塔，出旧塔下舍利及佛爪发。发青绀色，众僧以手伸之，随手长短，放之则旋屈为蠡形。案《僧伽经》云：“佛发青而细，犹如藕茎丝。”《佛三昧经》云：“我昔在宫沐头，以尺量发，长一丈二尺，放已右旋，还成蠡文。”则与高祖所得同也。阿育王即铁轮王，王阎浮提，一天下，佛灭度后，一日一夜，役鬼神造八万四千塔，此即其一也。

后来，高僧慧达于丹阳得佛舍利及爪发，同书同卷记载：

> 其后西河离石县有胡人刘萨何遇疾暴亡，而心下犹暖，其家未敢便殡，经十日更苏。说云：“有两吏见录，向西北行，不测远近，至十八地狱，随报重轻，受诸楚毒。见观世音语云：‘汝缘未尽，若得活，可作沙门。洛下、齐城、丹阳、会稽并有阿育王塔，可往礼拜。

若寿终，则不堕地狱。'语竟，如堕高岩，忽然醒寤。"因此出家，名慧达。游行礼塔，次至丹阳，未知塔处，乃登越城四望，见长千里有异气色，因就礼拜，果是阿育王塔所，屡放光明。由是定知必有舍利，乃集众就掘之，入一丈，得三石碑，并长六尺。中一碑有铁函，函中有银函，函中又有金函，盛三舍利及爪发各一枚，发长数尺。即迁舍利近北，对简文所造塔西，造一层塔。

大同十六年，又发现佛舍利，同书同卷记载：

十六年，又使沙门僧尚伽为三层，即高祖所开者也。初穿土四尺，得龙窟及昔人所舍金银镮钏钗镊等诸杂宝物。可深九尺许，方至石磉，磉下有石函，函内有铁壶，以盛银坩，坩内有金镂罂，盛三舍利，如粟粒大，圆正光洁。函内又有琉璃碗，内得四舍利及发爪，爪有四枚，并为沉香色。

于是，其月二十七日，梁武帝到寺礼拜，设无遮大会，大赦天下。当天，以金钵盛水泛舍利，其最小者隐钵不出，武帝礼数十拜，舍利乃于钵内放光，旋回久之，乃当钵中而止。高祖问大僧正慧念："今日见不可思议事不？"慧念答曰："法身常住，湛然不动。"高祖曰："弟子欲请一舍利还台供养。"至九月五日，又于寺设无遮大会，遣皇太子王侯朝贵等奉迎。是日，风景明和，京师倾属，观者百数十万人。所设金银供具等物，并留寺供养，并施钱一千万为寺基业。至四年九月十五日，高祖又至寺设无遮大会，竖二刹，各以金罂，次玉罂，重盛舍利及爪发，内七宝塔中。又以石函盛宝塔，分入两刹下，及王侯妃主百姓富室所舍金、银、镮、钏等珍宝充积。十一年十一月二日，寺僧又请高祖于寺发《般若经》题，尔夕二塔俱放光明，敕镇东将军邵陵王纶制寺《大功德碑》文。先是，二年，改造会稽鄮县塔，开旧塔出舍利，遣光宅寺释敬脱等四僧及舍人孙照暂迎还台，高祖礼拜竟，即送还县，入新塔下，此县塔亦是刘萨何所得者。

11.4.2 佛顶骨真舍利

南朝梁朝时，从盘盘国得到真舍利，《梁书·诸夷传》记载：

> 盘盘国，宋文帝元嘉，孝武孝建、大明中，并遣使贡献。大通元年，其王使使奉表曰："扬州阎浮提震旦天子：万善庄严，一切恭敬，犹如天净无云，明耀满目；天子身心清净，亦复如是。道俗济济，并蒙圣王光化，济度一切，永作舟航，臣闻之庆善。我等至诚敬礼常胜天子足下，稽首问讯。今奉薄献，愿垂哀受。"中大通元年五月，累遣使贡牙像及塔，并献沉檀等香数十种。六年八月，复使送菩提国真舍利及画塔，并献菩提树叶、詹糖等香。

盘盘国赠送的菩提国真舍利可能就是近年南京发现的佛顶骨舍利。2010年6月12日上午9时15分，南京大报恩寺阿育王塔中的佛顶真骨千年后重现人间，迎来中国佛教史上一件盛事。我们的理由是盘盘国赠送的真舍利，此后文献中不见记载，作为如此重要的佛教圣物不应该这样没有下落。南京阿育塔中的佛顶骨又无确切传入时间之记载，其来源必有一个令人信服的根据，盘盘国之真舍利是唯一能够说明其来源的可靠记载。佛顶骨是指释迦牟尼佛头顶涌起自然成髻部分的舍利，佛经记载其特点是坚实不坏，描述佛顶骨舍利形质的资料有很多。(1)《洛阳伽蓝记》卷5：方圆四寸，黄白色，下有孔，受人手指，闪然似仰蜂窠。(2)《续高僧传》卷3：周尺二寸，其相仰平，形如天盖。(3)《神州三宝感通录》卷上：高五寸、阔四寸许，黄紫色。(4)《法苑珠林》卷29：广二寸余，色黄白，发孔分明。(5)《法显传》：骨黄白色，方圆四寸，其上隆起。(6)《大唐西域记》卷1：面广寸余，其色黄白，发孔分明；《大唐西域记》卷2：骨周一尺二寸，发孔分明，其色黄白；《大慈恩寺玄奘法师传》同上。(7)《酉阳杂俎》卷2：周二尺。综合上述相近的资料，我们得到如下参考信息：(1)周长约一尺二寸，直径约四寸，高五寸，折合公制（唐制一寸约三厘米）周长36厘米，直径12厘米，高15厘米，形如蜂巢；(2)颜色黄白，有清晰的发孔；(3)是一块较完整的骨骼。以上都是唐代及其以前的信息，唐之后似乎没有了记载。说明佛顶骨舍利是唐以前的南北朝时传入中国的。

11.4.3 佛牙舍利

南朝梁朝时，还得到佛牙舍利，《梁书》卷54《诸夷传》记载：

波斯国，[1]其先有波斯匿王者，子孙以王父字为氏，因为国号……国东与滑国，西及南俱与婆罗门国，北与泛慄国接。中大通二年，遣使献佛牙。

《陈书》卷2《高祖本纪》下记载：

永定元年冬十月……庚辰，诏出佛牙于杜姥宅，集四部设无遮大会，高祖亲出阙前礼拜。初，齐故僧统法献于乌缠国得之，常在定林上寺，梁天监末，为摄山庆云寺沙门慧兴保藏，慧兴将终，以属弟慧志，承圣末，慧志密送于高祖，至是乃出。

释迦牟尼圆寂不久，发生了毗卢择迦王（琉璃王）大肆杀戮释迦族的事件，据《大唐西域记》记载："大城西北有数百千窣堵波，释族诛死处也。毗卢择迦王即克释族，虏其族类……并从杀戮，积尸如薪，流血成池。"婆罗门教与佛教之间的斗争也异常尖锐，公元前185年，古印度中部与迦王朝补砂密多罗国王以婆罗门为国师，推行打击佛教的政策，摧毁境内佛塔八百余座，史称"中印度法难"，迫使一些僧尼从佛塔中抢出佛舍利逃往各地。此后数百年间，释迦牟尼的舍利逐渐流散至国外。公元371年古印度迦迦国遭到邻国攻打，国王哥哈塞瓦恐佛牙被敌人抢去，命女儿赫曼丽将佛牙送往狮子国，这便是现供奉在斯里兰卡康堤佛寺的佛牙舍利。法显在师子国看到，"城中又起佛牙精舍，皆七室作……佛齿常以三月中出之。未出前十日，王装校大象，使一辩说人着王衣，骑象上击鼓唱言……却后十日，佛齿当出至无畏精舍，国内道俗欲值福者，各各平治道路，严饰巷陌，中道而行，随路供养到无畏精舍佛堂上。道俗云集，烧香燃灯，种种法事，尽夜不息。满十五日，乃还城内精舍。至齐日则开门户，礼敬如法"。

南朝所得佛牙舍利，其来源有两种说法，即上述一曰中天竺国波斯匿国所献，一曰法献于乌苌国所得，比较起来，以前者为较有根据。据

[1]此波斯国，指中印度憍萨罗国，兼领有迦尸国，与摩竭陀国并列为佛陀时代的三大强国。

《高僧传·法献传》中记载，法献为上定林寺高僧，“先闻猛公西游，备瞩灵异，乃誓欲忘身，往观圣迹。以宋元徽三年发踵金陵，西游巴蜀。路出河南，道经芮芮。既到于阗，欲度葱岭，值栈道断绝，逐于于阗而返。获佛牙一枚，舍利十五身”。元徽三年，“佛牙本在乌缠国，自乌缠来芮芮，自芮芮来梁土。献赍牙还京师十有五载，密自礼事，余无知者。至文宣感梦，方传道俗”。这些记载漏洞和疑点甚多，而中天竺波斯匿国献佛牙，正史有明确记载。因此我们认为，南朝梁陈时期的佛牙并不是法献从于阗所得，而是中天竺国家所献。此佛牙历经战乱和朝代更替，辗转流传，现供奉在北京西山灵光寺佛牙舍利塔内。先是隋灭陈，佛牙入长安禅定寺，唐时禅定寺改名庄严寺。黄巢起义军攻入潼关，唐僖宗携佛牙西逃入蜀。僖宗返都，佛牙40多年没有下落。后唐天成二年(927年)，后唐明宗生日，益州孟之祥献佛牙祝寿，佛牙逐由蜀至洛。后晋天福三年(938年)“十一月，庚午，西京左右街僧禄可肇等赍佛牙到阙，宣付汴京收掌”。[1]佛牙又从洛阳迁往汴京。开运三年(946年)，契丹入侵汴京，佛牙又不知下落，当被掠北上。1900年北京西山招仙塔残基出土的佛牙舍利沉香木匣上，有五代时北汉僧人善慧于天会七年(963年)亲笔所书的题记，说明了这个问题。陈垣先生认为契丹人打下汴京后，曾携法物而去。至真定，契丹主死，法物星散。刘高起太原，佛牙当于此时入汉。郭威篡汉，佛牙又转隶北汉，为僧人善慧所藏。天会末年，宋伐北汉，佛牙遂避入燕京。

从中国佛教的发展来看，两晋南北朝为输入期，佛教的输入沿两条路线，一是海路，二是陆路。本文探讨了这一时期佛教从海路传入的情况。从海路入华的东南亚、南亚僧人在南朝的弘法活动主要有三个方面，一是建立寺庙，作为译经传法的据点。二是讲经说法，按照当时的人能够接受的方式进行传播，从而培养了最早的一批佛教的僧侣和信徒，这个对南朝佛教的发展有很大的促进作用。三是对佛经的翻译和注解。据统计中西高僧仅在广州翻译的经典达数十部，经、律、论并重，这些佛经按其译出的方式，大体可以分为梵僧自译、梵汉僧侣共译和梵

〔1〕《册府元龟》卷52《帝王部·崇释氏》，中华书局，1960年，第582页。

僧传经汉僧翻译三种方式。他们的这些活动和成绩推动了交州、广州、建康和荆州等地佛教的传扬,奠定了佛教在中国南方发展的基础。佛教圣物是强化人们信仰的崇拜对象,这些瑞像、佛塔、佛舍利传入中国后,都曾经形成一次又一次的崇佛高潮,对于汉地佛教的流行和兴盛起了推波助澜的作用,影响深远。

12 六朝时经海路往来的僧人及其佛经译介

中国与印度不仅进行陆上交通，还进行海上交通，陆海两路是贯通的。“南海北陆，在两晋之际已经贯通，形成了一个佛教文化循环遨游的大圆圈。这个圆圈到南北朝，流转的速度骤然加快，往来的僧众明显增多。”[1]六朝时东来西往的求法和传法僧人奔波在中国与东南亚、南亚之间海路交通线上。经海路入华外国僧人主要有四部分，一是中亚，二是天竺，三是师子国，四是扶南。他们对印度佛教各派经典在中国的传译做出了贡献。

12.1 六朝时经海路往来的僧人

从海路来传教的弘法僧东来始于公元3世纪，中亚高僧先是到印度、斯里兰卡，而后经海路入华。康僧会原籍康居，世居天竺，其父经商移居交趾。十余岁父母去世后出家，他是“有史记载的第一个自南而北传播佛教的僧侣”。[2]但康僧会是入华后出家的人。以僧人身份经海路入华的中亚高僧，支彊梁接是第一人。吴废帝五凤二年(255年)，支彊梁接曾在交州译出《法华三昧经》。后抵达广州。[3]支彊梁接是月氏人，他可能从北印度至东印度，而经海路到交州。此后，中亚僧人沿着这条路线入华的，有昙摩耶舍。昙摩耶舍是罽宾人，“踰历名邦，履践郡国”，于东晋安帝隆安年间(397—401年)初达广州，住白沙寺。罽宾在今克什米尔一带，他到广州应该走的是海路。佛驮什，罽宾人，以宋景

〔1〕杜继文主编:《佛教史》，中国社会科学出版社，1991年，第190页。

〔2〕杜继文主编:《佛教史》，中国社会科学出版社，1991年，第155页。

〔3〕据《开元释教录》卷2，唐沙门释靖迈《古今译经图记》卷1。

平元年(423年)七月,届于扬州。求那跋摩,罽宾人,年二十出家受戒。后到师子国,观风弘教,又至阇婆国,“道化之声,播于遐迩,邻国闻风,皆遣使要请”。元嘉元年九月,建康高僧慧观、慧聪等面启宋文帝,请求迎请跋摩。文帝命交州刺史派船迎接,求那跋摩先已随商人竺难提舶,欲向一小国,被刘宋接到广州,后至建邺。[1]

天竺僧人从中天竺、西天竺、师子国经海路至中国。天竺沙门维祇难“以吴黄武三年(224年)与同伴竺律炎来至武昌,赍昙钵经梵本”。[2]三国时孙权在今鄂城(今湖北省鄂州市)建都,名武昌。维祇难的行程史书没有明确记载,但他应该经海路而来。耆域,天竺人,自发天竺,至于扶南,经诸海滨,至交州。晋惠帝元康六年(296年)到达广州。又从襄阳过长江,于惠帝末年(306年)至洛阳。洛阳兵乱,辞还天竺。[3]耆域是见于记载的第一位经由海道来中国,又由陆路离去的梵僧。求那毗地,中天竺人,齐建元初(479年)来至建康,住毗耶离寺。求那跋陀罗,中天竺人。他先到师子国,而后经沿海各国,皆传送资供。既有缘东方,乃随舶讯海。元嘉十二年(435年)至广州。[4]智药三藏,天竺僧人,梁武帝天监元年(502年)自西天竺来广州,于法性寺刘宋时求那跋陀罗所建戒坛之畔,植菩提树一株。又至曹溪口,掬水而饮,以水质甘美,知溪源必有胜地可为兰若。至上源,见山水宛若印度宝林山,劝村人建立一寺,名为宝林寺。[5]菩提达磨,南天竺禅僧,初达宋境南越,入梁,末又北度至魏。[6]师子国即今斯里兰卡,南传佛教发祥地。宋元嘉五年(428年),师子国“托四道人遣二白衣送牙台像以为信誓”。开以僧人为使之先河。刘宋时师子国曾两次派遣比丘尼入刘宋。第一次来了

〔1〕〔南朝·梁〕释慧皎:《高僧传》卷3《昙摩耶舍传》《佛驮什传》《求那跋摩传》,中华书局,1992年。

〔2〕〔南朝·梁〕释慧皎:《高僧传》卷1《维祇难传》,第22页。

〔3〕〔南朝·梁〕释慧皎:《高僧传》卷9《耆域传》,第365-366页。

〔4〕〔南朝·梁〕释慧皎:《高僧传》卷3《求那跋陀罗传》,第131页。

〔5〕虚云:《增订佛祖道影》卷4,慈怡主编:《佛光大辞典》引,台湾佛光山出版社,1993年,第5037页。

〔6〕道宣:《续高僧传》卷19《菩提达磨传》。

9名比丘尼，于元嘉六年（429年）由商船船主竺难提送达建康。佛教戒律规定，至少10位以上尼师才能举行受戒仪式，竺难提又返回师子国，于元嘉十年（433年）又专程送铁萨罗等11名比丘尼至建康，她们为景福寺慧果、慧净等300名中国尼众二部受戒，结束了中国比丘尼没有二部受戒的历史。〔1〕月婆首那，古代中印度优禅尼国（故地在今印度中央邦乌贾因〔Ujjain〕附近一带）王子，于公元第六世纪中期东来中国，在东魏、梁、陈诸代翻译佛经。

东南亚僧人经海路来到南朝较晚。齐武帝永明二年（484年），扶南国王派天竺僧人那伽仙奉表贡献。〔2〕僧伽婆罗，扶南国人，闻齐国弘法，乘船至建康，住正观寺。值齐历亡坠道教陵夷，静洁身心断绝交往，拥室栖闲养素资业。梁朝天监五年，被敕征召于杨都寿光殿、华林园、正观寺、占云馆、扶南馆等五处传译讫十七年。扶南僧人曼陀罗，梁初大赍梵本远来贡献，梁武帝命他与婆罗共译《大乘宝云经》《法界体性无分别经》《文殊般若经》等共11卷。"时又有扶南国僧须菩提，陈言善吉，于扬都城内至敬寺，为陈主译《大乘宝云经》八卷。"〔3〕这几位高僧都是扶南人，他们到南朝应该是经海路而来。《洛阳伽蓝记》卷4记载，歌营国僧人菩提拔陀，先至南朝梁朝，又到北朝洛阳。歌营国大约在今马来半岛南部。〔4〕拘那罗陀（真谛），本西天竺优禅尼国人，至扶南。梁武帝大同中，敕直后张汜等送扶南献使返国，并邀请名僧。扶南国乃遣真谛赍经论经海路至南朝，大同十二年（546年）八月十五日到广州。〔5〕

经海路往来的还有中土僧人。中土僧人西行求法有的经西域进入天竺诸国，而经海路回国。中国人经陆路至天竺，而后经海路而还者，法显是第一人，此为显例，不赘述。此后便有人循此踪迹，往来于中印间陆海两路。昙无竭仰慕法显躬践佛国，慨然有忘身之誓，于宋永初元年（420年）召集同志沙门僧猛、昙朗等25人，经西域至中天竺，余五人

〔1〕《比丘尼传》卷2《僧果传》；释慧皎：《高僧传》卷3《求那跋摩传》有同样记载。

〔2〕《南齐书·东南夷传》。

〔3〕道宣：《续高僧传》卷1《僧伽婆罗传》《拘那罗陀传》。

〔4〕参拙文《三至六世纪中西间海上航线的变化》，载《海交史研究》2004年第2期。

〔5〕道宣：《续高僧传》卷1《拘那罗陀传》。

同行。又至舍卫国，后渡恒河，“于南天竺随舶泛海达广州”。[1]慧叡，冀州人，游历诸国，乃至南天竺界。后还憩庐山。[2]他从南天竺还至庐山，有可能经海路东返。也有从中国南方沿海地区乘船经海路往扶南、师子国和天竺的。慧观法师“志欲重寻《涅槃后分》，乃启宋太祖资给，遣沙门道普将书吏十人西行寻经。至长广郡，舶破伤足，因疾而卒”。[3]智严“入道受具足，常疑不得戒，每以为惧。积年禅观而不能自了，遂更泛海，重回天竺，咨诸明达”，后经陆路归国。[4]梁武帝大同五年（539年）扶南遣使献生犀，“言其国有佛发长一丈二尺，诏遣沙门释云宝随使往迎之”。[5]中土僧人西行求法有特殊的贡献，他们往往携来中土所缺而又特需的经籍，填补了汉译佛典的某些空白。

从海路入华的僧人，其译经的地方主要在交州、广州、建康和荆州。六朝时，交州、广州是重要的国际贸易港，从东南亚、南亚经海路入华的高僧往往在交州、广州登岸，有的在这里驻足，从事宗教活动，有的分散到其他各大佛教中心。建康是六朝诸王朝的都城，是六朝的政治文化中心，从东汉末年以来就是佛教的南方中心。从海路入华的僧人大部分辗转进入建康，在这里从事建寺、译经和传法活动。荆州辛寺是佛经翻译的一个中心，也有僧人经海路入华，登陆后赴荆州。如昙摩耶舍初达广州，住白沙寺。后入长安，又南游江陵，止于荆州辛寺。求那跋陀罗，随舶讯海至广州，谯王镇荆州，请与俱行，安止辛寺。法显从师子国归来，于山东登陆，辗转至荆州辛寺译经。

僧人们能够冒风波之险，往来于中印之间，固然与他们求法忘身的宗教精神有关，而中国六朝与东南亚、南亚间使节往来及商业贸易活动的开展在客观上提供了便利。在从天竺、师子国经东南亚至中国南方的广大地区，佛教的普遍流行也是他们能够克服种种困难到达目的地的重要原因。当时僧人们能够到达目的地，有两种情况，一是搭乘商

[1]〔南朝·梁〕释慧皎：《高僧传》卷3《昙无竭传》，中华书局，1992年，第94页。

[2]〔南朝·梁〕释慧皎：《高僧传》卷7《慧叡传》。

[3]〔南朝·梁〕释慧皎：《高僧传》卷2《慧观传》。

[4]〔南朝·梁〕释慧皎：《高僧传》卷3《智严传》，第100页。

[5]《梁书》卷54《诸夷传》，第790页。

船，二是官方迎送，这都以佛教广泛流行为前提。

六朝时由于海上交通的发展，中国南方沿海地区与东南亚、南亚间的贸易是很兴盛的。晋之南海官吏侵侮外商，建立在外商来华贸易的基础上。法显在师子国见到佛像边“商人以晋地一白绢扇”供养，说明当时中国商人已经泛海来到师子国贸易。当时僧人主要搭乘商船从海上往来。法显自师子国乘商船回国，从海道东返，说明当时师子国有商舶东来。法显自耶婆提国（今爪哇或苏门答腊）至广州，“复随他商人大船”，“商人议言，常行时正可五十日便到”，说明两地之间频有商舶往来。法显就是得到商人资助，乘商船从师子国到摄婆提国，又从摄婆提国回国。〔1〕天竺僧人僧伽跋摩于元嘉十九年（442年）乘西域商人舶返天竺。〔2〕刘宋元嘉年间，师子国商舶两次来到刘宋都城建康，载来师子国比丘尼。刘宋遣使迎请之前，求那跋摩先已随商人竺难提舶，欲向一小国。宋末，扶南王姓侨陈如名阇耶跋摩遣商货至广州，天竺道人那伽仙附载归国。〔3〕

在六朝诸王朝与东南亚、南亚各国的官方交往中，佛教方面的交流是重要内容，迎送僧人和写译佛经是其中的重要活动。宋文帝曾回信扶南国王，要求写送小乘经；求那跋摩到师子国，观风弘教，又至阇婆国。道化之声，播于遐迩，邻国闻风，皆遣使要请。南京高僧慧观、慧聪等面启文帝，请求迎请跋摩。文帝敕交州刺史，令泛舶延至。求那跋摩遂至广州，经始兴至建邺。中天竺求那跋陀罗，先到师子国，而后经沿海各国到中国，沿途各国皆“传送资供”。拘那罗陀（真谛）到中国，是梁武帝下敕，命直后张汜等送扶南献使返国，仍请名德。扶南国“乃屈真谛并赍经论，恭膺帝旨”，是在双方最高统治者的安排下来到中国。从这里可以看出使节往来、商贸活动和佛教交流之间密不可分的关系。

比较起来，从海路入华僧人数量远远少于经中亚、西域陆上丝路入华的僧人，即便来到南方的域外僧人也以自陆路而来的为多，“佛教的

〔1〕〔南朝·梁〕释慧皎：《高僧传》卷3《法显传》，第89-90页。

〔2〕〔南朝·梁〕释慧皎：《高僧传》卷3《僧伽跋摩传》，第119页。

〔3〕《南齐书》卷59《东南夷传》，第1014页。

传译主要通道，则是经西域进入河西走廊，传入内地”。[1]其原因主要是海上航行的危险，这一时期造船技术和航海水平虽有提高，但是海上交通人为的灾难和自然风波之险客观存在。法显从师子国归国之路上九死一生，林邑国王入贡刘宋王朝海上遇险。佛驮跋陀罗(觉贤)至交趾，“附舶循海而行”，中途忽遇大风，将船吹回200余里。“于暗夜之中，忽令众舶俱发，无肯从者，贤自起收缆，一舶独发，俄而贼至，留者悉被抄害。”[2]《法显传》云：“若遇伏石，则无活路。”这些都说明当时海上航行的危险程度。

12.2 经海路入华僧人翻译的佛经类别

从印度佛教发展来看，大约从公元前370年起，佛教内部发生分裂。到公元150年前后500年间，称为部派佛教时期。佛教先分裂为上座、大众两部，后来又逐渐形成相当多的部派，主要有十八部。公元1、2世纪时形成大小乘佛教，出现了大乘和小乘的对立。佛教在发展过程中，又逐渐形成南传和北传两大支系。我们习惯上把北传佛教称为大乘，把南传佛教称为小乘。六朝时从海路传入中国的佛教经典有小乘佛教经典，也有大乘佛教经典；有北传佛教大小乘经典，也有南传佛教上座部经典。我们看到，经海路往来之僧人带来的佛教经典，起初主要是小乘方面的经典，后来则以大乘佛典为主。

对上座部小乘经典的输入是六朝中国社会及统治者孜孜以求的。最早传入中国的佛教经籍属小乘体系，经海路入华的僧人最早携来并译出的也是小乘经典。孙吴时入华的康僧会译《六度集经》，天竺僧人维祇难携来并译出的《昙钵经》(即《法句经》)都是佛教五部《阿含经》中之《小部》部分内容的翻译，是小乘佛教的基本读物。[3]康僧会从安世高弟子南阳韩林、颍川皮业、会稽陈慧学习安世高所传小乘佛教，与陈

〔1〕任继愈主编：《中国佛教史》第3卷，中国社会科学出版社，1988年，第129页。

〔2〕〔南朝·梁〕释慧皎：《高僧传》卷2《佛驮跋陀罗传》，第70页。

〔3〕任继愈主编：《中国佛教史》卷1，中国社会科学出版社，1985年，第174页。

慧共译《安般守意经》。安世高是最早有系统地翻译小乘经籍、介绍小乘思想的域外入华僧，康僧会等忠实于安世高的佛学见解，“非师不传”。[1]

经海路往来的东晋僧人注意传译上座部小乘经典。法显在师子国获得的《弥沙塞律》《长阿含》《杂阿含》及《杂藏本》，并汉土所无之上座部小乘经典。得自中天竺的《萨婆多律》属于小乘佛教戒律，法显携来并与佛陀跋陀罗共译之《摩诃僧祇律》40卷，为印度小乘佛教大众部所传之广律。他在中天竺所获之《方等泥洹经》《摩诃僧祇阿毗昙》《杂阿毗昙心》等，皆属小乘经论。他携来的《弥沙塞律》后由刘宋时佛大什、智胜译出。[2]东晋隆安年间来到广州的昙摩耶舍，住白沙寺，善诵《善见毗婆沙律》，人咸号为“大毗婆沙”。昙摩耶舍本来就是信奉小乘佛教的，《善见毗婆沙律》是南传上座部巴利本《一切善见律》的汉译名字。他所翻译的《杂阿含经》之第103经《差摩经》也是小乘经的重要经典。小乘佛教在南朝也有相当的流行。耶舍的弟子法度是商人竺婆勒之子，应当也是从海路而来，又从耶舍“承受经法”，“乃言专学小乘，禁读方等，唯礼释迦，无十方佛。食用铜钵，无别应器。又令诸尼相捉而行，悔罪之日，但伏地相向”。法度的小乘佛教在南朝产生一定影响，“宋故丹阳尹颜竣女法弘尼、交州刺史张牧女普明尼，初受其法。今都下宣业、弘光诸尼，习其遗风，东土尼众，亦时传其法”。[3]

但是，当时北传佛教进入中国势力强大，即便在中国南方，主要流行的还是经西域、北方传入的大乘经典，小乘经典的传译相对薄弱。因此，南朝统治者注意从师子国和东南亚地区输入上座部小乘经典。5世纪初，觉音论师至斯里兰卡大寺求学，领导注释巴利三藏。同时代的佛授及稍后护法二人，继续觉音的事业，完成巴利三藏的注释，奠定了大寺派复兴和教学的基础，形成日后及今日流传的南传佛教。[4]南朝统

〔1〕康僧会：《安般守意经序》，见《出三藏记集》卷6，中华书局，1995年，第244页。

〔2〕释僧祐：《弥沙塞律序》：“法显……众经多译，唯《弥沙塞》一部未及译出而亡，到宋景平元年七月……请外国沙门佛大什出之。”《出三藏记集》卷3，第120页。

〔3〕〔南朝·梁〕释慧皎：《高僧传》卷1《昙摩耶舍传》。

〔4〕净海：《南传佛教史》绪论，同上，第4页。

治者曾慨叹上座部佛教经典的缺乏，他们知道师子国盛行小乘佛教，因此向师子国提出写送小乘经的要求。宋元嘉五年(428年)，宋文帝回书师子国国王刹利摩诃南，提出“此小乘经甚少，彼国所有，皆可写送”[1]。此后的元嘉七年(430年)七月，师子国遣使献方物。元嘉十二年(435年)六月，师子国又“遣使献方物”。刘宋元嘉年间，师子国商舶两次来到刘宋都城建康，有比丘尼多名乘商舶来到中国，流行于师子国的南传佛教小乘经论应该通过海路传来。求那跋陀罗译《般泥洹经》20卷是早期传入的佛涅槃类经典，属小乘《涅槃经》。他译出《杂阿含经》50卷，是小乘经藏的一大部类，是杂阿含类经典中的根本经、大本和主本。他所译《四人出现世间经》《佛说鹦鹉经》《十一想思念如来经》《阿遬达经》《十二品生死经》《罪福报应经》《摩诃迦叶度贫母经》《树提迦经》《过去现在因果经》各1卷，皆属小乘经藏。昙摩耶舍善诵之《善见毗婆沙律》后来也得到翻译，据《历代三宝纪》卷11记载，有三藏法师曾携律藏至广州，付予弟子僧伽跋陀罗。齐永明六年(488年)，僧伽跋陀罗与沙门僧猗共译《善见毗婆沙律》于竹林寺。公元1世纪时巴利语佛教传灯祖师之一优波底沙造《解脱道论》12卷，是南传上座部里程碑式人物觉音著《清净道论》的先驱，由从海路入华的扶南国僧人僧伽婆罗译出。梁陈时期在南朝活动的扶南高僧真谛译介的佛教典籍有的属大乘，也有的属小乘。他创翻《摄论》《俱舍》，其译之《阿毗达磨俱舍释论》22卷，乃《大毗婆沙论》之纲要书。法泰、智恺传其业，开大乘之“摄论宗”与小乘之“俱舍宗”。他翻译的还有属小乘正量部律的《律二十二明了论》、属于印度数论派的论著《金七十论》等。

南传上座部小乘经典在魏晋南北朝时期基本上被介绍过来，而且经律论并重，其中从海路入华或经海路东归的僧人功不可没。正如学者们已经指出的，这一时期“小乘经论的传译，日趋完备。作为小乘经典丛书的四《阿含》，自苻秦开译《增一阿含》以来，至南朝宋译出《杂阿含》，即全部完成”。[2]这一巨大工程是以海路入华僧人昙摩耶舍最后

〔1〕《宋元嘉起居注》，《艺文类聚》卷76《内典部》引，上海古籍出版社，1965年，第1294页。
〔2〕杜继文主编：《佛教史》，中国社会科学出版社，1991年，第197页。

画上句号的。小乘部派的论著也大规模涌进来，一般称为“阿毗昙”，绝大多数属一切有部。如前所述，这些论著的翻译有的也出于经海路入华僧人之手，如僧伽婆罗译《解脱道论》，真谛译《立世阿毗昙》《俱舍论》《随相论》等。

通常认为，斯里兰卡和东南亚各国为小乘流行的地区，经海道传入的这里的经典属上座部小乘经典。[1]这种认识颇为片面，更不符合六朝时状况。大乘佛教经典的传译从汉末已经开始，东晋南北朝时越来越多，经海路往来的僧人的译著也多大乘经典。经海路入华者有的是来自中亚、罽宾和天竺的僧人，大多通梵文，携来之佛经亦多为梵本，属大乘系佛典。来自罽宾的高僧求那跋摩所讲《法华经》《十地经》乃大乘佛教初期重要经典，所译《菩萨善戒经》为大乘菩萨所持之戒本。大乘经典更适应中国文化土壤，即便译介部派时期佛教经典时，往往也倾向于具有大乘倾向的经籍，注意大乘意旨的发挥。康僧会译上座部经典之《六度集经》，主旨却在于阐扬大乘佛教的菩萨行。法显携来，并与佛陀跋陀罗共译之《摩诃僧祇律》为大众部所奉持，其中多处含有大乘经意，为大乘说法的萌芽。法显与觉贤共译之6卷《大般泥洹经》为大乘《涅槃经》的初译，是宣传大乘涅槃佛性学说的基本经典。求那跋陀罗译、慧观笔受之《胜鬘经》记述胜鬘夫人劝信佛法的说教，经中提出的“一乘真实”“如来藏法身”“自性清净心”“三乘归于一乘”“四谛归于灭谛”等理论，曾对印度佛教大乘瑜伽行派有重要影响。他所译《楞伽经》则为多种宗派所信奉。扶南受印度文化及宗教影响，流行婆罗门教和佛教，而大乘佛教占优势。南朝统治者知道这一点，所以梁武帝派张汜至扶南，明确要求“大乘经论”。[2]来自扶南国的僧人也是“大赍梵本”，

〔1〕如汤用彤先生说：“锡兰、缅甸、暹罗、马来半岛、南洋群岛为小乘佛教通行之地，其经典属上座部（或其支流），今日所谓巴利文佛教是也。以故关于此项之经典，应多由此传入。”“经西域传来之佛教，与由海道所达者比较，亦有不同。印度西北为大乘盛行之地，故传至北方之佛教，多《般若》《方等》。而迦湿弥罗为一切有部发祥之区，以是《发智》《毗婆沙》诸要籍均在北方传译。”《汉魏两晋南北朝佛教史》第十二章《传译求法与南北朝之佛教》，北京大学出版社，1997年，第264、265页。

〔2〕〔唐〕道宣：《续高僧传》卷1《拘那罗陀传》。

携来大乘经典。真谛、曼陀罗、僧伽婆罗、须菩提等“持来多种梵文佛经献上”,并进行了认真的翻译。从他们“所译出的经典看,是梵文系大乘经论占最多”,曼陀罗、僧伽婆罗的译著“只有一部《解脱道论》属巴利语上座部佛教系统”。[1]师子国是南传佛教的发源地和中心,但这里流传的佛教既有上座部小乘佛教,也容纳大乘佛教各派。[2]从大寺派分化出来的无畏山寺派与印度佛教各部派交流,接受大乘佛教,形成法喜部;公元2、3世纪,印度佛教方广部传入师子国,虽遭驱除,但留下的影响很大。公元4世纪时,印度杰出的上座僧友到师子国,实现了他弘扬大乘的计划。法显到师子国时,正值无畏山寺派隆盛之时,大乘佛教得到传扬。直到觉音等将佛典全部译为巴利文完成,巴利文系小乘佛教才占主导地位。因此,从师子国传来之佛经,未必只有小乘经典,亦当有大乘教义及经典。中天竺优禅尼国王子月婆首那译《胜天王般若波罗蜜经》,亦属大乘经典。[3]

总之,六朝时经海路入华域外僧人和经海路往还的中土僧人在数量上都比不上往来中亚、西域和中国北方的中外僧人,他们翻译佛教典籍的数量和影响也不及后者。但是他们独特的贡献却是值得重视的,在魏晋南北朝这个佛教的输入时期,经海路往来的僧人取得了杰出的成就。真谛是与北方的鸠摩罗什并称的中国佛教三大译师之一。法显陆去海还,创辟荒途,是接续朱士行,下启玄奘求法的伟大创举。由海路传入的佛教经籍,规模不及北方,但也及时地反映了国外新兴的佛教思潮,特别是流行于师子国、扶南的佛教,其大小乘经典,包括新的论著

〔1〕净海:《南传佛教史》,宗教文化出版社,2002年,第264页。

〔2〕净海云:“公元前247年顷,摩哂陀长老往斯里兰卡传教,佛教发展很迅速,经过二百年,以大寺为统一教团中心。至公元前29–前17年,教团分裂为大寺派与无畏山寺派,这两派佛教形成对抗,历时有十世纪之久。大寺派坚持保守上座部佛教传统精神;而无畏山寺派采取开放的态度,与印度各派佛教进行交流,更容纳大乘佛教。至公元四世纪初,从无畏山寺派之中又再分裂一派为海部,自此三派鼎立,而无畏山寺派最盛。”《南传佛教史》,宗教文化出版社,2002年,第4页。

〔3〕陈宣帝《胜天王般若忏文》:“粤以天嘉六年,外国王子月婆首那来游匡岭,慧解深妙,靡测圣凡,奉持《胜天王般若经》一部,于彼翻译,表献京师。”《广弘明集》卷28下。《全陈文》卷3,见严可均:《全上古三代秦汉三国六朝文》,中华书局,1958年,第3419页。

比较及时地被译介过来，尤其是小乘佛经、戒律和论著方面经籍的译介。当时佛教僧团日益扩大，对戒律的输入和对律学的研究日渐紧迫，法显等人就是为了寻求戒律而远赴异域的，他们的成就及时填补了这一空白，对佛教的发展和巩固佛教僧侣队伍起了重要作用。魏晋南北朝时佛教形成专门讲习和研究某种经典的风气，并由此形成各种学派，至隋唐更出现不少宗派，这方面北路传入之佛教经籍可能发挥了更大作用，例如鸠摩罗什的译著，往往成为后来的佛教徒立论成宗的权威根据，但经海路传入之经籍也起了领导潮流、立派创宗、拾遗补阙或推波助澜的作用。法显等译的《大般泥洹经》启发了竺道生佛性说的提出，开辟了佛教哲学研究的新方向；他携回并译出的戒律方面的著作对律学的开展和律宗的产生起了奠基作用。南朝刘宋译出之《观世音受记经》等对传扬净土思想发挥了作用，为净土信仰奠定了基础。求那跋陀罗译、慧观笔受之《胜鬘经》“对佛教的推广、孳蔓影响极大，由此形成了所谓‘如来藏缘起’的理论体系，构成了一类经典”。[1]《楞伽经》《十二头陀经》的译出反响极大，《楞伽经》形成了影响后世最大的禅法系统，而《胜鬘经》《十二头陀经》则是这一禅法系统的理论和践行的组成部分，实开唐代禅宗的先声。真谛主要译介的是印度大乘瑜珈行派无著、世亲和陈那的论著，包括《十地经论》《摄大乘论》等，影响过一代思潮。经海路入华僧人的译籍还涉及密宗早期经典、佛教逻辑思想、佛教史料的译介等，如求那跋陀罗和真谛的若干译著。经海路入华僧人的毗昙学的译著在佛教发展中还起过极为重要的作用，即佛教知识的普及。这些成就与北方输入的佛教经籍互相补充，互相辉映，共同造就了佛教东传的辉煌，形成魏晋南北朝时期中土佛教发展生动壮观的景象。东晋十六国和南北朝时期，中国处于大分裂和大动荡局面，但南北方佛教的交流不曾中断，经海路入华的僧人译介的佛教典籍和佛教思想也传入北方，例如真谛译介的成果，通过他的助手和弟子的北传，产生了深远影响。隋唐时国家恢复统一，南传佛教汇入佛教发展的洪流中，大小乘佛教互相吸收，佛教在南北文化交流中进入新的发展阶段。

〔1〕任继愈主编:《中国佛教史》第3卷，中国社会科学出版社，1988年，第143页。

13 东晋南朝佛教三宝供养风俗

风俗是体现在共同行为基础上的社会风习,东晋南朝时期是佛教信仰深入民间并与大众日常生活日益走向结合的重要阶段,佛教信仰造成了当时社会上下的一些共同生活行为。佛教称资养三宝(佛、法、僧)为"供养",三宝供养便是这种共同行为的重要表现。中国民俗中的佛教信仰风俗主要是在这一阶段肇端和形成的,三宝供养逐渐成为世风民俗的重要内容。本章探讨东晋南朝佛教流行对这一时期中国社会风俗的影响。

13.1 佛供养

首先是对佛的供养,其方式甚多,如雕刻佛像、供养塔寺和佛菩萨形像,赞叹诸佛像好庄严、歌颂佛德,或以各种乐器,演奏妙音、合十、鞠躬、跪拜等。这些被称为礼佛。按照佛教的说法,礼佛是向佛礼拜,忏悔所造之业,以为灭障消灾、增加福慧的殊胜法门,这些都可以"成佛道"。

礼佛是佛教中人的必修功课,笃信佛教并不出家,又为佛寺著录的人被称为居士,居士需每日礼佛,南朝时在家礼佛的善男信女甚多。道宣《唐高僧传》卷6记载,梁代高僧慧约佛法高超,"道俗士庶咸希度脱,弟子著籍者凡四万八千人"。这些众多的在家居士每日都会定时礼佛。礼佛时忏悔,称为礼忏,又作拜忏,即礼拜诸佛、菩萨,忏悔所造诸恶业。礼忏是悔除所犯罪过以便积极修行的宗教仪式,忏法起源于晋代,渐盛于南朝。道安在襄阳时曾制《僧尼轨范》《佛法宪章》,条为三例,“二曰常日六时行道饮食唱时法,三曰布萨差使悔过等法”。[1]道宣说:“诸佛善权方便,立悔罪之仪。道安、慧远之俦,命驾而行兹术。南齐司徒竟陵王,制布萨法净行仪,其类备详。”[2]《梁书·庾诜传》记载:“晚年以后,尤遵释教。宅内立道场,环绕礼忏,六时不辍。”

有关南朝人礼佛的记载,史书中有较多的事例,上自皇帝皇后、达官贵人,下至百姓隐逸,礼佛蔚成风气,正如梁时郭祖深所云:“比来慕法,普天信向,家家斋戒,人人忏礼,不务农桑,空谈彼岸”。[3]《南齐书·高逸传》记载,刘虬“精信释氏,衣粗布衣,礼佛长斋”。官员们在公府或军府都设佛堂、静室以礼佛。《宋书·张演传》记载,刘宋时张演任东阳太守,“逼郡吏烧臂照佛,百姓有罪,使礼佛赎刑,动至数千拜。免官禁锢”。他用行政手段强迫百姓“礼佛”赎罪,遭到免官禁锢的处罚。但他并未因此而有改悔,终遭亡身之祸。《宋书·吴喜传》记载,张淹屯军上饶县,其军副鄱阳太守费昙欲加害于他,率军来攻城。当费昙率众突入时,张淹正礼佛,闻难走出,被斩首。与张淹遭遇相似的是南齐王奂。据《南齐书·王奂传》记载,王奂出任雍州刺史。他崇佛,齐武帝担心他妨碍公务,告诉王晏说:“奂于释氏,实自专至。其在镇或以此妨务,卿相见言次及之,勿道吾意也。”王奂至雍州,兵乱中仍坚持礼佛:“奂司马黄瑶起、宁蛮长史裴叔业于城内起兵攻奂。奂闻兵入,还内礼佛,未及起,军人遂斩之。”梁武帝佞佛,《魏书·萧衍传》记载:“衍每礼佛,舍其法服,著乾陀袈裟。”其礼佛之举起到了言传身教的作用,影响到子孙起而效仿。《梁书·太宗十一王》记载他的孙子萧大球:“侯景围京城,高祖素归心释教,每发誓愿,恒云:‘若有众生应受诸苦,悉衍身代当。’时大球年甫七岁,闻而惊谓母曰:‘官家尚尔,儿安敢辞?’乃六时礼佛。”“六时

[1]〔南朝·梁〕释慧皎:《高僧传》卷5《道宣传》,中华书局,1992年,第183页。

[2]《广弘明集》卷28《悔罪篇序》。

[3]《南史》卷70《郭祖深传》,中华书局,1975年,第1720页。

礼佛"是当时善男信女每日必修的功课。[1]

礼佛时应设佛像，并以香花、明灯和饮食等上供。铸像供佛是当时社会上的大功德，道安在襄阳，铸成大像，史载"安既大愿果成，谓言'夕死可也'。"[2]梁武帝不仅亲自供佛，而且鼓励臣下信仰佛教，有时赠送佛像供臣下礼拜。简文帝为太子时，曾得到梁武帝赐赉佛像。[3]梁简文帝非常重视设像礼佛，其《下僧正教》云："夫以画像追陈，尚使吏民识敬；熔金图范，终令越主怀思。"[4]所以当时家家设像，人人供佛。《梁书·阮孝绪传》记载："其恒所供养石像，先有损坏，心欲治补，经一夜忽然完复，众并异之。"《太平广记》卷113引《辨正论》："彭城刘式之，常供养一金像。无故失去，不知所在。式之夙夜思愆自责，至念冥通，经百日后，其像忽然自现本座。神光照室，全家惊喜，倍加倾心。"从东晋时起，拜佛中有烧香习俗。据说烧香之法始于东晋道安，他在襄阳时曾制《僧尼轨范》《佛法宪章》，条为三例，其一即"行香定座上讲经上讲之法"。[5]佛教认为，"香为信心之使"，凡夫俗子和佛相隔遥远，需要烧香请佛、菩萨前来接受供养。礼佛还是一种身体语言。"拜佛"，佛教术语叫作"顶礼"，有"五体投地"之说，按《释门归敬仪》："两膝、两肘及头着地，以头顶敬礼，承接所礼者双足。向佛像行礼，舒二掌过额、承空，以示接佛

---

[1]六时即晨朝、日中、日没（以上为昼三时）、初夜、中夜、后夜（以上为夜三时），又作平旦、日正中、日入、人定、夜半、鸡鸣。在印度，时间的最小单位为刹那，一百二十刹那为一呾刹那，六十呾刹那为一腊缚，三十腊缚为一牟呼栗多，五牟呼栗多为一时，六时合为一日一夜。佛教以此种时间区分行事，佛教经论中多有六时之说，乃礼佛拜忏之时。《舍利弗悔过经》云："常以平旦、日中、日入、人定、夜半、鸡鸣时，澡漱整衣服，叉手礼拜十方，自在所向当悔过。"《普贤观经》云："昼夜六时，礼十方佛，行忏悔法。"《大智度论》卷7云："复次菩萨法，昼三时，夜三时，常行三事，一者清旦偏袒右肩，合掌礼十方佛言：'我某甲，若今世、若过去世无量劫身口意恶业罪，于十方现在佛前忏悔，愿令灭除不复更作。'中暮夜三亦如是。"

[2]〔南朝·梁〕释慧皎：《高僧传》卷5《道宣传》，中华书局，1992年，第179页。

[3]简文帝《谢敕赉苦行像并佛迹启》云："臣纲启，舍人顾謻奉宣敕旨，以金铜苦行佛并佛迹供养具等，赉使供养。伏以六年道树，超出四魔，千辐足轮，德圆万善，故能闻见悟解，逢遇祛尘，天听恩隆，曲垂奖被。谨修饰阎宇，斋洁身心，翘仰慈光，伏待昭降，千唱四辩，尚不宣心，轻毫弱简，岂能陈谢，不任下情，谨启事谢闻，谨启。"《广弘明集》卷16；严可均《全上古三代秦汉三国六朝文》，中华书局，1958年，第3007页。

[4]《全梁文》卷9，见严可均《全上古三代秦汉三国六朝文》，中华书局，1958年，第3001页。

[5]〔南朝·梁〕释慧皎：《高僧传》卷5《道宣传》，中华书局，1992年，第183页。

足。”其意在于表示“以我之所尊(头顶),敬彼所卑者(足)”。这是印度最高的礼节,传到中土民间,遂成为人们礼敬佛像的常规拜佛之法。拜佛是僧人每日必修功课,而世俗百姓的拜佛习俗则是效仿僧人而来的。

居家礼佛,需要固定的场所,礼佛的处所称为佛堂、静室,安有佛菩萨圣像的客厅等亦可行之。东晋南朝信奉佛教者往往于居处营斋,斋即斋室,礼佛诵经之所。像张淹、王奂都在自己官衙和军营中立斋室。《南齐书·王僧虔传》记载:“兄子俭为朝宰,起长梁斋,制度小过,僧虔视之不悦,竟不入户,俭即毁之。”《南齐书·萧遥光传》记载,萧遥光遭到围攻,“台军射火箭烧东北角楼,至夜城溃。遥光还小斋,帐中著衣帢坐,秉烛自照,令人反拒,斋阁皆重关”。此所谓“小斋”应该就是他礼佛的斋室。《梁书·到溉传》记载:“初与弟洽常共居一斋,洽卒后,便舍为寺,因断腥膻,终身蔬食。别营小室,朝夕从僧徒礼诵。”到溉与弟共用一斋舍为佛寺后,他又营一室,则是其新斋。《陈书·徐孝克传》记载:“孝克性清素而好施惠,故不免饥寒,后主敕以石头津税给之,孝克悉用设斋写经。”也有在家置道场的。道场是梵文 Bodhimanda 的意译,音译为“菩提曼拏罗”,指供佛祭祀或修行学道的处所,如庾诜“宅内立道场,环绕礼忏,六时不辍”。[1]

佛寺是供佛的场所,佛供养的一个重要表现是出资营寺或舍宅为寺。东晋以后,随着佛教的迅猛发展,社会上都兴起建造佛寺之风。上层统治者支持并亲自从事佛寺的营建,史书上可见不少皇帝以帝王之力造寺供养。统治者兴建佛寺,自然取财于民,臣下还要出资相助。《南齐书·张融传》记载:“孝武起新安寺,僚佐多儭钱帛,融独儭百钱。”《南齐书·虞愿传》记载:

> 帝以故宅起湘宫寺,费极奢侈。以孝武庄严刹七层,帝欲起十层,不可立,分为两刹,各五层。新安太守巢尚之罢郡还,见帝,曰:“卿至湘宫寺未?我起此寺,是大功德。”愿在侧曰:“陛下起此寺,皆是百姓卖儿贴妇钱,佛若有知,当悲哭哀愍。罪高佛图,有何功德?”尚书令袁粲在坐,为之失色。帝乃怒,使人驱下殿,愿徐去无

[1]《梁书》卷51《庾诜传》,第751页。

异容。

宋明帝造寺，劳民伤财受到虞愿指斥。《宋书》卷97《夷蛮传》云："佛道自后汉明帝，法始东流，自此以来，其教稍广，自帝王至于民庶，莫不归心。经诰充积，训义深远，别为一家之学焉。元嘉十二年，丹阳尹萧摩之奏曰：'佛化被于中国，已历四代，形像塔寺，所在千数，进可以击心，退足以招劝。'"刘宋元嘉七年扶南使至宋，上表称颂刘宋统治者便云："伏承圣主，信重三宝，兴立塔寺，周满国界。"南朝统治者往往以各种原因建立寺院。《南齐书·祥瑞志》记载："（永明）七年，越州献白珠，自然作思惟佛像，长三寸。上起禅灵寺，置刹下。"梁武帝崇佛，屡起大寺。《魏书·萧衍传》："衍崇信佛道，于建业起同泰寺，又于故宅立光宅寺，于钟山立大爱敬寺，兼营长干二寺，皆穷工极巧。"梁武帝不仅出资营建大寺，还想方设法为寺院募集钱财。他四次舍身为寺奴，每次都要朝臣以"亿万钱"将其赎回，"曾设斋会，自以身施同泰寺为奴，其朝臣三表不许，于是内外百官共敛珍宝而赎之"。他一次赐给大敬爱寺田八十余顷，据《梁书·太宗王皇后传》记载，此八十余顷良田，几乎是梁武帝用强夺手段获取，而后施给大爱敬寺。

私人营建佛寺或舍宅为寺者不胜枚举。《宋书·范泰传》："暮年事佛甚精，于宅西立祇洹精舍。"《宋书·萧慧开传》："丁父艰，居丧有孝性，家素事佛，凡为父起四寺，南岸南冈下名曰禅冈寺，曲阿旧乡宅名曰禅乡寺，京口墓亭名曰禅亭寺，所封封阳县名曰禅封寺。"《梁书·乐蔼传》："出为信武长史、江夏太守。因被代，表便道还乡。至家，割宅为寺，栖心物表。"《梁书·何敬容传》："何氏自晋司空充、宋司空尚之，世奉佛法，并建立塔寺。至敬容又舍宅东为伽蓝，趋势者因助财造构，敬容并不拒，故此寺堂宇校饰，颇为宏丽。时轻薄者因呼为众造寺焉。"

《梁书·到溉传》："初与弟洽常共居一斋，洽卒后，便舍为寺，因断腥膻，终身蔬食，别营小室，朝夕从僧徒礼诵。高祖每月三致净馔，恩礼甚笃。蒋山有延贤寺者，溉家世创立，故生平公俸，咸以供焉，略无所取。"《梁书·江紑传》记载，江紑父江蒨患眼疾，江紑夜梦一僧云："患眼者，饮慧眼水必差。"江紑叔父江禄与草堂寺智者法师友善，智者曰："《无量寿经》云:慧眼见真,能渡彼岸。"江蒨乃因智者法师上启,将同夏县界牛屯里舍施舍为寺。《梁书·贺革传》:"革性至孝,常恨贪禄代耕,不及养。在荆州历为郡县,所得俸秩,不及妻孥,专拟还乡造寺,以申感思。"《陈书·姚察传》:"察幼年尝就钟山明庆寺尚禅师受菩萨戒,及官陈,禄俸皆舍寺起造。"

皇帝、达官贵人和一般官吏如此,一般的百姓见于记载的具体事例虽然不多,但据齐梁时的范缜所言,当时百姓"竭财以赴僧,破产以趋佛"。[1]说明出钱出资营寺饭僧捐献在下层百姓中也是普遍现象。正是由于这种社会上下的热情营建,东晋南朝形成佛寺林立的局面。

13.2 法供养

佛法的具体物化形式是佛教经典,按照佛教的说法,佛经是佛讲说的经义。法供养即对佛所说的经典,做到"信解、受持、读诵通利;思惟观察甚深义趣;广为他说书写供养;方便善巧摄护正法"。如此则获大的福报,如《广博严净不退转轮经》卷1云:

尔时阿难白佛言:世尊,此经成就诸大功德,此经成就未曾有功德,非是成就少善根众生得闻此经。佛告阿难:如是,如是,如汝所言。若善男子、善女人,供养无量百千诸佛乃闻是经,闻已信解受持读诵为他解说。阿难,此善男子,在天人中当知如塔。若有受持读诵是经者,其人所住方面便有明正法人。复次阿难,若有受持是经读诵通利为他解说,乃至书写经卷而供养者。当知是人离诸恶趣,已能降伏恶魔波旬。建立法幢能行法施,燃大法炬破无明暗,吹大法蠡趣向道场,击大法鼓开甘露门,降大法雨。充足一切乐求法者,开诸法藏诸佛所聚出大法财。知一切法远离诸想,所谓色受想行识想,眼耳鼻舌身意想,色声香味触法想。远离一切诸法想,乃至佛法僧想。阿难,若有从我闻此经者,受持读诵,当知是人便是我子,从佛口生,从法身生。是故阿难,若有众生,欲食如来

〔1〕《梁书》卷48《范缜传》,第670页。

食，欲坐道场，欲说正法，如我今者，应受持是经读诵通利为他解说，乃至书写经卷受持供养。[1]

平常的鲜花水果财物等供养，总有所供的财物和被供养的对象，法供养则没有这些物品和对象。

诵经被佛教认为是崇法奉佛的功德，是法供养的典型表现。诵经本是佛弟子修行的必要功课，通过念诵而培养对佛的敬仰，了解经文的内容，理解佛的教义。但佛教强调诵经能得到福佑，民俗中则变为并不注重是否通晓经义，而重在读诵出声，认为这样即可产生不可思议之感应。《太平广记》卷112引《广异记》云："能一日之内转千卷《续命经》，当得延寿。"转经即诵经。许多人把念佛诵经当成功德，当成获取福报和护佑的手段，于是形成诵经祈福之风。《太平广记》卷190引《述异记》说刘宋时有费氏，诵《法华经》，数年不倦。后得心痛病，梦见佛从窗中援手摩其胸，立时痊愈。《太平广记》卷112引《冥祥记》说晋朝人史世光死后七日复活，言本应堕地狱中，因为僧人支法山为他转经，所以得以"上第七梵天快乐处"。《法苑珠林》卷5引《冥祥记》说刘宋仑氏二女"缮立精庐，夜斋诵经"，结果，"容止华雅，音制诠正，上京风调不能过也"。《太平广记》卷110引《法苑珠林》说刘宋时邢怀明，"先奉法，自出征，恒顶戴观世音经，诵读不废"，终获护佑。小说中的故事是现实的反映，现实中确有不少人把念诵作为功德，而且还流传不少念诵获得福佑的故事。《宋书·王玄谟传》记载，王玄谟随萧斌北征，失利，"萧斌将斩之，沈庆之固谏……斌乃止。初，玄谟始将见杀，梦人告曰：'诵《观音经》千遍，则免。'既觉，诵之得千遍，明日将刑，诵之不辍，忽传呼停刑"。《南齐书·竟陵王萧子良传》记载："世祖不豫，诏子良甲仗入延昌殿侍医药，子良启进沙门于殿户前诵经。"《南齐书·周颙传》记载："宋明帝颇好言理，以颙有辞义，引入殿内，亲近宿直。帝所为惨毒之事，颙不敢显谏，辄诵经中因缘罪福事，帝亦为之小止。"《梁书·高祖丁贵嫔传》："高祖丁贵嫔，讳令光，谯国人也……尤精《净名经》。"《梁书·刘霁传》："母明氏寝

〔1〕〔南朝·宋〕智严、宝云译：《广博严净不退转法轮经》，见《乾隆大藏经》之《大乘五大部外重译经》第154部。

疾，霁年已五十，衣不解带者七旬，诵《观世音经》，数至万遍。"《梁书·庾诜传》记载，庾诜"晚年以后，尤遵释教。宅内立道场，环绕礼忏，六时不辍。诵《法华经》，每日一遍。后夜中忽见一道人，自称愿公，容止甚异，呼诜为上行先生，授香而去。中大通四年，因昼寝，忽惊觉曰：'愿公复来，不可久住。'颜色不变，言终而卒，时年七十八。举室咸闻空中唱'上行先生已生弥勒净域矣'。"《陈书·徐孝克传》记载："蔬食长斋，持菩萨戒，昼夜讲诵《法华经》。"《陈书·后主沈皇后传》记载："后主沈皇后……左右近侍才百许人，唯寻阅图史、诵佛经为事。"诵经最有成就的当为陈朝姚察，《陈书·姚察传》记载："察愿读一藏经，并已究竟，将终，曾无痛恼，但西向坐，正念云'一切空寂'。其后身体柔软，颜色如恒。"

写经即传抄佛经被认为是一种功德，也属法供养，因为这一行为直接为宣扬佛法做出了贡献。写经的功德和灵应也被大加渲染。《法苑珠林》卷18记载，谢敷"笃信大法，清勤不倦了。手室《首楞严经》，当在都白马寺中。寺为灾火所延，什物余经，并成煨烬，而此经止烧纸头界外而已，文字悉存，无所毁失。敷死时，友人疑其得道"。在这种观念支配下，写经成为人们乐此不疲的功德和义务。《梁书·刘慧斐传》记载："慧斐尤明释典，工篆隶，在山手写佛经二千余卷，常所诵者百余卷。"《陈书·徐孝克传》记载："后主敕以石头津税给之，孝克悉用设斋写经。"《陈书·始兴王叔陵传》记载："丁所生母彭氏忧去职……初丧之日，伪为哀毁，自称刺血写《涅槃经》。"

讲经说法和听讲经法也是法供养。东晋南北朝时，佛教经典大量地被翻译过来，说法听经活动风行各地，成为僧俗社会普遍流行的习俗。讲经说法者不仅有高僧大德，也有名士文人，更有皇帝和达官贵人；听讲者不仅有出家僧众，也有俗家弟子、普通百姓。为了宣传教义，当时高僧聚众讲学蔚然成风。这种讲学有的是讲给门徒听的，讲经说法是其维系门徒的手段。有的高僧门徒多者达百十人，甚至数百人。据《高僧传》记载："支遁于沃洲小岭，立寺引道，僧众百余，常随禀学。""竺法义，受业弟子常有百余"，"释法遇，止江宁长沙寺，讲说众经，受业者四百余人"。有的高僧在讲经时，僧俗弟子听众有时成千上万，如南齐时法通有"白(俗)、黑(僧)弟子七千余人";[1]梁代僧佑每讲律等,"听众常七八百人","凡白黑门徒一万一千余人"。[2]

统治阶级提倡佛教,讲经说法活动是他们所倡导的。《南齐书·张绪传》记载,皇上亲临佛寺听僧人说法。"车驾幸庄严寺听僧达道人讲,座远,不闻绪言,上难移绪,乃迁僧达以近之。"南齐竟陵王萧子良笃信佛法,在他主持下有定期的斋讲活动。《南齐书·徐孝嗣传》记载:"子良好佛法,使孝嗣及庐江何胤掌知斋讲及众僧。"梁武帝崇佛,并深研佛理,他亲临讲坛。中大通五年(533年),梁武帝在同泰寺设四部无遮大会,讲《金字摩诃波罗经》,听众"自皇太子、王侯以下,侍中、司空袁盎等六百九十人,其僧正慧令等义学僧镇座一千人","其余僧尼及优婆塞优婆夷众,男冠道士女冠道士,白衣居士,波斯王使,于阗国使,北馆归化人,讲肆所班,供帐所设,三十一万九千六百四十二人"。[3]

梁武帝屡次在同泰寺讲经,公卿大臣必预其会。《梁书·萧子晖传》记载:"出为临安令。性恬静,寡嗜好,尝预重云殿听制讲《三慧经》,退为《讲赋》奏之,甚见称赏。"《梁书·何敬容传》记载:"中大同元年三月,高祖幸同泰寺讲《金字三慧经》,敬容请预听,敕许之。"论佛成为梁武帝接谈臣下的重要内容。《梁书·徐摛传》记载:"摛文体既别,春坊尽学之,'宫体'之号,自斯而起。高祖闻之怒,召摛加让,及见,应对明敏,辞义可观,高祖意释。因问《五经》大义,次问历代史及百家杂说,末论释教。摛商较纵横,应答如响,高祖甚加叹异,更被亲狎,宠遇日隆。"在梁武帝影响下,梁朝达官贵人皆提倡佛经讲说。《梁书·昭明太子传》记载:"高祖大弘佛教,亲自讲说;太子亦崇信三宝,遍览众经。乃于宫内别立慧义殿,专为法集之所。招引名僧,谈论不绝。太子自立三谛、法身义,并有新意。"《陈书·马枢传》记载:"尤善佛经及《周易》、《老子》义。梁邵陵王纶为南徐州刺史,素闻其名,引为学士。纶时自讲《大品经》,令枢

[1]〔南朝·梁〕释慧皎:《高僧传》卷8《法通传》,第339-340页。

[2]〔南朝·梁〕释慧皎:《高僧传》卷11《僧佑传》,第440页。

[3]萧子显:《御讲摩诃般若经》,见《广弘明集》卷19;《全梁文》卷23,见严可均:《全上古三代秦汉三国六朝文》,第3086页。

讲《维摩》、《老子》、《周易》,同日发题,道俗听者二千人。”

陈朝统治者效法梁武帝,也亲临讲坛,开讲佛法。《陈书·高祖本纪》下记载,永定二年十月乙亥,“舆驾幸庄严寺,发《金光明经》题”。陈文帝效仿梁武帝,设无遮大会,无遮大会也是讲经说法的盛会。

听经说法活动规模有大有小,有的在寺院,有的在家中,深入了官吏百姓的日常生活。东晋时,僧人便被延请入家,进行讲学活动。《晋书·王珉传》记载:“时有外国沙门,名提婆,妙解法理,为珣兄弟讲《毗昙经》。”讲经听法,讨论经义,有时纯属个人行为,成为生活中必不可少的内容。《南齐书·刘虬传》记载:“虬精信释氏,衣粗布衣,礼佛长斋。注《法华经》,自讲佛义。”同书《何点传》记载:“永元中,京师频有军寇,点尝结裳为袴,与崔慧景共论佛义。”《梁书·刘訏传》记载:“訏善玄言,尤精释典。曾与族兄刘歊听讲于钟山诸寺,因共卜筑宋熙寺东涧,有终焉之志。”《梁书·阮孝绪传》记载:“后于钟山听讲,母王氏忽有疾,兄弟欲召之。”《陈书·徐孝克传》记载:“居于钱塘之佳义里,与诸僧讨论释典,遂通《三论》。每日二时讲,旦讲佛经,晚讲《礼传》,道俗受业者数百人……蔬食长斋,持菩萨戒,昼夜讲诵《法华经》。”

对佛法的践行是法供养的具体表现,修行、利益众生是对佛法的践行。因此做有利于众生之事也是法供养。对佛法的践行,重要表现是受戒持戒。凡皈依佛教的人都应受持戒律,因不同教派对教义的不同理解,产生了不同的戒条,分为五戒、八戒、十戒、俱足戒等,或小乘戒、大乘戒、居士戒、比丘戒、比丘尼戒等。受戒后应该持戒。戒律的基本精神是“诸恶莫作,众善奉行”。戒有两种,一为止持,一为作持。如五戒之规定均为不应做,为止持,属自利;作持是必须要做,属利他,如受菩萨戒之后,路遇病人必须为其安置照顾,不管即犯戒,谓之作持。南朝不少并不出家的人也持戒,他们有人受戒,但也不一定要像出家人那样受戒,而在生活的某些方面遵守僧人的戒律,并落实到生活中和行动上。那些在家的居士虽不必受足戒,却也要严守“五戒”和“十善”。“五戒十善”是佛教伦理道德的基础。见于记载的主要表现为断荤食素、停妻不娶。佛教初传中国,佛教徒并不是禁食一切肉食,禁肉和戒杀的风气是从南齐开始的。断荤食素首先在僧众中推广，继而流行世俗，齐武帝率先垂范。《南齐书·王奂传》记载：

奂欲请车驾幸府。上晚信佛法，御膳不宰牲。使王晏谓奂曰："吾前去年为断杀事，不复幸诣大臣已判，无容欻尔也。"

齐武帝食素而断杀，不赴大臣家宴，因而谢绝了王奂的邀请。南齐的大臣也有不少人持戒，如周颙蔬食，何胤不娶。《南齐书·周颙传》记载：

清贫寡欲，终日长蔬食。虽有妻子，独处山舍。卫将军王俭谓颙曰："卿山中何所食？"颙曰："赤米白盐，绿葵紫蓼。"文惠太子问颙："菜食何味最胜？"颙曰："春初早韭，秋末晚菘。"时何胤亦精信佛法，无妻妾。太子又问颙："卿精进何如何胤？"颙曰："三涂八难，共所未免。然各有其累。"太子曰："所累伊何？"对曰："周妻何肉。"

徐伯珍虽已婚，但丧妻后不复再娶。《南齐书·徐伯珍传》记载："好释氏、老庄，兼明道术……早丧妻，晚不复重娶。"《南齐书·孝义传》记载，何幼玙"少好佛法，翦落长斋，持行精苦"。《梁书·刘訏传》记载，刘訏信奉佛教，"长兄洁为之娉妻，克日成婚，訏闻而逃匿"。《南齐书·周颙传》记载，何胤的哥哥何点"遁节清信"。周颙写信给他，劝令菜食，极言慈忍为怀。[1]竟陵王萧子良倡导食素。何胤论断食生物，仍然欲食白鱼、𩵋脯、糖蟹，以为这些属非见生物，食之无碍。但对食蚶蛎存在疑问，使学生议之。太学生锺岏议曰："𩵋之就脯，骤于屈伸；蟹之将糖，躁扰弥甚。仁人用意，深怀如怛。至于车螯蚶蛎，眉目内阙，惭浑沌之奇，矿壳外缄，非金人之慎。不悴不荣，曾草木之不若；无馨无臭，与瓦砾其何算。故宜长充庖厨，永为口实。"结果引起萧子良大怒。

梁武帝带头受戒持戒，他写了长篇《断酒肉文》，[2]并下诏"去宗庙牺牲，修行佛戒，蔬食断欲"，规定"太医不得以生类合药"。梁武帝身体力行，每日粗菜淡饭。上行下效，宫内宫外，达官贵人纷纷效尤。《梁书·高祖丁贵嫔传》记载："及高祖弘佛教，贵嫔奉而行之，屏绝滋腴，长进蔬

〔1〕《南齐书》卷41《周颙传》，第733页。

〔2〕《广弘明集》卷26。

膳。受戒日，甘露降于殿前，方一丈五尺。”《魏书·萧衍传》说梁武帝“令其王侯子弟皆受佛诫，有事佛精苦者，辄加以菩萨之号。其臣下奏表上书亦称衍为皇帝菩萨”。《梁书·江革传》记载：“时高祖盛于佛教，朝贤多启求受戒，革精信因果，而高祖未知，谓革不奉佛教，乃赐革《觉意诗》五百字，云‘惟当勤精进，自强行胜修；岂可作底突，如彼必死囚。以此告江革，并及诸贵游’。又手敕云：‘世间果报，不可不信，岂得底突如对元延明邪？’革因启乞受菩萨戒。”在梁武帝倡导下，不仅寺院僧人实行素食，像江革一样的大臣持戒食素亦不胜枚举。《梁书·裴子野传》记载：“末年深信释氏，持其教戒，终身饭麦食蔬。”《梁书·到溉传》记载：“与弟洽常共居一斋，洽卒后，便舍为寺，因断腥膻，终身蔬食。”《梁书·刘杳传》记载：“及睹释氏经教，常行慈忍。天监十七年，自居母忧，便长断腥膻，持斋蔬食。”《梁书·任孝恭传》记载：“孝恭少从萧寺云法师读经论，明佛理，至是，蔬食持戒，信受甚笃。”《梁书·陶弘景传》记载：“曾梦佛授其菩提记，名为胜力菩萨。乃诣鄮县阿育王塔自誓，受五大戒。”由此可见，梁朝君臣王侯吏民隐逸持戒素食弥然成风。

陈朝君臣亦承梁风，持戒蔬食。《陈书·徐孝克传》记载：“蔬食长斋，持菩萨戒，昼夜讲诵《法华经》。”姚察“习蔬菲五十馀年”。《陈书·姚察传》记载，姚察既丁忧行孝，又笃信佛教，因而蔬食长斋，造成“柴瘠过甚”，陈后主反复劝告，令其停持长斋，但他“犹敦宿誓”，不肯屈节。

佛家慈悲，戒杀好生，放生是利益众生的法供养。东晋南北朝流传着许多杀生与不杀生所遭报应的故事，《太平广记》“报应门”有55则记唐以前杀生果报故事，其他部分记不杀生获福报的故事随处可见。[1]现实生活中确有许多在佛教观念支配下戒杀好生的事迹。《南齐书·张融传》记载：“寻兼掌正厨。融见宰杀，回车径去，自表解职。”《梁书·刘杳传》记载：“及睹释氏经教，常行慈忍。天监十七年，自居母忧，便长断腥膻，持斋蔬食。”据梁朝宗懔《荆楚岁时记》记载，当时民间已有杀生的禁忌，以为正月头七天，初一不杀鸡，初二不杀狗，初三不杀猪，初四不杀羊，初五不杀牛，初六不杀马，初七不行刑。为了戒断杀生，梁时在各

〔1〕参薛克翘：《佛教与中国文化》，昆仑出版社，2006年，第232页。

种祭礼中改变了以往以牺牲作为供品的传统。《梁书·刘勰传》记载:“时七庙飨荐已用蔬果,而二郊农社犹有牺牲。勰乃表言二郊宜与七庙同改,诏付尚书议,依勰所陈。”放生之俗在中国古已有之,佛教传入后更大力提倡。在佛教看来,放生是利益众生的法布施,梁朝慧集游历诸州,曾烧臂乞钱放生。[1]梁朝临汝侯萧渊猷有放生之事,《梁书·谢征传》记载,谢征“为临汝侯渊猷制《放生文》”。智者于天台山设放生池,并劝临海渔夫放生,又为鱼类传授三皈依,讲《金光明经》《法华经》等,以结法缘。[2]《太平广记》中记载了不少东晋南朝时放生得福报的故事,反映了当时人们的观念。

布施贫穷,积德行善,是法供养的典型行为。受佛教观念影响,人们相信善恶果报之说,因此广行善事以积阴德。布施作为佛教观念影响下利益众生的慈善行为,在南北朝时相当流行。《宋书·张敷传》记载:“至十岁许,求母遗物,而散施已尽。”《南齐书·竟陵王萧子良传》记载:“又与文惠太子同好释氏……京邑大水,吴兴偏剧,子良开仓赈救,贫病不能立者于第北立廨收养,给衣及药。”《梁书·高祖丁贵嫔传》记载:“所受供赐,悉以充法事。”《梁书·裴子野传》记载:“外家及中表贫乏,所得俸悉分给之。”《陈书·徐孝克传》:“孝克性清素而好施惠,故不免饥寒。”《陈书·姚察传》记载,姚察“清洁自处,赀产每虚,或有劝营生计,笑而不答。穆于亲属,笃于旧故,所得禄赐,咸充周恤”。

13.3 僧供养

布施僧人和斋僧、养僧是对僧众的供养。养僧在刘宋时已成风习,《宋书·刘义庆传》记载:“晚节奉养沙门,颇致费损。”养僧的目的除了作为功德之外,还可以随时请益,听讲佛法。《宋书·张敷传》记载,江夏王刘义恭镇江陵,曾就宋太祖求一学义沙门。贵族之家不仅养僧,而且养尼姑。《宋书·南郡王义宣传》记载,刘义宣家中有“尼媪数百”。尼媪即

---

〔1〕《金园集》卷中,《卍续藏》第57册No. 0950。

〔2〕灌顶撰:《天台智者大师别传》,见《大正藏》第五十册。

尼姑。这些为贵族之家所养的僧人和尼姑，有时会参与到政治斗争中。如《宋书·范晔传》中记载的法略道人、法静尼等。贵族之家亦有供养外国僧人者。《南齐书·豫章文献王传》记载，萧嶷临终遗嘱中，特意交代："后堂楼可安佛，供养外国二僧。"

供养僧人是南北朝普遍的风气。《高僧传·慧益传》记载，南朝宋时，竹林寺释慧益烧身，"帝亦续至，诸王后妃，道俗士庶，填满山谷，投衣解宝，不可胜计"。《南齐书·宗室萧遥昌传》记载，北魏孝文帝元宏南征，萧遥昌遣崔庆远与元宏谈判，谈笑甚欢，"宏大笑。明日引军向城东，遣道登道人进城内施众僧绢五百匹"。北魏孝文帝在南朝施舍僧人，既是崇佛之举，亦是适应南朝风俗，收买人心。

供养僧人有斋会，斋会饭僧是功德，敬信佛教的人喜欢饭僧表达诚信。这在佛教中是有传统的。西晋竺法护译《盂兰盆经》叙述目连始得六通后，想要度化父母以报哺育之恩，却发现亡母生于饿鬼道中。目连盛饭奉母，但食物尚未入口便化成火炭，其母不能得食。目连哀痛，于是乞求佛陀。佛陀告诉目连，其母罪根深结，非一人之力所能拯救，应仗十方众僧之力方能救度。于是教他在七月十五僧自恣日，为父母供养十方大德众僧，以此大功德解脱其母饿鬼之苦。

斋会饭僧成为风气。《南齐书·竟陵王萧子良传》记载："又与文惠太子同好释氏，甚相友悌。子良敬信尤笃，数于邸园营斋戒，大集朝臣众僧，至于赋食行水，或躬亲其事，世颇以为失宰相体。"《梁书·张率传》记载："父忧去职。其父侍妓数十人，善讴者有色貌，邑子仪曹郎顾玩之求娉焉，讴者不愿，遂出家为尼。尝因斋会率宅，玩之乃飞书言与率奸。"斋会是拜忏诵经、祈祷求福一类活动，因此斋会往往因事而设，饭僧供养，以求福祐。《南齐书·刘瓛传》记载：

> 竟陵王子良亲往修谒。七年，表世祖为瓛立馆，以扬烈桥故主第给之，生徒皆贺。瓛曰："室美为人灾，此华宇岂吾宅邪？幸可诏作讲堂，犹恐见害也。"未及徙居，遇病，子良遣从瓛学者彭城刘绘、顺阳范缜将厨于瓛宅营斋。

刘瓛病重，竟陵王萧子良派他的学生到他的家里营设斋会饭僧，为他祈福。《梁书·褚翔传》记载:“翔少有孝性。为侍中时,母疾笃,请沙门祈福。”斋会上往往又有宣讲佛法之活动。颜之推《颜氏家训·风操》记载:“梁孝元年少之时,每八月六日,载诞之辰,常设斋讲。”斋讲,宣讲佛法之集会,即斋会上的讲经说法活动。

这种斋会最著名的是八关斋。斋,素食不茹荤称斋;施舍饭食与僧人亦称斋。施舍素食斋饭,招引众多僧人来。八关斋又叫八关斋戒,是佛家为人祈福的法会。八关亦称八戒,为佛教用语,是指信徒一昼夜中所必须遵守的八条戒律:一不杀生;二不偷盗;三不邪淫;四不妄语;五不饮酒;六不涂饰香及歌舞观听;七不眠坐高广华丽床座;八不食非时食。前七者为戒,后一者为斋,合在一起总称为“八戒斋”或“八斋戒”“八关斋戒”。八关斋会上要邀请众多僧人诵经祈祷。南北朝时这种饭僧法会非常盛行。《宋书·袁粲传》记载:“孝建元年,世祖率群臣并于中兴寺八关斋,中食竟,愍孙别与黄门郎张淹更进鱼肉食。尚书令何尚之奉法素谨,密以白世祖,世祖使御史中丞王谦之纠奏,并免官。”《南齐书·张敬儿传》记载:“敬儿又遣使与蛮中交关,世祖疑其有异志。永明元年,敕朝臣华林八关斋,于坐收敬儿。”在八关斋会上,袁愍孙因进鱼肉食被免官,张敬儿则于会上被收。

布施僧俗的最大盛会是无遮大会。无遮大会是佛教每五年举行一次的布施僧俗的大斋会,又称无碍大会、五年大会。中国的无遮大会始于梁武帝,盛行于南北朝。《梁书·武帝本纪》记载:梁武帝“舆驾幸同泰寺,设四部无遮大会”。四部,指僧、尼及善男、信女。《陈书·世祖本纪》记载:“(天嘉四年)夏四月辛丑,设无碍大会于太极前殿。”

法会是三宝供养的综合性活动。法会是佛教仪式之一,又称法事、佛事、斋会、法要,乃为讲说佛法及供佛施僧等所举行之集会。法会上聚集净食,庄严法物,供养诸佛菩萨,或设斋、施食、说法、赞叹佛德。印度盛行此类集会,名目繁多。随着佛教传入中国,佛教各种法会活动陆续在中国开展起来。礼佛是法会的重要内容。《高僧传·道安传》记载,道安在襄阳,“苻坚遣使送外国金箔倚像,高七尺,又金坐像、结珠弥勒像、金缕绣像、织成像各一张。每讲会法聚,辄罗列尊像,布置幢幡,珠佩迭晖，烟华乱发。使夫升阶履阈者莫不肃焉尽敬矣”。浴佛节灌佛、行像都是礼佛的仪式，灌佛是用香汤洗浴佛像，《宋书·刘敬宣传》记载：“敬宣八岁丧母，昼夜号泣，中表异之……四月八日，敬宣见众人灌佛，乃下头上金镜以为母灌，因悲泣不自胜。”行像是用宝车载着佛像巡行城市街衢，这种仪式从西域传入。东晋时法显西行取经，在于阗国、印度摩揭提国都见到行像活动。南朝有行像活动，《法苑珠林》卷31记载，刘宋时岷山通灵寺有沙门邵硕，“四月八日，成都行像，硕于众中匍匐作狮子形”。

水陆法会是佛教超度鬼魂的佛事活动，也是中国佛教经忏法事中最隆重的一种。这种法会少则七天，多则四十九天；规模小的有僧几十人，大则数百人。主要内容是诵经设斋，礼佛拜忏，追荐亡灵。在中国水陆法会起源于梁武帝的《六道慈忏》。《释门正统》卷4记载：“所谓水陆者，因梁武帝梦一神僧告曰：‘六道四生，受苦无量，何不作水陆大斋普济群灵？’帝因志公之劝，搜寻贝叶，早夜披览，及详阿难遇面然鬼王建立平等斛食之意，用制仪文，遂于润州金山寺修设。帝躬临地席，命僧佑禅师宣文。”此后相沿成俗。盂兰盆节起源于东晋南朝。根据张弓先生的考证，大约东晋初年，南渡僧人将《佛说盂兰盆经》传至建康及三吴地区。晋末南朝之际，三吴荆楚佛寺将盂兰盆斋推至民间，约定俗成为岁时法会。梁时宗懔《荆楚岁时记》记述荆楚地区孟秋望日节俗云：“七月十五日，僧尼道俗悉营盆供诸佛。”（按：《盂兰盆经》云：“有七叶功德，并幡花、歌鼓、果实送之。”盖由此也……故后人广为华饰，乃至刻木割竹，饴蜡剪彩，模花叶之形，极工妙之巧。）[1]中国从梁代开始照此仿行。《佛祖统纪》卷37载，大同四年（538年），梁武帝至同泰寺，设盂兰盆斋。义楚《释氏六帖》卷22引《弘明集》云：“梁武每于七月十五日普寺送盆供养。”自此以后，成为风俗。

在这样的法会上，除了礼佛之外，还有僧人讲经说法，僧人接受礼赠供养的活动。因此，每一次法会都是三宝供养的综合性活动。

〔1〕宗懔：《荆楚岁时记》，涵芬楼《说郛》本。

13.4 余论

风俗具有时代性,某些当时流行的时尚习俗会随着历史条件的变化而改变。东晋南北朝时,中国社会逐渐接受了从印度和西域传来的佛教文化,从而在信仰世界里增加了新的观念和新的崇拜对象,佛教信仰逐渐深入人心,而诸佛、菩萨、天王、阎罗、金刚、罗汉等也在中国民间信仰里确定了自己的位置。上自帝王贵族,下至平民百姓,崇佛之风日盛。通过东晋南朝时社会上下三宝供养的种种具体表现,我们看到,佛教信仰在这一时期如何迅速地在宫廷士大夫中流行,并逐渐扩展到民间。佛教的宗教仪式、律规戒条以及僧人的日常生活方式等与大众日常生活习俗相结合,佛教信仰日益渗入广大民众的生活和行为层面,这些宗教活动和生活内容蔚然成风并相沿成俗,从而形成各种新的民俗事象。

风俗是特定社会文化区域内人们共同遵守的行为模式或规范,所谓"百里不同风,十里不同俗"便反映了风俗因地而异的特点。南北朝时形成整个社会崇尚佛教的风气,深刻地影响了社会生活的方方面面。东晋南朝与十六国北朝虽然同样受到佛教的影响,这种影响造成的风俗变迁在内容和形式上有时却有所不同。正因为如此,同样信奉佛教的南北朝双方都有对对方佛教习俗讽刺嘲笑的表现。例如,《魏书·萧衍传》讥讽梁武帝:"衍崇信佛道,于建业起同泰寺,又于故宅立光宅寺,于钟山立大爱敬寺,兼营长千二寺,皆穷工极巧,殚竭财力,百姓苦之。曾设斋会,自以身施同泰寺为奴,其朝臣三表不许,于是内外百官共敛珍宝而赎之。衍每礼佛,舍其法服,著乾陀袈裟。令其王侯子弟皆受佛诫,有事佛精苦者,辄加以菩萨之号。其臣下奏表上书亦称衍为皇帝菩萨。衍所部刺史郡守初至官者,皆责其上礼献物,多者便云称职,所贡微少,言为弱惰。故其牧守,在官皆竞事聚敛,劫剥细民,以自封殖,多妓妾、粱肉、金绮。百姓怨苦,咸不聊生……衍自以持戒,乃至祭其祖祢,不设牢牲,时人皆窃云,虽僭司王者,然其宗庙实不血食矣。"

这种讥讽正表现出南北方在佛教信仰习俗中的不同崇尚。

通过以上考察,我们还看到,一些佛教信仰习俗首先形成于南方,而后流播北方。随着历史的演变,特别是隋唐国家统一,南北方文化交融,一些流行于南方的习俗又成为全国普遍的习俗,如薄葬之风、断荤食素、盂兰盆节、腊八食粥、无遮大会、观音求子等。《陈书·姚察传》记载:“年七十四,大业二年,终于东都,遗命薄葬,务从率俭。”姚察是由南朝入隋的人,他死在北方,却坚持南朝崇佛者的薄葬习俗。又如蔬食之风盛行于南朝,北人受南方人影响,亦有笃信佛教戒断酒肉者。《北齐书·卢潜传》记载,卢潜任扬州刺史,领行台尚书,“武平三年,征为五兵尚书。扬州吏民以潜戒断酒肉,笃信释氏,大设僧会,以香华缘道,流涕送之”。扬州地处南朝与北朝争夺的要地,这里习染南朝风气。卢潜在这里任职,受到当地习俗的影响。当他离职北返时,当地人感戴他的功德,挥涕相送。

14 南朝萧梁时中外关系述略

在魏晋南北朝时期，南朝梁朝是中外交通与交流的一个高潮时期。对这一时期中外交流的盛况和成就，还没有专文论述。本章试从与梁朝交往的国家、彼此交往和交流的途径、交流的内容等方面对这一时期中外关系及其发展做简略的述论。从《梁书》的记载来看，和梁朝有交往的国家分为三部分，本章从这三个方面谈中外关系。

14.1 和梁朝交往的“海南诸国”

《梁书·诸夷传》中把通过海上交通与梁朝交往的东南亚和南亚国家，称为“海南诸国”。关于这些国家和地区的方位，本传云：“海南诸国，大抵在交州南及西南大海上，相去近者三五千里，远者二三万里，其西与西域诸国接。”中国史书上一般认为，与这些国家和地区的交往是从汉武帝时开始的，所以本传记载：

> 汉元鼎中，遣伏波将军路博德开百越，置日南郡，其徼外诸国自武帝以来皆朝贡。后汉桓帝世，大秦、天竺皆由此道遣使贡献。及吴孙权时遣宣化从事朱应、中郎康泰通焉。其所经及传闻，则有百数十国。因立纪传。晋代通中国者盖少，故不载史官。宋齐至者有十余国，始为之传。

梁朝地处南方，海上交通发达，和域外国家通过海路发生各种交流活动是梁朝中外交通的主要方式。[1]萧梁建立,继承宋齐时海外交通的基础继续发展,海外国家前来通交的数目比之刘宋和萧齐更多。与梁朝交往的东南亚和南亚国家,据《梁书》卷54《诸夷传》,其"风俗粗著者"有如下九个:林邑、扶南、盘盘、丹丹、干陁利、狼牙修、婆利、中天竺国、师子国等,有的在相传为梁元帝萧绎所绘《职贡图》中有使臣像和有关题记。

林邑是距南朝毗邻的海南国家,本古之越裳国、汉日南郡象林县之地,东汉时马援开拓汉朝南部边境,置此县。汉末大乱,象林县功曹区达杀县令自立为王,建林邑国,传数世,其王无嗣,立外甥范熊。范熊死,子逸继位。东晋成帝咸康三年,逸死,奴文篡位。其后林邑国贪日南土地,不断北侵,与东晋长期攻战。刘宋、萧齐时林邑与南朝的关系开始缓和,林邑多次遣使贡献。萧梁建立,林邑国范天凯为王,与梁通好,天监九年遣使献白猴,因受梁封号。其后,十年、十三年,范天凯皆遣使贡献。天凯死,其子弼毳跋摩立,奉表贡献。普通七年,其王高式胜铠遣使献方物,梁诏以为持节督缘海诸军事,绥南将军、林邑王。大通元年又遣使贡献;中大通二年,林邑王高式律陀罗跋摩遣使贡献,梁又封以持节督缘海诸军事,绥南将军、林邑王。中大通六年,林邑王又遣使献方物。

扶南是其时东南亚大国,《梁书·诸夷传》记载其方位云:"在日南郡之南海西大湾中,去日南可七千里,在林邑西南三千余里。城去海五百里,有大江,广十里,西北流,东入于海。其国轮广三千余里。"三国时吴国孙权曾遣使至扶南,晋武帝时其国王范寻遣使贡献。在《梁书》记载中,扶南是海南大国,有众多属国。其南三千里有顿逊国,地处东西交会之处,东界通中国交州,西界接天竺、安息等,作为互市之所,每天有数万人,市场上交流的珍物宝货无所不有。扶南国以南八千里,大海洲

[1]魏晋南北朝时海上交通的发展,参韩振华:《魏晋南北朝时期海上丝绸之路的航线研究》,见《中国与海上丝绸之路》,福建人民出版社,1991年,第238页;石云涛:《三至六世纪中西间海上交通盛衰》,载《民族史研究》(第五辑),民族出版社,2004年,第446-469页;《3—6世纪中西间海上航线的变化》,载《海交史研究》2004年第2期。

中有盛产黄金的毗骞国,此国不受客,商旅从来不敢去此国;扶南国东界有大涨海,海中有大洲,洲上有诸薄国,国东有马五洲,再向东行千里可到一自然大洲。梁朝建立,扶南国与梁互通使节,交往频繁。梁天监二年、十年、十二年、十六年、十八年,普通元年,中大通二年,大同元年、五年国王遣使者奉表贡献方物。扶南国信奉佛教,知梁朝佛教兴盛,因此在宗教上互相促进。天监二年,国王跋摩遣使送珊瑚、佛像和方物;十八年送来天竺檀瑞像、婆罗树叶等;大同五年献方物,言其国有佛发,长一丈二尺,梁武帝诏遣沙门释云宝随此使者去扶南国迎接佛发。

盘盘在今马来半岛北端泰国境内万伦湾一带,从刘宋文帝元嘉年间开始与中国南朝通交,宋孝武孝建、大明时皆有遣使贡献之举[1]。梁朝建立,大通元年,盘盘国遣使奉表称臣,并表达了与梁朝共奉佛教的信仰。中大通元年五月、六年八月,国王均遣使者前来贡献。在中大通元年五月遣使朝奉时带来了牙像及塔,并献沉檀等香数十种;六年八月来奉献时,送来菩提国真舍利及画塔,并献菩提树叶、詹糖等香。

丹丹在今马来西亚吉兰丹一带。梁时开始通中国。中大通二年,其王遣使奉表称臣,与盘盘国一样表达了与梁朝共奉佛教的信仰。大同元年又遣使者奉献金、银、琉璃、杂宝、香药等。

干陁利国在今苏门答腊岛巨港一带,《梁书·诸夷传》称其方位"在南海洲上"。其国于刘宋孝武帝时开始与中国通交,"宋孝武世,王释婆罗那怜陀遣长史竺留陀献金银宝器"。梁朝建立,干陁利国与梁交好。据说,天监元年四月八日,其国国王梦一僧人,嘱咐他前往梁朝朝贡,云:"中国今有圣主,十年之后,佛法大兴。汝若遣使贡奉敬礼,则土地丰乐,商旅百倍。若不信我,则境土不得自安。"国王当时不是甚信,不久又梦此僧,带他到了梁国,他把梦中梁武帝的容貌画了下来,遣使奉表献玉盘等物。其使节到梁国,模写梁武帝真容,回国后与国王梦中梁

---

〔1〕《梁书》卷54《诸夷传》记载:"盘盘国,宋文帝元嘉,孝武孝建、大明中并遣使贡献。(梁)大通元年,其王使使奉表……中大通元年五月,累遣使贡牙像及塔,并献沉檀等香数十种。六年八月复使送菩提国真舍利及画塔,并献菩提树叶、詹糖等香。"《通典》卷188《边防》四云:"盘盘国,隋时通焉。"不确。

武帝的形象一致。王死,其子立,天监十七年遣使奉表进贡。普通元年,再次前来进贡。

狼牙修国在今马来半岛洛坤至吉打一带。据《梁书·诸夷传》,其方位“在南海中,其界东西三十日行,南北二十日行,去广州二万四千里”。狼牙修国国王接受印度文化很深,他被国王斥逐,奔天竺,被国人迎回即位。狼牙修国于梁时开始与中国通交。天监十四年,遣使阿撤多奉表进贡。梁元帝《职贡图》残卷有狼牙修国使像,记载其天监十五年入贡事。

婆利国或称婆黎,或认为在今印度尼西亚的巴厘岛,或认为是在苏门答腊岛东南的占碑一带。《梁书·诸夷传》记其方位和国土,云:“在广州东南海中洲上,去广州二月日行。国界东西五十日行,南北二十日行。”《梁书·诸夷传》以为婆利国“自古未通中国”,因此,梁天监十六年,国王遣使奉表称臣乃是该国与中国交往的开始。此说可能有误。《宋书·后废帝纪》记载,刘宋元徽元年三月,“婆利国遣使献方物”。说明它与中国的交往并不始自梁朝。普通三年,其王频伽复遣使珠贝智进贡白鹦鹉、青虫、兜鍪、琉璃器、古贝、螺杯、杂香、药等数十种。

中天竺在今印度,《梁书·诸夷传》指出:其国“在大月支东南数千里,地方三万里,一名身毒。汉世张骞使大夏,见邛竹杖、蜀布,国人云,市之身毒。身毒即天竺,盖传译音字不同,其实一也。从月支、高附以西,南至西海,东至盘越,列国数十,每国置王,其名虽异,皆身毒也”。本传指出,天竺与中国的交通,起初通过西北陆路,后转由海路,“汉和帝时天竺数遣使贡献,后西域反叛,遂绝。至桓帝延熹二年、四年,频从日南徼外来献。魏晋时绝不复通。”梁朝天监初年,其王屈多遣长史竺罗达奉表,天竺使者还送上方物琉璃、唾壶、杂香、吉贝等。

师子国即今斯里兰卡,《梁书·诸夷传》云:“天竺傍国也。”据《汉书·地理志》,早在西汉时汉之使节已经到过此地,称为“已程不国”。此国一向是东西方各国商人往来互市的场所,或中转之地。人们在此或路过,或久居。关于师子国与中国的交通,本传云:“晋义熙初,始遣献玉像,经十载乃至。”“宋元嘉六年、十二年,其王刹利摩诃遣使贡献。”梁朝建立，大通元年，师子国国王遣使者奉表来献。

从梁朝与东南亚和南亚诸国的交往来看，我们了解到如下事实：一是中国与这些国家和地区的交往在梁朝大大发展了。这表现在有的国家过去虽有交往，但由于种种原因后来中断了，梁朝时恢复了这种联系。如林邑国、中天竺国、婆利国；有的国家和地区"自古未通中国"，梁朝时开始了"遣使贡献"，如丹丹国、狼牙修国；有的过去不曾入中国，晋宋时开始朝贡，梁时继续发展了这种关系，如扶南国、盘盘国、干陀利国、师子国。二是东南亚、南亚地区是古代中西交通的重要中转和中介之地。在《梁书·诸夷传》"中天竺国"条专门记载了大秦国人经天竺、扶南到交州，中国三国时吴国、扶南国和天竺国之间使节往来的史实，说明东南亚在中国与南亚间、东南亚和南亚在中国与大秦之间的中介作用。

14.2　与梁朝交往的"东夷"诸国

《梁书·诸夷传》中把今朝鲜半岛和日本各国称为"东夷"。梁朝与这些国家和地区的交往也空前发展了。本传云："东夷之国，朝鲜为大。得箕子之化，其器物犹有礼乐云。魏时朝鲜以东马韩、辰韩之属，世通中国。自晋过江，泛海东使，有高句骊、百济，而宋齐间常通职贡。梁兴，又有加焉。"

关于高句骊国方位和疆域，《梁书·诸夷传》云："汉武帝元封四年，灭朝鲜，置玄菟郡，以高句骊为县，以属之句骊也。地方可二千里，中有辽山，辽水所出，其王都于丸都之下。"王莽时更其名为下句骊。东汉初遣使朝贡，始称王。此后不断侵扰汉之辽东，东晋安帝义熙年间，始奉表通贡职。历宋齐并受爵位。高句骊王云齐接受南朝"使持节散骑常侍、都督营、平二州、征东大将军、乐浪公"之封号。梁朝时继续对高句骊加晋封爵，"高祖初即位，进云车骑大将军"。天监七年，高句丽国王接受梁朝赐封，武帝诏云："高骊王、乐浪郡公云，乃诚款著，贡驿相寻。宜隆秩命，式弘朝典，可抚东大将军，开府仪同三司，持节常侍都督王并如故。”十一年、十五年,高句骊王云皆遣使贡献。十七年云死,其子安立,普通元年梁武帝诏封安“纂袭封爵,持节督营、平二州诸军事,宁东将军”。七年,安卒,子延立,遣使入梁贡献。梁下诏以延袭爵。中大通四年、六年,大同元年、七年,高句骊王多次遣使奉表献方物。太清二年延卒,诏以其子袭延爵位。

百济是东夷三韩之一马韩中的一国,《梁书·诸夷传》云:“其先东夷有三韩,一曰马韩,二曰辰韩,三曰弁韩。弁韩、辰韩各十二国,马韩有五十四国,大国万余家,小国数千家。总十余万户,百济即其一也。”后渐强大,兼并小国。晋时高句骊略有辽东,百济则据有辽西。晋平二郡,百济自置为郡。晋太元中须义为王,义熙中余映为王,宋元嘉中余毗为王,都遣使向中国中原政权和南朝政权进献生口。南齐永明时封百济王为“大都督百济诸军事,镇东大将军、百济王”。梁朝天监元年,百济王被封为“征东将军”。此后为高句骊所破而衰落,迁居南韩地。梁普通二年,百济王余隆遣使奉表,称“累破句丽,今始与通好,而百济更为强国”。这一年,梁武帝下诏封百济王,云:“行都督百济诸军事、镇东大将军百济王余隆,守藩海外,远修贡职,乃诚款到,朕有嘉焉。宜率旧章,授兹荣命。可使持节、都督百济诸军事、宁东大将军、百济王。”五年,隆死,诏复以其子明为持节、督百济诸军事、绥东将军、百济王。中大通六年,大同七年,百济王数次遣使献方物,并且从中土带回《涅槃》等经义,毛诗博士,还有梁朝的工匠、画师等。据《梁书·侯景传》记载,太清三年十二月,侯景叛军攻占建康,百济不知,问遣使入贡,“百济使至,见城邑丘墟,于端门外号泣,行路见者,莫不洒泪。景闻之大怒,送小庄严寺禁止,不听出入”。侯景乱平,得以还国。

新罗出于辰韩,辰韩亦称秦韩,据说中国秦朝时有人逃亡至马韩,马韩割其东界居之,以秦人故名秦韩。辰韩始有六国,后分为十二,新罗即其一。其国“在百济东南五千余里,东邻大海,南北与句丽、百济相接。魏时叫新卢,宋时叫新罗,或曰斯罗。该国土地肥美,宜种五谷,多桑麻,作织布,服牛乘马,无文字,刻木为信,语言待百济而后通焉”。由于国家很小,地隔高句骊和百济,梁朝之前,新罗一直没有单独和中国通交。直到普通二年,国王募泰才遣使随百济使者来梁朝,献方物。

倭国在今日本,是当时日本列岛诸国之一。《梁书》中对倭国方位的描述非常详细,表明了当时海外交通的发达:"去带方万二千里,大抵在会稽之东,相去绝远。从带方至倭,循海水行,历韩国,乍东乍南,七千余里始度一海,海阔千余里,名瀚海,至一支国。又度一海千余里,名未卢国,又东南陆行五百里,至伊都国。又东南行百里,至奴国。又东行百里,至不弥国。又南水行二十日,至投马国。又南水行十日,陆行一月日,至祁(当作邪)马台国,即倭王所居。"从魏景初三年,该国女王卑弥呼开始遣使朝贡,魏以为亲魏王,假金印紫绶。萧齐建元年间,倭国王武受封为"持节督新罗、任那、伽罗、秦韩、慕韩六国诸军事、镇东大将军"。梁朝高祖即位后,封倭国国王为征东将军。据《梁书》称,倭国以南有侏儒国,又南有黑齿国、裸国,去倭四千余里。再西南万里有海人,"身黑眼白,裸而丑,其肉美,行者或射而食之"。再有文身国,在倭国东北七千余里。大汉国,在文身国东五千余里。梁元帝《梁职贡图》残卷有倭国使节像。

《梁书·诸夷传》"东夷"条记载有扶桑国。史官没有否定扶桑国的存在,但强调材料出自僧人慧深的讲述,其中又多荒诞不经的内容。因此是否实有其国,颇多可疑之处。僧人的话有夸诞之处,似乎是撮举一些有关域外的传闻编造的故事。但这个故事中也包含着一些有价值的信息,比如天监六年,晋安人入海至一岛云云,似乎告诉我们,当时出海至朝鲜半岛,或倭国,晋安是重要的港口,晋安即今福建南安。

从以上考查可知,梁朝与东夷诸国的交往,也是利用海上交通。其路线一是利用近海航行,即从辽东沿朝鲜半岛海岸,二是从晋安出海,至朝鲜半岛和倭国。梁与东夷诸国的交往,有宗教文化的原因,如佛教的传播,有关记载说明,西域佛教经义传到中国后再往东传到朝鲜半岛和倭国。但主要是政治上的原因。梁朝有必要利用高句骊牵制北方中原政权,因此对朝鲜半岛三国不断加封晋爵。其中,封高句骊王"使持节散骑常侍、都督营、平二州、征东大将军、乐浪公"之封号,营州、平州不在高句骊辖境,此举以北朝之土地为钓饵,用高句骊牵制北朝的用意是明显的。高句骊交通梁朝，也有利用梁朝牵制北朝的意图。朝鲜半岛诸国互相角逐中，纷纷交通梁朝，也有利用梁朝对付其他国家的用意。

14.3 与梁朝交往的“西北诸戎”

《梁书》中把西域、西北草原民族以及中亚、西亚诸国称为“西北诸戎”。梁朝由于地处江东，与西北地区的交往受到长江以北各政权的阻挠，交通上遇到一些困难，因此通过西北陆上交通与域外的交往较少。但这种交通和交往并没有停止，梁元帝曾任荆州刺史，从西域来的使节沿江东下，多路经荆州，其《职贡图序》云：“臣以不佞，推毂上游。夷歌成章，胡人遥集，款开蹶角，沿溯荆门。”[1]《梁书·诸夷传》“西北诸戎”条云：

> 西北诸戎，汉世张骞始发西域之迹，甘英遂临西海，或遣侍子，或奉贡献，于时虽穷兵极武，仅而克捷，比之前代，其略远矣。魏时三方鼎峙，日事干戈，晋氏平吴以后，少获宁息，徒置戊己之官，诸国亦未宾从也。继以中原丧乱，胡人递起，西域与江东隔碍，重译不交。吕光之涉龟兹，亦犹蛮夷之伐蛮夷，非中国之意也。自是诸国分并，胜负强弱，难得详载。明珠翠羽，虽仞于后宫；蒲梢龙文，希入于外署。有梁受命，其奉正朔而朝阙庭者，则仇池、宕昌、高昌、邓至、河南、龟兹、于阗、滑诸国焉。

另外据《梁书》纪传，与梁交往的西域国家和地区还有周古柯国、呵跋檀国、胡蜜丹国、白题国，都是滑国旁边的小国。渴盘陀国是于阗旁小国，末国即且末国，又有波斯国，芮芮国（柔然）。其中龟兹、于阗、末国、渴盘陀、高昌、仇池、宕昌、邓至、河南诸国都在今中国西北地区，即今甘肃、青海和新疆一带。除此之外，域外国家主要有滑国、波斯国、周古柯国、呵跋檀国、胡密丹国、白题国、北天竺国等。

〔1〕《艺文类聚》卷55《杂文部》，上海古籍出版社，1965年，第996页。

滑国即嚈哒国[1]。关于其国来历,《梁书·诸夷传》云:"滑国者,车师之别种也。汉永建元年,八滑从班勇击北虏有功,勇上八滑为后部亲汉侯。"可能并不确切,因为中西方文献中关于其族属有不同说法,有云大月氏种,有云高车人之别种,有云匈奴人后裔。本传记载,滑国"自魏、晋以来,不通中国,至天监十五年,其王厌带夷栗陀始遣使献方物。普通元年,又遣使献黄师子、白貂裘、波斯锦等物。七年,又奉表贡献"。天监十五年,滑国第一次遣使入梁来献方物。梁元帝《梁职贡图》残卷有滑国使节像,题记记载其天监十五年和普通元年的入梁活动。

滑国曾称雄中亚,其旁小国臣属于滑国,所以,当滑国遣使入梁奉献时,其周围小国亦随其国使入梁。据《梁书·诸夷传》记载:"周古柯国,滑旁小国也。普通元年,使使随滑来献方物。呵跋檀国,亦滑旁小国也。凡滑旁之国,衣服容貌皆与滑同。普通元年,使使随滑使来献方物。胡蜜丹国,亦滑旁小国也。普通元年,使使随滑使来献方物。白题国,王姓支名史稽毅,其先盖匈奴之别种胡也。汉灌婴与匈奴战,斩白题骑一人。今在滑国东。去滑六日行,西极波斯。土地出粟、麦、瓜果,食物略与滑同。普通三年,遣使献方物。"梁元帝《梁职贡图》残卷有滑国旁小国周古柯、呵跋檀、胡蜜丹、白题等国使节像。

据《梁书·诸夷传》记载,波斯国"东与滑国、西及南俱与婆罗门国、北与泛栗国接"。据其方位,即萨珊波期王朝。本传记载:"中大通二年,遣使献佛牙。"这可能是萨珊王朝与梁的第一次通交往来,据《梁书·武帝纪》波斯国使不止一次入梁贡献。如中大通五年八月,"甲子,波斯国遣使献方物";大同元年"四月庚子,波斯国献方物"。《梁职贡图》残卷有波斯国使像,题记记载了其国使大通二年的入梁活动。

北天竺即乾陀罗国,《梁书·武帝纪》记载:"天监三年九月……北天竺国遣使献方物。"由于北天竺的地理位置,其通中国一般通过陆路。

另外,西北地区游牧民族柔然在与北魏对抗中,也与南朝交好。《梁书·诸夷传》中之芮芮国,即柔然。天监十四年入梁朝贡,可能是该国第

[1]丁谦认为滑国即嚈哒国,张星烺从其说,此说为学术界所接受。见《中西交通史料汇编》第五册《古代中国与土耳其斯坦之交通》,第85页。

一次和梁朝的交往活动。芮芮国，本是匈奴人种，魏晋时期匈奴分裂为很多小部落，芮芮为其中一支。天监中，打败丁零，恢复国土，第一次建立城郭，叫木末城。天监十四年、普通元年都遣使献方物，然后每年都会来梁朝上贡。大同七年，又献上马一匹、金一斤。

考查梁与"西北诸戎"的交往活动，可以知道，《梁书·诸夷传》"西北诸戎"条记载的河南国、高昌国、龟兹国、于阗国、渴盘陀国、宕昌国、邓至国、武兴国（仇池国）、末国等，皆中国境内割据政权。这些国家和地区在梁朝与中亚、西亚诸国交往中起了重要的中介作用。如河南国，即吐谷浑，"其界东至垒川，西邻于阗，北接高昌，东北通秦岭，方千余里，盖古之流沙地焉"。梁兴，其国王受封为征西将军，后来一直世袭爵位。天监十三年、十五年，普通元年都遣使者来梁朝上贡。他们的使者或者一年来三回，或者两年来一回，和梁的交往非常频繁。大通三年，河南王又受封为宁西将军、护羌校尉、西秦河二州刺史，世袭。吐谷浑国不仅与梁通好，而且，"其地与益州邻，常通商贾，民慕其利，多往从之，教其书记，为之辞译"。梁朝与西域诸国的交往，主要利用了吐谷浑之路〔1〕。路经吐谷浑之国的往来商贩，要靠吐谷浑人的语言服务才能进行沟通〔2〕。高昌国，"盖车师之故地也，南接河南，东连敦煌，西次龟兹，北邻敕勒"，语言和中国略通，是沟通西域与南朝的要道。大同中，国王子坚遣使入梁贡献。渴盘陀国，于阗旁一小国，西邻滑国，南接罽宾，北连沙勒国。中大通元年，遣使献方物。

梁朝与西北诸戎的通交和往来，保证了梁与西域的联系不曾中断。龟兹原本是和中原交往很频繁的国家，自从前秦太元七年，苻坚派吕光破其城，再与中国无往来。直到普通二年，龟兹王才再开始派使者

〔1〕吐谷浑之路的利用，参看唐长孺：《南北朝期间西域与南朝的陆道交通》，见氏著《魏晋南北朝史论拾遗》，中华书局，1983年；陈良伟：《丝绸之路河南道》，中国社会科学出版社，2002年；石云涛：《三至六世纪丝绸之路的变迁》第二章，文化艺术出版社，2007年。《梁书·裴子野传》记载："是时西北徼外有白题及滑国遣使由岷山道入贡。"岷山道即过吐谷浑之地入蜀，而后沿江东下之经行之路。

〔2〕梁元帝《职贡图序》滑国题记有云，波斯使人"其语言则河南人重译而通焉"。河南人即吐谷浑国人。

奉表贡献。于阗国,天监九年、十三年、十八年,大同七年,都来梁朝献方物。天监十三年,献波罗婆步鄣;大同七年,献外国刻石佛。末国,就是汉代史书上所说的且末国。北与丁零、东与白题、西与波斯接。普通五年,使者来献方物。波斯国,中大通二年,遣使献佛牙。宕昌国,在河南之东南、益州之西北、陇西之西,天监四年,献来甘草、当归,国王被梁朝封爵并世袭。邓至国,天监元年,邓至王被封为安北将军;五年,国王遣使送来方物。武兴国,就是以前的仇池。天监初,梁朝封其国王及贵族爵位,二年、十年使国王子孙袭爵位。大同元年,国王遣使上表,要求率领四千户归国,梁武帝准诏,设为东益州郡。

14.4 梁时中外交流兴盛的原因探讨

南朝诸朝中,梁时中外交通和交流是一个高潮时期。从南朝与海外国家的交往看,刘宋时有所恢复,但宋末出现衰退。《南齐书》卷58《蛮传》记载,林邑"旧修藩贡,宋季多难,海译致壅"。经历了萧齐时的发展,至梁时形成高潮。《梁书·海南诸国传》云:

自梁革运,其奉正朔,修贡职,航海岁至,逾于前代矣。

从陆路交通看,梁元帝《职贡图序》云:

皇帝君临天下之四十载,垂衣裳而赖兆民,坐岩廊而彰万国。梯山航海,交臂屈膝,占云望日,重译至焉。自塞以西,万八千里,路之狭者,尺有六寸,高山寻云,深谷绝景,雪无冬夏,与白云而共色;水无早晚,与素石而俱贞。逾空桑而历昆吾,度青丘而跨丹穴,灾风弱水,不革其心,身热头痛,不改其节。

其中虽有溢美之词,也在一定程度上反映了当时的盛况。《梁书·武帝纪》史臣论赞称武帝之功业,云:

征赋所及之乡,文轨旁通之地,南超万里,西拓五千。其中瑰财重宝,千夫百族,莫不充牣王府,蹶角阙庭。三四十年,斯为盛矣!

据《梁书·裴子野传》记载:

是时西北徼外有白题及滑国遣使由岷山道入贡。此二国历代弗宾，莫知所出。子野曰："汉颍阴侯斩胡白题将一人。"服虔注云：白题，胡名也。又汉定远侯击虏，八滑从之。此其后乎？时人服其博识。敕仍使撰方国使图，广述怀来之盛。自要服至于海表，凡二十国。

又据唐张彦远《历代名画记》卷7，梁元帝有《蕃客入朝图》。此图"梁元帝为荆州刺史日所画粉本，鲁国而上三十有五国，皆写其使者"。[1]可见，与梁交往的域外诸国，有的并没有见于记载。梁朝末年，发生侯景之乱，中外交往活动趋向衰落。《南史》卷79《夷貊传》论曰：

自晋氏南度，介居江左，北荒西裔，隔碍莫通。至于南徼东边。界壤所接，洎宋元嘉抚运，爰命干戈，象浦之捷，威震冥海。于是鞮译相系，无绝岁时。以洎齐、梁，职贡有序。及侯景之乱，边鄙日蹙。陈氏基命，衰微已甚，救首救尾，身其几何。故西赆南琛，无闻竹素，岂所谓有德则来，无道则去者也。

萧梁时期中外交往发展为一个高潮，有多方面的原因。首先，梁武帝对外开放的心态和措施对中外交流起了重要的推动作用。梁武帝对域外诸国入梁朝贡采取积极鼓励的态度。梁武帝以"声训所渐，戎夏同风"而自豪[2]，对入梁各国国王赐号策封，如封林邑王范天凯"持节督缘海诸军事、威南将军、林邑王"，称赞他"介在海表，乃心款至，远修职贡，良有可嘉，宜班爵号，被以荣泽"[3]。封扶南王跋摩"安南将军，扶南王"，称赞他"介居海表，世纂南服，厥诚远著，重译献琛。宜蒙酬纳，班以荣号"[4]。此外，高句骊世受梁封，百济、倭国皆不例外。这些国家皆以受梁封而感到荣耀。梁朝注意任用廉洁自守的官员到南方沿海地区任职，如《梁书》卷33《王僧孺传》记载：

出为南海太守，郡常有高凉生口及海舶，每岁数至，外国贾人

[1]李荐：《德隅斋画品》，见于安澜编：《画品丛书》，上海人民美术出版社，1982年，第157页。

[2]梁武帝《立学诏》，见《梁书》卷1《武帝纪》。

[3]《梁书》卷54《诸夷传》"林邑国"条。

[4]《梁书》卷54《诸夷传》"扶南国"条。

以通货易。旧时州郡以半价就市,又买而即卖,其利数倍,历政以为常。僧孺乃叹曰:"昔人为蜀部长史,终身无蜀物。吾欲遗子孙者,不在越装。并无所取。"

《南史》卷51《萧劢传》记载:

徙广州刺史……广州边海,旧饶,外国舶至,多为刺史所侵,每年舶至不过三数。及劢至,纤毫不犯,岁十余至。俚人不宾,多为海暴,劢征讨所获生口宝物,军赏之外,悉送还台。前后刺史皆营私蓄,方物之贡,少登天府。自劢在州,岁中数献,军国所须,相继不绝。武帝叹曰:"朝廷便是更有广州。"

历来到沿海地区任职的官员,多从海外贸易中谋取私利,因此朝廷注重沿海地区官员的选拔。像王僧孺、萧劢这样的廉洁的官员的任命,应该出于梁武帝的着意考虑。所以,《梁书·诸夷传》史臣论曰:"海南、东夷、西北戎诸国,地穷边裔,各有疆域,若山奇海异,怪类殊种,前古未闻,往牒不记。故知九州之外,八荒之表,辩方物土,莫究其极。高祖以德怀之,故朝贡岁至,美矣!"

其次,佛教传播对中外交通和交往起了推动作用。特别是梁与东南亚、南亚诸国的交往更是如此。佛教是推动梁朝与东南亚、南亚诸国和地区交通、交好的重要动因。南亚是佛教的发源地,东南亚是南传佛教兴盛的地区,佛教在中国东晋以后越来越兴盛,南朝梁朝是崇奉佛教的王朝,梁武帝是一位佞佛的皇帝。自汉以来开辟的海上丝绸之路虽然时有盛衰,但通过海上交通,中国与东南亚和南亚各国的联系非常密切,即"虽山海殊隔,而音信时通"[1]。因此彼此佛教的盛况是互相了解的。从各国表文内容可知,这些国家之所以乐于与中国交通交往,就是因为他们知道梁朝是一个兴隆佛法的国家,武帝是一位信仰佛教的皇帝。南北朝时期是中国佛教全面持续高涨的时期,而至梁武帝时达于极盛。梁武帝认为道有96种,唯佛为尊,因此大力扶植佛教,他先后四次舍身同泰寺,又令臣下以亿万钱奉赎;施舍财物,动辄以千万计。所建大寺院,立丈八佛像;明令禁断肉食,创立"梁皇忏"。这些都极大地

〔1〕《梁书》卷54《诸夷传》"师子国"条。

推动了佛教向社会深层的广泛流布。梁武帝对佛教义学也大力提倡，自疏《涅槃》《净名》等经典，自讲《波若》义，自立《神明成佛》义，诏编《众经要钞》《经律异相》《义林》等佛教类书，推崇《成实》论师和《十诵》律师。组织对范缜《神灭论》的围剿，强制推行佛教因果报应的神不灭论。其长子昭明太子、三子简文帝、七子元帝都以好佛理著称。梁时东南亚、南亚各国和中国南朝间僧人的交往也非常频繁。天竺僧人真谛、智药、达磨，歌营国僧人菩提跋陀，扶南国僧人曼陀罗都于梁时通过海路来到中国。菩提跋陀，歌营国僧人。据《洛阳伽蓝记》卷4，菩提跋陀自歌营经勾椎国、孙典国、扶南国、林邑国而入南朝萧梁，又随扬州比丘法融由梁经扬州入北魏京师洛阳，住入宣武帝专为域外僧人建造的永明寺。智药，天竺僧人，泛舶曹溪口，闻异香，因而寻地立寺。寺名宝林，即后来六祖南华寺。[1]《续高僧传》卷1云："有扶南沙门曼陀罗者，梁言弘弱，大赍梵本远来贡献。"因此，梁武帝崇奉佛教和中国佛法兴隆的信息迅速传至东南亚和南亚各国，从那些国家和地区的上表来看，他们乐于与梁交往，与梁武帝大力提倡佛教有关。《梁书·诸夷传》记载诸国遣使奉表之表文内容，鲜明地说明了这一问题。这些表文异口同声地颂美梁武帝兴隆佛法，皆与梁朝共勉，以共弘三宝为己任。他们向梁朝进贡的物品亦多佛教用物。佛教通过中国传入朝鲜半岛，百济王数次遣使献方物，从中土带回《涅盘》等经典。这些都说明其时佛教的传播对中外交通和交流的促进作用。

第三，梁朝积极与域外交通和来往，也有在多个政权对峙时期，拉拢同盟，对付敌对政权的用意，特别是与高句骊、柔然的交往更是如此。《魏书·高句丽传》记载：

> 至高祖时，(高句骊王)琏贡献倍前，其报赐亦稍加焉。时光州于海中得琏所遣诣萧道成使余奴等，高祖诏责琏曰："道成亲杀其君，窃号江左，朕方欲兴灭国于旧邦，继绝世于刘氏，而卿越境外交，远通篡贼，岂是藩臣守节之义！今不以一过掩卿旧款，即送还藩，其感恕思衍，只承明宪，辑宁所部，动静以闻。"……正光初，光

〔1〕《渊鉴类函》卷33《地部》十一引《传灯录》。

州又于海中执得萧衍所授安宁东将军衣冠剑佩，及使人江法盛等，送于京师。安死，子延立。出帝初，诏加延使持节、散骑常侍、车骑大将军、领护车夷校尉、辽东郡开国公、高句丽王，赐衣冠服物车旗之饰。天平中，诏加延侍中、骠骑大将军，余悉如故。延死，子成立。讫于武定末，其贡使无岁不至。〔1〕

显然，北魏对于高句丽交通南朝萧齐、萧梁是严加提防的。北方草原鲜卑之后，柔然崛起。在柔然、北魏与南朝对峙之时，南朝与柔然的结盟往往有夹击北魏之用意。《梁书·诸夷传》“芮芮国”条记载：“宋升明中，遣王洪轨使焉，引之共伐魏。齐建元元年，洪轨始至其国，国王率三十万骑出燕然山东南三千余里，魏人闭关不敢战。后稍侵弱。永明中为丁零所破。更为小国而南移其居。天监中始破丁零，复其旧土，始筑城郭，名曰木末城。十四年，遣使献乌貂裘。普通元年，又遣使献方物。是后数岁一至焉。大同七年，又献马一匹，金一斤。”在柔然与南朝刘宋、萧齐和萧梁频繁往来的时候，正是柔然与北魏征战连年之时，双方都有取得对方支持和救援以牵制和夹击北魏的用意。

〔1〕《魏书》卷100《高句丽传》，第2216页。

15 隋代中西交通与交流

隋代在我国历史上是一个过渡时期，由于大一统王朝的建立，隋时在各方面都表现出新的开拓。但隋朝的开拓往往没有来得及展开，这与它统治时间太短有关。承继隋代的开拓而展开的是代之而起的唐王朝，唐王朝在各方面都在隋代开拓的基础上持续发展并达到高潮。中西交通与文化交流也是如此，其成就不容忽视。唐朝是中外交通和文化交流的辉煌时期，隋代的开拓和发展是唐朝中外文化交流兴盛的前奏曲。

15.1 隋代对外关系的开展

15.1.1 隋的统一和周边关系

隋朝建立，西有吐谷浑、党项羌，西北有突厥，皆与隋朝对抗。突厥东起辽东，西至西海（今里海），势力强盛；吐谷浑以今青海为腹地，北及鄯善、且末。吐谷浑、突厥都地遏丝路要冲，对隋西北边境屡有侵扰，时战时和。因此，隋初与西域虽有交通，但规模不大。据《隋书·高祖纪》，开皇元年（581年）三月，曾有白狼国"贡方物"。据杜佑《通典》卷187《边防三》，白狼国在"蜀郡之西"。南方因有陈朝的存在，更无可能利用海上交通发展与海南以西各国的关系。当时与隋进行友好交往的主要是东北的高丽、百济、靺鞨、契丹、倭国等。南北朝以来，西域诸国脱离中原政权的控制，先后陷于铁勒、柔然、突厥。由于长期隔绝，隋初对西域情况不甚明了，《隋书·西域传》云："暨魏晋之后，互相吞灭，不可详焉。"

至开皇四年(584年),突厥由于内讧,加上隋朝的军事打击而势衰,隋与突厥的力量对比发生了变化。东突厥臣服于隋,隋又赐突厥沙钵略可汗妻千金公主为杨姓,编之属籍,改封大义公主,从而与东突厥建立了和亲关系。此后又先后有安义公主、义成公主出嫁东突厥,信义公主出嫁西突厥。隋与西域诸国的交通始有开展。开皇四年,党项羌"千余家归化"。[1]五年(585年),其诸部落内附。六年(586年),女国入隋朝贡。开皇九年(589年),隋灭陈,与海南诸国始有交通,林邑遣使贡方物于隋。[2]不仅如此,隋之声威亦及于四邻。《隋书·西域传》"吐谷浑"条记载:

(隋)平陈之后,(吐谷浑主)吕夸大惧,遁逃保险,不敢为寇。

这对中西交通的开展起到了推动作用。同传同条记载:

(开皇)十一年,吕夸卒,子伏立。使其兄子无素奉表称藩,并献方物,请以女备后庭。

文帝未依其请,但在十二年(592年),遣刑部尚书宇文弼出使吐谷浑慰抚之。十六年(596年),以光化公主妻伏,从而与吐谷浑建立了和亲关系。第二年,国人杀伏,立其弟伏允。伏允"使使陈废立之事,并谢专命之罪,且请依俗尚主,上从之。自是朝贡岁至"[3]。开皇十六年(560年),会州之战之后,党项羌"自是朝贡不绝"。[4]仁寿三年(603年)六月,文帝下《令州县搜扬贤哲诏》,中有"方今区宇一家,烟火万里,百姓乂安,四夷宾服"之语。[5]不过由于西突厥、吐谷浑的存在,丝路交通仍存在很大阻碍。

15.1.2 韦节出使西域和李昱至波斯

隋炀帝即位,有经略四方之志。一方面进行军事扩张,开拓疆域;一方面遣使与海、陆两道丝路沿途国家进行交通。《隋书·地理志》云:

---

[1]《隋书》卷83《西域传》,中华书局,1973年,第1846页。

[2]《隋书》卷82《南蛮传》,第1832页。

[3]《隋书》卷83《西域传》,第1844页。

[4]《隋书》卷83《西域传》,第1846页。

[5]《隋书》卷2,《高祖纪下》,第51页。

炀帝嗣位，又平林邑，更置三州。既而并省诸州，寻即改州为郡，乃置司隶刺史，分部巡察。五年，平定吐谷浑，更置四郡……东南皆至于海，西至且末，北至五原，隋氏之盛，极于此也。

这为扩大中西经济贸易与文化交流创造了重要的条件。

侍御史韦节、司隶从事杜行满出使西域各国，展开了与西域的联系和交往。《隋书》卷83《西域传序》记载：

炀帝时遣侍御史韦节、司隶从事杜行满使于西蕃诸国。至罽宾，得玛瑙杯；王舍城得佛经；史国得十舞女、师子皮、火鼠毛而还。

王舍城(Rājagriha)即罗阅，古印度摩揭陀国悉苏那伽王朝(公元前6世纪至公元前4世纪)的都城，城西南佛陀伽雅为释迦牟尼成道之地。关于韦节等人的出使，同传“安国”条又云：

炀帝即位之后，遣司隶从事杜行满使于西域，至其国，得五色盐。

韦节回国后撰有《西蕃记》一书，已佚。韦节等人的出使，扩大了隋对西域的了解，打破了中原地区与西域的长期隔绝状态。

李昱通波斯大约在大业六年(610年)前后。《隋书·西域传》“波斯”记载：

波斯国都达曷水之西苏蔺城，即条支之故地也。其王字库萨和，都城方十余里，胜兵二万余人，乘象而战。国无死刑，或断手刖足，没家财；或剃去其须；或系排于项，以为标异。人年三岁已上，出口钱四文。妻其姊妹。人死者弃尸于山，持服一月。王著金花冠，坐金狮子座，傅金屑于须上以为饰。衣锦袍，加瓔珞于其上……突厥不能至其国，亦羁縻之，波斯每遣使贡献。西去海数百里，东去穆国四千余里，西北去拂菻四千五百里，东去瓜州万一千七百里。炀帝遣云骑尉李昱使通波斯。寻遣使随昱贡方物。

这条记载反映了隋时中国与伊朗间的一次重要交往活动，波斯是隋朝使节西行最远的国家。

15.1.3 裴矩的贡献

为了增进对西域的了解，扩大与西域诸国的贸易活动，经营西域，在韦节等出使西域不久之后，炀帝遣裴矩往张掖主持互市。裴矩是隋炀帝时对西域政策的制定者和执行者。

隋朝建立以后，"西域诸蕃款张掖塞与中国互市"。[1]张掖成为当时中西贸易的中心，兴盛时有40多个西域国家的商人集中在这里经商。当时裴矩已经屡立大功，扬名朝廷，并担任吏部侍郎。炀帝派这样一位重要人物去张掖，其经营西域的目的是很明显的。《旧唐书·裴矩传》记载："矩知帝方勤远略，欲吞并夷狄，乃访西域风俗及山川险易、君长姓族、物产服章。"裴矩又"寻讨书传，访采胡人"，[2]了解各国的地理形势、气候物产和风俗习惯，并把这些材料积累起来，于大业四年(608年)撰成《西域图记》一书，入朝奏之，受到炀帝赞赏。《隋书·裴矩传》记载：

> 赐物五百段，每日引矩至御坐，亲问西方之事。矩盛言胡中多诸宝物，吐谷浑易可并吞。帝由是甘心，将通西域，四夷经略，咸以委之。

《西域图记》共3卷，记44国事，且附地图画像，已佚。其序保存在《隋书·裴矩传》中，是中西交通史的宝贵资料。据其序文，可知其书内容的大概。

> 臣闻禹定九州，导河不逾积石；秦兼六国，设访止及临洮。故知西胡杂种，僻居遐裔，礼教之所不及，书典之所罕传。自汉氏兴基，开拓河右，始称名号者，有三十六国。其后分立，乃五十五王。仍置校尉、都护，以存招抚。然叛服不恒，屡经征战。后汉之世，频废此官。虽大宛以来，略知户数；而诸国山川未有名目。至如姓氏风土，服章物产，全无纂录，世所弗闻。复以春秋递谢，年代久远，兼并诛讨，互有兴亡。或地是故邦，改从今号；或人非旧类，因袭昔名。兼复部民交错，封疆移改，戎狄音殊，事难穷验。于阗之北，葱

〔1〕《旧唐书》卷63，《裴矩传》，中华书局，1975年，第2406页。

〔2〕《西域图记》序，《隋书》卷67，《裴矩传》，第1579页。

岭以东，考于前史，三十余国。其后更相屠灭，仅有十存。自余沦没，扫地俱尽。空有丘墟，不可记识。

皇上膺天育物，无隔华夷。率土黔黎，莫不慕化。风行所及，日入以来，职贡皆通，无远不至。臣既因抚纳，监知关市，寻讨书传，访采胡人。或有所疑，既详众口，依其本国服饰仪形，王及庶人，各显容止，即丹青模写，为《西域图记》，共成三卷，合四十四国。仍别造地图，穷其要害。从西顷以去，北海之南，纵横所亘，将二万里。谅由富商大贾，周游经涉，故诸国之事罔不遍知。复有幽荒远地，卒访难晓，不可凭虚，是以致阙。而二汉相踵，《西域》为传，户民数十，即称国王，徒有名号，乃乖其实。今者所编，皆余千户，利尽西海，多产珍异。其山居之属，非有国名，及部落小者，多亦不载。

发自敦煌，至于西海，凡为三道，各有襟带。北道从伊吾，经蒲类海铁勒部、突厥可汗庭，度北流河水，至拂菻国，达于西海；其中道从高昌、焉耆、龟兹、疏勒，度葱岭，又经钹汗，苏对沙那国，康国，曹国，何国，大、小安国，穆国，至波斯，达于西海；其南道从鄯善、于阗、朱俱波、喝槃陀，度葱岭，又经护密、吐火罗、挹怛、忛延、漕国，至北婆罗门，达于西海。其三道诸国，亦各自有路，南北交通。其东女国、南婆罗门国等，并随其所往，诸处得达。故知伊吾、高昌、鄯善，并西域之门户也。总凑敦煌，是其咽喉之地。

以国家威德，将士骁雄，泛濛汜而扬旌，越昆仑而跃马，易如反掌，何往不至！但突厥、吐浑分领羌胡之国，为其拥遏，故朝贡不通。今并因商人密送诚款，引领翘首，愿为臣妾。圣情含养，泽及普天，服而抚之，务存安辑。故皇华遣使，弗动兵车，诸蕃既从，浑、厥可灭，混一戎夏，其在兹乎！不有所记，无以表威化之远也。[1]

序文叙述了西域各国的变迁，记载了从敦煌出发西行至西海(地中海)的三条路线，分析了击灭吐谷浑、突厥，混一华夏的可能性和必要性，并提出了对西域征、抚并用的方针。对于研究中西交通和文化交流

〔1〕《隋书》卷67《裴矩传》，第1578-1580页。

史来说,最重要的材料是自敦煌至地中海的三条路线,比之《魏书·西域传》所记更加具体,代表了隋时对西域各国的认识水平。

后来炀帝经营西域,就是贯彻了裴矩本序中阐述的征抚并用的方针。在隋炀帝开拓西域的过程中,裴矩做出了杰出贡献。

首先征服突厥、吐谷浑,开拓西部疆界,扩大了隋之势力范围。吐谷浑与突厥成为隋与西域交通的两大障碍,所谓"为其拥遏,故朝贡不通"。《隋书·西域传》"吐谷浑"条记载:"铁勒遣使谢罪,请降,帝遣黄门侍郎裴矩慰抚之。"裴矩趁机"讽令(铁勒)击吐谷浑以自效。铁勒许诺,即勒兵击吐谷浑,大败之。伏允东走,保西平境"。裴矩建议炀帝同时出军,从而击溃了吐谷浑。于是"自西平临羌城以西,且末以东,祁连以南,雪山以北,东西四千里,南北二千里,皆为隋所有"。隋于其地设立西海、河源、鄯善、且末四郡。对西突厥,裴矩建议炀帝实施分化离间,以减轻西突厥对隋西部疆域的威胁。大业六年(610年),炀帝将西巡,遣侍御史韦节召西突厥处罗可汗,处罗不能从命,炀帝大怒,但又无如之何。《隋书·北狄传》"西突厥"条记载:

> 适会其酋长射匮遣使来求婚,裴矩因奏曰:"处罗不朝,恃强大耳。臣请以计弱之,分裂其国,即易制也。射匮者,都六之子,达头之孙,世为可汗,君临西面。今闻其失职,附隶于处罗,故遣使来,以结援耳。愿厚礼使者,拜为大可汗,则突厥势分,两从我矣。"

炀帝依其计而行,果然造成射匮与处罗的失和,射匮既与隋通好,又击破处罗,迫使处罗入朝,后来处罗还从征高丽。所以炀帝说:"往者与突厥相侵扰,不得安居。今四海既清,与一家无异,朕皆欲存养,使遂性灵。"

其次,裴矩贯彻对西域诸国进行招抚的政策,扩大了隋与西域诸国的交往。《隋书·西域传序》云:

> 帝复令闻喜公裴矩于武威、张掖间往来,以引致之。其有君长者四十四国,矩因其使者入朝,啖以厚利,令其转相讽谕。大业年中,相率而来朝者三十余国,帝因置西域校尉以应接之。

由于史书记载缺略,"事多亡失",《隋书·西域传》所载有20国。除吐谷浑、党项、女国之外，与隋进行官方交往的西域国家与政权，见于记载的如下。

铁勒　“大业三年，遣使贡方物，自是不绝云。”(《隋书·北狄传》)

高昌　“炀帝嗣位，引致诸蕃。大业四年，遣使贡献，帝待其使甚厚……自是岁令使人贡其方物。”(《隋书·西域传》)大业八年“十一月己卯，以宗女华容公主嫁于高昌王”，隋与高昌建立了和亲关系。(《炀帝纪》)据杜佑《通典》卷191，“炀帝大业五年，(高昌王)伯雅来朝，因从击高丽。还，尚宗女华容公主，八年，归藩”。

康国　“大业中，始遣使贡方物。”(《隋书·西域传》)杜佑《通典》卷193云：“唐居……至隋时，谓之康国。”

安国　“即汉时安息国……大业五年，遣使贡献。”(《隋书·西域传》)

石国　“(国王)甸职以大业五年遣使朝贡，其后不复至。”(同上)据《通典》卷193《边防九》，“石国，隋时通焉”。

焉耆　“大业中，遣使贡方物。”(《隋书·西域传》)杜佑《通典》卷192云：“隋炀帝大业中，其王龙突骑遣使贡方物。”

龟兹　“大业中，遣使贡方物。”(《隋书·西域传》)

于阗　“大业中，频遣使朝贡。”(《隋书·西域传》)

吐火罗　“大业中，遣使贡方物。”(《隋书·西域传》)

米国　“大业中，频贡方物。”(《隋书·西域传》)

史国　“大业中，遣使贡方物。”(《隋书·西域传》)杜佑《通典》卷193云：“大业中，始通中国。”

曹国　“大业中，遣使贡方物。”(《隋书·西域传》)(据《炀帝纪下》，事在大业十年七月乙卯。)

何国　“大业中，遣使贡方物。”(《隋书·西域传》)

乌那曷　“大业中，遣使贡方物。”(《隋书·西域传》)

穆国　“大业中，遣使贡方物。”(《隋书·西域传》)

波斯　“炀帝遣云骑尉李昱通波斯，寻遣使随昱贡方物。”(《隋书·西域传》)

漕国　“汉时罽宾国也……大业中,遣使贡方物。”(《隋书·西域传》)

附国　“大业中,来朝贡。”(《隋书·西域传》)《通典》卷187《边防三》云:“附国,隋代通焉。在蜀郡西北二千余里……炀帝大业四年,其王遣子弟宜林率嘉良夷六十人朝贡。”

据《通典》卷193《边防九》,炀帝曾试图交通天竺,“隋炀帝志通西域,遣裴矩应接西蕃诸国,多有至者,唯天竺不通,帝以为恨。”

由于隋朝积极的外交活动,因而隋与西域各国保持着频繁交往和友好联系。大业四年(584年),炀帝祠祭恒岳,西域十余国皆来助祭。〔1〕大业五年(609年),炀帝西巡,至张掖附近的燕支山,“伯雅、吐屯设等及西域二十七国,谒于道左”。〔2〕“大业十一年(591年)春正月甲午朔,(炀帝)大宴群僚。突厥、新罗、末曷、毕大辞、诃咄、传越、乌那曷、波腊、吐火罗、俱虑建、忽论、诃多、沛汗、龟兹、于阗、安国、曹国、何国、穆国、毕、衣密、失范延、伽折、契丹等国并遣使朝贡。”〔3〕

第三,裴矩对西域的经营,保证了丝绸之路的畅通。中原地区与西域各国重新加强了经济贸易方面的往来,“西域诸蕃,往来相继”。〔4〕

炀帝时,西域30余国频至中原“朝贡”。西域诸国商胡也纷纷来长安、洛阳等地经商。炀帝在京城长安设立四方馆,以待四方使客,各掌其方国及互市事。《隋书·百官志下》记载:

> 炀帝即位,多所改革……鸿胪寺改典客署。初,炀帝置四方馆于建国门外,以待四方使者,后罢之,有事则置,名隶鸿胪寺,量事繁简,临时损益。东方曰东夷使者,南方曰南蛮使者,西方曰西戎使者,北方曰北狄使者,各一人,掌其方国及互市事。每使者署,典护录事、叙职、叙仪、监府、监置、互市监及副,参军各一人。录事主纲纪,叙职掌其贵贱立功合叙者,叙仪掌小大次序,监府掌其贡献

---

〔1〕《隋书》卷67,《裴矩传》,第1580页。

〔2〕《隋书》卷67,《裴矩传》,第1580页。

〔3〕《隋书》卷4,《炀帝纪下》,第88页。

〔4〕《隋书》卷24,《食货》,第687页。

财货,监置掌安置其驼马船车,并纠察非违,互市监及副掌互市,参军事出入交易。

裴矩又令炀帝在洛阳东市举行盛会,邀请诸蕃酋长、各国使者和胡商参加,集娱乐、贸易为一体。当时,“帝令都下大戏,征四方奇技异艺,陈于端门街。衣锦绣、珥金翠者,以十数万。又勒百官及民士女列坐棚阁而纵观焉,皆被服鲜丽,终月乃罢。又令三市店肆皆设帷帐,盛列酒食。遣掌蕃率蛮夷与民贸易。所至之处,悉令邀延就坐,醉饱而散。蛮夷嗟叹,谓中国为神仙”。[1]这长达一个月的贸易盛会具有国际性质,显示了隋时中外交流的盛况。

第四,韦节的出使和裴矩的经营,使隋扩大了对西域的认识。韦节著《西蕃记》其书已佚,其书的内容,《通典》卷193《边防九》中有片断节录,记载康国情形,是不见于前史的材料,说明这次出使,确实扩大了隋对西域的了解。据《通典》卷193《边防九》,“劫国,隋时闻焉。在葱岭中”,“施罗伊国,隋时闻焉。在乌荼国北,大雪山坡上”,“越底延国,隋时闻焉。理辛头河北。南至婆罗门国三千里,西北至赊弥国千余里,东北至瓜州五千四百里”。

15.1.4 隋代南海交通

隋代禁止民间私人从事海上贸易,据《隋书·高祖纪》载:

[开皇]十八年春正月辛丑,诏曰:“吴越之人,往承弊俗,所在之处,私造大船,因相聚结,致有侵害。其江南诸州,人间有船长三丈以上,悉括入官。”

炀帝亦无解禁之举。但炀帝时,隋朝对南海诸国也展开了积极的外交活动。隋代以前,中国本早已向海外发展。据《汉书·地理志》,汉武帝时,汉使已远至黄支国(在今印度)、已程不国(今斯里兰卡)。三国时吴国孙权曾遣朱应、康泰等出使海南诸国,据《梁书·海南诸国传》记载,“其所经及传闻,则有百数十国”。最远他们到扶南(今柬埔寨一带)。但此后久不见有如此规模的沿海西行的活动。炀帝注意通过海

〔1〕《隋书》卷67《裴矩传》,第1581页。

路与西域国家进行交往。《隋书·南蛮传》"赤土"条云:"炀帝即位,募能通绝域者",沿海路出使赤土,常骏、王君政等人应募请使。

常骏出使的时间,《隋书·南蛮传》云在大业三年(607年)十月,《隋书·炀帝纪》云:大业四年(608年)三月"丙寅,遣屯田主事常骏使赤土,致罗刹"。当以后说为是。据《隋书·炀帝纪》记载,大业四年三月,"壬戌,百济、倭、赤土、迦罗舍国并遣使贡方物",于是,炀帝即募人出使赤土以报聘,随其使同往赤土,并"致罗刹";但从南海郡(今广州)出发的时间,当在十月。其年三月下诏,然后常骏等当随赤土国使从洛阳出发,至广州启航当在十月。"致罗刹"当为"至罗刹",《通典》卷188《边防四》有"罗刹"条,云:"罗刹国在婆利之东……隋炀帝大业三年,遣使常骏等使赤土国,至罗刹。"

赤土国大约在现在的马来半岛,[1]但具体的位置则有不同的说法,有人认为在泰国的宋卡(Song khla)、北大年(Patani)一带;有人认为在马来西亚的吉打(Kedah)、吉兰丹(Kelantan)或彭亨(Pahang)。此外尚有新加坡、苏门答腊巨港(Palembang)、加里曼丹、斯里兰卡等说法。

《隋书·南蛮传》记载常骏等人的行程云:

> 大业三年,屯田主事常骏、虞部主事王君政等请使赤土。帝大悦,赐骏等帛各百匹,时服一袭而遣。赍物五千段,以赐赤土王。其年十月,骏等自南海郡乘舟,昼夜二旬,每值便风,至焦石山(今越南中部岘港)而过,东南泊陵迦钵拔多洲(今越南占婆岛)。西与林邑相对,上有神祠焉。又南行,至师子石(当今越南南岸昆仑岛Condore,或其附近岛屿)。自是岛屿连接。又行二三日,西望见狼牙须国之山(此时航行已抵马来半岛东岸)。于是南达鸡笼岛(或云大雷丹岛,或云吉兰丹,或云今泰国春蓬海中岛),至于赤土之界。

常骏等人受到赤土国王的热情接待。同传详细记载了赤土国人对隋使殷勤恭谨的迎接和招待:

〔1〕张广达:《海舶来天方,丝路通大食》,见周一良主编:《中外文化交流史》,河南人民出版社,1987年,第754页。

其王遣婆罗门鸠摩罗以舶三十艘来迎，吹蠡击鼓，以乐隋使，进金锁以缆骏船。月余，至其都。王遣其子那邪迦请与骏等礼见。先遣人送金盘，贮香花并镜镊，金合二枚，贮香油，金瓶八枚，贮香水，白叠布四条，以拟供使者盥洗。其日未时，那邪迦又将象二头，持孔雀盖以迎使人，并致金花、金盘以藉诏函，男女百人奏蠡鼓。婆罗门二人导路，至王宫。骏等奉诏书上阁，王以下皆坐。宣诏讫，引骏等坐，奏天竺乐。事毕，骏等还馆，又遣婆罗门就馆送食。以草叶为盘，其大方丈。因谓骏曰："今是大国中人，非复赤土国矣。饮食疏薄，愿为大国意而食之。"后数日请骏等入宴，仪卫导从如初见之礼。王前设两床，床上并设草叶盘，方一丈五尺，上有黄白紫赤四色之饼，牛、羊、鱼、鳖、猪、玳瑁之肉百余品，延骏升床，从者坐于地席，各以金钟置酒。女乐迭奏，礼遗甚厚。寻遣那邪迦随骏贡方物，并献金芙蓉冠、龙脑香。以铸金为多罗叶，隐起成文以为表，金函封之，令婆罗门以香花奏蠡鼓而送之。

本传记载常骏等归国的情况：

既入海，见绿鱼群飞海上。浮海十余日，至林邑东南，并山而行。其海水阔千余步，色黄气腥，舟行一日不绝。云是大鱼粪也。循海北岸，达于交趾。骏于六年春与那邪迦于弘农谒，帝大悦，赐骏等物二百段，俱授秉义尉，那邪迦等官赏各有差。

常骏等撰《赤土国记》2卷，《旧唐书·经籍志上》载录。常骏出使赤土国是中国古代见诸记载的一次重要的航海与外交活动，其行程比之三国吴时朱应、康泰更远，为增进中国与南海诸国的了解和友谊做出了贡献。此后，赤土国多次遣使朝贡，南海诸国与隋建立正式的外交关系，从而打破了中国与南海诸国长期隔绝的状态。李延寿《北史·蛮獠传论》云："至于林邑、赤土、真腊、婆利，则地隔江岭，莫通中国。及隋氏受命，克平九宇；炀帝篡业，威加八荒；甘心远夷，志求珍异。故师出流求，兵加林邑，威振殊俗，过于秦汉远矣，虽有荒外之功，无救域中之祸……大业中，南荒朝贡者十余国。"

《通典》卷188《边防四》"海南序略"云："海南诸国……自梁武、隋炀，诸国使至逾于前代。”《隋书·南蛮传》记载海南诸国：“大业中，南蛮朝贡者十余国，其事迹多湮灭而无闻。今所存，四国而已。”即林邑、真腊、赤土、婆利。此外尚有丹丹、盘盘等。

林邑 “高祖既平陈，乃遣使献方物，其后朝贡遂绝。”仁寿末年，文帝出兵征服林邑，“（林邑王）梵志复其故地，遣使谢罪，于是朝贡不绝”。（《隋书·南蛮传》）

赤土 自大业四年来朝，常骏等出使赤土，此后大业五年、六年皆遣使朝贡。（见《隋书》之《炀帝纪》《南蛮传》）

真腊 “大业十二年，遣使朝贡，帝礼之甚厚。”（《隋书·南蛮传》）

婆利 “自交趾浮海，南过赤土、丹丹”，乃至婆利国，“大业十二年，遣使朝贡”。（《隋书·南蛮传》）据《通典》卷188《边防四》，婆利“自古未通中国，（梁）武帝天监中来贡，隋大业中，又遣使贡献”。

丹丹、盘盘 《隋书·南蛮传》云：“于时南荒有丹丹、盘盘二国，亦来贡方物。”

扶南 据《通典》卷188《边防四》，“隋时其国姓古龙……隋代遣使贡献”。

隋与赤土的友好交往，扩大了隋对海南诸国的认识，为唐代发展海外交通创造了必要的条件。《通典》卷188《边防四》记载投和国，云：“投和国，隋时闻焉，在海南大洲中，真腊之南。”丹丹国“隋时闻焉，在多罗磨罗国西北”。“边斗国（一云班斗）、都昆国（一云都军）、拘利国（一云九离）、比嵩国，并隋时闻焉。扶南度金邻大湾南行三千里，有此四国。”“杜薄国，隋时闻焉，在扶南东涨海中。”“薄剌国，隋时闻焉，在拘利南海湾中。”“火山国，隋时闻焉，去诸薄东五千里……《扶南土俗传》云：‘火洲在马五洲之东可千余里……’又有加营国北、诸薄国西……”这里提到的《扶南土俗传》当为隋时著作。“无论国，隋时闻焉，在扶南西二千余里。”据王应麟《玉海》卷16《地理·异域图书》“唐西域记”记载，唐高宗时，达奚弘通曾泛海西行，横渡印度洋，便是从赤土出海。他途经36国，抵达虔那。学者认为虔那在今阿拉伯半岛南部。达奚弘通西行，应该说是建立在隋时扩大了对海南诸国认识的基础之上的。

15.1.5 隋炀帝对外政策评价

经过数年的经营和努力，隋朝扩大了对海南、西域诸国的认识，扩大了中西交通的规模，发展了中西之间的经济贸易和文化交流。正在中西经济文化交流方兴未艾之时，隋朝由于阶级矛盾激化，农民起义的烽火燃遍了全国各地，统治阶级内部争权夺利的斗争也进入白热化，于是中原地区进入战乱时期，海南、西域诸国与隋刚刚兴起的交往和交流又陷于中断。史书中记载不少国家都是与隋始一交通，便"其后遂绝"了；对海南、西域不少国家则仅闻其名，也来不及进行接触和交往。中西交通与文化交流，大约要到唐代贞观中，才又恢复到炀帝统治时期的规模和水平。

由于实现了全国的统一，隋朝在当时的世界上是最强盛最先进的国家，广大人民创造了巨大的物质财富，隋朝统治者逐渐形成了大国天子之心态。因此隋时采取贡赐形式的对外贸易。这种贸易的目的是为了扬其声威，其特点是厚往薄来，为了赢得皇威远被，四夷顺服的虚名，不计成本，不惜代价。因此，隋朝特别是炀帝时期，发展了对外贸易，而隋朝却没有从对外贸易中获取经济上应得的实际利益。加上炀帝意欲开疆拓土，对外频年用兵，每岁巡边，招抚四夷，造成人力财力的大量耗费。《隋书·食货志》云：

> 又以西域多诸宝物，令裴矩往张掖，监诸商胡互市。啖之以利，劝令入朝。自是西域诸蕃，往来相继，所经州县，疲于送迎，糜费以万万计。

《旧唐书·裴矩传》云：

> 及灭吐谷浑，蛮夷纳贡，诸蕃慑服，相继来庭。虽拓地数千里，而役戍委输之费，岁巨万计，中国骚动焉。

为了吸引西域诸国朝拜于隋，则不惜以利相诱，同上书同传记载：

> 帝将巡河右，复令矩往敦煌，矩遣使说高昌王麹伯雅及伊吾吐屯设等，啖以厚利，导使入朝。

为了显示隋朝的富强，则大事铺张，虚张声势，同上书同传记载：

及帝西巡，次燕支山，高昌王、伊屯设等及西蕃胡二十七国，盛服珠玉锦罽，焚香奏乐，歌舞相趋，谒于道左。复令武威、张掖士女盛饰纵观，骑乘填咽，周亘数十里，帝见之大悦。

《资治通鉴》卷181，“炀帝大业六年”条记载：

帝以诸蕃酋长毕集洛阳，丁丑，于端门街盛陈百戏，戏场周围五千步，执丝竹者万八千人，声闻数十里。自昏至旦，灯火光烛天地；终月而罢，所费巨万。自是岁以为常。诸蕃请入丰都市交易，帝许之。先命整饰店肆，檐宇如一，盛设帷帐，珍货充积，人物华盛，卖菜者亦籍以龙须席。胡客或过酒店，悉令邀延就坐，醉饱而散，不取其直，绐之曰：“中国丰饶，酒食例不取直。”胡客皆惊叹。其黠者颇觉之，见以缯帛缠树，曰：“中国亦有贫者，衣不盖形，何如以此物与之，缠树何为？”市人惭不能答。

东突厥归附隋朝后，隋与东突厥之间的贡赐乃不等价交换。仅以启民可汗为例，《隋书·北狄传》“突厥”条记载：

大业三年四月，炀帝幸榆林，启民及义成公主来朝行宫，前后献马三千匹。帝大悦，赐物万二千段。

这还不算，“帝法驾御千人大帐，享启民及其部落酋长三千五百人，赐物二十万段，其下各有差”。炀帝“幸启民所居，启民奉觞上寿，跪伏甚恭”，炀帝大悦，则又“赐启民及主金瓮各一，及衣服被褥锦彩，特勤以下各有差”。“明年，(启民)朝于东都，礼赐益厚。”

《隋书·五行志下》云：

帝每岁巡幸，北事长城，西通且末，国内虚耗。

所以隋炀帝时的对外政策和举措，受到后人的不少批评。《隋书·西域传》后史臣评曰：

自古开远夷，通绝域，必因宏放之主，皆起好事之臣。张骞凿空于前，班超投笔于后，或结之以重宝，或慑之以利剑，投躯万死之地，以要一旦之功，皆由主尚来远之名，臣殉轻生之节。是知上之所好，下必有甚者也。炀帝规摹宏侈，掩吞秦汉；裴矩方进《西域图记》以荡其心，故万乘亲出玉门关，置伊吾、且末，而关右暨于流沙，骚然无聊生矣。若使北狄无虞，东夷告捷，必将修轮台之戍，筑乌垒之城，求大秦之明珠，致条支之鸟卵，往来转输，将何以堪其敝域哉！古者哲王之制，方五千里，务安诸夏，不事要荒。岂威不能加，德不能被？盖不以四夷劳中国，不以无用害有用也。是以秦戍五岭，汉事三边，或道馑相望，或户口减半。隋时恃其强盛，亦狼狈于青海。此皆一人失其道，故亿兆罹其毒。若深思即叙之义，固辞都护之请，返其千里之马，不求白狼之贡，则七戎九夷，候风重译，虽无辽东之捷，岂及江东之祸乎！

根据这一段论述，隋朝的灭亡，几乎就是炀帝的对外政策造成的。

《隋书》由唐初宰相魏征等奉敕编撰，其著史之目的是“多识前古，贻鉴将来”。唐王朝是在隋朝的废墟上建立起来的，唐初统治者目睹隋王朝大厦土崩瓦解的过程，深以为诫。为了谋求长治久安之术，他们时时处处以亡隋为鉴。在贞观君臣的论议中，经常展开对隋朝灭亡的原因的探讨，他们常常把炀帝的各种举措施为与其身死国灭联系起来。于是炀帝的对外政策和开疆拓土自然也成为其亡国的原因之一。特别是唐初经济尚未恢复之时，贞观君臣更反对“以四夷劳中国”“以无用害有用”。上引史臣评论，就代表了贞观之初太宗君臣的这种思想。在这种思想指导下编撰隋史，炀帝、裴矩等在开拓疆域和对外交往方面的过失就被过分强调了。我们看到，随着唐朝经济的逐步恢复，当国力有了一定程度的增强时，太宗也一样开始了对四夷的用兵，开展贡赐形式的对外贸易。其举措施为其实是踵炀帝余绪的。这时尽管太宗的行为受到过臣下的批评，却动摇不了太宗扩张的决心。《旧唐书·褚遂良传》记载，太宗灭高昌后，每岁调发千余人防遏其地，褚遂良上疏反对，以为“糜费中华，以事无用”，太宗却没有听从他的意见。

但是认真分析起来，炀帝开展对外交往和经济贸易，唐初君臣对炀帝行为的批评以及贞观后期唐朝的对外政策的变化，却是从不同方面反映出同样的思想观念，那就是处理对外关系方面的天朝上国观念，建立在这种观念之上的贸易关系必然是朝贡赉赐形式。在统治者看来，与异域各国的交往都是对他们的加恩体恤，这是“上国天子”“天可汗”

对附属国的安抚之责任，而不是在经贸活动中的平等互利。于是当国力强盛时，则以贡赐贸易显示其皇威远被、恩加四夷，而国力衰敝时，就视这种贸易活动为负担，是劳敝中国，以无益害有用。认识到这些，当我们评价隋炀帝时的对外政策时，应该注意到贞观君臣以偏概全的观点，全面抹杀其积极的方面。既看到其失，也应看到它在中外经济文化交流方面开拓之功，它在客观上对中外经济文化交流起到了推动作用，为唐代经济文化交流的高潮奠定了一定的基础，成为中外文化交流史上一个新的高峰的开始。

15.2 隋代的外来文明

由于隋代特别是炀帝统治时期的积极外交活动，隋朝扩大了与西域、海南各国的交往，发展了中西之间经济文化方面的往来，据《隋书》之《西域传》《南蛮传》和《北狄传》的记载，当时，西域有30多个国家，海南有10多个国家与隋进行通贡贸易。尽管由于隋朝阶级矛盾激化，中原地区陷于战乱，因而导致了这种交往与贸易活动的中断，隋代在中西文化交流中仍取得了不少成果。

15.2.1 外来的器物产品

在通贡朝献中，隋朝得到不少外来的器物和产品，如上所述，西域诸国遣使于隋，贡其方物，史书虽未明言所贡何物，但在《隋书》上述诸传中关于各国的记载，都有其国风物土产的内容，能使我们了解其大概。同时也使我们知道在文化上他们受到的中原地区的影响。

林邑 “土多香木金宝，物产大抵与交趾同……有弓、箭、刀，以竹为弩，傅毒于矢。乐有琴、笛、琵琶，颇与中国同。”

赤土 “特宜稻、祭、白豆、黑麻，自余物产多同于交趾。以甘蔗作酒，杂以紫瓜根。酒色黄赤，味亦香美。亦名椰浆为酒。”

真腊 “土宜梁稻，少黍粟，果菜与日南、九真相类。异者有婆那娑树，无花、叶似柿，实似冬瓜；庵罗树，花叶似枣，实似李；毗野树，花似木瓜，叶似杏，实似楮；婆田罗树，花叶实并似枣而小异；歌毕他树，花似林檎，叶似榆而厚大，实似李，其大如升。自余多同九真。”

婆利 “国人善投轮刀，其大如镜，中有窍，外锋如锯，远以投人，无不中。其余兵器与中国略同。俗类真腊，物产同于林邑。”

吐谷浑 “有大麦、粟、豆。青海周回千余里，中有小山，其俗至冬辄放牝马于其上，言得龙种。吐谷浑尝得波斯草马，放入海，因生骢驹，能日行千里，故时称青海骢焉。多牦牛，饶铜、铁、朱砂。”

党项 “服裘褐、披毡以为上饰……牧养牦牛、羊、猪以供食……有琵琶、横吹、击缶为节。”

高昌 “谷麦再熟，宜蚕，多五果。有草名为羊刺，其上生蜜，而味甚佳。出赤盐如朱，白盐如玉。多蒲陶酒……国中羊、马牧于隐僻之处，以避外寇。”

康国 “有大小鼓、琵琶、五弦、箜篌、笛……出马、驼、骡、驴、封牛、黄金、饶沙、甘香、阿萨那香、瑟瑟、麖皮、氍毹、锦叠。多蒲陶酒，富家或致千石，连年不败。”

安国 “炀帝即位之后，遣司隶从事杜行满使于西域，至其国，得五色盐而返。”

石国 “有粟麦，多良马。”

女国 “出偷鍮石、朱砂、麝香、牦牛、骏马、蜀马。尤多盐，恒将盐向天竺兴贩，其利数倍。”

焉耆 “有鱼盐蒲苇之利。”

龟兹 “土多稻、粟、菽、麦，饶铜、铁、铅、麖皮、氍毹、铙沙、盐绿、雌黄、胡粉、安息香、良马、封牛。”

疏勒 “土多稻、粟、麻、麦、铜、铁、锦、雌黄，每岁常供送于突厥。”

于阗 “土多麻、麦、粟、稻、五果，多园林，山多美玉。”

钹汗 “俗多朱砂、金、铁。”

吐火罗 “其山穴中有神马，每岁牧牝马于穴所，必产名驹。”

波斯 “土多良马、大驴、师子、白象、大鸟卵、真珠、颇黎、兽魄、珊瑚、琉璃、玛瑙、水精、瑟瑟、呼洛羯、吕腾、火齐、金刚、金、银、鍮石、铜、镔铁、锡、锦叠、细布、氍毹、毾登、护那、越诺布、檀、金缕织成、赤麖皮、朱沙、水银、薰陆、郁金、苏合、青木等诸香、胡椒、毕拨、石蜜、半蜜、千年枣、附子、诃黎勒，无食子、盐绿、雌黄。”

漕国 “土多稻、粟、豆、麦；饶象、马、封牛，金、银、镔铁、氍毹、朱砂、青黛、安息、青木等香，石蜜、半蜜、黑盐、阿魏、没药、白附子。”

附国 “土宜小麦，青梁。山出金、银，多白雉。水有嘉鱼，长四尺而鳞细。”

文献中有关隋朝在朝贡中所得有些零散的记载，现撮录具列如下。

开皇年间，波斯献金绵锦袍，隋朝进行了仿制。《隋书·何稠传》云：“开皇初，授都督，累迁御府监，历太府丞。稠博览古图，多识旧物。波斯尝献金绵绵袍，组织殊丽，上命稠为之。稠绵既成，逾所献者，上甚悦。”

开皇七年（587年），东突厥贡苧布、鱼胶，献于阗玉杖。《隋书·北狄传》“突厥”条记载：“其众奉雍虞闾为主，是为颉伽施多那都蓝可汗……时有流人杨钦亡入突厥中，谬云彭国公刘昶与宇文氏谋反，令大义公主发兵扰边。都蓝执钦以闻，并贡苧布、鱼胶……其年，遣其母弟褥但特勤献于阗玉杖。”据《隋书·高祖纪》，雍虞闾为都蓝可汗，在开皇七年。

开皇八年（588年），突厥贡马、羊、牛。《隋书·北狄传》“突厥”条记载：“明年（即开皇八年），突厥部落大人相率遣使贡马万匹，羊二万口，驼、牛各五百头；寻遣使请缘边置市，与中国贸易，（文帝）诏许之。”

开皇中，“突厥雍虞闾遣使请降，并献羊马。”（《隋书·贺娄子干传》）

开皇十一年（591年），突厥遣使献七宝碗。（《隋书·高祖纪下》）

仁寿年间有外国献金精盘。《隋书·杨素传》记载：仁寿中“上赐王公以下射，素箭为第一，上手以外国所献金精盘，价值巨万以赐之”。

《隋书·刑法志》记载，“独孤师以受蕃客鹦鹉，（文）帝察知，并亲临斩决”。

突厥与中原交市，有明珠。《隋书·后妃传》记载：“突厥尝与中国交市，有明珠一箧，价值八百万。幽州总管阴寿白（文献独孤皇）后市之。

后曰:'非我所须也。当今戎狄屡寇,将士疲劳,未若以八百万分赏有功者。'百僚闻而毕贺。"

炀帝大业元年(604年),韦节、杜行满出使西域,带回了罽宾的玛瑙杯、王舍城的佛经、史国的舞女、狮子皮、火鼠皮,安国的五色盐。(《隋书·西域传》)

大业六年(610年),赤土国王子那邪迦随常骏等到弘农谒见炀帝,献金芙蓉冠、龙脑香、金函封金表。(《隋书·南蛮传》)

大业九年(613年),隋征高丽,炀帝"诏又课关中富人,计其资产出驴,往伊吾、河源、且末运粮,多者至数百头,每头价至万余"。(《隋书·食货志》)

在《隋书·西域传》"波斯"条中,提到波斯特产"无食子",是过去史料中未见之名称。有学者指出"首见于《隋书·波斯传》"。唐段成式《酉阳杂俎》称无食子产于波斯,并对其功用做了介绍。无食子大概隋时初传入中国。

在与西域各国的交往中,隋在交流中所得最重要的应属突厥、吐谷浑的牛、羊、马、驼,而以马数量最多,也最重要。隋所输出的最重要的仍属丝织品。这是后来唐代与回鹘等民族绢马贸易的先声。突厥和吐谷浑之马输入中原地区,有各种途径和方式,除了突厥、吐谷浑朝贡进献为主要方式之外、隋朝求购和突厥礼赠也是常见的途径,还有战争中的抢掠和俘获。《隋书·炀帝纪》记载:

(大业四年)二月己卯,遣司朝谒者崔毅(即崔君毅,见《隋书·西突厥传》)使突厥处罗,致汗血马。

《隋书·史万岁传》记载:

人朱绩以谋反伏诛,万岁颇相关涉,坐除名,配敦煌为戍卒。其戍主甚骁武,每单骑深入突厥中,掠取羊马,辄大克获……万岁请弓马,复掠突厥中,大得六畜而归。

《隋书·虞庆则传》记载:

(开皇)二年冬,突厥入寇,庆则为元帅讨之……后突厥主摄图将内附,请一重臣充使。于是上遣庆则诣突厥所。摄图恃强,初欲无礼，庆则责以往事，摄图不服。其介长孙晟又说谕之，摄图及弟叶护皆拜受诏。因即称臣朝贡，请永为藩附。初，庆则出使，高祖敕之曰："我欲存立突厥，彼送公马，但取五三匹。"摄图见庆则，赠马千匹，又以女妻之。上以庆则勋高，皆无所问。

《隋书·长孙平传》记载：

其后突厥达头可汗与都蓝可汗相攻，各遣使请援。上使平持节宣谕，令其和解，赐缣三百匹，良马一匹而遣之。平至突厥所，为陈利害，遂各解兵。可汗赠平马二百匹。及还，平进所得马，上尽以赐之。

《隋书·謇之传》记载：

謇之字公正……开皇初，拜通事舍人……后迁光禄少卿。出入十余年，每参掌敷奏。会吐谷浑来降，朝廷以宗女光化公主妻之。以謇之兼散骑常侍，送公主于西域。俄而突厥启民可汗求结和亲，复令謇之送义成公主于突厥。謇之前后奉使，得二国所赠马千余匹，杂物称是，皆散之宗族，家无余财。

这些说明，当时赠送隋使马匹是突厥的惯例，而且数量不少。而隋朝的丝帛则以颁赐、礼赠等形式输入突厥。《隋书·崔彭传》记载：

上（高祖）尝宴达头可汗使者于武德殿，有鸽鸣于梁上。上命彭射之，既发而中。上大悦，赐钱一万。及使者反，可汗复遣使于上曰："请得彭将军一与相见。"上曰："此必善射闻于虏庭，所以来请耳。"遂遣之。及至匈奴中，可汗召善射者数十人，因掷肉于野，以集飞鸢，遣其善射者射之，多不中。复请彭射之，彭连发数矢，皆应弦而落。突厥相顾，莫不叹服。可汗留彭不遣百余日，上赂以缯彩，然后得归。

这件事说明，中原地区的丝织品乃突厥渴望得之物品。因此，隋用以通贡赏赐物品，主要为丝织品。《隋书·西域传》"突厥"记载：

沙钵略遣使致书曰："……皇帝是妇父，即是翁，此是女夫，即是儿例。两境虽殊，情义是一。今重叠亲旧，子子孙孙，乃至万世不断，上天为证，终不违负。此国所有羊马，都是皇帝畜生，彼有缯彩,都是此物,彼此有何异也!"

说明彼之羊马与隋之缯彩的互通有无是理所当然之事。东突厥降附隋朝后,文帝、炀帝先后赏赐大量丝织品。开皇七年(587年),沙钵略卒,"上为废朝三日,遣太常吊祭焉。赠物五千段"。雍虞罗为都蓝可汗,"遣使诣阙,赐物三千段"。"大业三年四月,炀帝幸榆林,启民及义成公主来朝行宫,前后献马三千匹。帝大悦,赐物万二千段。""帝法驾御千人大帐,享启民及其部落酋长三千五百人,赐物二十万段,其下各有差。""明年,(启民)朝于东都,礼赐益厚。"[1]常骏等出使赤土,"赍物五千段,以赐赤土王"。

15.2.2 外来的科技文明

隋代与域外在科学技术方面的交流也有不少成果。据《隋书·经籍志》可知,隋时还撰写和翻译了一批有关域外的天文、地理、历算的著作,西域天文历算地理方面的知识传入中国。如《婆罗门算法》3卷、婆罗门阴阳算历》1卷、《婆罗门算经》3卷,《世界记》5卷,《大隋翻经婆罗门法师外国传》5卷。古人把黄道带分为十二部分,以观测确定太阳在黄道带上运行的位置,称为黄道带十二宫。每宫三十度,各用一个跨着黄道的星座作为标识,称为黄道十二星座。黄道十二宫体系源自巴比伦,公元前2100年左右的楔形文字泥版上已留有记载,后传入小亚细亚和希腊。公元前2世纪时传入印度。以后随着佛教传入中国和佛经译成汉文,黄道十二宫又从印度传入中国。就目前所知,在中国,十二宫名称最早见于隋代耶连提耶舍所译的《大乘大方等日藏经》。此后自唐至辽代兴盛的11世纪,屡有汉译佛经载录。中国的传统历法也向外传播,开皇六年(586年)正月,隋曾颁历于突厥(《隋书·高祖纪上》)。

隋时还撰写和翻译了一些有关域外的医药方面的著作。《隋书·经籍志》列有《龙树菩萨药方》4卷、《西域诸仙所说药方》23卷、《香山仙人药方》10卷、《西域波罗仙人方》3卷、《西域名医所集要方》4卷、《婆罗门诸仙药方》20卷、《婆罗门药方》5卷、《耆婆所述仙人命论方》2卷、《乾陀

〔1〕《隋书》卷84,《北狄传》。

利治鬼方》10卷、《新录乾陀利治鬼方》4卷。

15.2.3　佛教的传播和发展。

隋文帝杨坚是在冯翊（今陕西大荔县）般若寺出生的，并且是由一位叫智仙的尼姑抚养长大。因此，文帝说："我兴由佛"，因而崇仰佛教。其实隋文帝信奉佛教并非仅仅出于个人信仰，而是有社会政治原因的。一是借佛教神化自己的政权，说明自己当皇帝是奉"天佛"之命，降生到人世间来当救世主的。二是收买人心。北周武帝时灭佛，引起佛教徒的不满。而这时佛教在社会上已经拥有广泛的群众基础，形成强大的社会势力。武帝灭佛时，大批僧人逃匿，有的与流民为伍，有的隐居山林，是社会上的不安定因素。文帝打出崇佛的旗帜，容易争取社会上的广泛支持。三是利用佛教麻醉人民，使之做自己的顺民。他曾对一个叫灵藏的僧人说："律师度人为善，弟子禁人为恶，言虽有异，意则不殊"[1]。

文帝在位期间，大崇佛教，表现在多方面。一是广建寺塔。他曾三次下诏，在全国修建113座舍利塔，海内诸寺3792所。二是广度僧尼。文帝在位时"所度僧尼二十三万（六千二百）人"。三是广写佛经，文帝时"写经论四十六藏，一十三万二千八十六卷"，还"修治故经三千八百五十三部"。以至于"民间佛经，多于六经数十百倍"。他自己广交僧侣，当时的一些名僧受到诏请诏问，有的出入宫禁。另外广做佛事，如大行布施、祈雨、受戒、释囚、修治经像、禁毁佛道偶像等。

隋炀帝继承了其父的衣钵，也推行崇佛的政策。早在他为晋王任扬州总管时，就把天台山修禅寺的名僧智顗请到总管驻节之地扬州金城，设"千僧斋"，受"菩萨戒"。智顗给他一个法号，叫作"总持菩萨"。后来杨广当了皇帝，凡下有关佛教的诏书，就自称"菩萨戒弟子、皇帝总持"。跟文帝一样，大搞度僧、造寺、写经、铸像等宗教活动。不管是在两都，还是巡游各地，总是带上一群僧尼道姑，谓之"四道场"。"每是于苑中林亭间陈设酒馔"，"帝与诸姬为一席"，其他亲信权贵为一席，"僧

---

〔1〕道宣：《续高僧传》卷21《灵藏传》。

尼道士女冠为一席"，各席"略相连接"，"酒酣肴乱，靡所不至，以是为常"[1]。

由于统治者的提倡和推崇，佛教得到进一步传播并迅速发展。

魏晋以来，不少中土僧人西行求经。炀帝时也曾遣韦节等人西到天竺，得佛经而还。关于佛经的翻译和整理，《隋书·经籍志》记载：

> 开皇元年，高祖普诏天下，任听出家，仍令计口出钱，营造经像。而京师及并州、相州、洛州等诸大都邑之处，并官写一切经置于寺内，而又别写藏于秘阁。天下之人，从风而靡，竞相景慕，民间佛经，多于六经数十百倍。大业时，又令沙门智果，于东都内道场，撰诸经目，分别条贯，经佛所说经为三部：一曰大乘，二曰小乘，三曰杂经。其余似后人伪托为之者，别为一部，谓之疑经。又有菩萨及诸深解奥义，赞明佛理者，名之为论，及戒律并有大小及中三部之别。又所学者，录其当时行事，名之为记，凡十一种。今举其大数，列于此篇。
>
> 大乘经六百一十七部，二千七十六卷(五百五十八部，一千六百九十七卷，经；五十九部，三百七十九卷，疏)。
>
> 小乘经四百八十七部，八百五十二卷。
>
> 杂经三百八十部，七百一十六卷(杂经目残缺甚，见数如此)。
>
> 杂疑经一百七十二部，三百三十六卷。
>
> 大乘律五十二部，九十一卷。
>
> 小乘律八十部，四百七十二卷(七十七部，四百九十卷，律；二部，二十三卷，讲疏)。
>
> 杂律二十七部，四十六卷。
>
> 大乘论三十五部，一百四十一卷(三十部，九十四卷，论；十五部，四十七卷，疏)。
>
> 小乘论四十一部，五百六十七卷(二十一部，四百九十一卷，论；十部，七十六卷，讲疏)。
>
> 杂论五十一部，四百三十七卷(三十二部，二百九十九卷，论；

[1]《资治通鉴》卷181，隋纪五，"炀帝大业六年"条，第5650页。

九部，一百三十八卷，讲疏）。

记二十部，四百六十四卷。

右一千九百五十部，六千一百九十八卷。

佛教在隋代的发展，最重要的表现是佛教宗派的形成。魏晋南北朝时佛教形成各类“师说”，到了隋代，在这种“师说”学派的基础上开始形成宗派。佛教宗派创立于隋代的有天台宗、三论宗和三阶教。

天台宗是中国第一个佛教宗派。创始人是智顗，其代表人物还有灌顶、湛然。天台山、荆州是其传教的两个中心。天台宗的经典著作是智凯的三部书：《法华玄义》《摩诃止观》《法华文句》，称为“天台三大部”。天台宗到唐代进一步发展，传到朝鲜和日本。

三论宗的创始人是吉藏，它是由南北朝时的“三论学”发展而来的。吉藏的主要著作是《中论疏》《十二门疏》《三论玄义》《大乘玄义》《二谛论》等。其弟子知名的有慧远、智凯、硕法师、慧灌等。慧灌是高丽僧，他把三论宗传入日本，并成为日本三论宗的祖师。

三阶教又名三阶宗、普法宗，是产生于南北朝末期、于隋代兴起的一个被视为“异端”的佛教宗派。创教者信行。这一派的特点是“乞食，日止一食；在道路行，无问男女，率皆礼拜”[1]。隋开皇初，信行被召入京，他在长安继续推行他的学说。在京师建寺四所，在下层群众中有广泛影响。他著有《对根起行杂录集》《三阶位别录集》。信行死后，三阶教多次遭受沉重打击。隋文帝、武则天、唐明皇都曾有敕禁断，严令限制。其他宗派也对它进行攻击，但却禁而不止，持续存在200多年，直到“会昌法难”之后，才湮灭无闻。

佛教宗派的形成，一个重要标志是“判教”活动。所谓“判教”就是把全部佛教教义，分成若干种类、若干等级，而将自己一派所崇奉的经书和教义作为最高等级，“唯我独尊”，视别的经书与教派、教义为末流，甚至异端。这种风气在南北朝已见端倪，据说“约有十家”。但那时的判教，一般还是学派意义上的区别，属于佛教内部学术论争的性质，宗派主义的色彩还不是很鲜明。

〔1〕《历代三宝记》卷12。

天台宗的判教主要是从宗派主义立场出发，来对佛教进行分类。其用意有两个方面：一是为了融会各种佛经和各种教义之间的不同说法和思想矛盾；二是为了抬高自己，"唯我独尊"，这正是宗派主义的典型表现。天台宗判教的结果，是佛教有四教，即"三藏教""通教""别教""圆教"。前三教是为了烘托最后一教，使之"相形见高"。而其所谓"圆教"就是《法华经》和天台宗。在所有的佛经中，《法华经》最高；在所有的教派中，天台宗最高。天台宗的判教活动标志着中国佛教宗派开始形成。中国佛教宗派的形成则是佛教中国化达到新的层次的表现。隋代佛教的发展是唐代佛教兴盛的前奏。

15.2.4 艺术方面的外来成果。

首先是音乐。南北朝以后，西域音乐和舞蹈不断传入中国。隋朝建立以后，统治者重视吸收外来的音乐，于是将中原地区原有的音乐和外来的音乐分门别类加以整理。"开皇初定令，置七部乐：一曰国伎，二曰清商伎，三曰高丽伎，四曰天竺伎，五曰安国伎，六曰龟兹伎，七曰文康伎。"所谓"七部乐"，或称"七部伎"，就是朝廷在重大活动中演奏的七套音乐节目。其中的"天竺伎""安国伎""龟兹伎"都是来自西域的音乐（包括乐曲、乐器、乐工和乐队）。在朝廷的重大活动中演奏四裔外国音乐，目的是显示四海统一、皇威远播、蛮夷臣服的强盛气象。除了这些之外，"又杂有疏勒、扶南、康国、百济、突厥、新罗、倭国等伎"[1]。到炀帝时，又整理而成九部乐，即：清乐、西凉、龟兹、天竺、康国、疏勒、安国、高丽、礼毕。其中只有"清乐""礼毕"是中原地区固有的音乐，所谓"华夏正声"（隋文帝语）。九部乐中包括了更多的西域音乐。

隋代统治者喜欢欣赏外来的音乐，重用西域音乐家。文帝仁寿四年（604年），隋平林邑国，获扶南工人及匏琴，以天竺乐转写其声。炀帝大业二年（606年），东突厥启民可汗至洛阳，炀帝为之大合乐，中有西域散乐、杂戏、幻术。又令乐正白明达造新声。大业三年（607年），炀帝幸榆林郡，"宴启民及其部落三千五百人，奏百戏之乐"。大业五年（609

〔1〕《隋书》卷15《音乐志下》，第376-377页。

年)，炀帝至张掖，六月丙寅，“上御观风行殿，盛陈文物，奏九部乐，设鱼龙曼延，宴高昌王、吐屯设于殿上，以宠异之”。大业六年(610年)正月，“角抵大戏于端门街，天下奇伎异艺毕集，终月而罢”。这一年，高昌进“圣明乐曲于隋”。大业十一年正月，诸国并遣使朝贡，“乙卯，大会蛮夷，设鱼龙曼延之乐”。

白明达是龟兹人。北周时武帝娶突厥女阿史那氏为后，随阿史那氏而来的有一支乐队。于是龟兹、疏勒、康国之乐大聚于长安。胡人令羯人白智通(龟兹人)教习，杂以新声。白明达可能就是随突厥皇后来中国的西域音乐家白智通的族人。他是一位杰出的作曲家。炀帝任命他为乐正，即朝廷管理音乐的官职。《隋书·音乐志》记载，炀帝“大制艳篇，辞极淫绮。令乐正白明达造新声，创《万岁乐》、《藏钩乐》、《七夕相逢乐》、《投壶乐》、《舞席同心髻》、《玉女行觞》、《神仙留客》、《掷砖续命》、《斗鸡子》、《斗百草》、《泛龙舟》、《还旧宫》、《长乐花》及《十二时》等曲……帝悦之无已，谓幸臣曰：‘多弹曲者如人多读书，读书多则能撰书，弹曲多即能造曲，此理之然也。’因语明达云：‘齐氏偏隅，曹妙达犹自封王，我今天下大同，欲贵汝，宜自修谨。’”[1]

从隋代音乐家万宝常的经历，也可以看到西域音乐对中原音乐的影响。《隋书·万宝常传》记载：

> 又太子洗马苏夔以钟律自命，尤忌宝常。夔父威，方用事，凡言乐者，皆附之而短宝常。数诣公卿怨望。苏威因诘宝常，所为何所传授。有一沙门谓宝常曰：“上雅好符瑞，有言征祥者，上皆悦之。先生当言就胡僧受学，云是佛家菩萨所传音律。先生所为可以行矣。”宝常然之，遂如其言以答威。威怒曰：“胡僧所传，乃四夷之乐，非中国所宜行也。”其事遂寝。

这件事说明，万宝常之音乐确有与中原音乐不同之处，而就胡僧学音乐在当时大约也有其人其事，否则沙门不会替万宝常想出这个主意。

万宝常的音乐杂有西域音乐，关于其渊源，《隋书·音乐志》云：

> 有识音人万宝常修《洛阳旧曲》，言幼学音律，师于祖孝徵，知

〔1〕《隋书》卷15《音乐志下》，第379页。

其上代修调古乐。

祖孝徵是北齐音乐家。他的父亲祖莹也是音乐家，北魏时曾典造钟石管弦。关于祖氏父子的音乐学养，《隋书·乐志》有一段记载，说祖莹所造的《大成乐》"戎华兼采"，而祖孝徵所造《广成乐》"杂西凉之曲"，说明他们深通胡乐。万宝常受到祖孝徵的影响。《隋书·万宝常传》说万宝常"具论八音旋相为宫之法，改弦移柱之变，为八十四调"。有学者认为，这八十四调"是新来的胡乐和旧有的古乐或准古乐结合所产生出来的成果。"[1]

《隋书·万宝常传》附"王令言"记载：

> 时有乐人王令言，亦妙达音律。大业末，炀帝将幸江都，令言之子尝从，于户外弹胡琵琶，作《翻调安公子曲》。

显然演奏亦是胡乐。

其次是绘画。于阗人尉迟跋质那入仕中原，并且以善画著名。唐代张彦远《历代名画记》把他列入隋代名画家之列，云："西国人，善画外国及佛像。当时擅名，今谓之'大尉迟'。《六番图》、《外国宝树图》，又有《婆罗门图》，传于代。"他的儿子尉迟乙僧因"丹青奇妙"，被于阗王推荐到唐都城长安，和当时的宫廷画家阎立德、阎立本兄弟齐名，称"小尉迟"。朱景玄《唐朝名画录》说他的画，"功德、人物、花鸟皆是外国之物象，非中华之威仪"。而张彦远说："尉迟乙僧师于父。"说明尉迟父子的画都带有西域特色。

张彦远《历代名画记》卷8所记隋代著名画家，有天竺僧昙摩拙义，"善画，隋文帝时自本国来，遍礼中夏阿育王塔。至成都雒县大石寺，空中见十二神形，便一一貌之，乃刻木为十二神形于塔下，至今在焉"。据《佩文斋书画谱》引《续高僧传》，隋时迦佛陀亦是一位来自外国的画僧。隋代大臣杨素藏有《拂林国人物器样》2卷，《鬼神样》2卷，《外国杂兽》2卷，皆西域僧伽佛陀画。

隋时佛教壁画发达，而且有自己的独特风格。隋代虽然只有三十多年，而敦煌莫高窟有隋代壁画的洞窟达90多个。虽然都是小窟，而

[1]郭沫若：《隋代大音乐家万宝常》，收入《历史人物》，人民文学出版社，1979年。

且残破较甚，但有很高的价值。其中以205、276、280、295、296、297、299、301、302、303、305、419、420、423等窟较为重要。莫高窟壁画的隋代部分在艺术上表现出过渡形态。壁画的题材，除佛、菩萨与佛传、本生故事外，已出现法华经变和维摩诘经变。虽然场面还很简单，却是唐代大规模“经变”创作的先声。本生故事画增加了琰子本生，是莫高窟在北朝时期所没有的。人物形象的刻画，已经逐渐注意到内心性格的表现，注意到情韵风致的表达。在艺术风格上，有的作品接近北魏、西魏，有的接近初唐。在布局、形象、用笔、敷彩等方面都呈现出承前启后的特点。

第三是雕塑。雕塑的成就主要体现在佛教造像上。在敦煌、龙门、天龙山、炳灵寺、麦积山等都有隋代造像。其造像样式、艺术风格的演变，体现了从南北朝向唐代过渡的特点，这就是佛教造像的世俗化。描写的对象离天国和神越来越远，越来越具有现实性。艺术家更喜欢与人、与现实生活接近的形象。例如，在这之前的造像主题，基本上是佛和菩萨两个内容，这时介于佛、菩萨与人之间的佛的广大弟子中的迦叶、阿难两个形象以及现实生活中的高僧，成为雕刻家新的描写对象。隋代佛教雕塑在艺术风格上更趋于写实性，强调现实生活的真实感。过去的佛像多强调佛的神圣和庄严，因而显得呆板无生气。隋窟中的塑像更具现实性，如敦煌919窟中隋代的迦叶像，方头大耳，体向前倾，姿态呈现出坚定高昂的神情；反映在眉目嘴角间的笑意，像是从心底里流露出来的，是那样的善良和朴实；还有满脸的皱纹、颈项间劲健的筋骨、稀疏的牙齿，处处把他刻画成一个富有艰苦经历的僧徒，实际是现实中一位高僧的形象。迦叶是佛祖最得意的弟子，他的一生经历了无数苦行的磨炼，最后获得了“德行高超”的荣誉。这座隋窟中的迦叶塑像表现的就是他晚年的形象。反映出他晚年平静安适的生活，表现出他的和善与开朗。脸上的表情似乎显示出他回忆自己一生苦行的经历和最终所取得的圆满成果时感到的欣慰和满足。同一窟中的阿难塑像则是一位充满着青春活力、气宇不凡的青年僧徒形象，是一副富于稚意和潇洒的情态。雕塑家们给予形象以鲜明的个性。

16 唐太宗对外政策探讨

中国自古就是多民族国家,但是历史上的中国长期处于分裂状态,周边地区也未完全形成各自统一的国家,传统的封贡关系并不能像当今的国际关系那样明确界定双方关系,这样就使得民族关系和对外关系会因时间的推移和中原王朝力量的强弱不同而相互转化。以现代的地理观念看来,这里涉及的唐与周边的关系既有民族关系,也有对外关系,只是为了行文方便,没有加以细分,而是统称为“对外关系”。本章探讨唐太宗对外政策的变化,并论及儒家思想在唐太宗处理对外关系及其政策变化中所起的作用。

16.1 荀子用兵之道与唐太宗安边制胜之策

荀子是先秦儒家经典作家之一,是春秋战国时期百家争鸣的总结者,他的政治思想曾给唐太宗李世民重要影响。唐太宗在处理与周边民族关系方面,从儒家思想中的积极方面吸收了不少营养。在用兵方面儒家经典作家都是道德理想主义者,唐太宗则是其道德理想的实践者。唐初征服东突厥前后是唐太宗涉外思想发挥最为良好的阶段,从唐太宗处理与周边民族关系的一系列论述、措施和策略中,我们可以看到荀子思想的潜在影响。本章比较荀子用兵思想和唐太宗征服突厥过程中的战略和策略,从而从一个侧面探讨唐太宗战争和涉外思想的渊源。

16.1.1 以民为本,慎于用兵

唐朝建立之初,突厥以助唐有功,得到唐朝不少犒劳和赠物。但突

厥仍恃强凌弱，不断出兵掳掠。李渊在位时，突厥多次出动兵马，进扰唐之北边，兵力有时多达十余万骑。李世民即位，数日后，东突厥颉利可汗便亲率大军进至渭水便桥之北，兵临长安。其时太宗面临三个选择：一是沿袭成例，贿赂求和；二是闭城自守，任突厥掳掠；三是出兵与突厥决战。太宗权衡利弊，三者皆不取。他一边做了防御准备，一边冒险亲临渭水南岸，隔水怒斥突厥无礼；又约定时日，与颉利在便桥结盟，送颉利一些礼物，突厥撤兵。太宗之所以这样做，事后他分析说：

突厥所以敢倾国而来，直抵郊甸者，以我国内有难，朕新即位，谓我不能抗御故也。我若示之以弱，闭门拒守，虏必放兵大掠，不可复制。故朕轻骑独出，示若轻之；又震曜军容，使知必战；出虏不意，使之失图。虏入我地既深，必有惧心，故与战则克，与和则固矣。[1]

又说：

吾观突厥之众虽多而不整，君臣之志唯贿是求，当其请和之时，可汗独在水西，达官皆来谒我，我若醉而缚之，因袭击其众，势如拉朽。又命长孙无忌、李靖伏兵幽州以待之。虏若奔归，伏兵邀其前，大军蹑其后，覆之如反掌耳。所以不战者，吾即位日浅，国家未安，百姓未富，且当静以抚之。一与虏战，所损甚多；虏结怨既深，惧而修备，则吾可以得志矣。故卷甲韬戈，啗以金帛。彼既得所欲，理当自退。志意骄惰，不复设备，然后养威伺衅，一举可灭也。[2]

他对当前形势做了准确分析，因为上述几种做法都弊大于利。战与不战，其中一个重要考虑是"国家未安，百姓未富"。贿赂突厥，虽然是太宗不愿意做的，但比之开战，给百姓造成的损失要小。而且为了尽可能地减少送给突厥的金帛，他不惜亲临险地，与颉利对话。太宗不是畏战，这样做体现了他爱惜民力、以民为本的思想观念。

这种以民为本的思想，与儒家思想相通，"保民而王，莫之能御

[1]《资治通鉴》卷191，高祖武德九年条，第6018页。

[2]《资治通鉴》卷191，高祖武德九年条，第6020页。

也”[1]。我们看到太宗更多地从荀子那里受到影响。荀子生活在战国时代，当时的统治阶级纷纷以战争为手段解决现实问题，因此荀子就不能不对战争发表他的见解。荀子的用兵之道，集中体现在《议兵》一篇，在《富国》《王霸》《君道》《强国》等篇中也有涉及。荀子非常重视人民的作用，在他的文章中反复论述人民在国家兴亡盛衰中的重要性。他认为民心向背是国家安定、政权巩固的根本，“君者，舟也；庶人者，水也。水则载舟，水则覆舟。此之谓也。故君人者欲安，则莫若平政爱民矣”。[2]同样，人民也是战争胜败的关键，在他看来，战争必须获得人民的支持，“善附民者，是乃善用兵者也，故兵要在乎善附民而已”。国家的强盛以人民的富强为基础，在对赵孝成王和临武君议兵时，荀子说：“好士者强，不好士者弱；爱民者强，不爱民者弱；政令信者强，政令不信者弱；民齐者强，民不齐者弱……是强弱之常也。”又说：“下可用则强，下不可用则弱。”[3]“人君者，隆礼尊贤而王，重法爱民而霸”；[4]“观国之强弱贫富有征：上不隆礼则兵弱，上不爱民则兵弱”。[5]

爱惜民力，是国家富强的根本，也是战胜突厥的根本。唐太宗的民本思想受荀子影响很大，他引用荀子的话告诫太子：“舟所以比人君，水所以比黎庶，水能载舟，亦能覆舟。”[6]太宗知道突厥问题是历史遗留问题，在敌强我弱的情况下，与其发动一次劳民伤财不能从根本上解决问题的战争，不如从长计议，让老百姓休养生息，达到富国强兵，所以不惜忍辱求和。此后，从爱惜民力出发，反对穷兵黩武的战争，唐太宗反复地表达过这一思想，这是他早年处理与周边民族关系的一个原则。贞观四年，林邑表疏不恭，有司请发兵讨击，太宗不许，他说：“兵者，凶器，不得已而用之。故汉光武云：‘每一发兵，不觉头须为白。’自古以来穷兵极武，未有不亡者也。”他引苻坚、隋炀帝、突厥颉利可汗亡国的教训，

〔1〕杨伯峻译注：《孟子译注》卷1《梁惠王上》，中华书局，1960年，第14页。

〔2〕《荀子》卷5《王制》，《二十二子》本，上海古籍出版社，1980年，第304页。

〔3〕《荀子》卷10《议兵》，第321页。

〔4〕《荀子》卷11《强国》，第325页。

〔5〕《荀子》卷6《富国》，第310页。

〔6〕吴云、冀宇编辑校注：《唐太宗集》Ⅱ《论文编》，陕西人民出版社，1986年，第182页。

“竟不讨之”。贞观五年，康国请归附，太宗不纳，他谓侍臣曰：“前代帝王，大有务广土地，以求身后之虚名，无益于身，其民甚困。假令于身有益，于百姓有损，朕必不为，况求虚名而损百姓乎！康国既来归朝，有急难不得不救，兵行万里，岂得无劳于民？若劳民求名，非朕所欲。”[1]

为了百姓的利益，为了避免战争给国家造成的损失，太宗努力与周边民族搞好关系，贞观时期的和亲政策是在此思想基础上推行的。贞观之初，唐即与突厥、吐谷浑建立和亲关系。贞观八年，吐蕃赞普多赍金宝，奉表求婚，太宗未许，赞普遂发兵击吐谷浑，顿兵松州西境，扬言“若大国不嫁公主与我，即当入寇”。是否和亲已成为两国和战的关键，但太宗不许诺大兵压境之下的和亲，因此大兵迎战，击败吐蕃后许和亲。文成公主入藏，迎来数十年唐蕃和好的局面。贞观十六年，薛延陀求婚，太宗与大臣商讨对付薛延陀之策，他说：“北狄世为寇乱，今延陀倔强，须早为之所。朕熟思之，惟有二策：选徒十万，击而虏之，百年无患，此一策也。若遂其请，与之为婚媾，朕为苍生父母，苟可利之，岂惜一女！北狄风俗，多由内政，亦既生子，则我外孙，不侵中国，断可知矣。以此而言，边境足得三十年来无事。举此二策，何者为先？”房玄龄说：“遭隋室大乱以后，户口太半未复。兵凶战危，圣人所慎，和亲之策，实天下幸甚。”[2]房玄龄是贞观政策制订者之一，他的话体现了太宗安边重民慎兵的思想。

16.1.2 王道之举，仁人之兵

弟子陈嚣问荀子：“先生议兵，常以仁义为本。仁者爱人，义者循理，然则又何以兵为？凡所为有兵者，为争夺也。”荀子回答：“彼仁者爱人，爱人故恶人之害之也；义者循理，循理故恶人之乱之也。彼兵者，所以禁暴除害也，非争夺也。故仁人之兵，所存者神，所过者化，若时雨之降，莫不说喜。是以尧伐驩兜，舜伐有苗，禹伐共工，汤伐有夏，文王伐崇，武王伐纣，此四帝、两王皆以仁义之兵行于天下也。故近者亲其善，远方慕其义；兵不血刃，远迩来服；德盛于此，施及四极。《诗》曰：‘淑人

〔1〕〔唐〕吴兢编著：《贞观政要》卷9《征伐》，上海人民出版社，1978年，第261页。

〔2〕〔唐〕吴兢编著：《贞观政要》卷9《征伐》，第262-263页。

君子,其仪不忒;其仪不忒,正是四国。'此之谓也。"[1]在他看来,仁者用兵的目的是禁暴除害,不是为了争夺和杀人。换句话说,为了禁暴除害,用兵有时是必要的,荀子反对绝对的和平主义。

孔子说过:"以不教民战,是谓弃之。"[2]教民战,意谓训练民众作战,就是备战。用未经训练的人民去作战,就是糟蹋人民的生命。说明孔子并不是一味反对战争的。孟子更多看到战争给人民造成的灾难,反对战争,认为只要实行仁政,就可以不战而屈人之国。反之,即便打了胜仗,最终的命运仍不免于失败。他说:"君不向道,不由仁义,而为之强战,虽克必亡。"[3]孟子是否定霸道的,他强调得道多助,失道寡助。荀子不赞成孟子的主张,他也讲霸道和王道,却不像孟子那样否定霸道,"故用国者,义立而王,信立而霸"。[4]霸道仅次于王道,所以,"齐桓、晋文、楚庄、吴阖闾、越勾践,是皆僻陋之国也,威动天下,强殆中国,无它故焉,略信也。是所谓有信立而霸也"。所以他认为"隆礼尊贤而王,重法爱民而霸"。荀子所主张的霸道基于威势和力量,这点和孟子的霸道一致,但是荀子的霸道并不是简单地以力服人,而是建立在讲信和守信的基础上,可以看出荀子对霸道是认可的,这从他在《王霸》中对春秋五霸的评价可以得到进一步证实:"德虽未至也,义虽未济也,然而天下之理略奏矣,刑赏已诺信乎天下矣,臣下晓然皆知其可要也。政令已陈,虽睹利败,不欺其民;约结已定,虽睹利败,不欺其与。如是,则兵劲城固,敌国畏之;国一綦明,与国信之;虽在僻陋之国,威动天下,五伯是也。"

荀子坚持儒家为义而战的思想,认为战争不仅仅是维护国家安全的工具,更应该是仁义者用来制止恶人为祸的手段。他主张"以德兼人",让他国百姓"贵我名声,美我德行,欲为我民,故辟门除涂以迎吾人",最终达到天下统一、百姓安居乐业的目的。他的《议兵》篇超越了

〔1〕《荀子》卷10《议兵》,第323页。

〔2〕杨伯峻译注:《论语译注》,中华书局,1980年,第144页。

〔3〕〔西汉〕桓宽:《盐铁论》卷8《伐攻》,上海人民出版社,1974年,第95页。

〔4〕《荀子》卷7《王霸》,第311页。

兵家就军事论军事的局限，注意到了政治思想与军事思想的统一，概括起来就在战争中隆礼、贵义、好士、爱民。在荀子的思想中，不仅注意用战争保护本国人民的利益，还强调战争也是符合对方人民的利益的。这就是他说的“仁人之兵、王者之志”。因此他说：“且夫暴国之君，将谁与至哉？彼其所与至者，必其民也；而其民之亲我欢若父母，其好我芬若椒兰；彼反顾其上，则若灼黥，若仇雠；人之情，虽桀、跖，岂又肯为其所恶、贼其所好者哉？是犹使人之子孙自贼其父母也，彼必将来告之，夫又何可诈也？故仁人用，国日明，诸侯先顺者安，后顺者危，虑敌之者削，反之者亡。《诗》曰：‘武王载发，有虔秉钺；如火烈烈，则莫我敢遏。’此之谓也。”〔1〕在他看来，仁义之师无敌。

儒家强调为义而战，战争要符合对方人民的利益，得到对方人民的拥护和支持。孟子肯定齐宣王伐燕，因为“燕虐其民，王往而征之，民以为将拯己于水火之中也，箪食壶浆以迎王师”。〔2〕但孟子基本上是反对战争的，他论述的战争范围限于当时诸侯国之间的战争，而且孟子是强调夷夏之辨的，认为只能以夏变夷，不能以夷变夏。荀子与孟子一样强调战争要符合对方人民的利益，但他并不一概反对战争，而且从他的论述中可以看出，他是把周边少数民族即所谓“夷”亦视为“民”的范围，强调为义而战也要顺应他们的利益和意愿。连尧伐驩兜，舜伐有苗，也要做到“近者亲其善，远方慕其义；兵不血刃，远迩来服；德盛于此，施及四极”。〔3〕这种思想是超越了儒家传统的夷夏之防的。

儒家在对外用兵问题上存在两种截然不同的观点，一是贵道德而贱用兵，二是用兵有时乃势之必然不得不行。这种思想冲突鲜明地表现在对汉武帝反击匈奴和用兵西域的评价上。汉武帝去世后，贤良文学与御史大夫桑弘羊就此展开激烈的争论，他们都引经据典，申明自己的儒家立场，前者空谈仁义，极力抨击武帝生前的西域政策，认为武帝是“废道德而任兵革”，劳民伤财；后者则立足现实，认为远征大宛意义

〔1〕《荀子》卷10《议兵》，第321页。

〔2〕杨伯峻译注：《孟子译注·梁惠王下》，第45页。

〔3〕《荀子》卷10《议兵》，第323页。

重大，武帝反击匈奴其功灿然。显然，贤良文学大多搬用孟子仁政学说，桑弘羊在思想上更多受到荀子的影响。唐太宗爱惜民力，但不是一个和平主义者，他的思想与荀子、桑弘羊一脉相承。太宗即位之初，面临着与汉初大致相同的北方边患。桑弘羊说："汉兴以来，修好，结和亲，所聘遗单于者甚厚；然不纪重质厚赂之故改节而暴害滋甚，先帝睹其可以武折而不可以德怀，故广将帅，招奋击，以诛厥罪。"〔1〕太宗即位时，北方的突厥与汉初匈奴大抵相同，由其草原民族的生产方式和经济基础所决定，不断南侵掳掠。唐每年输送大量金帛，突厥贵族贪得无厌。因此太宗清楚认识到，突厥也是只可以"武折"，而不可"以德怀"的。不在军事上战胜之，就无法解除北方的边患，国内就不能获得安定的建设环境，人民就要遭殃。所以太宗一开始就下定了反攻突厥的决心。渭水结盟，他的动机是"将欲取之，必先与之"，最终"养威伺衅"，一举灭之。

在太宗的思想里，文武之道，一张一弛，因时制宜，各施其用。《帝范·崇文篇》云："斯二者递为国用。至若长气亘地，成败定于锋端；巨浪滔天，兴亡决于一阵。当此之时，则贵干戈而贱庠序。"〔2〕在敌人连年侵边，国家不得安宁之际，大讲仁义道德，那是儒生迂腐之论。渭水结盟之后，太宗"引诸卫将卒习射于显德殿庭"，亲自教练，并告诫大家："戎狄侵盗，自古有之，患在边境少安，则人主逸游忘战，是以寇来莫之能御。今朕不使汝曹穿池筑苑，专习弓矢，居闲无事，则为汝师，突厥入寇，则为汝将，庶几中国之民可以少安乎！"史载："数年之间，悉为精锐。"〔3〕慎于用兵，但又居安思危。太宗《帝范·阅武篇》云："夫兵甲者，国之凶器也。土地虽广，好战则民凋；邦境虽安，忘战则民殆。凋非保全之术，殆非拟寇之方。不可以全除，不可以常用。故农隙以讲武，习威仪也；三年治兵，辨等列也。是以勾践轼蛙，卒成霸业；徐偃弃武，终以丧邦。何则？越习其威，徐忘其备也。孔子曰：'不教民战，是谓弃

〔1〕〔西汉〕桓宽：《盐铁论》卷8《结和》，第91页。

〔2〕吴云、冀宇编辑校注：《唐太宗集》Ⅱ《论文编》，第233页。

〔3〕《资治通鉴》卷192，武德九年条，第6021页。

之。'故知弧矢立威,以利天下,此用兵之机也。"[1]

荀子所谓"仁人之兵、王者之志"包括两方面含义,一是保护国家和百姓,二是符合对方国家百姓的利益,得到对方人民的支持。太宗对突厥的备御和反攻,符合荀子这一思想,他不是消极防守,而是积极备御;不是无故用兵,而是有理有利,主动进攻。这主要表现在做好准备,伺机反攻,而又师出有名,符合唐与突厥两国人民的利益。他要寻找的这种机会一是人民得到休养生息,深根固本,避免劳民伤财;二是突厥有机可乘,有隙可击。朝臣有劝他修古长城,发民乘堡障,太宗的回答是:"突厥灾异相仍,颉利不惧而修德,暴虐滋甚,骨肉相攻,亡在朝夕。朕方为公扫清沙漠,安用劳民远修障塞乎!"[2]汉武帝反击匈奴的历史意义具有两面性,反击匈奴保国卫民乃正义之举,但不计民生艰迫,给人民带来深重灾难的后果,连他自己也曾下诏罪己。太宗兴"仁人之兵、王者之志",首先表现在他有汉武帝反击匈奴的决心,但却极力避免汉武帝反击匈奴的严重后果,所以颉利兵临长安,他没有凭一时之愤,怒而兴兵。他要寻找时机,一边养精蓄锐,一边坐观其变。他对前世帝王穷兵黩武劳民伤财的后果是不满的,他多次批评秦皇、汉武和隋炀帝穷兵黩武之举。贞观二年,太宗谓侍臣曰:"凡事皆须务本。国以人为本,人以衣食为本,凡营衣食,以不失时为本。夫不失时者,在人君简静乃可致耳。若兵戈屡动,土木不息,而欲不夺农时,其可得乎?"王珪说:"昔秦皇、汉武,外则穷极兵戈,内则崇侈宫室,人力既竭,祸难遂兴,彼岂不欲安人乎?失所以安人之道也。亡隋之辙,殷鉴不远,陛下亲承其弊,知所以易之,然在初则易,终之实难,伏愿慎终如始,方尽其美。"[3]太宗赞成他的说法。贞观四年,房玄龄上奏,"今阅武库甲仗,胜隋日远矣"。太宗立刻回答说:"饬兵备寇虽是要事,然朕唯欲卿等存心理道,务尽忠贞,使百姓安乐,便是朕之甲仗。隋炀帝岂为甲仗不足,以至灭亡,正由仁义不修,而群下怨叛故也。"贞观九年,太宗谓侍臣曰:"往昔

---

〔1〕吴云、冀宇编辑校注:《唐太宗集》Ⅱ《论文编》,第231页。

〔2〕《资治通鉴》卷193,贞观二年,第6057页。

〔3〕〔唐〕吴兢编著:《贞观政要》卷8《务农》,第237页。

初平京师,宫中美女珍玩,无院不满。炀帝意犹不足,征求无已,兼东西征讨,穷兵黩武,百姓不堪,遂致亡灭。此朕所目见。故夙夜孜孜,惟欲清静,使天下无事。"[1]

其次,太宗对突厥用兵,兴"仁人之兵、王者之志"还表现在等待突厥内部矛盾激化和违背盟约之时,把打击的对象集中在突厥统治者上层,吊民伐罪,理屈在彼,师出有名。贞观元年,颉利政乱势衰,国人离散,又大雪,羊马多死,民大饥。有人劝太宗乘机对突厥用兵。太宗说:"新与人盟而背之,不信;利人之灾,不仁;乘人之危以取胜,不武。纵使其种落尽叛,六畜无余,朕终不击,必待有罪,然后讨之。"[2]梁师都是唐朝建立之初北方的割据势力,依附突厥,突厥内乱,太宗以书招谕,劝梁师都归唐,梁师都不从。太宗派兵进击,突厥出兵助梁师都。梁师都兵败,突厥又大规模出兵相救,被唐军击败,梁师都破灭。突厥支持梁师都的行为直接破坏了太宗与颉利订立的渭水之盟,因此太宗这时才决心出兵。

代州都督张公谨上言突厥可取之状,认为:"颉利纵欲逞暴,诛忠良,匿奸佞,一也;薛延陀诸部皆叛,二也;突利、拓设、欲谷设皆得罪,无所自容,三也;塞北霜旱,糇粮乏绝,四也;颉利疏其族类,亲委诸胡,胡人反覆,大军一临,必生内变,五也;华人入北,其众甚多,比闻所在啸聚,保聚山险,大军出塞,自然响应,六也。"[3]颉利对唐失信,内部众叛亲离,此时出兵有理有利,因此命李靖等率军进讨。由于颉利对部众的压迫和剥削,下不堪命,因此当唐军一出,纷纷叛附唐朝。定襄大捷,活捉颉利,长期构成北方边患的东突厥至此灭亡。太宗闻李靖破颉利,谓大臣云:"今者暂动偏师,无往不捷,单于款塞,耻其雪乎!"又对李靖说:"卿以三千轻骑深入虏庭,克复定襄,威振北狄,古今所未有,足报往年渭水之役。"[4]实际上,唐朝转弱为强,以较少的代价征服东突厥,与太

[1][唐]吴兢编著:《贞观政要》卷1《政体》,第22页。

[2]《资治通鉴》卷192,贞观二年,第6046页。

[3]《资治通鉴》卷193,贞观三年,第6065页。

[4]《旧唐书》卷67《李靖传》,第2497页。

宗正确的战略方针密切相关。比较汉武帝反击匈奴，太宗征服东突厥的战争最突出的特点是时间短，代价小，避免了劳民伤财。汉武帝连年用兵，国库虚竭，户口减半；唐太宗征服突厥，为贞观之治打下良好基础。

16.1.3 “王者之于万物，天覆地载”

临武君问荀子“王者之军制”，荀子说：“不杀老弱，不猎禾稼，服者不禽，格者不舍，犇命者不获。凡诛，非诛其百姓也，诛其乱百姓者也；百姓有扞其贼，则是亦贼也。以故顺刃者生，苏刃者死，犇命者贡。微子开封于宋；曹触龙断于军；殷之服民所以养生之者也，无异周人；故近者歌讴而乐之，远者竭蹶而趋之，无幽闲辟陋之国，莫不趋使而安乐之，四海之内若一家，通达之属莫不从服，夫是之谓人师。《诗》曰：‘自西自东，自南自北，无思不服。’此之谓也。王者有诛而无战，城守不攻，兵格不击，上下相喜则庆之，不屠城，不潜军，不留众，师不越时。故乱者乐其政，不安其上，欲其至也。”〔1〕按照荀子的理论，推行王道者用兵不是针对百姓，而是针对“乱百姓者”，因此仁义之君“四海之内若一家”，王者之师不屠杀百姓，有诛无战，由于师出有名，连对方的百姓亦“乐其政”。击灭东突厥后，突厥人的归顺和太宗对突厥人的安置，充分体现了荀子这种仁义为本、胸怀四海的胸襟抱负。

史载：“颉利之败也，其部落或走薛延陀，或走西域，而来降者甚众。”〔2〕大批突厥人内迁，约近十万人。如何安置突厥降众，朝廷产生了激烈的争论。大多数人认为北狄自古为中国患，如果让突厥人仍居故地，可能会养虎贻患。应该将他迁入内地，置之河南兖、豫之间，分其种落，散居各州县，教之耕织，可以化胡虏为农民，永空塞北之地，以绝后患。中书侍郎颜师古认为应该置之河北，他说：“突厥、铁勒皆上古所不能臣，陛下既得而臣之，请皆置之河北，分立酋长，领其部落，则永永无患矣。”礼部侍郎李百药以为：“突厥虽云一国，然其种类区分，各有酋帅。今宜因其离散，各即本部署为君长，不相臣属；纵欲存立阿史那氏，

〔1〕《荀子》卷10《议兵》，第323页。

〔2〕《旧唐书》卷194下《突厥上》，第5162页。

唯可使存其本族而已。国分则弱而易制，势敌则难相吞灭，各自保全，必不能抗衡中国。仍请于定襄置都护府，为其节度，此安边之长策也。”夏州都督窦静认为：“戎狄之性，有如禽兽，不可以刑法威，不可以仁义教，况彼首丘之情，未易忘也。置之中国，有损无益，恐一旦变生，犯我王略。莫若因其破亡之余，施以望外之恩，假之王侯之号，妻以宗室之女，分其土地，析其部落，使其权弱势分，易为羁制，可使常为藩臣，永保边塞。”魏征认为：“突厥世为寇盗，百姓之仇也；今幸而破亡，陛下以其降附，不忍尽杀，宜纵之使还故土，不可留中国。夫戎狄人面兽心，弱则请服，强则叛乱，固其常性。今降者众近十万，数年之后，蕃息倍多，必为腹心之疾，不可悔也。晋初诸胡与民杂居中国，郭钦、江统，皆劝武帝驱出塞外以绝乱阶，武帝不从。后二十余年，伊洛之间，遂为毡裘之域，此前事之明鉴也！”

上述诸人之说，要么迁之内地，离散其种落；要么迁出塞外，不使居中国。只有温彦博与众不同，他认为：“徙于兖、豫之间，则乖违物性，非所以存养之也。请依汉建武故事，置降匈奴于塞下，全其部落，顺其土俗，以实空虚之地，使为中国捍蔽，策之善者也。”他不同意魏征把突厥人驱出塞外，使还故土的建议，说：“王者之于万物，天覆地载，靡有所遗。今突厥穷来归我，奈何弃之而不受乎！孔子曰：‘有教无类。’若救其死亡，授以生业，教之礼义，数年之后，悉为吾民。选其酋长，使入宿卫，畏威怀德，何后患之有！”结果太宗用温彦博之议，“于朔方之地，自幽州至灵州置顺、祐、化、长四州都督府，又分颉利之地六州，左置定襄都督府，右置云中都督府，以统其部众。其酋首至者皆拜为将军、中郎将等官，布列朝廷，五品以上百余人，因而入居长安者数千家”。[1]

自古以来，以周边民族为夷狄，以为不可教化。例如孟子、董仲舒等人的以夏化夷观，班固一方面在《汉书·西南夷两粤朝鲜传》中积极宣扬了“招携以礼，怀远以德”的德化思想；另一方面，出于对蛮夷民族的偏见，视他们为“贪而好利，被发左衽，人面兽心”之人。贞观群臣不免受这种传统思想的影响。太宗所以用温彦博之议，因为温彦博的主张

〔1〕《资治通鉴》卷193。

正与荀子“四海之内若一家”的思想相一致，克服了贵中华而贱夷狄的民族偏见，符合《礼记·王制》所谓“修其教不移其俗，齐其政不易其宜”的思想。定襄、云中二都督府皆在今内蒙古境内，自幽州至灵州是水草肥美之地，对于连年遭受天灾人祸的突厥降众来说，无疑是久旱甘雨，绝处逢生。突厥人是游牧民族，在这里仍然从事自己习惯的生产和生活。颉利可汗被俘入唐，唐太宗赦罪不诛，并诏还其家口，馆于太仆寺，供其衣食，但“颉利郁郁不得志，与其家人或相对悲歌而泣”。〔1〕太宗又授右卫大将军，赐以田宅。贞观八年卒，诏其国人葬之，从其俗礼，焚尸于灞水之东，赠归义王。其旧臣胡禄达官吐谷浑邪自刎以殉。太宗赠浑邪为中郎将，葬于颉利墓侧，树碑以纪之。迁突厥酋长入长安，因而入居长安者近万家。太宗处置降众的宽大胸怀，确是前无古人，而溯其渊源，正体现了荀子“仁人之兵，王者之志”。

太宗安置突厥降众、突厥酋长及入居长安者上万家，凉州都督李大亮上疏反对，其理由是：

> 臣闻欲绥远者必先安近，中国百姓，天下根本，四夷之人，犹于枝叶，扰其根本以厚枝叶，而求久安，未之有也。自古明王，化中国以信，驭夷狄以权。故《春秋》云：“戎狄豺狼，不可厌也；诸夏亲昵，不可弃也。”自陛下君临区宇，深根固本，人逸兵强，九州殷富，四夷自服。今者招致突厥，虽入提封，臣愚稍觉劳费，未悟其有益也……以臣愚惑，请停招慰。且谓之荒服者，故臣而不纳……其自树立称藩附庸者，请羁縻受之，使居塞外，必畏威怀德，永为藩臣，盖行虚惠而收实福矣。近日突厥倾国入朝，既不能俘之江淮，以变其俗，乃置于内地，去京不远，虽则宽仁之义，亦非久安之计也。每见一人初降，赐物五匹，袍一领，酋长悉授大官，禄厚位尊，理多糜费，以中国之租赋，供积恶之凶虏，其众益多，非中国之利也。〔2〕

李大亮根据自己所在河西地区“州县萧条，户口鲜少，加以隋乱，减耗尤多”的情况，认为太宗如此优待突厥降众过于“劳费”了。但太宗对

〔1〕《旧唐书》卷194下《突厥上》，第5159页。

〔2〕〔唐〕吴兢编著：《贞观政要》卷9《安边》，第275-276页。

突厥降众推心置腹，视如中原百姓，厚加体恤，李大亮“驭夷狄以权”“行虚惠而收实福”的主张没有被他采纳。后来，唐太宗在批评“自古帝王虽平中夏，不能服戎狄”的同时，总结自己民族政策方面的良好效果，说：“自古皆贵中华，贱夷狄，朕独爱之如一，故其种落皆依朕如父母。”〔1〕虽然这种“爱之如一”说有自我美化之嫌，而且在太宗一生行事中并未能贯彻始终，但毕竟表现出一种进步的民族观。

16.1.4 战略战术的灵活运用

儒家经典作家基本上是纸上谈兵，孔孟也好，荀子也好，都没有亲身带兵打仗，统兵出征，没有指挥过实际战事。他们的思想和理论大多是从理想主义出发，谈战争的指导思想和理论原则，其积极性主要表现在战争的政治意义上。然而仅仅有正确的政治指导思想是不能赢得战争的胜利的。战争是一种艺术，军事家也可以说是一位战争艺术家，只有掌握了战争这门特殊的艺术，也就是善于进行战略决策又善于运用灵活机动的战术，才能保证一场正义之战取得胜利。太宗亲身经历过许多艰苦卓绝的战争，是一位杰出的军事家，是当时战争的最高决策者。与荀子不同，他是一位战争的实践者，有时战争的实际需要使他不能不放弃原则，以应付战争形势的千变万化。

在荀子的思想中，很重要的一个方面是“信”，示信于人，可以称霸，这是荀子的一个重要理论。荀子的霸道建立在讲信和守信的基础上，但这种信用主要是政治上的信用，兵不厌诈，战场上跟敌人讲信用，说话算数，那就是迂阔。荀子论王者之军制，有“不屠城，不潜军”之说，〔2〕“不屠城”，反对滥杀是对的，但“不潜军”即不要袭敌不备，则不符合战争原则，因为进攻需要出其不意，攻敌不备。渭水结盟以后，太宗并没有对盟约心存幻想，没有放松对突厥的警惕。他知道外交上的盟约只是一层含情脉脉的面纱，突厥没有因此放弃对唐朝的干扰和侵犯，唐朝当然也不能因此把敌人当朋友。为了取得对突厥战争的最后胜利，他一直筹划着对付突厥的计谋，最重要的就是扶植反突厥联盟，夹击突

〔1〕《资治通鉴》卷198，贞观二十一年，第6247页。

〔2〕《荀子》卷10《议兵》，第323页。

厥。贞观二年，西突厥内乱，铁勒乙失钵部夷男率其部落七万余家附于东突厥。其时颉利政衰，夷男率其徒属反攻颉利，大破之。于是颉利部诸姓多叛颉利，归于夷男，共推为主，夷男不敢当。太宗及时遣乔师望出使，拜夷男为真珠毗伽可汗。有了唐朝的支持，夷男建牙于大漠之北郁督军山下，成为东突厥腹背之患，与唐朝形成对突厥的夹击之势。这个联盟在唐灭突厥过程中发挥了关键作用。

当突厥遭受内乱，又遇连年自然灾害，并背叛盟约援助梁师都，时机成熟正义在我时，唐太宗果断命将遣师，进攻突厥。贞观三年(629年)，唐将李靖、张公谨统兵出征，兵锋未交，突厥俟斤九人率所部三千骑投降，铁勒诸部拔也古、仆骨、同罗、奚之酋长亦率众降唐。第二年，李靖兵从马邑突然进至离颉利牙帐很近的恶阳岭，大出颉利意外。李靖夜袭定襄，颉利退徙漠南碛口。唐进兵阴山，颉利退至铁山，唐朝担心颉利逃入大漠，一边遣使至突厥安抚，一边准备着采取军事行动。正在颉利接待唐朝来使，心稍自安时，李靖不顾两国正在进行外交上的交涉，唐使尚在颉利大帐，又突然发兵进攻，颉利措手不及，单骑逃出，投奔从侄沙钵罗部落。唐将张宝相追至，生擒颉利，送于长安。

为了彻底解决长期以来突厥造成的边患，取得战争的胜利，这一次太宗对颉利设计擒捉，是兵不厌诈的。李靖破定襄，颉利大惧，退保铁山，遣使入朝谢罪，请举国内附。太宗又派李靖为定襄道行军总管，往迎颉利。此时颉利与太宗正在进行心理上的最后一次较量。颉利已经没有求和的资本，求和不成他尚有最后一条退路，就是逃入大漠，这是太宗最担心的。在颉利外请朝谒、内怀犹豫之际，太宗又派鸿胪卿唐俭、将军安修仁前往慰谕。太宗灭突厥计议已定，又遣使讲和，无非是稳住颉利，为李靖进兵争取时间。太宗并没有给李靖下达停止进军的命令，李靖由此"揣知其意"，谓副将张公谨说："诏使到彼，虏必自宽。"意谓应趁敌人放松警惕时进击。张公谨说："唐许其降，行人在彼，未宜讨击。"李靖说："此兵机也，时不可失，韩信所以破齐也。如唐俭等辈，何足可惜。"[1]督军疾进，出其不意，直到唐军进至离颉利牙帐十五

〔1〕《旧唐书》卷67《李靖传》，第2479页。

里时，颉利才发觉唐军的动向，畏威先走，部众溃散。显然太宗遣唐俭等人出使突厥牙帐只是幌子而已。

16.1.5 余论

太宗即位之初，经济形势严峻，国家实力不足，他励精图治，在处理与周边民族的关系方面虚心纳谏，小心谨慎，政策较少失误。当时与唐为邻者有吐谷浑、吐蕃、高丽、突厥等。总的看，这一时期唐与周边民族的关系以和为贵，主要推行和亲、羁縻和德化政策，但也没有放弃武力。和不是妥协，战亦出师有名，有理、有利、有节，和与战都为贞观治世的出现创造了周边环境和良好条件，因此可以说征服东突厥前后，是他处理对外关系方面政治运作最为良好的阶段，这一时期儒家思想的积极方面，特别是荀子的用兵思想给他重要影响。

太宗继承了传统思想中的积极方面，又没有拘泥于儒家经典作家书本上的迂论，能够因时制变，在处理与周边民族关系上取得良好效果，赢得了各民族的拥戴和好评。他的夷夏一家、爱之如一的思想，贞观时期羁縻府州的设置和战争中战略战术的灵活运用，有的突破了传统儒家的理论局限，富有创造性。他的涉外思想和处理与周边民族关系的一系列措施和政策有利于中原地区的稳定，也有利于周边民族的进步和发展，因而受到后世的赞扬。

但是，历代帝王常常难于善始善终，唐太宗也不例外。当经过若干年治理天下大定、国力有所恢复时，他以民为本慎于用兵、发政施仁惠及四极、四海一家夷夏如一等宝贵思想逐渐淡化，开始像前世帝王秦皇、汉武和隋炀帝等人那样扬威异域擅动甲兵、扩张领土炫耀武力，特别是两伐高丽兵损将折一无所获，是他后期处理对外关系方面的严重失误。太宗是古代一位少有的明君，在处理对外关系方面他的许多思想和措施至今都有值得肯定和借鉴之处。我们看到，他的后期理论与实践发生脱节，他的一系列论述仍是明智和清醒的，但在用兵战略和军事行动上却发生重大失误，值得深思。

16.2　唐太宗对外政策的变化

唐初统治者特别是唐太宗在处理对外关系方面的思想和政策是有变化的，这种变化与当时国际和国内的政治形势有关。

16.2.1　对突厥的妥协与退让

唐初统治者在建唐过程中和建唐之初的对外政策，主要表现为如何处理与突厥的关系。从高祖太原起兵至大约贞观四年（630年），唐对突厥采取退让和防御姿态，对待突厥妥协退让，避其锋芒，其总体特征表现为对实际利益的追求，即通过妥协退让为新政权的建立赢得某种有利的环境和条件，从军事策略上来说，乃为权宜之计。

隋炀帝滥用民力，远征高丽，对外扩张，造成怨声载道，人心思乱。李渊起兵，正是隋末大乱之时，全国各地的起义此起彼伏，而且形成了几个比较大的农民起义军和割据势力，隋统治者四顾不暇。周边少数民族也趁中原动乱，发展壮大自己，对中原形成了很大的威胁，北方的突厥尤其如此。突厥势力兴起于北朝后期，隋末战乱为它提供了可乘之机。史载突厥崛起于“隋大业之乱”，“其地三垂薄海，南抵大漠”，“控弦且百万，戎狄炽强，古未有也”。因其势力强大，周围的契丹、室韦、吐谷浑、高昌等纷纷附属于它，华人亦“多往依之”。更为严峻的是北部地区的许多叛乱者如窦建德、薛举、刘武周、梁师都、李轨、王世充等都向其示好，悉臣属之，以求得其在军事力量上的支持。很明显，要想取得起兵的胜利，就必须先解决突厥及其盟友进攻的后顾之忧。

为此，高祖“遣府司马刘文静往聘，与连和”，结果“始毕使特勒康稍利献马二千、兵五百来会”。[1]针对唐写给突厥的文书封题用“启”还是“书”，是涉及双方地位高下的原则问题，高祖明确表示用“启”，甘居其下。他说：“中国之礼，并在诸夷。我若敬之，彼仍未信。如有轻慢，猜虑愈深……且‘启’之一字，未值千金。千金尚欲与之，一字何容有

〔1〕《新唐书》卷215上《突厥传》，第6028页。

吝。"[1]"启""书"之间,一字之差,但李渊忍让的态度十分鲜明。而且,李渊许以"征伐所得,子女玉帛,皆可汗有之",让突厥"坐受宝玩"。宁愿牺牲原则和物质利益,以换取突厥的支持和军事援助。

李渊兵入长安,突厥来使非常傲慢。国内局势仍不平静,史载"帝平京师,遂恃功,使者每来多横骄"。[2]唐朝建立,统治者将大部分时间都专注于国内事务和新王朝制度的建立上。此时最大的外部威胁仍然来自北方的突厥,但是很显然,对于一个建立在千疮百孔基础之上的新生的王朝来说,其经济军事实力的不足是毋庸置疑的。唐初统治者当然有清醒的认识,因此高祖显得十分谦卑。当突厥使节入朝,高祖"引升御座",[3]以示尊礼。颉利可汗"倚父兄余资,兵锐马多,謷然骄气,直出百蛮上,视中国为不足与,书辞悖慢,多须求"。面对突厥的咄咄逼人,高祖只能不断地贿赂突厥,以换取北部边境地区的安宁,"帝方经略天下,故屈礼,多所舍贷,赠赉不赀"。[4]面对胃口越来越大的突厥,除了大量的送礼之外,其时也没有更好的解决办法。

贞观初年,突厥颉利可汗利用玄武门之变后唐朝政治局势不稳,率领一支据说有10万人的军队抵达距离京师不远的渭河边,年仅29岁却已驰骋疆场多年的李世民虽然能够以突厥背信弃义来挫其势头,但依然不能改变二者在军事上的差距,更不用说以压倒性优势来给突厥以致命一击,只能虚张声势,给自己与突厥的谈判加上一点砝码,渭水结盟的结果仍是唐以纳贡送礼为条件,所谓"仆械卷铠,啗以玉帛"。[5]

唐初统治者对称臣突厥纳贡求安的地位是心存不甘的,后来李靖击破突厥颉利可汗,太宗尝谓曰:"昔李陵提步卒五千,不免身降匈奴,尚得书名竹帛。卿以三千轻骑深入虏庭,克复定襄,威振北狄,足报往年渭水之役。"[6]说明太宗对渭水结盟的事件一直是耿耿于怀、深以为

[1][唐]温大雅:《大唐创业起居注》卷1,上海古籍出版社,1983年,第9页。

[2]《新唐书》卷215上《突厥传》上,第6028页。

[3]《新唐书》卷215上《突厥传》上,第6028页。

[4]《新唐书》卷215上《突厥传》上,第6030页。

[5]《新唐书》卷215上《突厥传》上,第6034页。

[6]《旧唐书》卷67《李靖传》,第2479页。

耻的。李靖再破颉利，颉利被俘，突利可汗亦降唐，太宗又“谓侍臣曰：‘朕闻主忧臣辱，主辱臣死。往者国家草创，太上皇以百姓之故，称臣于突厥，朕未尝不痛心疾首，志平匈奴，坐不安席，食不甘味。今者暂动偏师，无往不捷，单于款塞，耻其雪乎！’于是大赦天下”。[1]说明对称臣突厥之耻，唐初统治者是如何刻骨铭心啊！

贞观元年，突厥内部已经人心不和，而“是岁多雪，羊马多冻死，人饥，惧王师乘其敝，即引兵入朔州地，声言会猎。议者请责其败约，因伐之，帝曰：‘匹夫不可为不信，况国乎？我既与之盟，岂利其灾，邀险以取之耶？须其无礼于我，乃伐之。’”[2]其实此时的太宗虽然以“礼”为名而不伐突厥，只是一个好听的托词用以掩饰不能出兵的真实情况而已。武德末年，政府控制的户数只剩下不到三百万户，太宗继位之后，又遇上严重的灾害，所以当时的唐王朝是无力派大军征服突厥的。直到两年后，唐的综合国力增强、突厥内部分崩离析之时，唐太宗在占尽天时、地利、人和的情况下才进行了这一重大的军事活动，并取得了决定性的胜利。

儒家向来“严华夷之辨”，一向以为夷狄是落后民族，孔子说：“夷狄之有君，不如诸夏之亡也”。[3]孟子说：“吾闻用夏变夷者，未闻变于夷者也。”[4]在儒家传统思想上有一种强烈的文化优越感，他们都强调应以华夏文明教化周边的夷狄。但唐初统治者居然向突厥称臣纳贡，这是有悖于儒家的夷夏观的。不过在我们看来，唐对突厥求和、称臣、贿赂、容忍，是不得已而为之的，其目的就是要取得现实的利益。要想取得起兵的胜利，高祖忍气吞声的收买政策，虽然没有能够阻挡突厥人接二连三的进犯，但他确实在王朝最危急、最关键的时期成功地换取了后方的安全与保障，获取了喘息的机会，这不同于对外屈膝投降，从某种意义上说也是利用。唐太宗是高祖政权政策的参与制定者与执行者，

---

〔1〕《旧唐书》卷67《李靖传》，第2480页。

〔2〕《新唐书》卷215上《突厥传》，第6034页。

〔3〕杨伯峻译注：《论语译注》，中华书局，1980年，第24页。

〔4〕杨伯峻译注：《孟子译注》，中华书局，1981年，第125页。

与高祖相比,其所受的儒家思想影响更多,但这却不能改变建唐的困难与唐初突厥与唐实力的对比,所以迫不得已订立渭水之盟,又以“礼”的名义拒绝与突厥的正面冲突。唐初统治者抛弃儒家传统的以华夏为中心的观念,讲求实际,并不说明他们没有强烈的儒家传统的华夷观和义利观,而是迫于当时形势的不得已的策略。

16.2.2 贞观前期对外政策的良好发挥

我们认为,贞观四年(630年)至贞观十五年(641年)的十余年间,是唐初统治者处理对外关系方面的思想、政策和策略良好发挥、卓有成效的时期。

随着唐王朝最强大的敌人突厥覆亡,北方危险解除,除一小部分原来归附于突厥的少数民族转而投靠高丽、吐蕃等以外,大部分都归顺于唐,并先后派来使者向唐行朝贡之礼。这样,唐与周边民族力量对比发生了实质性改变,唐朝统治者的外交思想与策略也随之发生了变化。儒学的提倡与兴起让统治者体会到了以“礼”治国的优越性,大乱之后以“德”化民使得帝国蓬勃发展,随之而来的军事与经济上的强大使得这一中原王朝在处理对外关系时不再忐忑不安,逐渐确立的东亚中心地位也使得年轻的王朝在对外交往上占据了主动的位置。但是主动并不意味着霸权,国力的恢复更让统治者认识到和平环境的重要。因此,这一阶段的外交策略与思想其实是对内统治成功经验的一个延伸。对待周边部族和国家,统治者待之以“礼”,感之以“德”,用积极防御的态度保和、促和,尽量不以武力解决问题,但是在问题严重危及中原王朝的稳定时,也决不放弃使用武力。在这样的指导思想之下,唐王朝获得了大乱之后极为宝贵的稳定的国内外环境。因此这一阶段可谓为唐太宗处理对外关系的黄金时期。

首先,“以民为本”。太宗对儒家思想之于封建统治的重要性有深刻认识,“及太宗即位,益崇儒术。乃于门下别置弘文馆……自天下初定,增筑学舍至千二百区”。[1]儒家民本思想成为太宗君臣施政治国的

〔1〕《新唐书》卷44《选举志》上,第1163页。

方针，从此出发，太宗反对出于扩张而劳民伤财，更反对穷兵黩武。史书中对此有很多记载。太宗曾说："为君之道，必须先存百姓，若损百姓以奉其身，犹割股以啖腹，腹饱而身毙。"〔1〕"凡事皆须务本。国以人为本，人以衣食为本，凡营衣食，以不失时为本……若兵戈屡动，土木不息，而欲不夺农时，其可得乎？"〔2〕因此，面对"林邑蛮国，表疏不顺"，有人提议发兵讨击。太宗曰："兵者，凶器，不得已而用之……若我兵士疾疫，虽克剪此蛮，亦何所补？"〔3〕面对请归附的康国，这虽然是大唐皇威远被的盛事，太宗却认为不必为求虚名而损百姓，他说："康国既来归附，有急难不得不救。兵行万里，岂得无劳于民？若劳民求名，非朕所欲。所谓归附，不须纳也。"〔4〕从这种思想出发，他对秦皇、汉武和隋炀诸帝以及突厥颉利可汗等穷兵黩武政策和劳民伤财之举多所批判。

其次，在民本思想的基础上，唐太宗形成了固本、贵中、守中治边的思想。历代政治家把华夷比喻为主干与枝叶，太宗对此深信不疑。凉州都督李大亮曾对太宗说："中国百姓，实天下之根本，四夷之人，乃同枝叶，扰其根本以厚枝叶，而求久安，未之有也。"〔5〕这与太宗的思想一致，所以后来太宗用同样的话教导臣下。〔6〕魏征是唐初统治集团中对外政策的制定者之一，也是强调儒家道德标准的一员。他力劝太宗守中治边、以德统民，"太宗每力行不倦，数年间，海内康宁，突厥破灭。因谓群臣曰：'贞观初，人皆异论，云当今必不可行帝道、王道，惟魏征劝我。既从其言，不过数载，遂得华夏安宁，远戎宾服。突厥自古以来，常为中国勍敌，今酋长并带刀宿卫，部落皆袭衣冠，使我遂至於此，皆魏征之力也。'"〔7〕《新唐书》中详细记载了贞观年中四夷来华朝贡的繁盛景象，这种形势又使得唐与周边的关系步入良性循环，就如天竺一样。"玄

〔1〕〔唐〕吴兢编著：《贞观政要》卷1《君道》，第1页。

〔2〕〔唐〕吴兢编著：《贞观政要》卷8《务农》，第237页。

〔3〕〔唐〕吴兢编著：《贞观政要》卷9《征伐》，第261页。

〔4〕〔唐〕吴兢编著：《贞观政要》卷9《征伐》，第261页。

〔5〕〔唐〕吴兢编著：《贞观政要》卷9《安边》，第275-276页。

〔6〕〔唐〕吴兢编著：《贞观政要》卷9《安边》，第277页。

〔7〕〔唐〕吴兢编著：《贞观政要》卷1《政体》，第18页。

类粗言太宗神武，平祸乱，四夷宾服状，王喜，曰：'我当东面朝之。'"[1]足可见固中守边策略运用的成功。

第三，以和为贵，慎于用兵。"礼之用，和为贵"，兼容并包，爱之如一。在处理对外关系中的纠纷时，这一阶段的太宗多数情况下从善如流，止戈为武，注重以和平方式解决纠葛。传统儒家思想中并不排斥和否定用武力解决问题。孔子说："天下有道，则礼乐征伐自天子出。"[2]汉刘向《说苑·指武》云："圣人之治天下也，先文德而后武力。凡武之兴，为不服也；文化不改，然后加诛。夫下愚不移，纯德之所不能化，而后武力加焉。"[3]强调征伐是解决问题的手段之一，但要慎用刀兵，武力是不得已的最后的手段。付诸武力要做到有理、有利、有节，不得已而为之。

处理与吐蕃的关系，是一个典型的事例。吐蕃，位于唐的西南边陲，散处河、湟、江、岷间。唐初，其势力尚未发展到鼎盛时期。"太宗贞观八年，始遣使者来朝"，[4]因求婚不成，弄赞怒而击吐谷浑、党项与白兰羌，进而勒兵20万入寇松州，都督韩威为其败，"属羌大扰，皆叛以应贼"[5]。贞观十二年(738年)八月，太宗命侯君集为当弥道行军大总管，率三总管兵以伐之。此时，因为东寇连岁不解，吐蕃"大臣请返国，不听，自杀者八人。至是弄赞始惧，引而去，以使者来谢罪，固请婚"。[6]太宗"许之"。"十五年，妻以宗女文成公主……弄赞率兵次柏海亲迎，见道宗，执婿礼恭甚……袭纨绡，为华风。遣诸豪子弟入国学，习《诗》、《书》。又请儒者典书疏。"[7]

与吐蕃的战争，唐太宗及其群臣有着非常清醒的认识，并掌握了宽严适度，实现了有理、有利、有节。首先，不发动不义的战争。在吐蕃先

[1]《新唐书》卷221上《西域传》上，第6237页。

[2]杨伯峻译注：《论语译注》，中华书局，1980年，第174页。

[3][汉]刘向：《说苑》卷15《指武》，见《汉魏丛书》，吉林大学出版社，1992年，第443页。

[4]《新唐书》卷216上《吐蕃传》，第6073页。

[5]《新唐书》卷216上《吐蕃传》，第6073页。

[6]《新唐书》卷216上《吐蕃传》，第6074页。

[7]《新唐书》卷216上《吐蕃传》，第6074页。

以20万兵寇松州的情况下，迎战出击；其次，当先头与吐蕃交锋打了败仗，西南多部归于吐蕃后，唐的西南边境危机四伏，不安定因素骤然增多，若不采取果断的措施，给以坚决的回击，后果难以预料。最后，在战争胜利后，并没有继续使用武力乘胜穷追，而是答应其请婚的要求，与之和亲。文成公主和亲不同于汉代对匈奴的和亲，是在战胜对方后与之和亲，不是屈辱求全。文成公主带去的中原先进文化吸引了吐蕃弄赞，也让他看到了唐统治者四海一家的胸襟，贞观时期安心为臣，在太宗伐辽时还献以金鹅。贞观二十二年(648年)，发精兵从右卫率府长史王玄策讨破中天竺，来献俘。如此一来，西南边境的事宜不再牵扯唐初统治者的过多精力。

此时的唐王朝上下一心，不仅太宗审时度势，慎重裁处，当时的文臣武将也同样坚决地贯彻唐太宗的思想。贞观十四年(640年)，侯君集伐高昌，恰遇高昌王鞠文泰死，副将薛万均、姜行本都认为可以以轻骑偷袭，“君集曰：‘天子以高昌骄慢，使吾恭行天诛，乃于墟墓间以袭其葬，不足称武，此非问罪之师也。’遂按兵以待。葬毕，然后进军，遂平其国”。[1]当对方表示投降时便及时受降。可见，即使是对骄慢的高昌，唐依然要求师出有名，且以“礼”伐之。

第四，以夷治夷。唐对于来朝贡的四夷，多数情况下并不干涉其内政，唐多次采用册封等形式肯定原首领的领袖地位，并通过这样的形式在部族内部建立亲唐政府，与他们建立册封-朝贡关系。从唐太宗开始，唐朝与周边民族创立了一种羁縻州府制度。这种关系与宗主国和附属国之间的关系是不相同的，二者之间不存在领属的关系，其实是一种建立在国家实力基础之上的自愿而又松散的羁縻关系。因为这样，所以唐周边的民族部族有一个共性，那就是当他们弱小时，便依附于唐，并以唐为靠山，保全自己不受外族的入侵，而当其强大时，则不仅不再朝贡唐，而且扩张势力，对唐边境进行侵扰。而相对于以农业生产为主的富庶的中原王朝，四周的民族多数是力量并不强大且聚合无定的游牧民族，不足以对唐构成威胁，唐也尽可以放心地对他们采用以夷治

〔1〕〔唐〕吴兢编著：《贞观政要》卷9《征伐》，第262页。

夷的方针。但是对待强大的或者曾经强大以至对唐构成威胁的民族时，事情就显得有些棘手了。

唐败突厥、平高昌，在取得了军事上的绝对胜利之后，如何处理降伏之民众，群臣展开了激烈争论，孰是孰非，太宗的主张是解决问题的关键。

贞观四年（630年），李靖率军击败突厥颉利之后，其部落多来归降。温彦博与魏征意见相左，前者坚持于河南处归降者，后者则认为必须将他们置于河北。争辩中，温彦博说："天子之于万物也，天覆地载，有归我者则必养之。今突厥破除，余落归附，不加怜悯，弃而不纳，非天地之首，阻四夷之意，臣愚甚谓不可，宜处之河南。所谓死而生之，亡而存之，怀我厚恩，终无叛逆。""突厥余魂，以命归我，收居内地，教以礼法，选其酋首，遣居宿卫，畏威怀德，何患之有？"太宗"卒用彦博策，自幽州至灵州，置顺、祐、化、长四州都督府以处之，其入长安者近且万家"。[1]至贞观十三年（739年），突利可汗弟中郎将阿史那结社率阴结所部，夜犯御营，太宗自是"悔处其部从于中国，还其旧部于河北，建牙于故定襄城，立李思摩为乙弥泥熟俟利苾可汗以主之，因谓侍臣曰：'不纳魏征言，遂觉劳费日甚，几失久安之道。'"[2]

贞观十四年（640年），侯君集平高昌之后，同样面临着如何处理高昌旧地的问题。太宗欲以其地为州县，魏征则认为："未若因抚其民，而立其子，所谓伐罪吊民，威德被于遐外，为国之善者也。今若利其土壤以为州县，常须千余人镇守，数年一易，每来往交替，死者十有三四，遣办衣资，离别亲戚，十年之后，陇右空虚，终不得高昌撮谷尺布以助中国。"[3]身为黄门侍郎的褚遂良亦以为不可，上疏曰："宜择高昌可立者，征给首领，遣还本国，负戴洪恩，长为藩翰。中国不扰，既富且宁，传之子孙以贻后代。"[4]可惜，此时的太宗并未吸收安置突厥的教训，没有采

〔1〕〔唐〕吴兢编著：《贞观政要》卷9《安边》，第274页。

〔2〕〔唐〕吴兢编著：《贞观政要》卷9《安边》，第277页。

〔3〕〔唐〕吴兢编著：《贞观政要》卷9《安边》，第277-278页。

〔4〕〔唐〕吴兢编著：《贞观政要》卷9《安边》，第278页。

纳二者的意见。直到贞观十六年，西突厥遣兵寇西州，太宗谓侍臣曰："朕闻西州有警急，虽不足为害，然岂能无忧乎？往者初平高昌，魏征、褚遂良劝朕立鞠文泰子弟，依旧为国，朕竟不能用其计，今日方自悔责……朕恒以此二事为诫，宁得忘所言者乎！"[1]

在上述两个典型的例子中，我们看到即使遭到大臣的反对，唐太宗一开始仍秉着以德化之，甚至扰根本以厚枝叶而求久安的观念，抱着试图以中原先进文化来教化他们的良好愿望，或迁之内地，或派军队远至四夷蛮荒之地镇守。由于后来的发展出乎太宗的意料，让他感到先前的举措造成了养虎为患和劳民伤财的后果。这样的经历与教训一方面改变了太宗当初的美丽理想，另一方面也坚定了太宗以夷治夷的方略，采用建立羁縻州的方式更好地处理了中原与周边的关系。

第五，以夷制夷。如前所述，唐王朝对于周边的民族部族多采用以夷治夷的方式加以管理，二者之间结成了册封-朝贡的关系，但是很明显，这种关系缺乏制度性的保障，蛮夷民族又有着贪财逐利的本性，因此仅靠以夷治夷、建立亲唐政府、恩威并重并不能完全保证唐王朝边陲的安全。同时，唐统治者又不愿劳师伤民以守远，因此，在此情况之下，唐王朝有意将同样强大的民族放在一起，互相牵制，借一方的力量来控制另一方，这样用以夷制夷的方法为帝国的安全加一道保险。

在灭突厥之后，唐太宗以李思摩为可汗，还其故疆。"帝诏司农卿郭嗣本持节赐延陀书，言：'中国礼义，未始灭人国……今复以思摩为可汗，还其故疆。延陀受命在前，长于突厥，举碛以北，延陀主之；其南，突厥保之。各守而境，无相钞犯，有负约，我自以兵诛之。'"[2]这里，唐太宗陈述了为何要灭突厥的原因，同时又将突厥与延陀两个力量较强的民族分置于河南河北，双方形成了对峙的局面。相对于延陀对唐态度的变化不定，李思摩则对唐忠心耿耿。两者不仅在军事上可以抗衡，更重要的是可以用李思摩的忠心阻止延陀的三心二意。后来，"薛延陀闻突厥之北，恐其众奔亡度碛，勒兵以待"。可见，薛延陀对初置于河南又

〔1〕〔唐〕吴兢编著：《贞观政要》卷9《安边》，第279页。

〔2〕《新唐书》卷215上《突厥传》，第6039页。

要渡河的突厥是有着强烈的戒备之心的。对唐太宗的格外关注，李思摩遣使谢曰："蒙恩立为落长，实望世世为国一犬，守吠天子北门，有如延陀侵逼，愿入保长城。"[1]这样用以夷制夷的方法，唐太宗为自己在北方解除延陀威胁取得了支持。

由上观之，这一时期唐统治者从民本思想出发，体恤民情，积极吸取隋亡的教训并以此为鉴，增加国力，固中以守边，即使有着"天可汗"之尊，在处理对外关系中的矛盾时，仍能以克制的态度，不随便付诸武力，而是以和为贵，怀之以德，恩威并重；对周边民族以礼待之，以广阔的胸襟、海纳百川的气概，努力融东夷、南蛮、西戎、北狄为一体，又在以夷治夷的观念下使各族自己管理各自的内部事务，使他们保持自身的特色，在各族扶持亲唐势力，保证了各族内部的稳定，这样一方面促进了唐与他们的交流，另一方面又促进了各民族文化的发展，为形成统一而多样的中华民族创造了新的条件。同时，出于维护中原王朝的地位，太宗将周边各族处于互相牵制的状态下，不使某一族过于强大以至于危及唐王朝的安全，保持了边疆地区的稳定，为自己"固本"创造了良好的外部环境，保证了丝绸之路的畅通，为唐王朝的文化与经济的输入与输出扫清了障碍。这一阶段，虽然唐的繁荣并没有达到顶峰，但"礼"治天下、仁者无敌的观念已经为唐储备了一笔极为可贵的思想财富。

16.2.3 贞观后期诉诸武力的外交政策

太宗晚年，在处理涉外关系时逐渐偏离"礼治"和仁政的轨道，走上了显"力"树威、好大喜功的道路。这种变化大约从贞观十六年(642年)起至贞观二十三年(649年)太宗去世。《贞观政要·征伐》记载，贞观十六年，就薛延陀问题，太宗曾征求臣下意见。他说：

> 北狄世为寇乱，今延陀倔强，须早为之所。朕熟思之，惟有二策：选徒十万，击而虏之，涤除凶丑，百年无患，此一策也。若遂其来请，与之为婚媾，朕为苍生父母，苟可利之，岂惜一女！北狄风俗，多由内政，亦既生子，则我外孙，不侵中国，断可知矣。以此而

〔1〕《新唐书》卷215上《突厥传》，第6040页。

言,边境足得三十年来无事。举此二策,何者为先?[1]

用武则“百年无患”与和亲“边境足得三十年来无事”,两相比较,何为上策本不言自明,可是太宗为什么还征求臣下意见呢?只能说是故作姿态罢了。在对付延陀的策略上显然太宗已生用兵之心,即所谓“选徒十万,击而虏之”。但他对用兵尚碍于众人之情未肯轻言。这件事不妨看作太宗对外思想和策略转变的一个标志。房玄龄不唯太宗马首是瞻,他说:“遭隋室大乱,户口太半未复。兵凶战危,圣人所慎,和亲之策,实天下幸事。”但第二年太宗又动心征讨高丽,他告诉臣下说:“盖苏文弑其主而夺其国政,诚不可忍。今日国家兵力,取之不难,朕未能即动兵众,且令契丹、靺鞨搅扰之,何如?”这次由于房玄龄的反对作罢。[2]至贞观十八年,太宗征伐高丽决心已定,于是有了第一次征高丽。至贞观二十二年,又发动第二次征高丽的战争。在他晚年终于走上穷兵黩武的道路。唐太宗思想变化的轨迹斑斑可循,其变化的动因也很清楚。

唐初二十几年,君臣众志成城,励精图治,至贞观中期,四宇安定,夷狄臣服,国泰民安,国家力量逐渐强盛,唐太宗也由最初马上打天下、玄武门夺天下的对治国缺少经验的年轻人变成了年富力强的大国天子。治国经验的积累,实际功绩的逐渐显现,使太宗对自己的治国之术也变得愈发自信。在封建专制的政治体制之下,这是一个非常危险的现象。因为封建王朝的统治思想,在一定程度上其实就是最高统治者思想的体现,如果最高统治者的思想不能沿着正确的方向发展,那么必将指挥着这个国家偏离正常的轨道。对此,魏征早就有所告诫:“自王道休明,绵十余载,仓廪愈积,土地益广,然而道德不日博,仁义不日厚。”[3]果不其然,贞观后期太宗自比于秦皇、汉武,追求他们混一天下的事业,他说:“曩之一天下,克胜四夷,惟秦皇、汉武耳。朕提三尺剑定四海,远夷率服,不减二君者。然彼末路不自保,公等宜相辅弼,毋进谀

〔1〕〔唐〕吴兢编著:《贞观政要》卷9《征伐》,第262-263页。

〔2〕〔唐〕吴兢编著:《贞观政要》卷9《征伐》,第263页。

〔3〕《新唐书》卷97《魏征传》,第3875页。

言，置朕于危亡也。”[1]他甚至认为论功劳，自己与他们不相上下，而论德行，则要强于二者。在这种骄傲自满之中，他逐渐变得独断专行、自以为是。随着长孙皇后与魏征的先后离世，不管是内宫还是外庭，太宗身边失去了直言敢谏的助手。反之，太宗周围聚集了越来越多的弄臣，他们的阿谀奉承让骄傲自满、情绪越来越重的天子愈发得好大喜功，他不复有前期的从谏如流，对触动他心的奏章常常嘉而不纳，对于个人生活，他也不再像前期那样因体恤民力而勤俭节约，而是大兴土木、频繁会猎，他甚至认为“百姓无事则易骄，劳役则易使”。[2]对内尚且如此，对外也不例外，“恃功业之大，负圣智之明，长傲纵欲，无事兴兵，问罪远裔”，[3]尤其是在其统治的最后几年，他不顾群臣的频频反对，一意孤行，三征高丽，已濒于穷兵黩武的边缘。

从高祖至贞观初年，高丽主动向唐称臣朝贡。随着经济的复苏，高丽便与周边国家民族经常发生军事摩擦，“新罗、百济上书，言建武(高丽王)闭道，使不得朝，且数侵入”。[4]但对唐朝没有反叛行为，因此唐多以遣使、诏书等怀柔与安抚政策加以解决。贞观十六年(642年)，盖苏文杀死建武，双方关系骤然紧张，此后连年的征战替代了原来的安抚与怀柔，双方关系发展进入第二阶段。对于盖苏文的弑君，唐太宗非常恼火，但他听从了房玄龄“止戈为武”和长孙无忌的“赐书安慰之，隐其患，抚其存”的劝谏，遣使者持节吊祭。“会新罗遣使者上书曰：‘高丽、百济联和，将见讨。谨归命天子。’”[5]此后在唐朝内部出兵与否的争论中，新罗又数次请求援助。贞观十八年，“七月甲午，营州都督张俭率幽、营后及契丹、奚以伐高丽。”[6]“莫离支惧，遣使者内金”，这样一个本来可以带来和平的机会，唐太宗却不屑一顾，“帝不纳”，“于是帝欲自将

〔1〕《新唐书》卷221上《西域传》，第6233页。

〔2〕《新唐书》卷97《魏征传》，第3877页。

〔3〕《新唐书》卷97《魏征传》，第3878页。

〔4〕《新唐书》卷220《东夷传》，第6187页。

〔5〕《新唐书》卷220《东夷传》，第6188页。

〔6〕《新唐书》卷2《太宗本纪》，第43页。

讨之”。[1]十一月,派张亮等率十六总管兵以伐高丽。“十九年二月庚戌,如洛阳宫,以伐高丽。”[2]其后的战争中,先后克盖牟城、沙卑城、辽东城、白崖城,六月,大败高丽于安市城东南山,“延寿等度势穷,即举众降,入辕门,膝而前,拜于请命”。太宗又与李勣等商议攻打安市,然而三日不克。九月,班师。

贞观二十一年(647年)三月,遣牛进达、李勣率三总管兵以伐高丽。“七月,进达等取石城、进攻积利城,斩级数千,乃皆还。藏遣子莫离支高任武来朝,因谢罪。”贞观二十三年(649年)正月,又遣薛万彻等伐高丽。

高丽与唐的关系经历了和与战的两大阶段,之所以会有这样的转变,由以上的陈述来看,盖苏文弑君为整个战争发起的引线,新罗国的数次求援加快了战争开始的步伐,莫离支使者的言行催促了太宗的亲征。然而,对于战争的形势分析,就如太宗自己所言:“去本而就末,舍高以取下,释近而之远,三者为不祥,伐高丽是也。”可知,久经沙场的太宗预料战争的困难,但是我们看到太宗是这样陈述自己讨伐高丽的理由的:“盖苏文弑君,又戮大臣以逞,一国之人延颈待救”,“今天下大定,唯辽东未宾,后嗣因士马盛强,谋臣导以征讨,丧乱方始,朕故自取之,不遗后世忧也”。[3]但是这样发动战争并御驾亲征的理由显然不够充分,因此并没有得到群臣的一致认可。褚遂良认为:“兵若渡辽,事须克捷,万一不获,无以威示远方,必更发怒,再动兵众,若至于此,安危难测。”[4]尉迟敬德在对太宗亲征、皇太子监国定州的安排表示担忧的同时,又对亲征予以否定:“东西二京,府库所在,虽有镇守,终是空虚,辽东路遥,恐有玄感之变。且边隅小国,不足亲劳万乘。若克胜,不足为武;倘不胜,翻为所笑。伏请委之良将,自可应时摧灭。”[5]姜行本“谏未

〔1〕《新唐书》卷220《东夷传》,第6189页。

〔2〕《新唐书》卷2《太宗本纪》,第43页。

〔3〕《新唐书》卷220《东夷传》,第6190页。

〔4〕〔唐〕吴兢编著:《贞观政要》卷9《征伐》,第264页。

〔5〕〔唐〕吴兢编著:《贞观政要》卷9《征伐》,第265页。

宜轻用师”，[1]张亮“频谏，不纳，因自请行”，[2]李大亮“临终，表请罢辽东役”。[3]在贞观十八年听从了褚遂良的那次劝谏之后，唐太宗对于自己亲率大兵讨伐高丽的决心越来越坚决，对于尉迟敬德的劝谏，太宗识而不从，对于姜行本和张亮的反对更是不从。第一次对高丽的征伐虽然从大体上说取得了胜利，但是也为此付出了极为沉重的代价："始行，士十万，马万匹；逮还，物故裁千余，马死十八。船师七万，物故亦数百。诏集战骸葬柳城，祭以太牢，帝临哭，从臣皆流涕。"[4]付出这样沉重的代价，使得太宗在大军回朝的时候，“怅然曰：‘魏征若在，吾有此行邪！’”[5]

如果说贞观十八年(644年)对高丽的战争太宗尚能找到征伐的理由，那么紧随其后的两次战争，就不再显得那么必要了。贞观二十二年(648年)，太宗将重讨高丽，重病中的房玄龄看到群臣莫敢犯颜，遂上表谏曰：“向使高丽违失臣节，而陛下诛之可也；侵扰百姓，而陛下灭之可也；长久能为中国患，而陛下除之可也。有一于此，虽日杀万夫，不足为愧。今无此三条，坐烦中国，内为旧王雪怨，外为新罗报仇，岂非所存者小，所损者大？”[6]以此谏观之，太宗此次伐高丽并没有充分的理由。贞观二十三年(649年)太宗与长孙无忌的对话中透露了他一直攻打高丽的目的：“一举可灭也。”[7]为什么没有充分的理由却依然要攻打高丽？为什么与贞观初年和突厥等民族战争之后以安抚有那么大的不同？讨伐高丽的目的只在于消灭高丽？如此看来，后两年攻打高丽其实是第一次战争的惨胜的余怒作怪。既然这样，因为帝王一个人的负气而引起了举国战争，这样的事情当然没有存在的必要性。同时我们也可以看到，虽然太宗在其晚年仍然经常向群臣求谏，仍然多次讲到要以“礼”

〔1〕《新唐书》卷91《姜謩传》，第3792页。

〔2〕《新唐书》卷94《张亮传》，第3829页。

〔3〕《新唐书》卷99《李大亮传》，第3912页。

〔4〕《新唐书》卷220《东夷传》，第6194页。

〔5〕《新唐书》卷97《魏征传》，第3881页。

〔6〕〔唐〕吴兢编著：《贞观政要》卷9《征伐》，第266页。

〔7〕《新唐书》卷220《东夷传》，第6195页。

治国,心存百姓,但这些更多地体现在主观层面上和口头上。在封建专制社会中,当皇权失去了控制,或者当皇权不再愿意受法权的控制的时候,统治者的思想与其实践形成脱节即为必然:有谏而不纳,言“礼”而显“力”就是太宗的表现。

16.2.4 结论

自汉朝以后,封建王朝在大多数统治时期内都采取儒家思想来作为制定内外政策的指导思想。纵观唐三百年的历史,其统治者也不例外。但是在唐初短短的几十年的时间内,其外交政策并不是严格按照儒家的标准来制定的,因此也没有在完全意义上体现出儒家思想,甚至在特定的情况下对儒家思想是有所背离的。

由上述的分析我们可以很清楚地看到唐初统治者围绕着儒家德治所画下的轨迹:由最初的对“利”的追求,到后来以“礼”治国,直至最后显“力”扬威。我们也可以很清楚地看到唐统治者由地主贵族阶级转为封建社会的最高统治阶级所做的努力及其阶级局限性。不管是高祖李渊或是太宗李世民,在当时的历史条件之下,他们都可以算是伟大的政治家,是封建社会中为数不多的杰出统治者。李渊虽对突厥称臣,却是为取得统治地位下了关键的一步棋。李世民虽然后期在德治上发生了一定程度的倒退,但我们不可否认即使在其统治的后期,也不是完全脱离了“礼”“德”治国的轨道。而他们的一些倒退,我们可以看到是他们的阶级本性决定的。总的来看,在中国长达两千多年的封建统治中,真正做到像他们父子一样,尤其是像李世民那样,创造一个相对清明的内部政治环境,展开多边外交,积极发展中原与周边的经济文化交流,建立一个强大的王朝,树立良好的国际形象,留下让后人追慕、叹为观止的“贞观之治”的统治者毕竟是寥寥可数的。

我们也要看到,汉武、隋炀帝是唐太宗统治初期经常引以为鉴的历史人物,可是后期的太宗却也步上了他们的后尘,他们都有着英明的开端,都有着后期的穷兵黩武。由此看来,历代统治者在经济凋敝、国力不逮时往往以保土安民为由,在对外政策上持保守态度,而经济繁荣国力强盛时则产生扩张心理，好大喜功，在对外政策上多持强势进攻的态度，汉武帝如此、隋炀帝如此，创造出“贞观之治”盛世的唐太宗也未能逃出这一封建帝王的执政规律。

17　蚕种故事与中西初识

——3～6世纪中国与罗马、拜占庭的互相认识

拜占庭即东罗马，罗马分裂为东、西罗马在4世纪中叶，正值中国东晋十六国时。早在汉代，中国和罗马两个文明国家就互相知道对方的存在。东汉末罗马人走通了自海上至中国南方沿海，而后至东汉都城洛阳的道路。3至6世纪，中国与罗马、东罗马的交往有了海、陆两条路，两国的直接接触和交往更多了，从而造成双方进一步的互相了解和认识。总的说，这一时期中国和拜占庭对对方的认识都经历了一个由模糊、错误、似是而非，甚至充满神话想象的内容，到越来越清晰，越来越真实的过程。这是一个相当长的过程，但6世纪上半叶是一个飞跃。本章结合中西交通史料，谈谈这一认识发展的过程。

17.1　中国人对大秦、普岚的认识

中国人对于自己极西遥远的地方很早就充满好奇和想象。《山海经》中就有不少关于西域的传闻和神话。西汉时中国人已经知道罗马的存在，张骞从西域归来，提到"黎轩"，可能就是指西部世界这个庞大的帝国，《史记·大宛列传》记载安息时说："其西则条支，北有奄蔡、黎轩。"东汉时称之为"大秦""犁鞬"或"海西"。这些名称在中国文献中最早见于魏晋间人鱼豢著《魏略》，其中《西戎传》记载有关"大秦"的史料表明，对于极西的罗马帝国，中国人的认识已经相当丰富。

> 大秦国一号犁鞬，在安息、条支西大海之西，从安息界安谷城乘船，直截海西，遇风利二月到，风迟或一岁，无风或三岁。其国在海西。有河出其国，西又有大海。海西有迟散城，从国下直北至乌丹城，西南又渡过一河，乘船一日乃过。西南又渡一河，一日乃

过。凡有大都三，却从安谷城陆道直北行之海北，复直西行之海西，复直南行经之乌迟散城，渡一河，乘船一日乃过，周回绕海。凡当渡大海六日乃到其国。

国有小城邑合四百余，东西南北数千里。其王治滨侧河海，以石为城郭。其土地有松、柏、槐、梓、竹、苇、杨柳、梧桐、百草。民俗，田种五谷，畜乘有马、骡、驴、骆驼。桑蚕。俗多奇幻，口中出火，自缚自解，跳十二丸巧妙。其国无常主，国中有灾异，辄更立贤人以为王，而生放其故王，王亦不敢怨。其俗人长大平正，似中国人而胡服。自云本中国一别也，常欲通使于中国，而安息图其利，不能得过。

其俗能胡书。其制度，公私宫室为重屋，旌旗击鼓，白盖小车，邮驿亭置如中国。从安息绕海北到其国，人民相属，十里一亭，三十里一置，终无盗贼。但有猛虎、狮子为害，行道不群则不得过。其国置小王数十，其王所治城周回百余里，有官曹文书。王有五宫，一宫间相去十里，其王平旦之一宫听事，至日暮一宿，明日复至一宫，五日一周。置三十六将，每议事，一将不至则不议也。王出行，常使从人持一韦囊自随，有白言者，受其辞投囊中。还宫乃省为决理。以水晶作宫柱及器物。作弓矢。其别枝封小国，曰泽散王，曰驴分王，曰且兰王，曰贤督王，曰汜复王，曰于罗王，其余小王国甚多，不能一一详之也。

国出细絺。作金银钱，金钱一当银钱十。人织成细布，言用水羊毳，名曰海西布。此国六畜皆出水，或云非独用羊毛也，亦用木皮或茧丝作，织成氍毹、㲪㲮、罽帐之属皆好，其色又鲜于海东诸国所作也。又常利得中国丝，解以为胡绫，故数与安息诸国交市于海中。海水苦不可食，故往来者希到其国中。山出九色次玉石，一曰青，二曰赤，三曰黄，四曰白，五曰黑，六曰绿，七曰紫，八曰红，九曰绀。今伊吾山中有九色石，即其类。阳嘉三年(134年)时，疏勒王臣槃献海西青石、金带各一。又今《西域旧图》云罽宾、条支出琦石，即次玉石也。

> 大秦多金、银、铜、铁、铅、锡、神龟、白马、朱髦、骇鸡犀、玳瑁、玄熊、赤螭、辟毒鼠、大贝、车渠、玛瑙、南金、翠爵、羽翮、象牙、符采玉、明月珠、夜光珠、真白珠、虎珀、珊瑚、赤白黑绿黄青绀缥红紫十种琉璃、璆琳、琅玕、水精、玫瑰、雄黄、雌黄、碧、五色玉、黄白黑绿紫红绛绀金黄缥留黄十种氍毹、五色毾登、五色九色首下毾登、金缕绣、杂色绫、金涂布、绯持布、发陆布、绯持渠布、水浣布、阿罗得布、巴则布、度代布、温宿布、五色桃布、绛地金织帐、五色斗帐、一微木、二苏合、狄提、迷迷、兜纳、白附子、薰陆、郁金、芸胶、薰草木十二种香。
>
> 大秦道既从海北陆通,又循海而南,与交趾七郡外夷比,又有水道通益州、永昌,故永昌出异物。前世但论有水道,不知有陆道,今其略如此,其民人户数不能备详也。自葱岭西,此国最大,置诸小王甚多,故录其属大者矣。[1]

他们知道大秦是极西之国,其中提到《西域旧图》,说明鱼豢之前中原地区已经流传有西域地图,而且这种图还标明各地物产。由于中国与罗马之间的交通首先是由罗马人经海上东来走通的,而且后来“大秦、天竺频从日南徼外来献”,所以过去人们注意的就是双方海上的交通。鱼豢特意指出,经陆路至大秦的路线是前人所忽略的。这是自汉通西域以后,直到魏晋之际中国人有关罗马知识的详细报道,比之两汉时文献中关于罗马的材料大大丰富了。所以《通典》卷193《边防》提到大秦属国“驴分国”时,云:“驴分,魏时闻焉,属大秦。”其中的内容既有自汉以来西行使者的亲身经验和西行中听闻,也有西域来华者的传说和介绍。但由于道听途说,传闻失实,其中的记载未必一一可信。

这段记载,反映了3世纪中叶中国人对于罗马的了解程度和认识水平,与当时罗马的情形大致相符。所谓“国有小城邑合四百余,东西南北数千里”的记载与罗马在亚洲的疆域相符。罗马帝国在东方大道上每5英里左右设有邮亭,每邮亭有40匹马,与此记载“十里一亭,三十里一置”相符。“其王所治城周回百余里”,据说拜占庭周围111希腊里

〔1〕《三国志》卷30,裴松之注引,第860-861页。

(Stadia)。所谓"王有五宫",据杨宪益研究,拜占庭有Chalce,Daphne,Sacra,Blachernae,Hebdomon等五宫。"以水晶作宫柱及器物",如果水晶指玻璃,亦无不确。中国古代习惯把水晶和琉璃相提并论。罗马帝国时期,意大利半岛、帝国东部的叙利亚、埃及等地,盛行以石为柱,以玻璃和各色宝石镶嵌组成的"马赛克"为豪华建筑的装饰,以水精为柱当即指此。《晋书·四夷传》"大秦国"条所谓"琉璃为墙壁,水精为柱础"。《旧唐书·西戎传》"拂菻"条云:"其宫宇柱栊,多以水精琉璃为之。"考古发现罗马帝国庞贝古城,普遍用马赛克装饰墙面和地板。关于大秦的政治制度,所谓"其国无常主,国中有灾异,辄更立贤人以为王,而生放其故王"云云,大约指当时罗马帝国之共和制。3至4世纪间,更立国主之事经常发生,当时差不多没有传子的皇帝。"置三十六将"会议国事,史载东罗马帝国初期,其国置八大将以统制四方,八大将之下又置三十五将分主各郡军事,其数亦约略相合〔1〕。

当然,诸如言事者投书囊中以供王回宫后发省、官曹会议国事,废王另立而受放者不怨等,也有可能是对已经逝去的希腊罗马奴隶制民主政治的一种辗转传说或模糊记忆,或许也有把中国古代政治理想加入的成分。这种共和政治传统,对于长期习惯于君主专制的中国人,显然是感到新鲜的事物。由于受到当时人们世界地理观念的局限,对大秦以西的情形还不能完全摆脱神话传说的成分;关于西域诸国方位,有的记述也不正确。如:

> 大秦西有海水,海水西有河水,河水西南北行有大山,西有赤水,赤水西有白玉山,白玉山有西王母,西王母西有修流沙,流沙西有大夏国、坚沙国、属繇国、月氏国,四国西有黑水,所传闻西之极矣。

所谓大秦西有海,海之西有河,河之西有山,有西王母,又有四国,种种记载,则出于传闻,无确切资料,明显是错误的。

范晔《后汉书·西域传》"大秦国"条记载:

> 大秦国一名犁鞬,以在海西,亦云海西国。地方数千里,有四

〔1〕杨宪益:《译余偶拾》,山东画报出版社,2006年,第154-156页。

百余城,小国役属者数十。以石为城郭,列置邮亭,皆垩既之。有松柏竹木百草。人俗力田作,多种树蚕桑,皆髡头,而衣文绣,乘辎軿白盖小车,出入击鼓,建旌旗幡帜。所居城邑周圜百余里,城中有五宫,相去各十里。宫室皆以石精为柱,食器亦然。其王日游一宫,听事五日而后遍。常使一人持囊随王车,人有言事者,即以书投囊中,王至宫发省,理其枉直。各有官曹文书,置三十六将,皆会议国事。其王无有常人,皆立贤者。国中灾异及风雨不时,辄废而更立,受放者甘黜不怨。其人民皆长大平正,有类中国,故谓之大秦。土多金银奇宝,有夜光璧、明月珠、骇鸡犀、珊瑚、琥珀、琉璃、琅玕、朱丹青碧、刺金镂绣,织成金缕罽杂色绫、作黄金涂火浣布,又有细布,或言水羊毳、野蚕茧所作也。合会诸香,煎其汁以为苏合。凡外国诸珍异皆出焉。以金银为钱,银钱十当金钱一。与安息、天竺交市于海中,利有十倍。其人质直,市无二价,谷食常贱,国用富饶,邻国使到其界首者,乘驿诣王都,至则给以金钱。其王常欲通使于汉,而安息欲以汉缯彩与之交市,故遮阂不得自达。至桓帝延熹九年,大秦王安敦遣使自日南徼外献象牙、犀角、玳瑁,始乃一通焉。其所表贡,并无珍异,疑传者过焉。或云其国西有弱水流沙,近西王母所居处,几于日所入也。《汉书》云:从条支西行二百余日,近日所入。则与今书异矣。前世汉使皆自乌弋以还,莫有至条支者也。又云从安息陆道绕海北行,出海西,至大秦,人庶连属,十里一亭,三十里一置(原注:置,驿也),终无盗贼寇警。而道多猛虎师子,遮害行旅。不百余人赍兵器,辄为所食。又言有飞桥数百里,可度海北诸国。所生奇异玉石诸物,谲怪多不经,故不记云。(原注:鱼豢《魏略》曰:"大秦国俗多奇幻,口中出火,自缚自解,跳十二丸,巧妙非常。")

范晔是南朝刘宋时人,元嘉二十二年(445年)被杀,他的材料一部分乃节录《魏略》而来。他删除了自己认为怪异不经的内容,但又据前世文献补充了若干材料,引文中加点部分皆《魏略》所无,提供了新的信息。特别是关于安敦使团的记载,是中国与罗马间第一次直接交往的记录,具有重要的历史意义。令人奇怪的是,《后汉书》成书晚于鱼豢《魏略》,可是关于大秦的介绍有时反不如《魏略》为详。《魏略》中的记载有的有根据,有的是传说,《后汉书》"大秦国"条中都没有进一步的解释。"列置邮亭皆垩塈之",此与古罗马亭舍多用水泥(Puluis Puteo Lanus)的事实相符。"以水晶为食器",其实就是玻璃杯盘之类[1]。关于大秦的位置,正像罗马人以为"赛里斯"是极东的国家,再向东便是无人之地一样,中国人知道大秦是极西的国家,再向西了解得也不确切,所谓"几于日所入",再往西便是"弱水流沙",近乎神话传说中的西王母所居处,这是沿袭《魏略》旧说,表现出对于西域地理认识的模糊。这可能与史书叙事体例有关,《后汉书》记东汉时事,不便将后世了解到的大秦国事加入其中。《魏略》中有些魏晋间的新认识,范晔节录《魏略》中的材料时有意删除了。范晔时代中国人关于罗马的新材料,限于叙事的体例不便加入其中。因此《后汉书》的记录并不说明范晔对于大秦的认识没有新的进展。

对于罗马分裂后的拜占庭,中国人也有不少了解。成书于6世纪中叶的《魏书》,其中《西域传》有"大秦国"条,反映了北朝人对东罗马的认识和了解:

> 大秦国一名黎轩,都安都城。从条支西渡海曲一万里,去代三万九千四百里。其海傍出,犹渤海也。而东西与渤海相望,盖自然之理。地方六千里,居两海之间。其地平正,人居星布。其王都城分为五城,各方五里,周六十里,王居中城。城置八臣,以主四方,而王城亦置八臣,分主四城。若谋国事及四方有不决者,则四城之臣集议王所,王自听之,然后施行。王三年一出,观风化。人有冤枉,诣王诉讼者,当方之臣,小则让责,大则黜退,令其举贤人以代之。其人端正长大,衣服车旗拟仪中国,故外域谓之大秦。其土宜五谷桑麻,人务蚕田。多璆琳、琅玕、神龟、白马、朱鬣、明珠、夜光璧。东南通交趾,又水道通益州永昌郡,多出异物。大秦西,海水之西有河,河西南流,河西有南北山,山西有赤水,西有白玉山,玉

〔1〕夏德:《大秦国全录》,朱杰勤译,商务印书馆,1964年,第56页。

山西有西王母山，玉为堂云。从安息西界循海曲，亦至大秦四万余里，于彼国观日月星辰，无异中国。而前史云条支西行百里，日入处，失之远矣。

这里明确纠正了过去史书中所谓大秦之西为“日入处”的类似神话的内容，因为北魏时人已经知道，在大秦看太阳，跟在中国是一样的。其中言大秦国都安都（Antiochia），即《魏略》之“贤督”“安谷城”，其地在今地中海东岸土耳其之安提俄克（Antioch），亦名安塔基亚（Antakya），则不准确。张星烺先生说：“《魏书》所记大秦，其都城曰安都，盖指叙利亚首府安梯俄克（Antioch）而言也。唐末，阿拉伯地理家麻素提（Mas'udi）谓当回教徒征服叙利亚时，安梯俄克城之读音，已缩为安梯（Ant or anta）云（见 Prairies D'Or，III，407）。《魏书》之安都，音与安梯正同。《魏略》作安谷城，盖取其首尾二音也。赵汝适《诸蕃志》大秦国条，亦作安都。”“《汉书》、《魏略》及《魏书》皆记大秦有海道通中国交趾及益州永昌郡，可与拖雷美《地理书》互相证明也。”“于彼国观日月星辰，无异中国者，则以叙利亚及小亚细亚皆与长安、洛阳同纬度故也。”[1]

17.2 大秦、拜占庭人文献中的“赛里斯”

罗马人很早就知道东方的“赛里斯”国，但跟中国人对罗马最初的认识一样，是模糊的，似是而非的。因为得之于传说，对这个神秘大国的认识，起初也像神话一般。罗马人最早是通过丝绸知道中国的，关于中国丝绸的知识，反映了罗马人、东罗马人是怎样一步步加深了对中国的认识和了解的。读一读罗马作家维吉尔、霍拉斯普罗佩斯、西流士·伊塔利库斯、斯特拉波、塞内克、梅拉、普林尼、卢坎等人的著作，佚名作者《厄立特里亚海航行记》以及托勒密《地理志》，他们对遥远的不曾涉足的赛里斯国，充满多少不切实际的想象啊！直到公元2世纪安敦时代的包撒尼雅斯，才知道中国的丝“并不是从树皮中提取的，而另有其他来源。在他们国内生存有一种小动物，希腊人称为‘赛儿’，而赛里斯

〔1〕张星烺：《中西交通史料汇编》第一册，“古代中国与欧洲之交通”，第72页。

人则以另外的名字相称。这种微小的动物比最大的金甲虫还要大两倍”。但他却说“赛里斯人制造了于冬夏咸宜的小笼来饲养这些动物”,“在第四年之前,赛里斯人一直用黍作饲料来喂养”,第五年“改用绿苇来饲养”[1]。

3至6世纪的西部世界,包括最远的南亚、波斯和拜占庭各个国家各个地区的人们,无疑都对中国有了更加切实的了解。当然这种认识是不断加深、不断进步的,仍不免模糊和错误。公元380年(东晋孝武帝太元五年)左右,希腊人阿迷亚努斯·马赛里努斯(Ammianus Marcellinus)著《史记》一书,其中有关于“赛里斯国”的一段记载,反映出当时西方人对于中国的认识水平:

> 西提亚两部外,向东有赛里斯国。四周有高山环绕,连绵不绝,成天然保障。赛里斯人安居其中。地皆平衍,广大富饶。西邻西提亚人,东与北两面皆界穷荒,终年积雪。南面疆界至印度及恒河为止。四周诸山,为安尼瓦(Anniva)、那柴维秀姆(Nazavicium)、阿斯弥拉(Asmira)、爱摩顿(Emodon)及俄普罗喀拉(Opuracara)。山皆高峻崎岖。其中平原,有俄科达斯(Oechardes)及包泰斯(Bautis)两大河流贯之。河流平易,势不湍急,湾折甚多。赛里斯人平和度日,不持兵器,永无战争。性情安静沉默,不扰邻国。时候温和,空气清洁,适卫生。天空不常见云,无烈风。森林甚多,人行其中,仰不见天。

又云:

> 林中有毛,其人勤加灌溉,梳理出之,成精细丝线。半似羊毛纤维,半似粘质之丝。将此纤维,纺织成丝,可以制衣。昔时吾国仅贵族始处衣之,而今则各级人民,无有等差,虽贱至走夫皂卒,莫不衣之矣。

又云:

> 赛里斯人习惯俭朴,喜安静读书以度日,不喜多与人交游。外国人渡边境大河,往买丝及他货者,皆仅以目相视,议定价值,不交

[1]以上参[法]戈岱司编:《希腊拉丁作家远东古文献辑录》,耿昇译,中华书局,2001年。

谈也。其地物产丰富，无求于他人。虽有时愿将货物售于他人，然绝不自他人有所购买也。[1]

正如张星烺先生所指出的，其中“所记丝之由来，完全谬误”，远不如2世纪时包撒尼雅斯《希腊志》所记为可信据。关于赛里斯人贸易方式，也不符合实际，“此哑交易风俗，仅文明程度低下之民族有之。中国及罗马古代皆无之也。然西人古代记载，多谓中国有此风俗，而中国《新唐书·拂菻传》又记西海有市，贸易不相见，置值物旁，名鬼市。杜环《经行记》谓拂菻国西海中，有市。客主同和，我往则彼去，彼来则我归。卖者陈之于前，买者酬之于后。皆以其值置诸物旁。待领值，然后收物，名曰鬼市”[2]。

亚美尼亚在外高加索中南部，北、东同格鲁吉亚、阿塞拜疆接壤，西南同土耳其、伊朗相邻，地处东西方交通的要道。因此亚美尼亚人通过丝路行旅自然了解到东方的中国。亚美尼亚史家摩西（Moses of Chorene）的著作《史记》成书于公元440年（中国南朝刘宋文帝元嘉十七年）后，书中有关于中国的内容，其取材或许出于前人之著作。书中称中国为哲那斯坦国（Jenasdan=Chinistan），国境皆为平原，西界西提亚（Scythia），为世界最东之国，人民富裕，文物昌明，民性温和，不但可称为“和平之友”（friends of peace），而实亦为“生活之友”（friends of life）。其国产丝甚丰，自上至下莫不身著丝衣。而这种丝服在亚美尼亚则为罕见之物，且十分珍贵，只有王侯巨富才得衣之。又产麝香、红花、棉花、孔雀。境内有29国，文明程度不能齐等。有一国则专嗜食人，王之称号为“任拍古尔”（Jenpadur），驻修尔夏城（Siurhia），邻近无名地（Terra Incognita）。秦尼国（Sinae）与哲那斯坦国接壤，其境内有七国，川河山岳甚多，疆壤亦至无名地而止。张星烺先生指出：“亨利玉尔谓摩西史之哲那斯坦，或指后魏；修尔夏城，或指洛阳也。唐德宗时，景教僧人

---

〔1〕见 Yule, Cathay, I. P. 203；转引自张星烺：《中西交通史料汇编》第一册，“古代中国与欧洲之交通”，第69-70页；又见〔法〕戈岱司编：《希腊拉丁作家远东古文献辑录》，耿昇译，中华书局，2001年，第71-72页。

〔2〕张星烺：《中西交通史料汇编》第一册“古代中国与欧洲之交通”，第70页。

树立西安府大秦景教流行中国碑，其叙利亚文中，有撒拉哈城(Saragh)，解释家之意见，大抵皆谓为洛阳。‘修尔夏’与‘撒拉哈’音颇相近。秦尼国或指东晋也。”[1]显然，这里虽然仍有传闻夸张的成分，但关于中国的人性与文明，以及生活方式的介绍，比较阿迷亚努斯·马赛里努斯的记载，显得真实多了。

欧洲载籍中关于中国的介绍，比较切实可信的，以科斯麻斯《基督教世界风土记》为最早。科斯麻斯是希腊人，生于埃及之亚历山大；少经商，曾至波斯及印度西海滨、锡兰岛等地，并航行至非洲东岸，他从异教徒那里听说，地面上海湾有四，自称“尝为商人，逐利四方，四海湾已得航行罗马(即地中海)、阿拉伯(即红海)及波斯湾三湾，自各地土人及航海者，余尝得探访沿湾诸地详情矣”。他的书成于公元535年至550年(梁武帝大同元年至梁简文帝大宝元年之间)。在这本书中，作者称中国为“秦尼查”(Tzinitza)和“秦尼斯达”(Tzinista)，云：“自锡兰至中国相去甚远，中有丁香国。由中国及南方诸国运往锡兰之商品，有丝、伽罗木、丁香、檀香等。中国在亚洲极东，大海洋环其左，海与巴巴利(Barbary，蛮人，张星烺以为今之索马里)之右岸大海相通。往中国之舶，向东航行后多日，转向北，行多日，经一段海程，至少约等于忽里模子(Hormuz)海峡至幼发拉底河口之路程，始至中国。由此可知何以由波斯经陆路至中国，较海道为捷近也。”张星烺先生指出：“今代麻喇甲(马六甲)半岛仍为丁香之出产地也。”此段中有关中国方位的记载，已经相当准确。“在六世纪时，即有此等知识，不能不谓为地理学上之大进步也。”[2]

在科斯麻斯的书中，记述了他自亚里山大里亚东行至锡兰、印度的艰险航程。他说他曾见到世间有不避艰苦、远往天涯海角以取丝绸者。他知道中国是产丝国，“在印度诸邦中为最远者，当进入印度洋时，其国在吾人之左手方面。唯离波斯湾及赛莱底巴(Selediba)甚远。赛莱底巴为印度人之名称，希腊人则谓为塔勃罗贝恩岛(Taprobane，今之

〔1〕张星烺：《中西交通史料汇编》第四册“古代中国与亚美尼亚之交通”，第1–2页。

〔2〕张星烺：《中西交通史料汇编》第三册“古代中国与非洲之交通”，第5页。

锡兰岛)也。产丝国之名,为秦尼策国(Tzinitza)。大洋海环其左。此洋与环巴巴利右岸者,同一洋也”。这里把环中国之左的大洋与巴巴利之右的大洋视为一洋,是古代世界太平洋和印度洋未分,人们不经陆地而能通过海洋东西间直航所造成的印象,这反映了6世纪时古代世界航海水平的提高。他还将得自印度哲人曰婆罗门者有关中国与罗马的位置记载下来:“若自秦尼策国引一直线,经波斯而至罗马国境,则平分世界为二云。”认为“其言或确也”。

科斯麻斯还比较了中国与波斯之间海陆两路距离的远近,说明大宗丝货经陆路远至波斯的原因:“秦尼策国在左边最远之境。丝货由陆道经历诸国,辗转而至波斯,所需时日比较上实甚短促。若由波斯而经海道往彼,所需时日,实甚久也。盖第一原因,航海者须由塔勃罗贝恩所处之纬度,及稍北诸地,航行长程一节,约有波斯湾之长,始得达目的地也。第二原因,则渡过印度洋全境,由波斯湾至塔勃罗贝恩,更由塔勃罗贝恩而至转舵向北,以往秦尼策之地,海程甚远也[1]。由是观之,自秦尼策由陆道往波斯,实行经短捷路程。而在波斯得见有大宗丝货者。”他还说:“过秦尼策即无航海船之影踪,亦不见有人居住。”

关于中国的距离,科斯麻斯说:“若果有人用直线量大地之东道里,则自秦尼策国向西直抵西极,共有四百程(Marches)左右也。每程合三

[1]张星烺云:“波斯湾长六百五十英里。而由锡兰岛至麻剌甲之海程,已几两倍之矣。”《中西交通史料汇编》第三册“古代中国与非洲之交通”,第10页。

十迈耳(Mile)。”[1]“各处距离远近约略如下:由秦尼策至波斯边境,包所有恩尼亚(Unnia,即匈奴国)印度及拔克脱里亚(Land of the Bactrians,即大夏国)共一百五十程。或稍较此数更多。唯确不能少一超级数也。波斯全境,自东至西,有八十程。由尼西比斯(Nisibis),至赛流西亚(Seleucia)十三程。由赛流西亚经罗马、高尔(Gaul今法兰西)及伊贝利亚(Iberia,今西班牙)至滨临大洋之外克底斯(Outor Gades)城,一百五十程有余,总共由东极至西极,凡四百程左右。”[2]

6世纪时,拜占庭人不仅对中国蚕丝的产生有了明确真实的认识,而且引进了蚕种和桑种,开创了自己的丝织业。历史学家柏洛各比乌斯(Procopius)著《哥德战纪》(De Bello Gothico),记载了蚕种自印度传入罗马之经过。其人生于公元500年,当北魏宣武帝景明元年,南齐永元二年;卒于565年,当陈文帝天嘉六年,北周武帝保定五年,北齐后主天统元年。6世纪末,戴俄法内斯(Theophanes)则谓系一曾居丝国之波斯人,于手杖中将蚕种携回东罗马首都。7世纪初,东罗马史学家西莫喀达(Toeophylactus Simocata)著《莫利斯皇帝大事记》,莫利斯(Maurice)即位于公元582年(隋文帝开皇二年),卒于602年(隋文帝仁寿二年)。其中有云:

---

〔1〕张星烺云:“迈耳为古代罗马人所用道里之名,其长约合今英国丈量一千六百二十码,或一千四百八十二米突。后代西欧各国多亦袭用罗马旧制,唯长短不能一致。英国制定之里(English Statute Mile)行用今英美二国,合一千七百六十码,或五千二百八十尺,等于一千六百零九米突零三。昔时稣格兰所用迈耳,等于一点一二七英国制定之里。爱尔兰所用迈耳,等于一点二七三英国制定之里。欧洲大陆旧时所用之迈耳,今已废弃而采用启罗米突矣。欧洲大陆旧时所用之迈耳,长短亦不能一致。约自一千一百码,以至一千二百余码不等。又有所谓地理里(Geographical Mile)或海里(Nautical mile)者,其长正合一分。或地球大圈(Greatcircle)二万一千六百分之一。唯地体本非真正圆球,故即所谓地理里,或海里,亦有数种,长短不一。英国水道测量局(Br. Hydro. office)所采者,为六千零八十尺,或一千八百五十三米突零二,谓之海军里(Admiralty Mile)。美国海岸测量局(U.S.A. coast Survey)所采者,为六千八十尺零二七,或一千八百五十三米突零二四八。法国所采者为一千八百五十一米突零九。科斯麻士以及所有古代欧洲游历家所用之迈耳,皆指罗马旧里,可无疑也。若译迈耳为英里,则大误矣。”张星烺《中西交通史料汇编》第三册“古代中国与非洲之交通”,第11-12页。

〔2〕张星烺注云:“Nisibis,今代土耳其的亚拜克Diarbekir省马尔丁Mardin府”;“Seleucia,此城为亚历山德部将赛流柯斯尼开忒Seleucus Nicator所建。”《中西交通史料汇编》第三册“古代中国与非洲之交通”,第12-13页。

> 笃伽司脱(Taugast)国主,号曰"戴山",意谓上帝之子。国内宁谧,无乱事,因皇帝乃生而为皇者。人民敬偶像,法律公正,其生活充满智慧。国俗禁男子用金饰,其效力与法律同。但其国盛产金银,而又善经商。笃伽司脱国以河为界。以往,此河两岸为二极大民族相对峙,一穿黑衣,一穿红衣。在我莫利斯王朝时,穿黑衣者越河,而与穿红衣者战,胜之,遂以其为属地。蛮人谓笃伽司脱乃马其顿之亚历山大所建立者,时彼征服Bactriens(大夏人)与Sogdiane(康居),杀蛮人十二万。在此城中,王妃有金车,以幼牛挽之,盛饰黄金及宝石。牛缰亦皆镀金。笃伽司脱王有妃嫔七百人。笃伽司脱之贵妇人皆用银车,或谓亚历山大在距此数里外,曾别建一城,蛮人称之为"古白丹"(Khubdan)。皇死,妃嫔削发衣黑示哀,法律禁伊等远离陵寝。古白丹为二大河所分割。在高原者,河畔有松柏垂阴。其民有象甚多,与印度人有贸易;或谓在北部者即印度人,面白晰。供给丝国人民之虫(蚕),此地出产甚丰;蚕人饲养此种动物(蚕)颇有耐心。〔1〕

德经最早提出文中"笃伽司脱"当为中国,后来英国史学家齐朋和格拉勃洛德赞成此说。德经以为乃"大魏"之译音,张星烺先生以为乃"大汉"之译音,"戴山"似为"天子"之译音。文中所言当为南北朝事及隋文帝之统一,有两种可能,一是北魏灭亡后,东、西魏和北周、北齐曾以黄河为界,后北周过黄河灭北齐,统一北方;二是"隋文帝渡江灭陈,统一南北,见之于东罗马史家席摩喀塔(Simocata)之史记"〔2〕。"古白丹"则为长安附近之大兴城。古代突厥民族诸国及西亚等地皆称长安为"古姆丹"(Khumdan),与古白丹同为一字。景教碑之叙利亚文及阿拉伯人地理书中,皆得见之。即此已可证明笃加司脱为中国。至其原名,则有"长安""宫殿""京都"等说,迄无定论。方豪认为,文中所言中央大河则指长江,所谓衣红衣黑,或为当时隋陈之军队服色,牛车事亦为事实。陈继儒《群碎录》有云:"三代两汉用马车,魏晋至梁陈用牛车。"据

〔1〕方豪:《中西交通史》,岳麓书社,1984年,第365页。

〔2〕张星烺:《中西交通史料汇编》第一册"古代中国与欧洲之交通",第116页。

宋敏求《长安志》，长安城内有二河：一在西，经东都门、清明门、青门、下杜门而至芳林门西；一在东，经青门亭、大安宫东，而至芳林门东。则古白丹城有二河之说，亦非虚构[1]。

17.3 余论

在西方文献中，中国蚕种西传至拜占庭的故事，有不同版本，一是赛萨雷的普罗科波《哥特人的战争》，一是载于《图书大集》和《希腊文历史片断》里拜占庭的泰奥法纳讲述的故事。两种版本大同小异，考其史实，其细节都不值得推敲。根据这个故事，关于蚕桑丝织技术，“一直到那时为止，罗马人对此尚一无所知”[2]。罗马人主要是通过丝绸了解中国的，这就意味着直到查士丁尼的时代，即527～565年间的6世纪中叶，罗马人才知道蚕桑丝织技术的秘密，这与文献记载和考古发现的早期拜占庭丝织品的事实相矛盾。考查中国与罗马、拜占庭的互相了解、认识和交往的历史，可以知道蚕种西传故事只是一个有趣的传说而已，拜占庭人掌握蚕桑丝织技术必在查士丁尼之前，中西间初识并不起于蚕种西传故事。

根据我们的考查，从公元前2世纪至6世纪，中国与罗马、东罗马之间的认识可以分为三个阶段，张骞出使西域至东汉末年，双方知道了对方的存在，都希望建立直接的交往和贸易关系，但由于安息人阻挠而不得实现。从东汉末年罗马“安敦使团”至洛阳到5世纪，双方有了直接的人员交往，但主要是经海路往来的路线，而这种交往在很大程度上是非官方或半官方的，这条路线不久又基本上断绝，因此双方对对方的认识虽然在不断加深，但仍然是模糊不清的。许多认识都有根据，但似是而非，仍不免传闻失实。6世纪时，中国与东罗马的相互认识同时产生了一个飞跃，双方都冲破了传说中的迷雾，基本上看清了对方的真面

〔1〕参方豪：《中西交通史》，岳麓书社，1984年，第365-366页；张星烺：《中西交通史料汇编》第一册“古代中国与欧洲之交通”，第152-157页。

〔2〕〔法〕戈岱司编：《希腊拉丁作家远东古文献辑录》，耿昇译，中华书局，1987年，第116页。

目，其中的主要原因是过去的了解得之于传闻，其中更有人为的歪曲、虚构的成分，后来的认识来自于直接的观察和接触。因此这个时期的认识已经基本上是真实的和客观的。

3至6世纪中国与罗马、东罗马互相获得对方的新知识是有途径的，这便是汉代以来中西间商贸的开展和信使往来。早在东汉时，罗马人已经通过海路直接到达了中国南方沿海地区，而中国人亦通过海路西行。尤其是南北朝时北魏与拜占庭的通使往来，造成中国人与罗马人的频繁的直接接触，从而增加了相互间的认识和了解。《南史·夷貊传》记载：

> 中天竺国……西与大秦、安息交市海中，多大秦珍物，珊瑚、琥珀、金碧、珠玑、琅玕、郁金、苏合。苏合是诸香汁煎之，非自然一物也。又云大秦人采苏合，先笮其汁以为香膏，乃卖其滓与诸国贾人。是以辗转来达中国，不大香也。郁金独出罽宾国，华色，正黄而细，与芙蓉华里被莲者相似。国人先取以上佛寺，积日槁乃粪去之。贾人以转卖与他国也。汉桓帝延熹九年，大秦王安敦遣使自日南徼外来献，汉世唯一通焉。其国人行贾，往往至扶南日南交趾。其南徼诸国人，少有到大秦者。孙权黄武五年，有大秦贾人字秦论来到交趾。太守吴邈遣送诣权。权问论方土风俗，论具以事对。

后来，秦论“径还本国”。秦论的“具以事对”必然使东吴获得许多有关罗马的真实可靠的消息。《晋书》卷97记载：“武帝太康中，其王遣使贡献。”张星烺先生指出：“《晋书》载武帝太康中，大秦王遣使贡献事，亦与西史所载相合也。罗马将奥雷利诺斯（Aurelianus，270—275A.D）于安都（Antioch）城及爱德沙（Edessa）城两战，皆击败才奴比亚（Zenobia）之军，下叙利亚毁拍尔米拉城（Palmyra），克复埃及诸部。又西历二百八十二年至二百八十三年，罗马皇帝喀鲁斯（Carus）征波斯陷克泰锡彭城（Ktesiphon）。两役皆在武帝太康年间，波斯湾头之交通，又复恢复也。”[1]大秦王的使者来到西晋都城洛阳，必然也带来关于罗马的真实

〔1〕张星烺：《中西交通史料汇编》第一册“古代中国与欧洲之交通”，第68页。

可靠的信息。

罗马迁都后，所谓“蒲林”与中国南方的东晋政权发生正式的官方往来。《太平御览》卷787引《晋起居注》记载：“兴宁元年闰月，蒲林王国新开通，前所奉表诣先帝，今遣到其国慰谕。”“兴宁”是东晋哀帝年号，兴元元年即公元363年。所谓“蒲林王国新开通”，可能指347年东晋灭成汉，占领巴蜀，这样经过益州走吐谷浑之路至西域的交通就通畅了。“先帝”指穆帝司马聃，他在世时，蒲林国使者奉使命来朝见，说明迁都后的东罗马使节已从陆路到达东晋都城建康。穆帝死，哀宗司马丕即位，则派使者报聘。当时东晋使节是如何出使拜占庭的，史书上未见具体记载。可能是沿江西上，经益州，过吐谷浑，进至新疆地区，然后西去。中国使节曾至东罗马进贡方物，在西方文献中有所反映。赫利奥多尔(Héliodore)《埃塞俄比亚人》中讲道：“然后，便把带来丝线和丝织物的赛里斯人的使节传了上来，这都是由生活在他们国家的蜘蛛所织。这些使者们另外还带来了服装，有的染作大红色，其余是素白色。”[1]其书成于公元400年前后。但这些使节有可能是粟特人冒充的中国使节，所以东罗马人无法从他们口中知道蚕桑丝织业的详情，竟以为蚕丝乃踟蛛所织。但这时中国文献中确有南方东晋遣使蒲林的记载，中国使节到拜占庭首都是有可能的。

6世纪时双方的互相认识同时产生了飞跃，不是偶然的，它与中西交通和交流的发展有因果关系。公元5世纪后半叶和6世纪上半叶，中国北方由于北魏的强盛，先后击破柔然，征服吐谷浑，中国境内丝绸之路各线畅通，北魏大力开展与西域的商贸外交往来；另一方面中亚地区嚈哒强盛，保证了丝路西段的安定和通畅；还有萨珊波斯王朝与拜占庭经过长期的战争，于5世纪中叶达成和平协议，这些都为中西交通创造了良好条件，于是中西间交通和交往出现了一个前所未有的高潮。在广泛交往的背景下，西域各国入华人数众多，出现了杨衒之《洛阳伽蓝记》所描写的景象：“西夷来附者，处崦嵫馆，赐宅慕义里。自葱岭以西，至于大秦，百国千城，莫不款附。商胡贩客，日奔塞下，所谓尽天地之区

〔1〕〔法〕戈岱司编：《希腊拉丁作家远东古文献辑录》，第86页。

已。乐中国土风因而宅者,不可胜数,是以附化之民,万有余家。"说明当时有大批包括"大秦"的西域商人前来中国贸易,形成"相继而来,不间于岁"的兴盛局面。《魏书》卷65《邢峦传》记载,世宗宣武帝时,散骑常侍兼尚书邢峦曾指出:"逮景明之初,承升平之业,四疆清晏,远迩来同,于是蕃贡继路,商贾交入,诸所献贸,倍多于常。"随着西域各国使节频繁入魏,各国商胡纷纷入华进行贩贸,北魏与西域各国之间贡赐形式和边境地区的互市贸易都开展起来。在这个高潮中,拜占庭政权与北魏政权建立了正式的外交关系。据《魏书》卷5记载,北魏文成帝太安二年(456年),普岚国遣使贡献,这是东罗马与北魏官方交往的最早记录。和平六年(465年),普岚国再次遣使入魏,献宝剑。献文帝皇兴元年(467年),普岚国的使节又一次入华通好。这样的频繁往来,必然使双方进一步加深了了解和认识。所谓中国蚕丝技术通过印度僧侣,或波斯人传入拜占庭的故事,不过是有趣的传闻罢了。可以设想,那时拜占庭人关于中国的知识应当是非常丰富的,只是因为蚕丝吸引了他们的主要注意力,所以文献上我们只看到关于蚕丝的种种趣闻。拜占庭对中国的了解,蚕丝的故事透露出的知识信息应该是十分丰富的。

总之,由于中国与罗马、东罗马之间交通的发展以及双方的直接交往,特别是北魏时双方的使节往还,使双方都加深了对对方的了解和认识。在他们的心目中和文献里,对方都从神话中还原为现实,都认识到对方与自己一样是世界上的文明大国,物产丰富,对方看太阳、月亮,跟自己所在的位置一样,往对方的方向行走,不是日出、日入处,而是大海。对方的社会制度虽然与自己有异,但也都真实可信,绝不是神秘莫测的。此后,彼此间对于对方的认识,并没有中断,而是不断扩大。有人认为,中国与西方的认识是从大航海时代之后,明清传教士入华才开始的,因此认为那是"中西初识",把中国与包括欧洲的西方之间的相互交往和了解人为地往后推迟了。我们把3至6世纪看作"中西初识"的时期,其理由是这一时期双方直接交往的道路已经走通,双方有频繁的使节往还,通过这种交往,双方都冲破了神话猜想的迷雾,对对方有了切实的了解,而且这种关系还在继续发展下去。

18　古代东北民族与中原政权关系中的楛矢

楛矢是以楛木做杆的箭。"楛"是荆之类的植物，楛木材质坚直，且不因燥湿变形，宜做箭杆。把楛木截做箭杆，配上石砮，就是楛矢。这种楛矢以古代东北亚地区肃慎人的产品最为精良，古代肃慎人是用青石做箭头，把这种做镞的尖石头底部撍出个卯，装在用楛木做成的箭杆上，用胶固定，就是历史上著名的"楛矢石砮"。[1]楛矢很早便传入中原地区，绵历千载，楛矢曾一直是东北地方政权向中原王朝入贡的器物产品，甚至成为代表东北地区入贡中原物产的泛称。肃慎后来先后有挹娄、勿吉、靺鞨、黑水靺鞨、女真等称呼，本章考察其历史上通过楛矢石砮与中原地区的联系。

18.1　肃慎氏之贡矢

生活在东北亚的肃慎氏，很早便将楛矢进贡中原。

《竹书纪年》卷2"帝舜有虞氏"条记载："二十五年，息慎氏来朝，贡弓矢。"[2]这是楛矢传入中原的最早记载。据推算，帝舜有虞氏二十五年乃公元前2103年。就是说，早在距今4100多年前的虞舜时代，息慎人就已生活在相对于中原来说的东北地区，并向中原贡献"楛矢"。关于肃慎人的生活区域，《山海经·大荒北经》云："大荒之中，有山名曰不咸，有肃慎氏之国。"[3]不咸山即长白山，在古代的各种书籍里，长白山

〔1〕楛矢之形制，《国语·鲁语下》云："长尺有咫。"《史记·孔子世家》裴骃集解引韦昭曰："楛，木名；砮，镞也，以石为之。八寸曰咫。"《新唐书》卷219《北狄传》"黑水靺鞨"条记载："其矢石镞，长二寸，盖楛砮遗法。"

〔2〕〔清〕徐文靖：《竹书纪年统笺》卷2，《二十二子》本，上海古籍出版社，1986年，第1053页。

〔3〕袁珂：《山海经校译》卷17，上海古籍出版社，1985年，第284页。

称呼极不统一，最早叫不咸山，后来又有“徒太山”“徒白山”“太白山”“太皇山”之称。直到东北的契丹族和女真族定鼎中原，建立起辽和金之后，对于东北的这座高山才统一称呼为长白山。[1]后来的《晋书·肃慎氏传》记载：“肃慎氏一名挹娄，在不咸山北。”这样肃慎氏之国就有了一个大致的定位，其生活的大致区域在今长白山北，东濒大海，即今之东海。北至何处，古时人们一直不甚明了，直到唐杜佑著《通典》，仍云“不知其北所极”。[2]今人判断大致在黑龙江中下游。[3]

清代学者曾判断，肃慎国在今宁古塔一带。吴兆骞曾贬谪宁古塔，“以为石砮出混同江中”。魏源《圣武记》卷1有“古肃慎氏之国”条，云：“肃慎国在今辽东吉林宁古塔地，女真为肃慎之转音，楛矢肇骑射之俗。”[4]然而，长白山有广义和狭义概念之分，广义的长白山连黑龙江省的完达山、老爷岭、张广才岭都包括在内。实际上由此到北直至黑龙江的入海口，东抵日本海，西接松嫩平原，都是肃慎人的活动范围。乌苏里江整个流域及其以东广大地区，应是他们的核心地带。位于黑龙江省饶河县境内的饶河农场有一座山名叫楛矢山，其义当与其地生产楛矢有关。黑龙江省农垦总局史志办编《黑龙江农垦地名录》记录，在黑龙江饶河农场有“楛矢山”，云：“古代该山多茶条槭，用以做箭杆，故得名楛矢。位于大班河与蛤蟆河之间，农场场部以西，东西7公里，南北10公里，为一大山群，主峰楛矢山，海拔264.7公尺。”[5]这应该是肃慎人制作“楛矢”的一个中心。

---

〔1〕〔宋〕叶隆礼：《契丹国志》卷27《岁时杂记》云：“长白山在冷山东南千余里。盖白衣观音所居，其山禽兽皆白。”影印文渊阁四库全书本，台湾：商务印书馆，2008年，第796页。《辽史》卷46《百官志》记载，辽置有“长白山女直国大王府”。圣宗统和三十年（1012年）云：“长白山三十部女直乞授爵秩。”《金史》卷35《礼志》记载：“长白山在兴王之地”；金大定十二年（1172年）十二月，封长白山为“兴国灵应王”。《金史》卷135《外国》下记载：“黑水靺鞨居古肃慎地，有山曰白山，盖长白山，金国之所起也。”清代沿用长白山名。

〔2〕〔唐〕杜佑：《通典》卷186《边防》二，中华书局，1988年，第5021页。

〔3〕王世选、梅文昭修纂：《民国宁安县志·舆地》“疆域沿革”，民国十三年（1924年）铅印本。

〔4〕〔清〕魏源：《圣武纪》卷1，岳麓书社，2011年，第15页。

〔5〕齐长伐主编，黑龙江省农垦总局史志办编：《黑龙江农垦地名录》，人民中国出版社，1997年，第116页。

饶河古代文明源远流长，自公元前2200多年的唐虞时代到公元前476年左右的春秋时期，肃慎人就在饶河地域居住，这里从旧石器时代的渔猎到新石器时代的原始农耕孕育了优秀的古代文化。当地出土的文物证明，早在13000年前饶河县就有远古人类活动。饶河县城南的小南山是目前发现的我国最东部的一处旧石器遗物点，出土了一些刮削器、砍砸器、尖状器等古人石制工具，猛犸象化石，夹砂粗口陶器，玉璧玉珠等。20世纪60年代，小南山出土圭叶形石器，专家鉴定为远古时期的"礼器"，是部落首领的标志物。在同一区域，20世纪70年代，黑龙江省历史博物馆的专家发掘出直径7米的圆形居住面，内有瓢形烧水坑，地面上有大量的石片、石核、石料等堆积，并有打制而成的石矛、石镞、刮削器、尖状器及磨制的石簇、石斧等，共84件。专家们由此断定这是一个石器作坊，应该是肃慎人制作"石砮"的一个地点。1991年，在小南山山顶发掘出一座双人合葬墓，墓中文物散失，追回126件，有石器、玉器、牙坠饰等，仅玉圭、玉环、玉玦、玉簪、玉匕、玉斧、玉璧等就占了66件，数量占到了新中国成立后黑龙江省出土新石器时期玉器的60%以上。两尸骨脚下堆放有整齐的石镞，镞头向东。[1]小南山距离楛矢山不过30公里，这里制造的石砮，可能就用于楛矢的制作。与其相匹配的箭杆和弯弓，则是在楛矢山里完成的。

制作楛矢石砮的材料并非只有东北肃慎地区。据《尚书·禹贡》记载，荆州贡物有"楛""砮"，梁州也有"砮"。《孔传》云："楛，中矢幹。"北方中原地区也有"楛"。《诗经·大雅·旱麓》云："瞻彼旱麓，榛楛济济。"孔颖达疏引陆玑云："楛，其形似荆而赤茎似蓍。上党人织以为牛筥箱器，又屈以为钗。""旱"指今汉中郡南郑旱山，[2]上党则在今山西。《韩非子》卷

[1]参黑龙江省博物馆：《黑龙江饶河小南山遗址试掘简报》，载《考古》1972年第2期，第32–34页；杨大山：《饶河小南山新发现的旧石器地点》，载《黑龙江文物丛刊》1981年第1期，第49–52页；李英魁、高波：《黑龙江饶河县小南山新石器时代墓葬》，载《考古》1996年第2期，第1–8页；鞠桂兰、曹兆奇：《饶河小南山——阿速江江畔的金字塔》，载《黑龙江史志》2010年第12期，第36–37页。

[2]《汉书》卷28上《地理志》"汉中郡"云："南郑：旱山，池水所出，东北入于汉。"上海古籍出版社、上海书店，1986年，第154页。

3《十过》:“董子之治晋阳也,公宫之垣,皆以荻蒿楛楚墙之。有楛高至于丈,君发而用之。于是发而试之,其坚虽菌簵之劲弗能过也。”[1]看来,最早制作楛矢石砮的材料未必尽出于肃慎,荆州所贡楛、砮和梁州所贡砮可能也曾用于制作楛矢石砮,豳以北地区的楛木至唐代仍制作箭杆。可是为什么历史上没有记载呢?苏轼《顺济王庙新获石砮记》云:

> 建中靖国元年四月甲午,轼自儋耳北归,舣舟吴城山顺济龙王祠下。既进谒而还,逍遥江上,得古箭镞,槊锋而剑脊,其廉可刿,而其质则石也。曰:异哉!此孔子所谓楛矢、石砮,肃慎氏之物也。何为而至此哉?传观左右,失手坠于江中。乃祷于神,愿复得之,当藏之庙中,为往来者骇心动目诡异之观。既祷,则使没人求之,一探而获。谨按《禹贡》:荆州贡砺、砥、砮、丹及箘、簵、楛,梁州贡璆、铁、银、镂、砮、磬。则楛矢、石砮,自禹以来贡之矣。然至春秋时,隼集于陈廷,楛矢贯之,石砮长尺有咫,时人莫能知,而问于孔子。孔子不近取之荆梁,而远取之肃慎,则荆梁之不贡此久矣。颜师古曰:“楛木堪为笴,今豳以北皆用之。”以此考之,用楛为矢,至唐犹然。而用石为砮,则自春秋以来莫识矣。可不谓异物乎!兑之戈,和之弓,垂之竹矢,陈于路寝,孔子履藏于武库。皆以古见宝。此矢独非宝乎?顺济王之威灵,南放于洞庭,北被于淮泗,乃特为出此宝。轼不敢私有,而留之庙中,与好古博雅君子共之,以昭示王之神圣英烈不可不敬者如此。[2]

苏轼此文中疏于考证处,洪迈已经指出。[3]但苏轼根据《国语》中记载,孔子只提到肃慎氏贡楛矢石砮,不提荆梁之贡,断定那是因为孔

---

[1]〔战国〕韩非:《韩非子》卷3《十过》,《二十二子》本,上海古籍出版社,1986年,第1126页。

[2]〔宋〕苏轼:《苏轼文集》卷122,《三苏全书》第十四册,语文出版社,2001年,第525页。

[3]〔宋〕洪迈云:“东坡作《石砮记》……按,《晋书挹娄传》:‘有石砮、楛矢,国有山出石,其利入铁;周武王时献其矢、砮’;魏景元末亦来贡;晋元帝中兴,又贡石砮;后通贡于石虎,虎以夸李寿者也。《唐书·黑水靺鞨传》:‘其矢,石镞长二寸,盖楛矢遗法。’然则东坡所谓春秋以来莫识,恐不考耳。予家有一砮,正长二寸,岂黑水物乎?”《容斋随笔》卷8,上海古籍出版社,1978年,第102页。

子之前,荆梁二州之地已经很久不以此作为土产朝贡了,却有道理。荆州所出之"楛"是否与肃慎之楛为同样的植物,没有见到有人考证。肃慎之楛或许为当地特有的一种植物,与《禹贡》中之楛不同;或许是同样的植物,但作为制作箭杆的材料更优于荆州之楛,因为我们知道荆州与东北肃慎地区的气候风土差别极大,同样的植物其材质性能差别应该是很大的。不然,为什么长期只有东北的楛矢石砮为人津津乐道,却没有人提到荆州的呢?

从虞舜时代起,很长时间里不见肃慎氏再贡楛矢,直到周朝建立。夏商时期为什么不见肃慎氏之贡,《后汉书》卷115《东夷列传》云:

> 《王制》云:东方曰夷。夷者,柢也,言仁而好生,万物柢地而出。故天性柔顺,易以道御,至有君子、不死之国焉。夷有九种,曰畎夷、于夷、方夷、黄夷、白夷、赤夷、玄夷、风夷、阳夷。故孔子欲居九夷也。昔尧命羲仲宅嵎夷,曰旸谷,盖日之所出也。夏后氏太康失德,夷人始畔。自少康已后,世服王化,遂宾于王门,献其乐舞。桀为暴虐,诸夷内侵,殷汤革命,伐而定之。至于仲丁,蓝夷作寇。自是或服或畔,三百余年。

由此看来,应该从东夷与中原地区的关系来分析问题,那时东夷与夏、商的关系都出现过紧张和对立。古代的入贡往往有表示臣服和敬德之义,东夷人对夏商一直是"或服或叛",故不以楛矢石砮入贡。肃慎在周武王灭商后,向周进贡楛矢,周武王、成王时,肃慎人都曾以'楛矢石砮'来贡。"周武王克商,西旅献獒,在保作《旅獒》以诫王。自是通道九夷百蛮,使各以其方贿来贡,使无忘职业。于是肃慎贡楛矢石砮,长尺有咫。"[1]所以,《后汉书·东夷列传》记载:"武乙衰敝,东夷浸盛,遂分迁淮、岱,渐居中土。及武王灭纣,肃慎来献石砮、楛矢。"《竹书纪年》卷7"周武王"条记载:"十五年,肃慎氏来宾。""周成王"条记载,九年,"肃慎氏来朝,王使荣伯锡肃慎氏命"。《尚书·周书》中有《贿肃慎之命》,云:"成王既伐东夷,肃慎来贺。王俾荣伯作《贿肃慎之命》。"此后或服或叛,康王时曾来进贡,其贡物当然也少不了楛矢。

〔1〕《册府元龟》卷968《外臣部》"朝贡",第1376页。

至春秋末期，肃慎的楛矢又出现在中原地区。《国语·鲁语》下记载：

仲尼在陈，有隼集于陈侯之庭而死，楛矢贯之，石砮，其长尺有咫。陈惠公使人以隼如仲尼之馆问之。仲尼曰："隼之来也远矣！此肃慎氏之矢也。昔武王克商，通道于九夷、百蛮，使各以其方贿来贡，使无忘职业。于是肃慎氏贡楛矢、石砮，其长尺有咫。先王欲昭其令德之致远也，以示后人，使永监焉，故铭其括曰肃慎氏之贡矢，以分大姬，配虞胡公而封诸陈。古者，分同姓以珍玉，展亲也；分异姓以远方之职贡，使无忘服也。故分陈以肃慎氏之贡。君若使有司求诸故府，其可得也。"使求，得之金椟，如之。[1]

从孔子的议论中，我们知道，周初，来自肃慎氏的楛矢已经成为象征物。周天子颁发"肃慎氏之贡矢"给异姓诸侯王，提醒他们不要忘记职贡之责，但此时的诸侯王们早已把它忘在"金椟"中了。这次楛矢石砮不是从东北地区的民族作为贡物进献而得，而是一只中箭的鹰隼带来的。这只鹰隼来自何方？它带着重伤能从遥远的肃慎地区飞到春秋时的陈国吗？还是从周天子所在的洛阳一带飞来的呢？可是周天子早已失去天子的实际地位，肃慎人还向它入贡楛矢吗？这已经成为历史之谜。

18.2　两汉时挹娄之贡矢

关于肃慎氏入贡的楛矢之形制，《后汉书》卷115《东夷列传》"挹娄"条记载：

挹娄，古肃慎之国也……种众虽少，而多勇力，处山险，又善射，发能入人目。弓长四尺，力如弩；矢用楛，长一尺八寸，青石为镞，镞皆施毒，中人即死。

这里我们第一次看到肃慎人弓矢形制的具体描写。

挹娄是肃慎族系继肃慎称号后使用的第二个族称，汉至晋前后约有600余年。挹娄族称出现于公元前2世纪至公元前1世纪时，即西汉

〔1〕《国语》卷5《鲁语》下，上海世纪出版集团，2008年，第99页。

时期。“挹娄”一词，含义有两说，一说音近通古斯语“鹿”，为鹿之意；一说与满语“叶鲁”音近，为岩穴之穴的意思。据《后汉书·东夷列传》记载，挹娄人“常为穴居”，看来后说比较可信，挹娄即“穴居人”的意思。挹娄称号本是他称，直到北齐天保五年（554年），他们向中原王朝纳贡还自称肃慎。[1]《史记》《汉书》中皆无挹娄的记载，《后汉书》和《三国志》之《东夷传》都写到挹娄，而汉代不见挹娄向中原政权进贡楛矢的记载，其原因是“自汉兴以后，臣属夫馀”。挹娄政治上失去了独立地位，与中原政权的联系是由其宗主国夫馀承担的。挹娄的楛矢应该通过夫馀对中原政权的朝贡进入中原地区。经历了西汉末年的动乱，光武帝建立东汉，东北亚地区的貊人又来朝贡：“王莽篡位，貊人寇边。建武之初，复来朝贡。”东汉时辽东太守祭肜威詟北方，声行海表，于是东北亚地区的濊、貊、倭、韩，“万里朝献，故章（帝）、和（帝）已后，使聘流通”。《后汉书·东夷传》记载夫馀国，云：

> 建武中，东夷诸国皆来献见。二十五年，夫馀王遣使奉贡，光武厚答报之，于是使命岁通。至安帝永初五年，夫馀王始将步骑七八千人寇钞乐浪，杀伤吏民，后复归附。永宁元年，乃遣嗣子尉仇台诣阙贡献，天子赐尉仇台印绶金彩。顺帝永和元年，其王来朝京师，帝作黄门鼓吹、角抵戏以遣之。桓帝延熹四年，遣使朝贺贡献。永康元年，王夫台将二万余人寇玄菟，玄菟太守公孙域击破之，斩首千余级。至灵帝熹平三年，复奉章贡献。夫馀本属玄菟，献帝时，其王求属辽东云。

东汉初入汉朝献的东夷诸国，应当有挹娄。自汉朝建立，挹娄臣服夫馀，在夫馀与东汉的关系中，也包含着挹娄与东汉王朝的关系。挹娄的楛矢是夫馀国与东汉交往中的必备贡品。所以东汉末年的曹植诗中便有对楛矢的歌咏，其《白马篇》诗写“幽并游侠儿”，云：“宿昔秉良弓，楛矢何参差！控弦破左的，右发摧月支。”[2]建安四年（199年），袁绍攻公孙瓒，陈琳作《武军赋》壮袁绍军威，云：“矢则申息肃慎，箘簵空

〔1〕《北齐书》卷4《文宣帝纪》记载，天保五年，“秋七月戊子，肃慎遣使朝贡”。

〔2〕〔三国·魏〕曹植撰，赵幼文校注：《曹植集校注》卷3，人民文学出版社，1984年，第411页。

疏”。[1]后人不知道这一点,以为肃慎贡楛矢从周成王时中断,直到曹魏才又入贡。唐代杜佑《通典》卷186《边防》二“挹娄”条云:“挹娄,魏氏通焉,云即古肃慎之国也。周武王及成王时,皆贡楛矢、石砮。尔后千余年,虽秦汉之盛,莫能致也。常道乡公景元末来贡,献楛矢、石砮、弓、甲、貂皮之属。”[2]

夫馀国是古东北亚民族秽貊别族所建,中国古代文献中有时写作“扶馀”。古代北方政权高句丽和百济的王室都来自夫馀。此外,北沃沮、东沃沮、濊都是夫馀的兄弟民族。《后汉书·东夷传》记载:“夫馀国在玄菟北千里,南与高句骊、东与挹娄、西与鲜卑接,北有弱水,地方二千里。本濊地也。”挹娄源于肃慎,其活动区域,“在夫馀东北千余里,东滨大海,南与北沃沮接,不知其北所极。土地多山险,人形似夫馀,而言语各异”。仍在今辽宁省东北部和吉林、黑龙江两省东半部及黑龙江以北、乌苏里江以东的广大地区。按照《后汉书》记载,此时的挹娄,“有五谷麻布出赤玉、好貂,无君长。其邑落各有大人,处于山林之间。土气极寒,常为穴居,以深为贵,大家至接九梯。好养豕,食其肉,衣其皮。冬以豕膏涂身,厚数分,以御风寒。夏则裸袒,以尺布蔽其前后。其人臭秽不洁,作厕于中,圜之而居……便乘船,好寇盗。邻国畏患,而卒不能服。东夷、夫馀饮食类皆用俎豆,唯挹娄独无,法俗最无纲纪者也”。据此则知,挹娄有渔猎业、农业、畜牧业和手工业。

挹娄人狩猎用的工具以弓箭为主。与肃慎时代比较,挹娄时代的“石砮”有很大的改进和发展,这首先反映在“簇皆施毒,中者即死”。其次在形制上也有改进。在距今1700年左右的黑龙江省宁安县东康遗址中,考古发现了仿金属工具制造的圆铤双翼石簇,还出土了三棱形骨簇。宁安县东康遗址,是牡丹江流域比较有代表性的一处早期铁器时代文化遗址。在宁安市东京城镇东郊东康村出土的铁器时期人类早期活动遗址,即东康遗址。它坐落在牡丹江支流马莲河左岸二级台地上,地处东京城盆地的东南边缘。东康文化是我国先秦战国时期至魏晋时

[1][唐]欧阳询:《艺文类聚》卷59,上海古籍出版社,1982年,第1070页。

[2][唐]杜佑:《通典》卷186《边防》二,中华书局,1988年,第5021页。

期的文化遗存。距今1700～2300年之间，时间跨度较长达6个世纪，与历史上东北地区被称为挹娄大致吻合。可以说，东康文化是东北挹娄人的遗存。挹娄人利用弓箭从事狩猎，猎取的对象有狍、鹿、貂等。考古发现的兽骨皆带有烧痕，说明他们猎取这些肉多毛厚的野兽，是为解决衣食之需。[1]《三国志》卷30《东夷传》说挹娄"出赤玉、好貂，今所谓挹娄貂是也"。著名的"挹娄貂"反映了挹娄人利用其善射技术捕貂，获取貂皮，与中原居民或邻近民族进行交换。

18.3 从挹娄到勿吉的贡矢

《三国志》卷30《东夷传》"挹娄"条记载：

> 自汉已来，臣属夫馀，夫馀责其租赋重，以黄初中叛之。

挹娄时期，东北夫馀族开始兴盛，后来又有高句骊族的兴起，这一局势影响着挹娄与中原及邻近各民族的关系。夫馀贵族趁秦末汉初中原大乱之机，欺凌邻近弱小民族，挹娄被迫臣属于夫馀国，并向夫馀贵族缴纳繁重的赋税，这种情况一直持续到公元3世纪初。曹魏黄初年间，挹娄举兵反抗，摆脱了夫馀的压迫和统治。挹娄能够摆脱夫馀的压迫，并能在四边民族侵扰中崛起，楛矢发挥了重要作用。史载："夫馀数伐之，其人众虽少，所在山险，邻国人畏其弓矢，卒不能服也。其国便乘船寇盗，邻国患之。"挹娄凭着"便乘船"和"善射"的优势，对周边民族形成威胁。挹娄人对居住在今图们江流域人少势弱的北沃沮，进行"寇钞"，致使北沃沮人常躲到深山岩穴中防备其袭击，只在冬天冰封河道后，才返回村中居住。

魏晋南北朝时，东北亚地区各民族和政权与中原地区各分裂对峙的政权来往密切，楛矢依旧是他们向中原地区进贡或交换的物产。在

[1]参黑龙江省博物馆：《东康原始社会遗址发掘报告》，载《考古》1975年第3期，第158-168页；宁安县文物管理所：《黑龙江宁安县东升新石器时代遗址调查》，载《考古》1977年第3期，第173-175页；林秀贞：《宁安县东康遗址第二次发掘记》，载《黑龙江文物丛刊》1983年第3期，第42-47页。

记载魏晋南北朝历史的正史中，我们常常看到他们向中原地区进贡楛矢。挹娄摆脱夫馀的统治不久，便与曹魏建立臣属关系，并进贡楛矢。《三国志》卷3《魏书·明帝纪》记载，青龙四年(236年)五月，“丁巳，肃慎氏献楛矢”。此肃慎即挹娄。《三国志》卷4《魏书·三少帝纪》记载，元帝景元三年(262年)“夏四月，辽东郡言肃慎国遣使重译入贡，献其国弓三十张，长三尺五寸，楛矢长一尺八寸，石弩三百枚，皮骨铁杂铠二十领，貂皮四百枚”。《晋书》卷2《文帝纪》亦记此事：“(景元)三年夏四月，肃慎来献楛矢、石砮、弓甲、貂皮等，天子命归于大将军府。”挹娄进贡的物产，包括楛矢都归于司马昭大将军府。“肃慎来贡”被曹魏政权视为皇威远被、万邦协和的象征，而且归功于丞相司马昭。《三国志》卷28《魏书·钟会传》记载，钟会伐蜀，“移檄蜀将吏士民曰：‘今主上圣德钦明，绍隆前绪；宰辅忠肃明允，劬劳王室，布政垂惠而万邦协和，施德百蛮而肃慎致贡。’”曹魏将挹娄划归辽东郡管辖，这是挹娄民族继春秋肃慎人以后，第一次与中原直接来往，并自此保持着臣属关系。在史学家眼中，挹娄最重要的物产便是楛矢。

挹娄进贡中原地区的楛矢，的确被用于战争。《三国志》卷30《魏书》三十《乌丸鲜卑东夷传》记载，挹娄国“其弓长四尺，力如弩，矢用楛，长尺八寸，青石为镞，古之肃慎氏之国也。善射，射人者皆入因(目)。矢施毒，人中皆死”。其矢有毒，三国时有人中箭中毒的记载。《三国志》卷36《蜀书·关羽传》记载：“羽尝为流矢所中，贯其左臂，后创虽愈，每至阴雨，骨常疼痛。医曰：‘矢镞有毒，毒入于骨，当破臂作创，利骨去毒，然后此患乃除耳。’羽便伸臂令医劈之。”关羽所中当即楛矢。“矢施毒，人中皆死”云云，有夸张之处。毒性大小，伤及部位不同，未必皆死。但从其进贡的数量来看，在战争中的作用是有限的，可能主要还是供皇上贵族游猎所用，而政治上的意义要大于其实际的使用价值。

西晋时，挹娄依旧向中原政权进贡楛矢。《晋书》卷3《武帝纪》记载，咸宁五年(279年)十二月，“肃慎来献楛矢、石砮”。所以《晋书》卷97《四夷传》记载肃慎氏及其贡物，仍强调了他们的楛矢：

肃慎氏一名挹娄，在不咸山北，去夫余可六十日行……有石砮，皮骨之甲，檀弓三尺五寸，楛矢长尺有咫。其国东北有山出石，其利入铁，将取之，必先祈神。周武王时，献其楛矢、石砮。逮于周公辅成王，复遣使入贺，尔后千余年，虽秦汉之盛，莫之致也。及文帝作相，魏景元末，来贡楛矢、石砮、弓甲、貂皮之属。魏帝诏归于相府，赐其王傉鸡锦罽、绵帛。至武帝元康初，复来贡献。

西晋灭亡，挹娄继续向中国分裂对峙中诸政权进贡楛矢。《晋书》卷6《元帝纪》记载，太兴二年，"八月，肃慎献楛矢石砮"。《晋书》卷97《四夷传》"肃慎氏"条记载：

元帝中兴，又诣江左贡其石砮。至成帝时，通贡于石季龙，四年方达。季龙问之，答曰："每候牛马向西南眠者三年矣，是知有大国所在，故来"云。

说明挹娄不仅向南方的东晋进贡，还向北方五胡十六国之一的后赵进贡。《晋书》卷150《载记·石勒下》记载石勒盛时："高句丽、肃慎致其楛矢，宇文屋孤并献名马于勒。"韩国文献记载："美川王三十一年（晋武帝咸和五年），遣使后赵贡楛矢。"[1]后赵还把挹娄进贡的楛矢作为礼物，送给蜀汉李寿。《晋书》卷160《载记·石季龙上》记载：石季龙遣李宏使蜀，"李宏既至蜀汉，李寿欲夸其境内，下令云：'羯使来庭，献其楛矢。'季龙闻之怒甚"。五胡十六国之一的前秦苻坚也得到挹娄进贡的楛矢。《晋书》卷113《载记·苻坚上》记载："坚自平诸国之后，国内殷实……鄯善王、车师前部王来朝，大宛献汗血马，肃慎贡楛矢，天竺献火浣布，康居、于阗及海东诸国，凡六十有二王，皆遣使贡其方物。"

公元5世纪后，挹娄逐渐为勿吉取代。南北朝时期，挹娄势力衰落，而与挹娄为同一近亲群体的勿吉势力兴起，史书对勿吉记载渐多，但挹娄仍然存在，后为勿吉取代。《魏书·勿吉传》记载："勿吉国在高句骊北，旧肃慎国也，自太鲁水东北行十八日到其国，国有大水名速末，国南有徙太山。"《北史·勿吉国传》云："其部类凡有七种，其一粟末部，其二伯咄部，其三安东骨部，其四沸涅部，其五号室部，其六黑水部，其七白山部。"太鲁水即今滔儿河，粟末水即松花江，徙太山即长白山。则自

〔1〕〔韩〕朴容大等编著：《增补文献备考》卷171《交聘考》一，明文堂，2000年，第1007页。

今松花江以东际海，混同江以南抵长白山，皆其国境。诸部之分，应在魏延兴以前，其中黑水粟末特强。勿吉国与北魏联系密切，频繁至北魏朝贡，并大量向北魏输入楛矢。史书记载，自北魏延兴五年（475年）勿吉遣使到北魏朝贡后，与中原关系日益紧密，并逐渐兴盛起来。包括夫馀、高句骊、百济在内50余国遣史向北魏朝贡。478年，勿吉人曾朝贡北魏，要求准许其和百济配合，南北夹攻高句丽。魏廷以三方都是自己的藩属，令彼等"宜共和顺，勿相侵扰"。勿吉听从魏廷的谕令，停止对高句丽的进攻。北魏太和十七年（493年），勿吉灭亡邻近的夫馀，领土扩展到伊通河流域松辽平原的中心，为东北一支强大势力。后魏时勿吉国曾频繁致贡，其贡物明确说明即楛矢。《魏书》卷7下《高祖纪》下记载：

（太和）十年……十有二月……癸未，勿吉国遣使朝贡。

十有二年……八月甲子，勿吉国贡楛矢、石砮。

《魏书》卷8《世宗纪》记载：

（景明）四年……八月，勿吉国贡楛矢。

（正始）四年春二月……己未，勿吉国贡楛矢。

（永平）四年……八月……癸巳，勿吉国献楛矢。

延昌元年……八月……丁亥，勿吉国贡楛矢。

《魏书》卷9《肃宗纪》记载：

（延昌四年）……冬十月庚午朔，勿吉国贡楛矢。

（熙平二年）冬十月……丁酉，勿吉国贡楛矢。

在当时战争频繁的时代里，勿吉人如此频繁入贡楛矢，其数量可能很大，而且确是为战争所用。楛矢还经过高句骊向南朝进贡。《宋书》卷6《孝武帝纪》记载，大明三年"十一月己巳，高丽国遣使献方物。肃慎国重译献楛矢、石砮"。《宋书·夷蛮传·高句骊国》记载："大明三年，高句骊王高琏又献肃慎氏楛矢石砮。"楛矢作为东北亚地区古民族向中原地区政权进贡的特产，南北朝时已经用"楛矢之贡"泛指东北藩属的贡物，成为国家强盛的象征。南朝梁丘迟《与陈伯之书》夸耀梁朝皇威云："当今皇帝盛明，天下安乐。白环西献，楛矢东来；夜郎滇池，解辫请职；朝鲜昌海，蹶角受化。”[1]

北朝后期，勿吉国在汉文文献中被称为“靺鞨”。《北史·勿吉国传》云：“勿吉国一曰靺鞨。”当北魏灭亡，中国北方分裂为东、西魏和北周、北齐时，靺鞨曾向东魏、北齐进贡。《北齐书》卷7《武成纪》记载：河清二年（563年），“室韦、库莫奚、靺鞨、契丹并遣使朝贡”。三年，“高丽、靺羯、新罗并遣使朝贡”。《北齐书》卷8《后主纪》记载，天统元年（565年），“高丽、契丹、靺鞨并遣使朝贡”。二年（566年），“突厥、靺鞨国并遣使朝贡”。三年（567年）“冬十月，突厥、大莫娄、室韦、百济、靺鞨等国各遣使朝贡”。四年（568年）“是岁，契丹、靺鞨国并遣使朝贡”。武平三年（572年）“新罗、百济、勿吉、突厥并遣使朝贡。于周为建德元年”。四年（573年）“高丽、靺鞨并遣使朝贡”。六年（575年）四月“癸卯，靺鞨遣使朝贡”。按照传统的进贡方式，靺鞨向北齐进贡的物品可能还有楛矢。

18.4 楛矢从历史舞台的退出

从北朝后期起至隋唐以后，史书上基本不见了楛矢的纳贡，这与东北亚局势、中原政权与东北地区各族关系以及兵器技术的进步有关系。

隋时靺鞨在高句丽之北，部落数十，后逐渐发展为七大部，有粟末、伯咄、安车骨、拂涅、号室、黑水、白山等七部，主要分布在粟末水（今松花江）和黑水（今黑龙江）一带。其中居肃慎氏之故地，以楛矢著称者乃黑水靺鞨。《隋书》卷81《东夷传》记载：“黑水部尤为劲健，自佛涅以东，矢皆石镞，即古之肃慎氏也”，“东夷中最为强国”。黑水靺鞨仍保留着穴居的习俗，“人皆射猎为业，角弓长三尺，箭长尺有二寸，常以七八月造毒药，傅矢以射禽兽，中者立死。”隋文帝开皇初年，靺鞨诸部“相率遣使朝献”。[2]开皇元年七月“庚午，靺鞮酋长献方物”。开皇十一年“十二月景辰，靺鞨遣使贡方物”[3]其献物不明确。此后，黑水靺鞨基本上

〔1〕〔南朝·梁〕萧统编：《昭明文选》卷43，上海书店，1988年，第608页。

〔2〕《隋书》卷81《东夷传·靺鞨》，上海古籍出版社、上海书店，1986年，第218页。

〔3〕《隋书》卷1《高祖纪》，上海古籍出版社、上海书店，1986年，第5、7页。

与隋隔阂不相通,“其国与隋悬隔”。地近隋朝的粟末、白山二部常附属高句丽,炀帝伐高句丽,粟天部曾出兵助高句丽。

唐初,靺鞨全境西南入于粟末,东北并于黑水。黑水靺鞨于武德五年开始与唐交往,“渠长阿固郎始来”,“太宗贞观年,乃臣附,所献有常,以其地为燕州”。玄宗时,“朝献者十五。大历世凡七,贞元一来,元和中再”。其献物未见明确记载。后来粟末强盛,建渤海国,“靺鞨皆役属之,不复与王会矣”。唐开元十年(722年),黑水部酋倪属利稽入朝,唐玄宗任为勃利州(今俄国伯力)刺史。后在其境置黑水军,又于其最大部落内置黑水都督府,仍以首领为都督。其余各部隶都督府,设州,首领为州刺史,唐派长史监领之。十六年,唐赐其都督姓李,兼黑水经略使,隶幽州都督。但黑水靺鞨与唐朝交往受到渤海国的阻断。

粟末靺鞨于698年曾建立震国,其首领大祚荣于唐开元元年(713年)受唐封为渤海郡王。置忽汗州,加授忽汗州都督,此后辖区即以渤海为号。渤海国先是阻断靺鞨诸部与唐朝的联系,继而吞并诸部,成为东北强国,“以肃慎故地为上京”。同时,渤海国与唐交往频繁。据《新唐书》卷219《北狄传》记载,玄宗时“朝献者二十九”;“大历中,二十五来”;“建中、贞元间凡四来”;“元和中,凡十六朝献,长庆四,宝历凡再”;“终文宗世来朝十二,会昌凡四”;“咸通时,三朝献”。这些朝献除大历中曾献“日本舞女十一”之外,献物皆无考。而且,安史之乱以后,河北三镇跋扈,渤海国名义上与唐朝的交往,实际上为“幽州节度府与相聘问,自营、平距京师盖八千里而远,后朝贡至否,史家失传,故叛附无考焉”。[1]所以在《唐书》唐后期诸帝纪中,并没有渤海国朝献的记载,也就是说他们的使人其实并没有到达唐朝的都城长安。并入粟末靺鞨的拂涅部,安史之乱前曾入贡,其进贡的物品,见于记载的是鲸睛、貂皮和白兔皮,没有楛矢。[2]

辽天显元年(后梁明宗元年,926年),渤海国为辽太祖耶律阿保机攻灭,改称东丹,以其子为东丹王。黑水靺鞨于五代时仍有入贡中原之

〔1〕《新唐书》卷219《北狄传》,中华书局,1975年,第6181页。

〔2〕《新唐书》卷219《北狄传》,第6179页。

举。《新五代史》卷74《四夷附录》三记载：

黑水靺鞨，本号勿吉。当后魏时见中国。其国，东至海，南界高丽，西接突厥，北邻室韦，盖肃慎氏之地也。其众分为数十部，而黑水靺鞨最处其北，尤劲悍，无文字之记。其兵，角弓、楛矢。同光二年，黑水兀儿遣使者来，其后常来朝贡，自登州泛海出青州。明年，黑水胡独鹿亦遣使来。兀儿、胡独鹿若其两部酋长，各以使来。而其部族、世次、立卒，史皆失其纪。至长兴三年，胡独鹿卒，子桃李花立，尝请命中国，后遂不复见云。

但其入贡物品是什么，没有明确记载。从北朝后期，历经隋唐至五代，贡品中不提楛矢，这至少说明，楛矢已经失去过去年代的重要性。唐代的箭分为四种，即竹箭、木箭、镔箭、弩箭。其中镔箭较长，装有钢镞，可以射穿身披铠甲的敌人。唐高宗试薛仁贵箭法，试以五甲，他"一发洞贯"。伐九姓铁勒，薛仁贵"发三矢，辄杀三人，于是虏气慑，皆降"。[1]他用的应该就是镔箭，除了他射技超人之外，这种箭的威力也不容忽视。相比之下，楛矢石砮已经落后于时代。南北朝以来重装骑兵出现，将士和战马皆全身披挂铠甲，将士护身的铠甲也已经得到改良，攻击性的弓箭也必须进行改良。可以想见，唐人对于楛矢石砮不会太感兴趣，《新唐书》卷219《北狄传》讲到黑水靺鞨的箭时，云："其矢石镞，长二寸，盖楛砮遗法。"对这种沿袭传统的制作方法表现出一种不以为然的态度。

楛矢石砮最终退出历史舞台，跟兵器制作技术的进步有关，其历史使命最终结束的时间在公元11世纪。五代时，契丹人称黑水靺鞨为女真，从此女真之名代替了靺鞨。辽朝又因避辽主耶律宗真讳改写作女直。阿保机灭渤海，部分女真人随渤海人南迁，编入辽籍，称为"熟女真"；留居故地的女真人，未入辽籍，称为"生女真"。生女真中的完颜部逐渐强大，他们营建庐室，定居在今阿什河一带。至乌古迺(1021—1074年)为部长时，生女真人掌握了冶铁技术，对传统的制箭技术进行了改良。《金史》卷1《世纪》记载：

〔1〕《新唐书》卷111《薛仁贵传》，中华书局，1975年，第4141页。

生女直旧无铁,邻国有以甲胄来鬻者,倾赀厚价以与贸易,亦令昆弟族人皆售之。得铁既多,因之以修弓矢,备器械,兵势稍振,前后愿附者众。

乌古迺的时代相当于北宋仁宗(1023—1063年)、英宗(1064—1067年)、神宗(1068—1085年)的时代。原始的楛矢石砮已经落后于以金属为材料制作的弓箭,乌古迺痛感于楛矢石砮的落后,不惜代价改良女真人的弓箭军器,使女真人重新获得生机。楛矢石砮被淘汰,但女真人仍以"精于骑射"而著称。[1]女真人的祖先曾经凭借楛矢石砮自强于东北亚民族之林,并且以此作为贡物建立了与中原王朝历代政权的密切关系。现在,又通过对这种兵器的改良和扬弃取得新的军事上的优势。历史上各种各样的兵器都曾经有过辉煌的历史,但随着时间的演进和科学技术的进步,又不断地被淘汰,被更新,为更先进的产品所取代。楛矢石砮也没有摆脱这种命运。

楛矢石砮已经失传很久,引起后人对这种原始的楛矢产生许多猜想,甚至形成一些神奇的传说。清魏源《圣武纪》卷1"古肃慎氏之国"条记载:"惟国初吴兆骞谪宁古塔记之,云:石砮出混同江中,相传松脂入水千年所化,厥色青绀,厥理如木,厥坚过铁石,土人以之砺刃,知为肃慎砮矢之遗。"据说,吴兆骞"曾携归京师赠友,王士祯载之《池北偶谈》"。其说并不可信。清人失望于从满州兵中找到此种兵器,魏源《圣武记》卷1云:"肃慎国在今辽东吉林宁古塔地,女真为肃慎之转音,楛矢肇骑射之俗,见高宗御制,惟满州兵究未闻石砮为镞之事。《盛京通志》、《八旗通志》皆无其证。"魏源不知道这种楛矢早已绝迹,他认为,楛矢之所以不为人知,不为清官方文献记载,"盖产濒海口,无人奏闻,故御制、官书皆未之及",[2]这是一种臆测。

[1]〔宋〕叶隆礼:《契丹国志》卷22《州县载记》,影印文渊阁四库全书本,台湾:商务印书馆,2008年,第779页。

[2]〔清〕魏源:《圣武记》卷1,岳麓书社,2011年,第15页。

19　斯坦因楼兰考古的历史发现

楼兰曾是丝绸之路上显赫一时的西域国家之一。"楼兰国"之名始见于汉代文献，有年代可据的记载，见于《史记·匈奴列传》。西汉文帝四年（公元前176年），匈奴冒顿单于给汉文帝的信中夸耀匈奴武力之盛，云："定楼兰、乌孙、呼揭及其旁二十六国，皆以为匈奴。"关于楼兰国的位置，《史记·大宛列传》引述张骞的报告说："楼兰、姑师邑有城郭，临盐泽。"

楼兰国位于新疆塔里木盆地东端，《汉书·西域传》云："楼兰国最在东垂，近汉。"楼兰国是中国中原政权早期进入塔里木盆地及其以西政治与贸易之路上最近的西域国家。正是因为其异常重要的地理位置，《史记》《汉书》中关于楼兰（后改称鄯善）的资料比较丰富。但由于楼兰城后来废弃，其地在何处，却一直是个谜。20世纪初瑞典考古学家斯文·赫定探险队找到了古楼兰城遗址，此后又有美国亨廷顿、英国斯坦因、日本大谷光瑞等探险队到达古楼兰地区进行考古，逐渐揭开了古楼兰历史的面纱。1930年中国考古学家黄文弼到此进行考古研究，1979年至1980年中国新疆考古研究所，与中央电视台联合组成的楼兰考察队两次进入古楼兰地区考察，获得不少新的研究成果，因此能够使我们结合古代文献记载和考古发现，探讨古代楼兰国和楼兰城的历史和文化。

在楼兰学的研究中，斯坦因的研究具有重要的价值和地位。楼兰考古是斯坦因西域考古研究的一部分。斯坦因西域探险和考古的成就是多方面的，他发掘了大量古代遗址，他的考古报告及学术著作对研究西域文化极具价值。其中关于楼兰的考古和研究解决了楼兰史和西域史研究的若干基本问题，获得重要结论，初步揭开了楼兰文明的面纱。

本章对斯坦因楼兰考古的成果，略加概述，从而对斯坦因楼兰考古的结论和经验做一总结。

19.1 关于楼兰国区域和楼兰城方位的推断

在中国古代文献中，“楼兰”一名是作为国名出现的。作为西域国家，原来受匈奴控制，向匈奴交纳贡赋。史载张骞出使西域后，汉与大宛（费尔干纳）诸国的交往开始频繁起来，“使者相望于道，一岁中多至十余辈。楼兰、姑师当道苦之，攻劫汉使王恢等，又数为匈奴耳目，令其兵遮汉使”。楼兰不堪供顿之苦，勾结姑师和匈奴，成为汉通西域的障碍。汉武帝元封三年（公元前108年），为了保证丝路的通畅，汉朝派赵破奴、王恢率军征楼兰、姑师，“因暴兵威以动乌孙、大宛之属”。斯坦因根据这条记载，判断楼兰国位于从敦煌到大宛的“大道”上，而且它的态度对汉朝前往西域商使的安全特别重要。姑师就是《汉书》中其他地方所称的车师（在今吐鲁番一带）。据《汉书》记载，赵破奴、王恢奉命进击姑师，“破奴与轻骑七百人，先至虏楼兰王，遂破姑师”。既然在进击姑师之前先破楼兰，楼兰国一定位于罗布淖尔附近，因为只有这里才具备可以形成一个“国”并用作进击姑师的基地的条件，而且从敦煌出发到姑师，必走罗布淖尔道。

既然是一个国家，就有其疆域问题。即使不必像现代国家一样有明确的边境界限，也应该有一个大致的范围。斯坦因判断，当时的楼兰国可能与罗布地区大致相当。由于与公元前108年汉朝西征以前事件有关系的大道容易遭受来自楼兰与姑师两边的阻碍，所以这条路线应该位于罗布淖尔以北。早期中国使节可利用的唯一路线，就是曾使“楼兰”遗址东连长城终点，西连塔里木盆地北缘绿洲的那条路线。这条路线遭受来自楼兰和姑师两方面的困扰，也遭受来自焉耆和姑师方向两面匈奴的袭击。从匈奴占据的天山北部和尤勒都斯峡谷大牧区很容易进入焉耆，焉耆则是匈奴侵入塔里木盆地特别方便的门户。从那里派出的拦截汉使的匈奴部队能够最有效地控制那一段西经楼兰的通道。

当时楼兰可能像后来一样包括罗布淖尔附近整个塔里木河三角洲的地区。汉武帝太初元年(公元前104年),匈奴曾企图在楼兰驻扎一支骑兵,以切断汉朝远征大宛的退路。根据科兹洛夫和罗博罗夫斯基探险队1893—1895年吐鲁番和罗布淖尔考察图,斯坦因指出,来自通过姑师的匈奴的袭击,至少有三条小道通过吐鲁番正南的库鲁克塔格荒原,与南面南脚的古道垂直相交,小股部队可以从好几个地方通过库鲁克塔格中部。罗布淖尔北部的古道曾面临匈奴的侧面攻击。[1]延和元年(公元前92年),楼兰王死,汉朝以为其质子在汉犯法,被处以宫刑,不当立为王,于是另立次子为王。楼兰新王仍遣一子质汉,一子质匈奴。延和四年(公元前89年),楼兰曾出兵进攻车师,以助汉军攻打天山北部的匈奴。后王死,"匈奴先闻之,遣质子归,得立为王"。汉诏其入朝,鉴于被派往汉朝的两个质子都一去不返,新王借口国中未安推迟入汉的时间。《汉书》继续写道:"然楼兰国最在东垂,近汉,当白龙堆,乏水草,常主发导,负水担粮,送迎汉使,以数为吏卒所寇,惩艾不便与汉通。后复为匈奴反间,数遮杀汉使。"这段话对研究罗布地区古地理特别重要,因为它清楚地讲明了楼兰国的东界。

伴随着汉与匈奴的长期较量,楼兰国的形势出现许多次反复。昭帝元凤四年(公元前77年),汉遣平乐尉傅介子往刺其王。傅介子斩其王首,驰传诣阙。汉朝更立尉屠耆为新王,改其国名为鄯善。鄯善与西汉保持良好关系,保证了由鄯善沿昆仑山北麓西行的西域南道的通畅。西汉末年,西域反乱,莎车称雄,鄯善与其他诸小国皆受其役使。东汉建立以后,鄯善国与其他诸小国都想得到东汉王朝的支持以摆脱莎车的控制。光武帝建武二十一年(公元45年),鄯善等国纷纷遣子入侍,请求东汉保护,希望东汉派遣都护。东汉未能接受他们的请求,莎车王贤令鄯善王安绝通汉道,安不纳而杀其使,贤出兵南破鄯善,安逃亡山中。这件事证明当时鄯善是汉朝通西域干道上的重要枢纽。东汉无力经营西域,鄯善遂复附匈奴。莎车的称霸行为遭到西域诸国、匈奴和东汉的普遍不满,终于在多方面的进攻之下破亡。此后,于阗、鄯善

〔1〕〔英〕斯坦因:《踏勘尼雅遗址》,广西师范大学出版社,2000年,第294-297页。

成为西域南道两个最强大的国家。总的来看,在东汉与匈奴争夺西域的过程中,鄯善的立场虽然时有反复,但基本上是东汉一支重要的依靠力量。顺帝阳嘉元年至三年(132—134年)以后,东汉在西域的威信渐衰,诸国转相攻伐。关于西域余下时期的记述,则明显缺乏,也未再提到鄯善。根据《魏略》记载,东汉末年至魏晋时期,鄯善兼并了周围一些小国,成为西域南道与于阗并称的两个大国之一。其后鄯善国的变迁,要靠20世纪初之后百余年的考古发现来说明。斯文赫定和斯坦因在新疆考古的发现,说明《汉书》记载的楼兰国和从昭帝元凤四年(公元前77年)以后的鄯善国,所表示的地方是整个罗布地区。

斯文·赫定和斯坦因考古发现的古城遗址,被他们判断为楼兰国(后来的鄯善国)境内的一个城堡,而这座城堡是以楼兰之名存在的。公元前77年以后,楼兰国易名鄯善以后,楼兰之名则作为鄯善国境内一座丝路古城继续存在,后渐为瀚海吞没。《后汉书·班勇传》记载,大约在东汉安帝元初六年(119年),班勇建议朝廷"宜遣西域长史将五百人屯楼兰,西当焉耆、龟兹径路,南强鄯善、于阗心胆,北捍匈奴,东近敦煌"。斯坦因指出,这里提到的"楼兰"一名,在它作为国名更名为鄯善后近两个世纪在汉文史料中再次出现时,是以一个具体的地名形式出现的。这个地方在鄯善国北部,因此说"南强鄯善、于阗心胆"。成书于239—265年之间的《魏略》描述西域三条路线,中道上有"故楼兰",也是一个具体经行地点,就是指罗布淖尔以北在罗布地区以内的"楼兰遗址"。《水经注》讲到北河水"东径楼兰城南而东注",特意交代所谓楼兰城,"故城禅国名耳"。[1]在楼兰国易名为鄯善以后,此废址却禅国名而为地名,说明此地地位的重要,那是汉晋时期守护丝路交通汉代"北道"或曰《魏略》"中道"和整个罗布地区的重要军事基地。

据斯坦因的考察,现在的楼兰古城遗址是一座呈不规则方形的城市,城墙残垣隐约可辨。东面城墙长333.5米,南面城墙长329米,西面和北面都是327米。城墙用夯土法筑成,夯土中夹压当地出产的芦苇秆和红柳枝。南北城墙中间均有一个缺口,似为南北城门。西城墙也

〔1〕陈桥驿校证:《水经注校证》卷2《河水》,中华书局,2013年,第38页。

有一个缺口，缺口两侧还有两个土台，疑是城门和附属建筑，由于风蚀严重，难以判断其本来面目。城中最高的建筑是城东部的一座佛塔，现存高度是10.4米。塔基为方形，塔身为八角形，用土坯加木料垒砌而成，中间填土充实，塔顶圆形。在塔南侧塔基与塔身之间有供攀登的土坯阶梯。佛塔的南面为一片大型建筑遗址，地面上有许多错乱放置的粗大木料。斯文赫定和斯坦因等人都在这里找到雕刻各种精致花纹的装饰木板和木雕佛像。这里可能是官员的府邸。城中偏西部有一较大的院落，坐北朝南，东西宽约57米，南北残长约30余米，曾出土大量汉文简牍、少数佉卢文简牍以及各种日用器物，斯坦因认为这是西域长史衙署。楼兰城南有三条干涸的河床，城内还有一条东西走向的穿城而过的石渠道遗迹，与城外的河流相连，显然是城内汲水之道。在楼兰古城周围还发现了一些古城址和文化遗址，出土不同种类和数量的文物。楼兰城的格局和各种遗物，都可以看出受到中原文化的影响。

19.2 "楼兰"之名探源和楼兰城性质探讨

斯坦因在古城遗址发现的文书表明，"楼兰"之名在公元3～4世纪很有可能已经用于这个被斯坦因标为L.A废墟所代表的军事要塞。在一件文书中，一个下级军官向上级报告说："文书前至楼兰拜还守堤兵廉。"斯坦因说，发现这件文书的垃圾堆所处之地可能便相当于楼兰，即这封公函所寄往的地方。另一件文书是一个叫白疏恽的人提交给某张姓会计的申请，白疏恽是楼兰土人。斯文赫定在L.A.Ⅱ废墟发现的提到楼兰的4件文书，有两件似乎是将楼兰作为收信的地名〔1〕。这些文书的年代在3世纪下半叶和4世纪初叶之间。斯坦因指出，《魏略》和郦道元《水经注》中使用的资料将"楼兰"之名用于守卫那时罗布淖尔北边道路的中国屯田是正确的。"故城禅国名"，楼兰之名被沿用于这个特定地点。

斯坦因根据楼兰遗址发现的佉卢文文书，认为"楼兰"一名可能出

〔1〕〔英〕斯坦因：《路经楼兰》，广西师范大学出版社，2000年，第118页。

于佉卢文。除了指称这个军事要塞之外,有时又泛指罗布地区。有一份契约记录着一位居住在卡尔马丹那(Calmadana,即且末)的克罗来那(Kroraina)人,叫凯摩伽,他把一块地及全部所有权出售给买主耶钵笈(Yapgu)和他的儿子们。这块地位于"克罗来那","在大城之南"。在该遗址出土的另外两件文书中又提到这个名字,称为克罗来伊那(Kroray-ina),只是拼写略有不同。斯坦因和拉普森都认为所谓"克罗来那"或"克罗来伊那"就是发现信件的地方,即楼兰遗址。这个名字还并不局限用于L.A要塞废墟,也同样用于周围地区。在L.B.Ⅳ废墟发现的一件楔形双简,是写给御牧马提那耶(Maldraya)和沙门('Sramana)阿难陀犀那(Anamdasena或Ãnandasena)的,传达国王关于将克罗来姆那(Kro-raimna)的左罗伽(Caraka)的农田以及属于那里的一个女子交给某迦拉施达(Kalasdha)的命令。Kroraimna这个形式只是Kroraina书写上的一种变异。插入的辅音m并没有任何语音上的原因,元音后面紧跟一个鼻音,在整个文书中经常出现。如用Khotam na代替Khotana,用Jam na代替Jana等。此废墟距L. A古要塞7英里远,说明克罗来那(Kroraina)有一种更为广义的用法,它包括了整个废墟的聚落。在L.A废墟出土的汉语文书,把这个废弃的军事要塞称作"楼兰",从中文史料中可以知道,"楼兰"这个名字也有一个较广义的用法,原指位于塔里木河末端沼泽以北古道上的罗布地区。楼兰之名最早见于《史记·大宛列传》,出自张骞出使西域归来的报告,一定是对实有地名的音译。考虑到所指地方与克罗来那所指相同,斯坦因认为这个名字的原形是佉卢文文书的克罗来那(Kroraina),或克罗来伊那(Krorayina)。在汉语语音体系中没有半元音r的发音,译时通常被替换为L,考虑到所有外语名字翻译成汉语读音时的困难,当时又没有任何转写原则,用"楼"(Lou-)代替"克罗"(Kro-)是所能想到的最接近的一个音,同样地,"兰"(-lan)的发音则与"来那"(raina)或"来伊那"(rayina)是相当接近的[1]。

斯坦因根据楼兰遗址L.A废墟发现的大量文书在内容和时间上的确定性,确信此废墟是小型防御设施,由中国中原地区军队驻守,目的

〔1〕〔英〕斯坦因:《路经楼兰》,第122-124页。

是守卫从甘肃西缘的敦煌到塔里木河以北主要绿洲线上的重要古道。中国首次西征中亚即李广利远征大宛就是沿这一条路线进行的,它大约开通于汉武帝元封元年(公元前110年)左右。通过敦煌以西沙漠到楼兰地区或罗布地区的路线,在整个汉代都在使用。汉文史料和斯坦因考古时尚未改变的地理面貌表明,汉时对中国商人、行政官员和士兵而言,最为重要的交通道路总是这条沿天山南麓从库尔勒往西到喀什噶尔的大道,史书上称为"北道"。随着中国政治和军事力量进入中亚,就是通过这条道路大量丝绸输送到费尔干纳或大宛,然后进入索格迪亚那和巴克特里亚。保护这条伟大的贸易之路,抵御匈奴及其天山以北游牧部族的侵袭,是中国中原政权据守塔里木盆地的主要目的,也是中原政权在西域设立行政机构的主要目的[1]。

19.3 关于楼兰历史的发现

19.3.1 考证出鄯善国国王名字

斯坦因根据在楼兰遗址发现的一件矩形双简佉卢文文书,考证出古鄯善国一个国王的名字叫"安归迦"。这件文书与从正式文书中观察到的统一惯例一致,准确地以帝王的年号注明日期。但只有这一件文书能够确定地辨认出在位的帝王的名字。这件文书的内容涉及一桩土地转让,是一个叫施伽伊陀(Sigayita)的人将土地转让给叫柯犀那耶的妇女。统治者的名字被称呼为"大王安归迦天子"(Maharaya Am goka Devaputra)。这个名字和称呼让斯坦因回想起尼雅遗址发现的两件矩形木简日期中提到大王侍中安没瞿迦天子。考虑到以尼雅为中心的精绝国并属鄯善或罗布版图,斯坦因推断两个遗址文书中提到的这个统治者可能是同一个人。精绝国并属鄯善,得到成书于公元239—265年年间的《魏略》的证明。这个时期就在楼兰遗址纪年文书所涵盖年代之前。[2]

〔1〕〔英〕斯坦因:《路经楼兰》,第108-109页。

〔2〕〔英〕斯坦因:《路经楼兰》,第120-121页。

19.3.2 关于中国中原政权对楼兰要道的管理和护守

楼兰遗址出土的文书反映了3世纪后半叶至4世纪初叶,中原政权对楼兰要道的管理和护守情况。有一封纸信保存较好,信中以半官方的形式报告了解决某些高官的调动这类行政事务。有一件文书提到某次军事行动,报告一支军队调到可能很远但现在还不明确的地方。又一件文书报告从烽燧顶上观看到的一场战斗。大多数官方记录只是些从办公室扔到垃圾堆中的"废纸"(即木片),所记只是说明了那些人的职责范围和性质。可以清楚地发现,他们的工作主要与某个中国军事要塞的食品供应、军队和可耕地的维持有关。虽然记录的是非常琐碎的行政事务,这些文书却具有显著的历史意义,因为它们详细地反映了实际的组织机构,这个机构在中国越过中亚地区的政治扩张过程中起过重要作用,并显然曾有助于使这种政治扩张在广阔而巨大的自然障碍面前维持数世纪。

楼兰遗址维持丝路通畅的功能还反映在文书中关于生活用品供应方面的内容。大多数文书是当地谷仓官员关于谷类的储藏和发放的报告和命令。大量木简提到主簿人员和其他官员,表明了有关此仓物资供应的对象与相关物资的供应量。他们也表明采用了详尽的管理制度,如必须出示要核对的存货清单和确认发给的序号或收据的那些人的名单。详细叙述中记录着给每个士兵、小职员或小分队的配给。据此可知批准给每人每天的谷类定额。有件文书内容很长,介绍了保存和核对粮食配给账目的方法。特别是这些文书不仅详细记录当地要塞的供应品,还提到给过往官员和其他人员提供供给。这个拓居地位于并不适于持久耕作的三角洲,因此资源有限,供给方面遇到了困难,这一点在有的文书的内容中得到了证明,例如有一件文书中领受者被指令"今权复减省督将吏兵所食条所减"。另一件残木简,命令"宜渐节省使相周接"。

楼兰文书也反映了当地军队屯田的情况,屯田是汉代以来满足贸易大道交通提出的供给要求、维持丝路通畅的重要措施之一。有些有关农业活动的文书记录着不管是已经灌溉或待灌溉的还是尚待开垦的土地的分配情况,就是指某指定屯田部队的耕作情况。文书中还有下面一些内容,包含有关播种的特别命令;提到一位主管农业劳工的官员,即督田掾;特令某部长官给北河的一顷田进行灌溉;命令大量种菜以供冬储。还有劳动工具诸如锄头、铲刀、锯子等的存货清单,明确证明进行这些活动所用的家具是从一中心仓库发给士兵的。在一件文书中提到一种"胡锄",可能是叫作砍土曼(Ketmans)的广肩锄,这种工具现在仍被塔里木盆地各个地方的当地农民所使用,而汉族农民却对此很陌生。

楼兰遗址出土的文书还表明,主管楼兰要塞的那些人虽然采取了和平优先的原则,但并没放弃军事手段以维持丝路交通。文书中有的是关于武器的报告,例如弩或刀剑不能再用了,以及关于备战的甲胄和头盔用的皮件,关于用来铸牢战俘用的黄铜铐的报告。大量存货清单中提到药品,似乎来自某军用品店店主的办公室。值得注意的是,在大量指明单个士兵的实例中,他们被描述为"胡",所有那些指明族别的士兵,都被说成是"大月氏",即印度—斯基泰人(Indo-Scythians)。说明在此要塞的雇佣兵相当比例是外族人。有的文书内容涉及军事事件,往往是关于个别士兵的小事,如一位军官严重失职而遭到惩罚,因他未与某位不幸的士兵相伴,使该士兵落水淹死;一位胡兵带来的口信,以作为预先的通知;有人中途逃跑,或者某胡兵的装备等[1]。

19.3.3 楼兰出土文物体现出中外文化交流的盛况

楼兰古城所出文书和文物表明,魏晋前凉时期,楼兰城商业比较繁荣,是当时丝路贸易的中心之一。1906年12月,斯坦因在楼兰遗址考古,在L.A.Ⅰ废墟房间的一角,发现两块毛绒片,属于同一绒毯。斯坦因这样描述:"大部分地方很旧,但其他处仍保持着其相当明亮的浓厚的深紫红色、两处褐色、暗黄色和淡蓝色等色彩。它是我迄今为止成功发现的、证明和田地区从很早时代起就有工业的第一件古代标本,并在

〔1〕〔英〕斯坦因:《路经楼兰》,第113–117页。

那里保存至今。这些地毯是否事实上来自和田,当然不可能断言。但考虑到和田地毯工业很久以前就在中国新疆享有事实上的垄断地位,而历史证据又证明这些地毯相当古老,因此我认为这个推测已经得到了证明。”据同一废墟发现的标明年代的文书,斯坦因断定这一废墟年代为330年。在该遗址的其他废墟中,斯坦因还发现大量小片丝绸残片,他说:“当然是从中国内地出口到这里的。”〔1〕斯坦因的发现说明其时楼兰在沟通于阗与内地间的贸易联系上所起的中介作用。在L. A. Ⅲ、L. A. Ⅴ和L. A. Ⅵ三处废墟之间积聚的垃圾堆中,斯坦因发现许多古代钱币,在19枚中国铜钱中,有7枚五铢钱,1枚货泉钱和11枚剪轮钱。这处垃圾堆在时间上被归于公元3世纪下半叶和4世纪初期。他说:“从发现的数量异常多的钱币中,我们可以看到伟大的中国贸易之路给这个古代城堡带来了多么繁忙的交通。”〔2〕在L.B. Ⅱ寺庙废址发现的一只小笤帚曾使斯坦因感慨不已。那只草制的小笤帚是在那个建筑遗迹的沙子中发现的,它不仅使斯坦因遥想许久之前最后一位侍者拿着这只小笤帚尽力清扫崇拜物身上的尘埃和沙子,还使他联想到“这件粗陋的家庭工具,构造原理与后来在敦煌古代边境上的一个烽燧发现的扫帚相同”,“说明在经楼兰的这条古道上中国的影响相当广泛”〔3〕。

斯坦因在楼兰遗址发现的木简文书和纸文书,包括汉文、佉卢文、粟特文、婆罗谜文等文字和语言,也反映了那个时代中西交通和交流的盛况。特别是这些文书中的私人信件,提供了经楼兰东来西往的证据,它们弥补了楼兰遗址贸易文书的缺乏。有一封署为公元312年的信,写信人提到从玉门关出发,玉门关位于前往敦煌的路上。另一信的残片,提到敦煌的贸易。再看那些与楼兰以西地区有关的信件,有趣地发现它们一再提到焉耆的事情。一个叫玄的焉耆土人,给两位做官的朋友带来相当详细的消息,报告包括长史在内的某些高级官员的行踪。有一则报告中提到了一些牵涉焉耆王臧的政治事件,还提到了龟兹。

〔1〕〔英〕斯坦因:《路经楼兰》,第40-41页。

〔2〕〔英〕斯坦因:《路经楼兰》,第62、79页。

〔3〕〔英〕斯坦因:《路经楼兰》,第92页。

这些信件提到的地名透露出楼兰在当年沟通敦煌与新疆境内北道之间丝路贸易的重要中转作用。在纯属个人内容的私人信件中,有一封令斯坦因感到有意思,因为它很完整,发现时还保持其原形,卷起来准备寄出。信中,一个西行旅途中的未婚年轻妇女,给留在后面,也许是在楼兰的叔父寄去消息和祝愿。在另一封信的较大的残片里,一位妻子流露出对不忠诚的丈夫放荡行为的抱怨。这些可能都是经商旅途中生活和心情的反映[1]。

斯文赫定和斯坦因的考古发现,说明楼兰当年佛教的兴盛,反映出楼兰在东西方文化交流中的重要地位。鄯善王国佛教事业兴盛,该国僧侣兼任官职,允许娶妻,过着富裕的生活,占有土地和奴隶。其境内尼雅遗址、米兰和楼兰遗址都发现大量佛塔和寺院遗迹。在楼兰遗址,斯坦因发现佛寺和窣堵波多处。许多文书和文物就是从这些佛教建筑中发掘所得。第三寺院遗址中发现有希腊罗马风格的带翅天使像和绘有弗里吉亚(小亚细亚)式帽子的壁画,反映了东西方文化的交流情况和西方文化对西域地区的影响。

19.4 楼兰城废弃的时间和原因探讨

楼兰,这个有着数百年历史在丝路上显赫一时的古城后来消失了,它在塔克拉玛干大沙漠中沉睡了1500年,直到斯文·赫定考查队来到这里。那么,楼兰何时被废弃和废弃的原因是什么呢?斯坦因试图根据文献记载和亲身考察找出答案。楼兰的废弃与楼兰道的衰落是有联系的,探讨楼兰的废弃有助于揭示楼兰盛衰和中西交通路线的变迁。

斯坦因试图通过汉文文献记载找到答案,但他发现汉文文献中没有关于楼兰废弃时间的明确记载。关于楼兰屯田,斯坦因在郦道元《水经注》以后的中文记载中没有找到任何线索。隋代裴矩著《西域图记》记录了入西域的三条路线,而"楼兰道"即《魏略》中经蒲昌海北过楼兰的"中道"已不为人所知。这是一个否定的史料证据,只能说明裴矩时

〔1〕〔英〕斯坦因:《路经楼兰》,第117-118页。

代这条路线已不存在,不能说明这条路线的实际废弃时间。斯坦因推断这条路线的废弃不会距楼兰遗址的废弃时间很远。他说他有幸得到了能够大致确定楼兰遗址废弃年代的明确的考古证据。根据在楼兰遗址发现的汉语文书和钱币的年代,他断定"中央政府在楼兰所建立的军事要塞的放弃,发生在公元4世纪的某个时期,而且可能是在4世纪的第一个三分之一世纪以后不久"。这个结论是被如下事实所证明的:在从废要塞L. A发现的大量有纪年的汉语文书中,只有3件属于4世纪,而且这3件中没有一件晚于公元330年。与此相反,在他搜集到的文书中属于公元263—270年的文书较多,不少于15件。斯文·赫定发现的文书至少有6件也属于这一时期。同样令人信服的证据是钱币,斯坦因在1906至1914年的探险中,从整个楼兰地区发现总计500多枚钱币,其中没有一枚是汉、西晋以后所发行的。所以他说,楼兰遗址废弃的时间和一度很重要的楼兰道的废弃时间可以由此大致确定下来。[1]

什么原因造成了楼兰城的废弃?斯坦因首先否定了最容易给人们造成误会的政治背景说,他说:"由于年代上的巧合,乍一看很容易把我们吸引到仅从中央政府对西域的政治控制的停止中来寻找这放弃的原因(其停止对西域的控制发生在公元4世纪),以及从似乎伴随着中央政府停止对西域的控制而发生的汉人与西域贸易交往的大量减少中寻找原因。"斯坦因之所以否定这种"假设",是他把楼兰道的兴衰放在中西交通史的整个过程中进行考查的,他说:"这个假设本身就不足以解释,为什么当中央政府于7世纪中叶以前重新在塔里木盆地获得控制权时,没有尝试重开楼兰道。"如果是因为西晋灭亡,中央政权退出西域而导致楼兰和楼兰道的衰落的话,隋唐建立以后,中原政权势力扩展到西域,就应该重新利用经行楼兰的道路,因为"敦煌和天山南麓沿线绿洲间最短的交通钱,当然就是楼兰道"。

斯坦因还否定了战争造成楼兰废弃的假设。斯坦因说,种种迹象表明,楼兰城不是一下子废弃的,而是经历了一个逐渐废弃的过程,说

〔1〕〔英〕奥雷尔·斯坦因:《西域考古图记》(一),广西师范大学出版社,1998年,第250-251页。

明它的废弃跟战争没有关系。由于战争造成的废弃尽管并不少见，但战争造成的灾难常常是突然降临的。斯坦因的考古发现说明，不管引起变迁的直接原因是什么，变迁并不是突然降临到这个不幸的居址。楼兰逐渐废弃的结论是斯坦因通过对楼兰遗址的一处细节的分析得出的。被斯坦因标为L.B.Ⅳ的废墟是一座建筑得很好的大住宅，应该是当地显要人物的宅第，在主人撤离此地后，被用作羊棚多年。这种情况表明，当时实际上还有人往来于此，在此遗址不再适用于耕作或长期居住时，还保留着足够的植物和一定的供水，可以用作牧场。在尼雅遗址和米兰遗址也有这种情况发现，当那些居址被废弃之后，有的被牧民用作羊棚。但生活的这种最后的延续似乎在唐代以前就从楼兰遗址消失了。

斯坦因最早提出导致楼兰古城废弃的“自然环境变化说”。在提出各种疑问并提出上述否定性意见后，斯坦因结合自己考古资料得出结论：“楼兰道的放弃，一定与足够的供水消失这个自然大变迁有关。由于供水的消失，从而使现存的罗布沼泽和库鲁克塔格之间曾经的可居地，变成了现在在那里所看到的由风蚀土、盐和沙构成的生机全无的荒野。”供水的困难在楼兰尚为中国要塞所据守时肯定就已非常严重，因为在从遗址出土的一件文书和郦道元的故事告诉我们的有关索励屯田的事件中，都有用水困难的证据。斯坦因据对楼兰周围环境的实际考查，把历史与现实相互印证，说：“甚至现在也很容易认识到，库鲁克达里雅和依靠库鲁克达里雅供水渠道的干涸一定会给楼兰地区带来什么样的变化。”

斯坦因是非常严谨的学者，在文献不足和亲身考察都不能说明问题的情况下，他不愿妄下结论。他指出：用水困难是由库鲁克达里雅和依靠它供水的渠道的干涸造成的。但什么原因造成其干涸，这种干涸是以什么样的形式进行的，没有足够的材料能够说明。许多种因素都是可能的，比如总的或地区性变干的加剧，即从所有注入孔雀河与塔里木河的水源供水的减少；由于某些自然的原因对所有三角洲产生着影响，使原先注入库鲁克达里雅的河水逐渐转移到塔里木河的南支；由于失去有效的管理、内部的动乱等等，以前保证库鲁克达里雅有充足水源的拦河坝等失修，所有这些和其他各种情况都可能足以导致楼兰地区发生巨大的自然变迁。斯坦因说："它们中实际发生作用的到底是哪一个，还是其中一个问题，还是由于其他因素，由于完全缺乏明确的记载，严谨的学者不能作出哪怕是或然性的回答。"[1]楼兰废弃的原因，学术界至今看法不一。斯坦因之后学者们提出了各种论断，但这些都是在斯坦因研究的基础上的进一步探讨。

〔1〕〔英〕斯坦因：《西域考古图记》（一），第251页。

20 斯坦因关于楼兰历史地位和楼兰道的探讨

众所周知，楼兰遗址是斯文·赫定首先发现的，而大量的调查和发掘、结合考古资料和历史文献的深入探讨是从斯坦因开始的。斯坦因楼兰考古活动和学术研究是他整个中亚探险、考古和研究事业的重要组成部分。他于1906年和1914年对楼兰遗址进行两次大规模的考古发掘，初步揭开了古楼兰文明的面貌[1]。他刊布的楼兰遗址（包括附近地区）遗迹、遗物，大量的魏晋前凉时期的汉文、佉卢文简牍文书具有重要价值。现在距斯坦因楼兰考古已经一个世纪，经后人不断努力，楼兰考古和研究获得巨大进展，但不应忘记斯坦因的奠基作用。斯坦因对楼兰历史文化的研究成果丰富，本文只对他关于楼兰历史地位和楼兰道的考古成果略加疏理。

20.1 关于"楼兰"地理概念

楼兰本来是受匈奴控制，向匈奴交纳贡赋的西域小国，楼兰国之名在汉代文献中已经出现，它地处丝路要道，成为汉与匈奴长期争夺的焦点。斯文·赫定发现、斯坦因认真考查的楼兰遗址是一个古城遗址，斯坦因的研究揭示，"楼兰"一词在时间上是有变化的概念，在空间上又有广义和狭义之分。

1901年3月初，斯文·赫定发掘楼兰古城，根据所出佉卢文简牍中"克罗来那"（Kroraina）一词，推定古城原名叫楼兰。斯坦因根据出土文

〔1〕1906年12月，斯坦因发掘楼兰古城L.A和L.B遗址；1914年2月1日又从米兰出发至楼兰，该月中旬再次发掘楼兰古城，并发掘了L.C墓地，发现L.E、L.F等遗址，先后出土许多汉文、佉卢文简牍以及丝织品和其他遗物。而后向敦煌进发，调查了楼兰与古代玉门关之间的交通道路。

书,进一步认为那时的“楼兰”有时专指楼兰城,有时则有更广泛的意义,可能与罗布地区大致相当。他说,楼兰遗址发现的公元3~4世纪的文书似乎表明,“楼兰”一名可能出于佉卢文。〔1〕在这些文书中,斯坦因注意到,“楼兰”一词有时是专指楼兰城的。有件文书特别重要,其中有“文书前至楼兰拜还守堤兵廉(Lien)”之语。这是一名下级军官发给上级的上行公函,在一个垃圾堆中发现,说明这个垃圾堆所在的地方就是这封公函要寄往的地方。这里的“楼兰”是一个具体的地名,即被斯文·赫定标号为L.A代表的这个军事要塞,不是国名。另一件文书是一位名叫白疏恽的楼兰当地人亲手交给某会计张的申请,其中也把“楼兰”作为具体地名即文书发现地的名称来使用。在编号为L.A.VI.ii的遗址发现的其他文书中也发现写有这一地名。斯文·赫定在编号为L.A.II的遗址发现的提到“楼兰”之名的四件文书,其中有两件也把这一名称作为收信的地名。斯坦因带回的楼兰出土文书有一份契约,经拉普森教授释读,记录着一个居住在卡尔马丹那(Calmadana,且末)名叫凯摩伽的克罗来那(Kroraina)人,把一块田地及其全部所有权出售给买主耶钵笈和他的儿子们。这块田地被描述为位于克罗来那,“在大城之南”。这个地名在该遗址出土的另外两件文书中也被提到,只是拼写略有不同。拉普森和斯坦因都认为,这里的“克罗来那”,或“克罗来伊那”就是发现信件的地方,即楼兰遗址。

但是斯坦因注意到,这个名字并不仅仅用于废要塞L.A,也同样用于周围地区,有时泛指罗布地区。有一件文书是写给御牧马提那耶和沙门阿难陀犀那的楔形双简,传达国王的命令,将克罗来姆那(Kroraimna)的左罗伽的农田以及属于那里的一个女子交给某“迦拉施达”(Kalasdha)。这件文书发现于编号为L.B.IV的废墟,离L.A要塞7公里远。Kroraimna是Kroraina的变异形式,插入一个鼻音m,在文书中经常出

〔1〕“楼兰”之名是否出于佉卢文,斯坦因未做肯定。后来的学者有争议,有人认为应是当地土著民族起的名称,汉文史籍中的“楼兰”不过是如实地记录了这个名称的译音而已,而楼兰国名乃是本于牢兰海这个湖名。《水经注》卷2引释氏《西域记》名罗布泊为牢兰海。Kroraina是利用佉卢文的鄯善人记录早已存在的“楼兰”一称的标音。参孟凡人:《楼兰新史》,光明日报出版社,1990年,第21页。

现，没有任何语音上的原因。这一事实说明“克罗来那”（楼兰）有更为广泛的用法。从同一房子中发现的另一件文书内容是沙门阿难陀犀那必须在L.B实际居留一段时间，这可能出于国王的命令。在L.B.IV废墟发现的另一封信是矩形双简，是监察官（Cuvalayina）和他的妻子阿檀史耶（Atamsiyae）写给父母的，告诉他们阿檀史耶生下一子，沙门阿难陀犀那打算去看望他们，请予关照。根据这些文书可以推断，L.A要塞西部的这一带也包含在克罗来那或克罗来伊那地区。

斯坦因根据中文史料的分析，指出“楼兰”之广义的用法，在张骞的报告中已经出现，[1]是对固有地名的音译，指位于塔里木河末端沼泽以北古道上的罗布地区。根据《史记·大宛列传》中的“楼兰”和出土文书中的“克罗来那”所指地域相同，他推断“楼兰”这一名字的原形是佉卢文“克罗来那”（Kroraina）或克罗来伊那（Kroraimna）。他说，鉴于半元音r在汉语语音体系中无此发音，通常被替换为l，以及外语中名字翻译成汉语读音时的困难，用“楼”（Lou-）代替“克罗”（Kro-）是所能想到的最接近的音；而“兰”（-lan）的发音与“来那”（raina）或“来伊那”（raimna）也是非常接近的。可以认为汉文史料中的“楼兰”和出土文书中的佉卢文“克罗来那”（Kroraina）或“克罗来伊那”（Kroraimna）是一词转写的形式，它们既指称楼兰城即L.A要塞，又指整个罗布地区。

关于“楼兰”概念的探讨，斯坦因有意识地运用了“二重证据法”[2]。在对考古资料进行了一番解析后，他说：“现在我们该去考虑汉文史料中的那些记载了。这些史料要么能说明楼兰遗址的起源与性质，要么其本身可从调查获得的考古证据得到说明。”[3]斯坦因对汉文史料的价值有充分认识，他说过：“我们关于中亚的历史知识之大部分皆来自汉文史料，而且所有关于中亚古代的基本事实也来源于汉文史

〔1〕指《史记·大宛列传》中相关记载，汉文文献中有关塔里木盆地的最早的报告。

〔2〕“二重证据法”是王国维提出的把考古发现史料与古籍记载结合起来以考证古史的方法，见《古史新证·总论》。“二重证据法”的提出是对包括近代西方学者如斯坦因、伯希和等和王国维自己在内的国内外学者学术实践经验的总结。

〔3〕〔英〕奥雷尔·斯坦因：《西域考古图记》第1卷，广西师范大学出版社，1998年，第246页。

料。"[1]他结合班固《汉书》的记载,进一步印证了出土文书透露的信息,把楼兰和从公元前77年以后的鄯善所表示的地方定位为"整个罗布地区",并说明"它的政治中心似乎位于南边","而对中国贸易和政策最重要的地区则是北边,即库鲁塔格山麓和末端塔里木河沼泽之间。从敦煌到塔里木盆地北缘绿洲的最直接路线通过这一地区"。

东汉元初六年(119年),班勇建议汉廷到"楼兰"屯田,楼兰国早在两个世纪前已改名鄯善,这里的"楼兰"不是国名,而是"一个地名形式"。斯坦因根据对班勇奏疏的分析,认为即指以L.A废址为中心的罗布地区。班勇建议在"楼兰"建立屯田,在某种程度上预示着它表示的位置很清楚相当于废要塞L.A。其奏疏中说,屯田楼兰将"西当焉耆、龟兹径路,南强鄯善、于阗心胆,北捍匈奴,东近敦煌"。班勇"建议屯田的目的显然是为了保护从敦煌经罗布沼泽以北到喀拉协亥尔(焉耆)的干道,保护它不受当时占有北边吐鲁番的匈奴的袭击,同时对鄯善或罗布地区的统治者进行必要的控制。看一下地图便知,这段话所表明的位置,与楼兰遗址所处的位置是多么精确地一致"。[2]

20.2 楼兰在中西交通中的地位和楼兰道路线

楼兰遗址是丝绸之路要道,是经敦煌西行至焉耆、龟兹的道路必经之地,是中国军队驻守的边防要塞,这是斯坦因楼兰考古的重要结论之一。关于楼兰城的性质,斯坦因不同意斯文·赫定以楼兰古城为楼兰国都的观点,他从楼兰遗址L.A废墟发现的大量文书在内容和时间上的确定性,确信此废墟是小型防御工事,由中国中原地区军队驻守,目的是守卫从甘肃西缘的敦煌到塔里木河以北主要绿洲线上的重要古道。由此他断定楼兰遗址是位于一条重要的交通线的军事要塞。

斯坦因认为,中国首次西征中亚即李广利远征大宛就是沿这样一条路线进行的,它大约开通于汉武帝元封元年(前110年)。通过敦煌

[1][英]奥雷尔·斯坦因:《西域考古图记》第1卷,第1页。

[2][英]奥雷尔·斯坦因:《西域考古图记》卷1,第246页。

以西沙漠到楼兰地区或罗布地区的路线,在整个汉代都在使用。汉文史料和斯坦因考古时尚未改变的地理面貌表明,汉时对中国商人、行政官员和士兵而言,最为重要的交通道路总是这条沿天山南麓从库尔勒往西到喀什噶尔的大道。随着中国政治和军事力量进入中亚,就是通过这条道路,大量丝绸输送到费尔干纳盆地,然后进入索格迪亚那和巴克特里亚。保护这条伟大的贸易之路,抵御匈奴及其他天山以北游牧部族的侵袭,是据守塔里木盆地的主要目的,也是中国在西域设立行政机构的主要目的。这条道路之所以重要,斯坦因说:“看一下地图就会明白,到那条绿洲道路最短的路线,就是从中国甘肃边境上的最西部农业区敦煌,沿库鲁克塔格山脚,经罗布沙漠过‘楼兰遗址’,然后到达塔里木河转向东南流的拐弯处。”〔1〕

经楼兰西行的精确路线,在汉代文献中缺乏认真和完整的记载。斯坦因指出:“《前汉书》尽管相当详细地阐述了楼兰及其所发生政治事件的情况,但没有给我们提供任何有关经楼兰东北部重要古道的精确路线的线索”;“《后汉书》中……也缺乏有关楼兰遗址和通过那里的古道的详细资料”〔2〕。在汉文文献中,斯坦因注意到了《后汉书·班勇传》《魏略·西戎传》和北魏郦道元《水经注》有关记载的重要价值。结合这些文献记载透露出的信息,利用1906年和1914年两次楼兰探险实地考察的发现进行探讨,斯坦因详细描述了经行楼兰遗址西行的交通路线。

他首先敲定楼兰遗址是中西交通经行之地:“直到我1914年的探险确定‘白龙堆’的位置,并第一次接触到古道最早开通始建于干盐湖西可居地的中国兵营时,才证明它最初是通过楼兰遗址所示的地区。”〔3〕斯坦因指出,由于与公元前108年汉朝西征以前事件有关系的

〔1〕〔英〕奥雷尔·斯坦因:《西域考古图记》卷1,第241-242页。斯坦因发现的文书和论断,启发了后来王国维“魏晋以后为西域长史治所”之说。参氏著《流沙坠简序》,见《观堂集林》卷17,中华书局1959年版,第830页。楼兰城为魏晋前凉西域长史治所,目前已成定论,斯坦因否定楼兰国都说,主张边防要塞说,与王国维此说大致相合。但王国维把楼兰遗址、海头、居庐仓、姜赖之墟、龙城等视为同一地点,却与事实不符。

〔2〕〔英〕奥雷尔·斯坦因:《西域考古图记》卷1,第246页。

〔3〕〔英〕奥雷尔·斯坦因:《西域考古图记》卷1,第246页。

大道易遭受来自楼兰与姑师两边的阻碍，所以这条路线应该位于罗布淖尔以北。西汉时这条路线遭受来自楼兰和姑师两方面的困扰，也遭受来自焉耆和姑师方向两面匈奴的袭击。从匈奴占据的天山北部和尤勒都斯峡谷大牧区很容易进入焉耆，焉耆则是匈奴侵入塔里木盆地特别方便的门户。从那里派出的拦截汉使的匈奴部队能够最有效地控制那一段西经楼兰的通道。当时楼兰可能像后来一样包括罗布淖尔附近整个塔里木河三角洲的地区。汉武帝太初元年（前104年），匈奴曾企图在楼兰驻扎一支骑兵，以切断汉朝远征大宛的退路。此道肯定同样还面临着来自姑师（吐鲁番）的匈奴的袭击。从科兹洛夫和罗博罗夫斯基探险队1893—1895年吐鲁番和罗布淖尔考察图上显示，至少有三条小道通过吐鲁番正南的库鲁克塔格荒原，与南面南脚的古道垂直相交。斯坦因认为，从那时起小股部队就可以从好几个地方通过库鲁克塔格中部，罗布淖尔北部的古道似乎也曾面临这里匈奴的侧面攻击[1]。

汉末魏晋时期，从玉门关西出有三条路线，鱼豢《魏略》做了详细记载。其中关于“中道”的记载，直接说明了楼兰遗址在中西交通方面的重要性。斯坦因强调了这些记载的“特别的意义”。从敦煌经楼兰至焉耆、龟兹而后西行的路线，汉时称“北道”，魏晋时称为“中道”。《魏略》记载此段路线云：“从玉门关西出，发都护井，回三垅沙北头，经居卢仓，从沙西井转西北，过龙堆，到故楼兰，转西诣龟兹，至葱岭，为中道。”这段话明确提到了楼兰遗址，即“故楼兰”。还详细描述了从玉门关和长城最西延伸部分到楼兰遗址这条沙漠路线上的一些主要路段。斯坦因对这里的“故楼兰”和《魏略》中另一处提到的“楼兰”进行了区别，认为“故楼兰”就是楼兰遗址，“楼兰”则指罗布地区的南部。经楼兰遗址西行的路线为什么成为常常被利用的道路呢？斯坦因根据自己的考察指出：“从‘故楼兰’向西前往库车的旅人将会发现，不管是选择经库尔勒，还是顺着塔里木河道上行，沿库鲁克达里雅河床前行都将是最近的路线，这正是《魏略》所描述的中道。”[2]

---

〔1〕〔英〕奥雷尔·斯坦因：《西域考古图记》卷1，第208页。

〔2〕〔英〕奥雷尔·斯坦因：《西域考古图记》卷1，第248页。

《魏略》以后的史料，斯坦因注意到郦道元《水经注》卷2的记载：

河水又东径墨山国南，治墨山城，西至尉犁二百四十里。河水又东径注宾城南。又东径楼兰城南而东注。盖坺田士所屯，故城禅国名耳。河水又东注于泑泽，即《经》所谓蒲昌海者也。水积鄯善之东北、龙城之西南。

此"河水"指北河，即喀什噶尔河和叶尔羌河，与被称为南河的源自和田的塔里木河的支流和与它汇合的车尔臣河(即且末河)后注入"牢兰海"的河道相对而言，这条河被称为"库鲁克达里雅"(Kuruk-daryā)。它流经楼兰城南，向东注入"泑泽"，即所谓盐泽，或曰蒲昌海、牢兰海。斯坦因根据"最近调查和探险确立的事实"，对这段话中提到的地名进行了一一考释。墨山国即《前汉书》中的山国，与鄯善接壤，肯定位于库鲁克塔格以西；尉犁就是库尔勒西南的孔雀河地区；注宾城就是废弃的要塞营盘，营盘位于今孔雀河东去的支流北岸附近，那是库鲁克达里雅开始的大干河床。"楼兰城"是汉代在鄯善国屯田之处，云："故城禅国名耳。"斯坦因指出，这里禅国名之"故城"是将楼兰之名"用于守卫那时罗布淖尔北边道路的中国屯田"所在的L.A要塞，即楼兰国更名鄯善以后，"楼兰"之名被沿用于这个特定地点〔1〕。关于泑泽，斯坦因说："我1914—1915年的探险明确证明，绕楼兰遗址而过的古河床，结束于更东面结有盐壳的大湖床西岸边的沼泽。这个大湖床在《水经注》和《前汉书》中分别称为蒲昌和盐泽。"关于龙城，斯坦因说："我1914年对楼兰遗址东北所进行的调查……无庸置疑地证明，传说的'龙城'指的就是我发现从古代的汉人兵营附近向东北延伸近30英里的、由风蚀土垄或台地组成的高大地带。"〔2〕

斯坦因于1914年用了10天时间，实地踏查了从敦煌玉门关至楼兰遗址的道路，验证了《魏略》《水经注》关于楼兰道的描述。他说："汉代

〔1〕斯坦因赞同郦道元《水经注》中之"城禅国名说"，有学者不同意这种看法，但并未提出有力论证。参孟凡人：《楼兰新史》，光明日报出版社，1990年，第20页。如果郦道元的话不是想象之词，那么必有所据，一定采用了他之前的文献记载，我们应该接受较早的史料。

〔2〕〔英〕奥雷尔·斯坦因：《西域考古图记》卷1，第249页。

及其以后相当时期自敦琶沙漠至楼兰干道上的详细地理情况，首先由我1914年冬的探险整理出来。”[1]

首先，斯坦因的调查说明了这条古道出人意料地存在过。从敦煌至楼兰城的道路十分艰难。“楼兰遗址”位于敦煌以西沙漠路线的西端，其东面极端荒凉的沙漠景观令人对这个古道的存在生疑。看一下地图就会明白，到那条绿洲道路最短的路线，就是从敦煌沿库鲁克塔格山山脚，经罗布沙漠过“楼兰遗址”，然后到达塔里木河转向东南流的拐弯处。从塔里木河的这个拐弯处到敦煌—若羌商道上最近的井之间，即使是按最直的路线走，也要穿过240多英里完全无水的沙漠。这种情况即使对于今天的商队而言，要完全利用这条古道也是不可能的。这条古道的东半段，即“楼兰”废墟和敦煌商道上的库木库克井之间有120多英里完全无水，在古代这段地方必定是一道严重的障碍。但斯坦因1914年的考古调查，发现了确凿的考古证据，证明这条古道事实上的确通过这个最可怕的、全无生命的盐碱沙漠。从楼兰遗址发现的文书如此清楚地证明了这条古道的存在，使人们相信，那些使中国的贸易和影响远达西方的先驱们，使用的就是这样一条通道[2]。

其次，斯坦因根据自己的实际观察描述了这条路线及其各段地貌特征。他的观察与《魏略》中关于“中道”记载地名的方位和《水经注》卷2各段地貌的描述互相印证[3]。关于龙城，《水经注》卷2记载：

> 龙城，故姜赖之墟，胡之大国也。蒲昌海溢，荡覆其国，城基尚存而至大，晨发西门，暮达东门。浍其崖岸，余溜风吹，稍成龙形。西面向海，因名龙城。地广千里，皆为盐而刚坚也。行人所径，畜产皆布毡卧之。掘发其下，有大盐，方如巨枕，以次相累，类雾起云浮，寡见星日，少禽，多鬼怪。西接鄯善，东连三沙，为海之北隘

---

〔1〕〔英〕奥雷尔·斯坦因：《西域考古图记》卷1，第209页。

〔2〕〔英〕奥雷尔·斯坦因：《西域考古图记》卷1，第242页。

〔3〕斯坦因的研究利用实地考察说明《魏略》《水经注》记载之不虚。后来的学者为了证成己说，喜欢用衍字、脱误、字句颠倒的说法对古代文献记载进行释读，如《魏略》之“故楼兰”，以为“故”为衍字，诸地名顺序可能颠倒等，论断多出于推测。由此造成关于《魏略》地名方位记载的理解歧见纷纭。

矣。故蒲昌[海]亦有盐泽之称也。[1]

郦道元对盐泽的描述，被斯坦因10天艰苦旅行所证实。斯坦因写道：

> 在那10天中，我沿着中国古道来到楼兰，其间我们穿过或绕过宽广的结着盐壳的海床。我们看到，坚硬的、起皱的盐壳，覆盖干涸的古罗布海的整个海底，中国通往楼兰的古道就从此干海床穿过或绕过。郦道元对此的描述完全准确。大的硬盐块和圆丘构成这个广大的、凄凉的宽阔区域的地表，下面是数不清的裂缝。这些硬盐块和盐丘正像这本古代中国文献对此所作的形象描述。过去在这种地区赶路到天黑的旅行者，显然习惯于采取在地面铺毡的这种办法过夜，没有铺毡这种预防措施，即使强壮的骆驼，休息时也不能得到片刻安逸，更不用说其他什么家畜了。不变地风吹过这些大荒野，特别是东—北—东方向的风，携带着因侵蚀而产生的细尘埃，使天空几乎全年都处在一种迷蒙之中。我们曾在2月和3月份在那里见识了这种景象。春末和夏季，带着浓厚尘云的冷风一定时常光顾这里。结盐壳的干海床及其周围绝无生命；这甚至对我们这些从楼兰绝地而来的人来说，都留下了惊人的深刻印象。

按照郦道元的描述，蒲昌海即盐泽之东有"三沙"，斯坦因认为即《魏略》所谓"三垅沙"，《魏略》提到中道从三垅沙北缘通过。"三沙"所指的地方，是从敦煌出发的商道所穿过的高沙丘地带，位于今拜什托格拉克(Bēsh-toghrak)东北不远。从这里向西到楼兰，明显是大罗布洼地的一部分，所见尽是由干盐湖和裸露的黏土构成的荒原，边上是库鲁克塔格缓坡。这个地区在《水经注》中被正确地描述为蒲昌海的北缘，即古罗布淖尔沼泽的北缘。郦道元所收集的材料所属的年代，罗布淖尔沼泽还保持有水，至少是部分地方有水。这个沼泽地区在历史时期由于干旱的加剧而发生相当大的萎缩[2]。

[1]郦道元：《水经注》卷2，上海古籍出版社，1990年，第26-27页。

[2][英]奥雷尔·斯坦因：《西域考古图记》卷1，第250页。

关于白龙堆。《汉书·西域传》中提到："楼兰国最在东垂，近汉，当白龙堆"。斯坦因据此认为，"白龙堆"一名，从此道开辟之初就被中国人用于古罗布淖尔干盐床东北那个特别所在。他在这里看到，一串串有盐壳的土台，无疑都是由风蚀作用从早期地质时期的湖底雕刻出来的。这些土台互相平行，呈北、东北至南、西南方向排列，在包上盐壳的古湖床东西两岸延伸相当距离。它们形状奇特，相互之间却又奇迹般地相似，在中国人眼中，很容易看成"无头有尾的土龙。高者两三丈(20或30英尺)，低者丈余(10英尺余)。皆东北向，形状相似"。《汉书》的作者用"白龙堆"这个词精确而形象地描述它们[1]。这些富盐的盐滩，成为一度水草丰茂的楼兰地区最东缘以外地貌上最显著的特征。一条古道从这里通过，即《魏略》中所谓"中道"，从敦煌直达库车。这就说明了为什么《魏略》"龙堆"紧放在"故楼兰"之前。斯坦因1914年的探险证明，在故汉道即《魏略》中道上，120余英里的地段就是由盐、黏土和沙砾构成的无水的沙漠。为了闯过这个绝对贫瘠的缺乏水草的沙漠，汉朝使节需要最近的楼兰人在白龙堆附近向其提供向导，负水担粮。汉朝强大的护送部队对枯萎的罗布湖床北部古道的使用，曾给半游牧的罗布人带来沉重的负担[2]。

关于蒲昌海。郦道元说蒲昌海在"龙城"之西南。斯坦因认为所谓"龙城"就是他发现的从古代的汉人兵营附近向东北延伸近30英里，由风蚀土垄或台地组成的高大地带。这些台地侧壁陡峭，高达百余英尺。这种地形是自然力即风蚀造成的，其险峻的形状和奇妙的轮廓，一直呈现出城堡、具备棱堡的城墙、窣堵波之类的景象。郦道元的描述也说明，所谓"龙城"并非源自真正的城池的遗迹，而是源自一种自然构造。那是一种巨大的、排列着的高台地，在古代必定给远行人以城的印象。1914年2月，斯坦因考古队来到这里，发现它们看起来的确像是某

〔1〕斯坦因说："成书于公元3世纪的《汉书》的注释家是这样(按：用'白龙堆'这个词)精确而形象地描述它们。"〔英〕奥雷尔·斯坦因：《西域考古图记》卷1，第209页。其言不确，"白龙堆"见于《汉书·西域传》正文，非出于注者之笔；《汉书》则成书于公元1世纪。

〔2〕〔英〕奥雷尔·斯坦因：《西域考古图记》卷1，第210页。

个极大的废城的城墙和宅邸。在郦道元的描述里，它的范围非常大，从一个城门到另一个城门要走一整天。当年2月27日，斯坦因等人花了一整天才走完古道穿过的台地地带，证实了郦道元记载不虚。

从楼兰西向至焉耆，经过注宾城、墨山国、尉犁国。郦道元《水经注》同条云：

> 河水又东径墨山国南，治墨山城，西至尉犁二百四十里。河水又东径注宾城南，又东径楼兰城南而东注，盖坺田士所屯，故城禅国名耳。河水又东注于泑泽，即《经》所谓蒲昌海者也。水积鄯善之东北、龙城之西南。

这是"库鲁克达里雅"经墨山国、尉犁国、注宾城至楼兰的流向。墨山国，沙畹已经指出，就是《汉书·西域传》中之"山国"。荀悦《汉纪》列西域36国，其中亦有山国。其地在今新疆库鲁克塔格山间，介于焉耆盆地、吐鲁番盆地与罗布洼地之间。斯坦因认为今尉犁县境内的辛格尔(Singer)小绿洲，即古墨山国之地。由此可知，西汉时代的墨山国，是地处楼兰、姑师(车师)、焉耆、尉犁和危须诸国间的一个山间游牧小国。作为楼兰古国所在的罗布洼地与车师古国所在的吐鲁番盆地之间最重要的纽带，墨山国曾经把这两个地理单元间的民族与国家紧密地联系起来。北朝以后由于孔雀河改道，曾经长期繁荣的罗布洼地西北部逐渐衰废，墨山国也随之从汉文史料中消失。可是在北朝以前，通过墨山国一带，沟通罗布洼地与吐鲁番盆地的这条道路，不仅是存在的，而且有时是非常重要的，它与鄯善接壤。斯坦因认为墨山国在库鲁克塔格以西，《汉书》中关于这个地区的记载表明，尉犁就是库尔勒西南的孔雀河地区，在塔里木河与孔雀河河床之间的地方，位于最西部库鲁克塔格以南。

斯坦因推测"注宾城"即他1915年考察的要塞营盘，位于今孔雀河东去的支流北岸附近，是库鲁克达里雅开始的大干河床。他的调查证明，在营盘发现的佛寺遗迹和一个古城遗迹年代都在纪元初的几个世纪，它们属于中国的防御要塞。这个要塞一直延续到与楼兰遗址大约相同的时期。由宏伟的烽燧连成的线，从营盘向西北通往库尔勒，考古证据表明这些烽燧可以归属到汉代早期。这条烽燧连线十分确定地表明，从楼兰遗址开始的古代中国官道通过这里。这个要塞无疑是用来保护这条路与从车尔臣（即今且末）和若羌而来的那条路的重要交叉点的。紧靠营盘南面，是库鲁克达里雅明确的古河床，该河向东延伸，分明就是郦道元所谓"河水以东径注宾城南，又东径楼兰城南而东注"。在汉代及其以后的一个世纪，库鲁克达里雅的存在，就像它解释了"楼兰"遗址的存在一样，消除了此道路西半段用水和放牧的困难。因为在那里，古道无疑是沿着这条当时有水的"干河"的河床通到营盘。1915年，斯坦因在那里找到了同时期的废墟，从孔雀河（Konche-daryā）很容易到达那里。

斯坦因的研究证明，西汉时楼兰道上的大本营设在居庐仓，在罗布泊北岸龙城雅丹地区，故址即罗布泊北岸偏东的土垠遗址，东汉时废弃。楼兰城出现在两汉之际，东汉时成为楼兰道的大本营。曹魏、西晋和前凉时期在楼兰城设西域长史，楼兰成为东西交通的枢纽。出玉门关或阳关，经过疏勒河下游谷地（位于罗布泊东部，古代称为莫贺延碛）和白龙堆（位于罗布泊东北）到达楼兰。疏勒河下游谷地和白龙堆都属于雅丹地貌，即大面积分布的土丘和沟谷相间的地貌形态。这类地区上无飞鸟，下无走兽，又无水草，旅行者视为畏途。一旦通过这一地区，到达的第一个绿洲城市就是楼兰。旅行者在这里得到休息和补充，然后振作精神分道西去。因此楼兰成为丝绸之路上的重要枢纽。

20.3 楼兰道的利用和盛衰

斯坦因的研究结论是：自西汉张骞通西域，楼兰道开通，至隋末关闭大碛路为止，楼兰道前后延续700多年，其中西汉和魏晋至前凉时期是楼兰道的两个使用高潮，两个时期都在百年左右。在漫长的历史时期内，楼兰道成为内地与西域之间的主要交通干线。在第一个使用期，中国使节可利用的唯一路线，就是曾使"楼兰"遗址东连长城终点，西连塔里木盆地北缘绿洲的那条路线[1]。"而且这条路线在整个汉代都在使用"[2]。东汉与匈奴的斗争,采取了直接进击天山北麓匈奴主力,然后占据、控制西域的策略。所以将注意力集中在打通伊吾道上,楼兰道因而衰落。在第二个使用期楼兰城是重要的交通枢纽和丝路贸易的中心,东至敦煌、玉门关,西行经于阗、莎车,越葱岭为南道;北上至高昌,由此西行经焉耆、龟兹、疏勒越葱岭为北道;从高昌北上又与天山北草原路连接。曹魏时同时利用了伊吾道和楼兰道,但由于鲜卑势力的影响,伊吾道逐渐失去其重要性。西晋前凉时伊吾道被阻断,中原地区与西域的交往主要通过楼兰道进行。

斯坦因的考古成果说明了魏晋前凉时期楼兰道的重要。斯坦因发现的大量署有精确日期的文书,对我们认识这一问题具有极重要的价值。他说,在沙畹分析过的文书中,有不少于15件署有年代,相当于公元263—270年,而且都发现于L.B.Ⅱ(西组遗址)或这个"衙门"边的垃圾堆中。只有两件分别相当于公元263年和264年,上面的年号是魏朝末代皇帝的,其余的属于公元265—270年,即晋武帝泰始年间。从《晋书》知道,晋武帝在结束了三国鼎立(公元221—265年)局面之后,在西域建立了统治权。斯文·赫定发现的文书,上面的日期也在公元264—270年之间。斯坦因据此认为,这是沙漠道路和守卫其西头的要塞交通特别频繁与活跃的时期。晋武帝在位年间(265—289年),中国内地与西域保持着持续的政治关系。《晋书》中多次提到在公元270年至287年间,有大量使节从中亚各国甚至远达大宛(费尔干纳)和康居(撒玛尔罕)前来朝贡。

晋武帝之后这种关系就中止了,但中国对楼兰遗址的管理并未随着西晋统治结束而终止。斯坦因发现的文书有两件年代为永嘉六年(312年)和建兴十八年(330年)。建兴十八年的那件木简发现于L.A.Ⅰ废墟,记载着给某位胡人付钱之事。"建兴"是西晋最后一位皇帝愍帝的年号,仅使用到建兴四年(316年)。沙畹认为,这个小要塞那时已完全

〔1〕〔英〕奥雷尔·斯坦因:《西域考古图记》卷1,第208页。

〔2〕〔英〕奥雷尔·斯坦因:《西域考古图记》卷1,第241-242页。

与帝国中央政府断绝了联系，完全靠自己来维持。在这样隔绝的状态下，这个哨所继续使用这个过时的年号，没注意到这个年号已被废弃了16年之久。西晋亡后，处于行政隔绝状态的并非只此一地，这种隔绝也影响到塔里木盆地尚存的其他中国军事驻地〔1〕。这件文书表明，直到330年，楼兰城尚有人居住，路经楼兰的交通线仍在利用。但斯坦因不太同意沙畹的观点，他认为不是在隔绝状态下使用了过时的年号，而是前凉统治者有意识的行为，既表示尊奉已经灭亡的晋王朝，又与江南的东晋划清界限，斯坦因的看法应该更符合实际，因为消息隔绝长达16年是不大可能的，从政治立场和传统观念上理解更合理。

斯坦因的考古发现说明了楼兰在3世纪下半叶至4世纪初丝路交通中的重要性。斯坦因在“衙门”附近的垃圾堆发现的4件文书残件，是直接从“西域长史”发出或发往“西域长史”的。“西域长史”是中原政权在塔里木盆地的最高代表。一件文书写着长史得到并转寄一个命令，要求某官员于指定之日出发，前往某个地方。这个地方在今甘肃境内。但因为年号缺失，木简又不完整，不能肯定这一指令来自中原朝廷，还是来自4世纪时作为独立政权统治河西走廊地区的前凉的某地方官员。另一木简残片的内容则是任命一位官员为“西域长史文书事郎中”。第三件提到“大将军右长史(名)关”。这枚矩形盖简是写给“西域长史”张某的，它曾肯定盖着一个装有官方报告或诉状的小盒子，上面以通常方式写着：“因王督致西域长史张君座前，元言疏。”王督可能经过楼兰，所以由他带信给西域长史。第四件更为重要的文书是一份完整的纸文书，其内容显然是西域长史李柏寄给焉耆或喀拉协亥尔王的草拟信稿。信的内容是安排与焉耆王的一次会面，清楚表明李柏是在前往塔里木盆地途中写的。在同一地点还发现了此信稿的一个副本，说明李柏的信实际上很可能就是从楼兰驻地发出的。因此可以有把握地说，穿过沙漠和经楼兰遗址的古道在那时仍在使用。可以知道楼兰遗址不是偏远的哨所，一定位于一条重要的交通线上。〔2〕

〔1〕〔英〕奥雷尔·斯坦因：《西域考古图记》卷1，第242页。

〔2〕〔英〕奥雷尔·斯坦因：《西域考古图记》卷1，第242-243页。

斯坦因发现的文书反映出楼兰城作为守护和保持连接中国中原地区与中亚的大道畅通的前哨基地之功能而存在。这种地位虽经东汉时一度衰落，但自汉末至魏晋前凉又兴盛一时。班勇向朝廷的建议，说明东汉时屯田楼兰的目的是为了保护从敦煌经罗布沼泽以北到喀拉协亥尔（焉耆）的干道，即"西当焉耆、龟兹径路"。保护它不受当时占有北边吐鲁番的匈奴的袭击，同时对鄯善或罗布地区的统治者进行必要的控制。班勇的描述与楼兰遗址所处的位置十分一致。根据斯坦因的考古调查，证明楼兰遗址作为丝路要道的使用和中原政权对楼兰要道的护守，一直持续到4世纪初。

20.4 结语

1900年3月28日，瑞典探险家斯文·赫定在塔克拉玛干大沙漠中发现楼兰遗址。[1]此后英国斯坦因、美国亨廷顿、日本大谷光瑞等探险队、瑞典学者贝格曼、中国学者黄文弼和陈宗器与英国人赫勒等先后到达古楼兰地区进行考古，逐渐揭开了古楼兰历史的面纱。1979年至1980年，新疆社会科学院考古研究所与中央电视台联合组成楼兰考察队两次进入古楼兰地区考察，获得不少新的成果。1988年3～5月，新疆文化厅楼兰文物普查队对楼兰地区古城遗址进行了普查，又采集到一批文物。斯坦因之后，楼兰学在深度和广度上都已经取得了巨大进展。但在整个探讨古代楼兰历史和文化的学术研究中，斯坦因的考古活动和研究成果功不可没，不该忘却。

斯坦因西域探险和考古的成就是多方面的，他发掘了大量古代遗址，他的考古报告及学术著作对研究西域文化极具价值。其中关于楼兰的考古和研究解决了楼兰史和西域史研究的若干基本问题，获得重要结论，从而初步揭开了楼兰文明的面纱。斯坦因学术态度严谨，他的研究结合中国传世文献和地下考古资料，开启了双重证据法研究理路，许多结论令人信服，在学术规范和研究方法上给学术界树立了典范。

〔1〕〔瑞典〕斯文·赫定：《丝绸之路》，新疆人民出版社，1996年，第211页。

我们注意到关于楼兰的研究，有的至今没有超越斯坦因的高度和深度；有的问题经过多年的讨论，最后还是回到斯坦因的结论；后人的考古发现和研究有的只是印证了斯坦因的观点，或对斯坦因的研究起了某种补充作用。斯坦因还提出了一些问题，并试图给予解决，虽然其结论未必确当，却给人们以启发，开拓了研究的方向和道路，揭开了西方研究西域文化的热潮。后来的考古活动和研究成果往往是在斯坦因研究的基础上进行的，其筚路蓝缕之功应给予充分肯定。斯坦因的研究是楼兰学的里程碑，后来的前进要从他的成果计算远近。因此，称斯坦因为楼兰学的奠基人，应该能够为人们所接受。

由于斯坦因从中国运走了大量珍贵文物，他成为不受中国学者欢迎的人，长时期以来其学术成就也在有意无意中被忽略或漠视。我们不能原谅包括斯坦因在内的当年劫掠中国文物的文化强盗，但从科学研究的规范性来说，却又不能绕开他们的学术成果和贡献。近年来斯坦因的研究成果越来越多地被介绍过来，特别是《西域考古图记》汉译本问世，使我们对他的成就和贡献有了更多的认识。正如孟凡人先生《斯坦因〈西域考古图记〉汉译本前言》指出的："斯坦因刊布的这些资料，目前仍是最全面、最具权威性的，影响很大。现在国内外学术研究中的楼兰热与此亦有很大关系。"[1]斯坦因结合出土文物和传世文献对楼兰遗址进行研究，取得卓越的学术成就，其独到的学术见解、宝贵的经验和方法颇多借鉴意义，值得总结和发掘。

〔1〕孟凡人：《新疆考古与史地论集》，科学出版社，2000年，第195页。

下编 中外交流与中古文学

21 唐诗见证的唐与新罗的关系

唐诗是中国古代的文学瑰宝,也是世界优秀文化遗产,唐诗的成就与中外文化交流是分不开的。唐代中国与新罗国的友好关系和文化交流,对唐诗的繁荣和发展也起了推动和促进作用,唐诗中有不少涉及唐罗关系的诗。本文通过考察唐诗中有关唐罗关系的诗,从一个侧面说明唐朝与新罗之间的友好关系和文化交流盛况。

21.1 从唐诗看唐罗间人员往来

唐代是诗歌兴盛的时代,举国上下热爱诗歌。当时有写诗赠答送别的风气,特别在送行分别之际,往往写诗表达深厚情谊。人们喜欢以诗赠答酬唱,诗歌成为人际交往的重要工具,唐诗中保留下大量当时君臣、同僚、朋友、夫妻、兄弟间互相唱和的诗。唐与新罗之间人员往来频繁,互相之间常常写诗相赠,唐诗里保存了大量唐罗之间人们赠答酬唱的诗。这些诗可以说是唐罗友好关系的见证。

21.1.1 送新罗国使节归国

唐朝建立,朝鲜半岛处于高句丽、百济、新罗三国鼎立局面。公元622年,唐朝与高句丽、百济、新罗都建立起册封关系。地处半岛东南地区的新罗,处于北面的高句丽、西面的百济和东面的日本的夹攻之下。在唐朝支持下,新罗先后征服百济和高句丽,完成了朝鲜半岛的统一。唐与新罗之间长期保持友好关系,人员往来频繁。

唐高祖武德四年(621年),新罗真平王在位,第一次派使节入唐,受到唐高祖的亲自接见,从此揭开唐罗之间友好关系的序幕。唐高祖派庾文素回访新罗,"赐以玺书及画屏风,锦彩三百段,自此朝贡不绝"。[1]

新罗统一半岛以后,和唐朝的友好关系继续发展。统一新罗时期的使节往还十分频繁。据统计,从618年唐朝建立至907年唐朝灭亡,289年间,新罗曾向唐朝派遣使团126次,唐朝也向新罗派遣使团34次。两国之间外交往来的频率,远远超过唐朝与其他任何国家之间的往来。在两国政府间的交往中,新罗国使节入华后归国送别,唐朝君臣朋友往往写诗送行。在这些赠答酬唱的诗中,我们看到唐朝与新罗间的友好关系。

陶翰《送金卿归新罗》云:"奉义朝中国,殊恩及远臣。乡心遥渡海,客路再经春。落日谁同望,孤舟独可亲。拂波衔木鸟,偶宿泣珠人。礼乐夷风变,衣冠汉制新。青云已干吕,知汝重来宾。"[2]"卿"是官职名,通常为光禄寺、太仆寺等辅助部门的长官,说明金氏入唐,已经在唐朝任官。诗首先肯定"金卿"入唐的良好动机,赞美唐朝皇恩远被,因此他能够入唐为官。现在金氏即将回国,诗文表达了对金氏旅途的牵挂。最后说金氏回国,为新罗带去了新的礼乐文明,并相信他不久还会回到中国。

张籍《送金少卿副使归新罗》云:"云岛茫茫天畔微,向东万里一帆飞。久为侍子承恩重,今佐使臣衔命归。通海便应将国信,到家犹自著朝衣。从前此去人无数,光彩如君定是稀。"[3]"少卿",正卿的副职,通常为光禄寺、太仆寺等辅助部门的从官。从这首诗里,我们知道,这位金姓的使臣是新罗国贵族,因为他是作为侍子入唐的,而且在唐朝时间已久,已经担任"少卿"的职务。当新罗国使团来到唐朝,即将回国时,唐朝让他充当使团副使随使团归国,他肩负着两国的使命,所以说他"今佐使臣衔命归"。"通海"二句是说他这次出使回国,责任重大,而且衣锦荣归。诗还反映出当时入唐新罗人数之多,并夸赞他在入唐新罗

[1]《旧唐书》卷199上《东夷传》,中华书局,1975年,第5334页。

[2]《全唐诗》卷146,中华书局,1960年,第1476页。

[3]《全唐诗》卷385,第4334页。

国人中是佼佼者。张籍还有一首《送新罗使》诗，云："万里为朝使，离家今几年。应知旧行路，却上远归船。夜泊避蛟窟，朝炊求岛泉。悠悠到乡国，远望海西天。"这首诗主要表达的是一种对朋友的关心、牵挂和留恋。

孟郊《奉同朝贤送新罗使》云："淼淼望远国，一萍秋海中。恩传日月外，梦在波涛东。浪兴豁胸臆，泛程舟虚空。既兹吟仗信，亦以难私躬。实怪赏不足，异鲜悦多丛。安危所系重，征役谁能穷。彼俗媚文史，圣朝富才雄。送行数百首，各以铿奇工。冗隶窃抽韵，孤属思将同。"[1]从这首诗的题目可以知道，当新罗国使节回国时，许多人都写诗相赠。"朝贤"就是当朝大臣。"同"是当时写诗的方法，就是跟大家一起写同一题目的诗。"奉"是自谦。诗里说，新罗国使节回国，送行的诗写了"数百首"。孟郊是一位苦吟诗人，他的诗追求奇险，以"郊寒岛瘦"著称。所以他喜欢用奇险夸奖别人诗写得好，"铿奇"就是奇险。

张乔《送朴充侍御归海东》云："天涯离二纪，阙下历三朝。涨海虽然阔，归帆不觉遥。惊波时失侣，举火夜相招。来往寻遗事，秦皇有断桥。"[2]"海东"即新罗国。从诗的题目可知，这位朴氏从新罗来，在唐朝担任侍御职务，奉命回新罗。"涨海"在这里指黄海。由于唐罗关系的全面发展，在人们的心理上两国间的海上距离已经缩短了。所以说"涨海虽然阔，归帆不觉遥"。

21.1.2 送人出使新罗

唐朝多次派使节出使新罗国，送人出使新罗时，亲人朋友间，诗人们也常常送行。如前所述，在新罗国使节不断入华的同时，唐朝也不断地派人出使新罗。朝廷派人出使，往往有朋友写诗送行。这种诗有时是由皇帝主持的。据韩国史书《三国史记》记载，玄宗开元二十五年(737年)，新罗圣德王薨，第二子承庆即位，即孝成王。当年十二月，便遣使入唐献方物。第二年二月，新罗使至，玄宗听闻圣德王薨讯，"悼惜久之"。他立刻派左赞善大夫邢璹以鸿胪少卿的身份前往新罗吊祭，赠

〔1〕《全唐诗》卷379，第4252页。

〔2〕《全唐诗》卷638，第7320页。

圣德王为太子太保，又册封孝成王为开府仪同三司、新罗王并册立王妃朴氏。邢璹临行，玄宗亲制诗序，“太子以下百僚咸赋诗以送”。〔1〕

这些诗有的是描写同乡、亲人送行的场景。钱起《送陆珽侍御使新罗》：“衣冠周柱史，才学我乡人。受命辞云陛，倾城送使臣。去程沧海月，归思上林春。始觉儒风远，殊方礼乐新。”〔2〕陆珽是钱起的同乡，所以当他奉命出使新罗时，诗人钱起就为他写诗送行。“倾城送使臣”说明当时送行的人数之多。在陆珽临别将行之时，诗人已经在算计着他什么时候才能回国，表达了对他的热切盼归。最后说，陆珽到新罗国后，会带去“儒风”，即中国文化，会造成“殊方礼乐新”。送陆珽，钱起还有另一首《重送陆侍御使日东》：“万里三韩国，行人满目愁。辞天使星远，临水涧霜秋。云佩迎仙岛，虹旌过蜃楼。定知怀魏阙，回首海西头。”上一首是官面上的文章，这一首则重私情。因为当时奉使出国，是一件辛苦事，甚至是危险的事情。因此这里写到了“愁”。这才是作为同乡的真情实感。顾况有《送从兄使新罗》长诗。顾况是中唐时期著名诗人，他写这首诗，是因为出使新罗国的使节是他的从兄。他说“封侯万里外，未肯后班超”，祝愿从兄这次出使，不辱使命，回国后因功升迁。当时出使外国，如果完成使命的话，一般回国后都会有升迁的。

这些奉命出使新罗国的使节，有的就是新罗人。他们来到唐朝，在唐朝做官，奉唐朝廷之命出使，同时也归国省亲。张乔《送宾贡金夷吾奉使归本国》：“渡海登仙籍，还家备汉仪。孤舟无岸泊，万里有星随。积水浮魂梦，流年半别离。东风未回日，音信杳难期。”金夷吾是考中宾贡科的人，他奉唐朝之命出使新罗，所以诗人写诗，盼望他乘东风返唐。说明唐朝有时委派在唐的新罗人出使新罗，完成某种使命。许棠《送金吾侍御奉使日东》：“还乡兼作使，到日倍荣亲。向化虽多国，如公有几人。孤山无返照，积水合苍旻。膝下知难住，金章已系身。”〔3〕许棠与张乔都是咸通年间人，这个金吾侍御与金夷吾相同，或许是一人，是

〔1〕〔高丽〕金富轼：《三国史记》卷9，首尔：韩国景仁文化社，1988年，第1页。

〔2〕《全唐诗》卷237，第2639页。

〔3〕《全唐诗》卷604，第6987页。

新罗人入唐做官又奉命出使新罗，所以是“还乡兼作使”。

唐朝派人去新罗，我们从唐诗里发现一个有趣的现象，即前期派去的人一般都是有学问的人，如邢璹。金富轼《三国史记》卷9记载：“帝谓璹曰：‘新罗号为君子之国，颇知书记，有类中国。以卿惇儒，故持节往。’”[1]后期奉命出使者大都担任侍御史、御史中丞的职务。如上引钱起《送陆珽侍御使新罗》的两首诗，又如权德舆《送韦中丞奉使新罗》、李端《送归中丞使新罗》、皇甫冉《送归中丞使新罗》、皇甫冉的弟弟皇甫曾也有《送归中丞使新罗》、耿湋《送归中丞使新罗》、李益《送归中丞使新罗册立吊祭》、吉中孚《送归中丞使新罗册立吊祭》、窦常《奉送职方崔员外摄中丞新罗册使》、刘禹锡《送源中丞充新罗册立使》、姚合也有一首《送源中丞赴新罗》、曹松《送胡中丞使日东》。

唐后期派往新罗国的使节，都是“侍御史”和“中丞”，这就反映了出使新罗国使臣的身份。侍御史和御史中丞都是执法官，出使有监察之意。唐侍御史属台院，殿中侍御史属殿院，监察御史属监院，三者并列。侍御史掌纠察百官、入阁承诏、知推（推鞫）弹（弹举）公廨（官府）、杂事（御史台中其他各事）。御史中丞，御史大夫的次官。唐五代大夫与中丞并置，唯大夫极少除授，御史中丞为实际长官。以侍御史和御史中丞出使，显示唐朝对新罗国的重视。在唐代，御史大夫有副宰相之称，御史大夫不常除授，御史中丞便是御史台实际上的最高长官，这说明派往新罗国的使节地位是很高的。正像姚合诗所说：“赤墀赐对使殊方，官重霜台紫绶光。”

21.1.3　送新罗朋友归国

唐时中国与朝鲜半岛往来频繁，许多新罗国人来到中国，当他们回国时，中国朋友往往写诗送行。从被送者的身份来看，除了上述新罗国使节之外，主要是僧人和留学生。

21.1.3.1　送别新罗僧人

当时众多留学僧入华学习佛教，学成后回国。唐朝对外国僧侣入

[1]〔高丽〕金富轼：《三国史记》卷9，第1页。

唐求法,持鼓励态度,提供生活便利。按照唐政府规定,外国僧侣入唐求法,每年赠绢25匹,四季给时服。当时新罗入唐求法僧侣人数众多,遥居其他外国入唐求法僧侣首位。很多人湮没无闻,但有法号可考者达130多人。他们学成回国,传播佛教,唐朝佛教各宗派在新罗国相继兴盛。入唐的新罗僧人在中国拜唐朝高僧为师,与唐朝的僧人一起学习,结下深厚情谊。例如新罗高僧义湘,在中国与唐朝名僧法藏(贤首)同窗,就学于智俨。他们分别是中国和韩国华严宗的创立者。高丽僧人一然著《三国遗事》卷4记载,法藏曾写给义湘一封信,那是两人分别20多年后,法藏托新罗弟子胜诠带回的。其中说:"一从分别二十余年,倾望之诚,岂离心首。加以烟云万里,海陆千重,限此一生,不复再面,抱恨怀恋,夫何可言!"表达了深切的思念之情。这封信在中国没有保存,可以看作是一篇流失海外的唐文。[1]

当新罗国僧人学成归国时,诗人们喜欢以诗相送,唐诗中有一些送新罗国僧人归国的诗。首先是僧人间的送别。释贯休是唐代著名诗僧,他有《送新罗衲僧》诗:"扶桑枝西真气奇,古人呼为师子儿。六环金锡轻摆撼,万仞雪峤空参差。枕上已无乡国梦,囊中犹挈石头碑。多惭不便随高步,正是风清无事时。"衲僧就是和尚、僧人。贯休还有一首《送新罗僧归本国》:"忘身求至教,求得却东归。离岸乘空去,终年无所依。月冲阴火出,帆挼大鹏飞。想得还乡后,多应着紫衣。""紫衣",紫色之袈裟。按照佛教规矩,通常有青、泥、茜三种所谓"坏色"为袈裟之如法色。唐宋以后,朝廷常赐高僧以紫衣、绯衣,以示尊宠。因此,紫色袈裟乃朝廷赐僧之紫衣。僧人赐紫始于唐代高僧法朗等。《僧史略》卷下记载:"按《唐书》,则天朝有僧法朗等,重译《大云经》。陈符命言,则天是弥勒下生,为阎浮提主。唐氏合微,故由之革命称周,法朗、薛怀义九人并封县公,赐物有差,皆赐紫袈裟、金龟袋。其《大云经》颁于天下寺,各藏一本,令高座讲说。赐紫自此始也。"《资持记》记载:"今时沙门多尚紫服。按唐纪,则天朝薛怀义辞宫廷,则天宠用令参朝义。以僧衣色异,因令服紫袈裟,带金象袋。后伪撰《大云经》。结十僧作疏进上,

〔1〕石云涛:《跋法藏〈与义湘书〉》,见《建安唐宋文学考论》,学苑出版社,2003年,第122页。

复赐十僧紫衣龟袋。由此弊源一泄，于今不返。”可见“赐服紫衣”是僧人荣耀之事。这是对归国新罗僧人的祝愿，说他回国后定会受到新罗王的尊重。释法照《送无著禅师归新罗国》诗云：“万里归乡路，随缘不算程。寻山百衲弊，过海一杯轻。夜宿依云色，晨斋就水声。何年持贝叶，却到汉家城。”[1]一边对无著禅师的旅程表示牵挂，一边盼望无著返回唐朝。

不仅僧人间交友酬唱，新罗僧人也结交世俗间的朋友。皮日休《送新罗弘惠上人》小序云：“庚寅岁十一月，新罗弘惠上人与本国同书请日休为灵鹫山周禅师碑。将还，以诗送之。”诗云：“三十麻衣弄渚禽，岂知名字彻鸡林。勒铭虽即多遗草，越海还能抵万金。鲸鬣晓掀峰正烧，鳌睛夜没岛还阴。二千余字终天别，东望辰韩泪洒襟。”陆龟蒙有相和之作，其《和袭美为新罗弘惠上人撰〈灵鹫山周禅师碑〉送归诗》云：“一函迢递过东瀛，只为先生处乞铭。已得雄词封静检，却怀孤影在禅庭。春过异国人应写，夜读沧洲怪亦听。遥想勒成新塔下，尽望空碧礼文星。”张乔《送新罗僧》：“东来此学禅，多病念佛缘。把锡离岩寺，收经上海船。落帆敲石火，宿岛汲瓶泉。永向扶桑老，知无再少年。”张乔还有一首《送僧雅觉归海东》：“山川心地内，一念即千重。老别关中寺，禅归海外峰。鸟行来有路，帆影去无踪。几夜波涛息，先闻本国钟。”[2]姚鹄《送僧归新罗》：“淼淼万余里，扁舟发落晖。沧溟何岁别，白首此时归。寒暑途中变，人烟岭外稀。惊天巨鳌斗，蔽日大鹏飞。雪入行砂屦，云生坐石衣。汉风深习得，休恨本心违。”[3]孙逖《送新罗法师还国》：“异域今无外，高僧代所稀。苦心归寂灭，宴坐得精微。持钵何年至，传灯是日归。上卿挥别藻，中禁下禅衣。海阔杯还度，云遥锡更飞。此行迷处所，何以慰虔祈。”这些诗大多赞美新罗僧人不畏艰险入华求法，赞扬他们的佛学修养，表达对他们行程的关切，祝愿他们回国后有所成就。

〔1〕《全唐诗》卷810，第9135页。

〔2〕《全唐诗》卷638，第7312页。

〔3〕《全唐诗》卷553，第6406页。

21.1.3.2　送别新罗留学生

新罗还经常派留学生到长安学习，以便吸收唐朝的先进文明，加快新罗王朝的发展。朝鲜半岛同中国具有数千年的交往历史，但其大规模派遣留学生来华则始于唐代。徐松《登科记考》云："（唐）自天下初定，增筑学舍至千二百区，虽七营飞骑，亦置生，遣博士为授经。四夷若高丽、百济、新罗、高昌、吐蕃，相继遣弟子入学，遂至八千馀人。"[1]

唐兴后50年，新罗陆续兼并了百济和高句丽大部，因此其后来自半岛的留学生专指新罗留学生。唐朝接收新罗留学生的确切数字已难稽考，但为数众多是没有问题的。据韩国史书记载："新罗自事唐之后，常遣王子侍卫。又遣学生入太学习业，十年限满还国，又遣他学生入学者，多至百余人。买书银货则本国支给，而书粮，唐自鸿胪寺供给。学生去来者相踵。"[2]据有关史料记载，仅开成二年（837年）在华新罗学生即多达216人，而开成五年（840年）四月一次回国的新罗学生就有105人，足见数量之多。据严耕望先生《新罗留唐学生与僧徒》一文中的估计，新罗在近300年间派遣到中国留学的人至少有2000人。[3]在唐朝的外国留学生中，以新罗人为最多。唐朝诗人张乔有《送人及第归海东》一诗，云："东风日边起，草木一时春。自笑中华路，年年送远人。""年年送远人"，意谓年年都有人来。

新罗留学生不少人参加过唐朝的进士科举考试，有人进士及第后，还留在唐朝做官。来唐留学的新罗人如此之多，最重要的原因当然是唐朝的繁荣和唐文化的巨大魅力，还有唐政府对外国学生的特殊照顾政策。唐朝政府不仅承担外国留学生在唐的生活费用，还设立宾贡科，用于外国留学生参加中国的科举考试。基于泱泱大国气度和开放式胸怀的唐朝的"宾贡科"，对新罗学子极具吸引力。宾贡科只对外国贡士和留学生宾礼相待，准其参加科举考试。宾贡科的考试命题、阅卷和录

〔1〕《新唐书》卷44《选举志》，第1163页。

〔2〕安鼎福：《东史纲目》卷5，转引自严耕望：《新罗留唐学生与僧徒》，见《严耕望史学论文集》，上海古籍出版社，2009年，第937页。

〔3〕严耕望：《严耕望史学论文集》，上海古籍出版社，2009年，第944页。

取放榜，皆单独进行，以免外国学生在与中国学生的考试竞争中被淘汰。及第者同样可以授予官职，在华立业。周一良先生说："从9世纪到10世纪中叶约150年间，朝鲜人在中国科举考试及第的约有90人。"经过长期的学习，新罗国学生在学业方面有可以与中国国子生相比美的。所以晚唐作家孙樵《序西南夷》云："其岛夷之大者曰新罗……率以儒教为先，彬彬然与诸夏肖也。其新罗大姓，至有观艺上国，科举射策，与国子偕鸣者。"[1]

这些留学生有的学成回国，有的中举回国，有的落第回国，有的在中国已经做官回国探亲，有时则回国效力。中国朋友便写诗送行，对成功者表示祝贺，对失意者表示安慰。许浑《送友人罢举归东海》："沧波天堑外，何岛是新罗。舶主辞番远，棋僧入汉多。海风吹白鹤，沙日晒红螺。此去知投笔，须求利剑磨。"张蠙《送友人及第归新罗》："家林沧海东，未晓日先红。作贡诸蕃别，登科几国同。远声鱼呷浪，层气蜃迎风。乡俗稀攀桂，争来问月宫。"章孝标《送金可纪归新罗》："登唐科第语唐音，望日初生忆故林。鲛室夜眠阴火冷，蜃楼朝泊晓霞深。风高一叶飞鱼背，潮净三山出海心。想把文章合夷乐，蟠桃花里醉人参。"[2]杜荀鹤《送宾贡登第后归海东》："归捷中华第，登船鬓未丝。直应天上桂，别有海东枝。国界波穷处，乡心日出时。西风送君去，莫虑到家迟。"贯休《送新罗人及第归》："捧桂香和紫禁烟，远乡程彻巨鳌边。莫言挂席飞连夜，见说无风即数年。衣上日光真是火，岛旁鱼骨大于船。到乡必遇来王使，与作唐书寄一篇。"

21.1.3.3 其他

还有其他身份的人，他们因各种各样的原因来到唐朝，与中国人结为朋友。在他们与中国诗人相遇、相处或相别时，中国诗人往往写诗赠答酬唱。

这些人有在唐朝做官者，如刘昚虚《海上送薛文学归海东》："何处归且远，送君东悠悠。沧溟千万里，日夜一孤舟。旷望绝国所，微茫天

〔1〕《全唐文》卷794，上海古籍出版社，1990年，第3690页。

〔2〕《全唐诗》卷506，第5753页。

际愁。有时近仙境,不定若梦游。或见青色古,孤山百里秋。前心方杳渺,后路劳夷犹。离别惜吾道,风波敬皇休。春浮花气远,思逐海水流。日暮骊歌后,永怀空沧洲。"沈颂《送金文学还日东》:"君家东海东,君去因秋风。漫漫指乡路,悠悠如梦中。烟雾积孤岛,波涛连太空。冒险当不惧,皇恩措尔躬。"[1]

有山人处士,如顾非熊《送朴处士归新罗》:"少年离本国,今去已成翁。客梦孤舟里,乡山积水东。鳌沉崩巨岸,龙斗出遥空。学得中华语,将归谁与同。"[2]马戴也有一首《送朴山人归新罗》:"浩渺行无极,扬帆但信风。云山过海半,乡树入舟中。波定遥天出,沙平远岸穷。离心寄何处,目断曙霞东。"所送当为一人。项斯《送客归新罗》:"君家沧海外,一别见何因。风土虽知教,程途自致贫。浸天波色晚,横笛鸟行春。明发千樯下,应无更远人。"[3]贯休《送人归新罗》:"昨夜西风起,送君归故乡。积愁穷地角,见日上扶桑。蜃气生初霁,潮痕匝乱荒。从兹头各白,魂梦一相望。"[4]刘得仁《送新罗人归本国》:"鸡林隔巨浸,一住一年行。日近国先曙,风吹海不平。眼穿乡井树,头白渺瀰程。到彼星霜换,唐家语却生。"[5]林宽《送人归日东》:"沧溟西畔望,一望一心摧。地即同正朔,天教阻往来。波翻夜作电,鲸吼昼为雷。门外人参径,到时花几开。"[6]

有科举高中者。顾云《送崔致远西游将还》:"我闻海上三金鳌,金鳌头戴山高高。山之上兮,珠宫贝阙黄金殿;山之下兮,千里万里之洪涛。傍边一点鸡林碧,鳌山孕秀生奇特。十二乘船渡海来,文章感动中华国。十八横行战词苑,一箭射破金门策。"[7]

也有善奕棋者,如张乔《送棋待诏朴球归新罗》:"海东谁敌手,归去

[1]《全唐诗》卷202,第2123页。

[2]《全唐诗》卷509,第5782页。

[3]《全唐诗》卷554,第6418页。

[4]《全唐诗》卷829,第9344页。

[5]《全唐诗》卷544,第6293。

[6]《全唐诗》卷606,第7001。

[7][高丽]金富轼:《三国史记》卷46,第4页。

道应孤。阙下传新势,船中覆旧图。穷荒回日月,积水载寰区。故国多年别,桑田复在无。"[1]棋待诏,是唐朝翰林院的职务,以下棋为宫廷服务。朴球是新罗国人,在唐朝任棋待诏,任职多年。当他回国时,张乔写诗送行。从这首诗里,我们可以知道,朴球是下棋高手,所以说他"海东谁敌手,归去道应孤"。想象着他途中还演习长安习得的"新势"(新招)。最后说,你离家已经许多年了,家里的桑田还在吗?

21.1.4 与新罗国朋友的赠答酬唱

新罗国人来到唐朝,与唐朝诗人结为朋友。唐朝诗歌唱和非常盛行,彼此间也不免有诗歌唱和的活动。唐诗中有与新罗朋友赠答酬唱的作品。在韩国古代文献中,也记载有新罗国诗人与唐朝诗人联句作诗的故事。李光晬《芝峰类说》卷13记载:

> 《尧山堂外纪》曰:"高丽使过海有诗云:'沙鸟浮还没,山云断复还。'时贾岛诈为梢人,联下句曰;'棹穿波底月,船压水中天。'丽使叹服云。所谓丽使未知何人,而俗传崔致远所作者,恐误。但非丽使,似是新罗使也。"

这件事从一个侧面说明,当时新罗文人的汉诗水平已经达到很高程度,他们的诗得到了唐代著名诗人的肯定。如顾非熊《寄紫阁无名新罗头陀僧》、张籍《赠海东僧》、释齐己《送高丽二僧南游》、裴说《赠宾贡》、杨夔《送日东僧游天台》等,都是赠予在中国的新罗国朋友的诗。顾非熊《寄紫阁无名新罗头陀僧》:"棕床已自檠,野宿更何营。大海谁同过,空山虎共行。身心相外尽,鬓发定中生。紫阁人来礼,无名便是名。"张籍《赠海东僧》:"别家行万里,自说过扶馀。学得中州语,能为外国书。与医收海藻,持咒取龙鱼。更问同来伴,天台几处居。"这首诗说明新罗僧人不仅学习佛法,也旁及其他知识。这位海东僧就学会了汉语(中州语),又能从事其他语言的写作,而且还从事医学的研究。释齐己《送高丽二僧南游》:"日边乡井别年深,中国灵踪欲遍寻。何处碧山逢长老,分明认取祖师心。"[2]裴说《赠宾贡》:"惟君怀至业,万里信悠

〔1〕《全唐诗》卷638,第7308页。

〔2〕《全唐诗》卷847,第9595页。

悠。路向东溟出,枝来北阙求。家无一夜梦,帆挂隔年秋。鬓发争禁得,孤舟往复愁。"杨夔《送日东僧游天台》:"一瓶离日外,行指赤城中。去自重云下,来从积水东。攀萝跻石径,挂锡憩松风。回首鸡林道,唯应梦想通。"

从这些诗里,可以看出新罗国人在唐朝与中国人的友好相处,情谊很深。

21.2 唐诗传入新罗及其影响

中国诗歌最早何时传入韩国,史书上没有明确记载。但在朝鲜半岛三国时期的高句丽、百济的教育机构里,已经把《诗经》作为基本教材。据金富轼《三国史记》记载,韩国现存最早的一首汉文诗是高句丽琉璃王于公元前17年所作的《黄鸟歌》。诗云:"翩翩黄鸟,雌雄相依。念我之独,谁其与归?"在语言形式和修辞手法上都与《诗经》作品非常相似。说明在两汉之际,《诗经》已经为高句丽人所诵习。公元6世纪时在中国南朝的高句丽僧人定法师写过一首题名为《咏孤石》的五言古诗。〔1〕南朝陈时,五言诗正在走向格律化,这首诗已经表现出向五言律诗演化的特点。这首诗以物喻理,孤石其实就是作者的自画像。通过展现湖中孤石超凡脱俗的形象,寓含了作者清高离俗、不染纤尘的情怀。全诗写景如画,对仗工整,是一首艺术表现上成功的佳作。

21.2.1 唐诗在新罗的传播

统一新罗时期,唐代的文学作品在朝鲜半岛非常流行,唐朝著名诗人作家的作品很受欢迎。武后时,张鷟以诗文知名,"新罗、日本使至,必出金宝购其文"。〔2〕白居易"文章精切,然最工诗","当时士人争传,鸡林(即新罗)行贾售其国相,率篇易一金,甚伪者,相辄能辩之"。〔3〕韩

〔1〕〔唐〕徐坚等:《初学记》卷5,中华书局,1962年,第109页。

〔2〕《新唐书》卷161《张荐传》附张鷟传,中华书局,1975年。

〔3〕《新唐书》卷119《白居易传》。

国典籍中存有不少未见诸《全唐诗》的唐代逸诗。[1]在唐诗影响下，新罗国很多人擅长用中国古代诗歌形式写诗。唐高宗时，新罗真德女王胜曼写过一首诗，赠唐高宗，题名《太平颂》。真德，新罗王善德之妹，贞观二十一年继承王位。永徽元年(650年)，真德女王遣其侄春秋、子法敏来朝，织锦作五言《太平颂》以献。这样的诗显然都是在中国古代诗歌影响下写成的。

特别是有机会到唐朝学习的人，他们写诗的技巧更为纯熟。唐诗中收入新罗人王巨仁、薛瑶、金地藏等的诗，新罗人写的诗成为唐代文学的组成部分。

王巨仁，唐时新罗国隐士，其《愤怨诗》云："于公恸哭三年旱，邹衍含愁五月霜。今我幽愁还似古，皇天无语但苍苍。"[2]王巨仁，真圣女王时(约唐僖宗光启年间)在世。时权奸当政，国事日衰，国人乃作隐语书投于路上。女王以为王巨仁作，将其囚系狱中。巨仁愤而作诗诉于天。其夜雷震雹降，女王畏而释其狱。[3]

薛瑶，新罗人。薛瑶也是王族后裔，聪明美丽。其父薛承冲，高宗时入唐，拜左武卫将军。瑶年十五，父卒，出家为尼。六年后还俗，嫁郭元振为妾。[4]夫妻感情甚笃，因病早亡。今存《谣》一首，为其返俗之作。诗云："化云心兮思淑贞，洞寂灭兮不见人。瑶草芳兮思芬蒀，将奈何兮青春。"[5]

金地藏，新罗僧人，名金乔觉，出身新罗王族。早年曾入唐留学，汉学修养颇深。此间对佛教产生浓厚兴趣，曾自悔说："世上儒家六经、道家三清法术之内，只有佛门第一义与我心相合。"回国后，削发为僧。唐开元七年(719年)，24岁，西渡来华，至池州府青阳县九子山(后称九华

---

〔1〕牛林杰:《韩国文献中的〈全唐诗〉逸诗考》，载《文史哲》2010年第3期。

〔2〕《全唐诗》卷732，第8376页。

〔3〕王巨仁事迹，见《朝鲜史略》，《全唐诗》卷732引；一然:《三国遗事》卷2，明知大学校出版部，1975年，第370页。

〔4〕陈子昂:《馆陶郭公姬薛氏墓志铭》，载《陈子昂集》卷6，中华书局，1960年。

〔5〕《全唐诗》卷799，第8993页。

山)。据说他那时年已60,“项耸奇骨,躯长七尺,而力倍百夫”。[1]他在东崖岩石终日坐禅,得到本地闵姓山主等人捐助,建寺庙,辟道场。金乔觉去世后,葬于神光岭的真身宝殿。三年后“开函视之,颜色如生,舁之,骨节俱动,若撼金锁焉,随(遂)名金地藏”。他生前笃信地藏菩萨,而且容貌酷似地藏瑞相,人们便认定他是地藏菩萨转世,九华山也就被认为是地藏菩萨道场。金地藏存诗《送童子下山》一首,诗云:“空门寂寞尔思家,礼别云房下九华。爱部竹栏骑竹马,惯于金地聚金沙。瓶添涧底休拈月,烹茗瓯中罢弄花。好去不须频下泪,老僧相伴有烟霞。”[2]金地藏在九华山提倡种茶、饮茶,倡导“茶禅一味”。这在《送童子下山》诗中,也能得到印证。

唐朝有的新罗人写的诗,有些没有被《全唐诗》所收,但被后来的学者补入唐诗。日本学者河世宁编《全唐诗逸》3卷之卷中录有金云卿、金立之、金可记之诗,朝鲜学者徐居正编《东文选》收有崔匡裕的诗。

金云卿是新罗最早以宾贡身份中举的。崔瀣《送奉使李仲父还朝序》云:“进士取人本盛于唐。长庆初,有金云卿者始以新罗宾贡,题名杜师礼榜,由此以至天佑终,凡登宾贡科者五十有八人。”[3]仕唐任兖州司马。[4]《全唐诗逸》卷中录其《秦楼仙》诗残句:“秋月夜间闻案曲,金风吹落玉箫声。”

金立之,新罗人。敬宗宝历元年(825年),随新罗王子金昕入唐,曾至长安青龙寺、清远峡山寺。宣宗大中九年(855年)任新罗秋城郡太守。[5]《全唐诗逸》卷中存其诗7联,皆录自日本大江维时编《千载佳句》:

烟破树头惊宿鸟,露凝苔上暗流萤。(《秋夜望月》)
山人见月宁思寝,更掬寒泉满手霜。(《峡山寺玩月》)
绀殿雨晴松色冷,禅林风起竹声余。(《赠青龙寺僧》)

[1]费冠卿:《九华山化城寺记》,见《全唐文》卷694,上海古籍出版社,1990年,第3159页。

[2]《全唐诗》卷808,第9122页。

[3][朝鲜]徐居正:《东文选》卷84,民族文化刊行社,1994年。

[4]事迹见[朝鲜]安鼎福:《东史纲目》卷5、卷9,首尔:景仁文化社,1970年。

[5]事迹据《旧唐书·东夷传》,见《全唐诗逸》卷中,《全唐诗》附,第10193页。

风过古殿香烟散，月到前林竹露清。(《宿丰德寺》)

更有闲宵清净境，曲江澄月对心虚。(《赠僧》)

寒露已催鸿北去，火云渐散月西流。(《秋夕》)

园梅坼甲迎春笑，庭草抽心待节芳。(《早春》)

金可纪(一作记)，新罗人，唐开成、会昌、大中间留学长安，约大中时及第，为“宾贡进士”，隐居子午谷中修道，受道教仙祖钟离权传授内丹术。[1]《全唐诗逸》卷中录其《题游仙寺》诗残句：“波冲乱石长如雨，风激疏松镇似秋。”

崔匡裕入唐留学，同乡人及第归国，他写了《送乡人及第归国》诗送行：“仙桂香浓惹雪麻，一条归路指天涯。高堂朝夕贫调膳，上国欢游罢醉花。红映昼楼波吐月，紫笼蟹极帕横霞。同离故国君先去，独把空书寄远家。”表达了对同乡的企羡和思乡之情。[2]

21.2.2 崔致远的诗歌创作

崔致远，字孤云，新罗后期人，韩国历史上第一位留下了个人文集的学者、诗人，被韩国学术界奉为“东国儒宗”“东国文学之祖”。他12岁到中国，在唐朝生活了16年，起初在长安、洛阳求学，后来任溧水尉(在今南京附近)，又入高骈淮南幕府。28岁回国，在新罗王朝担任要职。崔致远在中国10余年，写有大量诗文，据他自己说，有100多首，多数失传，现存30多首。他曾经将自己的作品汇编为《桂苑笔耕集》20卷。其著作还有《私试今体赋》1卷、《五言七言今体诗》1卷、《杂诗赋》1卷、《中山复篑集》5卷(任溧水县尉时作品)，皆佚，只有《桂苑笔耕集》20卷和收在《东文选》等书中的少量诗歌传世。《桂苑笔耕集》中的全部诗文都是他在中国生活时期所作，其中的诗作主要为近体诗，反映了他与唐朝朋友裴瓒、顾云、罗隐、张乔等人交游之谊，幕主高骈的知遇之恩以及思念故国的衷肠等，造诣极高。《秋夜雨中》《江南女》等颇具盛唐、晚唐纯熟诗风。崔致远诗歌中的一些有社会意义的作品，大多是在他回国之后创作的。新罗末季，社会混乱，到处爆发农民起义。他的诗歌虽

〔1〕《太平广记》卷53“金可记”，中华书局，1961年，第330页。

〔2〕〔朝鲜〕徐居正：《东文选》卷47，民族文化刊行社，1994年。

然没有直接反映这些尖锐的社会问题，但是已经和前期不同，有些作品已能反映出乱世的黑暗和污浊的社会面貌。如《寓兴》《古意》《蜀葵花》等。此外，《三国史记·乐志》载有他的《乡乐杂咏五首》，具体、生动地描写了“金丸”“月颠”“大面”“狻猊”“束毒”等五技演出的盛况，成为研究朝鲜古代歌舞的珍贵资料。《新唐书·艺文志》有其传，《全唐诗》及宋人编《唐人五十家小集》中都收有他的作品，日本学者编的《全唐诗逸》也收有他的作品。《桂苑笔耕集》被收入《四库全书》。

21.2.3 慧超的诗

新罗僧人慧超在开元十一年（723年）至开元十五年（727年）前往印度诸国巡礼，自东天竺登陆后，依次游历中天竺、南天竺、西天竺和北天竺，再经中亚回长安，后在五台山去世。学界认为“慧超从海路去印度从陆路归国”。如丁笃本在“旅唐新罗僧人慧超西域巡礼述略”中推测，慧超可能是在日南郡（今越南中部）向西航行，过南中国海、马六甲海峡、孟加拉湾，登上印度东海岸，然后自东向西横贯整个南亚次大陆，经过中亚，至西域（今新疆），后在五台山去世。《往五天竺国传》乃其记游之作。慧超富于文学才情。《往五天竺国传》残本中保留有五言格律诗五首。

其一，“不虑菩提远，焉将鹿苑遥。只愁悬路险，非意业风飘。八塔难诚见，参着经劫烧。何其人愿满，目睹在今朝”。该诗是慧超游览四大灵塔中的摩诃菩提寺时“称其本愿，非常欢喜”所作。从诗中可见当时求法僧的漫游是非常艰难危险的。而当他到达了摩诃菩提寺，满心欢喜，故吟诗述志。

其二，“月夜瞻乡路，浮云飒飒归。缄书参去便，风急不听回。我国天岸北，他邦地角西。日南无有雁，谁为向林飞”。该诗作于南天竺途中，天涯孤旅的惆怅之情跃然纸上。

其三，“故里灯无主，他方宝树摧。神灵去何处，玉貌已成灰。忆想哀情切，悲君愿不随。孰知乡国路，空见白云归”。作者来到北天竺时，在揭罗驮娜寺里遇到一位中国僧人，慧超计划与他结伴同行，他却不幸故去。慧超十分感伤,写下这首五言律诗。这首诗揭示出追求信仰的代价,赞扬了佛教徒的虔诚、毅力和坦然无畏的献身精神。

其四,“君恨西蕃远,余嗟东路长。道荒宏雪岭,险涧贼途倡。鸟飞惊峭嶷,人去偏梁□。平生不扪泪,今日洒千行”。该诗作于吐火罗国,慧超遇见一名唐朝使臣,两人行路方向不同,但均十分感慨旅途的艰苦和漫长。

其五,《冬日在吐火罗逢雪述怀》:“冷雪牵冰合,寒风擘地烈。巨海冻墁坛,江河凌崖啮。龙门绝瀑布,井口盘蛇结。伴火上胲歌,焉能度播蜜。”此诗写途中艰险,表达了不畏艰苦、誓志求法的精神。

21.3 唐诗中的新罗文化意蕴

唐诗中也包含着新罗的文化意蕴。朝鲜古诗在中国流传,受到唐朝诗人的重视;对新罗国的乐舞、器物、人物,唐诗中也有描写。

21.3.1 朝鲜古诗对唐诗的影响

汉乐府中有《箜篌引》古词一首:“公无渡河,公竟渡河。坠河而死,将奈公何。”这是韩国文学史中记载的最古老的四言诗歌,又名《公无渡河》。西晋崔豹《古今注》记载:“《箜篌引》者,朝鲜津卒霍里子高妻丽玉所作也。子高晨起,刺船而擢。有一白首狂夫,被发提壶,乱流而渡。其妻随而止之,不及,遂堕河而死。于是援箜篌而鼓之,作《公无渡河》之曲。声甚凄怆,曲终,亦渡河而死。子高还,以其声语其妻丽玉。玉伤之,乃引箜篌而写其声,闻者莫不堕泪掩泣焉。丽玉以其声传邻女丽容,名之曰《箜篌引》焉。”唐诗人多用《公无渡河》或《箜篌引》古题写诗。如李白《公无渡河》、王建《公无渡河》、李贺《箜篌引》、温庭筠《箜篌引》、王睿《公无渡河》。

21.3.2 高丽乐舞入唐诗

高丽乐舞很早就传入中国,北周王褒有《高句丽乐府》诗:“萧萧易水生波,燕赵佳人自多。倾杯覆碗漼漼,垂手奋袖娑娑。不惜黄金散尽，只畏白日蹉跎。”唐人有善高丽舞者，《旧唐书·郭山恽传》记载：“时中宗数引近臣及修文学士，与之宴集。尝令各效伎艺以为笑乐。工部尚书张锡为《谈容娘舞》，将作大匠宗晋卿舞《浑脱》，左卫将军张洽舞《黄獐》。”《新唐书·杨再思传》记载，这次娱乐活动中，杨再思因“面似高丽”，“为《高丽舞》，举动合节，满座鄙笑”。[1]高丽舞是朝鲜族舞蹈，表演时多挥动宽大的衣袖。服以椎髻于后，以绛抹额，饰以金黄裙襦，长袖，乌皮鞋，所用乐器有九种，其中打击乐用腰鼓、齐鼓、担鼓等。李白《高句丽乐府》诗有逼真的描写：“金花折风帽，白马小迟回。翩翩舞广袖，似鸟海东来。”[2]

21.3.3 唐诗中的新罗人物

高仙芝，高丽人，唐朝名将，唐诗中有写到他的诗。岑参《武威送刘单判官赴安西行营，便呈高开府》的高开府，就是高仙芝。天宝八载(749年)，岑参充安西节度判官，遂赴安西。天宝十载春(751年)，正月，高仙芝入朝，拜开府仪同三司，五月出师至怛罗斯与大食战。同年春，岑参离开安西至武威，滞留至夏，六月至临洮，秋抵长安居杜陵别业。此诗呈“高开府”，又称“安西行营”，当作于仙芝入朝加封之后，怛罗斯之战之前。杜甫《高都护骢马行》诗虽然写的是马，但马的遭遇是随马的主人高仙芝的遭遇而变化的，曲折地反映了高仙芝的境遇。高仙芝晚年不遇，此诗末段“长安壮儿不敢骑，走过掣电倾城知。青丝络头为君老，何由更出横门道”。从骢马老于长安马厩之中，欲再赴边庭而不可得，曲折反映出高仙芝困守长安而不能重返疆场的命运。

21.3.4 唐诗咏新罗物品

中唐诗人窦巩有《新罗进白鹰》诗，云：“御马新骑禁苑秋，白鹰来自海东头。汉皇无事须游猎，雪乱争飞锦臂韝。”[3]晚唐李涉《与弟渤新罗剑歌》云：“我有神剑异人与，暗中往往精灵语。识者知从东海来，来时一夜因风雨。长河临晓北斗残，秋水露背青螭寒。昨夜大梁城下宿，不

〔1〕《新唐书》卷109《杨再思传》，第4099页。

〔2〕《全唐诗》卷165，中华书局，第1709页。

〔3〕《全唐诗》卷271，第3051页。

借踌跌光颜看。刃边飒飒尘沙缺，瘢痕半是蛟龙血。雷焕张华久已无，沉冤知向何人说。我有爱弟都九江，一条直气今无双。青光好去莫惆怅，必斩长鲸须少壮。”[1]

由以上论述，我们可以得出如下结论：唐代中国与新罗国的友好关系和文化交流，对唐诗的繁荣起了推动和促进作用；唐诗中有不少涉及中国与新罗国关系的诗，反映了当时两国之间的友好关系。唐诗中一部分作品是中韩两国人民共同的文学遗产和宝贵的精神财富；历史上中国与日本、朝鲜半岛、越南为汉字文化圈，唐诗的流行和影响对这一文化圈的形成起了重要的推动作用。

〔1〕《全唐诗》卷477，第5425页。

22 长安大慈恩寺与唐诗的因缘

大慈恩寺是唐代长安四大佛经译场之一,佛教法相宗祖庭,在中国佛教史上具有十分重要的地位。佛教对于唐代文学的影响是多方面的,其中佛寺与唐诗便结下不解之缘。唐代文士和僧人所写与佛教寺院相关的诗作数量庞大,据统计约占《全唐诗》所收作品近五分之一[1]。长安是唐诗中心,大慈恩寺是长安最著名的寺院,诗人云集长安,慈恩寺是诗人必游之地,于是诗咏慈恩寺成为唐代持续不衰的诗的题材,著名诗人皆有与慈恩寺相关的诗作。本文拟从皇家诗会、高僧大德、节日游赏、名刹风物、雁塔登临、旧游追忆等方面探讨长安大慈恩寺与唐诗的因缘,从一个侧面说明唐代佛教文化的兴盛对唐诗繁荣的促进作用。

22.1 皇家诗会,君臣唱和

慈恩寺与唐诗的因缘,首先在于慈恩寺乃皇家寺院,是皇帝礼佛和游幸之所。而唐朝统治者好诗,宫廷组织的大型诗会常在此举办。

大慈恩寺是皇室敕令修建的,为宫室成员祈福所建。贞观二十二年(648年),皇太子李治(即后来的唐高宗)为已故的母后文德皇后祈福,报答生母慈恩,奏请父皇敕建佛寺,赐名"慈恩寺"。著名高僧玄奘奉敕由弘福寺移居此寺为上座,并主持翻经院。慈恩寺成为唐长安城内最宏丽的佛寺。显庆元年(656年),唐高宗御书《大慈恩寺碑记》,从此称为"大慈恩寺"。唐时寺院规模巨大,殿堂内金佛趺坐,名家壁画布

〔1〕李芳民:《水亭山寺长年吟:唐代诗人寺院之游与诗歌创作》,见《唐五代佛寺辑考》,商务印书馆,2006年,第329页。

列其中,帷幡高悬,香烟缭绕,是当时最大的佛教寺院和国立译场之一。

唐朝统治者大都爱好文学艺术,尤其是诗。大慈恩寺为皇家寺院,帝王率后妃百官经常到此拜佛、游赏,不免赋诗以畅雅兴。唐初,诗歌的主流在宫廷,皇帝或赋诗令手下答和,称为"奉和",或命群臣赋诗,称为"应制"。臣下们借此机会显示自己的才华,讨皇上的欢心,于是造成盛大的诗宴活动。这种活动是从唐高宗李治开始的。高宗驾临慈恩寺,亲自作诗,有作品传世,其《谒大慈恩寺》诗(《全唐诗》卷2)云:

日宫开万仞,月殿耸千寻。花盖飞团影,幡虹曳曲阴。

绮霞遥笼帐,丛珠细网林。寥廓烟云表,超然物外心。

当时大臣许敬宗有《奉和过慈恩寺应制》(《全唐诗》卷35)一首传世:

凤阙邻金地,龙旂拂宝台。云楣将叶并,风牖送花来。

月宫清晚桂,虹梁绚早梅。梵境留宸瞩,掞发丽天才。

高宗君臣的唱和之作,开了帝王于大慈恩寺赋诗、群臣奉和的先河。在唐代帝王中,中宗李显也是好诗的皇帝之一,他在位时恢复了大慈恩寺的诗会活动。景龙二年(708年)四月,中宗依照四时、八节、十二月的规制,在修文馆增置大学士四员、学士八员、直学士十二员[1]。"凡天子飨会游豫,唯宰相、直学士得从。"而皇帝游幸随季节不同而有不同去处,"秋登慈恩浮图,献菊花酒称寿"[2]。于是学士随从皇帝游览佛寺,继承高宗时的传统应制赋诗,形成定制。今传世的士大夫应制游览佛寺诗有50多首。景龙二年"九月九日,上幸慈恩寺,登浮图,群臣上菊花寿酒赋诗"。上官昭容献诗云:"帝里重阳节,香园万乘来。却邪萸入佩,献寿菊传杯。塔类承天涌,门疑待佛开。睿词悬日月,长得御昭回。"[3]同去的修文馆四名大学士、八名学士、十二名直学士等都献上了

〔1〕最初设置的大学士有李峤、宗楚客、赵彦昭、韦嗣立;学士有李适、刘宪、崔湜、郑愔、卢藏用、李乂、岑羲、刘知幾;直学士有薛稷、马怀素、宋之问、武平一、杜审言、沈佺期、阎朝隐、韦安石、徐坚、韦元旦、徐彦伯、刘允济等。见《唐会要》卷64《史馆》下"弘文馆"条、计有功《唐诗纪事》卷9、两唐书诸人传记等。

〔2〕〔南宋〕计有功:《唐诗纪事》卷9,上海古籍出版社,1987年,第114页。

〔3〕〔南宋〕计有功:《唐诗纪事》卷3,上海古籍出版社,1987年,第26页。

自己的作品[1]。这些诗保存在《全唐诗》第105卷，共12首，辛替否、王景、毕乾泰、麹瞻、樊忱、孙佺、李从远、周利用、张景源、李恒、张锡、解琬各一首；第46卷崔日用一首；第52卷宋之问一首；第58卷李峤一首；第70卷李适一首；第71卷刘宪一首；第92卷李乂一首；第93卷四首，卢藏用、岑羲、马怀素、薛稷各一首；第103卷赵彦昭（一作赵彦伯）一首；第104卷三首，萧至忠、李迥秀、杨廉各一首；第105卷辛替否一首；第106卷郑愔一首。

唐玄宗也是一位好诗的皇帝，与他有关的游慈恩寺应制诗有张说《奉和圣制同皇太子过慈恩寺应制》二首（《全唐诗》卷87）[2]：

翼翼宸恩永，煌煌福地开。离光升宝殿，震气绕香台。
上界幡花合，中天伎乐来。愿君无量寿，仙乐屡徘徊。
朗朗神居峻，轩轩瑞象威。圣君成愿果，太子拂天衣。
至乐三灵会，深仁四皓归。还闻涡水曲，更绕白云飞。

沈佺期《奉和圣制同皇太子游慈恩寺应制》（《全唐诗》卷96）一首：

肃肃莲花界，荧荧贝叶宫。金人来梦里，白马出城中。
涌塔初从地，焚香欲遍空。天歌应春籥，非是为春风。

这些诗过去都不受文学史研究者重视，其原因一是内容歌功颂德，或者颂圣即颂扬皇上，宣扬歌舞升平；或者赞佛，歌诵佛法力无力；二是艺术性差，无病呻吟。其中有的人留传至今的作品仅有一篇，说明他们并没有诗歌才华，都是应景之作，甚至有人代笔。但如果从文化史角度考察，却是一个有价值的文学现象。首先，这种文学活动和诗歌作品是盛世反映。高宗至玄宗时唐朝国力日益强盛，统治者爱好文学，君臣暇日游览佛寺，奉觞唱和；中宗时在慈恩寺举行大规模的诗歌竞赛活动，都是文坛盛事和文化繁荣的表现。其次，这种文学活动和诗歌作品反映了一代诗风。唐初诗歌创作的主流在宫廷，太宗和高宗时盛行上官

〔1〕〔南宋〕计有功：《唐诗纪事》卷9“李适”条云：“（景龙二年）九月，幸慈恩寺塔，上官氏献诗，群臣并赋。”上海古籍出版社，1987年，第114页。

〔2〕此“太子”应是唐玄宗李隆基，“圣制”应是唐睿宗的诗。李隆基铲除太平公主势力以后，以皇太子监国，实际掌握了最高权力。张说、沈佺期的诗当作于此时。

体，以典雅工丽、“绮错婉媚”见长。此类君臣唱和诗最早的作品，即高宗《谒大慈恩寺》便突出表现了这种典丽的特色。诗注意选用极其文雅的词汇，写见闻感受。而许敬宗的奉和诗便是绮错婉媚的代表，只是把对皇上的歌功颂德扩大到对佛教的赞美上。后来侍臣们的谒寺诗大体上都表现出这一共同的倾向。第三，这种文学活动和诗歌作品反映了那一个时代弥漫于社会上层的崇佛风气。樊忱《奉和九月九日登慈恩寺浮图应制》把唐代中国称为“十地”，“三天”，简直就是一个佛教世界。第四，这些诗还表现出当时士大夫对佛教领会的程度，因此，这些诗有重要的认识价值。虽然整个社会佛教盛行，士大夫们迎合皇上的心理逢场作戏，吟诗颂圣赞佛，但他们的诗流于对佛教的一般赞美，使用的佛教典故或词语有时并不准确，如所谓“十地”，“三天”等。第五，从文学发展角度看，皇家诗会对推动整个社会对诗歌的爱好起了重要作用，君臣皆以能诗为荣耀，刺激了社会上对诗歌的研讨和兴趣；游寺赋诗启发了后来诗人文士的游览诗。宫廷诗人也有有才情的，慈恩寺登临赋诗者有的也写出一些好的句子，如萧至忠《奉和九月九日登慈恩寺浮图应制》“登高凌宝塔，极目遍王城”[1]，便被评为豪迈的情怀。高宗以后，诗歌从宫廷走向了社会，科举制度造成一代才华横溢之诗人，大慈恩寺是长安游览胜地，诗人们来到这里，登临咏怀，便产生了后来许多优秀的作品。

22.2 高僧大德，诗人钦仰

唐代儒道佛三家并举，佛教受到整个社会的崇奉，因此高僧大德往往成为人们仰慕的对象，喜欢与之交游。《旧唐书·玄奘传》记载：“高宗在东宫，为文德皇后追福，造慈恩寺及翻经院，内出大幡，敕《九部乐》及京城诸寺幡盖众伎，送玄奘及所翻经像、诸高僧等入住慈恩寺。”[2]寺院落成，高僧玄奘便受命为上座住持，并在此翻译佛经10余年。此后，慈

〔1〕《全唐诗》卷104，中华书局，1960年，第1091页。

〔2〕《旧唐书》卷191，第5109页。

恩寺多高僧大德,仅见于《续高僧传》《宋高僧传》的便有梵僧那提、释延洪、释义褒、寂默、窥基、普光、法宝、嘉尚、彦悰、义忠、义福、明慧等慈恩寺名僧。唐代是崇佛的时代,又是崇尚诗歌的时代,诗人与僧人交往,用诗赞美高僧大德是诗坛一时的风气。诗赞大慈恩寺高僧,成为大慈恩寺与唐诗的一段重要因缘。我们首先读到的是唐高宗写给玄奘的两首诗。高宗《谒慈恩寺题奘法师房》(《全唐诗》卷2)云:

停轩观福殿,游目眺皇畿。法轮含日转,花盖接云飞。
翠烟香绮阁,丹霞光宝衣。幡虹遥合彩,定水迥分晖。
萧然登十地,自得会三归。

又《九月九日谒慈恩寺题奘法师房》云:

端居临玉扆,初律启金商。凤阙澄秋色,龙闱引夕凉。
野净山气敛,林疏风露长。砌兰亏半影,岩桂发全香。
满盖荷凋翠,圆花菊散黄。挥鞭争电烈,飞羽乱星光。
柳空穿石碎,弦虚侧月张。怯猿啼落岫,惊雁断分行。
斜轮低夕景,归旆拥通庄。

与唐代皇帝其他即景赋诗题目常用"临""幸"不同,这两首诗都用的是"谒",以皇帝之尊,拜谒佛寺和玄奘,足见玄奘在皇帝心目的地位之尊。玄奘是佛教的代表,一字之用显示了统治者对佛教的崇奉的态度。不仅皇帝至大慈恩寺,诗赞高僧大德,其他诗人也不例外。江满昌有《大唐大慈恩寺大师画赞》诗一首[1],云:

慈恩大师尉迟氏,讳大乘基长安人。
族贵五陵光三辅,鄂公敬德是其亲。
智勇冠世超卫霍,李唐之初大功臣。
文皇崇师称大圣,生立碑文垂丝纶。
羯罗蓝位多正梦,汉月入口母方娠。
金人持神珠宝杵,托于胎中吉兆频。
身相圆满载诞育,彤云成盖覆果唇。

〔1〕《全唐诗》无江满昌诗,《大唐大慈恩寺大师画赞》见日本《卍续藏经》本《玄奘三藏师资丛书》卷下,原署"特进、行门下侍郎兼镇西员外都督江满昌文",卷首目录署"唐江满昌文撰"。

眼浮紫电夏天影，面驻素娥秋夜轮。
少少之时早拔萃，龆龀之间含慈惇。
依止三藏学性相，三千徒里绝等伦。
七十达者四贤圣，就中大师深入神。
亚圣具体比颜子，穷源尽性同大钧。
三性五重唯识义，博涉学海到要津。
百部疏主五明祖，著述以来谁得均？
字字句句不空置，皆有证据永因循。
伯牙响琴徒秘典，卞和泣玉独沾巾。
论鼓一振疑关破，他宗望风自委尘。
对龙象众能降伏，升师子座檀嚬伸。
每月必造慈氏像，一生偏慕兜率身。
每日必诵菩萨戒，唯杖木叉制波旬。
一时高楼秋灯下，有人窥见偷逡巡。
大光普照观自在，金手染翰显其真。
不图汉土化等觉，开甘露门利兆民。
自书般若何所至，清凉山晓五台春。
瑞光赫赫庆云起，文殊正现示宿因。
游博陵原制玄赞，法华颐旨传远宾。
当宝塔品人有梦，诸佛证明遍照邻。
二十八字一挑句，文章微婉柢获麟。
传导大师以此偈，千佛灭度赞大仁。
不嫌暗漏作章疏，齿牙焕炳光曜新。
咫尺龙颜奉凤诏，出入金殿陪紫宸。
天不与善化缘尽，岁五十三俄已泯。
永淳二年十一月，仲旬三日为忌辰。
先师墓侧行祔礼，风悲云愁惨松筠。
本愿不回奉弥勒，生第四天奉华茵。
名垂万古涉五竺，玄踪虽多难尽陈。

玄奘弟子窥基，姓尉迟，字洪道，长安人。入慈恩寺随师译经，著作甚多，世称慈恩大师。这首诗就是歌咏窥基的[1]。来到大慈恩寺的诗人，常常写诗赞美慈恩寺高僧和他们居住的环境。唐代僧人不少人懂诗、擅诗，喜欢交接士大夫，喜欢向诗人名士索诗。在这种情况下，诗人不免奉迎捧场，正如李益《赠宣大师》诗说："一国沙弥独解诗，人人道胜惠休师……因论佛地求心地，只说常吟是住持。"(《全唐诗》卷283)诗人名士的诗文，会抬高僧人的身价，扩大寺院的影响，所以僧人很注意与诗人名士打交道，乞请写诗。冯贽《云仙杂记》卷2记载，"李白游慈恩寺，寺僧用水松牌，刷以吴胶粉，捧乞新诗"。诗人游览佛寺，多有诗作传世，这些诗要么赞美僧人，要么赞美寺院的环境。

韩翃《题慈恩寺振上人院》(一作《题僧房》，《全唐诗》卷244)：

披衣闻客至，关锁此时开。鸣磬夕阳尽，濒帘秋色来。
名香连竹径，清梵出花台。身在心无往，他方到几回。

李频《秋宿慈恩寺遂上人院》(《全唐诗》卷588)：

满阁终南色，清宵独倚栏。风高斜汉动，叶下曲江寒。
帝里求名老，空门见性难。吾师无一事，不似在长安。

李端《慈恩寺暕上人房招耿拾遗》(《全唐诗》卷285)：

悠然对惠远，共结故山期。汲井树阴下，闭门亭午时。
地闲花落厚，石浅水流迟。愿与神仙客，同来事本师。

许浑《晚投慈恩寺呈俊上人》(《全唐诗》卷532)：

双岩泻一川，十里绝人烟。古庙阴风地，寒钟暮雨天。
沙虚留虎并，水滑带龙涎。不及曹溪侣，空林已夜禅。

刘得仁《晚步曲江因谒慈恩寺恭上人》(《全唐诗》卷544)：

岂曰趣名者，年年待命通。坐令青嶂上，兴起白云中。
岸浸如天水，林含似雨风。南宗犹有碍，西寺问恭公。

贾岛《慈恩寺上座院》(《全唐诗》卷573)：

未委衡山色，何如对塔峰。曩宵曾宿此，今夕值秋浓。

---

〔1〕据《宋高僧传》卷4《窥基传》记载，窥基于永淳元年(682年)十一月卒，年五十一。与江满昌赞不同，当以江赞为是。

羽族笔烟竹，寒流带月钟。井甘源起异，泉涌渍苔封。

贾岛《宿慈恩寺郁公房》(《全唐诗》卷573)：

病身来寄宿，自扫一床闲。反照临江磬，新秋过雨山。

竹阴移冷月，荷气带禅关。独住天台意，方从内请还。

贾岛《寄慈恩寺郁上人》(《全唐诗》卷573)：

中秋期夕望，虚室省相容。北斗生清漏，南山出碧重。

露寒鸠宿竹，鸿过月圆钟。此夜情应切，衡阳旧住峰。

贾岛《酬慈恩寺文郁上人》(《全唐诗》卷574)：

袈裟影入禁池清，犹忆乡山近赤城。

篱落罅间寒蟹过，莓苔石上晚蛩行。

期登野阁闲应甚，阻宿山房疾未平。

闻说又寻南岳去，无端诗思忽然生。

贾岛《送慈恩寺霄韵法师谒太原李司空》(《全唐诗》卷572)：

何故谒司空，云山知几重。碛遥来雁尽，雪急去僧逢。

清磬先寒角，禅灯彻晓烽。旧房闲片石，倚著最高松。

武元衡《慈恩寺起上人院》(《全唐诗》卷316)：

禅堂支许同，清论道源穷。起灭秋云尽，虚无夕霭空。

池澄山倒影，材动叶翻风。他日焚香待，还来礼惠聪。

许棠《题慈恩寺元遂上人院》(《全唐诗》卷604)：

竹槛匝回廊，城中似外方。月云开作片，枝鸟立成行。

径接河源润，庭容塔影凉。天台频去说，谁占最高房。

郑谷《题慈恩寺默公院》(《全唐诗》卷675)：

虽近曲江居古寺，旧山终忆九华峰。

春来老病厌迎送，翦却牡丹栽野松。

曹松《慈恩寺贻楚霄上人》(《全唐诗》卷716)：

在秦生楚思，波浪接禅关。塔碍高林鸟，窗开白日山。

树阴移草上，岸色透庭间。入内谈经彻，空携讲疏还。

李洞《秋日同觉公上人眺慈恩塔六韵》(《全唐诗》卷722)：

九级耸莲宫，晴登袖拂虹。房廊窥井底，世界出笼中。

照牖三山火，吹铃八极风。细闻槎客语，遥辨海鱼冲。

禁静声连北，江寒影在东。谒师开牓锁，尘日闭虚空。

这些诗有的写得清新可喜，含蓄蕴藉。今人黄海棠网上连载《南山樵隐丛话》论诗词蕴藉含情，便以贾岛诗为例，云："清王渔洋云：'唐诗主情，故多蕴藉。'纵观历朝诗者，多是言之有尽而意无穷。故余愚断，无诗词不含情，无诗词不蕴藉。蕴藉以情思为主，以物象为辅。情思在内，物象在外。所谓物象，诗者所见所闻所思所忆之事物。所谓情思，是诗者喜怒哀乐志趣兴叹之感知。物象庞杂，情思细微。二者相合，方能成诗。时人谓之灵感，实乃内心之情思，巧合足以寄寓之物象，激发诗者深潜之诗思也。如唐贾浪仙《酬慈恩寺文郁上人》云：'闻说又寻南岳去，无端诗思忽然生。'"[1]

在唐代诗歌兴盛的时代里，涌现出一批诗僧，大慈恩寺僧人有能诗者。有唱便有和，皇帝赋诗，高僧唱和，我们看到高宗时慈恩寺沙门有《和御制游慈恩寺》(《全唐诗》卷851)诗一首：

皇风扇祇树，至德茂禅林。仙华曜日彩，神幡曳远阴。

绮殿笼霞影，飞阁出云心。细草希慈泽，恩光重更深。

窥基能诗，今传其《出家箴》一首：

舍家出家何所以，稽首空王求出离。三师七证定初机，剃发染衣发弘誓。去贪嗔，除鄙吝，十二时中须谨慎。炼磨真性若虚空，自然战退魔军阵。勤学业，寻师匠，说与行人堪倚仗。莫教心地乱如麻，百岁光阴等闲丧。踵前贤，效先圣，尽假闻思修所证。行住坐卧要真专，念念无差始相应。佛真经，十二部，纵横指示菩提路。不习不学不依行，问君何日心开悟。速须救，似头燃，莫待明年与后年。一息不来即后世，谁能保得此身坚。不蚕衣，不田食，织妇耕夫汗血力。为成道果施将来，道果未成争消得。哀哀父，哀哀母，咽苦吐甘大辛苦。就湿回干养育成，要袭门风继先祖。一旦中，求剃落，八十九十无倚托。若不超凡越圣流，向此因循全大错。福田衣，降龙钵，受用一身求解脱。若将小利系心怀，彼岸涅

[1] http://www.tianya.cn/publicforum/Content/poem/1/123607.html，2006-11-21。

槃争得达。善男子，汝须知，修行难得似今时。若得出家披缕褐，犹如浮木值盲龟。大丈夫，须猛利，紧束身心莫容易。倘能行愿力相扶，决定龙华亲授记。〔1〕

诗用歌行体形式，表达了对佛教的倾心信仰，并把佛教道理讲得浅显易懂。

22.3　名刹风物，文士题咏

大慈恩寺既是皇室敕修营建，又有玄奘法师住此译经，因此成为当时最著名的寺院。它不仅因其众多名僧大德吸引诗人文士与之交游，其内外环境、风物名胜也是诗人喜欢吟咏的题材。大慈恩寺地处长安城南风景秀丽的晋昌坊，是著名的曲江风景区的重要组成部分，南望南山，北对大明宫含元殿，东南与烟水明媚的曲江相望，西南和景色旖旎的杏园毗邻，清澈的浐河黄渠从寺前潺潺流过，“挟带林泉，各尽形胜”。据《太平广记》卷251载，曲江池“唐开元中，疏凿为胜境，南即紫云楼、芙蓉苑，西即杏园、慈恩寺。花卉环周，烟水明媚”，是长安城中第一盛景。

唐代游赏之风甚盛，社会安定，经济繁荣，朝廷鼓励官员游赏。《资治通鉴》卷213记载，玄宗开元十八年(730年)二月，“癸酉，初令百官于春月旬休，选胜行乐，自宰相至员外郎，凡十二筵，各赐钱五千缗”。唐代有各种各样的节日，除了传统的节日外，皇帝的生日也令庶民百官庆祝。尤其每年中和(二月初一)、上巳(三月初三)、重阳(九月初九)等节日，最受重视，自帝王将相至商贾庶民，皆喜宴集曲江。

大慈恩寺位于曲江池西北，依据文献记载和考古实证，唐代慈恩寺兴盛时，占地300多亩，由大殿、大佛殿、塔北殿、翻经院、元果院、太真院、东院、西院、浴室院等10余个院落组成，有殿房1897间，敕度僧

〔1〕日本《卍续藏经》第116册，宋释子升、如佑编：《禅门诸祖师偈颂》卷下之下；《大正藏》本明袾宏《缁门警训》卷2。二书皆称作者为“慈恩大师”，字句有不同。

300[1]，香火旺盛，园林静雅，吸引了众多达官显贵、士庶百姓和诗人寻幽赏景，“长安士庶每岁春秋游者，道路相属”[2]。有一则传说说明曲江一带，特别是慈恩寺风景之美：“唐太和二年，长安城南韦曲慈恩寺塔院，月夕，忽见一美妇人从三、四青衣来，绕佛塔言笑，甚有风味。回顾侍婢曰：‘白院主，借笔砚来。’乃于北廊柱上题诗……题讫，院主执烛将视之，悉变为白鹤，冲天而去。”[3]这就是慈恩塔院女仙《题寺廊柱》（《全唐诗》卷863）诗：

皇子陂头好月明，忘却华筵到晓行。
烟收山低翠黛横，折得荷花远恨生。
湖水团团夜如镜，碧树红花相掩映。
北斗阑干移晓柄，有似佳期常不定。

这当然还是唐人写的诗，传说和诗的内容都意在赞美慈恩寺周围的美景。唐代慈恩寺始终是诗人们喜欢游赏之地，四季代序，岁岁年年，都留下了诗人们的足迹，留下了许多优美的诗篇。正如李洞《题慈恩友人房》诗云：“贾生耽此寺，胜事入诗多。”（《全唐诗》卷722）这些诗是唐诗中与慈恩寺有关的诗作中艺术成就最高的一部分。春暖花开，诗人们到此享受风和日丽、花开水远的怡人风光。苏颋《慈恩寺二月半寓言》（《全唐诗》卷74）云：

二月韶春半，三空霁景初。献来应有受，灭尽竟无馀。
化迹传官寺，归诚谒梵居。殿堂花覆席，观阁柳垂疏。
共命枝间鸟，长生水上鱼。问津窥彼岸，迷路得真车。
行密幽关静，谈精俗态祛。稻麻欣所遇，蓬箨怆焉如。
不驻秦京陌，还题蜀郡舆。爱离方自此，回望独踟躇。

苏颋在开元年间曾任检校益州大都督长史，按察节度剑南诸州[4]。这是他自蜀入京行将返蜀时作，诗表达了他对帝京的留恋，他把

〔1〕〔唐〕段成式：《酉阳杂俎》续集卷6，中华书局，1981年，第262页。

〔2〕〔清〕毕沅：《关中胜迹图志》卷7，三秦出版社，2004年，第236页。

〔3〕《太平广记》卷69《慈恩塔院女仙》，中华书局，1961年，第432页。

〔4〕《新唐书》卷125《苏颋传》，第4402页。

这种留恋之情寄寓在对慈恩寺周围美景的描写中，并把对佛理的体会巧妙地融入对景物的刻画和感悟中。此后，唐诗中不少写春游慈恩寺的诗。这些诗常常写到慈恩寺的花，可是春天的花却不能逗起诗人的愉悦，我们读到的诗常常表达的是诗人惆怅年华流逝的伤感。如姚合《春日游慈恩寺》(《全唐诗》卷500)：

年长归何处，青山未有家。赏春无酒饮，多看寺中花。

这首诗大概写在仲春花盛之时，他一遍又一遍的观赏"寺中花"，却排解不去年华流逝、心无着落、穷困潦倒的愁苦。其他写到花的诗，大多写的是暮春晚景，如耿湋《慈恩寺残春》："双林花已尽，叶色占残芳。若问同游客，高年最断肠。"(《全唐诗》卷269)卢纶《同钱郎中晚春过慈恩寺》："不见僧中旧，仍逢雨后春。惜花将爱寺，俱是白头人。"(《全唐诗》卷297)赵嘏《春尽独游慈恩寺南池》："竹外池塘烟雨收，送春无伴亦迟留。秦城马上半年客，潘鬓水边今日愁。气变晚云红映阙，风含高树碧遮楼。杏园花落游人尽，独为圭峰一举头。"(《全唐诗》卷549)白居易《三月三十日题慈恩寺》表达了强烈的惜春之情："慈恩春色今朝尽，尽日裴回倚寺门。惆怅春归留不得，紫藤花下渐黄昏。"(《全唐诗》卷436)

除了写到花，有的诗则写鸟。春天是花开鸟鸣的季节，本来都是美景，但鸟和花一样勾起的是诗人的惆怅和伤感。司空曙《早春游慈恩南池》是写早春的诗："山寺临池水，春愁望远生。踽桥逢鹤起，寻竹值泉横。新柳丝犹短，轻苹叶未成。还如虎溪上，日暮伴僧行。"(《全唐诗》卷292)这首诗写到鹤，诗的基调已经在第二句中定下，即"春愁"。司空曙另一首则写黄莺，《残莺百啭歌同王员外、耿拾遗、吉中孚、李端游慈恩各赋一物》云：

残莺一何怨，百啭相寻续。始辨下将高，稍分长复促。绵蛮巧状语，机节终如曲。野客赏应迟，幽僧闻讵足。禅斋深树夏阴清，雨落空余三两声。金谷筝中传不似，山阳笛里写难成。意昨乱啼无远近，晴宫晓色偏相引。送暖初随柳色来，辞芳暗逐花枝尽。歌残莺，歌残莺，悠然万感生。谢朓羁怀方一听，何郎闲吟本多情。乃知众鸟非俦比，暮噪晨鸣倦人耳。共爱奇音那可亲，年年出谷待

新春。此时断绝为君惜，明日玄蝉催发白。(《全唐诗》卷293)

诗写得深情绵邈，黄莺的歌唱，没有让诗人感到优美动听，心旷神怡，却让诗人产生“明日玄蝉催发白”的惆怅。

既然来到佛寺，诗人们吟咏中不免流露出对佛理的体会和对人生的感悟。耿湋《春日游慈恩寺寄畅当》云：“浮世今何事，空门此谛真。死生俱是梦，哀乐讵关身。远草光连水，春篁色离尘。当从庚中庶，诗客更何人。”(《全唐诗》卷268)施肩吾《观花后游慈恩寺》云：“世事知难了，应须问苦空。羞将看花眼，来入梵王宫。”(《全唐诗》卷494)前者直接宣讲人生若梦的佛理，后者则是对佛祖、佛理的倾慕。“文变染乎世情”(刘勰《文心雕龙·时序》)，上述这些诗人都活动在安史之乱后，社会的巨大变迁给诗人心灵以深刻影响，盛世不再，前途迷茫，令诗人们难以产生赏心悦目的感觉，即便面对慈恩寺周围的良辰美景。刘得仁《晚游慈恩寺》(《全唐诗》卷544)：

寺去幽居近，每来因鲍薇。伴僧行不困，临水语忘归。
磬动青林晚，人惊白鹭飞。堪嗟浮俗事，皆与道相违。

这首诗应该说写得比较愉快，但结尾仍流露出极大的遗憾。这里的“道”指的就是佛教义理，诗人春游大慈恩寺，对比寺内外不同的环境，感到寺外的一切，皆与佛理不合。郑谷《慈恩寺偶题》(《全唐诗》卷676)：

往事悠悠添浩叹，劳生扰扰竟何能。
故山岁晚不归去，高塔晴来独自登。
林下听经秋苑鹿，江边扫叶夕阳僧。
吟余却起双峰念，曾看庵西瀑布冰。

游大慈恩寺，令诗人感到“劳生扰扰”，产生了对世俗的厌憎，继而对往事的追悔，向往出家离俗的念头油然而起。

大慈恩寺是佛家胜地，一到夏日，树木茂郁，深邃清幽；池荷新发，清香沁脾；清风徐来，凉爽宜人，因此吸引众多游人到此纳凉避暑。李远《慈恩寺避暑》诗云：“香荷疑散麝，风铎似调琴。不觉清凉晚，归人满柳阴。”(《全唐诗》卷519)说明到此纳凉人数之众。有时文人相邀，相聚寺中，举行诗会。韦应物有《慈恩伽蓝清会》（《全唐诗》卷186）一诗：

素友俱薄世，屡招清景赏。鸣钟悟音闻，宿昔心已往。
重门相洞达，高宇亦遐朗。岚岭晓城分，清阴夏条长。
氲氛芳台馥，萧散竹池广。平荷随波泛，回飙激林响。
蔬食遵道侣，泊怀遗滞想。何彼尘昏人，区区在天壤。

夏日相聚寺中，避暑纳凉成为诗人吟咏大慈恩寺的题材。在这些诗中，诗人们常常表达对大慈恩寺清凉环境的享受。刘得仁《慈恩寺塔下避暑》诗云："古松凌巨塔，修竹映空廊。竟日闻虚籁，深山只此凉。僧真生我静，水淡发茶香。坐久东楼望，钟声振夕阳。"（《全唐诗》卷544）诗用"凉"字，表达了盛夏酷暑时享受到的难得的清凉。诗人身处佛寺，写夏景也能巧妙地与佛理联系起来。卢纶《同崔峒补阙慈恩寺避暑》（《全唐诗》卷279）诗云：

寺凉高树合，卧石绿阴中。伴鹤惭仙侣，依僧学老翁。
鱼沉荷叶露，鸟散竹林风。始悟尘居者，应将火宅同。

"尘居者"，世俗之人；"火宅"，佛教比喻烦恼的俗界，言人有情爱纠葛，如居大火燃烧的宅院之中。诗人在畅享大慈恩寺内绿树环合的清凉时，想到那些在酷暑中遭受煎熬的人们，明白了佛教"火宅"之喻，不能离俗者恰似那些酷暑中人。诗最后两句表达了自己愿意出离苦海的迫切心情。刘沧《夏日登慈恩寺》（《全唐诗》卷586）：

金界时来一访僧，天香飘翠琐窗凝。
碧池静照寒松影，清昼深悬古殿灯。
晚景风蝉催节候，高空云鸟度轩层。
尘机消尽话玄理，暮磬出林疏韵澄。

"尘机"，尘世机缘；"玄理"，幽深微妙的义理，指佛教经义。"磐"，佛寺中敲击以集僧众的鸣器。诗人在享受寺院里的清凉的同时，又有机会与僧人共话梵理，耳闻清扬悠远的磬鸣，于是产生了消除一切尘念的感受。李端《同苗发慈恩寺避暑》（《全唐诗》卷285）：

追凉寻宝刹，畏日望璇题。卧草同鸳侣，临池似虎溪。
树闲人迹外，山晚鸟行西。若问无心法，莲花隔淤泥。

末二句表达了对佛法的领悟，以为佛法与尘世恰如莲花和淤泥之比。刘得仁《夏日游慈恩寺》诗(《全唐诗》卷544)云：

何处消长日，慈恩精舍频。僧高容野客，树密绝嚣尘。

闲上凌虚塔，相逢避暑人。却愁归去路，马迹并车轮。

诗人在大慈恩寺避暑一日，产生了一种远离尘嚣之感。及至日晚欲归时，对这种清静的佛教境界产生强烈的眷恋不舍之情，面对道路上的车辙蹄印，仿佛有一种重新回归俗界尘世的感觉，不想踏上归途了。

秋日清爽，亦出游佳时。秋天最重要的节日是重阳节。唐代对九月九日的重阳节非常重视，其俗有登高、佩茱萸、饮菊花酒和赏菊等，意在驱邪避祸，延年增寿，欣赏秋景，与前代比较亦无二致。明胡震亨《唐诗谈丛》卷3云："唐时风习豪奢，如上元山棚，诞节舞马，赐酺纵观，万众同乐。更民间爱重节序，好修故事，彩缕达於王公，粔籹不废俚贱，文人纪赏年华，概入歌咏……遇逢诸节，尤以晦日、上巳、重阳为重，后改晦日立二月朔为中和节，并称三大节……凡此三节，百官游宴……朝士词人有赋，异日即流传京师。当时唱酬之多，诗篇之盛，此亦其一助也。"

皇帝过重阳节，见于《全唐诗》的最早者是中宗。上官昭容等陪驾登慈恩寺塔，饮菊花酒，昭容有诗记其事，诗题为《九月九日上幸慈恩寺登浮图群臣上菊花酒》。之后，唐睿宗、玄宗也曾在重阳日登慈恩寺塔行庆。当时诗人应制奉和，已如上述。大约在唐玄宗以前，皇帝过重阳节的地点多在大慈恩寺，例为登塔、饮菊花酒。在这些皇家诗会上写的诗，不免充满吉利祥和、歌功颂德的句子，如"却邪萸结佩，献寿菊传杯"，"萸房陈宝席，菊蕊散花台"，"兹辰采仙菊，荐寿庆重阳"。

然而自古文人悲秋，所谓"秋则悲之为气也"。诗人秋游大慈恩寺，也常生悲秋之思。我们读到了一首秋游大慈恩寺的诗，即欧阳詹《早秋登慈恩寺塔》(《全唐诗》卷349)就是一例：

宝塔过千仞，登临尽四维。毫端分马颊，墨点辨峨眉。

地迥风弥紧，天长日久迟。因高欲有赋，远意惨生悲。

欧阳詹是一位不幸的诗人，生活在安史之乱后的中唐，家境穷困。

虽然作为泉州第一位赴京参加进士考试的学子，应举及第，但他没有靠山，没有援引，一生没有离开国子监四门助教这个卑微的官职。所以当他登上大雁塔，举目远望，面对繁荣的京城，想到远方的家乡，不禁悲从中来。

大慈恩寺的冬天可能是比较冷清的，冬游大慈恩寺的诗较少，岑参《雪后与群公过慈恩寺》(《全唐诗》卷200)：

乘兴忽相招，僧房暮与朝。雪融双树湿，沙暗一灯烧。

竹外山低塔，藤间院隔桥。归家如欲懒，俗虑向来销。

大慈恩寺的冬景，令诗人流连忘返。一日的游览也让诗人产生俗虑销尽、一身轻松之感。

诗人们来到大慈恩寺，寺内的花木、楼阁、禅房、竹院、钟磬、荷池无不引起诗人们吟咏的兴趣，形之于诗。

大慈恩寺牡丹　在吟咏大慈恩寺风物的诗中，最引人注目的是对牡丹的吟咏。

大约从隋代起，牡丹进入长安，至唐开元年间而达于全盛。唐中叶以后，长安掀起了牡丹花热，唐李肇《唐国史补》卷中“京师尚牡丹”条记载：“京城贵游，尚牡丹三十馀年矣。每春暮车马若狂，以不耽玩为耻。”[1]唐王叡《牡丹》诗云：“牡丹妖艳乱人心，一国如狂不惜金。”(《全唐诗》卷505)唐人观念中，牡丹是国花。刘禹锡《赏牡丹》云：“惟有牡丹真国色，花开时节动京城。”(《全唐诗》卷365)牡丹是花中之王，徐夤《牡丹花》二首其二称赞牡丹，“万万花中第一流”(《全唐诗》卷708)。长安城内从皇宫到平民家中，包括寺观在内几乎无处不植牡丹。大慈恩寺内多植名贵花草，因而常有王公贵族、诗人文士到寺院进香赏花。寺中牡丹花以“早、新、奇、多”闻名长安，这里培育的紫牡丹、白牡丹、浑红牡丹、姚黄牡丹、魏紫牡丹都是花之珍品。康骈《剧谈录》卷下“慈恩寺牡丹”条载一故事，说明大慈恩寺牡丹之受人喜爱：

京国花卉之晨，尤以牡丹为上。至于佛宇道观，游览者罕不经历。慈恩浴堂院有花两丛，每开及五六百朵，繁艳芬馥，近少伦

[1]〔唐〕李肇《唐国史补》卷中，上海古籍出版社，1983年，第45页。

比。有僧思振常话：会昌中，朝士数人寻芳，遍诣僧室，时东廊院有白花可爱，相与倾酒而坐，因云牡丹之盛，盖亦奇矣。然世之所玩者，但浅红深紫而已，竟未识红之深者。院主老僧微笑曰："安得无之，但诸贤未见尔。"于是从而诘之，经宿不去，云："上人向来之言，当是曾有所见，必希相引，寓目春游之愿足矣。"僧但云"昔于他处一逢，盖非辇毂所见"。及旦，求之不已，僧方露言曰："众君子好尚如此，贫道又安得藏之。今欲同看此花，但未知不泄于人否?"朝士作礼而誓云："终身不复言之。"僧乃自开一房，其间施设幡像，有板壁遮以旧幕，幕下启开而入，至一院，有小堂两间，颇甚华洁，轩无栏槛，皆是柏材。有殷红牡丹一窠，婆娑几及千朵。初旭才照，露华半杯，浓姿半开，炫耀心目，朝士惊赏留恋，及暮而去。僧曰："予保惜栽培近二十年矣，无端出语，使人见之，从今已往，未知何如耳。"信宿，有权要子弟，与亲友数人同来，入寺至有花僧院，从容良久，引僧至曲江闲步，将出门，令小仆寄安茶笈，裹以黄帕，于曲江岸藉草而坐。忽有弟子奔走而来云："有数十人入院掘花，禁之不止。"僧颔首无言，唯自吁叹。坐中但相践而笑。既而却归至寺门，见以大畚盛花，舁而去。取花者因谓僧曰："窃知贵院旧有名花，宅中咸欲一看，不敢预有相告，盖恐难於见莛。适所寄笼子中有金三十两，蜀茶二斤，以为酬赠。"〔1〕

故事着意渲染了慈恩寺特丹之美、品种之多，长安人爱花心情之强烈。

唐人重上巳节，上巳是长安人出游玩赏的重要节日。三月上巳，已值暮春，长安城牡丹盛开，赏牡丹成为长安人一大雅事。暮春三月是赏牡丹的最佳时节，大慈恩寺是人群聚集之处。钱易《南部新书》丁部记载："长安三月十五日，两街看牡丹，奔走车马。慈恩寺、元果院牡丹先于诸牡丹半月开，太真院牡丹后于诸牡丹半月开。"〔2〕此时长安城里车水马龙，人们争相观赏。唐诗中以牡丹为题的诗作不胜枚举，其中与大

〔1〕《唐五代笔记小说大观》(下)，上海古籍出版社，2000年，第1481-1482页。

〔2〕〔宋〕钱易《南部新书》丁部，中华书局，1960年，第319页。

慈恩寺有关的,最有名的就是裴潾作《白牡丹》(一作《长安牡丹》,《全唐诗》卷507),云:

长安豪贵惜春残,争赏先开紫牡丹。

别有玉杯承露冷,无人起就月中看。[1]

计有功《唐诗纪事》卷52记载:"长安三月十五日,两街看牡丹甚盛。慈恩寺、元果院花最先开,太平院开最后。(裴)潾作《白牡丹》诗题壁间。大和中,(文宗)驾幸此寺,吟玩久之,因令宫嫔讽念。及暮归,则此诗满六宫矣。"大慈恩寺白牡丹是本寺僧人培植的,据唐段成式《酉阳杂俎》续集卷6记载,慈恩寺白牡丹"是法力上人手植"[2]。裴潾,河东闻喜(今属山西)人,文宗大和中官至刑部、兵部侍郎。据钱易《南部新书》记载:"裴潾赋《白牡丹》,题于佛殿东颊唇壁之上。"佛殿东颊唇壁是比较偏僻的所在,此诗当是裴潾贫贱时所写。白牡丹为牡丹中品格低贱者,诗人以白牡丹自喻其操持的洁白无瑕,如玉杯承白露;而云月光下白牡丹无人欣赏,流露出怀才不遇的深意。无独有偶,白居易也有《白牡丹》一首,可能也是咏大慈恩寺白牡丹而作,诗云:"白花冷淡无人爱,亦占芳名道牡丹。应似东宫白赞善,被人还唤作朝官。"(《全唐诗》卷438)表达的也是遭受冷落、仕途失意的情怀。权德舆作有《和李中丞慈恩寺清上人院牡丹花歌》(《全唐诗》卷327)也托物寓意,以花喻人:

澹荡韶光三月中,牡丹偏自占春风。

时过宝地寻香径,已见新花采故丛。

曲水亭西杏园北,浓芳深院红霞色。

擢秀全胜珠树林,结根幸在春莲城。

艳蕊鲜房次第开,含烟洗露照苍苔。

庞眉依林禅僧起,轻翅萦枝舞蝶来。

独坐南台时共美,闲行古刹情何已。

花间一曲奏阳春,应为芬芳比君子。

诗并不刻意刻画牡丹之美,而是着力咏叹其芬芳品格,以喻君子。

〔1〕此诗一作卢纶诗,见《全唐诗》卷280,第3188页。

〔2〕〔唐〕段成式《酉阳杂俎》续集卷6,中华书局,1981年,第263页。

与后世咏花喜歌咏“岁寒三友”“四君子”不同，唐人赞美牡丹，取其芬香馥郁，象征君子品格的高尚。

大慈恩寺南池荷花 荷花是佛教中圣物，佛寺中多有种植，从唐诗中可知大慈恩寺南池种植有荷花。韦应物《慈恩寺南池秋荷咏》(《全唐诗》卷193)写秋天衰荷，云：

对殿含凉气，裁规覆清沼。衰红受露多，馀馥依人少。

萧萧远尘迹，飒飒凌秋晓。节谢客来稀，回塘方独绕。

韦应物《慈恩精舍南池作》(《全唐诗》卷192)云：

清境岂云远，炎氛忽如遗。重门布绿荫，菡萏满广池。

石发散清浅，林光动涟漪。缘崖摘紫房，扣槛集灵龟。

积喧忻物旷，耽玩觉景驰。明晨复趋府，幽赏当反思。

其中有“菡萏满广池”之句，池即南池，菡萏即荷花。贾岛曾住宿慈恩寺，其《宿慈恩寺郁公房》诗云：“病身来寄宿，自扫一床闲。反照临江磬，新秋过雨山。竹阴移冷月，荷气带禅关。独住天台意，方从内请还。”(《全唐诗》卷573)其中写到“荷气”，说明时值秋天，大慈恩寺南池的荷香依然飘至室内，沁人心脾。

大慈恩寺杏花 大慈恩寺有杏园，杏树花开时节，如雪如云的杏花特别惹人喜爱。权德舆《奉和许阁老霁后慈恩寺杏园看花同用花字口号》(《全唐诗》卷326)云：

杏林微雨霁，灼灼满瑶华。左掖期先至，中园景未斜。

含毫歌白雪，藉草醉流霞。独限金闺籍，支颐啜茗花。

德宗贞元四年(788年)试进士，以《曲江亭望慈恩寺杏园花发》为题，可见慈恩寺杏园和杏花在当时人们心目中的地位。这一年应进士举者皆以此为题赋诗，检索得如下作品：

李君何《曲江亭望慈恩寺杏园花发》(《全唐诗》卷466)：

春晴凭水轩，仙杏发南园。开蕊风初晓，浮香景欲暄。

光华临御陌，色相封空门。野雪遥添净，山烟近借繁。

地闲分鹿苑，景胜类桃源。况值新晴日，芳枝度彩鸳。

周弘亮《曲江亭望慈恩寺杏园花发》(《全唐诗》卷466)：

江亭闲望处，远近见秦源。古寺迟春景，新花发杏园。
萼中轻蕊密，枝上素姿繁。拂雨云初起，含风雪欲翻。
容辉明十地，香气遍千门。愿莫随桃李，芳菲不为言。

陈翥《曲江亭望慈恩寺杏园花发》(《全唐诗》卷466)：

曲江晴望好，近接梵王家。十亩开金地，千林发杏花。
映云犹误雪，煦日欲成霞。紫陌传香远，红泉落影斜。
园中春尚早，亭上路非赊。芳景堪游处，其如惜物华。

曹著《曲江亭望慈恩寺杏园花发》(《全唐诗》卷466)：

渚亭临净域，凭望一开轩。晚日分初地，东风发杏园。
异香飘九陌，丽色映千门。照灼瑶华散，葳蕤玉露繁。
未教游妓折，乍听早莺喧。谁复争桃李，含芳自不言。

沈亚之《曲江亭望慈恩寺杏园花发》(《全唐诗》卷493)：

曲台晴好望，近接梵王家。十亩开金地，千株发杏花。
带云犹误雪，映日欲欺霞。紫陌传香远，红泉落影斜。
园中春尚早，亭上路非赊。芳景偏堪赏，其如积岁华。

这些临场发挥的应试诗，未必有真情实感，但也能看出唐人对杏花的审美感受和诗人咏物写景的才情。

大慈恩寺柿树　大慈恩寺里的柿树，乃法力上人手植〔1〕。唐人认为，"柿有七德：一寿，二多阴(荫)，三无鸟窠，四无虫，五霜叶可玩，六嘉实，七落叶肥大"〔2〕。柿树不仅具有观赏价值，而且有实用价值，因此种植量很大。当柿叶落地时，僧人便将其收集起来，集中堆放，时间一久，竟填满了数间房屋。大慈恩寺柿树，还留下郑虔以叶代纸的佳话。据《尚书故实》记载，为了利用这些柿叶，书法家郑虔曾借居慈恩寺，"郑广文(郑虔为广文馆博士)学书而病无纸，知慈恩寺有柿树叶数间屋，遂借僧房居止。日取红叶学书，岁久殆遍"。〔3〕白居易《慈恩寺有感》(《全唐诗》卷442)：

〔1〕段成式：《酉阳杂俎》续集卷6，中华书局，1981年，第263页。

〔2〕《太平广记》卷411《柿》，中华书局，1961年，第3337页。

〔3〕《唐五代笔记小说大观》(下)，上海古籍出版社，2000年，第1170页。

自问有何惆怅事，寺门临入却徘徊。

李家哭泣元家病，柿叶红时独自来。

当年，白居易曾与好友李杓直、元居敬往大慈恩寺游赏，寺内柿树红叶给诗人留下深刻印象。此后，白居易因武元衡事件被贬江州，转忠州刺史。元和末年由贬地回到长安，李杓直已去世，元居敬卧病，当诗人单独到慈恩寺时，又看到鲜艳的柿叶，不禁感慨今昔，怅然独悲。

大慈恩寺东楼、石磬、竹院、禅院　歌咏大慈恩寺风物的还有曹松《慈恩寺东楼》(《全唐诗》卷716)：

寺楼凉出竹，非与曲江赊。野水流穿苑，秦山叠入巴。

风梢离众叶，岸角积虚沙。此地钟声近，令人思未涯。

卢纶《慈恩寺石磬歌》(《全唐诗》卷277)：

灵山石磬生海西，海涛平处与山齐。

长眉老僧同佛力，咒使鲛人往求得。

珠穴沈成绿浪痕，天衣拂尽苍苔色。

星汉徘徊山有风，禅翁静和月明中。

群仙下云龙出水，鸾鹤交飞半空里。

山精木魅不可听，落叶秋砧一时起。

花宫杳杳响泠泠，无数沙门昏梦醒。

古廊灯下见行道，疏林池边闻诵经。

徒壮洪钟秘高阁，万金费尽工雕凿。

岂如全质挂青松，数叶残云一片峰。

吾师宝之寿中国，顾同劫石无终极。

韩翃《题慈恩寺竹院》(《全唐诗》卷244)：

千峰对古寺，何异到西林。幽磬蝉声下，闲窗竹翠阴。

诗人谢客兴，法侣远公心。寂寂炉烟里，香花欲暮深。

杨巨源《和郑少师相公题慈恩寺禅院》(《全唐诗》卷333)：

旧寺长桐孙，朝天是圣恩。谢公诗更老，萧傅道方尊。

白法知深得，苍生要重论。若为将此望，心地向空门。

这些诗让人感到，大慈恩寺的一切都令人喜爱，都能惹起诗人的情思。寺楼、竹院、远山、近水、钟磬、蝉鸣……所见所闻,与寺里浓厚的宗教气氛融为一片,叫人流连忘返,诗从心生。

22.4 雁塔登临,赋诗咏怀

大慈恩寺是日常游乐与度假休闲胜处,寺中大雁塔是长安城中最高建筑,天下名塔,当然成为诗人们最喜欢的登临之处。大雁塔晚于大慈恩寺14年建造,永徽三年(652年),为了保存从印度取回的经像,玄奘奏请于寺内建贮存佛经的大雁塔。对于文人墨客来说,大雁塔是凭栏远眺的游览胜地,登上塔顶,纵目远眺,长安风貌尽收眼底。登临赋咏,文人积习,诗人们在此吟咏长安美景,抒发登临时的感受,留下许多著名的诗篇。这些诗也是唐诗中与大慈恩寺有关作品中最优秀的一部分。天宝十一载(752年),杜甫、高适、岑参、薛据、储光羲等到慈恩寺登塔游玩,除薛据外都有《同诸公登慈恩寺塔》同题诗作流传后世,成为千古传唱的名篇。

22.4.1 写登临所见景物的诗作

唐代诗人登临大雁塔的诗作,有的着重描写登临所见景物,其中尤以岑参《与高适薛据登慈恩寺浮图》(《全唐诗》卷198)最著名:

塔势如涌出,孤高耸天宫。登临出世界,磴道盘虚空。
突兀压神州,峥嵘如鬼工。四角碍白日,七层摩苍穹。
下窥指高鸟,俯听闻惊风。连山若波涛,奔走似朝东。
青槐夹驰道,宫馆何玲珑。

此诗入选蘅塘退士编《唐诗三百首》,诗造意奇特,历来受到好评。清沈德潜说:“参诗能作奇语,尤长于边塞。”评此诗:“登慈恩塔诗,少陵下应推此作,高达夫、储太祝皆不及也。”〔1〕殷璠《河岳英灵集》评岑参诗:“语奇体峻,意亦造奇。”〔2〕元人陈绎《吟谱》云:“岑参诗尚巧主

〔1〕〔清〕沈德潜:《唐诗别裁集》卷1,上海古籍出版社,1979年,第36、37页。

〔2〕〔唐〕殷璠:《河岳英灵集》卷中,《唐人选唐诗》,上海古籍出版社,1978年,第81页。

景。”[1]胡应麟《诗薮》认为岑参的五言古诗“清新奇逸,大是俊才”,质力造诣皆超过高适。[2]翁方纲《石洲诗话》称:“嘉州之奇峭,入唐以来所未有。又加以边塞之作,奇气益出。”[3]这首诗语多夸张,奇思妙语,表现出岑诗这种造奇的特点。沈德潜以为这一组登临慈恩寺的诗以杜甫的诗最好,岑诗次之。登大雁塔以写景著称的诗,还有后来章八元的《题慈恩寺塔》(《全唐诗》卷281):

十层突兀在虚空,四十门开面面风。
却怪鸟飞平地上,自惊人语半天中。
回梯暗踏如穿洞,绝顶初攀似出笼。
落日凤城佳气合,满城春树雨濛濛。

章八元,唐睦州桐庐(今属浙江)人。唐代宗大历六年(771年)进士,卒于句容主簿任上。这首诗起首极有气势,接着惊叹雁塔之高耸,末二句写长安春晚的雨景作结,含蓄蕴藉,耐人寻味,有语有尽而意无穷的效果。这首诗曾受到白居易的赞叹。何光远《鉴戒录》卷7记载:“长安慈恩寺浮图起开元,至太和之岁,举子前名(一本作‘来’)登游题纪者众矣。文宗朝,元稹、白居易、刘禹锡唱和千百首,传于京师,诵者称美,凡所至寺观、台阁、林亭或歌或咏之处,向来名公诗板潜自撤之,盖有愧于数公之诗也。会元、白因传香于慈恩寺塔下,忽视章先辈八元所留诗,白命僧抹去埃尘,二公移时吟咏,尽日不厌,悉全除去诸家之诗,惟留章公一首而已。乐天曰:‘不谓严维出此弟子!’由是,二公竟不为之诗,流自慈恩息笔矣。”[4]许玫《题雁塔》(《全唐诗》卷516)也是一首写景的好诗:

宝轮金地压人寰,独坐苍冥启玉关。
北岭风烟开魏阙,南轩气象镇商山。
灞陵车马垂杨里,京国城池落照间。

---

〔1〕〔明〕胡震亨:《唐音癸签》卷5引,上海古籍出版社,1981年,第48页。

〔2〕〔明〕胡应麟:《诗薮·内编》卷2,上海古籍出版社,1979年,第36页。

〔3〕〔清〕翁方纲:《石洲诗话》卷1,见《清诗话续编》,上海古籍出版社,1983年,第1368页。

〔4〕〔后蜀〕何光远《鉴戒录》卷7,上海古籍出版社,1987年,第135页。

暂放尘心游物外，六街钟鼓又催还。

许玫是唐文宗太和元年(827年)进士。中间四句写从大雁塔上看到的景色：北边是高高的原岭和成群的宫殿，南边是巍峨高大的南山；远望是车马穿梭的灞陵，近看是夕阳残照的帝京。末两句写流连难舍这迷人的景色，诗人不忍下塔归去，因为身临这高塔之上，可以让人暂时放下尘俗之念，可是京城内响起了报晚的钟声，催人返回。

22.4.2 写登临所感的诗作

唐代诗人登临大雁塔的诗作，有的着重抒写登临所感，这种感受有的着眼于国家兴衰，世移事变，其中杜甫诗最为著名，其《同诸公登慈恩寺塔》(《全唐诗》卷216)云：

高标跨苍穹，烈风无时休。自非旷士怀，登兹翻百忧。
方知象教力，足可追冥搜。仰穿龙蛇窟，始出枝撑幽。
七星在北户，河汉声西流。羲和鞭白日，少昊行清秋。
秦山忽破碎，泾渭不可求。俯视但一气，焉能辨皇州。
回首叫虞舜，苍梧云正愁。惜哉瑶池饮，日晏昆仑丘。
黄鹄去不息，哀鸣何所投？君看随阳雁，各有稻粱谋。

如果说岑诗的优点在于艺术风格方面的造奇，杜诗的长处则在于思想情感方面的伤时忧世。这首诗以“百忧”领起全篇，表达了诗人强烈的忧患意识。虞舜，上古时之贤君，此处用以比唐太宗。唐高祖号神尧皇帝，唐太宗受内禅，故以虞舜比之。仇兆鳌《杜诗详注》卷2引朱鹤龄注：“《西京新记》载，慈恩寺浮屠前阶，立太宗《三藏圣教序》碑。‘回首叫舜’，寓意在太宗。”“苍梧”，《山海经》载：“南方苍梧之丘中有九嶷山，舜葬于此。”[1]这里用以比唐太宗的葬地九嵕山。杜甫有感于当时的政治黑暗，追怀太宗时的修明政治。“瑶池饮”，据《列子》载，周穆王到昆仑之丘，西王母在瑶池设宴款待。这里借以讥刺沉湎于歌舞酒色之中的唐玄宗。“黄鹄去不息”，以黄鹄比喻贤人，亦以自比，言贤人被斥逐而去。《韩诗外传》记载：田饶谓鲁哀公曰：“夫黄鹄一举千里，止君园池，啄

〔1〕〔清〕仇兆鳌注：《杜诗详注》卷2，中华书局，1979年，第105页。

君稻粱，君犹贵之，以其从来远也。故臣将去君，黄鹄举矣。""随阳雁"比喻趋炎附势之辈，稻粱谋，本指鸟觅食，后比喻人谋求衣食。末二句讽刺那些钻营禄位，自私自利的小人，只知一味迎合皇帝，谋一己之私利，根本不为国家前途忧虑。杜诗原注云："时高适、薛据先有作。"可见杜甫、岑参都是后来居上。荆叔《题慈恩塔》(《全唐诗》卷774)：

汉国山河在，秦陵草树深。暮云千里色，无处不伤心。

荆叔，爵里世次、生卒年代皆无考。揆其诗意，大约生活在晚唐时代。诗写秦汉兴亡，寄寓的是对现实的感伤。面对国家的衰乱，五代时杨玢《登慈恩寺塔》又有"紫云楼下曲江平，鸦噪残阳麦垅青。莫上慈恩最高处，不堪看又不堪听"(《全唐诗》卷760)的慨叹。

有的诗抒发登临的感受，侧重于表达个人的失意情怀，或归乡的情思。如高适《同诸公登慈恩寺浮图》(《全唐诗》卷212)：

香界泯群有，浮图岂诸相？登临骇孤高，披拂欣大壮。
言是羽翼生，迥出虚空上。顿疑身世别，乃觉形神王。
宫阙皆户前，山河尽檐向。秋风昨夜至，秦塞多清旷。
千里何苍苍，五陵郁相望。盛时惭阮步，末宦知周防。
输效独无因，斯焉可游放。

高诗具有更多佛理意味。"香界"，佛家称佛地有众香国，楼阁园囿皆香，香气周流十方无量世界，故曰香界，后泛指寺院。"浮图"，梵文"窣堵波"(佛塔)音译。"诸相"，即诸色相，佛教指各种事物的外观现象。前二句极言寺与塔之罕见。接下来极言塔之高耸，"言是"两句意为：登临塔上，仿佛身生羽翼，飞临天空。"顿疑"二句说，身在塔上，顿时疑心此身已脱离尘世，感到精神健旺。以下写塔上俯视所见，关中古时为秦国之地，东西南北各有关塞，故称秦塞。极目远望，清静而辽远。"盛时"二句是说，太平盛世我却逐渐像阮籍那样不问政事，只能像周防一样做个卑微小官。末二句意为，没有机会报效君王，在这里倒可以悠游自适。诗表达了怀才不遇时的自怨自嘲。他以登塔为题，实则在抒发自己对人生的感受，借佛教之酒浇自己心中的块垒。又如张乔《登慈恩寺塔》(《全唐诗》卷638)：

窗户几层风，清凉碧落中。世人来往别，烟景古今同。

列岫横秦断，长河极塞空。斜阳越乡思，天末见归鸿。

张乔，池洲（今安徽贵池区）人，唐懿宗咸通间进士，后隐居九华山。三、四句是说，来往登塔的游人世世不同，但风烟缭绕的景色从古到今都依然如故。末两句意思是，夕阳西下之时，人们最容易生起思乡之情，而在遥远的天边，又看到了归飞的鸿雁，更触动游子的归思。这首诗写出张乔身在长安，但归心已萌，这种归心在他登上大雁塔远望家乡，看到一群归飞的大雁时顿然强烈，最后终于实现了自己的归隐之梦。又如卢宗回《登长安慈恩寺塔》（《全唐诗》卷490）：

东方晓日上翔鸾，西转苍龙拂露盘。

渭水寒光摇藻井，玉峰晴色上朱阑。

九重宫阙参差见，百二河山表里观。

暂辍去篷悲不定，一凭金界望长安。

卢宗回，南海郡（今广州）人，元和十年（815年）及进士第，终集贤校理。这首诗中间四句写景非常精彩，"九重"二句是传诵名句。末二句写登大雁塔流连忘返，其原因是"悲不定"，诗人想凭高临远，暂时排解这心中之悲。卢宗回悲从何来呢？俯瞰繁华的京城，远望雄壮的山河，诗人大概也以位卑不遇而伤感。又如前引欧阳詹《早秋登慈恩寺塔》（《全唐诗》卷349）表达的也是身处卑微、怀才不遇的伤感。

22.4.3 体现佛教义理的诗

因为是登临佛塔，有的诗在写所见所感时，融入了对佛教义理的领会。

如储光羲《同诸公登慈恩寺塔》（《全唐诗》卷138）云：

金祠起真宇，直上青云垂。地静我亦闲，登之秋清时。

苍芜宜春苑，片碧昆明池。谁道天汉高，逍遥方在兹。

虚形宾太极，携手行翠微。雷雨傍杳冥，鬼神中躨跜。

灵变在倏忽，莫能穷天涯。冠上阊阖开，履下鸿雁飞。

宫室低逦迤，群山小参差。俯仰宇宙空，庶随了义归。

崱屴非大厦，久居亦以危。

诗人一边惊叹大雁塔高耸入云，一边表达了皈依佛教的心理诉求。又如解彦融《雁塔》（《全唐诗》卷769）：

峥嵘彻倒景，刻峭俯无地。勇进攀有缘，即险恐迷坠。
利然丧五蕴，蠢尔怀万类。实际罔他寻，波罗必可致。
南山缭上苑，祇树连岩翠。北斗临帝城，扶宫切太清。
餐和裨日用，味道懿天明。绿野冷风泱，紫微佳气晶。
驯禽演法要，忍草藉经行。本愿从兹适，方知物世轻。

这首诗中"五蕴""波罗""驯禽演法要，忍草藉经行"云云，都是用佛教词语或用佛典。

22.4.4　新进士的曲江宴与雁塔题名

大雁塔与唐诗的一个特殊因缘是新进士的曲江宴与雁塔题名。唐代实行科举取士制度，科举以进士科最难，也最荣耀。在长安新及第的进士，不但举办曲江宴，还有慈恩寺游赏，并在大雁塔的塔砖上题写自己的姓名，以表达春风得意的心情，这就是有名的"雁塔题名"。《新唐书·选举志》云："举人既及第，又有曲江会、题名席。"[1]李肇《国史补》卷下记载："既捷，列书其姓名于慈恩寺塔，谓之题名会。"[2]进士及第后题名在塔壁上，墨书。他年若升为将相，则朱书之。题名之后如授官或升迁者，或有人再来雁塔，在旧题名处添一"前"字，故云："曾题名处添前字。"[3]

唐代进士放榜的时间在二月，正是杏花盛开的时节，新进士的曲江宴又叫杏花宴。杏花宴后设题名席，新进士一齐前往慈恩寺题名于塔壁，在同年中选出善书者书之。雁塔题名在唐中宗神龙年（705—707

〔1〕《新唐书》卷44《选举志》，第1169页。

〔2〕〔唐〕李肇：《国史补》卷下，上海古籍出版社，1979年，第56页。

〔3〕〔五代〕王定保：《唐摭言》卷3《慈恩寺题名游赏赋咏杂纪》记载，进士及第，"神龙已来，杏园宴后，皆于慈恩寺塔下题名。同年中推一善书者纪之，他时有将相，则朱书之。及第后知闻，或遇未及第时题名处，则为添'前'字。或诗曰：'曾题名处添前字，送出城人乞旧诗。'"《太平广记》卷178"题名"条引《唐摭言》这段话云："及第后知闻，或遇未及第时题名处，则为添前进士字。故昔人有诗云：'会题名处添前字，游出城人乞旧衣。'"中华书局，1961年，第1328页。

年)后,成为一种惯例,也成为盛极一时的诗坛集会,与"杏园宴"同为科考盛事。开元、天宝时,唐玄宗常率百官参加宴庆活动,与士子同乐。并按古人"曲水流觞"的习俗,置杯酒于曲江水流之中,随水而漂流,流止谁前则罚谁饮酒赋诗,称为"曲江流饮"。

据五代王定保《唐摭言》记载,白居易27岁及第,高兴地吟道:"慈恩塔下题名处,十七人中最少年。"刘沧《及第后宴曲江》诗云:"及第新春选胜游,杏园初宴曲江头。紫豪粉壁题仙籍,柳色箫声拂玉楼。"(《全唐诗》卷586)一位得意于及第者中最年少,一位把雁塔题名与登仙并提,可见其春风得意的喜悦心情。徐夤及第在慈恩寺塔上题名后,高兴地写下《依韵答黄校书》(《全唐诗》卷711)一诗,云:

慈恩雁塔参差榜,杏苑莺花次第游。
白日有愁犹可散,青山高卧况无愁。

诗人们对于大雁塔塔院的各种题名都极感兴趣,徐夤有《塔院小屋四壁皆是卿相题名因成四韵》(《全唐诗》卷709)一诗,云:

雁塔搀空映九衢,每看华宇每踟蹰。
题名尽是台衡迹,满壁堪为宰辅图。
鸾风岂巢荆棘树,虬龙多蟄帝王都。
谁知远客思归梦,夜夜无船自过湖。

因为慈恩寺大雁塔久负盛名,是游人必至之处,留名大雁塔是扩大名声的极佳途径;科举登第,乃一生最大的转折点,题名大雁塔是最好的纪念;大慈恩寺僧也以此为荣,新进士游大慈恩寺,并题名大雁塔,可以提高寺院的知名度。于是在唐一代,雁塔题名长盛不衰。

22.5 触景生情,忆旧怀友

大慈恩寺既然成为诗人文士欢聚之所,那里必然留下许多令人追忆的往事,大慈恩寺旧游成为诗人们美好的回忆。在遭受了仕途的坎坷和人生的波折之后,旧地重游时,便不免触景生情,感慨今昔。元稹有《元和五年予官不了罚俸西归三月六日至陕府与吴十一兄端公、崔二十一院长思怆旧游因投五十韵》长诗一首，诗里回忆了与朋友们“闲行曲江岸，便宿慈恩寺”的往事(《全唐诗》卷400)，昔游大慈恩寺的情景历历在目，成为诗人心中永久的记忆。元稹与白居易之间有关慈恩寺旧游的回忆，更是文学史上的佳话。元稹有《三月三十日慈恩寺相忆》诗相寄，追怀与白居易游慈恩寺的经历，白居易作《酬元员外三月三十日慈恩寺相忆见寄》(《全唐诗》卷439)：

怅望慈恩三月尽，紫桐花落鸟关关。
诚知曲水春相忆，其奈长沙老未还。
赤岭猿声催白首，黄茅瘴色换朱颜。
谁言南国无霜雪，尽在愁人鬓发间。

白居易与元稹自青年时代在长安相识，直到元稹去世，近30年心心相印，情同手足。元稹任监察御史，到剑南道梓潼郡(在今四川三台)理案。其时白居易在长安，一日与时辈到慈恩寺游玩，在花木间设宴小酌。此时好友惟元稹不在，白居易触景生情，作《同李十一醉忆元九》诗，寄给元稹，诗云：“花时同醉破春愁，醉折花枝当酒筹。忽忆故人天际去，计程今日到梁州。”(《全唐诗》卷437)这时元稹果然正走到属于梁州的褒城县(今陕西褒城)，梦及故人，也写下寄给白居易的《梦游诗》：“梦君兄弟曲江头，也向慈恩院里游。驿吏唤人排马去，忽惊身在古梁州。”白居易和元稹一道在京为官时，朝夕相处，往往同游共吟，曲江池和慈恩寺之游成为两人共同系念的情结。白居易诗集中有不少关于曲江、慈恩寺旧游的诗。上引白居易《慈恩寺有感》：“自问有何惆怅事，寺门临入却徘徊。李家哭泣元家病，柿叶红时独自来。”(《全唐诗》卷442)乃元和末年由贬地回到长安，因李杓直去世、元居敬老病而单独到慈恩寺出游时所作。

李端有《慈恩寺怀旧》一诗怀念诗友，诗云：

去者不可忆，旧游相见时。凌霄徒更发，非是看花期。
倚玉交文友，登龙年月久。东阁许联床，西效亦携手。
彼苍何暧昧，薄劣翻居后。重入远师溪，谁尝陶令酒。
伊昔会禅宫，容辉在眼中。篮舆来问道，玉柄解谈空。

孔席亡颜子，僧堂失谢公。遗文一书壁，新竹再移丛。
始聚终成散，朝欢暮不同。春霞方照日，夜烛忽迎风。
蚁斗声犹在，鸮灾道已穷。问天应默默，归宅太匆匆。
凄其履还路，莽苍云林暮。九陌似无人，五陵空有雾。
缅怀山阳笛，永恨平原赋。错莫过门栏，分明识行路。
上智本全真，郄公况重臣。唯应抚灵运，暂是忆嘉宾。
存信松犹小，缄哀草尚新。鲤庭埋玉树，那忍见门人。

据此诗序云："余去夏五月，与耿湋、司空文明、吉中孚同陪故考功王员外，来游此寺。员外，相国之子，雅有才称，遂赋五物，俾君子射而歌之。其一曰凌霄花，公实赋焉，因次诸屋壁以识其会。今夏，又与二三子游集于斯，流涕语旧。既而携手入院，值凌霄更花，遗文在目，良友逝矣，伤心如何。陆机所谓'同宴一室'，盖痛此也。观者必不以秩位不侔，则契分曾(一作甚)厚，词理不至，则悲哀在中，因赋首篇，故书之。"(《全唐诗》卷284)序与诗共同表达了对亡友的怀念和痛悼之情。

总之，唐代长安是全国政治文化中心，是佛教中心，也是诗歌中心，大慈恩寺与佛教文化和诗歌都结下不解之缘。唐代著名诗人不是从长安走向各地，就是从各地汇集长安，那些闪耀在唐代诗坛上的明星皆与长安大慈恩寺结下不解之缘。大慈恩寺成为诗人游赏的胜地，歌咏的对象，大慈恩寺的自然人文景观时时激发人们的诗兴，为后人留下大量优美的诗篇，吟咏大慈恩寺的诗折射出大唐文化、诗人心态的方方面面。从这个小小的角度可以见出佛教文化对唐代诗歌的繁荣所产生的极大的促进作用。

23　一篇有关中韩佛教交流的佚文

——跋法藏《与义湘书》

下面是唐代高僧法藏写给新罗高僧义湘的一封信:

西京崇福寺僧法藏,致书于海东新罗华严法师侍者:一从分别二十余年,倾望之诚岂离心首,加以烟云万里,海陆千重,恨此一身,不复再面,抱怀恋恋,夫何可言?故由夙世同因,今生同业,得于此报,俱沐大经,特蒙先师授兹粤(一作'奥')典。仰承上人归乡之后,开演华严,宣扬法界,无碍缘起,重重帝网,新新佛国,利益弘广,喜跃增深。是知如来灭后,光辉佛日,再转法轮,令注久住者,其唯法师矣。

藏进趣无成,周旋寡况,仰念兹典,愧荷先师,随分受持,不能舍离。希凭此业,用结来因。但以和尚章疏义丰文简,致令后人多难趣入,是以录和尚微言妙旨,勒成义记。近因胜诠法师抄写,还乡传之彼土,请上人详检臧否,幸示箴诲。

伏愿当当来世,舍身受身,相与同于卢舍那,听受如此。无尽妙法,修行如此。无量普贤愿行。傥除恶业,一朝颠坠。伏希上人不遗宿昔。在诸趣中,示以正道。人信之次,时访存没,不具。

这封信见于高丽僧人一然著《三国遗事》卷4,并注"文载《大文类》"。[1]清康熙年间编纂之《全唐文》收法藏文4篇:《大乘起信论疏序》《修华严奥旨妄尽还源观序》《华严经指归序》《心经略疏序》,未收此文。清陆心源编《唐文拾遗》《唐文续拾》,皆未收录。清劳格等《读全唐文札记》和近人岑仲勉《读全唐文札记》皆未提及此文。近年由三秦出版社出版史念海先生主编之《全唐文补遗》亦未补入,可以说这是一篇

〔1〕韩国明文堂刊本《三国遗事》卷4,1993年,第153-154页。以下所引此书内容均出此书,其中文字校注依据韩国明治大学校出版部刊印李载浩译本,1975年。

流落海外的唐代逸文。关于这封书信写作的背景,《三国遗事》卷4“义湘传教”条记载:

> 法师义湘,考曰韩信金氏。年二十九依京师皇福寺落发,未几西图观化。遂与元晓道出辽东,边戍逻之为谍者,囚闭者累旬。仅免而还(事在崔侯本传及晓师行状等)。永徽初,会唐使舡有西还者,寓载入中国。初止杨(一作‘扬’)州。州将刘自仁请留衙内,供养丰赡。寻往终南山至相寺谒智俨。俨前夕梦一大树生海东,枝叶溥布,来荫神州。上有凤巢,登视之,一摩尼宝珠,光明属远,觉而惊异,洒扫而待,湘乃至。殊礼迎际,从容谓曰:“吾昨者之梦,子来投我(一作‘我投’)之兆”,许为入室。杂花妙旨,剖析幽微。俨喜,逢郢质克发新致,可谓钩深索隐蓝茜沮本色。既而本国承(一作‘丞’)相金钦纯(原注:一作仁问良图等),往囚于唐,高于(一作‘宗’)将大举东征,钦纯等密遣湘诱而先之,以咸亨元年庚午还国,闻事于朝。命神印大德明朗,假设密坛法禳之,国乃免。仪凤元年,湘归大(一作‘太’)伯山,奉朝旨创浮石寺,敷敞大乘,灵感颇著。终南门人贤首撰《搜玄疏》,送副本于湘处,并奉书勤恳。

这段记载说明了佛教新罗华严宗创立者义湘自新罗至唐求法就学于智俨的历程以及他返国的原因。

关于义湘入唐的过程,据韩国《高仙寺誓幢和上塔碑》、赞宁《宋高僧传》中《义湘传》和《元晓传》记载,元晓,俗姓薛,幼名誓幢,新罗湘州人,二十九岁于皇龙寺出家,后慕唐僧玄奘、窥基之名,与义湘结伴入唐,半路遇雨宿于墓地之中,悟“心生故种种法生,心灭故龛坟不二”,“三界唯心,万法唯识,心外无法,胡用别求”,于是中途折回。而义湘则渡海经登州到长安,于终南山师事智俨。与本段记载不同,两相比较,碑刻材料更多虚幻成分,而本段所记先为逻者所捕,西行未果,后义湘又乘唐使返航船只独自入唐更为可信。元晓后来没有与义湘一起入唐,于是编造墓地遇雨的神话对自己改变主意做解释,神化了自己悟道的因缘。

关于义湘回国,据上引《三国遗事》记载,义湘于唐高宗咸亨元年回国,是有政治目的的。他是要把唐朝企图出兵攻打高丽的消息告知本国,才结束唐朝佛法的研习匆匆返回。这里是有疑点的,当时朝鲜半岛分裂为新罗、百济和高句丽三国,义湘为新罗僧,新罗与高句丽为敌国,新罗正希望唐兵进攻高句丽,而减轻高句丽对自己的军事威胁,他怎么会奉本国在困丞相之命,返回向高句丽通报消息呢?而且文中所谓"本国"是高句丽还是新罗国呢?《三国遗事》成书于中国元朝至元大德年间,其时正值朝鲜高丽王朝,朝鲜半岛呈统一局面。义湘的故事在流传过程中已经发生了演义倾向,传说中为强调义湘的"爱国"之举,让他回国通报唐朝的军事动向,如果把朝鲜半岛看成一体的话,那是不错的,可是义湘的时代正是朝鲜半岛三国鼎立的时候,新罗与唐朝之间隔着高句丽和百济,唐朝不可能出兵攻新罗,义湘也不可能向高句丽通报唐朝军情。所以我们认为,《宋高僧传》中记载的义湘学成归国,更为可靠。书中所记义湘创立寺院,聚徒传教,从而使《华严经》得以广传海东,这些基本的事实都是可信的。

元晓和义湘是韩国华严宗的创立者,义湘贡献最大。据《三国遗事》卷4和《高仙寺誓幢和上塔碑》《宋高僧传》记载,元晓西行未果返回后,言行狂悖,疯颠唱街,有时入酒肆倡家。但他宣讲佛经,声名日著,曾著《华严经疏》宣讲,又曾应制作《金刚三昧经疏》,疏成开讲,"王臣道俗,云拥法堂"。另外还著有《大乘起信论疏》《涅磐经宗要》《十门和诤论》《金刚三昧经论》《无量寿经宗要》等。他创立的华严宗又叫海东宗、法性宗、芬皇宗[1]。义净到长安,在终南山师事智俨,与法藏同学,研习《华严宗》。回国后宣扬佛教,上引《三国遗事》卷4记载:"仪凤元年,湘归大伯山,奉朝旨创浮石寺,敷敞大乘,灵感颇著。"同书同条记载义湘收到法藏的信和书后,云:

> 湘乃令十刹传教,太伯山浮石寺、原州毗摩罗伽耶之海印、毗瑟之玉泉、金井梵鱼、南岳华严寺是也。又著《法界图》书印并略疏,括尽一乘枢要,千载龟镜竞所珍佩。余无撰述,尝鼎一脔足矣。图成总章元年戊辰,是年俨亦归寂,如孔氏之绝笔于获麟矣。

〔1〕参杜继文主编:《佛教史》,中国社会科学出版社,1991年,第368页。

世传湘乃金山宝盖之幻有也。徒弟悟真、智通、表训、真定、真藏、道融、良圆、相源、能仁、义寂等十大德领首,皆亚圣也,各有传。真尝处下柯山鹘嵒寺。每夜伸臂点浮石室灯。通著《锥洞记》,盖承亲训,故辞多诣妙训。曾住佛国寺,常往来天宫。湘住皇福寺时,与徒众绕塔,每步虚而上,不以阶升,故其塔不设梯磴。其徒离阶三尺,履空而旋。湘乃顾谓曰:"世人见此,必以为怪,不可以训世。"余如崔侯所撰本传。

在这段记载之后,还有作者的赞词,云:"披榛跨海冒烟尘,至相门开接瑞珍。采采杂花我故国,终南太伯一般春。"

这段记载概括了义湘传播佛学开宗立派的成就,其中不免有虚妄的传说,但若剔除迷信成分,其中也不乏真实史料足资考证,对我们了解韩国佛教华严宗的创立过程有重要的认识价值。日本学者作于明治三十五年九月之《校订三国遗事叙》论此书:

《三国遗事》,继金氏《史记》而作,收录新罗、高句丽、百济三国遗闻逸事者。高句丽忠烈王时僧一然所撰也。书凡五卷,分为九门,初无序跋,冠以三国年表。所记神异灵妙,专主崇佛弘法。论者谓荒诞不经,不足取信,然流风遗俗,往往散见于其中。矧州县都市、地势沿革,历然有征。苟欲讲三国旧事,采葑采韭(当为"菲"),宁容遗之哉!〔1〕

关于义湘事迹的记载,也符合日本人之见解。

再看这封信的作者法藏,法藏跟义湘一样,都是东亚佛教发展史上屈指可数的顶尖高僧。据《续高僧传》,法藏字贤首,俗姓诸葛氏,苏州吴县人,自小出家。一说法藏先世为康居人,故俗姓康,号康藏法师,出生于长安。〔2〕法藏17岁出家,入终南山从智俨研习《华严经》,据说他曾入玄奘译场,但由于见识不同而不久退出。此事受到学者的质疑。〔3〕武

〔1〕《三国遗事》卷首引,明文堂,1993年,第1页。

〔2〕〔新罗〕崔致远:《法藏和尚传》,见日本《大正大藏经》卷50,又参中国佛教协会编:《中国佛教》(二),知识出版社,1982年,第175-177页。

〔3〕吕澂:《中国佛学源流略讲》,中华书局,1979年,第353页。

则天如意元年(692年),法藏奉制至东都大福先寺检校无尽藏。长安四年(704年),又奉制于化度寺检校无尽藏,后为荐福寺大德。法藏是中土华严宗的创宗者,他的创宗活动完成于武则天执政时代。当他年28岁时,奉武氏之命在太原开讲《华严经》,后来武则天诏令实叉难陀重译《华严经》,法藏亦受命参与其事。

法藏非常受武则天赏识。圣历二年(699年),法藏在洛阳佛授记寺讲新译《华严经》,当讲到"华藏世界品"时,堂宇震动,武氏下敕称贺,以为是"如来降迹"于武氏政权。法藏给武则天的讲授提纲,成《华严金师子章》。法藏前后讲新、旧译《华严经》30余遍,曾参与《华严经》《楞伽经》《宝积经》等佛典的译场证义,著作除《华严师子章》外,还有《华严探玄记》《华严经旨归》《华严策林》《华严五教章》《华严问答》《华严义海百门》《妄尽还源观》《游心法界记》《文义纲目》等。法藏所创华严宗,因他字贤首,故又称贤首宗。法藏弟子很多,其中高句丽僧审祥,传华严教义到日本,被视为日本华严宗的始祖。

法藏和义湘同受学于智俨,智俨是华严宗的先驱。他曾师从智正学《华严经》,著有《华严搜玄记》《华严一乘十玄门》《华严孔目章》等,阐述华严"六相义""十玄门"等思想,勾画出了华严宗的说要理论框架。法藏在写给义湘的信中,表示了对于师从智俨的荣幸之感,他说:"夙世同因,今生同业,得于此报,俱沐大经,特蒙先师,授兹奥典",便是对与义湘同窗经历的追述。对于佛教华严宗来说,智俨和法藏、义湘、审祥等可谓一枝三花,一花开放中土,两枝辉映海东。据法藏在此信中所说,他的《华严搜玄记》的写作动机乃是对智俨章疏所做的阐发:"但以和尚章疏义丰文简,致令后人多难趣入,是以录和尚微言妙旨,勒成义记。"和尚即指智俨。

法藏此信反映了唐时中国与新罗之间佛教交流的盛况。新罗僧入唐习法,乃当时一时风气。义湘是其中成就最高者之一,他学成归国后,促进了朝鲜半岛佛教的发展。尽管远隔茫茫大海,他与唐朝师长之间音问不断。从法藏信中我们知道,尽管义湘回国已20多年,而他们对彼此的情况都是非常熟悉的,所以才有他对义湘成就的高度赞扬:

"仰承上人归国之后，开演华严，宣扬法界，无碍缘起，重重帝纲，新新佛国，利益弘广，喜跃增深。"法藏著成《搜玄疏》（当即《华严搜玄记》），不忘长途远送海外的同学进行交流。法藏的书和信是通过一位叫胜诠的新罗僧人送达的。胜诠也是一位在中国学成归国的入唐求法僧，法藏托胜诠赠送的书还有《一乘教分记》《起信论义记》《十二门论疏》等。如上引《三国遗事》，义湘很重视中国同窗同道们的这批成果，这些论著被传送十寺进行讲授。

从写作上看，法藏这封信写得很有文采，特别是感情真挚，其中有对多年不见的同窗的殷切思念，有对对方佛学成就的仰慕，有对老师的怀念和尊重，读起来颇为动人。《三国遗事》的作者称之为"诚恳"，意即情真意切。义湘于咸亨元年（670年）回国，这封信写在20余年后，其写作时间当在武则天天授元年（690年）和久视元年（700年）之间。

24 唐玄宗《赐新罗王》诗

唐玄宗有一首《赐新罗王》诗,清代康熙年间编纂的《全唐诗》没有收录。

四维分景纬,万象含中枢。玉帛遍天下,梯航归上都。
缅怀阻青陆,岁月勤黄图。漫漫穷地际,苍苍连海隅。
兴言名义国,岂谓山河殊。使去传风教,人来习典谟。
衣冠知奉礼,忠信识尊儒。诚矣天其鉴,贤哉德不孤。
拥旄同作牧,厚贶比生刍。益重青青志,风霜恒不渝。

唐朝皇帝李隆基,世称明皇,庙号玄宗。大概作此诗时,中国正值战乱,玄宗罹难逃亡至成都,并从此失去帝位,这首诗在中国文献中没有保存。近世日本学者上毛河世宁纂集《全唐诗》未收诗篇,将此诗收入其《全唐诗逸》卷上。上毛氏所据乃韩国文献《东国通鉴》,云:"《东国通鉴·新罗纪》:'唐天宝十五年,遣使朝帝于蜀,帝亲制十韵诗,手札赐王曰:嘉新罗王岁礼朝贡,克践礼乐名义,赐诗一首。'"〔1〕诗的题目也是上毛氏收录时所取。

其实,这首诗最早见于韩国著名史书金富轼著《三国史记》,且记事更详。这本书卷9《新罗本纪》第九记载:新罗景德王十五年即唐天宝十五载(744年),"王闻玄宗在蜀,遣使入唐,沂江至成都,朝贡。玄宗御制御书五言十韵,赐王曰:'嘉新罗王岁修朝贡,克践礼乐名义,赐诗一首。'"〔2〕"沂"字当为"泝","溯"的异体字。这首诗还出现在韩国另一部史书《增补文献备考》,这个字作"淅",亦误。《三国史记》成书于1145年,而据《增补文献备考》卷343,《东国通鉴》成书于1484年。因此可以

〔1〕《全唐诗逸》卷上,上毛河世宁纂辑:《全唐诗》,中华书局,1960年,第10173页。

〔2〕〔高丽〕金富轼:《三国史记》卷9,韩国景仁文化社,1988年,第1页。

认为《东国通鉴》材料应据《三国史记》无疑。上毛氏没有注意到，这首诗还有一处异文。“人来习典谟”一句，其中“习”字，《增补文献备考》卷171《交聘考》则作“袭”，[1]于义亦通，当有所本。另外，第一句中的“景纬”当作“经纬”，“景纬”不可解。

据《三国史记》卷9同条记载：

> 宣和中，入朝使臣金富仪将刻本入汴京，示馆伴学士李邴。李邴上皇帝，因宣示两府及诸学士讫，传宣曰：“进奉侍郎所上诗，真明皇书”，嘉叹不已。[2]

“宣和”是中国北宋皇帝徽宗年号。这件事说明，高丽使臣曾持此诗刻本入宋，经徽宗君臣鉴定，确定为明皇真作无伪。金富仪所持刻本当摹刻明皇手迹，徽宗君臣乃据书法断定为明皇作品，其诗情书意皆为宋人所叹赏。

中国的唐朝是当时世界上最发达、最文明的国家，又是中外文化交流的高潮时期。唐朝人以开放的心态接受外来文明，又大度地奉献出自己的文化创造。这首诗的开头四句就是描述唐朝中国在当时世界上的崇高地位和与别国经济文化交流的盛况。“四维分经纬”是说世界各国所处的地理位置不同；“万象含中枢”则写唐朝中国居世界中枢地位，唐朝文化影响深远。唐玄宗不是在夸耀自己，此时他已退位为太上皇，他的儿子李亨已在灵武自立为帝，他是以中国的崇高地位而自豪。“玉帛遍天下”是写中国的输出，众所周知，中国的丝绸玉器早已传至世界各地。“梯航归上都”意谓唐朝扩大了对外交流，有更多的国家和地区与唐朝中国交往。“梯航”是“梯山航海”的缩略，本无路可通，因而逢山架梯，遇海船航，是说原来不曾交通的绝域异国都纷纷到唐朝都城朝贡。“上都”指都城长安，唐朝有三都，东都洛阳、西都长安和北都太原。三都以长安为首，故称上都。

接下来四句抒发对新罗国景德王的殷切思念之情。他说非常思念

[1]〔朝鲜〕洪凤汉等编著：《增补文献备考》卷171《交聘考》一，韩国明文堂，2000年，第1004页。

[2]〔高丽〕金富轼：《三国史记》卷9，第4页。

新罗王,但却一直不曾相会,其原因一是山川阻隔,所谓"阻青陆"也;二是皆忙于政务,即"勤黄图"云云。因此一任岁月流逝,却无相见之机会,这使玄宗非常感叹,他叹息新罗王远在地边海隅,不能执手谋面。"漫漫"和"苍苍"两个迭字联绵词的使用,增强了诗句的感叹意味,显得深情绵邈,不能自已。

玄宗与景德王虽不曾见面,两人却有特殊的感情。至玄宗时,唐与新罗已修好多年,唐罗关系从唐朝建立时起就一直保持良好的状态。玄宗即位,正是景德王的父亲圣德王兴光在位时。圣德王频年遣使入唐朝贡,玄宗常答以善意。圣德王二十二年(723年),新罗献美女二人,玄宗谢绝了。他说:"女皆王姑姊妹,违本属,别本国,朕不忍留",厚赐还之。[1]玄宗即位时,朝鲜半岛尚处于三国纷争的时代,就是在玄宗时,新罗在唐军的配合下先后击灭百济和高句丽,完成了朝鲜半岛的统一,唐罗之间建立了更加亲密的宗藩关系。

玄宗开元二十五年(737年),圣德王薨,第二子承庆即位,即孝成王。当年十二月,便遣使入唐献方物。第二年二月,新罗使至,玄宗听闻圣德王薨讯,"悼惜久之"。[2]他立刻派左赞善大夫邢璹以鸿胪少卿的身份往新罗吊祭,赠圣德王为太子太保,又册封孝成王为开府仪同三司、新罗王并册立王妃朴氏。邢璹临行,玄宗亲制诗序,令公卿百僚皆赋诗送行。又因新罗国人善棋,下诏令善棋者率府兵曹参军杨季膺为副使。邢璹使团在新罗受到热情接待,"大为蕃人所敬"。[3]新罗棋手无能胜杨季膺者,于是新罗王厚赠唐廷使节金宝药物。这次赴新罗,邢璹还带了老子《道德经》等文书赠孝成王。孝成王三年,邢璹一行还在新罗,孝成王又赐他黄金三十两,布五十匹,人参一百斤。

孝成王在位六年薨,其弟宪英即位,即景德王。第二年,玄宗遣左赞善大夫魏曜入新罗吊祭。册宪英为新罗王,并袭其兄官爵。此后,景

---

〔1〕〔高丽〕金富轼:《三国史记》卷8,第8页。

〔2〕〔高丽〕金富轼:《三国史记》卷9,第1页。

〔3〕《旧唐书》卷199上《东夷传》,中华书局,1975年,第5337页。

德王每年遣使入唐贺正并朝贡，受到玄宗嘉许。[1]可以说，玄宗与景德王两世三王皆友好交往，因此感情非同一般，在诗中表达殷切思念之情乃情理中事。早在圣德王在世时，玄宗就曾希望与新罗国国王相会。圣德王三十年(731年)，新罗使臣金志良入唐返国，玄宗降书圣德王，其中便云：

> 朕每晨兴伫念，宵衣待贤，想见其人，以光启沃。俟卿观止，允副所怀。今使至，知婴疾苦，不遂抵命。言念遐阔，用增忧劳。[2]

据此可知，圣德王原拟赴唐入觐，因疾未能成行。玄宗为失去与新罗王相见的机会而深感遗憾，并对圣德王的健康深表关切。此后新罗国两易其王，虽都膺其策命，他都没有遇到与之相会的机会，现在想起来倍感惆怅。

在这首诗里，玄宗还赞扬了新罗国的奉礼向义和景德王的贤明仁德。“风教”即礼乐文化；“典谟”即法令制度。“兴言”以下八句的大意是说：新罗国初兴便有“义国”之称，中国与新罗亲如一家，还说什么山川异域呢？唐朝使臣不断到新罗去，传播中国文化；新罗国人则经常来中国，学习中国的法令制度。由于中国传统文化的熏陶和影响，新罗国王臣吏士都奉行礼义，讲究忠信的王臣都懂得尊重儒学。新罗王贤明仁德，上天可鉴，臣民拥戴，不是孤家寡人。在这里玄宗首先从文化传统方面强调了两国关系的亲近，他说两国之间是由于共同尊奉礼义而亲如一家。接着回顾了两国文化方面的交往，当然主要是新罗对中国的学习。

玄宗的话不是凿空之论，而是唐朝建立以来两国文化交流实际情况的反映。《旧唐书》卷199上《东夷传》记载，新罗“武德四载，遣使朝贡。高祖亲劳问之，遣通直散骑侍郎庾文素往使焉，赐以玺书及画屏风、锦彩三百段，自是朝贡不绝”。本来高句丽、百济、新罗三国其风俗、刑法、衣服等皆“同于中国”，而在唐罗之间的交往中，唐朝很注意向新罗传播中国文化，新罗则很注意吸收和借鉴中国文化。例如太宗时，新

---

〔1〕〔高丽〕金富轼：《三国史记》卷9，第1页。

〔2〕〔高丽〕金富轼：《三国史记》卷8，第10页。

罗真德王"遣其弟国相、伊赞干金春秋及其子文王来朝,诏授春秋为特进,文王为左武卫将军。春秋请诣国学观释奠及讲论,太宗因赐以所制《温汤》及《晋祠碑》并新撰《晋书》"。武后垂拱二年(686年)新罗王"政明遣使来朝,因上表请《唐礼》一部并杂文章,则天令所司写《吉凶要礼》,并于《文馆词林》采其词涉规诫者,勒成五十卷以赐之"。玄宗开元十六年(728年),圣德王"遣使来献方物,又上表请令人就中国学问经教,上许之"。圣德王薨,玄宗遣名儒邢璹往新罗吊祭,特意交代:"到彼宜阐扬经典,使知大国儒教之盛。"[1]邢璹还带去了老子《道德经》,实际上也是把玄宗开元年间施行无为而治的政治思想向半岛进行传播。

玄宗对新罗国及其国王的称赏不是虚意奉承,而是发自内心的。他曾在不同场合多次表达过对新罗的这种看法。《三国史记》卷8记载:

> [圣德王]三十年春二月,遣金志良入唐贺正,玄宗授太仆少卿员外置,赐帛六十匹放还,降诏书曰:"所进牛黄及金银等物,省表具之。卿二明庆柞(当为'祚'),三韩善邻,时称仁义之乡,世著勋贤之业。文章礼乐,阐君子之风;纳款输忠,效勤王之节。固藩维之镇卫,谅忠义之仪表,岂殊方憬俗可同年而语耶?加以慕义克勤,述职逾谨,梯山航海,无倦于阻修;献币贡琛,有常于岁序。守我王度,垂诸国章,乃眷恳诚,深可嘉尚。[2]

孝成王立,玄宗遣邢璹使新罗吊祭并行册礼,同上书卷9记载:

> 帝谓璹曰:"新罗号为君子之国,颇知书记,有类中国。以卿惇儒,故持节往,宜演经义,使知大国儒教之盛。[3]

景德王二年,遣魏曜使新罗,同上书同卷引玄宗制文又云:

> 故开府仪同三司、使持节大都督鸡林州诸军事兼持节宁海军使新罗王金承庆弟宪英,奕业怀仁,率心常礼,大贤风教,条理尤明。中夏轨仪,衣冠素袭。驰海琛而遣使,准云吕而通朝。代为纯

〔1〕以上记载均见《旧唐书》卷199上《东夷传》。

〔2〕〔高丽〕金富轼:《三国史记》卷8,第9页。

〔3〕〔高丽〕金富轼:《三国史记》卷9,第1页。

臣，累效忠节。[1]

玄宗这样不止一次地称赏新罗国和新罗王，遣使也注意精选儒臣，说明在他的观念中，新罗的确不同于其他殊方悖俗之国，而是一个礼义之乡、君子之国。

诗的最后4句是对景德王的勉励和对他好意的感激。"拥旄同作牧"，旄即节旄，朝廷赋予方面大臣的符旌。这句强调景德王责任之重大，意思是说景德王镇守一方，恩养百姓，如同牧人。"厚贶比生刍"，生刍是喂养牲畜的干草。这句勉励景德王体恤百姓，意思说新罗王要厚养自己的百姓，就像用干草牧养牛羊。"青青志"是像终岁常青的松柏一样忠贞不渝的品性，这是对新罗王的称赞。玄宗说，正值中国内乱朝廷播迁的艰难之际，新罗王矢志唐室，不改初衷，派人专程慰问，当此之时，我更加珍重你忠贞不渝的情志。新罗王深厚的情意，像松柏一样经严寒而不凋。

新罗国使到成都时，中国正发生战乱。安禄山叛乱的军队攻入长安，玄宗仓皇逃离京城，避难至蜀。途中又因护驾的兵士作乱，杀死了贵妃杨玉环。太子李亨北上灵武，自立为帝，奉玄宗为太上皇。于是玄宗痛失爱妃，又丢国柄，内心的失落可想而知。在这种时候，远在海东的新罗王不忘旧情，不远万里，遣使慰问，该给玄宗痛苦的心灵多大的安慰。因此，"益重青青志，风霜恒不渝"两句包含无限的感激之情和无比的嘉尚之义。《三国史记》的作者于此慨叹道："岂古诗'疾风知劲草，版荡识忠臣'之意乎！"[2]

玄宗这首诗，到北宋时在中国的文献中就看不到了，所以当高丽使臣携至中国时，徽宗君臣只能凭笔迹进行确认。可以推测，爱好文雅的徽宗君臣是应该加以珍藏的。但是我们都知道，此后不久，北宋的都城汴京发生了空前的劫难。靖康之变，内府藏书荡然无存。史载金兵攻入汴京，"胁上皇北行"，"金人以帝、皇后、皇太子北归"，皇宫器物被劫

[1]〔高丽〕金富轼：《三国史记》卷9，第2页。

[2]〔高丽〕金富轼：《三国史记》卷9，第4页。

掠一空，在金兵劫掠的物品中，便有“太清楼秘阁三馆书”。[1]我们想由高丽使臣奉上的这篇作品很可能在这场浩劫中又失落了。此后清人编《全唐诗》，因为不曾留意流落海外的作品，也就未能收录。这里有一个问题，从玄宗时直到北宋宣和年间，已经过了约300年，为什么在这么漫长的时间，却没有人提起过此事呢？特别对于新罗国王来说，皇帝赐诗是很荣耀的事情，却也不曾提起。这可能与安史之乱后人们对玄宗的态度有关。我们知道，在唐代后期，玄宗成为很有争议的人物。安史之乱造成了唐王朝的迅速衰落，而人们又归因于玄宗后期的荒淫腐化，诗酒淫乐成为人们批评的内容，所以新罗方面也就不便以此作为某种正面的材料提供。到了北宋后期，玄宗的话题已经失去了敏感性，而且随着时光的流逝，其文献价值越来越大，高丽使臣携至中国，便很自然地引起北宋君臣的重视。玄宗是中国历史上一位有名的儒雅皇帝，也是一位杰出的诗人，他对诗歌的爱好和提倡对造成诗歌的盛唐时代具有独特的贡献。但学界对他的诗歌成就和在诗歌史上的地位，似乎还缺乏充分的论述。

〔1〕《宋史》卷23《钦宗纪》，中华书局，1985年，第436页。

25 “唯识幽难破，因明擘不开”
——白居易两句逸诗

韩国高丽僧一然著《三国遗事》卷4“贤瑜珈，海华严”条云：

> 瑜珈祖大德大贤住南山茸长寺，寺有慈氏石丈六，贤常旋绕，像亦随贤转面。贤惠辩精致，决择了然。大抵相宗铨量，旨理幽深，难为剖析。中国名士白居易尝穷之未能。乃曰：“唯识幽难破，因明擘不开”。是以学者难承禀者尚矣。贤独刊定邪胶（一作‘谬’），暂（一本作‘劈’）开幽奥，恢恢游刃。东国后进，咸遵其训，中华学士往往得此为眼目。[1]

这段记载为了说明高僧大贤佛学造诣之深，引用了唐代诗人白居易的两句诗。白诗强调佛教唯识宗教义之深奥难解，而大贤却能游刃有余地解析其奥义。白居易的这两句诗不见于《全唐诗》和现存白氏文集中，因此可以断定为白诗逸句。

我们都知道，白居易非常注意编辑和保存自己的作品，早在43岁左右便将自己的诗歌编成一个15卷的集子。长庆四年（824年），他52岁，又由其密友元稹帮他将诗文编成《白氏长庆集》50卷。此后又不断续补，先后增编为60卷、65卷和67卷。会昌五年（845年）编定《白氏文集》75卷，共收诗文3840首。为了作品完整地流传，也为了防止伪作的混入，他把3个文本分别寄藏于庐山东林寺、苏州禅林寺和东都圣善寺，又交给侄子和外孙各一本。由于他这种努力，他的文集成为唐代诸家文集中保存文本材料最丰富的。

但白氏诗歌并不是就像他所追求的那样，十分完整地保留下来。由于白诗留传下来的丰富的文本资料，《全唐诗》收罗传世白诗应该没

---

〔1〕〔韩〕一然：《三国遗事》卷4，明文堂，1993年，第161页。校正处依据韩国明治大学校出版部1975年刊本，李载浩校译。

有太大的困难，但事实上根据研究唐诗诸家的考证，仍有相当数量的作品未能收入。孙望先生纂集《全唐诗补逸》卷7辑录白氏逸诗3首，即《哭微之》《失题》和《春游》。童养年先生《全唐诗续补遗》卷2辑入两首，即《送沈仓曹赴江西》《东山寺》和散句。陈尚君先生《全唐诗续拾》卷28则辑补34首，又44句，重录1首，移正4句。实际上，由于种种原因，白居易自己编定的文集并没有完好无损地保留下来，后世传抄和刊刻过程中不免有遗漏。[1]

当白居易文集最后编定时，白居易作《白氏长庆集后序》以记此事，云：

> 白氏前著《长庆集》五十卷，元微之为之序；后集二十卷，自为序；今又续后集五卷，自为记：前后七十五卷，诗笔大小凡三千八百四十首。集有五本：一本在庐山东林寺经藏院，一本在苏州南禅寺经藏内，一本在东都胜（应作圣）善寺钵塔院律库楼，一本付侄龟郎，一本付外孙谈阁童。各藏于家，传于后。其日本、暹罗诸国及两京人家传写者，不在此记。又有《元白唱和因继集》共十七卷，《刘白唱和集》五卷，《洛下游赏宴集》十卷，其文尽在大集内录出，别行于时。若集内无而假名流传者，皆谬为耳。会昌五年夏五月一日，乐天重记。[2]

按照白氏自己的说法，不在大集之内者，皆为伪作。但是由于其所谓“大集”即最后编定本并没有留存，所以我们无法据以论定后人所辑散佚之作品，包括我们在《三国遗事》中所见散句是否为伪作。白居易的诗在当时就流传极广，流入海外者以朝鲜、日本为多，他自己就说“其日本、暹罗诸国及两京传写者，不在此记”，“诸国”应该包括朝鲜。李商隐作《太原白公墓碑铭》也指出他“姓名过海，流入鸡林日南有文字国”。在朝鲜文献中保存白居易散佚作品是有可能的。

“唯识”指玄奘《成唯识论》。古印度护法等十大论师对世亲所著《唯识三十颂》各做注释，玄奘杂糅十家注释编译此书。内容说明宇宙

---

〔1〕白居易集版本流传情况，参谢思炜：《白居易集综论》，中国社会科学出版社，1997年。

〔2〕《白居易集》外集卷下，中华书局，1979年，第1552–1553页。

万有皆为八识之所变现，以唯识为宗旨，并说明悟入此理的实践次第，为佛教唯识宗的主要典籍。中国佛教宗派的唯识宗出于古印度大乘佛教的瑜珈宗，因主张“万法唯识”，故名。玄奘和门人窥基创立此宗。窥基常住慈恩寺，世称慈恩大师，故亦称慈恩宗。唯识宗主张用三相来解释宇宙万有的性相，故又称法相宗。所谓三相即“依他起相”（万法皆依它种种因缘而起）、“遍计所执相”（凡夫普遍妄计所迷执为有）和“圆成实相”（圆满成就的真实体相）。认为用唯识观（观察万法唯是识所变现）的方法，可以洞察三相，达到转染（识）成净（智）而成佛。

因教义烦琐，唯识宗在唐朝仅三传即衰微，可是在朝鲜却得到很大发展，这跟玄奘门人圆测有关。圆测出身新罗贵族，是玄奘得力弟子之一，《宋高僧传》有其传记，《金石萃编》卷146收有《圆测法师佛舍利塔铭》，据这些材料记载，圆测3岁出家，15岁游学长安，曾从法常、僧辩学佛教经论，后和窥基一起从玄奘听讲《成唯识论》和《瑜珈师地论》，被召为西明寺大德，著有《成唯识论疏》《解深密经疏》和《仁王经疏》等。唐高宗后期和武则天时期他被选入译经馆，其间新罗王想召请他回国，武则天不许。武后万岁通天元年（696年），死于洛阳佛授记寺。圆测著述很多，关于法相唯识教义的著作除前述者外，另有《成唯识论别章》《二十唯识疏》《百法论疏》《观所缘缘论疏》等。圆测对唯识学的解释与窥基不同，其学说对新罗有很大影响。他的知名弟子都是新罗人，如名僧道证、胜庄等。道证于武后长寿二年（693年）回新罗，极力维护和宣扬圆测的学说。圆测及其弟子于窥基一派之外另成一系。

前引《三国遗事》中提到的大贤便是道证的嫡传弟子。大贤在新罗研究唯识论理论体系别开生面，成果突出，被称为新罗瑜珈始祖。据日本学者考察，他的著作有50余部，100多卷，现存有5部，其中有《成唯识论学记》8卷，《起信论内义略探记》1卷以及《梵网经古迹记》等。新罗景德王天宝十二年癸巳，夏大旱，他曾应诏为入内殿讲《金光明最胜王经》，以祈甘霖。“及昼讲时，捧炉默然，斯须井水涌出，高七丈许。”[1]以南山茸长寺为中心修行并讲授唯识教义，为时人所重。关于他有不少

〔1〕《三国遗事》卷4，第162页。

神异的传说。

因明是关于逻辑推理的学说，本是古代印度五明之一。"因明学"的传播也与玄奘师徒有关。在古代印度，因明有古因明和新因明之别。公元5世纪时印度哲学家无著和世亲吸取正理派的说法构成的因明为古因明，古因明的推理用五支作法。6世纪陈那及其弟子们所发展的为新因明。陈那著有《因明正理门论》，商羯罗主有《因明入正理论》，为新因明中通用之书。新因明的推理用三支作法。新因明经玄奘介绍引入中国。玄奘赴印度研习佛经，先后在迦湿弥罗听讲《因明论》，在那烂陀寺西之抵罗择迦寺就该寺般若跋陀罗问学《因明论》，在杖林山就《因明论》质疑摩揭陀著名学者胜军居士。回国时他还携带了一批因明学著作。他翻译了陈那、商羯罗主的著作，并经他口授由他的弟子做了不少注疏。窥基所著《因明入正理论疏》最为重要，后人据以研究者甚多。由于玄奘师徒的阐扬，因明学才在中国传播开来。涌现出一批专门研究因明的学者和注疏。圆测的弟子新罗僧道证著有《因明理门论疏》《因明入正理论疏》。大贤既然是道证的嫡传弟子，应当从他那里也学习到因明学的理论。

《三国遗事》中所见这两句逸诗，像是诗人阅读佛教经论之读后感。白居易是一个倾心佛教的士人，是唐代士大夫中笃信佛教的一个典型。白居易是一位"文人居士"，他毕竟是一位文人士大夫，不同于遁入空门的佛教徒。他早年濡染禅宗北宗，后来又接受南宗禅，晚年又信仰净土宗。佛教信仰并不专一虔诚，佛教信仰之于他终究不过是精神的避难所。人们早就注意到，白居易对佛教教义理解得很浮浅，甚至多所误解和曲解。我们认为，指出这一事实是应该的，而要求白居易精解佛典、虔诚信奉又是不必要的。白居易的确曾努力地研读佛经，钻研佛理，从他的诗文中，我们看到他也不断地向高僧们请教佛理，他的作品也时常探讨佛教教义。我们知道他接触过众多的佛教经典，在接触佛典过程中，文士与佛徒是有区别的。佛徒只能信从师说，奉为圭臬，不解处只能怪自己悟道不深，不允许对经说怀疑或否定。文士思想则比较自由，他们总是力图得到透彻理解，这是一般文士们的惯常思维。唐代诗人文士常常借诗文形式探讨佛理，便是他们阅读佛经、从事宗教实践的体会。但用一般认知思维去理解佛教宗教理论，特别是以社会实践去验证其宗教学说时，常常使人陷入迷惘困惑之中。唯识宗至白居易时已经衰落，而白居易却还企图弄懂它那烦琐的教义，这正是文士的积习。

唐代文人士大夫信仰佛教，还有一个共同的特点，那就是不愿意像佛徒那样苦行修持，恪守戒律，总是企图寻求简单易行的方便法门，白居易也是这样。有人说他“很善于在世俗需要与宗教解脱目的及修习要求之间进行协调，使他成为一个‘在家出家’的模范”。〔1〕他的《客路感秋寄明准上人》诗云：

借问空门子，何法易修行？使我忘得心，不教烦恼生。〔2〕

对于这些奔波仕途的士人来说，要他们完全放弃或忘情于世间富贵荣华而遁身空门是很难的，他们想寻求的是既获宗教解脱又兼顾世俗名利的容易修行的佛法。唐代佛教朝着越来越简便的方向发展，正是适应社会上的这种需要而做的自我调整。白居易广泛接触佛典，应当有比较各家长短进行信仰选择的动机。他最终归于净土宗，净土宗修持方法便是唐代佛教各宗派中最通俗也最简便易行的。对于唯识宗经典，他花了不少时间钻研之后，仍然失望地说：“唯识幽难破，因明擘不开”。连白居易这样学识渊博的士人尚不能突破唯识学派所设置的语言障碍，理解其烦琐推理，望之却步，一般人的接受岂不更加困难？唯识宗在社会上之不能普及和流传就可以理解了。

〔1〕谢思炜：《白居易集综论》，第292页。

〔2〕《全唐诗》卷432，中华书局，1960年，第4776页。

26 高敬命次韵、效体和集古句诗考源

在朝鲜抗击日本侵略的壬辰卫国战争中,涌现出一位著名的抗日民族英雄高敬命。1592年4月,朝鲜全罗道人民组织抗日义兵,推举高敬命为大将。高敬命率军进击恩津,试图经过忠清、京畿、黄海诸道北上勤王。日军集军于锦山,欲南下占领全州。7月,高敬命率领义兵协同官军攻打锦山,重创日军,为壬辰卫国战争立下卓越功勋。高敬命抗击倭寇,为国捐躯,历来受到朝鲜人民的敬仰。

高敬命又是李朝著名诗人,一生勤奋创作,现存诗5卷,736题,1150首;补遗1卷,42首。计1192首[1]。其诗采用汉文和中国古典诗歌形式写作,他的思想受到中国传统儒学、道家、佛学思想的深刻影响,这些在其诗中也有鲜明的表现。他的人格、精神和文学成就是中韩两国人民共同的精神财富和宝贵的文学遗产。因此,高敬命其人其诗,在中朝两国都享有盛誉。朝鲜诗论家李恒福评曰:"若霁峰者,遇屯而处,天下诵其诗;当事而出,远近嘉其积;事去而死,古今其义。因其所遇名随以适。"又云:"世言南中多诗人,高霁峰为之雄鸣。"[2]柳根评曰:"其诗之播人口者,俊逸圆转,人皆以为不可及。"[3]李睟光《芝峰类说》卷14云:"顷世诗人多出地湖南,如……高苔轩敬命者,皆表表者也。"[4]明万历九年(1581年)高敬命之子高用厚携父文集入明,名士庄应会、徐光启、孙元化等人皆为之序,对高敬命人格和诗格给予高度评价。[5]

高敬命的诗集中有相当一部分诗标题为"和某诗人某诗韵",或"效

[1]据韩国精神文化研究院:《国译霁峰全书》,高丽株式会社,1980年。

[2]李恒福:《苔轩集序》,转引自朴银淑:《高敬命诗研究》,集文堂,1999年,第55、94页。

[3]柳根:《霁峰集跋》,转引自朴银淑:《高敬命诗研究》,集文堂,1999年,第119页。

[4]李睟光:《芝峰类说》卷14《文章部》"诗艺",庚寅文化社,1970年。

[5]前揭韩国精神文化研究院:《国译霁峰全书》下册《霁下汇录》,第26-29页。

某诗人体”“集某诗人句”“集古句”。和韵诗就是用原作者作品的韵写作同类体裁的诗，效体诗则是模仿原作者的诗歌体裁和风格写诗，集句诗则是把同一诗人或不同诗人的诗句拿来，按照自己的构思集成一诗。这些在中国古代诗歌中久已成为传统，这种做法一方面是表示对对方的仰慕，同时也是通过模仿揣摩和学习对方的写诗技巧。高敬命所集古句皆出于中国古代诗人的作品，效体诗皆效中国古代著名诗人的作品，次韵诗大部分是次中国古诗之韵。考查此类诗次、和、效的对象以及集句出处，可以让我们知道诗人的审美取向和艺术爱好，进一步探讨诗人创作风格的渊源。

26.1 高敬命次韵、效体和集古句诗统计

高敬命现存诗5卷，736题，1150首；补遗1卷，42首，共计1192首[1]。我们对高敬命诗集中此类诗进行了统计，所得作品见表26-1。

表26-1 高敬命次韵、效体和集古句诗统计表

诗题	体裁	效仿对象
次贡父金陵怀古韵二首	七律	〔北宋〕刘贡父
和韦应物晓坐郡斋韵	五古	〔唐〕韦应物
效杜陵江头暮行诗	五律	〔唐〕杜甫
效夔州杂诗	五律	〔唐〕杜甫
效义山	七律	〔唐〕李商隐
步古韵赠友人以道惜别之意	七律	不详
次云谷杂咏	五绝组诗	〔南宋〕朱熹
次苏东坡雪后北台韵（六首）	七律	〔北宋〕苏轼
有怀石川、苏斋两先生用山谷韵	六言古诗	〔北宋〕黄庭坚
偶吟用前韵（二首）	同上	同上
雪中次东坡北台韵二首	七律	〔北宋〕苏轼
拟题西湖亭二首	七绝	〔北宋〕苏轼
次山谷效建除体韵述怀	五古	〔北宋〕黄庭坚
次太白韵有怀新斋石川两先生（二首）	五古	〔唐〕李白

〔1〕前揭韩国精神文化研究院：《国译霁峰全书》，1980年。

续表 26-1

诗题	体裁	效仿对象
前韵赠同福宰曹耆之	同上	同上
前韵再赠曹耆之	同上	同上
前韵寓意沧浪	同上	同上
前韵自述	同上	同上
前韵述酒戏赠诸君请决一战以较饮量	同上	同上
用前韵书石川题画鹰诗后	同上	同上
读史次山谷泊舟白沙江韵	五古	〔北宋〕黄庭坚
用前韵寄与沧浪	同上	同上
戏书伯时画好头赤次坡谷韵	七言歌行	〔北宋〕苏轼、黄庭坚
醉言集太白句	七言歌行	〔唐〕李白
次通判韵	五律	〔北宋〕苏轼
雪中用杜韵赠栖霞(二首)	五律	〔唐〕杜甫
用老杜对雪韵	同上	同上
春日无聊次杜律曲江二首示季明追述顷日潇洒之游	七律	同上
拟挽潜夫(刘克庄,字后村)	五律	〔南宋〕□□
集古句写情(一则)	七律	〔唐〕杜牧、刘禹锡、杜甫、长孙佐辅、皎然、郑谷、许浑
再用情韵集句赠郑生送言怀(四则)	七绝	崔鲁、皎然、钱起、刘长卿、刘沧、崔鲁、曹唐、杜甫、羊上谩、柳子候(厚)、韩琮、皇甫曾、崔同、韦庄、荆公
次东坡望海楼晚景韵(四首)	七绝	〔北宋〕苏轼
用山谷秘省夜直寄怀韵奉简周道求和	五古	〔北宋〕黄庭坚
用杜韵偶吟	七律	〔唐〕杜甫
戏集古句	七绝	〔唐〕严维、杜甫、王建

续表 26-1

诗题	体裁	效仿对象
移寓石村后奉柬栖霞支石两翁求和用老杜屏迹韵	五古	〔唐〕杜甫
书不尽意漫集杜句附李守溉奉呈开西李伯春按使	五绝	〔唐〕杜甫
集杜句寄李伯春按使(八首)	五绝	〔唐〕杜甫
集杜诗	五绝	〔唐〕杜甫
集古句(二首)	五绝	〔唐〕李白、东方虬、杜荀鹤、李端、石召、刘长卿、王维
栖霞席上集古句醉赠金彦伦	七绝	〔唐〕李白、王建、韩愈等
庚辰立春有感集杜诗漫书十则	五律、七律	〔唐〕杜甫
国子监见石鼓隐括苏语	七律	〔北宋〕苏轼
七家岭除夕集古句(三首)	五律二、七律一	〔唐〕杜甫、方干、高适,〔宋〕连文凤、苏轼、刘过
郡楼闻鹃有感次柳州韵示西潭	七律	〔唐〕柳宗元
波知岛次柳州岭南江行韵	七律	〔唐〕柳宗元
罢官后集韦苏州诗示金正字廷龙	五古	〔唐〕韦应物
席上集韦诗示安庆昌	五绝	〔唐〕韦应物
集韦诗再示安生(二首)	五绝	〔唐〕韦应物
感怀用山谷韵	五古	〔北宋〕黄庭坚
次太白韵寄意赤壁	五古	〔唐〕李白

通过考查高敬命次韵、效体和集句诗,我们惊叹诗人对中国古典诗歌,特别是唐宋诗阅读的广泛和深入。在他的此类诗中,既有李白、杜甫、高适、柳宗元、刘禹锡、杜牧、李商隐、王安石、苏轼、黄庭坚这样的大家,也有刘长卿、钱起、王建、韦应物、韦庄、方干、杜荀鹤、刘贡父、刘过、朱熹等名家,还有一些不甚知名的作家,如崔鲁、皎然、刘沧、崔鲁、曹唐、羊上漫、韩琮、皇甫曾、崔同、东方虬、李端、石召、严维、郑谷、许浑、连文凤等。

26.2 高敬命次韵、效体和集古句诗得失

首先,"诗必盛唐"原则的遵循与突破。从上面的考查可知,高敬命在诗风上主要学习唐宋名家。我们注意到,高敬命主要学习的是李白古体和杜甫的律绝。在他的此类诗中,以效李杜诗体、次李杜诗韵和集李杜诗句的作品数量最多,这和其时中国诗坛的情况是相呼应的。高敬命的时代,在中国明朝诗坛正盛行"前后七子"拟古主义诗风,他们反对台阁体,提出"文必秦汉,诗必盛唐"的口号,以拟古为革新,盛唐大诗人李白、杜甫成为他们学习效仿的对象。显然,这种风气也影响到朝鲜诗坛。15世纪以来,朝鲜诗话兴起,明诗之评为其重要内容。由于七子诗话及《列朝诗集》《明诗综》的东传,朝鲜诗人多以七子为正变,公安、竟陵之变为明诗之衰,批评"明调",认为远逊于唐宋,同时反思复古之弊,指出其种种弊端。高敬命诗就是这种风气的产物。与明朝"前后七子"相同,高敬命在观念上亦崇唐卑宋。朝鲜诗论家洪万宗《小华诗评》记载:

> 高霁峰敬命,壬辰为义兵将,梁庆遇掌书记,军务之暇,语及论诗。霁峰称道荪谷诗格,曰:"世罕其俦"。梁曰:"荪谷诗出于晚唐,一篇一句可咏。岂若阁下浓丽富盛乎!"霁峰曰:"岂可易言其优劣乎?如七言律、排律等,则吾不让李;至于短律若绝句,决不可及。昔守瑞山郡时,邀李于东阁。留连屡朔,与之唱和,每赋绝句,不敢以宋人体参错于其间。仓卒学唐,半真半假,诚可愧也。"[1]

"半真半假"云云,是高敬命自谦之词。洪万宗说:"其声韵格律极逼唐家,岂可谓半假乎?公盖自谦也。"从这段记载可知高敬命是深受明朝诗学观念影响的。但很明显,从创作实践上看,高敬命并没有像"前后七子"那样仅仅崇尚盛唐诗,他对盛唐之后的诗,如中晚唐、两宋诗人也多所效仿和借鉴。

[1]洪万宗:《小华诗评》,转引自朴银淑:《高敬命诗研究》,集文堂1999年版,第121页。

其次，崇雅黜俗辟怪的审美选择。有意思的是唐代另一位大诗人白居易，其诗流传十分广泛，早在白居易的时代就传入新罗，受到欢迎。与他齐名并且风格相近的诗人是元稹，在中唐诗坛并称元白，而在高敬命诗中无一首和韵效体诗，也不曾集元白诗一句，说明高敬命不喜欢元白浅切诗派的诗。元白诗讽喻时事的内容和通俗易懂的语言形式，不为高敬命所效仿。在中唐诗坛上影响很大的韩孟诗派如韩愈、孟郊、贾岛、李贺等奇崛险怪诗风，也不为高敬命所取。在中国文学发展史上，宋代以后诗人们都不但写诗，而且填词。填词与写诗一样也有次韵、奉和、效体、集句之作。从高敬命的艺术才能上来说，填词应该也是胜任的，但在他的诗集中，竟无一首词的创作。这可能也与他崇雅黜俗的艺术崇尚有关。在传统观念中，诗是高雅的，而词则是浅俗的，诗庄词媚，高敬命不填词，也表现出他的文学观念。

第三，高敬命大量效体、次韵和集句诗，不是游戏笔墨，他是把这些作为一种体裁进行创作的，这种创作对高敬命诗艺术风格的多样化起到了积极作用。在效体、次韵和集句时，高敬命总是自觉不自觉地受到原作品思想情趣、表现技巧和语言风格的感染和影响。唐宋诗坛百花齐放，风格多样，高敬命从不同诗人那里学到不同的东西，造成他的诗风格多样。他的歌行体诗具有李白、苏轼诗清雄豪放的风格，七律有的沉郁顿挫像杜甫诗，有的则深情绵渺像李商隐的诗，有的则寄慨良深像刘禹锡诗；五律主要学习杜甫和苏轼；五古主要是学李白、杜甫、韦应物、黄庭坚；五绝、七绝则更是遍学诸家。

第四，毋庸讳言，高敬命此类效体、次韵和集句诗又是利弊并存的。明代诗坛上“前后七子”出现，他们的复古主义诗风固然在矫正台阁体诗风方面起到良好的作用，但其流弊则是一味以模拟和剽窃为能，不少诗成为没有灵魂的假古董。这种弊病在高敬命的诗中也有表现，那些为次韵而次韵、完全集前人诗句为诗，明言效某人诗体的诗，有的缺乏真情实感，缺乏个性，成了文字游戏，便是这样的作品。其他不是效体、次韵和集句的作品也同样有亦步亦趋、模拟抄袭之痕迹，虽然学得逼真，但终究缺乏思想、情感和艺术创新这些决定诗歌生命的质素。

如七律《浮碧楼》一诗皆袭用或套用唐诗人崔颢《黄鹤楼》、李白《登金陵凤凰台》的语言、情思、意境、意象、用韵和格式，其中“白云千载长悠悠”于崔颢诗只是改了一个字，末一句“古国烟波人自愁”，也是崔颢诗最后一句稍做变化而已。这种在构思、意境方面模拟中国古典诗作，直接使用或化用中国唐宋诗人诗句的例子，在高敬命诗中俯拾即是，许多诗句都似曾相识，从而使人有咀嚼生厌之感。

26.3 中朝诗歌关系与高敬命诗的艺术渊源

中国诗歌作品很早就传入朝鲜，三国时期高句丽、百济两国高等学府中已经把《诗经》作为基本教材。朝鲜诗人很早就学习汉诗进行创作，现存最早的一首汉文诗是高句丽琉璃王于公元前17年所作《黄鸟歌》，其四言体、章首叠和比兴手法的使用可以明显看出《诗经》的影响。隋唐时中国五言体诗传入朝鲜半岛，高句丽僧人定法师曾留学中国，写过一首题名为《孤石》的五言律诗。这种诗歌形式还通过百济传入新罗，新罗真德女王写有一首《太平颂》赠唐高宗皇帝，采用五律形式。

新罗统一朝鲜半岛，进一步发展了中朝两国的支好关系。唐诗对新罗国诗人具有强烈的魅力，白居易“文章精切，然最工诗”，其作品在日本、新罗诸国当时已有传写者，“在鸡林（即新罗），则宰相以百金换一篇，所谓传于日本、新罗诸国”[1]。唐与新罗使节往还十分频繁，在迎见送别时往往吟诗唱和，唐诗中有不少写给新罗国友人的诗，据统计至少有20多位诗人有这种作品。入唐新罗国文人也创作汉文诗歌，最著名的是崔致远现存汉文诗歌30多首。有的新罗国诗人的诗被收入《全唐诗》中。高丽王朝时唐宋诗人的作品是高丽文人们求购和学习的汉文书籍之一，有人还编选了中国诗歌选集，如尹诵编《集古词》《撮要诗》等。汉文诗歌是高丽诗人创作的主要体裁，文坛上的风气是“文法汉，诗法唐”。郑知常七律名作《大同江》被称为“千古绝唱”，末两句云“大

〔1〕那波道圆：《白氏文集后序》，见《白居易集·传记序跋》，中华书局，1977年版，第1587页。

同江水何时尽,别泪年年添绿波”,正是化用杜甫“别泪遥添锦江水”、李白“愿结九江波,添成万行泪”诗句。李仁老曾出使中国宋朝,他有《行路难》一诗,乃与李白诗为同名之作。当时诗人采用中国古典诗的形式创作,袭用唐诗意境、化用唐诗诗句成为风气。

由此可知,学习、模仿和借鉴中国古典诗歌的传统进行创作,在朝鲜李朝以前已经历史悠久。李朝时期,虽然在15世纪中叶已经创制了韩国文字,诗人们仍乐于进行汉文诗歌创作。高敬命就是杰出的代表。李朝末年张志渊编《大东诗选》12卷,李朝诗占其中11卷。这一时期中朝诗歌交流达到了一个高潮,明朝文人吴明济曾入朝参加抗倭战争,他注意搜集新罗以来诗人们的作品,编为《朝鲜诗选》,收入诗人100多位。朝鲜诗人倾心学习中国古典诗歌,李朝诗坛弥漫唐宋诗风,是有多方面的原因的。

从客观环境看,首先是中国明朝与朝鲜李朝之间的友好关系,推动了双方的文化交流。李朝建立以后立即与明朝通好,奉明朝中国为宗主国,把结好明朝作为外交重心;明朝把朝鲜列为15个“不征国”之首,表示决不干预朝鲜内政,尊重朝鲜独立,希望双方友好相处。因此双方外交往来频繁,每年有数次之多。其次,双方使节往还中,诗歌唱和成为使节交往中的重要内容。明朝认为朝鲜是礼仪之邦,选派到朝鲜国的外交人员往往是长于诗赋的文臣。朝鲜国为了显示礼仪之邦的风貌,往往安排长于诗赋文才的人士担任迎宾使,他们不仅切磋学术,也以诗歌相互唱和。朝鲜国曾把双方唱和之作编为《皇华集》,共23集,每集专收某次明使与朝鲜文臣的唱和作品。这种诗歌唱和使朝鲜诗人直接、间接地受到中国古典诗歌传统和明代诗坛诗风的影响。高敬命曾为陪臣,担任过接待明使的工作,集中有与明使酬唱之作,如《奉谢正使大人黄翰林赠扇》《奉别正使大人》,《奉别副使大人王给事》其一“尘壤岂能留彩凤,雪泥无复印冥鸿”;其二,“未有一言堪奖拔,晚承佳作更清新”。《上太平楼》:“寰海如今属一家,东来不恨故园赊。亲擎万历元年诏,远泛三韩八月槎。快睹共惊仪彩凤,宠章无计报琼华。登楼不尽元龙兴,豪气时看吐作霞。”高敬命曾出使明京,沿途留有诗作。

从主观因素上看，诗人们对中国文化的倾心认同是朝鲜国诗人学习中国古典诗歌的内在原因。李朝自认为大明王朝藩王国，称中国为天朝、中朝。当时朝鲜文人便形成与明朝中国天下一家的观念。李朝建立后，有意强化朱子学在朝鲜意识形成中的主导地位，因此他们不仅输入大量中国典籍，还大量刊印中国书籍。四书、五经是朝鲜文士必读的典籍，儒学伦理道德在朝鲜深入人心，这些大大强化了朝鲜文士对中国文化的认同感。这在高敬命诗中也有反映。《渡大同江》诗云："此邦箕子有遗风，莫道山川非禹迹。"已经把朝鲜国视为中国的一部分。《凤山道中遇雪》一诗中以"山灵故催诗，不愁沾汉节"为荣。又如上引《奉别副使大人王给事》其一，语气非常谦逊，对明京非常恭敬，并不掩饰以与明朝中国天下一家为荣的观念。表现在诗歌创作上，可以看出朝鲜诗人以透彻地学习中国古典诗歌为目标，高敬命便以学唐"半真半假"为愧。

为了应对明使的诗歌唱酬，朝鲜诗人精心阅读中国古典诗歌、钻研诗艺，中国古典文学作品是朝鲜李朝诗人倾心阅读的主要对象。伴随着汉文诗歌创作的实践活动，朝鲜国诗歌批评也很兴盛。中国古代诗歌批评著作的诗话形式也为朝鲜国诗评家所乐于采用。朝鲜第一本以"诗话"命名的著作是徐居正的《东人诗话》，成书于1474年。此后便出现不少诗话著作，其中不乏真知灼见，或有异于中国诗论家的观点，其独到见解有时更高出于中国诗话评论。近年邝健行等人编选的《韩国诗话中论中国诗资料选粹》一书，取材于56种此类著作，其中有很多对中国古典诗歌的精切批评，可以知道朝鲜国诗歌界对中国古典诗歌是如何深入研读和吸取营养的。阅读中国文学作品也是高敬命文学生活的重要内容，这从高敬命的诗中也可以看出来。《芦花鸨》："诗人感物情非浅，愿诵唐风集栩章。"《漫兴》诗云："南园小雨锄瓜回，细读柳文小水记。"《芦花鸬鹚雌雄》："留与骚家增一价，杜陵诗里满渔梁。"《次苏东坡雪后北台韵》："坡翁险韵知难和，呵手寒吟费入叉。"《用湖阴老人韵自述》："闲来检书箧，浪诵十年诗。"《次一元兄韵兼述己意》："陶令归来赋,年来不绝吟。"《代士显叔酬宋学士长篇》:"论思经幄贵推本,诗诵七月书无逸。"诸如此类,都透露出高氏阅读的内容和习好。由此可知,高敬命诗取得的成就和存在的问题,都与中国古典诗歌的传统和明朝诗风存在渊源关系。

27 高敬命诗对中国古典诗歌传统的继承和借鉴

高敬命诗研究对于探讨高敬命先生的思想具有重要意义。高敬命能够在民族危难中挺身而出,英勇抗击入侵之敌,蹈死不顾,为国捐躯,其忠君爱国思想和民族气节在诗中有突出表现。高敬命诗研究对探讨中韩文学关系具有重要意义。高敬命诗采用中国古典诗歌形式写作,有古体诗和格律诗;在思想情感、诗歌形式、表现手法和艺术风格等方面都表现出对中国古典诗歌的学习和借鉴,对于唐宋名家他都普遍地学习。从内容看,高敬命的诗有抒情诗、咏史诗、咏物史,也有写景诗。这些诗由于抒写情感不同,对中国古代诗人写作技巧的取舍也有不同,但共同的特色是有意学习和借鉴中国古典诗歌传统,特别注意对唐宋诗歌的学习和借鉴。本文想对此略加探讨。

如果从《诗经》时代算起,中国古典诗歌发展到唐宋,已经有1000多年的历史。在漫长的发展过程中,中国古典诗人的努力探索和辛勤创作积累了丰富的经验,形成许多独具特色的传统。这些对后来的诗人来说无疑是宝贵的文学遗产,高敬命从这些遗产中受益良多。

27.1 咏史怀古,寄慨良深

咏史诗是中国古典诗歌的传统之一,诗人们借咏叹历史人物和故事,寄托个人的政治怀抱和今昔兴亡之感,表达对现实的批判。唐代刘禹锡、杜牧、李商隐,宋王安石这方面成就很高,高敬命写了不少咏史怀古诗,这些诗都是咏叹中国古人古事,在艺术上则明显受到唐宋诗人的影响。

杜牧的咏史诗对历史人物的评价,对历史上兴亡成败的关键问题发表独到的议论，而以绝句形式出现，这种诗常常富有哲理色彩。这种论史绝句形式后来为许多文人所效仿。高敬命的《读留侯传》便具有这种特点："歼楚夷秦志已酬，暮年还学赤松游。平生只为韩仇出，岂向高皇浪运筹。"一般认为，张良退隐乃是出于功成身退以避祸远害的目的，此诗则独出机杼，认为张良出世的目的是为韩国复仇，刘邦却不过是他复仇利用的工具，既然大仇已报，自然远离刘氏。不然他是不会轻易出山辅佐刘氏的。《题四皓围棋》："强役精神竞出奇，只能忘世未忘机。晚来谬画安刘策，绿（应作缘）是当年下手卑。"过去大家都赞美四皓的高隐和奇策，这里诗人却批判他"未忘机"，为刘氏画计亦是手段卑劣。此诗与《题四皓围棋图》寓意相同："四老商颜齿发齐，纹楸一局静中携。星移洞府樵柯烂，雹散晴空玉子迷。蜩甲坐忘酣战垒，松花不动锁岩栖。方知小数天机浅，竟下安刘一着低。"《谒夷齐庙》："西伯当年养老时，太公心事合相知。不应待到鹰扬地，方是区区叩马为。"对历来受赞扬的伯夷和叔齐进行批评，认为伯夷与叔齐未能及时劝阻姜太公灭商的行为。

咏史诗常常不是发思古之幽情，而是感慨今昔，写兴亡之感，在诗人的感叹中，深寓历史的教训，以为现实的殷鉴。这在中国古代咏史诗中是一个传统，刘禹锡、杜牧、李商隐、王安石等人的诗皆有这种特点，高敬命《次刘贡父金陵怀古韵》二首便是继承了这一传统。刘贡父是北宋时代的诗人，此诗所次却是王安石《金陵怀古》四首诗韵，这可能是此诗传入朝鲜误为刘贡父之作。诗的内容与历来咏史怀古之中寓历史教训的主题相同，其一云：

金戈百战有兹江，仅为孱孙办乞降。
不信舟人曾是敌，漫将天险倚无双。
春荒草木深空苑，雨长莓苔上玉窗。
三百年前无限恨，且寻青幔问新缸。

其二诗中更多化用刘禹锡诗语句，如"一片残旗""夜雨蚊雷""秦淮明月"云云。诗表达的主题是"天险不足凭，兴亡由人事"的主题，与刘禹锡同题之作相同。《满月台》："落木声中万壑哀，前朝欲问事悠哉。兴亡无迹水东去，宫殿有基山北来。几遣诗人歌秀麦，尚余残月傍空台。槎牙老石荒风雨，留与千秋鉴祸胎。”《神农氏》歌咏中国古代传说中的中华远祖神农氏，表达了诗人的仁政理想：

不周初坼世鸿荒，天降神人曲阜乡。
朴俗仅能茹草木，淳风维解事农桑。
生民所养诚多阙，累圣相传盖未遑。
化育亦应须辅相，时宜咸仰妙推详。
制成耒耜方资用，药辨君臣已遍尝。
岂但苍生知粒食，还教赤子免夭伤。
列廛居货民生遂，应瑞名官火运昌。
肇迹旧从姜水盛，不庭宁数夙沙强。
赭鞭影里神切遍，土鼓声中化日长。
圣德极天犹永赖，当时榆罔未为亡。

又如《劳军细柳营》咏叹西汉名将周亚夫的故事，用唐朝高仙芝的遭遇做对照。汉天子亲入军营，重用周亚夫，一举夺取战争胜利。高敬命推崇汉高祖说自己善于“将将”。唐玄宗相信宦官监军边令诚，诛杀名将高仙芝。诗云：“如何后世昧将将，弄诸股掌庸奴同。君不见，阉竖观军竟舆尸，三叹汉文青史中。”说明要夺取战争胜利，做天子的要善于“将将”的道理。《读北史》：“落日台城旅雁嘶，嵩云回首几含悲。金环却是无情物，肠断江南旧玉儿。”咏侯景之乱中梁武帝的可悲下场。《山海关》：“真人定鼎金陵日，老将登坛碣石时。地处必争须制胜，世虽方泰可忘危！谁何言服贻谋远，控扼襟喉设险奇。钤辖即今归督府，圣朝神算策无遗。”歌颂明太祖朱元璋的深谋远虑，表达居安思危的政治见解。

中国古代诗人亦常借咏怀古迹、吟咏古人古事，间接表达个人情怀和身世之感。在高敬命的此类诗中也表现出这一特色。《独乐园》咏北宋司马光故事，则寄托了个人怀抱。司马光退隐，筑独乐园以自娱，写《独乐园记》一篇。高敬命写此诗正是个人遭贬之际，所以诗结尾说：“我读遗篇感叹频，欲寻乐处嗟难臻。君不见，钟山投老值邅屯，岁晚归路迷霜筠。”《周王得钓璜》咏姜太公遇文王故事，结尾云：“怪来渊中璜，神物谁能识。清渭月空藏,千秋三叹息”,抒发了无人赏识、怀才不遇的感叹。《洞宾游岳阳》咏道教八仙之一吕洞宾遭贬下世神异非常的故事,末尾说:“浊世人谁识,清都路不迂。骖鸾看冉冉,天澹月轮孤”,其实是抒发个人遭贬中的孤高自傲。《六马犹知善鼓琴》诗咏伯牙弹琴故事,感叹世无知音:“声音感物理何疑,琴妙从教六马知。仰秣未应谙节奏,长鸣自是契心思。鱼听巴瑟言非怪,兽舞虞庭事亦奇。独恨世人徒竖耳,断弦初不为钟期。”《布被钓名》诗咏司马光故事,表达了对司马光人格的仰慕。司马光一生节俭,“平生衣取蔽寒,食取充腹,亦不敢服垢弊以矫俗干名”,临终时嘱咐家人将写有《布衾铭》的布衾盖在身上,曰:“颜东箪瓢,万世楷模;纣居琼石,死为独夫。君子经俭为德,小人艺侈丧躯。然则斯衾之陋其可忽诸?”《布被钓名》说:“千古愧衾人几许,马公铭里仰冰清。”《读邓攸传有感》盛赞邓攸存弟后而弃己子的义气,并表示深深同情。《发北京到城东路左有三忠祠乃诸葛武侯、岳武穆、文丞相,此燕地也,于文丞相大有所感焉》咏南宋民族英雄文天祥事迹,对文天祥救国无力表示遗憾。

高敬命此类诗也有发思古之幽情之作,如《黄陵庙》咏古帝大舜故事:“寂寞黄陵庙,枫林绕嫚坡。重华游不返,帝子恨如何。楚塞昏蛮雨,湘流咽暮波。汀洲愁极目,凄断采萍歌。”《乘槎犯斗牛》咏张华《博物志》记载张骞出西域故事,末尾云:“吾思霄壤迥不侔,有路阶天真谬悠。千秋不经传者畴,汝家茂先言不羞,绐绐志怪争效尤。我欲质之于前修,圣不语怪君知不!”《偶忆唐皇广陵观灯故事叠前韵》乃游仙之作,咏叶法善施法故事。《谒箕子庙》:“涢岸凄迷真气收,荒凉井地夷先畴。长城大野宛如昨,蔓草寒烟经几秋。南渡采云剪荆棘,北山霜露栖梧楸。佯狂陈范意谁识,万古英灵东海陬。”《箕子庙》:“玉马东来启我先,至今遗泽诵仁贤。敢将韬晦为身地,最在坚贞不愧天。千古封疆檀木下,一方香火涢江边。星轺此日经祠庙,读罢丰碑泪迸泉。”

在高敬命的诗集中,咏怀古迹的只有几首少量的诗是咏叹与朝鲜历史有关的作品,如《鸡林咏》组诗中之《芬皇废寺》《五陵悲吊》《闻玉笛声》《满月台》《东明王》。

27.2 托物言志，比兴寓意

咏物是中国古代诗歌的重要题材，中国古代诗人常托物言志，间接表达个人情怀和身世之感。《诗经》已多赋物名句，楚辞中有《橘颂》一篇，齐梁以后咏物诗更是连篇累牍，盛唐以后，始有即物达情之作，唐宋名家多咏物之作。中国古代咏物诗有两种品格，一是为咏物而咏物，一是借咏物以达情。高敬命继承了这种传统，写有不少咏物诗。他自谦"第恨拙于诗学，咏物尤非其长"[1]，实际上其咏物之作不仅数量极多，而且成就亦高。其《应制御屏六十二咏》曾蒙国王赐豹皮一张、黄毛笔十支、丹山乌玉五笏，说明极受赏识。

高敬命的咏物诗有的为咏物而咏物，表达热爱生活、热爱自然的情趣。《春雪》是一首咏物诗，写春雪的光、形、声，笔触极其细腻，表现了诗人对自然观察的细致和用心，一片热爱大自然的感情跃然纸上。《谢郑正安惠鱼》："丙穴生春浪，新又雪未残。情知传尺素，恩荷跃金盘。三鬣冰犹冻，纤鳞锦有斑。小盆堪静玩，风雨不须搏！"则把对小鱼的怜爱之情抒写得淋漓尽致。《中台川上遇雨雹》写冰雹，把中途忽遇雹的情状写得生动有趣。又如《春盘细菜》："春盘登细菜，候节变阶冥。生意掀残雪，新芽撷嫩青。年华添物色，野兴绕林迥。想见东湖岸，倾筐簇晚汀。"《见新橘偶题》："飞霜一夜殒青林，夕照玲珑满树金。书后新题惊数颗，馔人香雾湿衣襟。"《咏白团扇赠云上人》应答酬和之作，都写得饶有兴味。有的诗品画论乐，也可作为咏物诗欣赏。如《听应吉琴席上走呈》《题谪仙骑鲸图》《题牧牛图》《题四皓围棋图》《山水图》《古木图》《芦雁图》，对音乐、绘画的品赏意趣盎然。

有的托物言志，借咏物寄托怀抱。在中国古代诗歌中把花木傲霜耐寒的自然特性比作人的品德精神，很早就出现了，《诗经》中已经产生，屈原、司马迁的文章中也有表现。中国古代诗人于植物中喜欢梅兰竹菊"四君子"和松竹梅"岁寒三友"，诗中多所吟咏。这种风气北宋时

[1]高敬命：《应制御屏六十二咏》跋，前揭韩国精神文化研究院：《国译霁峰全书》，第129页。

始盛，那时文人在诗画中常表现这些题材，诗画中这些植物形象常常是有寓意的，是诗人画家人格的象征和寄托。高敬命诗中多咏松、竹、梅、菊之作，其《咏黄白二菊》历来受到称赏：

正色黄为贵，天姿白亦奇。

世人看自别，均是傲霜枝。

诗借霜菊寄托坚贞自洁之节操，洪万宗《诗评补遗》上篇记载："高敬命霁峰，长兴人，文工议。尝访奇高峰大升，题盆中菊，盆中植黄白二菊开花，霁峰濡笔题一绝曰（略），盖寓物托意也。"

他在《有怀石川先生复用前韵示刚叔》诗中表达自己的情趣说："爱竹时穿壑，看松不出庭。俗尘亢迴隔，林锁白云扃。"他有数首咏松之作，五言古诗《咏老松》写百寻之高的老松，历经风雨，饱经沧桑，如今"蝼蚁已收霜后穴，莓苔不蚀岁寒心"。诗人喜爱老松的精神，因此"笑倚枯藤尽夕阴"。《题朴景明家古松》写古松的脱俗不凡："昆山有古松，世言千岁物，偃蹇几风霜，曾见三韩日……会待丹凤巢，肯容玄岂穴……凛然岁寒姿，可以蜕凡骨。"《望蟠松》写苍然老松："森森龙虎壑中卧，殷殷风雷空际回"。都在歌颂一种顽强不屈的精神。《敬次松川梅花堂韵》七律三首咏梅花，既写梅花形态之美："竹外小枝临水好，月边疏影带霜加"；又颂扬梅花品格之高："标格可堪人物比，风流休把品题加"。《次友生梅竹斋韵》写梅与竹："唤作兄弟知不浅，岁寒持此作生涯。"《笛材赠申尧瑞》写竹："袅袅江南碧玉茎，中虚合制紫鸾笙。殷勤暂寄薪村老，留与前溪弄月明。"《东轩见新竹有感再叠荒韵》："爱竹偏怜旧业荒，客窗相对意苍茫。风飘嫩箨时侵坐，雾罢新篁已过墙。寒拂雨檐森鹤胫，巧穿苔砌绕羊肠。掀帘岸帻微凉度，不信怀州是瘴乡。"观赏新篁嫩竹令诗人神清气爽，忘记了自己身处异乡，忘记了自己艰难处境。《见新竹有感》："夏篁衣解粉飞残，池上清阴满袖寒。使我居夷傲炎瘴，烟中玉立澹相看。"《题半刺画竹图》是一组题画诗，但因为画的内容是竹，因此实际上是咏竹组诗，共四首，分别咏《三竹》《月下雪竹》《枯篁新笋》《三竹两笋》，其中把陶渊明、伯夷、叔齐等隐士比作三竹，寄托了自己的人格追求。

其他咏物之作也常常可以见出诗人人品和精神的流露。《砥柱》用七言歌行体写，颇具李白诗壮浪奔放的风格，结尾说："天柱将倾尔扶颠，呜呼！莫随东海为桑田。"诗借中流砥柱而自相期许。《次玉堂咏鹤韵》写仙鹤的卓然不凡："几向尘笼望远天，秋风偷眼海云边。灵姿定化江州橘，逸翮应追太乙莲。霜绢漫看留素影，碧空何处驾飞仙。苍茫华表音踪断，奇事犹传翰墨筵。"《至月念日夜雪》咏雪，表达了"庶几验丰熟，斯民亡瘠捐"的愿望。《喜雨叠韵》写雨，表现出诗人对百姓生活幸福的祈望："九重忧旱剧汤年，一雨中宵忽沛然。屋溜暗流闻决决，稻畦新叶想翩翩。凉生六幕炎尘净，喜入三农好语传。却忆故园添物色，麦醪初熟竹生鞭。"有的则发今昔之感，或抒个人抑郁。如《闻玉笛声》："古国兴亡几夕晖，山川良是昔人非。深秋古垒休三弄，长使英雄泪满衣。"《见榴花开有感》二首其一："浓绿千林一点红，羞看绝艳照衰翁。可怜风韵无人识，开谢年年蜒雨中。"字面上写榴花的幽独，实际上感叹个人的身世遭遇。

27.3 融情入景，意境清新

写景言情，情景交融是中国古典诗歌的一大特色，中国古代诗歌中有很大一部分是描写自然景物的作品，建安诗人曹操《观沧海》已经是一首完整的写景诗，经过魏晋对自然美的发现，在文学艺术领域便出现了山水画和山水诗。晋宋之际的陶渊明，南朝诗人谢灵运、谢朓都是描写自然美的高手。盛唐诗坛上形成了以王维、孟浩然为代表的田园山水诗派，他们的诗描写田园风光和自然美景，富于诗情画意，而且又往往把个人情怀融入自然景物的描写中，形成情景交融的美的意境。上述诗人都是高敬命服膺且努力效仿和学习的对象，这种传统为高敬命所继承和借鉴。

高敬命写有大量写景诗，表现了他对大自然的热爱。由于长期的乡居生活，使高敬命能够与大自然保持亲密的接触，对大自然的美好有深切观察和体悟，因此他的写景诗大多写得具有真情实感。他的写景诗有的歌咏美好的自然风光，表达对大自然的热爱。如《雪晴晚眺》："乱山残雪澹斜晖，径绝行人鸟不飞。灞岸诗情驴子背，山阴归兴钓鱼矶。沙头冻释知幽涧，桧顶风筛认翠微。望尽琼瑶开活眼，天机元熟有鸦归。"又如《山花浸水红》写得非常有意境。《茅山八景》组诗学习王维《辋川集》诗，用五绝形式写景，《春湖十咏》用七绝形式写景，都是一诗一景。《钱塘晚照》咏浙江钱塘江："灵胥吼怒势吞空，千叠银山喷薄中。江浙宛然天下胜，涌金门外昔阳红。"写出了钱塘江潮的声势和壮观。《南窗四趣》用七律形式分别写山光、喧气、竹月、菊风。这些诗写得气韵生动，景象鲜明，富有诗情画意。明人庄应会把他跟唐代诗人元白韦刘相提并论："余览其咏物抚景，生韵流动，如蜀江春日文君濯锦，又如摩诘辋川诗中有画，画中有诗。"[1]

中国古典诗人很早就注意诗中情与景的关系。刘勰论诗歌创作云："物色之动，心亦摇焉……情以物迁，辞以情发。"[2]在中国古代诗人笔下，景物描写常融入了个人情感，所谓"一切景语皆情语也"[3]。王夫之说："情、景名为二，而实不可离。神于诗者，妙合无垠。"[4]刘熙载《艺概》云："雅人深致，正在借景言情。"高敬命不少写景诗并非为写景而写景，而是融情入景，情景交融。情与景的关系是复杂的，美好的景物令人心旷神怡，但有时也触起对美好往事的追忆，令人生今昔之感，反而产生哀愁；阴晦肃杀的景物令人悲伤，但达观的诗人又能摆脱旧套，抒写乐观昂扬的情绪。因此在中国古代诗人笔下便出现以乐景写乐情、以乐景写悲情、以悲景写悲情和以悲景写乐情等不同情况。乐景、悲景固然能够渲染乐情、悲情，而乐景、悲景又常常能反衬相反的情绪，正如王夫之所说："以乐景写哀，以哀景写乐，一倍增其哀乐。"[5]高敬命写景诗也非常善于把握景与情的关系，注意让景物描写为抒情服务。《触怀

〔1〕庄应会：《朝鲜故赠礼曹判书霁峰高君文集序》，前揭韩国精神文化研究院：《国译霁峰全书·霁下汇录》，第27页。

〔2〕刘勰撰、范文澜注：《文心雕龙注》，人民文学出版社，1978年，第693页。

〔3〕王国维：《人间词话》，《历代词话》本，中华书局，1986年，第4257页。

〔4〕王夫之：《薑斋诗话》卷下，《清诗话》本，上海古籍出版社，1978年，第11页。

〔5〕王夫之：《薑斋诗话》卷上，《清诗话》本，第4页。

吟》组诗六首，在不同情景中景与情的关系便是变化的。其一“茅屋寒灯永夜清，星稀月落曙河清。愁人元自不知睡，听尽山城长短更”。月明星稀之夜与不眠的诗人成为对衬，突出了诗人愁苦难眠之情态。其四“风划顽云雪势颠，衾棱如铁夜如年。窗前有竹偏萧散，撩却愁人睡不圆”。窗前潇洒的竹影，反让诗人更加难以入睡。这是以乐景写哀情。其五“骨拙灰深火拨红，起看窗外雪漫空。前林日堕狞风黑，骇兽惊禽战薄中”。写深秋严寒狂风疾雪，渲染诗人深夜不寐心惊胆寒之情态，是以哀景写哀情。《漫成》：“山雨帘纤不湿莺，桄榔叶暗乳鸠鸣。苇帘垂地苔侵坐，一柱炉香相对清。”写春雨美景，在春风细雨中黄莺、乳鸠照常歌唱，诗人心情怡然，面对一缕清香，独自享受这宁静的春日。这是以乐景写乐情。《偶吟》：“高秋寒雨也能晴，霜后园林柿颊桢。水尽沟塍原陆秀，数家烟火夕阳明。”深秋黄昏，这在古代诗人笔下常常是渲染悲愁的景物，但诗人自信雨过天晴，经霜的柿子红得更加可爱。举目四望，平川秀美，夕阳晚照，农村数家，炊烟袅袅，心境格外清爽。这是以悲景写乐情。又如《题李正仲龟峰别墅》也是以乐景写乐情：“羿彀曾惊触骇机，晚携家具返鱼矶。沙鸥送喜馆船出，窗竹多情待我归。红稻村边疏雨过，绿萍洲外片帆飞。十年梦绕江西路，白首京尘未拂衣。”这首诗描写经历了政治上的打击之后，乡村平静的生活抚慰了诗人心灵的折皱，他在大自然中感受到一切都是那样的自由美好，充满生机。

在中国古代诗人中，有的写景是成系列的，往往写成组诗形式。例如王维《辋川集》写景组诗，多达20首之多。高敬命写有好几组大型的写景诗，有的写得清新可喜，如《俯仰亭三十咏》30首五言绝句，分别咏秋月、晚云、落照、暮雨、奇峰、杳霭、晴云、古迹、樵歌、渔笛、疏钟、归雁、晓雾、修竹、早角、春花、细径、清风、霁雾、炊烟、黄稻、平沙、小桥、幽鸟、跳鱼、眠鹭、红蓼等，颇具情韵。《晚翠亭十咏》分别咏晴云、晓月、暮雪、夜雨、清风、苍松、秋砧、村灯、晨钟、钓鱼，《息影亭二十咏》《沧浪六咏》也很有美感。但也有奉酬应制之作，缺乏情韵，如《应制御屏六十二咏》则呈才使气，可以看作文字游戏；《息影亭四时咏和高峰》《四时咏再和高峰示刚叔》咏春、夏、秋、冬，虽然也寄寓志士之悲，但给人的感觉是无病呻吟强作愁。

27.4 指言时事，关心现实

高敬命的诗反映时事的并不多，一般情况下，像杜甫、白居易的诗揭露时弊、反映时局和民生疾苦的题材，高敬命不甚关注。壬辰倭乱发生后，他开始用诗的形式反映国事变化，表现他对国家局势、民族危亡的忧虑。此类诗数量不多，如《盘山道上闻圣节使还自北京以虏警留宁远卫》《渡大凌河》《红螺山》《宁远城上夜望迤北山外赤气蟠空人以为虏营火光所烛》《宁远卫见游击将军提兵赴征》《晚发宁远》《过故总兵杨忠壮公照墓》《关下得边报虏骑二十余万入广宁下营近郊游兵四出抢掠云时吾行经由不久危哉危哉》。这些诗大多用律诗形式写，而以律诗写时事的传统，在中国古代诗人以杜甫为最早，晚唐李商隐的诗表现得也很突出。杜甫和李商隐都是高敬命注意学习的诗人，他的这类事诗受到杜甫和李商隐的影响。其《效夔州杂诗》便是学习杜甫诗将时局与个人遭遇结合，抒写忧国忧民兼复忧己的情怀，在构思上明显受杜甫《登岳阳楼》诗的影响。

高敬命诗歌创作取得巨大成就，这是不容否定的，这跟他向中国古典诗歌传统学习有关，也与他勤于钻研、勇于创新有关，《次湖阴》诗云："行藏正与诗相似，不逐前人落窠臼。"[1]他的独特的经历、复杂的思想情感以及老练稳重的汉语表达风格，使他的许多诗自出机杼，独具面目，置于中国古代诗坛也自可立于大诗人之列。文学传统的继承和文学创新是相辅相成的，在处理继承与革新的关系方面，高敬命也存在一些不足之处。在中国过去漫长的发展过程中，诗已经从产生、发展到辉煌，到了日过中天的时候。高敬命的时代，相当于中国明朝中期，在中国，诗歌已经从文学领域退出主流地位，日益为小说、戏剧的辉煌所掩盖。诗歌的发展已经过于成熟，后人难以超越。受明代诗坛，特别是

---

〔1〕韩国精神文化研究院：《国译霁峰全书》，第100页。

“前后七子”诗风影响，高敬命极力学习盛唐，有的几近模拟抄袭，有一些假古董之类的作品，如《浮碧楼》模拟崔颢《黄鹤楼》、李白《凤凰台上凤凰游》之类。这让读熟了中国古典诗歌的人有咀嚼生厌之感。

由于特殊的经历，高敬命也有台阁体的诗，奉答酬和，无病呻吟，如《召对》《长安清明》《宴洛滨》《召对后内廊赐酒》《应制御屏六十二咏》《寒日禁庭别赐酒》《端阳赐椒药》。虽然有人说他“久在馆阁，每当应制，随事立意，以寓讽规”[1]。但看他的传世之作，多奉酬赠答、歌功颂德之词，并无所谓规讽之意。由于长期不得志，有时他也产生消极失意的情绪，这在诗中也有流露，如《大槐国》：“幻出封疆蚁穴中，向来唯许黑甜通。冥心便化庄周蝶，驭气何烦列寇风。混沌乾坤迷罔象，鸿蒙日月太虚空。浮生一样黄粱梦，莫向痴人较异同。”表达的就是人生若梦的感慨。

〔1〕郑惟吉：《林塘遗稿》，《韩国文集丛刊》第35种，韩国民族文化推进会影印编辑，1981年。

28 高敬命抒情诗用典艺术探析

朝鲜李朝诗人用汉文和中国古典诗歌形式创作，从中国古典诗歌传统中汲取营养，高敬命是其中的佼佼者。高敬命的思想受到传统儒学、道家、佛教思想的深刻影响，这些在诗中都有鲜明的表现。他的人格、精神和文学成就是中朝两国人民共同的精神财富和宝贵的文学遗产。

高敬命（1533—1592年）字而顺，号霁峰，又称苔轩，湖南道光州鸭保村人。高氏从祖父一代始光大家门，父亲霞轩公高孟英仕至光州大司谏。高敬命幼而聪慧，有“麒麟鸾鸟”“河圆天珠”之誉，勤奋好学，学识渊博。20岁中进士，26岁为文科状元，被任命为成均馆典籍。27岁被任命为世子侍讲院司书。28岁庭试，夺取状元，受赐马之恩典，转为司谏院正言、刑曹佐郎兼知制教。明宗十六年（1562年），高敬命29岁，被提拔为司谏院献纳、弘文馆修撰和司宪府官。这年秋天应诏预昌德宫后院诗宴，以其才华受到明宗的称赏，升任弘文馆修撰副校理。第二年与当时文坛泰斗尹斗秀、姜士弼、尹自新、张实等结成诗友会。当年春天入直玉堂（任弘文馆校理）。

霞轩公晚年被认定为李梁党人，高敬命的岳父金百钧也被认定为李梁党人，皆被削夺官职。由于父亲和岳父的牵连，高敬命虽被任命为蔚山郡守而未能就任，这一年他31岁。此后，高敬命仕途坎坷，由于士林党执政，他在家乡度过19年村居生活，49岁出任灵岩郡守，随宗系辩诬使金继辉到明朝北京入觐，此后又先后任西山郡守，汉城庶尹、汉山郡守、宗簿寺事佥正、司仆寺佥正、司艺、君资监正、顺昌郡守。58岁时任内佥寺正、承文院判教兼知制教，升为通政大夫，出任东莱府使。第二年又被政敌诬以“酗酒废职”的罪名而罢官，真实的原因是他曾任宗使官随宗系辩诬使去明京，被认为交接李梁党派后人。壬辰倭乱发生，高敬命毅然担当义军领袖，英勇抗敌，成就了他民族英雄的美名，也洗刷了政治上的冤屈。他一生两起两落，政治上是不幸的，这种经历给他的诗歌创作以深刻影响。《惺叟诗话》论其诗云："于闲废中方觉大道，乃知文章不在于富贵荣耀，而经历险艰，得江山之助，然后可以入妙。"[1]

在长达数十年的创作生涯中，高敬命写了大量抒情诗。他的坎坷遭遇磨炼了他的意志，丰富了他的生活和情感，其慷慨悲歌言志抒怀之作，是其诗作情感最真挚、艺术成就最高的一部分。这些诗表达了他的政治理想和追求，反映了遭冤受屈时的悲愤之情、坦然豁达的人生态度，表现了他对历史兴亡的感慨和对大自然的热爱。典故结构凝练，有较强的表现力和感染力。诗中抒发的感情丰富复杂，诗又受到字数限制，有的话不便明说，或不容易用几句话表达，用典就成为需要。用典可以在有限的词语中展现更为丰富的内涵，增加韵味和情趣，也可以使诗词委婉含蓄，避免平直。中国自魏晋以后诗歌用典便形成传统，出现了一些善于用典的高手，高敬命诗这一特色从中国古典诗人的经验中受益良多。探讨高敬命诗的用典及其特色，可以从一个侧面揭示其诗的思想内容和艺术特色，揭示这位民族英雄和杰出诗人思想的复杂性和艺术成就，揭示其诗艺与中国古典诗歌的联系。

28.1 使事用典、委曲达情的创作意趣

高氏悲愤抑郁、丰富复杂的内心情感因特殊的境遇而不能直抒胸臆，典故成为他抒发情感的中介。他自幼好学，才品兼优，广博的经史子赋知识使他创作时能够思接千载，驰骋万里，信手拈来，左右逢源，从而形成他抒情诗喜欢用典、善于用典，多用典故抒情达意的特色。

28.1.1 借中国古典抒发情怀和志向

高敬命的诗常常借用中国古人古事，甚至化用他们的诗句表达自

[1]许筠:《惺叟诗话》，域外诗话珍本丛书，北京图书馆出版社，2006年。

己忧国爱民的情怀和建功立业的雄心壮志。《次一元兄韵兼述己意》其二："自抚凌云志，西游赋上林。虞卿仍白璧，季子复黄金。歧路多年别，江湖一片心。僧窗坐拥褐，中夜动孤云。"前四句用司马相如、虞卿和苏秦的典故，回忆自己早年的志向，反衬自己眼前的失意。《用漫韵示季明》："半世交游伯仲间，盟随鸠鹭未应寒。同寻白社千竿竹，议凿龙门八节滩。自有诗书供讨论，更将觞咏寄追欢。期君岁暮输心地，宁待风斤斲垩漫。"三、四句用白居易凿八节滩的典故，表达有心造福百姓的志愿。《月夜闻筝有感用亭韵》三首其二云："壮志匣中剑，幽怀琴上星"；其三云："无人知此意，宝匣悄还扃。"《用嘉平馆韵奉呈荷谷东冈》："自笑书生犹胆气，匣中时觉吼龙泉。"皆用《晋书·张华传》典故[1]。宝剑在剑匣中鸣叫，引申为宝剑空置，期望能有自己挥舞的空间。高敬命诗反复用"宝匣剑鸣"的典故，表达自己有志难伸的抑郁和志怀高远的抱负。《次湖阴》言志："雄剑腰间诉不平，危楼中夜瘴云晴。男儿生世非无谓，莫把长身枉自轻。"《前韵寄怀》："醉诵将军竞酒诗，鸣弓几欲落盘鸱。傍人莫笑书生腐，豪气犹堪斩郅支。"前两句用中国南朝梁朝曹景宗的典故[2]，后两句用东汉陈汤的典故，陈汤矫诏进兵，诛杀匈奴郅支单于。诗人仰慕曹景宗和陈汤的功业，表达自己对建功立业的向往。《复用前韵简上士显叔》感叹："暮年羁独意不平，怅望美人山有漆。嘶风老骥空啮滕，伏枥未展千里足"。《奉别应顺》其二："半生销骨困吹毛，别泪无端涨峡涛。衰鬓已成春草吐，危肠宁待岭猿号。枥中老骥悲鸣久，云外冥鸿取势高。城阙他时倘相忆，瘴烟蛮雨暗宫袍。"这两首诗"枥中老骥"用曹操诗典，迁谪中仍以老骥自许，表达壮心不已的政治热

---

〔1〕《晋书·张华传》记载，三国时孙吴未灭，斗牛之间常有紫气。西晋灭吴，紫气愈明。张华听说豫章人雷焕精通天文，与之登楼仰观。雷焕说："斗牛之间颇有异气。"张华问他什么原因。雷焕说："宝剑之精，上彻于天耳。"问"在何郡"？雷焕说在豫章郡丰城。张华任命雷焕为丰城令。雷焕到县，掘狱屋基，入地四丈余，得一石函，光气非常，中有双剑，一曰龙泉，一曰太阿。其夕斗牛间气不复见。雷焕派人送一剑给张华，留一剑自佩。后来张华被诛，剑遂失；雷焕卒，儿子雷华佩父剑过延平津，剑忽于腰间跃出堕水，入水求之，见两龙在水。古人多用此典，以剑喻雄心壮志。

〔2〕《南史·曹景宗传》记载，曹景宗文武双全，才思敏捷，曾赋诗："去时儿女悲，归来笳鼓竞。借问行路人，何如霍去病。"

情。《分水岭》："一岭横空二水分，客行迢递带斜曛。村连古塞人烟僻，天近重阳瘴雨纷。奏牍正须追曼倩，弃繻何必慕终军。今朝不作辞乡泣，帝所钧天指日闻。""奏牍"句用西汉东方朔的典故，表达自己期为名臣的志向；"弃繻"句用终军的典故，反语抒发遭贬被弃的悲愤。但诗人对前途并不气馁，对返朝任职充满希望，自信柳暗花明指日可待。《教场晚眺》云："闻说犬戎频拒辙，腐儒投笔欲从军。"用东汉班超投笔从戎的典故，表达效命疆场的意志和决心。《首山》："东征远涉弹丸地，伯气犹存百战余。秦卒误惊淝水鹤，隋兵俄化萨江鱼。英威顿挫回銮日，废垒空传驻跸墟。雪耻除凶非盛节，勒勋何用慕狼胥。"末句用西汉霍去病的典故，表达对战场上建立功名的向往。

28.1.2 通过用典申诉失意遭贬的痛苦悲愤

中国古代诗人中有因政治原因遭贬失意者如屈原、贾谊、柳宗元等，高敬命与他们有相同的命运，因此诗中常以此类诗人为比。《晖阳赠朴君见》："城上高楼接海迴，阴晴无定昼冥冥。云山旧带三巴险，风壤遥连百越腥。帆影渐疏潮后浦，角声高起夕阳亭。江潭木落骚人恨，拟向兰舟问楚醒。"这首诗用柳宗元诗语典，而用屈原事典。"城上高楼""百越""江潭木落""骚人""兰舟"云云，都是柳宗元诗中意象。在柳宗元诗中，"骚人"即指屈原，又是自比。"楚醒"化用《史记·屈原贾生列传》中"众人皆醉而我独醒"之语。诗人对自己蒙冤受屈、遭贬流放的境遇不能理解，正直忠贞之士为什么遭此下场？他要向清醒的屈原问个明白。汉代贾谊曾贬官长沙国，韩国有地名长沙，高敬命少曾居此，因此在高敬命诗中常自称"长沙客"，语意双关。《发长沙宿随缘寺奉简金使君周道》："谁知落托长沙客，古寺寒灯半夜情。"《丽情寄长沙两娘》："长沙为客后，所得是沾裳。"其诗多用贾谊的典故，抒发心中不平。《叠前韵哀李监务》："欲洗妖氛倒九溟，正言先见仰高明。凄迷松岳收王气，憔悴湘潭赋落英。贾傅啼痕垂不尽，长沙秋色恨难平。孤灯拭泪看封事，志士千秋几愤盈。"《拟对苏斋先生时对珍岛》："鲸海粘天岛屿孤，逐臣何处望京都。"用李商隐《贾生》"宣室求贤访逐臣"，而以贾生自喻。唐代柳宗元参加永贞革新，失败被贬。高敬命诗中也常以柳宗元自喻，或化用其诗意。《题新昌津院楼》："世味辛甘略遍尝，半生忧患鬓沧浪。江关词赋空萧瑟，京辇交游转渺茫。三折已有堪折臂，九回犹有剩回肠。秋风客路遵西海，天畔高楼倚夕阳。"司马迁《报任安书》中用"肠一日而九回"之句形容自己的极度悲伤。柳宗元诗《登柳州城楼寄漳汀封连四州刺史》"江流曲似九回肠"用此语典，高敬命诗则化用柳宗元诗句，表达自己身遭贬谪、半生忧患、交游断绝、身残孤苦之感。《前韵》诗云："瓦盆浊酒江村路，谁识青衫旧拾遗。"化用白居易《琵琶行》中"江州司马青衫湿"以自拟，暗示诗人泪湿衣襟的痛苦心情。《寄赠金千长》："念至频挥泪，书来只益悲。梦回梁月夜，魂断岭云时。咽咽寒虫鸣，萧萧病叶辞。天涯万虑集，独立咏君诗。"这首诗写得十分凄苦，"天涯"一词用白居易《琵琶行》中"同是天涯沦落人"语典，暗指个人迁谪荒远。《复用前韵简上士显叔》："邺侯书有万轴藏，长卿家徒四壁立"，前句用唐朝李泌的典故，万轴藏书喻胸有才学；后句用司马相如的典故，家徒四壁形容失意困苦之现状。《仲冬晦日乃余初度适丁南至有感书怀示基远诸君》其五："忆昔天禄召更生，愧乏鸿猷赞治平。啼血有冤沾寂寞，披云无路沥忠贞。愁拈铜镜霜毛乱，寒入绨袍病骨惊。挑尽一灯痴坐久，半庭松雨打窗鸣。""啼血有冤"用子规杜宇的典故，表达自己含冤莫伸的痛苦[1]。《奉别应顺》其一："暮律平分到二毛，天涯此别隔风涛。霞堂夜雨蜡频剪，锦树新秋蝉乱号。羁恨暗随江草长，驿程遥接海山高。临歧漫有千行泪，湿尽平生范叔袍。""范叔袍"用战国时范雎的典故[2]，指贫困时所受帮助。高敬命以范雎自喻以明冤屈，又以范叔袍隐含对应顺患

---

〔1〕据《蜀王本纪》记载，杜宇称王于蜀，称望帝，与国相鳖灵的妻子私通。鳖灵治水有功，望帝被逼禅位于鳖灵，处西山而隐，化为杜鹃鸟，至春则啼，啼时出血。杜鹃啼血成为中国诗人常用的典故，用以描写哀怨、凄凉或思归的心情。白居易《琵琶行》："此间旦暮闻何物？杜鹃啼血猿哀鸣。"李贺《老夫采玉歌》："夜雨冈头食蓁子，杜鹃口血老夫泪。"

〔2〕据《史记·范雎蔡泽列传》记载，范雎先事魏中大夫须贾，因辞谢齐襄王的邀请，反受须贾怀疑，被魏相舍人毒打，几死，后贿赂看守而逃。改名张禄，入秦为相。须贾出使秦国，范雎扮成穷人见他。"须贾意哀之，留与坐饮食，曰：'范叔一寒如此哉！'乃取其一绨袍以赐之。"后须贾知范雎是秦相，肉袒请罪，范雎亦因须贾有绨袍之赠，未加害于他。

难中相助的感激。《至月初七日朴监察之孝携示赦文时以宗系改正事皇朝降敕》:"燕台未死臣犹在,留滞周南雪满颠。"此用《战国策》乐毅的典故,说自己像乐毅一样蒙冤受屈,幸好大难已过,一息尚存,但也垂垂老矣。《用苏斋韵述怀》末二句云:"悠悠倚柱啸,咄咄向空书",前句用战国冯谖客孟尝君的典故,写自己空怀奇才无人赏识;后一句用晋殷浩书空的典故,写面对艰难处境无可奈何[1]。

28.1.3 借中国古典表达达观和自适

高敬命常常能够对自己遭贬失意抱达观的态度,他从中国古代诗人那里找到了知音,获得了精神上的支持。因此他常用达观的苏轼、陶渊明之典表达困境中的坦然自适。《记梦二首》其二:"少日风流独不群,暮年江海病兼分。趑趄肯作湘中客,豪健终须岭外文。潮接海门天似水,日沉渔浦瘴如云。江南驿使无消息,折得梅花未赠君。""湘中客"是屈原,"岭外文"指苏轼《范增论》。尽管暮年遭贬失意,他却不曾有屈原那样痛苦的感受,他要像苏轼那样,达观地对待眼前的一切,豪健为文,不愿意自暴自弃。"江南驿使""折梅"云云用陆凯的典故[2],表示虽身处逆境,但他怀念远方的朋友和亲人,折梅寄远,盼望有人代为传情。《乙丑春书怀示舍弟》:"往事悠悠未易论,暮年乡社逐鸡豚。溪山到处俱无恙,父老如今半不存。青草池塘余物色,白云关塞阻晨昏。世情消尽诗情在,料理东风浊酒尊。"反用杜甫《登高》"潦倒新停浊酒杯",虽然艰难困苦有如杜甫,但他没有像杜甫那样感伤,尽管世情消磨,但诗情尚在,春光明媚中浊酒一杯,诗兴顿发,人间自有一番情味。《用湖阴老人韵自述》其一:"消渴文园病,清秋楚客悲。田园遂疏放,鄙事亦堪为。""消渴文园病"用司马相如的典故,"清秋楚客悲",用屈原的典故,写个人的悲苦。末二句则用陶渊明《归田园居》之典,自作安慰:虽然仕途失意,政

---

〔1〕冯谖事见《战国策·齐策》记载,冯谖在孟尝君门下为客,"居有顷,倚柱弹其剑,歌曰:'长铗归来乎,食无鱼!'"殷浩书空事见《晋书·殷浩传》记载,殷浩统军北伐失利,罢官,"终日书空,作'咄咄怪事'四字而已"。

〔2〕据《荆州记》记载,陆凯是南朝宋代诗人,在江南怀念远在长安的好友范晔,有驿使将往长安,就折梅花一枝托驿使捎去,附小诗一首:"折花逢驿使,寄与陇头人。江南无所有,聊寄一枝春。"

治上不能有所作为，但田园之事也是人生乐事。《次一元兄韵兼述己意》其一云："半生闲费力，投老到山林。只觉头浑雪，无如口铄金。耦耕非早计，渔钓遂初心。陶令归田赋，年来不绝吟。"这首诗对众口铄金造成个人失意感到愤慨，用陶渊明《归去来兮辞》自慰，肯定自己安于田园生活的志趣。《病中次季明》："乐时常少苦时多，人事从来没奈何。元亮晚年方止酒，尚堪扶病看黄花。"说自己虽然老病孤苦，但仍像陶渊明那样有重阳赏菊的雅兴。

28.1.4 使事用典表达出世之思

高敬命的思想是复杂的，情感是丰富的，他的诗使事用典表达了复杂的思想和情感。他的思想既受到中国传统儒学积极用世的影响，也受到道家和佛教禅学思想的深刻影响。在仕途失意屡遭打击以后，他也产生过强烈的出世之思。这些复杂的情思在其诗用典中也有鲜明的表现。《鹅州僧智演访余于玉川郡斋出示旧题轴诗怅然有感韵叠自述》云："天遣南星落故园，一麾江海未忘君。行藏倦翮投林鸟，身世无心出岫云。去国肯垂南国泪，勒移真愧北山文。逢僧羡尔超烦恼，不受人间富贵熏。""行藏"二句化用陶渊明《归去来兮辞》中语，写对仕途的厌倦；"去国"二句用南朝孔稚圭《北山移文》的典故，自嘲心存出世却身处世网。《叠荣韵自述》："老佩铜鱼愧窃荣，乡情渐熟宦情生。摇摇季子心旌转，种种卢蒲鬓发明。往事有时增变缪，旧恩无计答生成。故园瓜地今犹在，拟向青门学邵平。"末二句用邵平种瓜的典故[1]。高敬命诗中屡屡使用邵平的典故，表达自己安于田园隐逸生活的趣尚。《奉和金景仁先生》其二末两句云："向来刚被街童笑，临醉山公儿倒鞭。"化用李白

〔1〕《史记》记载，秦始皇父母庄襄王和赵姬死葬东陵，始皇封邵平为东陵侯管理陵事。秦亡，汉高祖刘邦未再起用这位昔日的东陵侯，致使他沦为布衣。邵平只好种瓜卖瓜为生。邵平所种的甜瓜汁多味美，在长安颇有名气。于是，人们便将他种的瓜称为"东陵瓜"，历代多为文人们吟咏。

《襄阳歌》诗句，用《世说新语》山简醉酒的典故[1]，写自己宦情衰减时的放任情怀。高敬命诗中有时也表现出人生如梦的感慨，如《大槐国》："幻出封疆蚁穴中，向来唯许黑甜通。冥心便化庄周蝶，驭气何烦列寇风。混沌乾坤迷罔象，鸿蒙日月太虚空。浮生一样黄粱梦，莫向痴人较异同。"此用唐人小说李公佐《南柯太守传》典故。

28.2 高敬命抒情诗的用典特色

高敬命在抒情诗的创作中不仅喜用典，也善用典。他的用典具有以下特点：

28.2.1 用典广泛

高敬命抒情诗用典十分广泛，中国先秦、两汉、魏晋南北朝以及唐宋的经、史、子、集、释道、神话、小说、辞赋及诗词典故，无不化用入诗，同时他也注意使用朝鲜文史方面的典故。广泛地使用典故使他的诗境界更加开阔，内容含量大为增加，体现出他精深的文学修养和娴熟的汉语言表达能力。如《别牛谷子》其二：

烟霄游旧断知闻，青眼相看只有君。
岭外文章终底用，湘中憔悴久离群。
心悬魏阙难披雾，恩负康陵未叫云。
白首临歧便作恶，绨袍湿尽大江滨。

"青眼"用魏晋阮籍典故，谓知己难遇，强调与牛谷子的亲密友情；"岭外文章"用北宋苏轼典故，言遭贬失意，徒有诗文，终无世用；"湘中憔悴"以战国屈原自比，谓世人皆醉我独醒，因而离群索居，形神枯槁；"心悬魏阙"用《庄子》中的典故，表达自己身处逆境仍不忘政治，但无能

---

[1]"山简醉酒"典出《世说新语·任诞》："山季伦（山简）为荆州，时出酣畅。人为之歌曰：'山公时一醉，径造高阳池。日暮倒载归，酩酊无所知。复能乘骏马，倒著白接篱。举手问葛彊，何如并州儿。'高阳池在襄阳，彊是其爱将，并州人也。"李白《襄阳歌》："落日欲没岘山西，倒著接篱花下迷。襄阳小儿齐拍手，拦街争唱白铜鞮。旁人借问笑何事，笑杀山公醉似泥。"

为力。"康陵"用汉平帝的典故[1],以平帝指明宗。这里用汉平帝被王莽毒杀的典故表达明宗驾崩自己不能为国效力,有负皇恩。"临歧"用阮籍歧路而返的典故,写自己的无奈;"绨袍"用战国范雎的典故,对牛谷子在自己患难中给予的援手表达感激。一首诗中连用先秦、西汉、魏晋、北宋等不同时代的典故,而又浑然天成,贴切自然。

高敬命诗中取典广泛,源出不同时代的不同典籍。《诣礼部上书》:"移山不信愚公老,填海谁怜帝女勤",前句用《列子》中愚公移山故事,后句用中国古代神话精卫填海的典故。"陪臣久议秦庭哭,阊阖门多未叫云",前句用春秋时申包胥庭哭请救的故事,后句用战国屈原《离骚》语典。《奉酬李阳川仲仁投赠之韵》:"芳洲白芷骚人恨,秋水青枫楚客愁。好递邮筒为面目,庄盆不独解忘忧。"用战国屈原和庄子典故。《望京楼》:"登楼莫谓非吾土,文轨如今四海同",用汉末王粲的典故。《首山》:"秦卒误惊淝水鹤,隋兵俄化萨江鱼",前句用中国五胡十六国时前秦苻坚与东晋之间淝水之战的典故,后句用的是萨水之战高句丽败隋师的故事。《有雪又次韵》:"扁舟访戴堪乘兴,万甲平淮莫浪夸",前句用《世说新语》王子猷雪夜访戴逵的典故,后句用《资治通鉴》记载唐将李愬雪夜入蔡州。《题新昌津院楼》中"三折已有堪折臂",用隋大业中太医博士巢元方之《巢氏诸病源侯论》中之医典"盖三折臂者为医"。《赠白彰卿》云:"敲推应费拈髭须",化用贾岛、韩愈"推敲"故事。

高敬命在生活中,也与佛教僧人有所交往,他对道教也有丰富的知识,因此其诗用典有的来自释道典籍。高敬命涉佛诗不少,多用佛典。如《题思云轴》:"禅心枯寂泥粘絮,陈迹冥茫剑刻舟。惭负白莲香火社,软尘干没雪蒙头。"前两句用《韩非子》刻舟求剑故事,后两句用东晋高僧慧远结白莲社故事。《题宝镜诗轴》:"灵鹫山中白足禅,一拈香乘了真缘。闲披屈眴参金粟,静数漫陀落梵筵。秋树露寒孤鹤警,夜潭风定毒龙眠。嗟吾久被微官缚,未得同君诵妙莲。"前六句全用释典赞扬高僧

〔1〕《汉书·平帝纪》记载,汉哀帝死,平帝年九岁,被王莽迎立为帝,因年幼由太皇太后临朝,大权操于王莽之手。王莽以其女配平帝,并立为皇后,乘机加号"宰衡",位在诸侯王之上。元始五年(公元5年)"冬十二月丙午,帝崩于未央宫",时年仅14岁的平帝被王莽毒杀,死后葬于康陵。

金镜的修行，后两句自叹不能身入佛门。《赠义圆诗》："天冠南望是乡山，丛桂山幽尚未攀。黄绶自怜婴世网，丹炉无计驻永年。僧来东阁烦襟散，雨过西楼爽气还。直待三秋掇瑶草，闲骑白鹿度禅关。"其中"丹炉""瑶草""白鹿"则是道教典故。

纵览高氏诗用典，可谓经史子集释道杂书，无不信手拈来，旁征博引，贴切自然，见其学植之深厚，才华之横溢。

28.2.2 用典密集

高敬命不仅用典广泛，而且也乐于密集用典。典故作为古典诗词趋于典雅的一种手法，其运用有一定的限制和讲究。一般用典不宜太多，否则会造成作品的"隔"，即晦涩。高敬命堪称用典高手，他常常在一首诗中数典并用或连用，借助典故表达了丰富复杂的内心情感，而又得心应手，驱使自如，圆融明畅，上引《别牛谷子》其二是一显例。又如《次抚夷楼韵兼述鄙怀》：

落日苍茫独倚楼，青门谁识故秦侯。
穷愁已觉虞卿老，远别还惊楚客秋。
汉阙星辰劳北望，锦江烟浪渺南浮。
鹓行旧侣如相问，白首丹心死不休。

这首诗既写遭贬失意的痛苦，又抒发矢志不移的节操。这种复杂的情感全是通过用典委婉地表达出来的。"青门秦侯"用邵平的典故；"虞卿"用战国时典故；"楚客"用屈原典故。"北望"用贾谊的典故，"锦江"用杜甫的典故；"白首丹心死不休"用文天祥的典故。"鹓行"句则化用王昌龄《芙蓉楼送辛渐》诗句。又如《叠游山卷中韵述旧言怀录奉竹斋年兄行史》诗：

江海羁孤又别君，寸心相送入都门。
天边象魏频回首，日下鹓鸿未叫群。
宣室螭头陪左史，甘泉豹尾扈中军。
白头追想先朝泪，洒向苍梧万里云。

"象魏"，古代天子及诸侯宫门外筑有高楼，称为阙，又称魏阙，代指朝廷。“心存魏阙”形容臣民忠君，关心国事。语出《庄子·让王》：“身在江海之上，心居乎魏阙之下。”“鹓鸿”是中国古代诗人常用之典，鹓雏、鸿雁飞行有序，比喻朝官班行。南朝梁庾肩吾《九日侍宴乐游苑应令》诗云：“雕材滥杞梓，花绶接鹓鸿。”唐高适《途中酬李少府赠别之作》：“鹓鸿列霄汉，燕雀何翩翩。”宋苏轼《次韵答邦直子由》之四：“闻道鹓鸿满台阁，网罗应不到沙鸥。”《汉书·贾谊传》：“宣室，未央殿正室也。”螭头、豹尾代指朝廷和法驾仪仗[1]。高敬命曾为王室陪臣，诗用这些典故写自己当年在朝廷的生活。《太岩诗轴有石川七言一绝有感次韵》其二：“断弦谁复识峨洋，千古钟期骨已香。湖海渺然人物尽，漂零柱史有张苍。”前两句用春秋伯牙钟子期的典故，言知音者稀；后句用老子、汉代张苍的典故，强调交游中石川硕果仅存。

密集用典体现出高敬命才博学赡和善于用典的艺术才华，大多数典故因为用得贴切而丰富了诗歌的内涵，隐曲地透露出他那复杂的情感和人生经历。典故是一种由此及彼而产生的联想，在传达表现事物事理中毕竟是隔了一层，所以诗词创作不宜多用。高氏诗用典过多过密，难免使个别篇章流于晦涩。

28.2.3　偶句用典，明暗兼用

适应诗歌句式整齐的形式要求，高敬命抒情诗善于偶句用典，而且有的明用，有的暗用。高敬命的诗以古体诗和律诗为主，句式整齐而少变化。律诗要求对仗，偶句用典不仅使典故互为生发、映照，易于理解，而且使诗歌对偶工整，语言富有整饬之美。如《送朴万户仁叟还赤梁配所》：“辞家犹仗剑，投笔尚能诗”，写朴氏经历，前句暗用李白“仗剑去国，辞亲远游”的语典；后句暗用东汉班超“投笔从戎”之事典。《先王讳辰有感再叠前韵》：“敢把奇才拟苏轼，自知英妙愧终军”，两句明用苏

〔1〕《新唐书·百官志》：“起居舍人分侍左右，秉笔随宰相入殿，若仗在紫宸内阁，则夹香案分立殿下，值第二螭首，和墨濡笔皆即坳处，时号螭头。”《三辅黄图》：“林光宫一名甘泉宫，秦所造……汉武帝建元中增广之，周九十里，去长安三百里。”《汉书·扬雄传》：“赵昭仪方大幸，每上甘泉，常法从（注：从法驾也），在属车间、豹尾中。”颜师古注云：“大驾属车八十一乘，作三行，尚书御史乘之，最后一乘悬豹尾。”李商隐《少年》诗云：“外戚平羌第一功，生平二十有重封。直登宣室螭头上，横过甘泉豹尾中。”

轼、终军典故，前句以富于才华的苏轼自许，后句以徒有英名却无终军之鸿功的茂勋而自愧。《奉次竹斋年兄韵》："恩遣敢称前学士，屏居还似故将军"，前句以李白为翰林学士被"赐金放还"自喻被罢职乡居，后句用汉代飞将军李广的典故，写自己罢官后遭人欺辱的境遇。《伏睹前后授赠之作叹服之余强沥枯竹莫发一莞》："气吞吏部吟春雪，才轶樊川赋晚晴。"用韩愈、杜牧作比，赞美对方文学才华。《金训导挽辞》："阅世真同柱下史，穷经不数济南生。"用老子、伏生作比，赞美金训导经史学问。《奉送景瑗以圣节使书状官如京》："清风管榻留芳在，落日金台往事非。"前句用东汉末年节士管宁的典故，希望景瑗做到渊雅高尚；后句用战国燕昭王筑黄金台招贤纳士的典故，说明时事今非昔比。《诣礼部上书》："移山不信愚公老，填海谁怜帝女勤。"前句用《列子》中愚公移山的典故，写出使明京完成使命的决心，后句用精卫填海的神话写完成使命的艰难。又如《题同行韩上舍景洪诗帖》："瘗鹤铭中初得力，换鹅经里晚添奇。"《次赠东冈》："长怀灵运东山屐，懒问君平卜肆帘。"《狂吟》："鲁连玉貌不可见，徐福童男何处村。"都对仗工整，诗句整饬，前后典故互相补充，互相映衬，诗情语意表达得更加充分。

28.2.4 喜用中国古典，特别是文士遭贬之典

从上述分析可知，高敬命的诗通常用中国历史文学典故，又多用那些和自己身世遭遇相同或相近的人物的故事，委婉曲折地表达个人的思想情怀。在他的诗中，我们看到他特别喜用屈原、贾谊、陶渊明、杜甫、柳宗元、苏轼等曾遭贬流放漂泊孤苦的诗人的典故。这些人都爱国忧民、怀才不遇又往往遭贬失意、仕途坎坷，这与高敬命的身世相合，因此他与这些古代诗人心灵相契，他的诗中便常常明用或暗用这些人的典故。

高敬命诗大量用典，使他的诗具有一种典雅工丽之美，意蕴深厚，耐人寻味，增强了诗的表现力和感染力，这是他文学创作成功的重要原因之一，也是中韩历史上文学交流的硕果，应该受到中韩两国人民的珍视。

参考文献

〔北齐〕魏收.魏书[M].北京:中华书局,1974.

〔北宋〕李昉,等.太平广记[M].北京:中华书局,1961.

〔北宋〕李昉,等.太平御览[M].上海:上海古籍出版社,2008.

〔北宋〕欧阳修,宋祁.新唐书[M].北京:中华书局,1975.

〔北宋〕钱易.南部新书[M].北京:中华书局,1960.

〔北宋〕司马光.资治通鉴[M].胡三省,注.北京:中华书局,1956.

〔北宋〕宋敏求.唐大诏令集[M].北京:中华书局,2008.

〔北宋〕苏轼.苏轼文集[M]//三苏全书.第14册.北京:语文出版社,2001.

〔北宋〕王溥.唐会要[M].上海:上海古籍出版社,1991.

〔北宋〕王钦若,等.册府元龟[M].北京:中华书局,1960.

〔北宋〕赞宁.宋高僧传[M].范祥雍,点校//中国佛教典籍选刊.北京:中华书局,1987.

〔北魏〕郦道元.水经注[M].陈桥驿,校证//中华国学文库.北京:中华书局,2013.

〔春秋〕左丘明[M].国语.上海:上海世纪出版集团,2008.

〔东汉〕班固.汉书[M].北京:中华书局,1962.

〔东汉〕刘珍,等.东观汉记[M].吴树平,校注.东观汉记校注//中国史学基本典籍丛刊.北京:中华书局,2008.

〔东汉〕王充.论衡[M].影印版//诸子百家丛书.上海:上海古籍出版社,1990.

〔东汉〕卫宏,等.汉官六种[M].〔清〕孙星衍,等,辑//中国史学基本典籍丛刊.北京:中华书局,1990.

〔东汉〕应劭.风俗通义[M].《汉魏丛书》本.影印版.长春:吉林大学出版社,1992.

〔东晋〕葛洪.抱朴子[M]//诸子百家丛书.上海:上海古籍出版社,1990.

〔东晋〕葛洪.太清金液神丹经[M]//道藏:第18册,洞神部众术类.北京:文物出版社,1988.

〔东晋〕葛洪.西京杂记[M].《汉魏丛书》本.影印版.长春:吉林大学出版社,1992.

〔东晋〕王嘉.王子年拾遗记[M].《汉魏丛书》本.影印版.长春:吉林大学出版社,1992.

〔后晋〕刘昫,等.旧唐书[M].北京:中华书局,1975.

〔明〕胡应麟.诗薮[M].上海:上海古籍出版社,1979.

〔明〕胡震亨.唐音癸签[M].上海:上海古籍出版社,1981.

〔明〕黄仲昭.八闽通志[M].福州:福建人民出版社,1989.

〔南朝·梁〕沈约.宋书[M].北京:中华书局,1974.

〔南朝·梁〕释慧皎.高僧传[M].汤用彤,校注//中国佛教典籍选刊.北京:中华书局,1992.

〔南朝·梁〕释僧祐.出三藏记集[M]//中国佛教典籍选刊.北京:中华书局,1995.

〔南朝·梁〕释僧祐.弘明集[M].刘立夫,胡勇,译注//中华思想经典.北京:中华书局,2001.

〔南朝·梁〕萧统.文选[M].影印版.上海:上海书店,1988.

〔南朝·梁〕萧子显.南齐书[M].北京:中华书局,1972.

〔南朝·梁〕宗懔.荆楚岁时记[M].涵芬楼《说郛》本.

〔南朝·宋〕范晔.后汉书[M].北京:中华书局,1965.

〔南宋〕洪迈.容斋随笔[M].上海:上海古籍出版社,1978.

〔南宋〕计有功.唐诗纪事[M].上海:上海古籍出版社,1987.

〔南宋〕叶隆礼.契丹国志[M].影印文渊阁《四库全书》本.台北:台湾商务印书馆,2008.

〔南宋〕志磐.佛祖统记[M].上海:上海古籍出版社,2012.

〔清〕毕沅.关中胜迹图志[M].张沛,点校.西安:三秦出版社,2004.

〔清〕仇兆鳌.杜诗详注[M].北京:中华书局,1979.

〔清〕董诰,等.全唐文[M].上海:上海古籍出版社,1990.

〔清〕顾炎武.日知录[M].〔清〕黄汝成,集释.秦克诚,点校.长沙:岳麓书社,1994.

〔清〕顾祖禹.读史方舆纪要[M]//中国古代地理总志丛刊.北京:中华书局,2005.

〔清〕何秋涛.王会篇笺释[M]//续四库全书:第301册.上海:上海古籍出版社,2002.

〔清〕彭定求,等,编校.全唐诗[M].北京:中华书局,1960.

〔清〕沈德潜.唐诗别裁集[M].上海:上海古籍出版社,1979.

〔清〕王夫之.薑斋诗话[M]//清诗话.上海:上海古籍出版社,1978.

〔清〕王国维.人间词话[M]//历代词话.北京:中华书局,1986.

〔清〕王先谦.汉书补注[M].扬州:广陵书局,2006.

〔清〕翁方纲.石洲诗话[M]//清诗话续编.上海:上海古籍出版社,1983.

〔清〕徐松,辑.河南志[M].高敏,点校.中华书局,1994.

〔清〕徐松.汉书西域传补注[M]//二十五史三编.长沙:岳麓书社,1994.

〔清〕徐松.唐两京城坊考[M].〔清〕张穆,校补.方严,点校//中国古代都城资料选刊.北京:中华书局,1985.

〔清〕严可均,校辑.全上古三代秦汉三国六朝文[M].北京:中华书局,1958.

〔三国·魏〕曹植.曹植集[M].赵幼文,校注.北京:人民文学出版社,1984.

〔隋〕虞世南.北堂书钞[M].学苑出版社,1998.

〔唐〕陈子昂.陈子昂集[M].北京:中华书局,1960.

〔唐〕杜佑.通典[M].王文锦等,校点.北京:中华书局,1988.

〔唐〕段成式.酉阳杂俎[M].方南生,点校.北京:中华书局,1981.

〔唐〕房玄龄,等.晋书[M].北京:中华书局,1974.

〔唐〕李百药.北齐书[M].北京:中华书局,1972.

〔唐〕李世民.唐太宗集[M].吴云,冀宇,编辑校注.西安:陕西人民出版社,1986.

〔唐〕李延寿.北史[M].北京:中华书局,1974.

〔唐〕李延寿.南史[M].北京:中华书局,1975.

〔唐〕李肇.唐国史补[M].上海:上海古籍出版社,1979.

〔唐〕令狐德棻,等.周书[M].北京:中华书局,1971.

〔唐〕欧阳询.艺文类聚[M].上海:上海古籍出版社,1982.

〔唐〕皮日休.皮子文薮[M].萧涤非,整理.北京:中华书局,1959.

〔唐〕释道宣.广弘明集[M]//景印文渊阁《四库全书》本:第1048册《子部》三五四《释家类》.台北:台湾商务印书馆,2008.

〔唐〕释道宣.续高僧传[M]//大正新修大藏经:第15册.史传部二.

〔唐〕魏徵,等.隋书[M].北京:中华书局,1973.

〔唐〕温大雅.大唐创业起居注[M].上海:上海古籍出版社,1983.

〔唐〕吴兢.贞观政要[M].上海:上海人民出版社,1978.

〔唐〕徐坚,等.初学记[M].北京:中华书局,1962.

〔唐〕许嵩.建康实录[M]//中国史学基本典籍丛刊.北京:中华书局,1986.

〔唐〕姚思廉.梁书[M].北京:中华书局,1986.

〔唐〕殷璠.河岳英灵集[M]//唐人选唐诗.上海:上海古籍出版社,1978.

〔五代〕何光远.鉴戒录[M].上海:上海古籍出版社,l987.

〔五代〕王定保.唐摭言[M].北京:中华书局,1961.

〔西汉〕桓宽.盐铁论[M].上海:上海人民出版社,1974.

〔西汉〕刘安.淮南子[M].《二十二子》本.上海:上海古籍出版社,1986.

〔西汉〕刘向.说苑[M].《汉魏丛书》本.影印版.长春:吉林大学出版

社,1992.

〔西汉〕司马迁.史记[M].北京:中华书局,1982.

〔西晋〕陈寿.三国志[M].北京:中华书局,1959.

〔西晋〕干宝.搜神记[M]//古小说丛刊.北京:中华书局,1979.

〔元〕马端临.文献通考[M].北京:中华书局,1986.

〔元〕脱脱,等.金史[M].北京:中华书局,1975.

〔元〕脱脱,等.宋史[M].北京:中华书局,1985.

〔战国〕吕不韦.吕氏春秋[M].《二十二子》本.影印版.上海:上海古籍出版社,1986.

〔战国〕屈原,等.楚辞[M].〔汉〕王逸,注.〔宋〕洪兴祖,补注.北京:中华书局,1957.

〔战国〕荀况.荀子[M].《二十二子》本.上海:上海古籍出版社,1980.

陈铁民,侯忠义.岑参集校注[M]//中国古典文学丛书.上海:上海古籍出版社,1981.

范宁.博物志校证[M].//古小说丛刊.北京:中华书局,1980.

范文澜.文心雕龙注[M].北京:人民文学出版社,1978.

范祥雍.洛阳伽蓝记校注[M].上海:上海古籍出版社,1978.

季羡林,等.大唐西域记校注[M].//中外交通史籍丛刊.上海:上海人民出版社,1977.

金文明,校证.金石录校证[M].桂林:广西师范大学出版社,2005.

李新华.世说新语新校[M].长沙:岳麓书社,2004.

尚书正义[M].《十三经注疏》本.影印版.北京:中华书局,1980.

苏继庼.岛夷志略校释//中外交通史籍丛刊.北京:中华书局,1981.

王邦维.大唐西域求法高僧传校注[M].北京:中华书局,1998.

王孺童.比丘尼传校注.//中国佛教典籍选刊.北京:中华书局,2006.

向达.蛮书校注[M].北京:中华书局,1962.

杨伯峻.论语译注[M].北京:中华书局,1960.

杨伯峻.孟子译注[M].北京:中华书局,1960.

杨武泉.岭外代答校注[M]//中外交通史籍丛刊.北京:中华书局,

1999.

佚名.穆天子传[M].〔西晋〕郭璞,注.《汉魏丛书》本.影印版.长春:吉林大学出版社,1992.

佚名.山海经[M].〔西晋〕郭璞,注.《二十二子》本.影印版.上海:上海古籍出版社,1986.

佚名.逸周书[M].〔西晋〕孔晁,注.《汉魏丛书》本.影印版.长春:吉林大学出版社,1992年.

佚名.竹书纪年[M]//〔清〕徐文靖.竹书统笺.《二十二子》本.上海:上海古籍出版社,1986.

张一纯.经行记笺注[M]//中外交通史籍丛刊.北京:中华书局,2000.

章巽.法显传校注[M]//中外交通史籍丛刊.北京:中华书局,2008.

赵殿成.王右丞集笺注[M].上海:上海古籍出版社,1984.

左传正义[M].〔唐〕孔颖达,等,注疏.《十三经注疏》本.影印版.北京:中华书局,1980.

常任侠.丝绸之路与西域文化艺术[M].上海:上海文艺出版社,1981.

陈佳荣,等.古代南海地名汇释[M].北京:中华书局,1986.

陈佳荣.中外交通史[M].香港:学津书店,1987.

陈良伟.丝绸之路河南道[M].北京:中国社会科学出版社,2002.

陈序经.陈序经东南亚古史研究合集[M].深圳:海天出版社,1992.

陈炎.海上丝绸之路与中外文化交流[M].北京:北京大学出版社,1996.

陈寅恪.寒柳堂集[M]//陈寅恪文集:之一.上海:上海古籍出版社,1980.

陈直.三辅黄图校正[M].西安:陕西人民出版社,1980.

慈怡法师.佛光大辞典[M].台北:台湾佛光山出版社,1993.

杜继文.佛教史[M].北京:中国社会科学出版社,1991.

方豪.中西交通史[M].长沙:岳麓书社,1987.

费振刚,等,辑校.全汉赋[M].北京:北京大学出版社,1993.

冯承钧.西域地名[M].陆峻岭,增订.北京:中华书局,1980.

冯承钧.西域南海史地考证译丛:第二卷.[M]北京:商务印书馆,1995.

冯承钧.西域南海史地考证译丛:第一卷.[M]北京:商务印书馆,1995.

冯承钧.中国南洋交通史[M].影印本.北京:商务印书馆,1998.

傅筑夫.中国封建社会经济史[M].北京:人民出版社,1984.

甘肃省文物考古研究所,等.居延新简[M].北京:中华书局,1994.

广州市文物管理委员会,等.西汉南越王墓[M].北京:文物出版社,1991.

韩振华.中外关系历史研究[M]//韩振华选集之一.香港:香港大学亚洲研究中心,1999.

郝树声,张德芳.悬泉汉简研究[M].兰州:甘肃文化出版社,2009.

何清谷.三辅黄图校释[M].北京:中华书局,2005.

何清谷.三辅黄图校注[M].西安:三秦出版社,1995.

黑龙江省农垦总局史志办.黑龙江农垦地名录[M].齐长伐,主编.北京:人民中国出版社,1997.

胡平生,张德芳.敦煌悬泉汉简释粹[M].上海:上海古籍出版社,2001.

胡之.甘肃敦煌汉简[M].重庆:重庆出版社,2008.

黄盛璋.中外交通与交流史研究[M].合肥:安徽教育出版社,2002.

黄盛璋.中亚文明:第四集[M].西安:三秦出版社,2008.

黄时鉴.插图解说中西关系史年表[M].杭州:浙江人民出版社,1994.

黄时鉴.东西交流史论稿[M].上海:上海古籍出版社,1998.

黄文弼.黄文弼历史考古论集[M].北京:文物出版社,1989.

黄现璠.古书解读初探[M].桂林:广西师范大学出版社,2004.

霍巍.战国秦汉时期中国西南的对外文化交流[M].成都:巴蜀书

社,2007.

季羡林.佛教与中印文化交流[M].南昌:江西人民出版社,1990.

季羡林.中印文化关系史论丛[M].北京:三联书店,1983.

江玉祥.古代西南丝绸之路研究:第二辑.[M]成都:四川大学出版社,1995.

姜伯勤.敦煌吐鲁番文书与丝绸之路[M].北京:文物出版社,1994.

净海.南传佛教史[M].北京:宗教文化出版社,2002.

柯俊.中国冶金史论文集:第二辑[M].北京:北京科技大学出版社,1994.

劳榦.居延汉简考释·释文之部[M].修订本.上海:商务印书馆,1949.

黎虎.汉唐外交制度史[M].兰州:兰州大学出版社,1998.

李崇峰.中印佛教石窟比较研究[M].北京:北京大学出版社,2003.

李芳民.唐五代佛寺辑考[M].北京:商务印书馆,2006.

李贵恩,等.铜鼓王[M].昆明:云南人民出版社,1991.

李健才.东北史地考略:第三集[M].长春:吉林文史出版社,2001.

李健超.汉唐两京及丝绸之路历史地理论集[M].西安:三秦出版社,2007.

梁启超.佛学研究十八篇[M].上海:上海古籍出版社,2001.

廖大珂.福建海外交通史[M].福州:福建人民出版社,2002.

林干.匈奴史论文选集[M].北京:中华书局,1983.

林瀚.匈奴通史[M].北京:人民出版社,1986.

林梅村.古道西风——考古新发现所见中西文化交流[M].北京:三联书店,2000.

林梅村.汉唐西域与中国文明[M].北京:文物出版社,1998.

林梅村.丝绸之路考古十五讲[M].北京:北京大学出版社,2006.

林梅村.西域文明——考古、民族、语言和宗教新论[M].北京:东方出版社,1995.

林梅村.寻找楼兰王国[M]//图史系列.北京:北京大学出版社,

2009.

刘锡淦,陈良伟.龟兹古国史[M].乌鲁木齐:新疆大学出版社,1996.

刘芝田.中菲关系史[M].台北:正中书局,1962.

逯钦立,辑校.先秦汉魏晋南北朝诗[M].北京:中华书局,1983.

吕澂.中国佛学源流略讲[M].北京:中华书局,1979.

吕思勉.中国民族史[M]//中国学术丛书.上海:东方出版中心,1987.

罗丰.胡汉之间:“丝绸之路”与西北历史考古[M].北京:文物出版社,2004.

罗振玉.流沙坠简(外7种)[M].//罗继祖.罗振玉学术论著集.上海:上海古籍出版社,2013.

洛阳市地方史志编纂委员会.洛阳——丝绸之路的起点[M].郑州:中州古籍出版社,1992.

洛阳文物工作队.洛阳出土文物集粹[M].北京:朝花出版社,1990.

马长寿.碑铭所见前秦至隋初的关中部族[M].北京:中华书局,1985.

马雍.西域史地文物丛考[M].北京:文物出版社,1990.

孟凡人.楼兰新史[M]//中国边疆·民族历史和文化研究指南丛书.北京:光明日报出版社,1990.

孟凡人.新疆考古与史地论集[M].北京:科学出版社,2000.

民国宁安县志:舆地[M].王世选,梅文昭,修纂.民国十三年(1924)铅印本.

穆舜英,等.楼兰文化研究论集[M].乌鲁木齐:新疆人民出版社,1996.

丘进.中国与罗马——汉代中西关系研究[M].广州:广东人民出版社,1991.

泉州国际学术讨论会组织.中国与海上丝绸之路[M].联合国教科文组织海上丝绸之路综合考察.福州:福建人民出版社,1991.

任继愈.中国佛教史:第二卷[M].北京:中国社会科学出版社,1985.

任继愈.中国佛教史:第三卷[M].北京:中国社会科学出版社,1988.

任继愈.中国佛教史:第一卷[M].北京:中国社会科学出版社,1985.

荣新江,李孝聪.中外关系史:新史料与新问题[M].北京:科学出版社,2004.

芮传明,余太山.中西纹饰比较[M].上海:上海古籍出版社,1995.

山西大学历史文化学院,等.大同南郊北魏墓群[M].北京:科学出版社,2006.

上海古籍出版社.唐五代笔记小说大观[M].上海:上海古籍出版社,2000.

尚永琪.3~6世纪佛教传播背景下的北方社会群体研究[M].北京:科学出版社,2008.

石云涛.三至六世纪丝绸之路的变迁[M]//文史哲学术文丛.北京:文化艺术出版社,2007.

四川大学历史系.中国西南的古代交通与文化[M].成都:四川大学出版社,1994.

苏北海.丝绸之路与龟兹历史文化[M].乌鲁木齐:新疆人民出版社,1996.

宿白.考古发现与中西文化交流[M]//宿白未刊讲稿系列.北京:文物出版社,2012.

孙家洲.额济纳汉简释文校本[M].北京:文物出版社,2007.

孙毓棠.孙毓棠学术论文集[M].北京:中华书局,1995.

太原市文物考古研究所.北齐徐显秀墓[M].北京:文物出版社,2005.

汤用彤.汉魏两晋南北朝佛教史[M].北京:北京大学出版社,1997.

唐长孺.魏晋南北朝史论丛[M].北京:三联书店,1978.

唐志拔.中国舰船史[M].北京:海军出版社,1989.

汪高鑫、程仁桃.东亚三国古代关系史[M].北京:北京工业大学出版社,2006.

王炳华.丝绸之路考古研究[M].乌鲁木齐:新疆人民出版社,1993.

王炳华.丝绸之路考古研究[M]//丝绸之路研究丛书.乌鲁木齐:新疆人民出版社,2009.

王炳华.西域考古历史论集[M]//西域历史语言研究丛书.北京:中国人民大学出版社,2008.

王炳华.西域考古文存[M]//欧亚历史文化文库.兰州:兰州大学出版社,2010.

王川平.长江文明:第一辑[M].重庆:重庆出版社,2008.

王国维.观堂集林[M].北京:中华书局,1959.

王素.高昌史稿:交通编[M].北京:文物出版社,2000.

王颋.内陆亚洲史地求索[M]//欧亚历史文化文库.兰州:兰州大学出版社,2012.

王煦华.顾颉刚先生学行录[M].北京:中华书局,2006.

王子今.秦汉边疆与民族问题[M].北京:中国人民大学出版社,2011.

王子今.秦汉交通史稿:增订版[M].北京:中国人民大学出版社,2013.

王子今.秦汉交通史稿[M].北京:中共中央党校出版社,1994.

王宗维.汉代丝绸之路的咽喉——河西路[M].北京:昆仑出版社,2001.

伍加伦,等.古代西南丝绸之路研究:第一辑[M].成都:四川大学出版社,1990.

武汉大学历史系,魏晋南北朝隋唐史研究室.魏晋南北朝隋唐史资料(1-7)[M].香港中华科技(国际)出版社,1992.

夏鼐.考古学论文集[M].外一种.石家庄:河北教育出版社,2000.

向达.唐代长安与西域文明[M].北京:三联书店,1957.

向达.中西交通史[M].上海:中华书局,1934.

谢桂华,等.居延汉简释文合校[M].北京:文物出版社,1987.

谢思炜.白居易集综论[M]//唐研究基金会丛书.北京:中国社会科学出版社,1997.

辛德勇.隋唐两京丛考[M].西安:三秦出版社,1991.

许建英,何汉民.中亚佛教艺术[M].乌鲁木齐:新疆美术摄影出版社,1992.

薛克翘.佛教与中国文化[M]//东方文化集成.北京:昆仑出版社,2006.

严耕望.唐代交通图考[M].台北:台湾中央研究院历史语言研究所,1985.

严耕望.严耕望史学论文集[M].上海:上海古籍出版社,2009.

杨建新.古西行记选注[M].银川:宁夏人民出版社,1987.

杨军.夫余史研究[M]//欧亚历史文化文库.兰州:兰州大学出版社,2012.

杨宪益.译余偶拾[M].济南:山东画报出版社,2006.

殷晴.丝绸之路经济史研究[M]//欧亚历史文化文库.兰州:兰州大学出版社,2012.

殷晴.丝绸之路与西域经济[M].北京:中华书局,2007.

于安澜.画品丛书[M].上海:上海人民美术出版社,1982.

余太山.古代地中海与中国关系史研究[M].北京:商务印书馆,2012.

余太山.古族新考[M].北京:中华书局,2000.

余太山.两汉魏晋南北朝与西域关系史研究[M].北京:中国社会科学出版社,1995.

余太山.两汉魏晋南北朝正史西域传研究[M].北京:中华书局,2003.

余太山.两汉魏晋南北朝正史西域传要注[M].北京:中华书局,2005.

余太山.西域通史[M].郑州:中州古籍出版社,2003.

余太山.西域文化史[M].北京:中国友谊出版公司,1996.

余太山.嚈哒史研究[M].济南:齐鲁书社,1986.

余太山.早期丝绸之路文献研究[M]//传统中国研究丛书.上海:上

海人民出版社,2009.

袁珂.山海经校译[M].上海:上海古籍出版社,1985.

云南省博物馆.云南晋宁石寨山古墓群发掘报告[M].北京:文物出版社,1959.

张广达.西域史地丛稿初编[M].上海:上海古籍出版社,1995.

张庆捷,等.4—6世纪的北中国与欧亚大陆[M].北京:科学出版社,2006.

张松林.郑州文物考古与研究[M].北京:科学出版社,2003.

张星烺.中西交通史料汇编[M].影印版//民国丛书本.上海:上海书店,1989.

张星烺.中西交通史料汇编[M].朱杰勤,校订.北京:中华书局,2003.

张毅.往五天竺国传笺释//中外交通史籍丛刊.北京:中华书局,2000.

张志尧.草原丝绸之路与中亚文明[M]//国际阿尔泰学研究丛书.乌鲁木齐:新疆美术摄影出版社,1994.

章巽.章巽文集[M].北京:海洋出版社,1986.

章巽.中国航海科技史[M].北京:海洋出版社,1991.

赵超.汉魏南北朝墓志汇编[M].天津:天津古籍出版社,1992.

赵化成,高崇文,等.秦汉考古[M].北京:文物出版社,2002.

赵万里.汉魏六朝墓志集释[M].北京:科学出版社,1956.

中国社会科学院考古研究所,等.广州汉墓[M].北京:文物出版社,1981.

中国社会科学院考古研究所.居延汉简甲编[M].北京:科学出版社,1959.

中国社会科学院考古研究所.居延汉简甲乙编[M].北京:中华书局,1980.

中国社会科学院考古研究所.居延汉简甲乙编[M].北京:中华书局,1993.

中国社会科学院考古研究所.新中国的考古发现与研究[M].北京:文物出版社,1984.

中国社会科学院历史研究所战国秦汉史研究室.简牍研究译丛:第一辑[M].中国社会科学出版社,1983.

中国魏晋南北朝史学会,大同平城北朝研究会.北朝研究:第二辑[M].北京:北京燕山出版社,2001.

中国中外关系史学会,等.中国与周边国家关系研究[M]//云南省社会科学研究院研究文库.北京:中国书籍出版社,2013.

中外关系史学会,复旦大学历史系.中外关系史译丛:第4辑[M].上海:上海译文出版社,1988.

中央古物保管委员会编辑委员会,编.六朝陵墓调查报告[M].民国二十四年(1935).

周伟洲.吐谷浑史[M].桂林:广西师范大学出版社,2006.

周一良.中外文化交流史[M].郑州:河南人民出版社,1987.

朱伯雄.世界美术史[M].济南:山东美术出版社,1988.

朱杰勤.中外关系史论文集[M].郑州:河南人民出版社,1984.

朱玉麟.西域文史:第一辑[M].北京:科学出版社,2006.

〔德〕克林凯特.丝绸古道上的文化[M].赵崇民,译.乌鲁木齐:新疆美术摄影出版社,1994.

〔德〕李希霍芬.中国——亲身旅行的成果和以之为根据的研究[M].柏林,1877—1912.

〔德〕夏德.大秦国全录[M].朱杰勤,译,北京:商务印书馆,1964.

〔法〕阿里·玛扎海里.丝绸之路:中国—波斯文化交流史[M].耿昇,译.北京:中华书局,1993.

〔法〕布尔努瓦.丝绸之路[M].耿昇,译.济南:山东画报出版社,2001.

〔法〕费琅.昆仑及南海古代航行考[M].冯承钧,译.北京:中华书局,1957.

〔法〕戈岱司.希腊拉丁作家远东古文献辑录[M].耿昇,译.北京:中华书局,1987.

〔法〕莫尼克·玛雅尔.古代高昌王国物质文明史[M].耿昇,译.北京:中华书局,1995.

〔法〕让-诺埃尔·罗伯特.从罗马到中国——恺撒大帝时代的丝绸之路[M].马军、宋敏生,译.桂林:广西师范大学出版社,2005.

〔法〕沙畹.西突厥史料[M].冯承钧,译.中华书局,1957.

〔高丽〕金富轼.三国史记[M].汉城:韩国景仁文化社,1988.

〔高丽〕一然.三国遗事[M].李载浩,译.汉城:明知大学校出版部,1984.

〔古阿拉伯〕佚名.中国印度见闻录[M].穆根来,等,译//中外关系史译丛.北京:中华书局,1983.

〔古代阿拉伯〕马苏第.黄金草原[M].耿昇,译.西宁:青海人民出版社,1998.

〔古希腊〕希罗多德.历史[M].王以铸,译.北京:商务印书馆,1985.

〔韩〕韩国精神文化研究院.国译霁峰全书[M].汉城:高丽株式会社,1980.

〔韩〕李盛周.青铜器时代东亚细亚世界体系和韩半岛的文化变动[J].岳洪彬,译.金正烈,校//南方文物:2012(4).

〔韩〕朴银淑.高敬命诗研究[M].汉城:集文堂,1999.

〔李朝〕安鼎福.东史纲目[M].汉城:景仁文化社,1970.

〔李朝〕洪凤汉,等.增补文献备考[M]//韩国古典影印大宝.汉城:明文堂,2000.

〔李朝〕李睟光.芝峰类说[M].汉城:庚寅文化社,1970.

〔李朝〕徐居正.东文选[M].汉城:民族文化刊行社,1994.

〔李朝〕许筠.惺叟诗话[M]//域外诗话珍本丛书.北京图书馆出版社,2006.

〔李朝〕郑惟吉.林塘遗稿[M]//韩国文集丛刊:第35种.韩国民族文化推进会,影印编辑,1981.

〔美〕弗雷德里克.J.梯加特.罗马与中国——历史事件的比较研究

[M].丘进,译.郑州:大象出版社,2009.

〔美〕劳费尔.中国伊朗编[M].林筠因,译.北京:商务印务馆,1964.

〔美〕麦高文.中亚古国史[M].章巽,译.北京:中华书局,1958.

〔美〕谢弗.唐代的外来文明[M].吴玉贵,译.北京:中国社会科学出版社,1995.

〔美〕张光直.商代文明[M].毛小雨,译.北京:北京工艺美术出版社,1999.

〔美〕朱学渊.中国北方诸族的源流[M].北京:中华书局,2002.

〔缅〕波巴信.缅甸史[M].陈炎,译.北京:商务印书馆,1965.

〔缅〕波巴信.缅甸史[M].陈炎,译.北京:商务印书馆,1965.

〔日〕白鸟库吉.东胡民族考[M].方壮猷,译.上海:商务印书馆,1934.

〔日〕白鳥庫吉.大秦の木難珠と印度の如意珠//白鳥庫吉全集·西域史研究(下):卷七.東京:岩波書店,1971:237-302

〔日〕白鳥庫吉.西域史研究.東京:岩波書店,1981.

〔日〕坂本太郎.日本史[M].汪向荣,武寅,韩铁英,译.北京:中国社会科学出版社,2008.

〔日〕长泽和俊.丝绸之路史研究[M].钟美珠,译.天津:天津古籍出版社,1990.

〔日〕长泽和俊.丝绸之路研究的回顾与展望[J]//史观:1977(10),世界历史译丛.1978(5).

〔日〕島崎昌.西域交通史上の新道と伊吾路//東方學:第12輯.1956.

〔日〕高楠顺次郎.大正新修大藏经[M].东京:大正一切经刊行会,1934.

〔日〕護雅夫.漢とローマ.東京:平凡社,1970.

〔日〕井上清.日本历史[M].闫伯玮,译.西安:陕西人民出版社,2011.

〔日〕木宫彦泰.日中文化交流史[M].胡锡年,译.北京:商务印书馆,

1980.

〔日〕内田吟風.異物志考[J]//森鹿三博士頌壽紀念論文集.东京:同朋舍,1977:275-296.

〔日〕前田正名.北魏平城时代鄂尔多斯沙漠南缘路[J]//东洋史研究:31卷2号.胡戟,译.西北历史资料.1980(3).

〔日〕前田正名.河西历史地理学研究[M].陈俊谋,译.中国藏学出版社,1993.

〔日〕三杉隆敏.探索海上丝绸之路[M].东京:创文社,昭和四十二年(1967).

〔日〕上毛河世宁,纂辑.全唐诗逸[M]//全唐诗,附.北京:中华书局,1960.

〔日〕松田寿男.古代天山历史地理学研究[M].陈俊谋,译.北京:中央民族学院出版社,1987.

〔日〕藤田丰八.中国南海古代交通丛考[M].何健民,译.上海:商务印书馆,1936.

〔日〕藤田豐八.东西交涉史の研究[M]:南海篇.星文馆,1943.

〔日〕永田英正.居延漢簡の研究.東京:同朋舍,1989.

〔日〕原田淑人.东亚文化研究[M].东京:座右宝刊行会,昭和十九年(1944).

〔日〕远山茂树,等.日本史研究入门[M].吕永清,译.北京:三联书店,1959.

〔瑞典〕斯文·赫定.丝绸之路[M].江红,李佩娟,译//西域探险考察大系.乌鲁木齐:新疆

〔瑞典〕斯文·赫定.亚洲腹地探险八年[M].徐十周,等,译.乌鲁木齐:新疆人民出版社,

〔苏联〕C.И鲁金科.论中国与阿尔泰部落的古代关系[J].潘孟陶,译//考古学报:1957(2).

〔泰〕黎道纲.泰国古代史地丛考[M].北京:中华书局,2000.

〔意〕白佐良,马西尼.意大利与中国[M]//海外汉学书系.北京:商务

印书馆,2002.

〔印〕普拉加什.印度和世界[M].霍希亚普尔,1964.

〔英〕A.斯坦因.穿越塔克拉玛干[M].巫新华,等,译//西域游历丛书.桂林:广西师范大学出版社,2000.

〔英〕A.斯坦因.从罗布沙漠到敦煌[M].赵燕,等,译//西域游历丛书.桂林:广西师范大学出版社,2000.

〔英〕A.斯坦因.发现藏经洞[M].姜波,等,译//西域游历丛书.桂林:广西师范大学出版社,2000.

〔英〕A.斯坦因.路经楼兰[M].肖小勇,等,译//西域游历丛书.桂林:广西师范大学出版社,2000.

〔英〕A.斯坦因.踏勘尼雅遗址[M].刘文锁,等,译//西域游历丛书.桂林:广西师范大学出版社,2000.

〔英〕A.斯坦因.西域考古图记[M].中国社会科学院考古研究所,译.桂林:广西师范大学出版社,1999.

〔英〕A.斯坦因.重返和田绿洲[M].刘文锁,译//西域游历丛书.桂林:广西师范大学出版社,2000.

〔英〕G.E哈威.缅甸史[M].姚楠,译注.北京:商务印书馆,1957.

〔英〕H.裕尔.东域行程录丛[M].〔法〕考迪埃,修订.张绪山,译.昆明:云南人民出版社,2002.

〔英〕H.裕尔.东域纪程录丛[M].张绪山,译.//欧亚历史文化名著译丛.昆明:云南人民出版社,2002.

〔英〕哈威.缅甸史[M].姚楠,译.陈炎,校订.北京:商务印书馆,1957.

〔英〕赫德逊.欧洲与中国[M].李申,等,译//中外关系史名著译丛.北京:中华书局,2004.

〔英〕李约瑟.李约瑟集[M].段之洪,等,译//现代世界社会科学名家学术丛书·中国研究系列.天津:天津人民出版社,1998.

〔英〕李约瑟.中国科学技术史:第一卷[M].北京:科学出版社、上海:上海古籍出版社,1990.

〔英〕理查德·格林菲尔德.埃塞俄比亚新政治史[M].钟槐,译.北京:

商务印书馆,1974.

〔英〕明斯.萨尔马提亚人与希腊人[M].伦敦:剑桥大学出版社,2011.

〔英〕塔恩.巴克特里亚和印度的希腊人[M].芝加哥:1985.

〔越〕陶维英.越南古代史[M].北京:商务印书馆,1976.

〔越南〕黎崱.安南志略[M].余思黎,点校.北京:中华书局,2000.

1992.

安志敏,等.藏北申札、双湖的旧石器和新细石器[J]//考古:1979(6).

北京市文物工作队.北京西郊西晋王浚妻华芳墓清理简报[J]//文物:1965(12).

常洪,王仁波.试评茂陵东侧出土的西汉鎏金铜马——兼论天马和现代中亚马种的关系[J]//农业考古:1987(2).

常世龙,赵志成.大型北魏墓群惊现齐家坡[N]//山西日报.[2002-11-20].

陈戈.新疆古代交通路线综述[J]//新疆文物:1990(3).

陈娟娟.两件有丝织品花纹印痕的商代文物[J]//文物:1979(12).

陈勤学.北齐徐显秀墓出土的嵌蓝宝石金戒指胡人形象源流浅析[J]//大众文艺:2011(21).

陈炎.汉唐时缅甸在西南丝道中的地位[J]//东方研究:1980(1).

磁县博物馆,磁县文化馆.河北磁县东魏茹茹公主墓发掘简报[J]//文物:1984(4).

戴禾,张英莉.中国丝绢的输出与西方的"野蚕丝"[J]//西北史地:1986(1).

段渝.中国西南早期对外交通——先秦两汉的南方丝绸之路[J]//历史研究:2009(1).

段治超.浅析哀牢夷族群的民族流变[J]//保山学院学报:2010(1).

方国瑜.十三世纪前中国与缅甸的友好关系[N]//人民日报.[1965.7.27.]

盖金伟.唐诗“交河”语汇考论[J]//新疆师范大学学报:2008(2).

盖山林,陆思贤.呼和浩特市附近出土的外国银币[J]//内蒙古自治区文物工作队.内蒙古文物资料续辑.1984.

甘肃省博物馆.武威磨咀子三座汉墓发掘简报[J]//文物:1972(12).

甘肃省文物考古研究所.敦煌悬泉汉简内容概述[J]//文物:2000(5).

甘肃省文物考古研究所.敦煌悬泉汉简释文选[J]//文物:2000(5).

甘肃省文物考古研究所.甘肃敦煌汉代悬泉置遗址发掘简报[J]//文物:2000(5):4-20.

顾铭学,南昌龙.战国时期燕朝关系的再探讨[J]//社会科学战线:1990(1).

顾问,黄俊.中国早期有翼神兽问题研究四则[J]//殷都学刊:2005(3).

顾学稼.南方丝绸之路质疑[J]//史学月刊:1993(3).

广西壮族自治区博物馆.古代铜鼓学术讨论会纪要[J]//文物:1980(9).

广西壮族自治区博物馆.古代铜鼓学术讨论会纪要[J]//文物:1980(9).

广州文管处,中山大学.广州秦汉造船工场遗址试掘[J]//文物:1977(4).

郭大顺,张克举.辽宁咯左县东山嘴红山文化建筑群址发掘简报[J]//文物:1984(11).

郭物.欧亚草原东部的考古发现与斯基泰的早期历史文化[J]//考古:2012(4).

韩昇.“魏伐百济”与南北朝时期东亚国际关系[J]//历史研究:1995(3).

韩昇.四至六世纪百济在东亚国际关系中的地位和作用[J]//韩国忠南大学校百济研究所第7回国际学术会议.百济学术诸问题.大田,

1994.

韩兆民.宁夏固原北周李贤夫妇墓发掘简报[J]//文物:1985(11).

韩振华.公元前二世纪至公元一世纪间中国与印度东南亚的海上交通——汉书地理志粤地条末段考释[J]//厦门大学学报:1957(2).

郝利荣,杨孝军.江苏徐州贾旺汉画像石墓[J]//文物:2008(2).

何平.越裳的地望与族属[J]//东南亚:2003(3).

何耀华,何大勇.印度东喜马拉雅民族与中国西南藏缅语民族的历史渊源[J]//西南民族大学学报:2007(5).

河南省博物馆.河南安阳北齐范粹墓发掘简报[J]//文物:1972(1).

黑龙江省博物馆.东康原始社会遗址发掘报告[R]//考古:1975(3).

黑龙江省博物馆.黑龙江饶河小南山遗址试掘简报[J]//考古:1972(2).

胡厚宣.殷代的蚕桑和丝织[J]//文物:1972(11).

霍巍.四川大型石兽与南方丝绸之路[J]//考古:2008(11).

霍巍.西藏曲贡村石室墓出土的带柄铜镜及其相关问题初探[J]//考古:1994(7).

蒋廷瑜.汉代錾刻花纹铜器研究[J]//考古学报:2002(3).

鞠桂兰,曹兆奇.饶河小南山——阿速江江畔的金字塔[J]//黑龙江史志:2010(12).

黎虎.六朝时期江左政权的马匹来源[J]//中国史研究:1991(1).

黎瑶渤.辽宁北票县西官营子北燕冯素弗墓[J]//文物:1973(3).

李零.论中国的有翼神兽[J]//中国学术:2001(1).

李凭.北魏两位高氏皇后族属考[J]//韩国·中国史研究(20),2002.

李英魁,高波.黑龙江饶河县小南山新石器时代墓葬[J]//考古:1996(2).

李有骞.日本海西北岸旧石器时代的细石叶技术及其与相邻地区的关系[J]//北方文物:2011(2).

林梅村.北魏太和五年舍利石函所藏嚈哒钱币考[J]//中国钱币:

1993(4).

林梅村.吐火罗人的起源与迁徙[J]//西域研究:2003(3).

林秀贞.宁安县东康遗址第二次发掘记[J]//黑龙江文物丛刊:1983(3).

刘国防.西汉比胥鞬屯田与戊己校尉的设置[J]//西域研究:2006(4).

刘克.汉代画像石中的佛教环境生存智慧[J]//安徽大学学报:2005(6).

刘兰芝.车马出行在汉代壁画中的象征意义[J]//美术界:2009(10).

刘庆柱.秦汉考古学五十年[J]//考古:1999(9).

陆庆夫.五凉政权与中西交通[J]//西北史地:1987(1).

吕红亮.西藏旧石器时代的再认识[J]//考古:2011(3).

吕昭义.对西汉时中印交通的一点看法[J]//南亚研究:1984(2).

吕昭义.对西汉时中印交通的一点看法[J]//南亚研究:1984(2).

罗帅.阿富汗贝格拉姆宝藏的年代与性质[J]//考古:2011(2).

洛阳市博物馆.洛阳北魏元邵墓[J]//考古:1973(4).

马雍.北魏封和突墓及其出土的波斯银盘[J]//文物:1983(8).

马玉基.大同市小站村花圪塔台北魏墓清理简报[J]//文物:1983(8).

苗威.朝鲜县的初址及变迁考[J]//北方文物:2005(4).

内蒙古博物馆,内蒙古文物工作队.呼和浩特市附近出土的外国金银币[J]//考古:1975(3).

宁安县文物管理所.黑龙江宁安县东升新石器时代遗址调查[J]//考古:1977(3).

牛林杰.韩国文献中的《全唐诗》逸诗考[J]//文史哲:2010(3).

齐东方.李家营子出土的粟特银器与草原丝绸之路[J]//北京大学学报:1992(2).

丘进.关于汉代丝绸国际贸易的几个问题[J]//新疆社会科学:1987

(2).

人民出版社,1996.

任乃强.中西陸上古商道—蜀布之路[J]//文史杂志:1987(1).

山西省考古研究所,大同市考古研究所.大同南郊北魏墓群发掘简报[J]//文物:1992(8).

陕西省考古研究所.西安北郊北周安伽墓发掘简报[J]//考古与文物:2000(6).

尚民,贾鸿健.宋云西行与吐谷浑国[J]//青海社会科学:1992(3).

石家庄地区革委会文化局文物发掘组.河北赞皇东魏李希宗墓[J]//考古:1977(6).

孙颢,许哲.夫馀陶器的特征及其文化因素分析[J]//北方文物:2011(3).

孙机.建国以来西方古器物在我国的发现与研究[J]//文物:1999(10).

孙机.洛阳金村出土银着衣人像族属考辨[J]//考古:1987(6).

唐长寿.乐山麻浩崖墓研究[J]//四川文物:1987(2).

佟伟华.云南石寨山文化贮贝器研究[J]//文物:1999(9).

童恩正.古代中国南方与印度交通的考古学研究[J]//考古:1999(4).

汪宁生.晋宁石寨山青铜器图像所见古代民族考[J]//考古学报:1979(4).

王炳华.孔雀河古墓沟发掘及初步研究[J]//新疆社会科学:1983(1).

王炳华.一种考古研究现象的文化哲学思考——透视所谓"吐火罗"与孔雀河青铜时代考古文化研究[J]//西域研究:2014(1).

王惠宇.上古至隋唐时期辽宁与日本的文化交流[J]//北方文物:2010(4).

王克林.北齐库狄回洛墓[J]//考古学报:1979(3).

王鹏辉.史前时期新疆的环境与考古学研究[J]//西域研究:2005

(1).

王秀文.日本绳文文化源于红山文化之假说[J]//东北亚论坛:2006(5).

王雁卿.从北魏平城考古成果看云冈石窟的开凿[J]//中国文化遗产:2007(5).

王友群.西汉中叶以前中国西南与印度交通考[J]//南亚研究:1988(3).

王子初.且末扎滚鲁克箜篌的形制结构及其复原研究[J]//文物:1999(7).

魏翔、陈洪.汉画像石中新发现的佛教故事考[J]//东南文化:2010(4).

温虎林.秦嘉、徐淑生平著作考[J]//甘肃高师学报:2007(3).

汶江.滇越考——早期中印关系的探索[J]//中华文史论丛:1980(2).

吴焯.西南丝绸之路研究的认识误区[J]//历史研究:1999(1).

吴礽骧.敦煌悬泉遗址简牍整理简介[J]//敦煌研究:1999(4).

吴文寰.从瑞光寺塔发现的丝织品看古代链式罗[J]//文物:1979(11).

夏鼐.我国古代蚕、桑、丝、绸的历史[J]//考古:1972(2).

夏鼐.赞皇李希宗墓出土的拜占廷金币[J]//考古:1977(6).

夏鼐.中巴友谊的历史[J]//考古:1965(7).

夏鼐.中巴友谊的历史[J]//考古:1965(7).

咸阳地区文管会,茂陵博物馆.陕西茂陵一号无名冢一号从葬坑的发掘[J]//文物:1982(9).

新疆社会科学院考古研究所.新疆阿拉沟竖穴木椁墓发掘简报[J]//文物:1981(1).

新疆文物考古研究所,乌鲁木齐市文物管理所.新疆乌鲁木齐萨恩萨依墓地发掘简报[J]//文物:2012(5).

新疆文物考古研究所.新疆民丰县尼雅遗址95MNI号墓地M8发掘

简报[J]//文物:2000(1).

熊昭明.合浦——汉代海上丝绸之路始发港[J]//中华文化遗产:2008(9).

徐苹芳.考古学上所见中国境内的丝绸之路[J]//燕京学报:新1期.北京大学出版社,1995.

杨大山.饶河小南山新发现的旧石器地点[J]//黑龙江文物丛刊:1981(1).

叶磊,高海平.汉墓丹青——陕西新出土四组东汉墓室壁画车马出行图比较浅探[J]//湖北美术学院学报:2010(4).

殷晴.悬泉汉简和西域史事[J]//西域研究:2002(3).

袁黎明.简论唐代丝绸之路的前后期变化[J]//丝绸之路:2009(6).

张碧波.古朝鲜铜镜性质初探[J]//黑龙江社会科学:2001(3).

张碧波.日本民族与文化渊源考略[J]//黑龙江民族丛刊:2005(4).

张德芳.从悬泉汉简看两汉西域屯田及其意义[J]//敦煌研究:2001(3).

张良仁.农业和文明起源[J]//考古:2011(5).

张庆捷.《虞弘墓志》中的几个问题[J]//文物:2001(1).

张雪媚.筚篥的源流及其历史演变[J]//民族艺术研究:2007(1).

张英莉,戴禾.丝绸之路述论[J]//思想战线:1984(2).

赵慧民.西藏曲贡出土的铁柄铜镜的有关问题[J]//考古:1994(7).

浙江省文物管理委员会.吴兴钱山漾遗址第一、二次发掘报告[R]//考古学报:1960(2).

中国社会科学院考古研究所西藏工作队,西藏自治区文物管理委员会.西藏拉萨市曲贡村新石器时代遗址第一次发掘简报[J]//考古:1991(10).

朱雷.敦煌吐鲁番文书论丛[M].兰州:甘肃人民出版社,2000.

朱之勇.我国北方细石器工业分区与分期问题初探[J]//北方文物:2011(2).

索引

A

B

C

E

F

G

H

J

K

L

M

N

P

Q

·欧·亚·历·史·文·化·文·库·

R

S

T

W

X

Z

后　记

在河南大学中文系本科阶段，我比较偏重魏晋南北朝文学的学习。毕业后到河南许昌学院任教，讲授过唐宋文学。后考入武汉大学中文系，攻读中国古代文学专业唐代文学方向硕士学位。又考入武汉大学历史系，攻读博士学位，主要学习和研究魏晋南北朝隋唐史。1996年调入北京外国语大学中文学院，从事中外文化交流史课程教学，开始涉足丝绸之路与中外文化交流史的研究。因此，回顾过去的学术工作，一直在中古文学、中古史和丝绸之路与文化交流专门史几个圈子里滚爬摸打。唐史方面我出过《李世民的治国谋略》《唐代幕府制度研究》《安史之乱》等书；丝绸之路与中外文化交流史方面，我出过《早期中西交通与交流史稿》《三至六世纪丝绸之路的变迁》等书；古代文学方面，早年发表的若干论文被收入《建安唐宋文学考论》一书。后来又发表的单篇论文，收入了《中古文史探微》一书。在丝绸之路与中外文化交流史的研究方面，我陆续发表了30多篇论文，经过整理被收入本书，分作三编。受体例的影响，收入本书后在篇名、篇幅和文字方面都做了不少改动，为了避免重复，有的部分进行了较大的增删改写。

我的成果非常微薄，但我感到幸运的是，我的学术研究常常得到来自不同方面的支持和帮助。我要感谢我所在的单位北京外国语大学。北京外国语大学一直大力鼓励和支持教师从事学术研究，营造了良好的学术环境，学校科研处为我的科研活动提供了许多支持和帮助。在我的教学和研究中，北京外国语大学中文学院的领导和同事给予了许多关照，他们的关照使我有充裕的时间，并能集中精力从事学术研究工作。学院里良好的学术环境和气氛也是我能够做出些许成绩的必要条件。近年来，我比较多地参加了中国中外关系史学会、中国唐史学会、中国海外交通史研究会和新疆兵团西域文化研究会的活动。在各种各样的学术研讨会上，我得到了与国内许多优秀的学者交流的机会，受益良多。我的导师、武汉大学朱雷教授一直关心着我的成长，毕业这么多年，我仍然常常得到先生来自远方的嘱咐和教诲，老师的殷切期望给我造成了压力和动力，也常常指点迷津，让我明确前进的方向。中外关系史学会会长、中国社会科学院耿昇先生一直关心我的研究工作，近年来他为我的学术活动提供了不少良好的机会。我有幸结识了学界老前辈黄盛璋先生，先生丰硕的成果和渊博的学识令人敬佩，他对学术的热情和对后学无私的帮助更令人感动。多年来，中国社会科学院中外关系史研究室余太山先生给我许多鼓励和指导，表现出前辈学者对晚辈的热情奖掖，这次又是先生的邀请给我创造了为"欧亚历史文化文库"撰稿的机会。

在从事丝绸之路与中外交流史的研究中，我还要感谢中国敦煌吐鲁番学会丝绸之路专业委员会胡戟教授。在我编撰此书的过程中，他热情邀请我参加了他组织的境外丝绸之路考察活动，并参与主编"丝绸之路历史文化丛书"。我们先后参观访问了丝绸之路沿线的中亚、西亚和欧洲10多个国家，考察丝路古城遗址、考古现场，参观各国著名博物馆、图书馆，去书店购书，与相关专家学者交流，让我们大开眼界，并获得不少宝贵资料。同行的专家学者互相交流，互相切磋，增益了知识。这些都为我的研究提供了极大的帮助。

这些年，多次应邀参加各种学术会议、学术报告，承蒙多种学术刊物约稿并刊载，因此书中所收论文的写作和发表得到许多师友的帮助。兰州大学出版社施援平老师和张雪宁老师为本书的出版付出巨大心血，他们在本书撰写中所给予的指导以及细心的编辑，让我避免了不少失误。

书中必然存在不少的错误和不足，衷心希望前辈同道批评指正。

石云涛

2014年12月 北京

欧亚历史文化文库

林悟殊著:《中古夷教华化丛考》 定价:66.00元
赵俪生著:《弇兹集》 定价:69.00元
华喆著:《阴山鸣镝——匈奴在北方草原上的兴衰》 定价:48.00元
杨军编著:《走向陌生的地方——内陆欧亚移民史话》 定价:38.00元
贺菊莲著:《天山家宴——西域饮食文化纵横谈》 定价:64.00元
陈鹏著:《路途漫漫丝貂情——明清东北亚丝绸之路研究》
定价:62.00元
王颋著:《内陆亚洲史地求索》 定价:83.00元
〔日〕堀敏一著,韩昇、刘建英编译:《隋唐帝国与东亚》 定价:38.00元
〔印度〕艾哈默得·辛哈著,周翔翼译,徐百永校:《入藏四年》
定价:35.00元
〔意〕伯戴克著,张云译:《中部西藏与蒙古人
——元代西藏历史》(增订本) 定价:38.00元
陈高华著:《元朝史事新证》 定价:74.00元
王永兴著:《唐代经营西北研究》 定价:94.00元
王炳华著:《西域考古文存》 定价:108.00元
李健才著:《东北亚史地论集》 定价:73.00元
孟凡人著:《新疆考古论集》 定价:98.00元
周伟洲著:《藏史论考》 定价:55.00元
刘文锁著:《丝绸之路——内陆欧亚考古与历史》 定价:88.00元
张博泉著:《甫白文存》 定价:62.00元
孙玉良著:《史林遗痕》 定价:85.00元
马健著:《匈奴葬仪的考古学探索》 定价:76.00元
〔俄〕柯兹洛夫著,王希隆、丁淑琴译:
《蒙古、安多和死城哈喇浩特》(完整版) 定价:82.00元
乌云高娃著:《元朝与高丽关系研究》 定价:67.00元
杨军著:《夫余史研究》 定价:40.00元
梁俊艳著:《英国与中国西藏(1774—1904)》 定价:88.00元
〔乌兹别克斯坦〕艾哈迈多夫著,陈远光译:
《16—18世纪中亚历史地理文献》(修订版) 定价:85.00元

成一农著:《空间与形态——三至七世纪中国历史城市地理研究》定价:76.00元

杨铭著:《唐代吐蕃与西北民族关系史研究》 定价:86.00元

殷小平著:《元代也里可温考述》 定价:50.00元

耿世民著:《西域文史论稿》 定价:100.00元

殷晴著:《丝绸之路经济史研究》 定价:135.00元(上、下册)

余大钧译:《北方民族史与蒙古史译文集》 定价:160.00元(上、下册)

韩儒林著:《蒙元史与内陆亚洲史研究》 定价:58.00元

〔美〕查尔斯·林霍尔姆著,张士东、杨军译:

《伊斯兰中东——传统与变迁》 定价:88.00元

〔美〕J. G. 马勒著,王欣译:《唐代塑像中的西域人》 定价:58.00元

顾世宝著:《蒙元时代的蒙古族文学家》 定价:42.00元

杨铭编:《国外敦煌学、藏学研究——翻译与评述》 定价:78.00元

牛汝极等著:《新疆文化的现代化转向》 定价:76.00元

周伟洲著:《西域史地论集》 定价:82.00元

周晶著:《纷扰的雪山——20世纪前半叶西藏社会生活研究》 定价:75.00元

蓝琪著:《16—19世纪中亚各国与俄国关系论述》 定价:58.00元

许序雅著:《唐朝与中亚九姓胡关系史研究》 定价:65.00元

汪受宽著:《骊靬梦断——古罗马军团东归伪史辨识》 定价:96.00元

刘雪飞著:《上古欧洲斯基泰文化巡礼》 定价:32.00元

〔俄〕T.Б.巴尔采娃著,张良仁、李明华译:

《斯基泰时期的有色金属加工业——第聂伯河左岸森林草原带》 定价:44.00元

叶德荣著:《汉晋胡汉佛教论稿》 定价:60.00元

王颋著:《内陆亚洲史地求索(续)》 定价:86.00元

尚永琪著:

《胡僧东来——汉唐时期的佛经翻译家和传播人》 定价:52.00元

桂宝丽著:《可萨突厥》 定价:30.00元

篠原典生著:《西天伽蓝记》 定价:48.00元

〔德〕施林洛甫著,刘震、孟瑜译:

《叙事和图画——欧洲和印度艺术中的情节展现》 定价:35.00元

马小鹤著:《光明的使者——摩尼和摩尼教》 定价:120.00元

李鸣飞著:《蒙元时期的宗教变迁》 定价:54.00元

〔苏联〕伊·亚·兹拉特金著，马曼丽译：
《准噶尔汗国史》(修订版) 定价：86.00元
〔苏联〕巴托尔德著，张丽译：《中亚历史——巴托尔德文集第2卷第1册第1部分》 定价：200.00元(上、下册)
〔俄〕格·尼·波塔宁著，〔苏联〕B.B.奥布鲁切夫编，吴吉康、吴立珺译：
《蒙古纪行》 定价：96.00元
张文德著：《朝贡与入附——明代西域人来华研究》 定价：52.00元
张小贵著：《祆教史考论与述评》 定价：55.00元
〔苏联〕K. A. 阿奇舍夫、Г. A. 库沙耶夫著，孙危译：
《伊犁河流域塞人和乌孙的古代文明》 定价：60.00元
陈明著：《文本与语言——出土文献与早期佛经词汇研究》
定价：78.00元
李映洲著：《敦煌壁画艺术论》 定价：148.00元(上、下册)
杜斗城著：《杜撰集》 定价：108.00元
芮传明著：《内陆欧亚风云录》 定价：48.00元
徐文堪著：《欧亚大陆语言及其研究说略》 定价：54.00元
刘迎胜著：《小儿锦研究》(一、二、三) 定价：300.00元
郑炳林著：《敦煌占卜文献叙录》 定价：60.00元
许全胜著：《黑鞑事略校注》 定价：66.00元
段海蓉著：《萨都剌传》 定价：35.00元
马曼丽著：《塞外文论——马曼丽内陆欧亚研究自选集》 定价：98.00元
〔苏联〕И.Я.兹拉特金主编，M.И.戈利曼、Г.И.斯列萨尔丘克著，
马曼丽、胡尚哲译：《俄蒙关系历史档案文献集》(1607—1654)定价：
180.00元(上、下册)
华喆著：《帝国的背影——公元14世纪以后的蒙古》 定价：55.00元
П.K.柯兹洛夫著，丁淑琴、韩莉、齐哲译：《蒙古和喀木》 定价：75.00元
杨建新著：《边疆民族论集》 定价：98.00元
赵现海著：《明长城时代的开启——长城社会史视野下榆林长城修筑研究》(上、下册) 定价：122.00元
李鸣飞著：《横跨欧亚——中世纪旅行者眼中的世界》 定价：53.00元
李鸣飞著：《金元散官制度研究》 定价：70.00元
刘迎胜著：《蒙元史考论》 定价：150.00元
王继光著：《中国西部文献题跋》 定价：100.00元
李艳玲著：《田作畜牧——公元前2世纪至公元7世纪前期西域绿洲农业研究》 定价：54.00元

〔英〕马尔克·奥莱尔·斯坦因著，殷晴、张欣怡译：《沙埋和阗废墟记》
定价：100.00元
梅维恒著，徐文堪编：《梅维恒内陆欧亚研究文选》 定价：92元
杨林坤著：《西风万里交河道——时代西域丝路上的使者与商旅》定价：65元
石云涛著：《文明的互动
——汉唐间丝绸之路与中外交流论稿》 定价：118元
王邦维著：《华梵问学集》 定价：75元（暂定）
芮传明著：《摩尼教敦煌吐鲁番文书释义与研究》 定价：90元（暂定）
陈晓露著：《楼兰考古》 定价：78元（暂定）
石云涛著：《丝绸之路的起源》 定价：83元（暂定）
薛宗正著：《西域史汇考》 定价：128元（暂定）
〔英〕尼古拉斯·辛姆斯-威廉姆斯著：
《阿富汗北部的巴克特里亚文献》 定价：163元（暂定）
张小贵编：
《三夷教研究——林悟殊先生古稀纪念论文集》 定价：100元（暂定）
许全盛、刘震编：《内陆欧亚历史语言论集——徐文堪先生古稀纪念》
定价：90元（暂定）
余太山、李锦秀编：《古代内陆欧亚史纲》 定价：122元（暂定）
王永兴著：《唐代土地制度研究——以敦煌吐鲁番田制文书为中心》
定价：70元（暂定）
王永兴著：《敦煌吐鲁番出土唐代军事文书考释》 定价：84元（暂定）
李锦绣编：《20世纪内陆欧亚历史文化论文选粹：第一辑》
定价：104元（暂定）
李锦绣编：《20世纪内陆欧亚历史文化论文选粹：第二辑》
定价：98元（暂定）
李锦绣编：《20世纪内陆欧亚历史文化论文选粹：第三辑》
定价：97元（暂定）
李锦绣编：《20世纪内陆欧亚历史文化论文选粹：第四辑》
定价：100元（暂定）
馬小鶴著：《霞浦文書研究》 定价：88元（暂定）
林悟殊著：《摩尼教華化補說》 定价：109元（暂定）
孙昊著：《辽代女真族群与社会研究》 定价：48元（暂定）
尚永琪著：《鸠摩罗什及其时代》 定价：68元（暂定）

淘宝网邮购地址：http://lzup.taobao.com